普通高等院校食品专业系列教材

畜产食品工艺学

潘道东　孟岳成　主编

科学出版社

北京

内 容 简 介

本书由三个部分组成。第Ⅰ部分肉与肉制品介绍了畜禽的屠宰及分割，肉的组成、理化特性与保鲜，肉制品加工中常用辅料，腌腊、酱卤、干肉制品、西式火腿和肠类的加工原理与工艺以及畜禽副产品的综合利用；第Ⅱ部分乳与乳制品介绍了乳的化学组成及性质、质量控制与预处理，液态乳、发酵乳、乳粉、干酪、奶油、浓缩乳、冰淇淋、乳蛋白及功能肽产品的加工原理与技术以及乳品设备的清洗杀菌及质量管理；第Ⅲ部分蛋与蛋制品介绍了蛋的组成、加工特性与保鲜，腌制蛋、湿蛋、干燥蛋制品的加工以及禽蛋功能成分的提取制备。

本书既可作为畜牧、食品专业本科生教材，也可作为高职高专食品加工、农产品加工等专业教材，并供食品行业生产技术人员参考或作为培训用书。

图书在版编目(CIP)数据

畜产食品工艺学 / 潘道东，孟岳成主编. —北京：
科学出版社，2013.8
普通高等院校食品专业系列教材
ISBN 978-7-03-038182-8

Ⅰ. ①畜… Ⅱ. ①潘… ②孟… Ⅲ. ①畜产品—食品
加工—高等学校—教材　Ⅳ. ①TS251

中国版本图书馆 CIP 数据核字(2013)第 165426 号

责任编辑：朱　灵／封面设计：殷　靓
责任印制：黄晓鸣

科学出版社 出版
北京东黄城根北街 16 号
邮政编码：100717
http://www.sciencep.com
南京展望文化发展有限公司排版
广东虎彩云印刷有限公司印刷
科学出版社发行　各地新华书店经销

*

2013 年 8 月第 一 版　开本：889×1194　1/16
2025 年 7 月第十二次印刷　印张：18 1/4
字数：560 000
定价：70.00 元

普通高等院校食品专业系列教材
《畜产食品工艺学》编委会

主　编　潘道东　孟岳成

副主编　顾瑞霞　曹锦轩

编　委　（以姓氏笔画排序）

刘　源	上海海洋大学	刘海燕	大同大学
孙卫青	长江大学	杨　瑶	南京师范大学
陈　杰	浙江工商大学	陈　霞	扬州大学
欧昌荣	宁波大学	郁延军	江南大学
孟岳成	浙江工商大学	胡　萍	贵州大学
顾瑞霞	扬州大学	翁佩芳	宁波大学
郭宇星	南京师范大学	曹锦轩	宁波大学
常海军	重庆工商大学	韩敏义	南京农业大学
曾小群	宁波大学	廖国周	云南农业大学
靳国锋	华中农业大学	潘道东	宁波大学

普通高等院校食品专业系列教材筹备专家组

王锡昌	上海海洋大学	张兰威	哈尔滨工业大学
刘成梅	南昌大学	陆启玉	河南工业大学
叶兴乾	浙江大学	赵国华	西南大学
李和生	宁波大学	王鸿飞	宁波大学
辛嘉英	哈尔滨商业大学	李　燕	上海海洋大学
崔　波	齐鲁工业大学	耿　越	山东师范大学
朱　珠	吉林工商学院	任丹丹	大连海洋大学
刘光明	集美大学	蒋小满	鲁东大学
沈　波	杭州师范大学	郑艺梅	闽南师范大学
白　晨	上海商学院	赵　利	江西科技师范大学
马汉军	河南科技学院	姚兴存	淮海工学院

（以上专家排名不分先后）

前 言

畜产食品加工是将养殖业初级产品经人工处理，改善其贮藏与加工特性、提高附加值的一系列过程。畜产食品工艺学则是对乳品、肉品、蛋品等产品的加工原理、生产技术与方法、产品贮藏保鲜以及质量控制等进行概述的一门学科。

近年来，随着国家经济的快速发展，我国消费者的膳食结构发生了很大改变，畜产食品在人们日常饮食中的比重不断提高，正朝着优质、高效、安全的方向发展。鉴于国内外畜产食品加工的理论水平和技术手段正不断更新，我们汇聚了一批来自各大高校食品科学与工程专业的老师，他们中间有长期从事畜产食品加工研究和教学的教授，具有很强的科研、生产和应用指导水平，也有风华正茂、在科研方面具备较强创新能力、善于吸收应用国内外最新理论和技术的青年博士，大家结合了教学和科研中的工作经验撰写了本书。本教材的编写考虑了新的教学改革需求，既可作为畜牧、食品科学与工程专业本科和研究生的指导教材，也可作为高职高专食品加工、农产品加工等专业教材，以及供相关技术人员参考或作为技术培训用书。

本书由宁波大学潘道东教授负责章节设置、修改、统稿，曹锦轩博士进行校稿，参加编写的人员有(排名不分先后)：潘道东(宁波大学)、顾瑞霞(扬州大学)、孟岳成(浙江工商大学)、邹延军(江南大学)、胡萍(贵州大学)、韩敏义(南京农业大学)、廖国周(云南农业大学)、常海军(重庆工商大学)、刘源(上海海洋大学)、曾小群(宁波大学)、陈霞(扬州大学)、陈杰(浙江工商大学)、郭宇星(南京师范大学)、杨瑶(南京师范大学)、欧昌荣(宁波大学)、孙卫青(长江大学)、槿国锋(华中农业大学)、翁佩芳(宁波大学)、曹锦轩(宁波大学)、刘海燕(大同大学)。扬州大学顾瑞霞教授和浙江工商大学孟岳成教授对教材进行了审定。本教材在编写过程中得到了编写人员所在院校的关心和支持，科学出版社的编辑在本书的编写、出版过程中给予了极大的帮助，在此表示衷心的感谢。

限于编者的水平，书中难免有疏漏和不妥之处，希望广大师生在使用中多提宝贵意见，以便再版时予以修改、完善。

编 者

2013 年 3 月

目录

前言

第Ⅰ部分 肉与肉制品

第一章 畜禽的屠宰及分割

第一节 畜禽宰前准备 /2
  一、肉用畜禽的选择 /2
  二、宰前检验与管理 /2
第二节 屠宰加工 /3
  一、家畜的屠宰工艺 /3
  二、家禽的屠宰工艺 /5
第三节 宰后检验 /6
  一、检验方法 /6
  二、检验的程序与要点 /6
  三、检后处理 /6

第四节 胴体分级 /7
  一、猪胴体分级标准 /7
  二、牛胴体分级标准 /8
  三、禽胴体分级标准 /10
第五节 畜禽的分割及冷却肉的加工 /11
  一、猪肉的分割 /11
  二、牛肉的分割 /11
  三、禽肉分割 /12
  四、分割肉的包装 /12

第二章 肉的组成及其理化特性

第一节 肉的形态结构 /14
  一、肉的概念 /14
  二、肉的形态结构 /14
第二节 肉的化学组成及物理性质 /16
  一、肉的化学组成 /16
  二、肉的物理性质 /20
第三节 肉的成熟及腐败变质 /20

  一、宰后僵直 /20
  二、肉的成熟 /21
第四节 肉的品质及新鲜度检验 /23
  一、各种畜禽肉的特征 /23
  二、肉品质的感官评定 /23
  三、肉的食用品质 /24

第三章 肉的贮藏与保鲜

第一节 肉中微生物 /31
  一、肉中微生物种类 /31
  二、肉中微生物的来源 /33
  三、微生物引起的肉的异常现象 /34
第二节 肉的低温贮藏 /35
  一、肉与肉制品低温保藏原理 /35
  二、冷却保鲜 /36
  三、冷冻保鲜 /37

第三节 肉的气调贮藏 /41
  一、二氧化碳（CO_2）/41
  二、氧气（O_2）/41
  三、氮气（N_2）/42
  四、一氧化碳（CO）/42
  五、气调包装中各种气体的最适比例 /42
第四节 肉的辐射贮藏 /42
  一、放射线杀菌的作用机制 /42

二、辐射保藏食品的优点 /43
三、辐射食品的卫生安全性 /43
四、辐射的应用 /44
五、辐照工艺学 /45
六、辐照后的保藏 /45

第四章　肉制品加工中常用辅料

第一节　调味料 /46
　一、咸味料 /46
　二、甜味剂 /47
　三、酸味剂 /47
　四、增味剂 /47
第二节　香辛料 /48

第五章　腌腊肉制品

第一节　腌腊肉制品概述 /50
　一、腌腊肉制品 /50
　二、腌制加工 /50
第二节　腌腊畜肉制品 /52
　一、腊肉加工 /52
　二、咸肉制品加工 /53
第三节　腌腊禽肉制品 /54
　一、板鸭加工 /54
　二、风鸡 /55
第四节　腌腊肉制品相关标准 /55

第六章　干肉制品

第一节　干制的原理和方法 /57
　一、干制的原理 /57
　二、干制的方法 /57
第二节　肉干加工 /58
第三节　肉脯加工 /59
　一、肉脯的传统加工工艺 /59
　二、肉脯加工新工艺 /59
第四节　肉松加工 /60
　一、肉松传统加工工艺 /60
　二、肉松加工新工艺 /61

第七章　西式火腿

第一节　西式火腿的特点及种类 /62
第二节　带骨火腿 /62
　一、工艺流程 /62
　二、操作要点 /62
第三节　去骨火腿 /63
　一、工艺流程 /63
　二、操作要点 /63
第四节　成型火腿 /63
　一、盐水火腿 /64
　二、方火腿 /64
　三、里脊火腿 /65

第八章　肠类肉制品

第一节　中式香肠 /66
　一、中式香肠的加工工艺 /66
　二、典型产品工艺配方 /67
第二节　西式灌肠 /68
　一、西式灌肠的加工工艺 /68
　二、典型产品工艺配方 /69
第三节　发酵肠类制品 /70
　一、发酵香肠的加工工艺 /70
　二、典型产品工艺配方 /71

第九章　酱卤肉制品

第一节　酱卤肉制品概述 /72
第二节　酱卤肉制品工艺 /72
　一、选料 /72
　二、整理 /73

三、调味 /73
四、煮制 /73
五、冷却 /74
六、包装后的处理 /74
第三节　酱卤肉制品相关标准及潜在安全问题 /74
一、酱卤肉制品相关标准 /74
二、酱卤肉制品潜在危害分析 /75
第四节　典型酱卤肉制品生产工艺介绍 /76
一、肴肉 /76
二、传统糟肉 /76
三、软包装糟卤牛肉 /77
四、低温酱卤牛肉 /77
五、烧鸡 /78

第十章　畜禽副产品综合利用
―― 80 ――

第一节　畜禽血液的综合利用 /80
一、畜禽血液的组成与理化特性 /80
二、畜禽血液的采集和保藏 /80
三、畜禽血液产品在食品工业中的应用 /81
四、饲料用血粉的加工 /82
五、工业用血粉的加工 /82
六、血红素的制备 /83
七、无菌血清的制取 /83
第二节　畜禽骨的综合利用 /84
一、骨髓骨粉的加工 /84
二、超细鲜骨粉（食用骨粉）的加工 /85
三、蛋白胨的制备 /85
四、骨素、骨油的加工 /86
五、骨泥的加工 /86
六、骨胶的制取 /87
第三节　畜禽肠的综合利用 /88
一、肠衣的加工 /88
二、肝素的提取 /90
第四节　畜禽肝的加工利用 /91
一、肝浸膏的制备 /91
二、RNA 的提取 /91

第Ⅱ部分　乳与乳制品

第十一章　乳的化学组成及性质
―― 94 ――

第一节　乳成分及其理化性质与加工特性 /94
一、水分 /95
二、乳脂肪 /95
三、乳蛋白 /97
四、乳糖 /99
五、乳中的矿物质 /101
六、乳中的维生素 /101
七、乳中的酶类 /102
八、乳中的其他成分 /103
九、加工处理对乳性质的影响 /103
第二节　牛乳的营养价值及功能特性 /105
一、牛乳的营养 /105
二、牛乳制品的营养价值 /106

第十二章　乳的质量控制与预处理
―― 109 ――

第一节　乳中微生物 /109
一、微生物的来源 /109
二、微生物的种类及其性质 /109
第二节　影响泌乳量及乳成分的因素 /112
一、乳牛个体因素 /112
二、环境因素 /113
三、管理因素 /114
四、饲料因素 /114
第三节　异常乳 /115
一、异常乳的概念和种类 /115
二、异常乳的产生原因和性质 /115
第四节　原料乳的质量要求 /116
一、感官指标 /117
二、理化指标 /117
三、微生物指标 /117
四、不得收购的乳 /117
第五节　原料乳的验收与预处理 /117
一、乳的验收 /117

二、原料乳的预处理 /120

第十三章　液态乳
122

第一节　液态乳概述 /122
　　一、液态乳的种类 /122
　　二、液态乳的一般加工工艺 /123
第二节　巴氏杀菌乳 /123
　　一、巴氏杀菌乳的概念 /123
　　二、巴氏杀菌乳的加工工艺 /123
第三节　ESL 牛乳 /125
　　一、ESL 乳的基本生产工艺 /126
　　二、新技术在 ESL 乳生产中的应用 /127
第四节　超高温灭菌乳 /127
　　一、不同的 UHT 系统 /128
　　二、UHT 灭菌乳的加工工艺 /128
　　三、UHT 灭菌乳的包装 /129
第五节　再制乳的加工 /129
　　一、再制乳的概念和特点 /129
　　二、再制乳的原料 /130
　　三、再制乳的加工工艺 /130
第六节　花色乳及含乳饮料 /131
　　一、原材料 /131
　　二、加工方法 /131

第十四章　发酵乳制品
132

第一节　发酵乳概述 /132
　　一、发酵乳的定义及历史 /132
　　二、发酵乳的营养价值和保健功能 /132
第二节　发酵剂制备 /132
　　一、发酵剂的概念及种类 /132
　　二、发酵剂的主要作用及发酵剂的选择 /134
　　三、发酵剂的制备 /134
　　四、发酵剂的质量要求及活力控制 /136
第三节　酸乳 /136
　　一、酸乳的概念和种类 /136
　　二、酸乳生产技术 /137

第十五章　乳粉
140

第一节　乳粉概述 /140
　　一、乳粉的概念 /140
　　二、乳粉的种类 /140
　　三、乳粉的质量标准 /141
第二节　全脂乳粉的加工 /141
　　一、工艺流程 /141
　　二、全脂乳粉的加工技术 /142
　　三、乳粉颗粒的理化特性 /144
第三节　脱脂乳粉的生产 /144
　　一、普通脱脂乳粉生产工艺 /145
　　二、脱脂乳生产技术 /145
第四节　速溶乳粉 /145
　　一、速溶乳粉的特点 /145
　　二、速溶乳粉的生产方法 /146
第五节　配方乳粉 /148
　　一、婴幼儿配方乳粉 /148
　　二、成人配方乳粉 /151
　　三、特殊配方乳粉 /152

第十六章　干酪
154

第一节　干酪概述 /154
　　一、干酪的概念及种类 /154
　　二、干酪的组成及特性 /155
第二节　干酪的加工工艺 /156
　　一、天然干酪 /156
　　二、农家干酪 /160
　　三、再制干酪 /160

第十七章　奶油
163

第一节　奶油的性质及质量标准 /163
　　一、奶油的性质 /163
　　二、质量标准 /163
第二节　稀奶油 /164

一、稀奶油的分类 /164
　　二、稀奶油的生产 /165
第三节　奶油的加工 /168
　　一、奶油的种类 /168
　　二、间隙式奶油加工工艺 /169
　　三、加工工艺要点 /169
　　四、连续式奶油加工工艺 /172

第十八章　浓缩乳产品

第一节　浓缩乳产品的分类及标准 /174
　　一、浓缩乳产品的分类 /174
　　二、浓缩乳产品的标准 /174
第二节　甜炼乳 /175
　　一、生产工艺 /175
　　二、甜炼乳的工艺条件与技术要点 /175
　　三、甜炼乳常见质量问题及预防措施 /181
第三节　淡炼乳 /183
　　一、生产工艺 /183
　　二、加工特点 /183
　　三、淡炼乳的工艺条件与技术要点 /184
　　四、淡炼乳常见质量问题及预防措施 /186

第十九章　乳蛋白及功能肽产品

第一节　乳蛋白制品种类 /188
第二节　功能肽生产 /188
　　一、功能肽生产工艺 /189
　　二、酪蛋白磷酸肽的生产工艺 /189
第三节　干酪素的加工 /190
　　一、干酪素概述 /190
　　二、干酪素的种类 /191
　　三、干酪素加工 /192
第四节　乳清浓缩蛋白 /194
　　一、乳清浓缩蛋白概述 /194
　　二、乳清浓缩蛋白制品生产技术要点 /195

第二十章　冰淇淋

第一节　冰淇淋的定义和原料 /196
　　一、冰淇淋的定义、组成和分类 /196
　　二、冰淇淋的原料 /196
第二节　冰淇淋的生产 /198
　　一、冰淇淋的生产工艺 /198
　　二、冰淇淋生产的工艺要点 /198
　　三、冰淇淋的主要缺陷及产生原因 /200
第三节　雪糕的生产 /200
　　一、加工雪糕的主要机械 /200
　　二、雪糕的生产工艺 /201

第二十一章　乳品设备的清洗杀菌及乳品生产的质量管理

第一节　乳品设备的清洗杀菌 /202
　　一、清洗目的 /202
　　二、清洗要求 /202
　　三、清洗的作用机理 /202
　　四、工业清洗剂 /202
　　五、清洗程序 /203
　　六、消毒 /203
第二节　就地清洗 /204
　　一、就地清洗的种类 /204
　　二、就地清洗的循环 /204
　　三、就地清洗的程序 /204
　　四、就地清洗的设计 /205
　　五、就地清洗的效果检验评估 /207
　　六、就地清洗设备的正常维护 /207
　　七、就地清洗需注意的问题 /208
第三节　乳品质量管理体系 /208
　　一、ISO9000 质量管理体系管理原则及基础 /208
　　二、良好操作规范（GMP） /208
　　三、卫生标准操作程序（SSOP） /210
　　四、危害分析与关键控制点系统（HACCP） /210

第Ⅲ部分　蛋与蛋制品

第二十二章　蛋的组成及加工特性

第一节　禽蛋的概念及构造 /214
　一、禽蛋的概念 /214
　二、禽蛋的构造 /215
第二节　禽蛋化学成分 /216
　一、蛋壳的化学成分 /216
　二、蛋白的化学成分 /217
　三、蛋黄的主要化学成分 /219
第三节　禽蛋的功能特性 /222
　一、蛋的凝固性 /222
　二、蛋黄的乳化性 /223
　三、蛋清的起泡性 /223

第二十三章　禽蛋的保鲜贮藏

第一节　禽蛋保鲜贮藏原理和方法 /225
　一、禽蛋保鲜贮藏原理 /225
　二、禽蛋保鲜贮藏方法 /225
第二节　蛋的质量指标与分级 /226
　一、鲜蛋的品质指标 /226
　二、禽蛋的品质鉴定方法 /227

第二十四章　腌制蛋

第一节　皮蛋加工 /229
　一、皮蛋加工历史及分类 /229
　二、皮蛋的营养及功能 /229
　三、皮蛋加工的基本原理 /229
　四、变蛋加工工艺 /232
第二节　咸蛋加工 /236
　一、咸蛋的加工原理 /236
　二、咸蛋的加工方法 /238
第三节　糟蛋加工 /241
　一、糟蛋的加工原理 /242
　二、糟蛋的加工方法 /242
第四节　卤蛋加工 /244
　一、卤蛋的加工工艺流程 /244
　二、糟蛋加工操作要点 /245

第二十五章　湿蛋制品

第一节　湿蛋制品概述 /246
　一、湿蛋制品的特点 /246
　二、湿蛋制品的用途 /246
第二节　液蛋的加工 /247
　一、液态蛋生产流程 /247
　二、液态蛋生产工艺 /247
　三、浓缩蛋液的生产 /252
第三节　冰蛋的加工 /253
　一、冰蛋品的加工 /253
　二、冰蛋品的解冻 /255
　三、冰蛋品的质量卫生指标 /257
第四节　蛋黄酱的加工 /258
　一、蛋黄酱配方 /259
　二、加工工艺 /259

第二十六章　干燥蛋制品

第一节　干燥蛋制品概述 /261
　一、干燥蛋白片 /261
　二、蛋粉 /261
　三、其他干蛋品 /262
第二节　干燥全蛋的加工 /262
　一、工艺流程 /262
　二、工艺要点 /262
第三节　干蛋白片的加工 /264

一、工艺流程 /264
二、工艺要点 /264
第四节 蛋粉的加工 /266

一、操作流程 /266
二、工艺要点 /266

第二十七章　禽蛋功能成分提取

第一节　溶菌酶提取 /267
  一、概述 /267
  二、溶菌酶的提取方法 /268
第二节　免疫球蛋白提取 /269
  一、概述 /269
  二、鸡卵黄免疫球蛋白（IgY）的提取方法 /270
第三节　卵磷脂提取 /271
  一、概述 /271

  二、卵磷脂的提取方法 /272
第四节　蛋清肽制备 /273
  一、概述 /273
  二、蛋清肽的制备方法 /274
第五节　有机钙制备 /274
  一、概述 /274
  二、有机钙的制备方法 /274

参考文献 /276

第Ⅰ部分　肉与肉制品

第一章

畜禽的屠宰及分割

第一节 畜禽宰前准备

一、肉用畜禽的选择

凡是用于屠宰的畜禽,必须符合国家颁布的《家畜家禽防疫条例》、《肉品检验规程》的有关规定,经检疫人员出具检疫证明,保证健康无病,方可作为屠宰对象。此外,以日龄适当、肥度适中、屠宰率高为益。

1. 性别 性别对肉的部分品质有显著影响。一般来讲,雄性畜禽肌肉脂肪少,肌纤维直径较粗,肉质较雌性畜禽粗糙。公猪具有特异性气味,不适于作肉品原料,作为肉用动物必须尽早阉割,晚阉割的猪肉质粗老。雄性猪阉割后各部位比较充实匀称,瘦肉率高,肉质及风味都较好。

2. 日龄及适宰时期 幼龄畜禽的肉,水分含量高,脂肪含量少,肌肉松弛,肉香味不足,除乳猪、犊牛用作特殊加工外,不适于屠宰肉用。一般选择成年畜禽作为原料,但老龄动物肉质粗糙,肉色暗灰,有一定异味,脂肪发黄,屠宰净肉率低。按各组织器官阶段生长发育规律,选增重最快、瘦肉率最多的屠宰时期最为理想。哈白猪的适宜屠宰时间为7～7.5月龄,黑花猪为5.5～6月龄,此时期瘦肉率均达50%以上(表1-1)。适于屠宰的日龄一般猪在5月龄、85 kg左右,牛2～3岁、500 kg左右,鸡1.25 kg以上,鸭1.5 kg以上,鹅2.5 kg以上。

表1-1 哈白猪与黑花猪的瘦肉率

体重/kg	70～80	90～100	110～120
哈白猪/%	52～53	49～50	46～47
黑花猪/%	51～52	48～49	45～46

3. 营养与饲养状况 理想的待宰动物应肥瘦适当,营养状况极端不良,过于消瘦的畜禽不适于屠宰。最近日本、西欧一些国家利用超声波、核磁共振、近红外等技术检测生猪的脂肪厚度和瘦肉厚度来选择畜禽。

淀粉质饲料多,脂肪坚实、肉质良好,而米糠和豆粕多则脂肪软、冷却时肌肉缺乏紧凑感,特别是油类饲料供给多的动物,肉质松软,饲喂豆粕多会带有鱼腥味,另外,饲喂剩饭和鱼粉则脂肪发黄,不适于加工。

二、宰前检验与管理

畜禽的宰前检验与管理是保证肉品质量与安全的重要环节之一。通过宰前视检和诊断,可以初步确定待宰畜禽的健康状况,发现许多在宰后难以观察到的传染病,从而做到及早发现,防止疫病传播。合理的宰前管理,不仅能保障畜禽健康,降低病死率,而且也是获得优质肉品的重要措施。

1. 检验步骤和方法

(1) 检验步骤和程序:当屠宰畜禽由产地运到屠宰加工企业后,在未卸下车船之前,兽医检验人员向押运员索阅当地兽医部门签发的检疫证明书,核对牲畜的种类和头数,了解产地有无疫情和途中病死情况。经过初步视检和调查,认为基本合格时,允许卸下赶入预检圈。病畜禽或疑似病畜禽赶入隔离圈,按《肉品卫生检验试行规程》中有关规定处理。

(2) 检验方法：生产实践中多采用群体检查和个体检查相结合的办法。其具体做法可归纳为"动、静、食"的观察三个环节和"看、听、摸、检"四个要领。首先从大群中挑出有病或不正常的畜禽，然后逐头检查，必要时应用病原学诊断和免疫学诊断的方法。一般对猪、羊、禽等的宰前检验都应用群体检查为主，辅以个体检查；对牛、马等大家畜的宰前检验以个体检查为主，辅以群体检查。

2. 病畜处理　宰前检验发现病畜时，根据疾病的性质、病势的轻重以及有无隔离条件等作如下处理。

(1) 禁宰：经检查确诊为炭疽、鼻疽、牛瘟、恶性水肿、气肿疽、狂犬病、羊快疫、羊肠毒血症、马流行性淋巴管炎、马传染性贫血等恶性传染病的牲畜，采取不放血法扑杀。肉尸不得食用，只能工业用或销毁。其同群全部牲畜，立即进行测温。体温正常者在指定地点急宰，并进行检验；体温不正常者予以隔离观察，确诊为非恶性传染病的方可屠宰。

(2) 急宰：确认患有无碍肉食卫生的一般疾病而有死亡危险的病畜，立即开急宰证明单送往屠宰；疑似或确诊为口蹄疫的牲畜应立即急宰，其同群牲畜也应该全部宰完；患布氏杆菌病、结核病、肠道传染病、乳房炎和其他传染病及普通病的病畜，均须在指定的地点或急宰间屠宰。

(3) 缓宰：经检查确认为一般性传染病，且有治愈希望或患有疑似传染病而未确诊的牲畜应予以缓宰。

3. 宰前管理

(1) 待屠宰畜禽的饲养：畜禽运到屠宰场经兽医检验后，按产地、批次及强弱等情况进行分圈分群饲养。对肥度良好的畜禽所喂饲量，以能恢复由于途中蒙受的损失为原则。对瘦弱畜禽的饲养应当采取肥育饲养的方法进行饲养，以在短期内达到迅速增重、长膘、改善肉质的目的。

(2) 宰前休息：屠宰前休息有利于放血和消除应激反应，在驱赶时禁止鞭棍打、惊恐及冷热刺激。目前国内外所采用的当日运输当日屠宰的方法显然是不合适的。

(3) 宰前禁食、供水：屠宰畜禽在宰前 12～24 h 断食。断食时间必须适当。一般牛、羊宰前断食 24 h，猪 12 h，家禽 18～24 h。断食时，应供给足量的 1% 的食盐水，使畜体进行正常的生理机能活动，调节体温，促进粪便排泄，以便放血完全，获得高质量的屠宰产品。为了防止屠宰畜禽倒挂放血时胃内容物从食道流出污染胴体，宰前 2～4 h 应停止给水。

(4) 猪屠宰前的淋浴：水温 20 ℃，喷淋猪体 2～3 min，以洗净体表污物为宜。淋浴使猪有凉爽舒适的感觉，促使外周毛细血管收缩，便于放血充分。

第二节　屠宰加工

各种畜禽的屠宰工艺都包括击晕、刺杀放血、褪毛或剥皮、开膛解体、屠体整修、检验盖印等工序。

一、家畜的屠宰工艺

1. 工艺流程

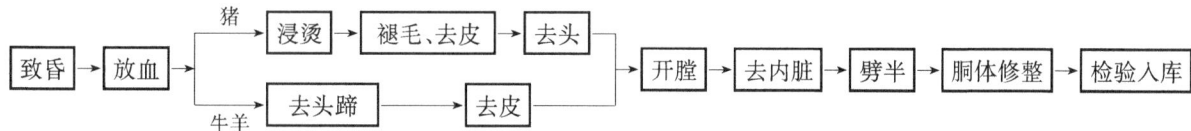

2. 工艺要点

(1) 击晕：应用物理（如机械、电击、枪击）、化学（吸入 CO_2）方法，使家畜在宰杀前短时间内处于昏迷状态，称为击晕。击晕的主要目的是让动物失去知觉、减少痛苦，另一方面能避免屠畜宰杀时嚎叫、挣扎而产生应激现象、消耗过多的糖原，从而能使宰后肉尸保持较低的 pH，增强肉的贮藏性。

电击晕生产上称作"麻电"。它是使电流通过屠畜，以麻痹中枢神经而晕倒。此法还能刺激心脏活动，便于放血。我国使用的麻电器有手握式和自动触电式两种。手握式麻电器使用时，工人穿胶鞋并带胶手套，手持麻电器，两端分别浸沾 5% 的食盐水（增加导电性），但不可将两端同时浸入盐水，防止短路。用力将电极的一端按在猪皮肤与耳根交界处1~4 s即可。牛麻电器有两种形式：手持式和自动麻电装置。我国目前多采用低电压(表1-2)，而国外多采用高电压。

表1-2 畜禽屠宰时的电击晕条件

畜 种	电 压/V	电流强度/A	麻电时间/s
猪	70~100	0.5~1.0	1~4
牛	75~120	1.0~1.5	5~8
羊	90	0.2	3~4
兔	75	0.75	2~4
家禽	65~85	0.1~0.2	3~4

丹麦、德国、美国、加拿大等国开始应用CO_2麻醉法。室内气体组成为：CO_2 65%~75%，空气25%~35%。将猪赶入麻醉室15 s后，意识即完全消失。

机械击晕一般用于牛、羊等家畜，用专用高压汽枪击打牛前额正中部致昏。

(2) 刺杀放血：家畜致昏后将后腿拴在滑轮的套腿或铁链上。经滑车轨道运到放血处进行刺杀，放血。家畜击晕后应快速放血，以9~12 s为最佳，最好不超过30 s，以免引起肌肉出血。一般分为刺颈放血、切颈放血和心脏放血法。

刺颈放血法比较普遍应用于猪的屠宰。猪的刺杀部位在第一对肋骨水平线下方3.5~4.5 cm处。放血口不大于5 cm，切断前腔静脉和双颈动脉，不要刺破心脏和气管。这种方法放血彻底。每刺杀一头猪，刀要在82 ℃的热水中消毒一次。牛的刺杀部位在距离胸骨16~20 cm的颈下中线处斜向上方刺入胸腔30~35 cm，刀尖再向左偏，切断颈总动脉。羊的刺杀部位在右侧颈动脉下颌骨附近，将刀刺入，避免刺破气管。

切颈放血为清真式屠宰牛、羊普遍采用的方法。用大脖刀在靠近颈前部横刀切断三管(血管、气管和食管)。此法操作简单，但血液易被胃内容物污染。

在一些小型屠宰场和广大农村屠宰猪时多用心脏放血法，是从颈下直接刺入心脏放血。优点是放血快、死亡快，但是放血不全，且胸腔易积血。

倒悬放血时间，牛6~8 min，猪5~7 min，羊5~6 min，平卧式放血需延长2~3 min。正常的放血量牛一般为其活重的5%，猪为3.5%，羊为3.2%，放血充分与否对肉品贮藏性和产品质量有显著影响。

(3) 电刺激：对屠宰后的牛、羊胴体，在一定的电压、频率下作用一定的时间，刺激电流通过神经系统(宰后4~6 min)或是直接使肌膜去极化引起肌肉收缩，促进肉的糖原酵解，加速肉的pH下降，使肉在较高的温度下进入尸僵状态，避免冷收缩发生的过程。习惯上按照刺激电压的大小可分为高压电刺激、中压电刺激和低压电刺激，但目前尚无严格的划分标准。

(4) 剥皮或烫毛：家畜放血后解体前，猪需烫毛、褪毛，牛、羊需进行剥皮，猪也可以剥皮。

猪的烫毛和褪毛：放血后的猪经6 min沥血，由悬空轨道上卸入烫毛池进行浸烫，使毛根及周围毛囊的蛋白质受热变性、收缩，毛根和毛囊易于分离。同时表皮也出现分离达到脱毛的目的。猪体在烫毛池内5 min左右。池内最初水温70 ℃为宜，随后保持在60~66 ℃。

剥皮：牛、羊放血后先进行去头、蹄工序，在掌骨和腕骨间去除前蹄，跖骨和跗骨间去掉后蹄。剥皮可采用手工剥皮和机械剥皮两种方式或是二者结合应用，现代加工企业为了保证卫生，倾向于吊挂剥皮。将公畜的阴囊、阴茎及母畜的乳腺切下。剥皮后，剥离肛门，用塑料袋或橡皮筋扎住肛门口，可防止粪便等污物流出污染胴体。

割颈肉：割颈肉是根据GB99591平头规格处理。由颈部向耳根处割一刀，然后由放血口入刀，沿下颌骨向上割到耳根。同样方法割另一侧，使颈部皮肤在第一颈椎处与肉体分开。

(5) 清除内脏与整理屠体

剖腹取内脏：褪毛或剥皮后开膛最迟不超过30 min，否则对脏器和肌肉质量均有影响。剖腹一般有仰卧剖腹与倒挂剖腹两种方法。用刀劈开胸骨，在靠近腹部时要注意不要刺到胃和肠。环切肛门，用线扎住，推进肠腔，切开腹腔，撬开耻骨，剥离内脏并取出。

劈半：开膛后，将胴体劈成两半(猪、羊)或四分体(牛)称为劈半。劈半前，先用刀将背部皮肤从上到下割开。然后用电锯沿脊柱正中将胴体劈为两半。目前常用的是往复式劈半电锯。

(6) 胴体的修整：猪的胴体修整包括去前后爪、奶头、横膈膜、槽头肉、颈部血肉、伤斑、带血黏膜、脓泡、烂肉和残毛污垢等。牛、羊的胴体修整包括割除尾、肾脏周围脂肪、伤斑、颈部血肉等。修整好的胴体要达到无血、无粪、无毛、无污物。

(7) 检验、盖印、称重、出厂：屠宰后要进行宰后兽医检验。合格者，盖以"兽医验讫"的印章。然后经过自动吊秤称重、入库冷藏或出厂。

二、家禽的屠宰工艺

1. 工艺流程

击昏 → 放血 → 烫毛 → 脱毛 → 去绒毛 → 清洗 → 去头脚 → 净膛 → 检验入库

2. 工艺要点

(1) 击晕：主要有三种方法：① 混合气体致昏法，气体成分主要为CO_2，可减少骨折和出血现象，提高肉的品质；② 高频电流击晕法，电流0.5 A以下，时间(通过电击昏槽时间)鸡为8 s以下，鸭为10 s左右；③ 水浴电击晕法，将待宰禽的头部浸入水中，再通入一定的电流。

(2) 放血：宰杀放血可以采用人工作业或机械作业，通常有三种方式：口腔放血、切颈放血(用刀切断气管、食管、血管)及动脉放血。禽只在放血完毕进入烫毛槽之前，其呼吸作用应完全停止，以避免烫毛槽内的污水吸进禽体肺脏而污染屠体。放血时间鸡一般90~120 s，鸭120~150 s。但冬天的放血时间比夏天长5~10 s。血液一般占活禽体重的8%，放血时约有6%的血液流出体外。

(3) 烫毛：水温和时间依禽体大小、性别、重量、生长期以及不同加工用途而改变。烫毛是为了更有利于褪毛，烫毛共有三种方式：高温烫毛，水温为71~82 ℃，30~60 s；中温烫毛，水温为58~65 ℃，30~75 s；低温烫毛，水温为50~54 ℃，90~120 s。国内烫鸡通常采用65 ℃，35 s；鸭60~62 ℃，120~150 s。在实际操作中，应严格掌握水温和浸烫时间；热水应保持清洁，未曾死透或放血不全的禽尸，不能进行拔毛，否则会降低产品价值。

(4) 褪毛：机械褪毛主要利用橡胶指束的拍打与磨擦褪除羽毛。因此必须调整好橡胶指束与屠体之间的距离。禽类禁食超过8 h，褪毛就会较困难，公禽尤为严重。若禽只宰前经过激烈的挣扎或奔跑，则羽毛根的皮层会羽毛固定得更紧。此外，禽只宰后30 min再浸烫或浸烫后4 h再褪毛，都将影响到脱毛的速度。

(5) 去绒毛：禽体烫褪毛后，尚残留有绒毛，其去除方法有三种：一为钳毛；二为松香拔毛，挂在钩上的屠禽浸入熔化的松香液中，然后再浸入冷水中约3 s使松香硬化，待松香不发黏时，打碎剥去，绒毛即被粘掉；三为火焰喷射机烧毛，此法速度快，但不能将毛根去除。

(6) 清洗、去头、切脚

清洗：禽体褪毛后，在去内脏之前需充分清洗。经清洗后禽体应有95%的完全清洗率。一般采用加压冷水(或加氯水)冲洗。

去头：应视消费者是否喜好带头的全禽而予以增减。

切脚：目前大型工厂均采用自动机械从胫部关节切下。

(7) 取内脏：禽类内脏的取出形式有：全净膛，将脏器全部取出；半净膛，仅拉出全部肠管、胆和胰脏。

(8) 检验、修整、包装：掏出内脏后，经检验、修整、包装入库贮藏。在库温−24 ℃条件下，经12~24 h使肉温达到−12 ℃即可贮藏。

(9) 屠宰率的测定：屠宰率是指屠宰体重占活重的比率。屠宰率高的个体，产肉也多。

$$屠宰率 = \frac{屠宰体重(g)}{活重(g)} \times 100\%$$

屠宰体重指放血、脱毛后的重量;活重指宰前停喂12 h后的重量。

第三节 宰后检验

宰后检验的目的是对各种妨碍人类健康或已丧失营养价值的胴体、脏器及组织,做出正确的判定和处理。宰后检验是肉品卫生检验最关键的环节,是宰前检验的良好补充。因为宰前检验只能剔出症状明显的病畜和可疑病畜,处于潜伏期或症状不明显的病畜则难以发现。

一、检验方法

宰后检验的方法以感官检查和剖检为主,必要时辅以细菌学、血清学、病理学、理化学等实验室检查方法。

1. 视检　观察屠体皮肤、肌肉、胸腹膜、脂肪、骨骼、关节、天然孔黏膜及各种脏器的外观、色泽、形态大小、组织性状等是否正常。看放血程度,看伤口是否外翻或平整,有无血液浸涌现象。观察皮肤色泽和皮下血管完整程度,体表完整性,清洁度。看体表腿、脚、蹄、颈、胸、背有无创伤、出血、淤血、水肿、脓肿、坏死、溃病、烂、结节和肿瘤等。

2. 剖检　剖检是借助器械,剖开观察屠体或脏器的隐蔽部分或深层组织的变化。

3. 触检　用手或器械压各组织器官,感觉其弹性、软硬度、僵硬度、脓肿。检查异常运动或异常固定、不固定肿瘤、结节或肿块等及目的判断组织器官有否潜在病变。

4. 嗅检　嗅检是上述检验方法的一种必要的辅助,用来判别各种气味。嗅胴体、内脏有无异常气味。

二、检验的程序与要点

在屠宰加工的流水作业中,宰后检验的各项内容作为若干环节安插在加工过程中。一般分为头部、内脏及胴体三个基本检验环节。屠宰猪时,需增设皮肤与旋毛虫检验两个环节。

1. 头部检验　颌下淋巴结剖检:放血后烫毛前,检咽炭疽和结核。咬肌剖检:去头后在左、右下颌骨外侧的咬肌顺肌纤维方向各切两刀检囊尾蚴。视检:咽喉黏膜、会厌软骨、扁桃体,检猪瘟、猪肺疫;鼻盘、唇、齿龈、舌面等部位有无水疱、溃疡、烂斑,检口蹄疫、猪传染性水泡病和疱疹性口炎、猪传染性萎缩。

2. 皮肤检验　在烫毛后开膛前或剥皮后进行,以视检为主,主要检查皮肤完整性和颜色的变化。观察有无充血、出血、坏死、疹块、瘢痕、溃疡、丘疹、痘疮和黄染等病变。皮肤检查重点检查猪瘟——皮肤点状出血;猪丹毒——败血型的皮肤上有充血性红斑,疹块型皮肤上有突出的方形或菱形的疹块;猪肺疫——耳根、腹侧、四肢内侧出现红斑。皮肤上有异常表现的疫病还很多,如蓝耳病、链球菌病、弓形虫病等。

3. 内脏检验　非离体检验目前主要用于猪。按照脏器在畜体内的自然位置,由后向前分别进行。离体检验可根据脏器摘出的顺序,一般由胃肠开始,依次检查脾、肺、心、肝、肾、乳房、子宫或睾丸。

4. 胴体检验　首先判定其放血程度,这是评价肉品卫生质量的重要标志之一。放血不良的特征是:肌肉颜色发暗,皮下静脉充血。在判定胴体放血程度的同时,尚需仔细检查皮肤、皮下组织、肌肉、脂肪、胸腹膜、骨骼,注意有无出血、皮下和肌肉水肿、肿瘤、外伤、肌肉色泽异常、四肢病变等症状,并剖开两侧咬肌,检查有无囊尾蚴。猪要剖检浅腹股沟淋巴结,必要时剖检深颈淋巴结。牛、羊要剖检股前淋巴结、肩胛前淋巴结,必要时还要剖检腰下淋巴结。

5. 旋毛虫检验　检验内脏时,割取左右横膈膜脚肌两块,每块约10 g,按胴体编号,进行旋毛虫检验。经初步检验后,还需经过一道复检(即终点检验)。这项工作通常与胴体的打等级、盖检印结合起来进行。当单凭感官检查不能作出确诊时,应进行细菌学、病理组织学等检验。

三、检后处理

胴体和内脏经过卫生检验后,可按四种情况,分别做出如下处理:一是正常肉品的处理,胴体和内脏经检验确认来自健康牲畜,加盖"兽医验讫"印后即可出厂销售;二是患有一般传染病、轻症寄生虫病和病理损伤的胴体和内脏的处理,根据病损性质和程度,经过各种无害处理后,使传染性、毒性消失或使寄生虫全部死亡者,可以有条件地食用;三是患有严重传染病、寄生虫病、中毒和严重病理损伤的胴体和内脏的处理,不能食用,可以炼制工业油或骨肉粉;四是患有炭疽病、鼻疽、牛瘟等《肉品卫生检验规程》所列的烈性传染病的胴体和内脏的处理,必须用焚烧、深埋、湿化(通过湿化机)等方法予以销毁。

第四节 胴体分级

一、猪胴体分级标准

根据我国农业行业标准《猪肉等级规格》(NY/T 1759-2009),猪胴体的分级包括胴体规格等级和胴体质量等级要求两项。

1. 胴体规格等级要求 根据背膘厚度和胴体重或瘦肉率和胴体重两套评定体系,将胴体规格等级从高到低分为 A、B、C 三个级别。胴体重分为带皮和不带皮两种。猪胴体等级见表 1-3。

表 1-3 猪胴体等级

背膘厚度/mm	瘦肉率/%	胴体重		
		>65 kg(带皮) >60 kg(去皮)	50~65 kg(带皮) 46~60 kg(去皮)	<50 kg(带皮) <46 kg(去皮)
<20	>55	A	B	C
20~30	50~55	B	B	C
>30	<50	C	C	C

2. 胴体质量等级要求 根据胴体外观、肉色、肌肉质地、脂肪色将胴体质量等级从优到劣分为 Ⅰ、Ⅱ、Ⅲ 三级,具体标准符合表 1-4 的规定。

表 1-4 胴体质量等级

评价指标	Ⅰ 级	Ⅱ 级	Ⅲ 级
胴体外观	整体形态美观,匀称,肌肉丰满,脂肪覆盖情况好。每片猪肉允许表皮修割面积不超过 1/4,内伤修割面积不超过 150 cm²	整体形态美观,较匀称,肌肉较丰满,脂肪覆盖情况较好。每片猪肉允许表皮修割面积不超过 1/3,内伤修割面积不超过 200 cm²	整体形态、匀称性一般,肌肉不丰满,脂肪覆盖情况一般。每片猪肉允许表皮修割面积不超过 1/4,内伤修割面积不超过 250 cm²
肉色	鲜红色,光泽好	深红色,光泽一般	暗红色,光泽较差
肌肉质地	坚实,纹理致密	较为坚实,纹理致密度一般	坚实度较差,纹理致密度较差
脂肪色	白色,光泽好	较白色略带黄色,光泽一般	淡黄色,光泽较差

3. 胴体综合等级 根据胴体规格等级和胴体质量等级将胴体综合等级分为 AⅠ、AⅡ、AⅢ、BⅠ、BⅡ、BⅢ、CⅠ、CⅡ、CⅢ,其中 AⅠ 为一级,AⅡ、AⅢ、BⅠ 为二级,BⅡ、BⅢ、CⅠ 为三级,CⅡ、CⅢ 为四级,见表 1-5。

表 1-5 胴体综合等级

规格	质量		
	Ⅰ	Ⅱ	Ⅲ
A	AⅠ(一级)	AⅡ(二级)	AⅢ(二级)
B	BⅠ(二级)	BⅡ(三级)	BⅢ(三级)
C	CⅠ(三级)	CⅡ(四级)	CⅢ(四级)

二、牛胴体分级标准

根据我国农业行业标准《牛肉等级规格》(NY/T 676-2010),胴体分割 0.5 h 后,在 660 lx 白炽灯照明条件下进行评定。牛肉品质等级主要由大理石纹等级和生理成熟度两个指标来评定,分为特级、优级、良好级和普通级(图 1-1),同时结合肌肉色和脂肪色对等级进行调整。

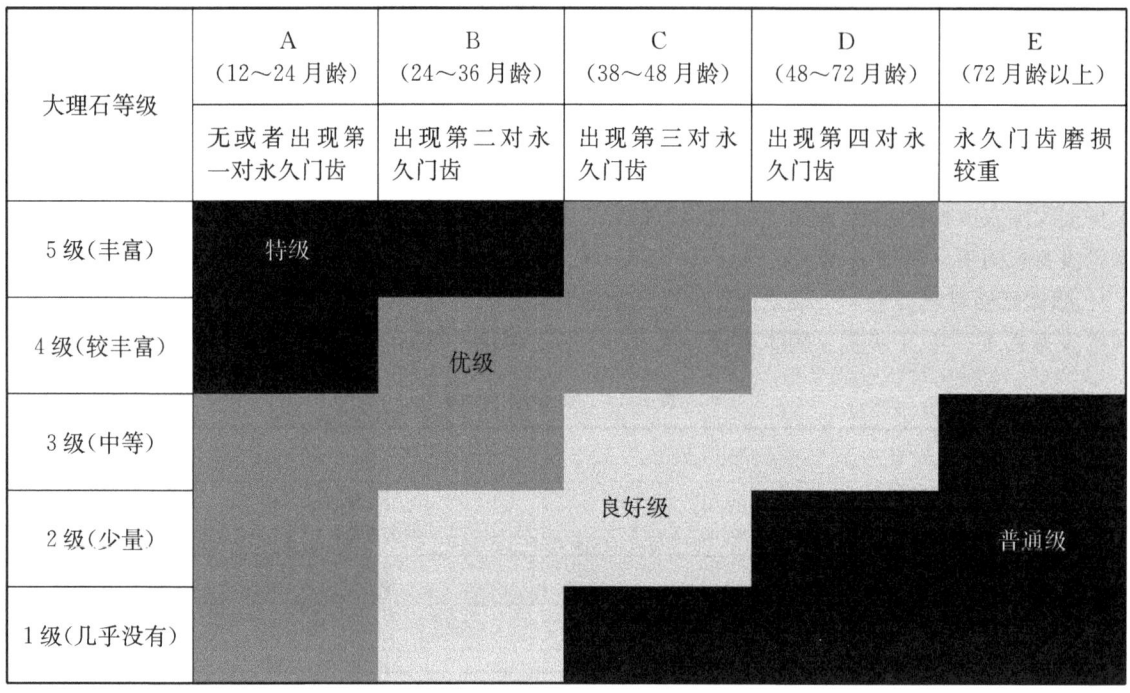

图 1-1 牛肉品质等级的指标评定图

本图给出的等级为在 11~13 肋骨间评定等级,若在 5~7 肋骨间评定等级时,大理石纹等级应再下降一个等级。(示例:如果在 5~7 肋骨间评定等级时,大理石纹等级为 4 级,等同于在 11~13 肋骨间评定等级时的 3 级,最终大理石纹等级应为 3 级。)

1. 大理石纹 选取第 5 肋至第 7 肋间,或第 11 肋至第 13 肋间背最长肌横切面进行评定,按照理石纹图谱评定背最长肌横切面处等级。大理石纹共分 5、4、3、2、1 五个等级。牛肉大理石纹评级图谱见图 1-2。

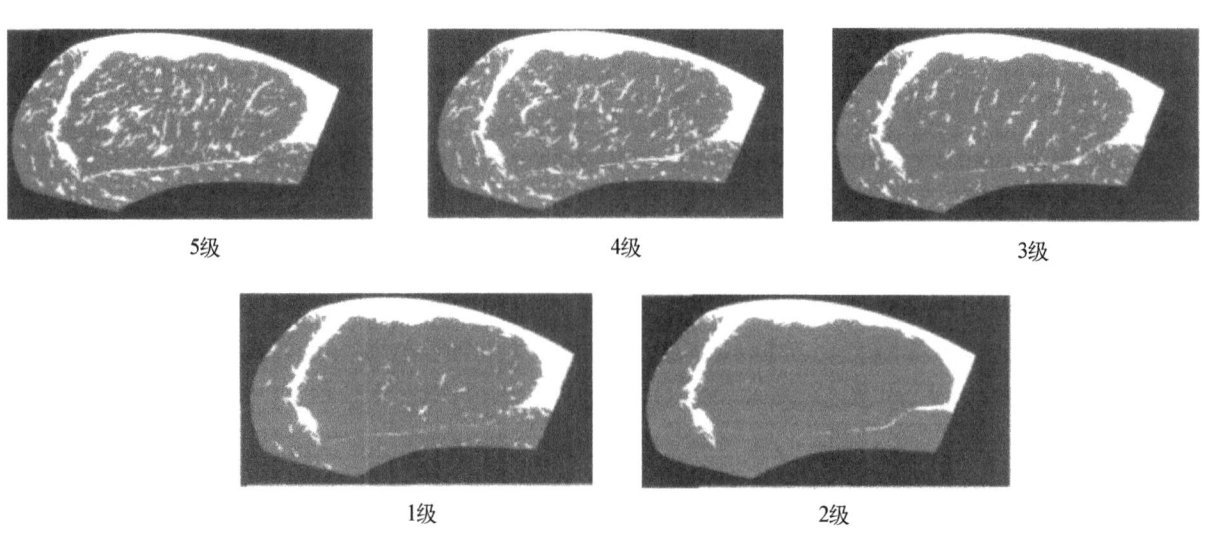

图 1-2 牛肉大理石纹评级图

2. 生理成熟度 以脊椎(胸椎、腰椎和荐椎)骨棘突末端软骨的骨质化程度(图1-3)和门齿变化和为依据来判断生理成熟度。生理成熟度分为 A、B、C、D、E 五级(表1-6)。

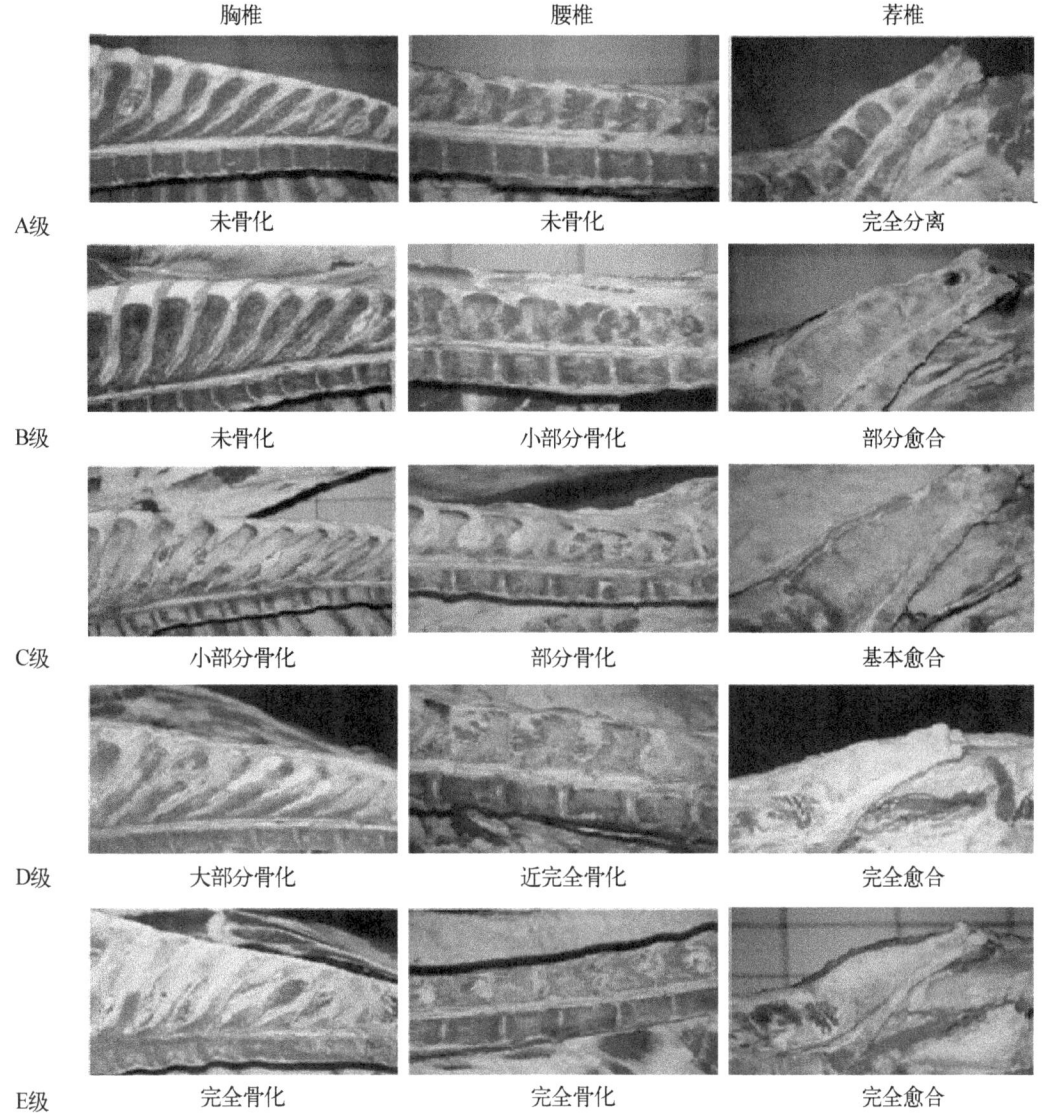

图1-3 脊椎骨骨质化程度示意图

表1-6 不同生理成熟度的骨化程度表

成熟度 脊椎部位	A	B	C	D	E
	24月龄以下	24~36月龄	36~48月龄	48~72月龄	72月龄以上
荐椎	未愈合	开始愈合	愈合但有轮廓	完全愈合	完全愈合
腰椎	未骨化	一点骨化	部分骨化	近完全骨化	完全骨化
胸椎	未骨化	未骨化	一点骨化	大部分骨化	完全骨化

3. 肉色 参照农业行业标准 NY/T 676-2010,判断背最长肌横切面处颜色的等级。肌肉色按颜色深浅分为8级,其中4、5两级肉色最好。

4. 脂肪色 参照农业行业标准 NY/T 676-2010,判断背最长肌横切面处肌内脂肪和皮下脂肪的颜色等级。脂肪色等级分为8级,其中1、2两级脂肪色最好。

三、禽胴体分级标准

根据我国农业行业标准《鸡胴体等级标准》(NY/T631-2002)，以胴体完整程度、胴体胸部形态、胴体肤色、胴体皮下脂肪分布状态、羽毛残留五项指标进行评价，以鸡胴体等级要求为例(表1-7)。

表1-7 我国鸡胴体等级及要求

	引进类			仿土类			土种类		
	1	2	3	1	2	3	1	2	3
胴体完整程度	胴体完整，皮肤无伤斑和溃烂破损，无脱白骨折	胴体较完整，皮肤溃烂破损和溃斑，骨折和脱白均不超过1处，无断骨突出	不符合1、2要求	胴体完整，皮肤无伤斑和溃烂破损，无脱白骨折	胴体较完整，皮肤溃烂破损和溃斑，骨折和脱白均不超过1处，无断骨突出	不符合1、2要求	胴体完整，皮肤无伤斑和溃烂，无脱白骨折	胴体较完整，皮肤破损和溃斑修割不影响外观，胴体和脱白均不超过1处，无断骨突出	不符合1、2要求
胴体胸部形态	胸骨尖不显露，胸部呈梯形，胸背略弯曲	胸骨尖显露但不突出，胸部略呈梯形，胸背弯曲明显	不符合1、2要求	胸骨尖显露但不突出，胸部略呈梯形，胸背弯曲明显	胸骨尖显露，胸角大于70°，胸背弯曲明显	不符合1、2要求	胸骨尖显露，胸角大于70°，胸背弯曲明显	胸骨尖显露，胸角大于60°，胸背弯曲明显	不符合1、2要求
胴体肤色	无黄衣，无异常色斑	胸腿异常色斑与破损不超过3处，总面积不超过1cm³，整个胴体异常色斑与破损不超过6处，总面积不超过2cm²	不符合1、2要求	无黄衣，无异常色斑	胸腿异常色斑与破损不超过3处，总面积不超过1cm³，整个胴体异常色斑与破损不超过6处，总面积不超过2cm²	不符合1、2要求	无黄衣，无异常色斑	胸腿异常色斑与破损不超过3处，整个胴体异常色斑与破损不超过6处，总面积不超过2cm²	不符合1、2要求
胴体皮下脂肪分布状态	背与尾部皮下脂肪厚度在0.3cm以上	背与尾部皮下稍有脂肪	不符合1、2要求	背与尾部皮下布满脂肪，厚度在0.5cm以上	背与尾部皮下脂肪厚度在0.3cm以上	不符合1、2要求	背与尾部皮下布满脂肪，厚度在0.5cm以上	背与尾部皮下脂肪厚度在0.3cm以上	不符合1、2要求
羽毛残留状态	无毛根与绒毛	毛根在4根以下，绒毛在20根以下	不符合1、2要求	无毛根与绒毛	毛根在4根以下，绒毛在20根以下	不符合1、2要求	无毛根与绒毛	毛根在4根以下，绒毛在20根以下	不符合1、2要求

第五节　畜禽的分割及冷却肉的加工

肉的分割是按不同国家、不同地区的分割标准将胴体进行分割,以便进一步加工或直接供给消费者。分割肉是指宰后经兽医卫生检验合格的胴体,按分割标准及不同部位肉的组织结构分割成不同规格的肉块,再经冷却、包装后的加工肉。

一、猪肉的分割

猪肉分割通常将半胴体分为肩、背、腹、臀、腿几个部分,具体分割如图 1-4。

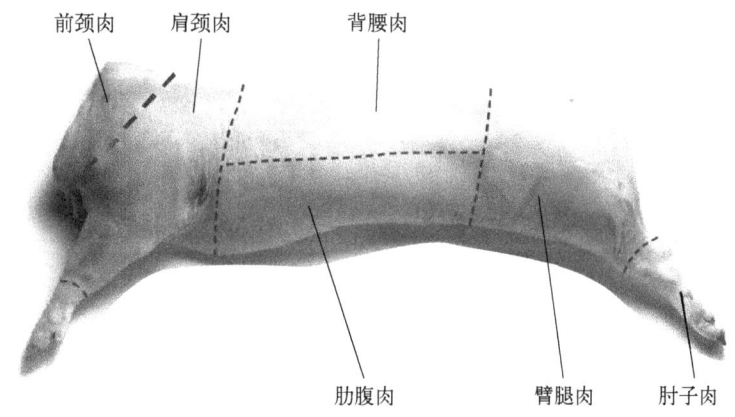

图 1-4　半胴体分割图

1. 肩颈肉　俗称前槽、夹心、前臂肩。前端从第 1 颈椎,后端从第 4~5 胸椎或第 5~6 肋骨间,与背线成直角切断。下端如做火腿则从腕关节截断,如做其他制品则从肘关节切断,并剔除椎骨、肩胛骨、臂骨、胸骨和肋骨。

2. 臀腿肉　俗称后腿。从最后腰椎与荐椎结合部和背线成直线垂直切断,下端则根据不同用途进行分割:如作分割肉、鲜肉出售,从膝关节切断,剔除腰椎、荐椎骨、股骨、去尾;如做火腿则保留小腿后蹄。

3. 背腰肉　俗称外脊、大排、硬肋、横排。前面去掉肩颈部,后面去掉臀腿部,余下的中段肉体从脊椎骨下 4~6 cm 处平行切开,上部即为背腰部。

4. 肋腹肉　俗称软肋、五花。与背腰部分离,切去奶脯即是。

5. 前臂和小腿肉　俗称肘子、蹄膀。前臂上从肘关节,下从腕关节切断,小腿上从膝关节,下从跗关节切断。

6. 前颈肉　从第 1~2 颈椎处或 3~4 颈椎处切断。

二、牛肉的分割

根据我国国家标准《牛胴体及鲜肉分割方法》(GB/T 27643-2011),将标准的牛胴体二分体首先分割成臀腿肉、腹部肉、腰部肉、胸部肉、肋部肉、肩颈肉、前腿肉、后腿肉共 8 个部分。在此基础上再进一步分割成里脊、外脊、眼肉、上脑、胸肉、辣椒条、臀肉、米龙、牛霖、小黄瓜条、大黄瓜条、腹肉、腱子肉 13 块不同的肉块(图 1-5)。

1. 里脊　又称牛柳,即腰大肌。分割时先剥去肾脂肪,沿耻骨前下方将里脊剔出,然后由里脊头向里脊尾逐个剥离腰横突,取下完整的里脊。

2. 外脊　又称西冷,主要是背最长肌。分割时首先沿最后腰椎切下,然后沿眼肌腹壁侧(离眼肌 5~8 cm)切下,再在第 12~13 肋骨处切断胸椎,逐个剥离胸、腰椎。

3. 眼肉　眼肉主要包括背阔肌、肋最长肌、肋间肌等。其一端与外脊相连,另一端在第 5~6 胸椎处,

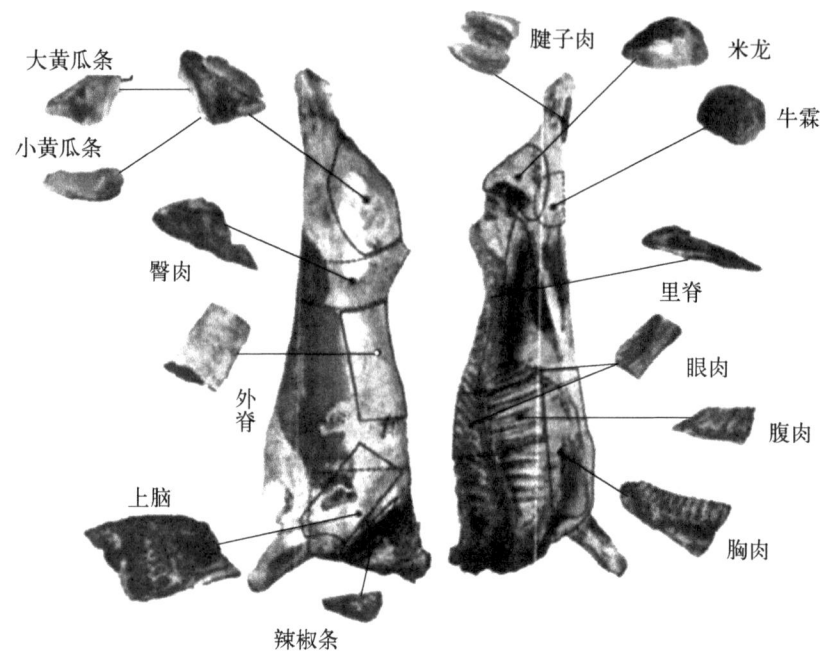

图 1-5 我国牛肉分割图

分割时先剥离胸椎,抽出筋腱,在眼肌腹侧距离为 8~10 cm 处切下。

4. 上脑 上脑主要包括背最长肌、斜方肌等。其一端与眼肉相连,另一端在最后颈椎处。分割时剥离胸椎,去除筋腱,在眼肌腹侧距离为 6~8 cm 处切下。

5. 胸肉 胸肉主要包括胸升肌和胸横肌等。在剑状软骨处,随胸肉的自然走向剥离,修去部分脂肪即成一块完整的胸肉。

6. 辣椒条 位于肩胛骨外侧,从肱骨头与肩胛骨结节处紧贴冈上窝取出的形如辣椒状的净肉。

7. 臀肉 主要包括臀中肌、臀深肌、股阔筋膜张肌等。位于后腿外侧靠近股骨一端,沿着臀股四头肌边缘取下。

8. 米龙 位于后腿外侧,主要包括半膜肌、股薄肌。沿股骨内侧从臀股二头肌与臀股四头肌边缘取下。

9. 牛霖 取下米龙和臀肉后,见到长圆形肉块,沿自然肉缝分割即是。

10. 小黄瓜条 位于臀部,沿臀股二头肌边缘取下的形如管状的净肉,主要是半腱肌。牛后腱子取下后,小黄瓜条处于明显位置,按自然走向剥离。

11. 大黄瓜条 位于后腿外侧,沿半腱肌股骨边缘取下的长而宽大的净肉,主要是臀股二头肌。剥离小黄瓜条后,顺肉缝自然走向剥离,得到一块完整的四方形肉块。

12. 腹肉 分无骨肋排和带骨肋排。一般包括 4~7 根。

13. 腱子肉 腱子分为前、后两部分,主要是前肢肉和后肢肉。前牛腱从尺骨端下刀,剥离骨头,后牛腱从胫骨上端下切,剥离骨头取下。

三、禽肉分割

目前国内尚无统一的禽肉分割方法。一般禽胴体分割的方法有三种:平台分割、悬挂分割、按片分割。前两种适于鸡,后一种适于鹅、鸭。通常鹅分割为头、颈、爪、胸、腿等 8 件;躯干部分成 4 块(1 号胸肉、2 号胸肉、1 号腿肉和 2 号腿肉)。鸭肉分割为 6 件;躯干部分为 2 块(1 号鸭肉、2 号鸭肉)。日本对肉鸡分割分很细,分为主品种、副品种及二次品种 3 大类共 30 种。我国大体上分为腿部、胸部、翅爪及脏器类。

四、分割肉的包装

肉在常温下的货架期只有半天,冷藏鲜肉 2~3 d,充气包装生鲜肉 14 d,真空包装生鲜肉约 30 d,真空包装加工肉约 40 d,冷冻肉则在 4 个月以上。目前,分割肉越来越受到消费者的喜爱,因此分割肉的包装也日益引起加工者的重视。

1. 分割鲜肉的包装　分割鲜肉的包装材料透明度要高,便于消费者看清生肉的本色;其透氧率较高,以保持氧合肌红蛋白的鲜红颜色;透水率(水蒸气透过率)要低,防止生肉表面的水分散失,造成色素浓缩,肉色发暗,肌肉发干、收缩;薄膜的抗湿强度高,柔韧性好,无毒性,并具有足够的耐寒性。但为控制微生物的繁殖,也可用阻隔性高(透氧率低)的包装材料。

为了维护肉色鲜红,薄膜的透氧率至少要大于 5 000 ml/(m² · 24 h · atm · 23 ℃)。如此高的透氧率,使得鲜肉货架期只有 2~3 d。真空包装材料的透氧率应小于 40 ml/(m² · 24 h · atm · 23 ℃),这虽然可使货架期延长到 30 d,但肉的颜色则呈还原状态的暗紫色。一般真空包装复合材料为 EVA/PVDC(聚偏二氯乙烯)/EVA、PP(聚丙烯)/PVDC/PP、尼龙/LDPE(低密度聚乙烯)、尼龙/Surlgn(离子型树脂)。

充气包装是以混合气体充入透气率低的包装材料中,以达到维持肉颜色鲜红,控制微生物生长的目的。另一种充气包装是将鲜肉用透气性好但透水率低的 HDPE(高密度聚乙烯)/EVA 包装后,放在密闭的箱子里,再充入混合气体,以达到延长鲜肉货架期、保持鲜肉良好颜色的目的。

2. 冷冻分割肉的包装　冷冻分割肉的包装采用可封性复合材料(至少含有一层以上的铝箔基材)。代表性的复合材料有:PET(聚酯薄膜)/PE(聚乙烯)/AL(铝箔)/PE、MT(玻璃纸)/PE/AL/PE。冷冻的肉类坚硬,包装材料中间夹层使用聚乙烯能够改善复合材料的耐破强度。目前,国内大多数厂家考虑经济问题更多地采用塑料薄膜。

第二章

肉的组成及其理化特性

第一节 肉的形态结构

一、肉的概念

广义上，肉是指各种动物宰杀后所得可食部分的总称，包括肉尸、头、血、蹄和内脏部分。在肉品工业中，按其加工利用价值，把肉理解为胴体，即畜禽经屠宰后除去毛（皮）、头、蹄、尾、血液、内脏后的肉尸，俗称白条肉，形态学上，它包括肌肉组织、脂肪组织、结缔组织和骨组织。俗称的"瘦肉"或"精肉"是指肌肉组织中的骨骼肌，"肥肉"或"肥膘"是指脂肪组织的皮下脂肪部分。胴体因带骨又称为"带骨肉"，肉剔骨以后又称为"净肉"，胴体以外的部分统称为副产品，如胃、肠、心、肝等称作脏器，俗称"下水"。西方国家常把牛肉、羊肉、猪肉称为"红肉"，把禽肉和兔肉称为"白肉"。因为肌肉组织是肉的主体，它的特性是代表肉的主要食用品质和加工性能，因而肉品研究的主要对象是肌肉组织。

在肉品生产中，把刚宰后不久体温还未完全散失的肉称为"热鲜肉"；经过一段时间的冷处理，使肉保持低温（$-1\sim4$ ℃）而不冻结的肉称为"冷却肉"；经低温冻结后的肉（中心温度$\leqslant-18$ ℃）则称为"冷冻肉"。按不同部位分割包装的肉称为"分割肉"；将肉经过进一步的加工处理生产出来的产品称为"肉制品"。

二、肉的形态结构

肉（胴体）由肌肉组织、脂肪组织、结缔组织和骨组织四大部分构成。这些组织的结构、性质直接影响肉品的质量、加工用途及商品价值。

1. 肌肉组织 肌肉组织包括骨骼肌、心肌和平滑肌，胴体中几乎全部是骨骼肌，是构成肉的主要组成部分，占胴体50%~60%，具有较高的食用价值和商品价值，肉品加工主要是针对骨骼肌。骨骼肌与心肌在显微镜下可以看到肌纤维细胞沿细胞纵轴平行的、有规则排列形成明暗相间的条纹，因而又称为"横纹肌"。后文中提到肌肉均指骨骼肌。

（1）肌肉组织的宏观结构：肌肉是由许多肌纤维和少量结缔组织、脂肪组织、腱、血管、神经、淋巴等组成。从组织学看，肌肉组织是由丝状的肌纤维集合而成，肌纤维与肌纤维之间有一层很薄的结缔组织膜围绕隔开，此膜叫肌内膜，每50~150根肌纤维聚集成为初级肌束，被肌束膜包围。再由数个初级肌束集结并被稍厚的结缔组织膜所包围，形成次级肌束。由数个次级肌束集结，外表包着较厚的肌外膜，构成了肌肉（图2-1）。

（2）肌肉组织的微观结构：肌肉的基本构造单位是肌纤维，每一条肌纤维是一个多核的肌细胞，也叫肌纤维细胞，内含有线粒体、肌浆网等细胞器。肌细胞是一种相当特殊化的细胞，呈长线状，不分支，两端逐渐尖细，长度为数毫米到几厘米不等，直径只有10~150 μm。根据收缩特性、利用能量方式、结构、色泽、ATP酶活性等可将肌纤维分为不同类型。主要分红肌纤维、白肌纤维和中

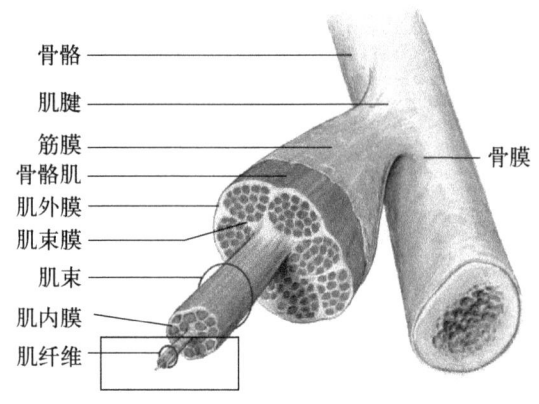

图2-1 肌肉的构造

间型纤维三类。大多数家畜的肌肉是由两种或三种类型的肌纤维混合而成，只有少数肌肉全部由红肌纤维或白肌纤维构成。肌纤维本身具有的膜叫肌纤维膜，它是由蛋白质和脂质组成的，具有很好的韧性，肌纤维膜向内凹陷形成网状的管叫做横小管，通常称为 T-系统或 T 小管。

肌原纤维是肌细胞独有的细胞器，构成肌纤维的主要组成部分，占肌纤维固形成分的 60%～70%，直径为 0.5～3.0 μm，成细长圆柱状。肌肉的收缩和伸长就是由肌原纤维的收缩和伸长所致。一个肌细胞内有 1 000～2 000 根平行排列的肌原纤维。肌原纤维又由肌丝组成，肌丝可分为粗丝（图 2-2）和细丝，两者均平行整齐地排列于整个肌原纤维中。由于粗丝和细丝在某一区域形成重叠，在显微镜下观察时呈现出有规律

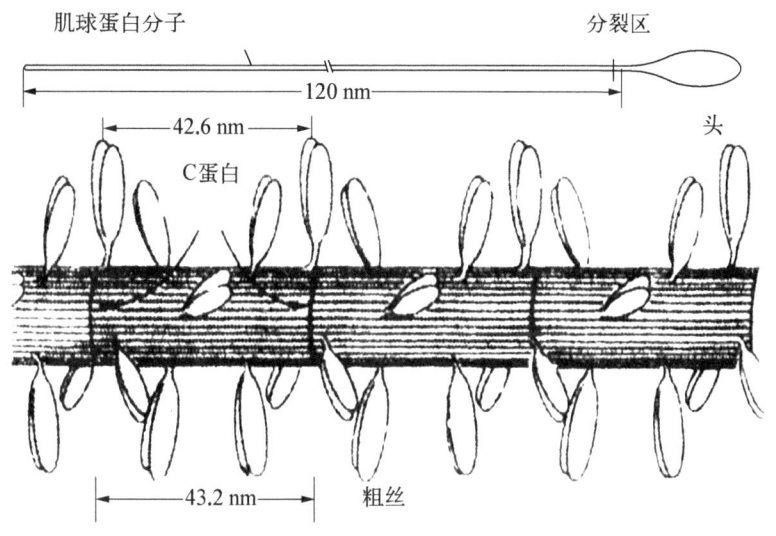

图 2-2 粗丝的结构

的明暗相间条纹，即横纹，横纹的结构是按一定周期重复，周期的一个单位叫肌节。肌节是肌肉收缩和舒张的最基本的功能单位，静止时的肌节长度约为 2.3 μm。肌节两端是细线状的暗线称为 Z 线，中间宽约 1.5 μm 的暗带或称 A 带，A 带和 Z 线之间是宽约为 0.4 μm 的明带或称 I 带，在 A 带中央还有宽约 0.4 μm 的稍明的 H 区，形成了肌原纤维上的明暗相间的现象（图 2-3）。

肌浆是充满于肌原纤维之间的胶体溶液，呈红色，是细胞内的胶体物质，含水分 75%～80%，富含肌红蛋白、酶、肌糖原、蛋白质及其代谢产物和无机盐类等。由于肌肉的功能不同，在肌浆中肌红蛋白的数量不同，这就使不同部位的肌肉颜色深浅不一。肌浆中另外一种重要的器官叫溶酶体，内含有多种能消化细胞和细胞内容物的酶。其中的一些组织蛋白酶对某些肌肉蛋白质

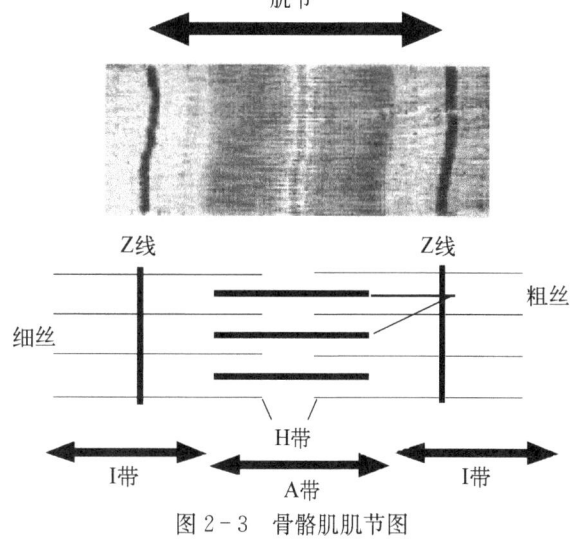

图 2-3 骨骼肌肌节图

有分解作用，它们对肉的成熟和肉及肉制品的风味形成具有很重要的作用。

2. 脂肪组织　脂肪组织的成分，脂肪占绝大部分，其次为水分、蛋白质以及少量的酶、色素和维生素等。它是仅次于肌肉组织的第二个重要组成部分，在活体组织内起着保护组织器官和提供能量的作用。肉中脂肪是风味的前体物质之一，对于改善肉质、提高风味均有影响。脂肪在肉中的含量变动较大，取决于动物种类、品种、日龄、性别及肥育程度。

脂肪的构造单位是脂肪细胞，脂肪细胞或单个或成群地借助于疏松结缔组织联在一起。细胞中心充满脂肪滴，细胞核被挤到周边。脂肪细胞外层有一层膜，膜由胶状的原生质构成，细胞核即位于原生质中。脂肪细胞是动物体内最大的细胞，直径为 30～250 μm，脂肪细胞愈大，里面的脂肪滴愈多，因而出油率也愈高。

脂肪在体内的蓄积,依动物种类、品种、日龄、肥育程度不同而异。猪多蓄积在皮下、肾周围及大网膜;羊多蓄积在尾根、肋间;牛主要蓄积在肌肉内;鸡蓄积在皮下、腹腔及肠胃周围。脂肪蓄积在肌束内最为理想,可以使肉呈现大理石花纹,改善肉的品质,是评定肉品质的一个重要指标。

3. 结缔组织 结缔组织在动物体内分布很广,包括腱、肌膜、韧带、血管、淋巴、神经、毛皮等都由结缔组织组成,对各器官组织起到支持和连接作用,使肌肉保持一定弹性和硬度。结缔组织由细胞成分、丝状纤维和无定形的基质组成。细胞成分有成纤维细胞、组织细胞、肥大细胞、浆细胞和脂肪细胞等,存在于纤维中间;纤维由蛋白质分子聚合而成,可分胶原纤维、弹性纤维和网状纤维三种。

胶原纤维呈白色,故称白纤维。纤维呈波纹状,分散存在于基质内。主要由胶原蛋白组成,是肌腱、皮肤、软骨等组织的主要成分,在沸水或弱酸中变成明胶;易被酸性胃液消化,而不被碱性胰液消化。弹性纤维色黄,故又称黄纤维。有弹性,纤维粗细不同而有分支,直径 $0.2 \sim 12~\mu m$。在沸水、弱酸或弱碱中不溶解,但可被胃液和胰液消化。弹性纤维的主要化学成分为弹性蛋白,在血管壁、项韧带等组织中含量较高。

畜禽胴体中的结缔组织含量占胴体的 9%~15%。但因家畜(禽)种类、日龄状况、使役程度和存在部位不同,而有很大的差异。老龄、公畜、消瘦及使役的动物其结缔组织含量高。同一动物不同部位也不同,一般讲,前躯由于支持沉重的头部而结缔组织较后躯发达,下躯较上躯发达。羊肉各部的结缔组织见表2-1。

表 2-1 羊胴体各部位结缔组织含量

部 位	结缔组织含量/%	部 位	结缔组织含量/%
前 肢	12.7	后 肢	9.5
颈 部	13.8	腰 部	11.9
胸 部	12.7	背 部	7.0

结缔组织为非全价蛋白,不易被消化吸收,营养价值很低,肉的硬度较高,因此肉的食用价值低,可以用来加工胶冻类食品。牛肉结缔组织的吸收率为 25%,而肌肉的吸收率为 69%。由于各部的肌肉结缔组织含量不同,其硬度不同,剪切力值也不同。

4. 骨组织 骨组织是肉的次要部分,由细胞、纤维性成分和基质组成,其基质已被钙化,所以很坚硬,起着支撑机体和保护器官的作用,同时是钙、镁、钠等矿物质的贮存组织,其食用价值和商品价值较低。成年后动物骨骼含量比较恒定,变动幅度较小。猪骨占胴体的 5%~9%,牛占 15%~20%,羊占 8%~17%,兔占 12%~15%,鸡占 8%~17%。

骨由骨膜、骨质和骨髓构成,骨膜是由结缔组织包在骨骼表面的一层硬膜,里面有神经、血管。骨骼根据构造的致密程度分为密质骨和松质骨,骨的外层比较致密坚硬,内层较为疏松多孔。按形状又分为管状骨和扁平骨,管状骨密致层厚,扁平骨密致层薄。在管状骨的管骨腔及其他骨的松质层空隙内充满有骨髓。骨髓分红骨髓和黄骨髓。红骨髓的化学成分中水分占 40%~50%,胶原蛋白占 20%~30%,无机质占 20%,无机质成分主要是钙和磷。

第二节 肉的化学组成及物理性质

一、肉的化学组成

肉的化学组成主要是指肌肉组织的各种化学物质的组成,包括水分、蛋白质、脂类、碳水化合物、含氮浸出物及少量的矿物质和维生素等,不同种类畜禽肉的化学组成不同(表2-2)。

1. 水分 水是肉中含量最多的成分,不同组织水分含量差异很大,其中肌肉含水量 70%~80%,皮肤为 60%~70%,骨骼为 12%~15%。脂肪组织含水非常少,因此畜禽愈肥,其胴体中水分含量愈低,老年动物比幼年动物含量少。水分不是肉品的营养物质,但肉中水分含量多少及存在状态会影响肉的加工质量及贮藏性。肉中水分以非游离态存在,大致可分为结合水、不易流动水、自由水三种。

表2-2 畜禽肉的化学组成

名 称	含 量/%					热 量/(J/kg)
	水 分	蛋白质	脂 肪	碳水化合物	灰 分	
牛 肉	72.91	20.07	6.48	0.25	0.92	6 186.4
羊 肉	75.17	16.35	7.98	0.31	1.92	5 893.8
肥猪肉	47.40	14.54	37.34	—	0.72	13 731.3
瘦猪肉	72.55	20.08	6.63	—	1.10	4 869.7
马 肉	75.90	20.10	2.20	1.33	0.95	4 305.4
鹿 肉	78.00	19.50	2.25	—	1.20	5 358.8
兔 肉	73.47	24.25	1.91	0.16	1.52	4 890.6
鸡 肉	71.80	19.50	7.80	0.42	0.96	6 353.6
鸭 肉	71.24	23.73	2.65	2.33	1.19	5 099.6
骆驼肉	76.14	20.75	2.21	—	0.90	3 093.2

(1) 结合水：肉中结合水含量大约占水分总量的5%。借助极性基团与水分子的静电引力而紧密结合在蛋白质分子上。结合水与自由水的性质不同，它的蒸气压极度低，冰点约为-40℃，不能作为其他物质的溶剂，不会被微生物利用，不易受肌肉蛋白质结构或电荷的影响，甚至在施加外力条件下，也不能改变其与蛋白质分子紧密结合的状态。通常这部分水分分布在肌肉的细胞内部。

(2) 不易流动水：约占总水分含量的80%，存在于纤丝、肌原纤维及膜之间。不易流动水易受蛋白质结构和电荷变化的影响，肉的保水性能主要取决于此类水的保持能力。这些水分能溶解盐及溶质，并可在-1.5～0℃下结冰。

(3) 自由水：指存在于细胞外间隙中能自由流动的水，它们仅靠毛细管作用力而保持。自由水约占肌肉总水分的15%。

(4) 水分活度：水分活度是指食品在密闭容器内测得的水蒸汽压（P）与同温下测得的纯水蒸汽压（P_0）之比。即 $A_w = P/P_0$。

水分活度反映了水分与肉品结合的强弱及可被微生物利用的有效性，各种食品都有一定的 A_w 值。新鲜肉为0.97～0.98，鱼为0.98～0.99，灌肠为0.96左右，干肠为0.65～0.85。不同微生物的生长发育所需的 A_w 不同。一般而言，细菌生长的 A_w 下限为0.94，酵母为0.88，霉菌为0.8。当 A_w 小于0.7，大多数微生物不能生长发育，但嗜盐菌在0.7，耐干燥霉菌在0.65，耐渗透压的酵母菌在0.61时仍能发育。肉及肉制品的 A_w 一般用水分活度仪测定。

2. 蛋白质 肌肉中蛋白质占18%～23%，占肉中固形物的80%，根据其在盐溶液中的溶解度可分成三类：肌浆蛋白质（占总蛋白的20%～30%）、肌原纤维蛋白质（占40%～60%）、基质蛋白质（约占10%）。这些蛋白质的含量因动物种类、解剖部位等不同而有一定差异（表2-3）。

表2-3 动物骨骼肌中不同种类蛋白质的含量/%

种 类	哺乳动物	禽 类	鱼 肉
肌原纤维蛋白	49～55	60～65	65～75
肌浆蛋白	30～34	30～34	20～30
结缔组织蛋白	10～17	5～7	1～3

(1) 肌原纤维蛋白：肌原纤维蛋白是构成肌原纤维的蛋白质，通常利用离子强度0.5以上的高浓度盐溶液抽出，但被抽出后，即可溶于低离子强度的盐溶液中，占肌肉蛋白质总量的40%～60%。主要包括肌球蛋白、肌动蛋白、肌动球蛋白和2～3种调节性结构蛋白质。肌原纤维是肌肉收缩的单位，由丝状的蛋白质凝胶所构成。肌原纤维蛋白质的含量随肌肉活动而增加，并因静止或萎缩而减少，而且肌原纤维中的蛋白质与肉的某些重要品质特性（如嫩度、弹性）密切相关（表2-4）。

肌原纤维蛋白是构成肌原纤维的蛋白质，主要包括肌球蛋白、肌动蛋白、肌动球蛋白、原肌球蛋白和肌钙蛋白等。

表 2-4　肌原纤维蛋白质的种类和含量

名　称	含量/%	名　称	含量/%	名　称	含量/%
肌球蛋白	45	C-蛋白	2	55 000 u 蛋白	<1
肌动蛋白	20	M-蛋白	2	F-蛋白	<1
原肌球蛋白	5	α-肌动蛋白素	2	I-蛋白	<1
肌原蛋白	5	β-肌动蛋白素	<1	filament	<1
联结蛋白	6	γ-肌动蛋白素	<1	肌间蛋白	<1
N-line	3	肌酸激酶	<1	vimentin	<1
				synemin	<1

　　肌球蛋白(myosin)是肌肉中含量最高也是最重要的蛋白质,约占肌肉总蛋白质的1/3,占肌原纤维蛋白的50%～55%,肌球蛋白是粗丝的主要成分,构成肌节的A带,分子质量为470～520 kDa,形状很像"豆芽",由两条肽链相互盘旋构成。在酶的作用下,肌球蛋白裂解为两个部分,即由头部和一部分尾部构成的重酶解肌球蛋白(HMM)和尾部的轻酶解肌球蛋白(LMM)。肌球蛋白不溶于水或微溶于水,在离子强度为0.3以上的中性盐溶液中可溶解,等电点5.4,在55～60 ℃发生凝固,易形成黏性凝胶,在饱和的NaCl或$(NH_4)_2SO_4$溶液中可盐析沉淀。肌球蛋白的头部有ATP酶活性,可以分解ATP,并可与肌动蛋白结合成肌动球蛋白,与肌内的收缩直接有关。

　　肌动蛋白(actin)约占肌原纤维蛋白的20%,是构成细丝的主要成分。肌动蛋白只有一条多肽链构成,其分子质量为41.8～61 kDa,等电点4.7。肌动蛋白能溶于水和稀盐溶液中,在半饱和的$(NH_4)_2SO_4$溶液中可盐析沉淀。低离子强度条件下肌动蛋白以分子质量为42 kDa的球形蛋白分子存在,称为G-肌动蛋白,在生理状态下(高离子强度),G-肌动蛋白聚合成具有右手螺旋结构的F-肌动蛋白,后者与原肌球蛋白等结合成细丝,在肌肉收缩过程中与肌球蛋白的横突形成交联(横桥),共同参与骨骼肉的收缩过程。肌动蛋白不具备凝胶形成能力。

　　肌动球蛋白(actomyosin)是肌动蛋白与肌球蛋白结合后的复合物。肌动球蛋白的黏度很高,具有明显的流动双折射现象,由于其聚合度不同,因而分子量不定。肌动蛋白与肌球蛋白的结合比例为1:2.5～1:4。肌动球蛋白也具有ATP酶活性,但与肌球蛋白不同,Ca^{2+}和Mg^{2+}都能激活ATP酶。肌动球蛋白能形成热诱导凝胶,影响肉制品的工艺特性。

　　原肌球蛋白(tropomyosin)是由两个分子质量为33 kDa的亚基构成,占肌原纤维蛋白的4%～5%。形为杆状分子,构成细丝的支架。每1分子的原肌球蛋白结合7个肌动蛋白亚基和1分子的肌钙蛋白,分子质量65～80 kDa。

　　肌钙蛋白(troponin)又叫肌原蛋白,占肌原纤维蛋白的5%～6%。肌钙蛋白对Ca^{2+}有很高的敏感性。每一个蛋白分子具有4个Ca^{2+}结合位点。肌钙蛋白沿着细丝以38.5 nm的周期结合在原肌球蛋白分子上(分子质量为69～81 kDa)。肌原蛋白有三个亚基,各有自己的功能特性:钙结合亚基(TnC),分子质量18～21 kDa,是Ca^{2+}的结合部位;抑制亚基(TnI),分子质量20.5～24.0 kDa,能高度抑制肌球蛋白中ATP酶活性,从而阻止肌动蛋白与肌球蛋白结合;原肌球蛋白结合亚基(TnT),分子质量30～37 kDa,能结合原肌球蛋白,起联接的作用。

　　(2)肌浆蛋白质:肌浆是指在肌原纤维细胞中环绕并渗透到肌原纤维中的液体和悬浮于其中的各种肌浆蛋白、有机物和无机物以及亚细胞结构的细胞器、线粒体等。通常将磨碎的肌肉压榨便可挤出肌浆。肌浆中的蛋白主要是肌红蛋白、肌浆中的各种酶和肌粒蛋白等,这些蛋白质易溶于水或低离子强度的中性盐溶液,是肉中最易提取的蛋白质,故称之为肌肉的可溶性蛋白质。肌浆蛋白的主要功能是参与肌细胞中的物质代谢。

　　肌红蛋白是一种复合性的色素蛋白质,由一条肽链的珠蛋白和一分子亚铁血色素结合而成,相对分子量为34 000,等电点为6.78,含量为0.2%～2%。肌红蛋白有多种衍生物,如呈鲜红色的氧合肌红蛋白、呈褐色的高铁肌红蛋白、呈鲜亮红色的NO肌红蛋白等,如果放血充分,肌红蛋白占肉中色素的80%～90%,是决定肉色的关键物质。肌红蛋白的含量和化学状态决定了肉的色泽。肌红蛋白的含量因动物的种类、日龄、肌肉的部位而不同。肌浆中还存在大量可溶性酶,其中糖酵解酶占2/3以上。主要的肌浆酶见表2-5,此外还有钙激活酶和组织蛋白酶。

表 2-5 肌肉中肌浆酶蛋白的含量

肌 浆 酶	含量/(mg/g)	肌 浆 酶	含量/(mg/g)
磷酸化酶	2.0	磷酸甘油激酶	0.8
淀粉-1,6-糖苷酶	0.1	磷酸甘油醛脱氢酶	11.0
葡萄糖磷酸变位酶	0.6	磷酸甘油变位酶	0.8
葡萄糖磷酸异构酶	0.8	烯醇化酶	2.4
果糖磷酸激酶	0.35	丙酮酸激酶	3.2
缩醛酶(二磷酸果糖酶)	6.5	乳酸脱氢酶	3.2
磷酸丙糖异构酶	2.0	肌酸激酶	5.0
甘油-3-磷酸脱氢酶	0.3	一磷酸腺苷激酶	0.4

(3) 基质蛋白质：基质蛋白质亦称结缔组织蛋白质，是指肌肉组织磨碎之后在高浓度的中性溶液中充分抽提之后的残渣部分。主要有三种，即胶原蛋白、弹性蛋白和网状蛋白(表2-6)，它们是构成肌内膜、肌束膜、肌外膜和筋腱的主要成分，存在于结缔组织的纤维及基质中，均属于硬蛋白类。

表 2-6 结缔组织蛋白质的含量/%

成 分	白色结缔组织	黄色结缔组织
蛋白质	35.0	40.0
胶原蛋白	30.0	7.5
弹性蛋白	2.5	32.0
粘蛋白	1.5	0.5
可溶性蛋白	0.2	0.6
脂类	1.0	1.1

(4) 肌肉蛋白质的氨基酸组成：肌肉中蛋白质含量在20%左右，总氮中有大约95%是蛋白质，余下的5%是小肽、氨基酸和其他含氮化合物。蛋白质由氨基酸组成，蛋白质的营养价值取决于各种氨基酸的含量和比例。肌肉蛋白质的生物价值是0.75(人乳是1.0，小麦蛋白质是0.5)，蛋白质净利用率是80(蛋是100，小麦是52)，消化率是94~97(植物蛋白质是78~88)，氨基酸组成与人体非常接近，含有人体必需的所有氨基酸，所以肉类蛋白质营养价值高。

3. 脂肪 动物的脂肪可分为蓄积脂肪和组织脂肪两大类，蓄积脂肪包括皮下脂肪、肾周围脂肪、大网膜脂肪及肌间脂肪等；组织脂肪为肌肉及脏器内的脂肪。家畜的脂肪组织中90%是中性脂肪即甘油三酯，水分占7%~8%，蛋白质占3%~4%，此外还有少量的磷脂和固醇脂。脂肪对肉的食用品质影响甚大，肌肉内脂肪的多少直接影响肉的多汁性和嫩度。

脂肪酸可分为两类，即饱和脂肪酸和不饱和脂肪酸。由于脂肪酸不同，所以动物脂肪都是混合甘油酯。含饱和脂肪酸多则熔点和凝固点高，脂肪组织比较硬、坚挺，含不饱和的脂肪酸多则熔点和凝固点低，脂肪则比较软。因此，脂肪酸的性质决定了脂肪的性质。肉类脂肪有20多种脂肪酸，其中饱和脂肪酸以硬脂酸和棕榈酸居多；不饱和脂肪酸以油酸居多，其次是亚油酸。磷脂以及胆固醇所构成的脂肪酸酯类是能量来源之一，也是构成细胞的特殊成分，它对肉类制品质量、颜色、气味具有重要作用。不同动物脂肪的脂肪酸组成不一致(表2-7)，相对而言，鸡脂肪和猪脂肪含不饱和脂肪酸较多，牛脂肪和羊脂肪中含不饱和脂肪酸较少。脂肪酸的组成则在一定程度上决定了肉的风味和营养价值。

表 2-7 不同动物脂肪的脂肪酸组成

脂 肪	硬脂酸含量/%	油酸含量/%	棕榈酸含量/%	亚油酸含量/%	熔点/℃
牛脂肪	41.7	33.0	18.5	2.0	40~50
羊脂肪	34.7	31.0	23.2	7.3	40~48
猪脂肪	18.4	40.0	26.2	10.3	33~38
鸡脂肪	8.0	52.0	18.0	17.0	28~38

4. 浸出物 浸出物是指除蛋白质、盐类、维生素外能溶于水的浸出性物质,包括含氮浸出物和无氮浸出物。

(1) 含氮浸出物:含氮浸出物为非蛋白质的含氮物质,如游离氨基酸、磷酸肌酸、核苷酸类(ATP、ADP、AMP、IMP)及肌苷、尿素等。100 g 肉中大约含有 500 mg 含氮浸出物。它们是形成肉滋味的主要物质,如 ATP 除供给肌肉收缩的能量外,逐级降解形成的肌苷酸是肉香的主要成分,磷酸肌酸分解成肌酸,肌酸在酸性条件下加热则为肌酐,可增强熟肉的风味。

(2) 无氮浸出物:无氮浸出物为不含氮的可浸出的有机化合物,包括碳水化合物(糖原、葡萄糖、核糖等)和有机酸(乳酸、乙酸、丁酸、延胡索酸等)。糖原主要存在于肝脏和肌肉中,肌肉中含 0.3%~0.8%,肝中含 2%~8%,马肉肌糖原含 2%以上。宰前动物消瘦、疲劳及病态,肉中糖原贮备少。肌糖原含量多少,对宰后肌肉的 pH、持水性、色泽、风味和贮藏性等有明显影响,是导致肉品质变化的主要原因之一。

5. 维生素和矿物质 肉中维生素主要有维生素 A、维生素 B_1、维生素 B_2、维生素 PP、叶酸、维生素 C、维生素 D 等。其中脂溶性维生素较少,但水溶性 B 族维生素含量丰富。维生素含量受肉畜种类、品种、日龄、性别和肌肉类型的影响,内脏中维生素含量比肉中高,尤其是肾、肝中维生素 A 的含量可达 100~150(I.U)和 10 000~20 000(I.U)。猪肉中维生素 B_1 的含量比其他肉类要多得多,而牛肉中叶酸的含量则又比猪肉和羊肉高。此外,动物的肝脏中几乎各种维生素含量都很高。

矿物质是指一些无机盐类和元素,含量为 1.5%左右,肌肉中钾、磷含量最多,但钙含量较低。这些无机盐在肉中有的以游离状态存在,如镁、钙离子;有的以螯合状态存在,如肌红蛋白中含铁,核蛋白中含磷。肉中尚含有微量的锰、铜、锌、镍等。

二、肉的物理性质

1. 体积质量 肉的体积质量是指每立方米体积的质量(kg/m^3)。体积质量的大小与动物种类、肥度有关,脂肪含量多则体积质量小。如去掉脂肪的牛、羊、猪肉体积质量为 1 020~1 070 kg/m^3,猪肉为 940~960 kg/m^3,牛肉为 970~990 kg/m^3,猪脂肪为 850 kg/m^3。

2. 比热容 肉的比热容为 1 kg 肉升降 1 ℃所需的热量。它受肉的含水量和脂肪含量的影响,含水量多比热大,其冻结或溶化潜热增高,肉中脂肪含量多则相反。

3. 热导率 肉的热导率是指肉在一定温度下,每小时每米传导的热量,以 kJ 计。热导率受肉的组织结构、部位及冻结状态等因素影响,很难准确地测定。肉的热导率大小决定肉冷却、冻结及解冻时温度升降的快慢。肉的热导率随温度下降而增大。因冰的热导率比水大 4 倍,因此,冻肉比鲜肉更易导热。

4. 肉的冰点 肉的冰点是指肉中水分开始结冰的温度,也叫冻结点。它取决于肉中盐类的浓度,浓度愈高,冰点愈低。纯水的冰点为 0 ℃,肉中含水分 60%~70%,并且有各种盐类,因此冰点低于水。一般猪肉、牛肉的冻结点为-1.2~-0.6 ℃。

第三节 肉的成熟及腐败变质

畜禽屠宰后,屠体的肌肉内部在组织酶和外界微生物的作用下,发生一系列生化变化,动物刚屠宰后,肉温还没有散失,肉柔软具有较小的弹性,这种处于生鲜状态的肉称作热鲜肉。经过一定时间,肉的伸展性消失,肉体变为僵硬状态,这种现象称为宰后僵直(又称尸僵),此时加热不易煮熟,保水性差,加热后重量损失大,不适于加工肉制品。随着贮藏时间的延长,僵直缓解,经过自身解僵,肉变得柔软,同时保水性增加,风味提高,此过程称作肉的成熟。成熟肉在不良条件下贮存,经酶和微生物的作用,分解变质称作肉的腐败。畜禽屠宰后肉的变化为:宰后僵直、成熟、腐败等。在肉品工业生产中,要控制宰后僵直、促进成熟、防止腐败。

一、宰后僵直

1. 宰后僵直的机制 宰后僵直发生的原因主要是 ATP 的减少及 pH 的下降。刚刚宰后的肌肉以及各种细胞内的生物化学等反应仍在继续进行,但是由于放血而导致体液平衡的破坏、供氧的停止,整个细胞内很快变成无氧状态,从而使葡萄糖及糖原的有氧分解很快变成无氧酵解产生乳酸。在有氧的条件下每个葡萄糖分子可以产生38分子ATP,而无氧酵解则只能产生2分子ATP,从而使ATP的供应受阻,但体内(肌肉内)ATP的消耗造成宰后肌肉内的ATP含量迅速下降。由于ATP水平的下降和乳酸浓度的提高(pH降低),肌浆网钙泵的功能丧失,使肌浆网中Ca^{2+}逐渐释放而得不到回收,致使Ca^{2+}浓度升高,引起肌动蛋白沿着肌球蛋白的滑动收缩;另一方面引起肌球蛋白头部的ATP酶活化,加快ATP的分解并减少,同时ATP的丧失又促使肌动蛋白细丝和肌球蛋白粗丝之间交联的结合形成不可逆性的肌动球蛋白,从而引起肌肉的连续且不可逆的收缩,收缩达到最大程度时即形成了肌肉的宰后僵直,也称宰后僵直。宰后僵直所需要的时间与动物的种类、肌肉的种类和性质以及宰前状态等有关。

2. 宰后僵直肉的特征　　处于僵硬期的肉,肌纤维粗糙硬固,肉汁变得不透明,有不愉快的气味,食用价值及滋味都较差。宰后僵直的肉硬度大,加盐时不易煮熟,肉汁流失多,缺乏风味,不具备可食肉的特征。但是,达到宰后僵直后的肉如果继续储藏,肌肉内仍将发生诸多的化学反应,导致肌肉的成分、结构发生变化,使肉变软,同时肉的保水性、风味等都增加。

3. 宰后僵直开始和持续的时间　　宰后僵直开始和持续的时间因动物的种类、品种、宰前状况、宰后肉的变化及不同部位而异。一般哺乳动物发生较晚,鱼类肉尸发生早;不放血致死较放血致死发生早;温度高发生的早,持续的时间短;温度低则发生得晚,持续时间长。表2-8为不同动物宰后僵直开始和持续的时间。

表2-8　不同动物尸僵开始和持续的时间

品　　　种	开始时间/h	持续时间/h
牛肉	死后10	15～24
猪肉	死后8	72
鸡肉	死后2.5～4.5	6～12
兔肉	死后1.5～4	4～10
鱼肉	死后0.1～0.2	2

二、肉的成熟

1. 肉成熟的基本机制　　成熟是指尸僵完全的肉在冰点以上温度条件下放置一定时间,使其僵直解除、肌肉变软、系水力和风味得到很大改善的过程。肉僵硬过后,肌肉开始柔软嫩化,变得有弹性,切面富水分,具有愉快香气和滋味,且易于煮烂和咀嚼,这种肉称为成熟肉。肉在成熟期间,肌原纤维和结缔组织的结构发生明显的变化。

(1)肌原纤维小片化:成熟过程中肌肉超微结构完整性发生的最主要变化是肌原纤维在Z线附近发生断裂。与此同时,成熟过程中肌原纤维断裂成若干个小片段,称之为肌原纤维小片化。刚屠宰后的肌原纤维和活体肌肉一样,是10～100个肌节相连的长纤维状,而在肉成熟时则断裂为1～4个肌节相连的小片状(图2-4)。

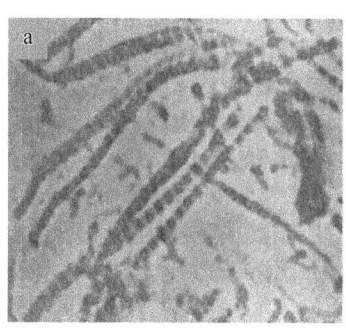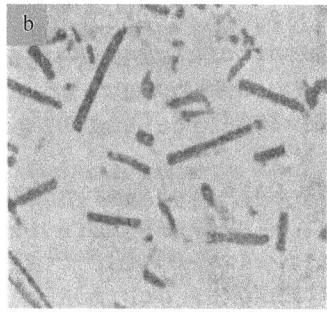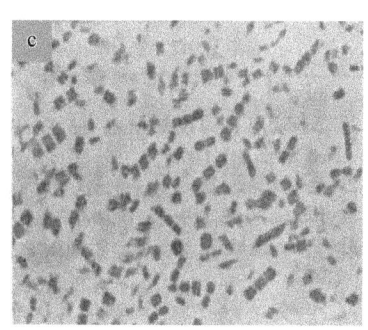

图2-4　成熟过程中肌原纤维(鸡胸肉)的小片化

a. 屠宰后;b. 5℃成熟5h;c. 5℃已成熟48h

(2) 结缔组织的变化：肌肉中结缔组织的含量虽然很低（占总蛋白的5%以下），但是由于其性质稳定、结构特殊，在维持肉的弹性和强度上起着非常重要的作用。在肉的成熟过程中胶原纤维的网状结构被松弛，由规则、致密的结构变成无序、松散的状态（图2-5）。同时，存在于胶原纤维间以及胶原纤维上的黏多糖被分解，这可能是造成胶原纤维结构变化的主要原因。胶原纤维结构的变化，直接导致了胶原纤维剪切力的下降，从而使整个肌肉的嫩度得以改善。

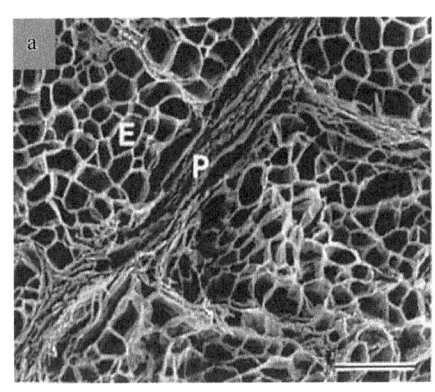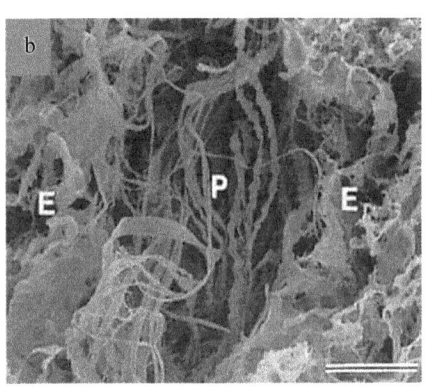

图2-5 成熟过程中结缔组织结构变化（牛肉）
a. 屠宰后；b. 5 ℃成熟28 d

2. 成熟肉的特征 成熟肉呈酸性；肉的横切面有肉汁流出，切面潮湿，具有芳香味和微酸味，容易煮烂，肉汤澄清透明，具肉香味；肉表面形成干膜，有羊皮纸样感觉，可防止微生物的侵入和减少干耗。肉在供食用之前，原则上都需要经过成熟过程来改进其品质，特别是牛肉和羊肉，成熟对提高风味是非常必要的。

3. 成熟对肉质的作用

(1) 嫩度的改善：随着肉成熟的发展，肉的嫩度产生显著的变化。刚屠宰之后肉的嫩度最好，在极限pH时嫩度最差。成熟肉的嫩度有所改善。

(2) 肉保水性的提高：肉在成熟时，保水性又有回升。动物屠宰后随着糖酵解的进行pH下降，极限pH在5.5左右，此时水合率为40%~50%；最大尸僵期以后pH为5.6~5.8，水合率可达60%。因此成熟时pH偏离了等电点，肌动球蛋白解离，扩大了空间结构和极性吸引，使肉的吸水能力增强，肉汁的流失减少。

(3) 蛋白质的变化：肉成熟时，肌肉中许多酶类对某些蛋白质有一定的分解作用，从而促使成熟过程中肌肉中盐溶性蛋白质的浸出性增加。伴随肉的成熟，蛋白质在酶的作用下，肽链解离，使游离的氨基增多，肉水合力增强，变得柔嫩多汁。

(4) 风味的改善：成熟过程中改善肉风味的物质主要有两类，一类是ATP的降解物次黄嘌呤核苷酸（IMP），另一类则是组织蛋白酶类的水解产物——氨基酸。随着成熟，肉中浸出物和游离氨基酸的含量增加，多种游离氨基酸存在，但是谷氨酸、精氨酸、亮氨酸、缬氨酸和甘氨酸较多，这些氨基酸都具有增加肉的滋味或改善肉质香气的作用。

4. 成熟的温度和时间 原料肉成熟温度和时间不同，肉的品质也不同（表2-9）。

表2-9 成熟方法与肉品质量

成熟温度/℃	成熟方法	成熟时间	肉质特点	储藏特性
0~4	低温成熟	时间长	肉质好	耐贮藏
7~20	中温成熟	时间较短	肉质一般	不耐贮藏
>20	高温成熟	时间短	肉质劣化	易腐败

通常在1 ℃，硬度消失80%的情况下，肉成熟成年牛肉需5~10 d，猪肉4~6 d，马肉3~5 d，鸡1/2~1 d，羊和兔肉8~9 d。

成熟的时间愈长，肉愈柔软，但风味并不相应地增强。牛肉以1 ℃、11 d成熟为最佳；猪肉由于不饱和脂肪酸较多，时间长易氧化使风味变劣；羊肉因自然硬度（结缔组织含量）小，通常采用2~3 d成熟。

5. 影响肉成熟的因素

（1）物理因素：温度对嫩化速率影响很大，它们之间成正相关，在 0～4 ℃内，每增加 10 ℃，嫩化速度提高 2.5 倍。当温度高于 60 ℃后，有关酶类蛋白变性，导致速率迅速下降，所以加热烹调就终断了肉的嫩化过程。据测试牛肉在 1 ℃完成 80%的嫩化需 10 d，在 10 ℃缩短到 4 d，而在 20 ℃只需要 1.5 d。在卫生条件好的环境中，适当提高温度可以缩短成熟期。

在肌肉僵直发生后进行电刺激可以加速僵直发展，嫩化也随着提前，减少成熟所需要的时间，如一般需要成熟 10 d 的牛肉，应用电刺激后则只需 5 d。

肉成熟时，将跟腱用钩挂起，此时主要是腰大肌受牵引。如果将臀部用钩挂起，腰大肌短缩被抑制，半腱肌、半膜肌、背最长肌均受到拉伸作用，可以得到较好的嫩度。

（2）化学因素：宰前注射肾上腺素、胰岛素等使动物在活体时加快糖的代谢过程，肌肉中糖原大部分被消耗或从血液排除。宰后肌肉中糖原和乳酸含量减少，肉的 pH 较高，为 6.4～6.9，肉始终保持柔软状态。

（3）生物学因素：基于肉内蛋白酶活性可以促进肉质软化的考虑，采用添加蛋白酶强制其软化。用微生物和植物酶，可使固有硬度尸僵硬度都减少，常用的有木瓜酶。方法可以采用在宰前静脉注射或宰后肌肉注射，宰前注射能够避免脏器损伤和休克死亡。

第四节　肉的品质及新鲜度检验

一、各种畜禽肉的特征

1. 牛肉　正常的牛肉呈红褐色，组织硬而有弹性。营养状况良好的牛，肉组织间夹杂着白色的脂肪，形成所谓"大理石状"。有特殊的风味，其成分为：水分 73%，蛋白质 20%，脂肪 3%～10%。鉴定牛肉时根据风味、外观、脂肪等即可以大致评定。

2. 猪肉　肉色鲜红而有光泽，因部位不同，肉色有差异。肌肉紧密，富有弹性，无其他异常气味，具有肉的自然香味，脂肪的蓄积量比其他肉多，凡脂肪白而硬且带有芳香味时，一般是优等的肉。

3. 绵羊肉及山羊肉　绵羊肉的纤维细嫩，有一种特殊的风味，脂肪硬。山羊肉比绵羊肉带有浓厚的红土色。种公羊有特殊的腥臭味，屠宰时应加以适当的处理。幼绵羊及幼山羊的肉，俗称羔羊肉，味鲜美细嫩，有特殊风味。

4. 鸡肉　鸡肉纤维细嫩，部位不同，颜色也有差异。腿部略带灰红色，胸部及其他部分呈白色。脂肪柔软、熔点低。鸡皮组织以结缔组织为主，富于脂肪而柔软，味美。

5. 兔肉　肉色粉红，肉质柔软，具有一种特殊清淡风味。脂肪在外观上柔软，但熔点高。

二、肉品质的感官评定

感官鉴定对肉品加工选择原料方面有重要的作用。感官鉴定主要从以下几个方面进行：视觉——肉的组织状态、粗嫩、黏滑、干湿、色泽等；嗅觉——气味的有无、强弱、香、臭、腥臭等；味觉——滋味的鲜美、香甜、苦涩、酸臭等；触觉——坚实、松弛、弹性、拉力等；听觉——检查冻肉、罐头声音的清脆、混浊及虚实等。

1. 新鲜肉　外观、色泽、气味都正常，肉表面有稍带干燥的"皮膜"，呈浅玫瑰色或淡红色；切面稍带潮湿而无黏性，并具有各种动物肉特有的光泽；肉汁透明，肉质紧密，富有弹性；用手指按摸时凹陷处立即复原；无酸臭味而带有鲜肉的自然香味；骨骼内部充满骨髓并有弹性，带黄色，骨髓与骨的折断处相齐；骨的折断处发光；腱紧密而具有弹性，关节表面平坦而发光，其渗出液透明。

2. 陈旧肉　肉的表面有时带有黏液，有时很干燥，表面与切口处都比鲜肉发暗，切口潮湿而有黏性。如在切口处盖一张吸水纸，会留下许多水迹。肉汁混浊无香味，肉质松软，弹性小，用手指按摸，凹陷处不能立即复原，有时肉的表面发生腐败现象，稍有酸霉味，但深层还没有腐败的气味。密闭煮沸后有异味，肉汤混浊不清，汤的表面油滴细小，有时带腐败味。骨髓比新鲜的软一些，无光泽，带暗白色或灰色，腱柔软，呈灰白色或淡灰色，关节表面为黏液所覆盖，其液浑浊。

3. 腐败肉 表面有时干燥,有时非常潮湿而带黏性。通常在肉的表面和切口有霉点,呈灰白色或淡绿色,肉质松软无弹力,用手按摸时,凹陷处不能复原,不仅表面有腐败现象,在肉的深层也有浓厚的酸败味。密闭煮沸后,有一股难闻的臭味,肉汤呈污秽状,表面有絮片,汤的表面几乎没有油滴。骨髓软弱无弹性,颜色暗黑,腱潮湿呈灰色,为黏液所覆盖。关节表面由黏液深深覆盖,呈血浆状。

三、肉的食用品质

肉的食用品质及物理性状主要指肉的色泽、风味、嫩度、保水性、pH、容重、比热容、冰点等。这些性质在肉的加工贮藏中直接影响肉品的质量。

1. 色泽 肉的颜色对肉的营养价值并无多大影响,然而,与其他任何质量因素相比,肉色对消费者购买肉的决定影响最大。这是由于消费者把是否变色作为判断肉的新鲜度和是否有害于健康的一个指标。

(1) 形成肉色的物质:肉的颜色一般呈现深浅不一的红色,肌红蛋白是决定肉色的主要蛋白质,而其他血红素蛋白,如血红蛋白、细胞色素c也可能对牛肉、羊肉、猪肉和禽肉颜色起一定的作用。如果放血充分,肌红蛋白占肉中色素的80%~90%。肌肉中肌红蛋白的含量和化学状态决定了肉的色泽,肌红蛋白几种形态的转变受多种因素的影响,造成了不同动物、不同肌肉的颜色深浅不一和肉色的改变,如从紫色到鲜红色,从褐色到灰色,甚至还会出现绿色。

(2) 肌红蛋白的结构:肌红蛋白是一种复合蛋白质,相对分子质量在17 000左右,由一条多肽链构成的珠蛋白和一个血红素组成,如图2-6所示。珠蛋白的结构有利于肌红蛋白生理功能的实现,而血红素是决定肉色的核心部分,它是由四个吡咯形成的环上加上铁离子所组成的铁卟啉,卟啉环的中心定位铁原子能形成6个化学键。其中四个化学键是与吡咯环上的氮结合,第五个结合于最近的93位的组氨酸,第六个位置则可与配体可逆地结合。

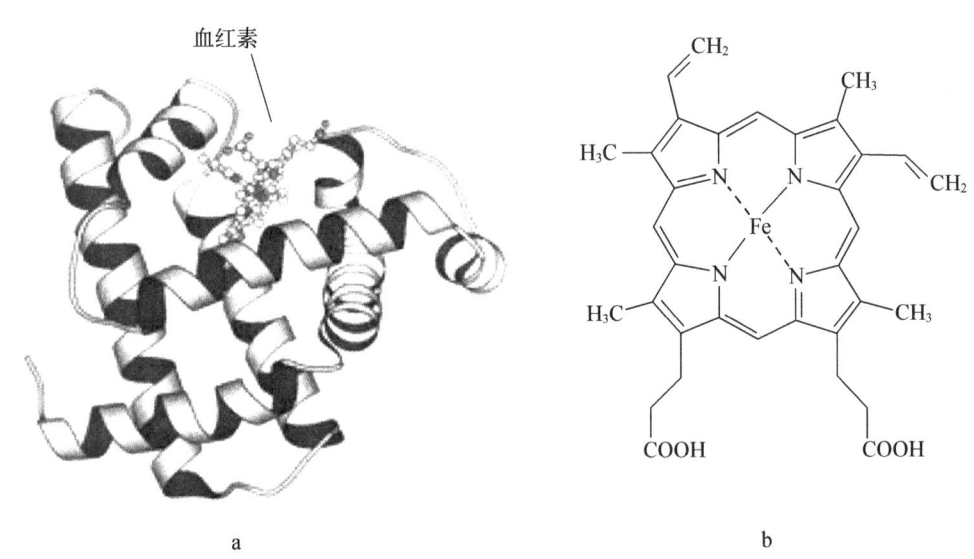

图2-6 肌红蛋白的结构
a. 肌红蛋白分子结构;b. 血红素分子结构

(3) 肌红蛋白的宰后变化:结合的配体和铁离子的价态决定了肌肉的颜色(图2-7)。因此,肉色变化主要是由肌红蛋白的四种主要形态决定的。

氧合反应:当中心铁原子没有被除四个吡咯环氮原子以外的配体结合,同时血红素铁处于还原态(Fe^{2+})时,肌红蛋白未结合氧,以脱氧肌红蛋白(DMb, Deoxy-Myoglobin)的形式存在。此时肉呈现紫红色或淡紫红色。通常真空包装的肉和刚分割时的肌肉切面为此颜色。使肌红蛋白处于脱氧状态需要很低的氧分压($p<1.4$ mmHg)。当肌红蛋白暴露于氧气中时,开始发生氧合反应,肉色转变为鲜红色。氧合反应过程中,铁原子的六号位与氧分子结合而铁离子价态并未发生变化,形成氧合肌红蛋白(OMb, Oxy-Myoglobin)。随着暴露在氧气中的时间增长时,氧合肌红蛋白扩散到肉的次表面。

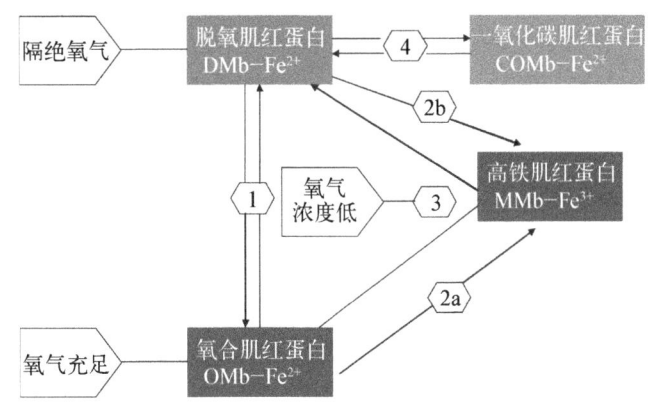

图 2-7 肉表面各种肌红蛋白间的相互转换化学反应图

1. 氧合：$DMb+O_2 \rightarrow OMb$；2a. 氧化：$OMb+[氧消耗/低氧分压]-e \rightarrow MMb+O_2$；2b. 氧化：$DMb-e \rightarrow MMb$；3. 还原：$MMb+[氧消耗]+MMb$ 还原力 $\rightarrow DMb$；4. COMb：$DMb+CO \rightarrow COMb$

氧化反应：低价态肌红蛋白的氧化，形成了三价的铁，导致了肌肉的变色。尽管变色经常与表面部位高铁肌红蛋白(MMb，Met-Myoglobin)的量相关，但次表面肌红蛋白形态的变化也对肉品外观的稳定性起到了决定的作用。这是由于表层上的高铁肌红蛋白(位于表面的氧合肌红蛋白与内部脱氧肌红蛋白之间)逐渐增厚并移向表面。

氧化再还原反应：高铁肌红蛋白的还原对肉色货架期起到了决定作用，一般情况下，当高铁肌红蛋白≤20%时肉仍然呈鲜红色；高铁肌红蛋白达 30%时肉显示出稍暗的颜色；高铁肌红蛋白达 50%时肉呈红褐色；高铁肌红蛋白达到 70%时肉就变成褐色。因此，防止和减少高铁肌红蛋白的形成是保持肉色的关键。它由肌肉中的耗氧酶、还原酶系统以及宰后有限的 NADH 所决定。然而，随着宰后时间的推移，酶活力和 NADH 持续耗尽。从图 2-7 中可知，氧合肌红蛋白并不直接转变为脱氧肌红蛋白，而是在低氧分压下先转变为三价氧化态。随着氧的消耗直至内部被根除而形成低氧分压。这种氧消耗有可能导致了氧合肌红蛋白向高铁肌红蛋白的氧化转变。但从实际情况来看，这个过程通常较难实现。这是由于随后的脱氧肌红蛋白的形成取决于肌肉的还原能力和在一定氧分压下对高铁肌红蛋白进一步的还原。

一氧化碳肌红蛋白的形成：一氧化碳肌红蛋白是肌红蛋白一种相关的化学状态。具体哪种肌红蛋白可以转化为一氧化碳肌红蛋白目前仍然没有弄清楚。但很明显地，CO 能结合于脱氧肌红蛋白的六号空位并呈现一种相对稳定的亮红色。尽管一氧化碳肌红蛋白对肉色的维持具有重要作用，但一氧化碳肌红蛋白化学变化的一些基本概念也仍然不清楚。与氧合肌红蛋白和高铁肌红蛋白相比，脱氧肌红蛋白更易于转变为一氧化碳肌红蛋白。然而，一氧化碳肌红蛋白暴露于无 CO 的环境中，CO 将缓慢地与肌红蛋白分离，位点被氧分子竞争性占据。

(4) 影响肌肉颜色变化的因素

氧气压：当新鲜肉置于空气中，肉表面肌红蛋白与氧结合生成氧合肌红蛋白，肉呈鲜红色，此过程在 30 min 内完成。随着时间的增长，氧合肌红蛋白被氧化成高铁肌红蛋白，氧气分压在 666.7~933.3 Pa 时氧化速度最快。形成氧合肌红蛋白需要充足氧气，一般氧气压愈高，愈有利于氧合，而将其氧化成高铁肌红蛋白只需要少量的氧，一般氧压愈低，愈有利于其氧化，氧压升高则抑制其氧化。

微生物：微生物繁殖加速肉色的变化，特别是高铁肌红蛋白的形成，这是因为微生物消耗了氧气，使肉表面氧分压下降，有利于高铁肌红蛋白的生成。然而当微生物繁殖到一定程度时($>10^7$ cfu/g)，大量的微生物消耗了肉表面的所有氧气，使肉的表面成为缺氧层，同时产生还原力，高铁肌红蛋白又被还原。

温度：微生物繁殖与肉色变化有关，而前者与温度关系密切。温度升高有利于细菌繁殖，从而加快 Mb 氧化，所以温度与高铁肌红蛋白形成，即与肉色变深呈正相关。据测定，在 -3~30 ℃内，每提高 10 ℃，氧合肌红蛋白氧化为高铁肌红蛋白的速率提高 5 倍，即 Q_{10} 为 5。此外，温度直接影响肌肉中酶的活性，从而影响动物宰后肌糖原降解速度和肌肉 pH 的下降速度，对白肌肉(PSE 肉)的产生有重要影响，因此对肉色也有重要影响。

pH：动物肌肉 pH 在宰前为 7.2~7.4，宰后由于糖酵解作用使乳酸在肌肉中累积，pH 下降。肌肉 pH

下降的速度和程度对肉的颜色、系水力、蛋白质溶解度以及细菌繁殖速度等均有影响。极限 pH 一般是指成熟结束时肌肉的最终 pH，主要与动物屠宰时肌糖原含量有关。动物在宰前糖原消耗过多，尸僵后肉的极限 pH 高，易出现生理异常肉，牛肉出现黑干肉（DFD 肉），这种肉颜色较正常肉深暗，而猪则易引 PSE 肉，使肉色变得苍白。肌糖原含量过高时，肌肉极限 pH 偏低（<5.5），会产生酸肉或 RSE 肉，这种肉的颜色正常，但质地和保水性较差。

环境中的湿度、光照、冷冻、包装、电刺激及辐照、抗氧化剂处理等因素对肌肉颜色变化均有一定影响。各因素对肉色影响主要如表 2-10。

表 2-10 影响肉色的因素

因 素	影 响
肌红蛋白含量	含量越多，颜色越深
品种、解剖位置	牛、羊肉色颜色较深，猪此之，禽腿肉为红色，而胸肉为浅白色
日龄	日龄愈大，肌肉 Mb 含量愈高，肉色愈深
运动	运动量大的肌肉 Mb 含量高，肉色深
pH	终 pH>6.0，不利于氧合 Mb 形成，肉色黑暗
肌红蛋白的化学状态	氧合 Mb 呈鲜红色，高铁 Mb 呈褐色
细菌繁殖	促进高铁 Mb 形成，肉色变暗
电刺激	有利于改善牛、羊的肉色
宰后处理	迅速冷却有利肉保持鲜红颜色。放置时间加长，温度升高均促进 Mb 氧化，肉色变深
腌制（亚硝基形成）	生成亮红色的亚硝基肌红蛋白，加热后形成粉红色的亚硝基血色原

2. 肉的风味 肉的风味大都通过烹调后产生，生肉一般只有咸味、金属味和血腥味。当肉加热后，前体物质反应生成各种呈味物质，赋予肉以滋味和芳香味。这些物质主要是通过美拉德（Maillard）反应、脂质氧化和一些物质的热降解这三种途径形成，风味的差异主要来自脂肪的氧化，这是因为不同种动物脂肪酸组成明显不同，由此造成氧化产物及风味的差异。肉的风味成分复杂多样，含量甚微，用一般方法很难测定，除少数成分外，多数无营养价值，不稳定，加热易破坏和挥发。呈味性能与其分子结构有关，呈味物质均具有各种发香基团。如羟基—OH，羧基—COOH，醛基—CHO，羰基—CO，硫基—SH，酯基—COOR，氨基—NH_2，酰胺基—CONH，亚硝基—NO_2，苯基—C_6H_5。这些肉的味质是通过人的高度灵敏的嗅觉和味觉器官而反映出来的。风味是食品化学的一个重要领域，随着高灵敏度和高专一性分析技术发展，如高分辨率气相色谱、质谱、气质联用和高效液相色谱等技术的应用，肉的风味研究正日趋活跃。

（1）风味的呈味物质：肉的风味由滋味和香味组合而成，滋味的呈味物质是非挥发性的，主要靠人的舌面味蕾（味觉器官）感觉，经神经传导到大脑反映出味感。香味的呈味物质主要是挥发性的芳香物质，主要靠人的嗅觉细胞感受，经神经传导到大脑产生芳香感觉，如果是异味物，则会产生厌恶感和臭味的感觉。

① 香味呈味物质：香味呈味物质由挥发性小分子有机物组成，种类极其复杂，包括醛、酮、醇、酸、烃、酯、内酯及吡嗪、呋喃、含硫化合物等。生肉不具备芳香性，烹调加热后，一些芳香风味前体物经脂肪氧化、美拉德反应以及硫胺素降解产生挥发性物质，赋予熟肉芳香性。与风味芳香有关的物质很多，可以列出上千种，但对那些起主导作用的物质一直缺乏共识。近来的研究发现起决定性作用的可能主要有十几种，如 2-甲基-3-呋喃硫醇、糠基硫醇（2-furfurythiol）、3-巯基-2-戊酮（3-mercapto-2-pentanone）和甲硫丁氨醛（methional）被认为是肉的基本风味物质。除牛肉以外，其他肉的风味形成是在此基础上增加脂肪氧化产物，因为各种动物脂肪组成不同而造成了其肉风味的差异。

② 滋味呈味物质：滋味是由溶于水的可溶性呈味物质，舌面分布的味蕾，可感觉出不同的味道，而肉香味是靠舌的全面感觉。肉的鲜味成分来源于核苷酸、氨基酸、酰胺、肽、有机酸、糖类、脂肪等前体物质，如表 2-11 所示。关于肉前体的分布，近年来研究较多。如把牛肉中风味的前体物质用水提取后，剩下溶于水的肌纤维部分几乎不含有香味物质。另外，在脂肪中人为地加入一些物质如葡萄糖、肌苷酸、含有无机盐的氨基酸（谷氨酸、甘氨酸、丙氨酸、丝氨酸、异亮氨酸），在水中加热后，结果生成和肉一样的风味，从而证明这些物质为肉风味的前体。

表 2-11 肉的滋味物质

滋 味	化 合 物
甜	葡萄糖、果糖、核糖、甘氨酸、丝氨酸、脯氨酸、羟脯氨酸
咸	无机盐、谷氨酸钠、天冬氨酸钠
酸	天冬氨酸、谷氨酸、组氨酸、天冬酰胺、琥珀酸、乳酸、二氢吡咯羧酸、磷酸
苦	肌酸、肌酐酸、次黄嘌呤、鹅肌肽、肌肽、其他肽类、组氨酸、精氨酸、蛋氨酸、缬氨酸、亮氨酸、异亮氨酸、苯丙氨酸、色氨酸、酪氨酸
鲜	MSG、5′-IMP、5′-GMP、其他肽类

(2) 风味物质的产生途径

① 美拉德反应：人们较早就知道将生肉汁加热就可以产生肉香味，通过测定成分的变化发现，在加热过程中随着大量的氨基酸和绝大多数还原糖的消失，一些风味物质随之产生，这就是美拉德反应：氨基酸和还原糖反应生成香味物质。

② 脂质氧化：脂质氧化是产生风味物质的主要途径，不同种类风味的差异也主要是由于脂质氧化产物不同所致。肉在烹调时的脂肪氧化（加热氧化）原理与常温脂肪氧化相似，但加热氧化由于热能的存在使其产物与常温氧化大不相同。总的来说，常温氧化产生酸败味，而加热氧化产生风味物质。

③ 硫胺素降解：肉在烹调过程中有大量的物质发生降解，其中硫胺素（维生素 B_1）降解所产生的 H_2S（硫化氢）对肉的风味，尤其是牛肉味的生成至关重要。H_2S 本身是一种呈味物质，更重要的是它可以与呋喃酮等杂环化合物反应生成含硫杂环化合物，赋予肉强烈的香味，其中 2-甲基-3-呋喃硫醇被认为是肉中最重要的芳香物质。

酶促反应：在成熟、腌制、发酵等过程中，内源及外源蛋白酶和脂酶对肌肉蛋白质、脂类作用，产生小肽、游离氨基酸、游离脂肪酶等小分子化合物，它们不仅本身是重要的滋味呈味物质，同时也是重要的风味前体物，易于参与美拉德反应或被氧化产生香味呈味物质。因此，对于干腌和发酵类肉制品而言，酶促反应是重要的风味物质形成反应。

④ 腌肉风味：亚硝酸盐是腌肉的主要特色成分，它除了有发色作用外，对腌肉的风味也有重要影响。亚硝酸盐（抗氧化剂）抑制了脂肪的氧化，所以腌肉体现了肉的基本滋味和香味，减少了脂肪氧化所产生的具有种类特色的风味以及过热味（WOF）。

(3) 肉风味的影响因素：肉的风味形成过程复杂，因此影响肉风味的因素也非常多，从肉的生产到肉的加工过程，凡是影响肉的组成及其反应进行的因素都可能影响肉的风味，但到目前为止，相关研究还不深入。一些对肉的风味能产生影响的因素及其作用列于表 2-12。

表 2-12 肉风味的影响因素

因 素	影 响
日龄	日龄愈大，风味愈浓
物种	物种间风味差异很大，主要由脂肪酸组成上差异造成。物种间除风味外还有特征性异味，如羊膻味、猪味、鱼腥味等
脂肪	风味的主要来源之一
氧化	氧化加速脂肪产生酸败味，随温度增加而加速
饲料	饲料中鱼粉腥味、牧草味，均可带入肉中
性别	未阉割公猪，因性激素缘故，有强烈异味，公羊膻腥味较重，牛肉风味受性别影响较小
腌制	抑制脂肪氧化，有利于保持肉的原味
细菌繁殖	产生腐败味

3. 肉的嫩度

(1) 嫩度的概念：嫩度是肉的主要食用品质之一，指肉在食用时口感的老嫩，反映了肉的质地，它是消费者评判肉质优劣的最常用指标。它实质上是对肌肉各种蛋白质结构特性的总体概括，直接与肌肉蛋白质的结构及某些因素作用下蛋白质发生变性、凝集或分解有关。总结起来包括四方面的含义：肉对舌或颊的柔软性,即当舌头与颊接触肉时产生的触觉反应;肉对牙齿压力的抵抗性,即牙齿插入肉中所需的力;咬断肌纤维的难易程度,指牙齿切断肌纤维的能力;嚼碎程度,用咀嚼后肉渣剩余的多少以及咀嚼后下咽时所需的时间。

(2) 作用于肉品嫩度的内源因素:肉的嫩度本质上反映的是切断一定厚度的肉块所需要的力量。肉在切割过程中会受到肌纤维、结缔组织、脂肪等肌肉结构的阻力,因此,肉的嫩度在本质上取决于肌纤维直径、肌纤维密度、肌纤维类型、肌纤维完整性、肌内脂肪含量、结缔组织含量、结缔组织类型及交联状况等因素,这些因素及影响这些因素变化的内在和外在因素都会直接或间接地影响肉的嫩度。

① 肌纤维:不同种类和不同部位的肉肌纤维在类型、直径、密度、等方面差异很大,肉的嫩度也有很大差别。对同一品种、同一部位的肌肉而言,肌纤维直径越粗,单位面积内肌纤维数量越多,切断一定肌肉块所需要的力量越大,肉的嫩度也就越差;红肌纤维的肌原纤维数量少且细,比白肌纤维易于切割,因此,在不考虑结缔组织的影响时,红肌纤维比例越大,肉的嫩度往往越好。此外,经过成熟或嫩化处理的肉,肌纤维的完整性往往受到一定程度的破坏,表现为易于断裂,肉的嫩度也相应提高。

② 结缔组织:结缔组织主要由结缔组织纤维构成,包括胶原纤维、弹性纤维等,都具有较大的韧性和弹性,难以咀嚼或切割,因此,肌肉中结缔组织含量越高,肉的嫩度就越差。结缔组织纤维主要成分是由胶原蛋白构成的胶原纤维,它随着动物日龄的增长,内部交联增多,溶解性下降,强度也增大。交联是导致胶原纤维溶解性下降和强度增大的主要原因,如果没有交联,胶原蛋白将失去力学强度,可溶解于中性盐溶液。因此,肌肉中含不溶性胶原纤维的结缔组织越多,肉就会越老。

③ 肌内脂肪含量:脂肪组织由脂肪细胞和少量疏松结缔组织构成,比肌纤维易于切断,一般情况下,肉的嫩度随肌内脂肪含量增加而提高,但脂肪过高时,结缔组织含量也会增大,因此,随着肌内脂肪含量增加,肉的嫩度增大到一定值时就不再增加,甚至下降。从外观上,肌内脂肪含量表现为肌肉的大理石花纹丰富程度,肉的大理石花纹越丰富,肌内脂肪含量也越高,肉的嫩度往往较大。在牛、羊肉的品质评定中,肌肉大理石花纹丰富度是判断肉品质量的重要指标。

④ 其他决定因素:经过成熟处理的肉的嫩度与肌肉中钙激活中性蛋白酶系统的活性有关。钙激活中性蛋白酶是肌肉成熟过程导致肉嫩度提高的关键酶,该酶的活性越高,则成熟后肉的嫩度越大。钙激活中性蛋白酶抑制剂是钙激活中性蛋白酶的专一性抑制剂,其活性越高则钙激活中性蛋白酶的作用就越难以发挥出来,肉的嫩度也将大受影响。在动物生产中,通常肌肉中钙激活中性蛋白酶抑制剂的活性越强,动物生长越快,因此,快速生长的动物品种的肉质往往嫩度较差。

(3) 影响肌肉嫩度的原料与工艺因素:影响肌肉嫩度的实质主要是结缔组织的含量与性质及肌原纤维蛋白的化学结构状态。它们受一系列因素的影响,从而导致肉嫩度的变化。主要有如下几项:宰前影响因素主要有动物物种和品种、营养状况、性别和日龄、肌肉部位等;宰后因素主要有温度、成熟、嫩化处理及烹饪方式等。

① 物种、品种及性别:不同种类或品种的动物,其体格大小、肌肉组成和钙激活中性蛋白酶系统活性等都有一定程度的差异,肉的嫩度也不同。一般来说,畜禽体格越大其肌纤维越粗大,肉亦越老;猪和鸡肉一般比牛肉嫩度大;瘤牛肉不如黄牛肉嫩度大;而携带 *callipyge* 基因的羊肉比普通羊肉嫩度差。

② 饲养日龄:一般说来,幼龄家畜的肉比老龄家畜嫩,但前者的结缔组织含量反而高于后者。其原因在于幼龄家畜肌肉中胶原蛋白的交联程度低,易受加热作用而裂解。而成年动物的胶原蛋白交联程度高,不易受热和酸、碱等的影响。如肌肉加热时胶原蛋白的溶解度,犊牛为19%~24%,2岁阉公牛为7%~8%,而老龄牛仅为2%~3%,并且对酸解的敏感性也降低。

③ 肌肉的解剖学位置:牛的腰大肌最嫩,胸头肌最老,据测定,腰大肌中羟脯氨酸含量也比半腱肌少得多。经常使用的肌肉,如半膜肌和股二头肌,比不经常使用的肉(腰大肌)的弹性蛋白含量多。同一肌肉的不同部位嫩度也不同,猪背最长肌的外侧比内侧部分要嫩,牛的半膜肌从近端到远端嫩度逐降。

④ 营养状况:凡营养良好的家畜,肌肉脂肪含量高,大理石纹丰富,肉的嫩度好。肌肉脂肪有冲淡结缔组织的作用,而消瘦动物的肌肉脂肪含量低,肉质老。

⑤ 尸僵和成熟:宰后尸僵发生时,肉的硬度会大大增加。因此肉的硬度又有固有硬度和尸僵硬度之分,前者为刚宰后和成熟时的硬度,而后者为尸僵发生时的硬度。肌肉发生异常尸僵时,如冷收缩和解冻僵直,

肌肉强烈收缩,从而使硬度达到最大。一般肌肉收缩时短缩度达到40%时,肉的硬度最大,而超过40%反而变为柔软,这是由于肌动蛋白的细丝过度插入而引起Z线断裂所致,这种现象称为"超收缩"。僵直解除后,随着成熟的进行,硬度降低,嫩度随之提高,这是由于成熟期间尸僵硬度逐渐消失,Z线易于断裂之故。

⑥ 加热处理:加热对肌肉嫩度有双重效应,它既可以使肉变嫩,又可使其变硬,这取决于加热的温度和时间。加热可引起肌肉蛋白质变性,从而发生凝固、凝集和短缩现象。当温度在65~75 ℃时,肌肉纤维的长度会收缩25%~30%,从而使肉的嫩度降低,但另一方面,肌肉中的结缔组织在60~65 ℃会发生短缩,而超过这一温度会逐渐转变为明胶,从而使肉的嫩度得到改善。结缔组织中的弹性蛋白对热不敏感,所以有些肉虽然经过很长时间的煮制但仍很老,这与肌肉中弹性蛋白的含量高有关。

(4) 肉的嫩化技术:肉的嫩化方法很多,物理法、化学法和生物学方法都能达到使肉嫩化的目的,但各种方法的适用范围、嫩化效果各不相同,在生产和生活中可以根据实际情况选择应用。下面介绍几种常见的人工嫩化方法。

① 电刺激:近十几年来,对宰后用电直接刺激胴体以改善肉的嫩度进行了广泛的研究,尤其对于羊肉和牛肉。对动物胴体进行电刺激有利于改善肉的嫩度,这主要是因为电刺激引起肌肉痉挛性收缩,导致肌纤维结构破坏,同时电刺激可加速家畜宰后肌肉的代谢速率,使肌肉尸僵加快,防止了冷收缩,并使成熟时间缩短。

② 酶法:利用蛋白酶类可以嫩化肉,常用的酶为植物蛋白酶,主要有木瓜蛋白酶、菠萝蛋白酶和无花果蛋白酶,商业上使用的嫩肉粉多为木瓜蛋白酶。酶对肉的嫩化作用主要是对蛋白质的裂解所致,所以使用时应控制酶的浓度和作用时间,如酶解过度,则食肉会失去应有的质地并产生不良的味道。

③ 醋渍法:将肉在酸性溶液中浸泡可以改善肉的嫩度,据试验,溶液pH介于4.1~4.6时嫩化效果最佳,用酸性红酒或醋来浸泡肉较为常见,它不但可以改善嫩度,还可以增加肉的风味。

④ 压力法:给肉施加高压可以破坏肉的肌纤维中亚细胞结构,使大量Ca^{2+}释放,同时也释放组织蛋白酶,使得蛋白水解活性增强,一些结构蛋白被水解,从而导致肉的嫩化。

⑤ 碱嫩化法:用肉质量的0.4%~1.2%的碳酸氢钠或碳酸钠溶液对牛肉进行注射或浸泡腌制处理,可以显著提高pH和保水能力,降低烹饪损失,改善熟肉制品的色泽,使结缔组织的热变性提高,而使肌原纤维蛋白对热变性有较大的抗性,所以肉的嫩度提高。

⑥ 钙盐嫩化法:钙盐嫩化法是20世纪80年代后期形成的一种改善肉嫩度的方法。在肉中添加外源Ca^{2+}可以激活钙激活中性蛋白酶,从而加速肉的成熟,使肉达到正常嫩度所需要的成熟时间缩短至一天,并提高来源于不同个体或部位的肌肉嫩度的均一性。尽管$CaCl_2$嫩化法对肉的嫩化效果很好,但浓度过高或用量过大时肉呈现苦味和金属味,肉的色泽变得不均匀,并且在存放过程中肉色容易加深。鉴于此,建议用于其他措施难以使嫩度达到标准要求的低档牛肉等低档产品。

4. 肉的保水性

(1) 保水性的概念:肉的保水性即持水性、系水性,指肉在压榨、加热、切碎搅拌等外界因素的作用下,保持原有水分和添加水分的能力。肉的保水性是一项重要的肉质性状,这种特性对肉品加工的质量和产品的数量都有很大影响,不仅直接影响肉的滋味、香气、多汁性、营养成分、嫩度、颜色等食用品质,还具有重要的经济意义。衡量肌肉保水性的指标主要有持水力、系水力、贮存损失(purge loss)、滴水损失(drip loss)、蒸煮损失(cooking loss)等,滴水损失是描述生鲜肉保水性最常用的指标,一般为0.5%~10%,最高达15%~20%,最低0.1%,平均在2%左右(国外统计数据)。

(2) 保水性的理化基础:肌肉中的水是以结合水、不易流动水和自由水三种形式存在的。其中不易流动水主要存在于细胞内、肌原纤维及膜之间,度量肌肉的保水性主要指的是这部分水,它取决于肌原纤维蛋白质的网状结构及蛋白质所带的静电荷的多少。蛋白质处于膨胀胶体状态时,网状空间大,保水性就高,反之处于紧缩状态时,网状空间小,保水性就低。肉在加工、贮藏和运输过程中,任何因素导致肌细胞结构的完整性破坏或蛋白质收缩,都会引起肉的保水性下降。

近年来的研究表明,肌肉保水性下降的可能机制主要有以下几个方面:

① 细胞膜脂质氧化、冻结形成的冰晶物理破坏或其他原因引起的细胞膜成分降解,导致细胞膜完整性

破坏,为细胞内液外渗提供了便利条件;

② 成熟过程中细胞骨架蛋白降解破坏了细胞内部微结构之间的联系,当内部结构发生收缩时产生较大空隙,细胞内液被挤压在内部空隙中,游离性增大,容易外渗造成汁液损失;

③ 温度和pH变化引起肌肉蛋白收缩、变性或降解,持水能力下降,在外力作用下内汁外渗造成汁液损失。

(3) 影响保水性的因素

① 动物因素:畜禽种类、日龄、性别、饲养条件、肌肉部位及屠宰前后处理等,对肉保水性都有影响。兔肉的保水性最佳,依次为牛肉、猪肉、鸡肉、马肉。就日龄和性别而论,阉割牛＞成年牛＞母牛＞幼龄＞老龄,成年牛随体重增加而保水性降低。试验表明:猪的岗上肌保水性最好,依次是胸锯肌＞腰大肌＞半膜肌＞股二头肌＞臀中肌＞半键肌＞背最长肌。其他骨骼肌较平滑肌为佳,颈肉、头肉比腹部肉、舌肉的保水性好。

② pH对保水性的影响:pH对保水性的影响实质是蛋白质分子的静电荷效应。蛋白质分子所带的净电荷对蛋白质的保水性具有两方面的意义:其一,净电荷是蛋白质分子吸引水的强有力的中心;其二,由于净电荷使蛋白质分子间具有静电斥力,因而可以使其结构松弛,增加保水效果。对肉来讲,净电荷增加,保水性提高,净电荷减少,则保水性降低。添加酸或碱来调节肌肉的pH,并借加压方法测定其保水性能时可知,保水性随pH的高低而发生变化。当pH在5.0左右时,保水性最低。保水性最低时的pH几乎与肌动球蛋白的等电点一致。如果稍稍改变pH,就可引起保水性的很大变化。任何影响肉pH变化的因素或处理方法均可影响肉的保水性,尤以猪肉为甚。在肉制品加工中常用添加磷酸盐的方法来调节pH至5.8以上,以提高肉的保水性。

③ 尸僵和成熟:当pH降至5.4～5.5,达到了肌原纤维的主要蛋白质肌球蛋白的等电点,即使没有蛋白质的变性,其保水性也会降低。此外,ATP的丧失和肌动球蛋白的形成,使肌球蛋白和肌动蛋白间有效空隙大为减少。这种结构的变化使其保水性也大为降低。而蛋白质的某种程度的变性,也是动物死后不可避免的结果。肌浆蛋白质在高温、低pH的作用下沉淀到肌原纤维蛋白质之上,进一步影响了后者的保水性。僵直期后(1～2 d),肉的水合性徐徐升高,而僵直逐渐解除。一种原因是由于蛋白质分子分解成较小的单位,从而引起肌肉纤维渗透压增高,另一种原因可能是引起蛋白质净电荷(实效电荷)增加及主要价键分裂,使蛋白质结构疏松,并有助于蛋白质水合离子的形成,因而肉的保水性增加。

④ 无机盐:一定浓度食盐具有增加肉保水能力的作用。这主要是因为食盐能使肌原纤维发生膨胀。肌原纤维在一定浓度食盐存在下,大量氯离子被束缚在肌原纤维间,增加了负电荷引起的静电斥力,导致肌原纤维膨胀,使保水力增强。另外,食盐腌肉使肉的离子强度增高,肌纤维蛋白质数量增多。在这些纤维状肌肉蛋白质加热变性的情况下,将水分和脂肪包裹起来凝固,使肉的保水性提高。通常肉制品中食盐含量在3%左右。

⑤ 加热:肉加热时保水能力明显降低,加热程度越高,保水力下降越明显。这是由于蛋白质的热变性作用,肌原纤维紧缩,空间变小,不易流动水被挤出。

⑥ 其他因素:贮藏与运输过程中温度波动是造成生鲜肉保水性下降的重要原因,改善肉的贮藏和运输条件对保持肉的系水力至关重要。胴体劈半工艺、分割方式和分割技艺对肉的保水性也有重要影响。劈半工具不良、劈半或分割技术不高,都会不同程度地破坏肌肉结构,增大肉的汁液损失。与常见的冷分割方式相比,热分割会降低工人劳动强度,但容易引起肌肉蛋白变性而导致汁液损失增加。在加工过程中添加非肉蛋白或食用胶等都可以改善肉的保水性能;低温蒸煮有利于降低肉的蒸煮损失。

第三章
肉的贮藏与保鲜

第一节 肉中微生物

一、肉中微生物种类

肉及肉制品含有丰富的蛋白质、脂肪、水、无机盐和维生素等营养物质。因此,肉及肉制品不仅是营养丰富的食品,也是微生物良好的天然培养基。

1. 原料肉中的微生物 在我国,肉的销售(尤其是猪肉)发生了两个转变:一是由热鲜肉向冷却肉转变,二是销售方式基本上由集贸市场销售向超市销售转变。虽然采取了定点屠宰,但是从生猪养殖、屠宰到销售各个环节的安全卫生管理上漏洞还很多。如产地环境不符合要求,屠宰、运输和销售过程中卫生条件差,猪肉未经低温排酸等,导致微生物污染严重,食用品质差。原料肉中的微生物主要包括以下几种。

(1) 细菌:鲜肉中腐败微生物的来源广泛复杂,生肉在低于5℃的冷藏环境里存放,微生物的生长会受到抑制,但随着贮藏时间的延长,一些革兰氏阴性菌、嗜冷菌、好氧杆菌等能够生长,导致肉的败坏,主要有假单胞菌属(*Pseudomonas*)、不动杆菌属(*Acinetobacter*)、莫拉氏菌属(*Moraxella*)、气单胞菌属(*Aeromonas*)、肠杆菌属(*Enterobacter*)、嗜冷杆菌属(*Psychrobacter*)等,其中假单胞菌属起作用最大。从食品腐败变质的角度来讲,以下几属的细菌应引起注意。

① 假单胞菌属(*Pseudomonas*):假单胞菌是有氧条件下引起冷却肉腐败的主要微生物。虽然在初始菌相中,假单胞菌的数量并不占太大的优势,但是在有氧条件下,它的生长速率相对于其他微生物有明显的优势,而且这种优势随着贮藏温度的降低而增加。当细菌数目达到10^8 cfu/cm^2,葡萄糖从肉组织内部到表面的扩散速率满足不了它们的生长需求时,假单胞菌开始利用氨基酸作为生长的基质,生成带有异味的含硫化合物、酯、酸等。同时,由于其他菌不能与假单胞菌竞争有效的氧分子而生长受到抑制。所以在低温有氧条件下,冷却肉在贮藏后期,达到腐败程度时的优势微生物是假单胞菌,而菌相通常以莓实假单胞菌(*Pseudomonas fragi*)为主。其他大多数对冷却肉假单胞菌群的研究表明,荧光假单胞菌(*Pseudomonas fluorescens*)和隆德假单胞菌(*Pseudomonas lundensis*)也存在,而后两种明显没有竞争力,其原因仍然不清楚。

② 不动杆菌属(*Acinetobacter*)/莫拉氏菌属(*Moraxella*):在贮存的肉上也有少量的不动杆菌和莫拉氏菌存在,但它们都竞争不过假单胞菌。这类微生物主要利用氨基酸作为生长基质,但在降解氨基酸时,并不产生有异味的副产物,因而其致腐能力较低。但是,当这类微生物成为腐败菌相的主要组成部分时,它们会增强假单胞菌与腐败交替单胞菌(*Alteromonas putrefaciens*)的致腐能力。这是由于不动杆菌和莫拉氏菌竞争了环境中的氧,使氧的供应受到限制。在缺氧状态下,即使有葡萄糖存在,假单胞菌仍会分解氨基酸而形成有异味的化合物;而腐败交替单胞菌将会产生硫化氢,使肉品变色、变味。在低氧分压条件下,将会有利于兼性厌氧的腐败交替单胞菌(*Alteromonas putrefaciens*)、热死环丝菌(*Brochothrix thermosphacta*)、肠杆菌科(*Enterobacteriaceae*)和乳酸菌(*Lactic acid bacteria*)的生长。腐败交替单胞菌的生长以半胱氨酸和丝氨酸为底物,即使葡萄糖供应充足时也是如此。腐败交替单胞菌在有氧的条件下产生有机的含硫化合物,在无氧的条件下产生硫化氢,因而具有较强的致腐能力。当环境适合腐败交替单胞菌生长时,即使它不是菌相中的优势菌,仍能引起冷却肉变色、变味,从而造成冷却肉的腐败。

③ 热死环丝菌(Brochothrix thermosphacta)：热死环丝菌能够利用葡萄糖作为生长底物，在有氧的条件下生成乙酸及乙偶姻，产生甜的异味(sweet off-odor)，并能分解亮氨酸和缬氨酸产生异戊酸和异丁酸。无氧条件下，热死环丝菌分解代谢的终产物主要是乳酸，另外也生成少量的挥发性酸。

④ 肠杆菌科(Enterobacteriaceae)：虽然肠杆菌科并不是大量存在于肉上的微生物，但是它们能导致腐败。在有氧的条件下，肠杆菌科细菌能够利用葡萄糖和6-磷酸葡萄糖作为生长底物，有的种类可以分解氨基酸，产生包括硫化氢在内的挥发性含硫化合物及有异味的胺类物质。因而当环境条件适宜时，肠杆菌科细菌同样具有很强的致腐能力。

⑤ 乳酸菌(Lactic acid bacteria)：在气调包装这种气体环境下，乳酸菌类一般能在数量上占有绝对优势。在气调包装冷却肉中，乳杆菌(Lactobacillus)、明串珠菌(Leuconostoc)和肉食杆菌(Carnobacterium)是最常见的，但是也有乳球菌(Lactococcus)和片球菌(Pediococcus)存在。其中，乳杆菌在低氧分压下，能够利用葡萄糖产生乳酸，当碳水化合物耗尽时，便利用氨基酸产生挥发性脂肪酸，导致肉出现类似干酪的(dairy 或 cheesy)气味。乳杆菌在厌氧条件下比热死环丝菌或肠杆菌科具有更快的生长速度，而且还能通过产生细菌素等抑菌物质抑制其他细菌的生长，因而它可能成为真空包装冷却肉中的优势菌。

(2) 霉菌：霉菌生长所需的水分活度较细菌低，所以在水分活度较低的食品中，霉菌比细菌更容易引起食品的腐败。霉菌利用分解有机物的能力较强，无论是蛋白质、脂肪，还是糖类，都有很多种霉菌能将其分解利用，如根霉菌、毛霉菌、曲霉菌、青霉菌等霉菌既能分解蛋白质，又能分解脂肪或糖类。

(3) 酵母：酵母一般喜欢生活在含糖量较高或含一定盐分的食品上，但也有少数酵母分解、利用蛋白质、脂肪的能力较强。例如解脂假丝酵母(Candid alipolytica)的蛋白酶、解脂酶活性较强。此外，红酵母可在肉类及酸性食品上产生色素，形成红斑。

畜禽肉腐败类型和引起腐败的微生物见表3-1。

表3-1 畜禽肉腐败类型和引起腐败的微生物

食品种类	腐败类型	微生物
新鲜肉	腐烂变臭	产碱杆菌属(Alcaligens)
		梭菌属(Clostridium)
		变通变形菌(Proteus vulgaris)
		荧光假单胞菌(Pseudomonas fluorescens)
	变黑	腐败假单胞菌(Pseudomonas putrefaciens)
	发霉	曲霉属(Aspergillus)
		根霉属(Rhizopus)
		青霉属(Penicillium)
冷藏肉	变酸	假单胞菌属(Pseudomonas)
		微球菌属(Micrococcus)
	变绿色、变黏	乳杆菌属(Lactobacillus)
		明串珠菌属(Leuconostoc)
禽肉	变黏、有气味	假单胞菌属(Pseudomonas)
		产碱杆菌属(Alcaligenes)

2. 冻结肉及解冻肉中的微生物 冻结肉的细菌总数明显减少，微生物种类也发生明显变化。如冻结前牛肉的平均细菌总数大约为 10^5 cfu/g，而经-30 ℃冻结后，平均细菌总数减少到 10 cfu/g。一般革兰氏阴性菌比革兰氏阳性菌、繁殖体比芽孢对冻结致死更敏感。如牛肉冻结前，革兰氏阳性菌占15%，革兰氏阴性菌占85%，经-30 ℃冻结后，革兰氏阳性菌的比例上升到70%，革兰氏阴性菌下降为30%。在商业冻藏温度下(-15 ℃以下)，细菌不仅不能生长，其总数还会减少。但长期冻藏对细菌芽孢基本上没有影响，酵母和霉菌对冻结和冻藏的抗性也很强。因而，在通风不良的冻藏条件下，胴体表面会有霉菌生长，形成黑点或白点。

在正常冻结、冻藏条件下，经过长期保存的冻结肉，其细菌总数明显减少，即肉在解冻时的初始细菌数比其原料肉的细菌数少。在解冻期间，肉的表面很快达到解冻介质的温度。解冻形状不规则的肉时，微生物的生长依肉块部位不同而有差异，同时取决于解冻方法、肉表面的水分活度、温度以及肉的形状和大小。与鲜肉相比，解冻后的肉更易腐败，应尽快加工处理。

二、肉中微生物的来源

畜禽宰杀后即丧失了先天的防御机能,微生物侵入组织后迅速繁殖。屠宰过程中,卫生管理不当将造成微生物广泛污染。在屠宰、分割、加工、贮存和肉的销售过程中的每一个环节,都可能发生微生物的污染。肉类一旦被微生物污染,其生长繁殖是很难完全抑制的。肉中微生物的主要来源如下。

1. 宰前微生物的污染 虽然我国畜禽饲养水平不断提高,但在畜禽的疾病防治方面还存在很多问题。我国畜禽饲养主要以家庭散养的方式进行,每家每户畜禽排泄物的随意排放、人员的交叉感染、有病肉及畜禽产品的随意销售和免疫的程序不合理等多种因素,致使我国的畜禽传染病不能得到有效遏制,从而产生大量的有病动物。

(1) 健康动物本身存在的微生物:健康动物的体表及一些与外界相通的腔道,某些部位的淋巴结内都不同程度地存在着微生物,尤其在消化道内,微生物类群更多。通常情况下,这些微生物不侵入肌肉等机体组织中,在动物机体抵抗力下降的情况下,某些病原性或条件致病性微生物,如沙门氏菌,可进入淋巴液、血液,并侵入到肌肉组织或实质脏器。

(2) 体表的创伤、感染:体表的创伤、感染也可能令微生物侵入深层组织。

(3) 患传染病或处于潜伏期或康复后带菌(毒):相应的病原微生物可能在生前即蔓延于肌肉和内脏器官,如炭疽杆菌、猪丹毒杆菌、多杀性巴氏杆菌、耶尔森氏菌等。

(4) 动物在运输、宰前等过程中微生物的传染:由于过度疲劳、拥挤、饥渴等不良因素的影响,可通过个别病畜或带菌动物传播病原微生物,造成宰前对肉品的污染。

2. 屠宰过程中微生物的污染 屠宰前健康的畜禽具有健全而完整的免疫系统,能有效地防御和阻止微生物的侵入和在肌肉组织内扩散。所以正常机体组织内部(包括肌肉、脂肪、心、肝、肾等)一般是无菌的,而畜禽体表、被毛、消化道、上呼吸道等器官总是有微生物存在。患病畜禽的器官及组织内部可能有微生物存在,如病牛体内可能带有结核杆菌、口蹄疫病毒等。这些微生物能够冲破机体的防御系统,扩散至机体的其他部位,此多为致病菌。屠宰后的畜禽即丧失了先天的防御机能,微生物侵入组织后迅速繁殖。屠宰过程卫生管理不当将造成微生物广泛污染的机会。

最初污染微生物是在使用非灭菌的刀具放血时,将微生物引入血液中的,随着血液短暂的微弱循环而扩散至胴体的各部位。在屠宰、分割、加工、贮存和肉的配销过程中的每一个环节,微生物的污染都可能发生,鸡肉屠宰分割线上主要工具和工人手上的菌落总数见图3-1。胴体表面初始污染的微生物主要来源于动物的皮毛、动物内脏和被毛及屠宰环境,皮毛或被毛上的微生物来源于土壤、水、植物以及动物粪便等。在屠宰期间,屠宰工具、工作台和人体也会将细菌带给胴体。动物体的清洁状况和屠宰车间的卫生状况影响微生物的污染程度,肉的初始带菌量越小,保质期就越长。

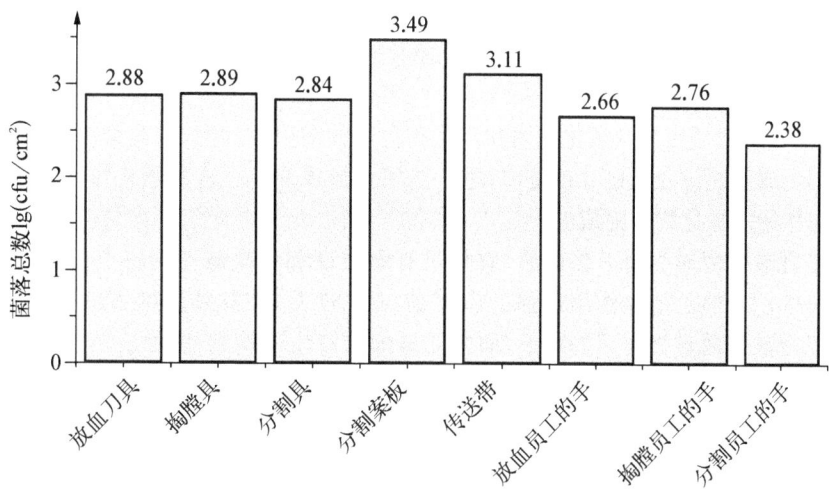

图3-1 鸡肉屠宰分割线主要工具和工人手上的菌落总数

（1）屠宰环境：健康动物的皮肤和被毛上的微生物种类与数量和动物宰前所处的环境有关。宰前对动物进行淋浴或水浴，可减少皮毛上的微生物对鲜肉的污染。鸡肉屠宰过程中胴体表面微生物的变化见图3-2。从图中可以看出，在打毛和掏膛后胴体上的污染状况较为严重，导致这种变化可能的原因是经打毛工序，鸡胴体与打毛棒存在着交叉污染；掏膛将肉鸡内容物带出从而污染胴体，但两者的污染程度都可在后面的工序中减轻。经高压冲淋后，微生物水平有所降低，但仍然维持在一个比较高的水平，这主要是由于微生物与胴体表面相结合，淋水很难将其去除。接下来的冷却消毒工序将微生物进一步降低至理想水平。因此，冷却消毒工序对于肉鸡进入分割车间之前的微生物控制是至关重要的。

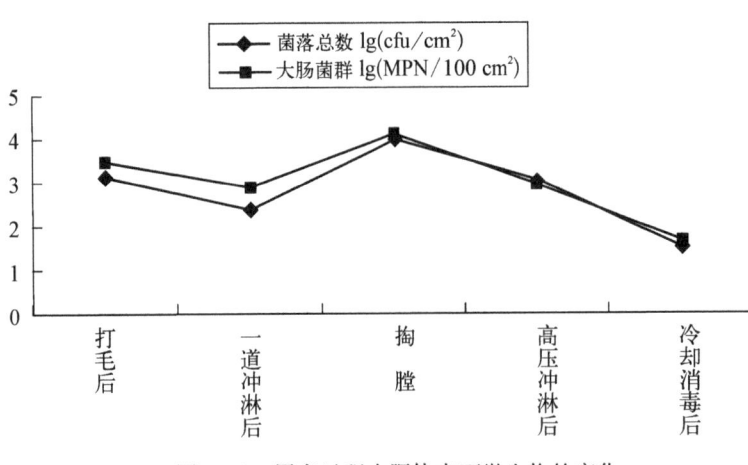

图3-2　屠宰过程中胴体表面微生物的变化

（2）胃肠道：胃肠道内的微生物有可能沿组织间隙侵入邻近的组织和脏器，呼吸道和泌尿生殖道中的微生物也有可能造成胴体的污染。

（3）其他：屠宰加工场所的卫生状况，尤其是所用的水是不容忽视的微生物污染来源，水必须符合中华人民共和国卫生部颁布的《生活饮用水卫生标准》，以减少因冲洗而造成的污染。同时，屠宰加工车间的设备如放血、剥皮所用刀具有污染，则微生物可随之进入血液，经由大静脉管而侵入胴体深部，挂钩、电锯等多种用具也会造成鲜肉的污染。此外，鲜肉在分割、包装、运输、销售、加工等各个环节，也不能忽视微生物的污染问题。

冷鲜肉和一些低温肉制品在进入冷气柜销售之前，都需要经过预包装，然后运送到商场、超市及零售店等进行销售。这个环节腐败微生物来源于直接接触肉类的人员、包装材料和运输过程的空气污染等。在销售其间，卖场的环境，销售人员，流动的人群是肉类污染的直接或间接来源。另外，不标准的菜市场在销售肉类产品时，流动的人群、空气、从业人员本身都是污染的途径。此外，微生物引起腐败的评价还与货架期密切相关，无论包装还是未经包装的肉类及其制品，本身带有微生物，在销售期间微生物繁殖生长，临近保质期的肉制品腐败严重，不适合消费。

三、微生物引起的肉的异常现象

肉品在屠宰、加工、运输过程中常被微生物污染，由于微生物的生长活动而使食品呈各种异常现象，特别是炎热的夏季，对有一些异常现象的肉及肉制品要注意检查。

1. 变色

（1）绿色：肉品的变绿是由具有氧化作用和产生硫化氢的细菌引起的，这类细菌首先产生硫化氢，与还原性血红蛋白作用生成紫红色硫化血红色蛋白，进一步氧化形成绿色。这种氧化作用也是由细菌产生过氧化氢一类具有氧化作用的氧化物来完成的。

常见的细菌是乳酸杆菌属和明串珠菌属，它们具有耐热性和耐盐碱性的特点。乳酸杆菌属繁殖最高适宜的温度是25～30℃，但是变绿作用最强的温度是30～37℃，在这种温度下细菌发育并不好，其原因是变绿现象并不完全是细菌直接作用的结果，而主要是细菌产生的酶的活动结果。这种酶的活性在30～37℃最强，而且在4～37℃内都可使肉品产生变绿现象，即使低温或厌氧环境中，变绿现象也容易发生。这种酶耐热性较强，因此虽然高温能将细菌杀灭，但在这之前细菌产生的酶在加热后仍可保持活性而起变绿作用。其他细菌如绿色黏液单胞菌、暗兰假单胞菌、青色杆菌等也可使肉品出现绿色、兰色、青色等变化。细球菌属、芽孢杆菌属的一些细菌可使肉表面脂肪产生紫色、青色的现象。环状芽孢杆菌、枯草杆菌等芽孢杆菌是香肠出现绿色斑点的常见原因。除细菌作用外，不正确使用硝酸盐之类着色剂，也可引起腊肠等肉制品的变绿。

(2) 红色：肉品变红多见盐腌的肉，最常见的是黏质沙雷氏细菌引起的红色，该菌系沙雷氏细菌属，革兰氏阴性小杆菌。这些细菌都能产生特有的红色素（灵杆菌素），黏质沙雷氏菌在咸肉上生长时产生的红色呈小颗粒样物，带有黏性，虽然在 4~6 ℃条件下也能生产，但形成色素的最适温度为 25~28 ℃，此外，一些能产生红色素的细菌如藤黄八叠球菌等，也是引起肉制品变红的原因。

(3) 黄色：能使贮藏中的肉类产生黄色变化的微生物很多，包括假单胞杆菌属、短杆菌属、细球菌属等。如黄色小球菌、小黄色杆菌可产生脂溶性叶黄素，涂片短杆菌则可产生水溶性叶黄素，污染肉后均能使肉品出现黄色。

2. 发黏　　肉品在卫生条件不良的环境中保存时，特别是通风不良，温度较高的情况下，可常见到表面有发黏现象。用手触摸有湿润黏滑感，甚至起黏丝。以冷却肉最为常见。引起发黏的主要微生物是明串珠菌属和小球菌属的细菌，其次是芽孢杆菌属，无色杆菌、假单胞菌属和链球菌属中的一些细菌，如肠膜状明串球菌、细球菌、黏液假单胞菌等。这些细菌在生长繁殖过程中能产生黏液性物质。香肠、火腿等腌腊制品发黏主要是由芽孢杆菌属、细球菌属细菌所引起。肉品发黏是腐败变质的先兆，这种肉如发现早且只在表层无腐败现象，洗净、风吹后食用或修割掉表面发黏的部分后食用。

3. 气味　　引起肉品异味有两个原因：一是微生物污染肉品后，在生长过程中产生代谢产物，使肉品带有异味，如放线菌生长则使肉品具有土腥味，如乳色杆菌污染的肉品，具有一种陈宿气味，绿脓杆菌的繁殖则具有焦糖味，霉菌生长则有霉味；二是微生物繁殖过程中，分解肉品成分而产生异味。这个原因引起肉品异味是主要的，对肉品质量影响很大。如微生物分解蛋白质，特别是无氧条件下分解（即腐败），产生有机酸、胺类、硫化氢等代谢产物，使肉品带有酸臭味，或放出靛基质、粪臭素、甲基硫醇等恶臭物质而使肉品具有臭味。微生物分解脂肪，使之氧化、腐败，能使肉品有哈喇味、酸败味等。如异味较轻，修割后做煮沸试验，煮沸肉汤无异味者可供作熟食制品原料。

4. 发光　　肉品的发光主要是由于发光杆菌引起的，多见于冷藏的肉品，特别是在贮藏过海产品的冷库中的肉品。发光细菌污染的肉品在暗室内可见磷光，发光杆菌属是革兰氏阴性需氧或兼性厌氧菌，主要分布在海水及海产品中，其次是肉品中。一般有磷光现象的肉品没有腐败菌生长，如腐败菌生长，则磷光消失。发光的肉经卫生消除后可供食用。

5. 色斑　　肉及肉制品很容易在加工运输中污染霉菌，不同的霉菌可以产生不同色泽的霉斑，常见的有：

(1) 白斑：多见于冷藏肉表面的小白斑，它是由分枝胞霉所引起，这种白斑直径 2~6 mm，很像洒上去的石灰水一样，在较大的斑点上，部分有白色物质附着。这种斑容易擦去不留痕迹。

(2) 绿斑：主要由青霉素的霉菌在肉品上生长所致。

(3) 黑斑：多见腌肉和冷藏肉，主要有芽枝霉菌属。

(4) 紫斑：主要是紫色曲霉污染而产生。

第二节　肉的低温贮藏

一般来说，保存鲜肉使用的最普通的方法就是低温保藏，它是一种既经济又实用的保鲜技术。降低温度一方面能减缓微生物生长繁殖的速度，另一方面可降低酶活性。

一、肉与肉制品低温保藏原理

1. 低温对微生物的作用　　微生物和其他动物一样，需要在一定的温度范围内才能生长、发育、繁殖。温度的改变会减弱其生命活动，甚至使其死亡。在食品冷加工中主要涉及的微生物有细菌、霉菌和酵母菌。

温度对微生物的生长繁殖影响很大，随温度的降低，它们的生长与繁殖率会降低（表 3-2），当温度降至它们的最低生长温度时，其新陈代谢活动可降至极低程度，并出现部分休眠状态。

表 3-2 不同温度下微生物繁殖的时间

温度/℃	繁殖时间/h	温度/℃	繁殖时间/h
33	0.5	5	6
22	1	2	10
12	2	0	20
10	3	-4	60

2. 低温对酶的作用 食品中含有许多酶,一些是食品自身所含有的,而另一些则是微生物在生命活动中产生的,这些酶是食品腐败变质的主要因素之一。酶的活性受多种条件制约,其中主要是温度,不同的酶有各自最适的温度范围。肉类中各种酶最适合的温度是 37~40 ℃,温度的升高或降低,都会影响酶的活性。温度降低时,酶的活性会逐渐减弱,当温度降到 0 ℃ 时,酶的活性大部分被抑制,但有的酶对低温的耐受力很强,如氧化酶、脂肪酶等能耐 -19 ℃ 的低温。在 -20 ℃ 左右,酶的活性就不明显了,可以达到较长时间贮藏保鲜的目的。所以商业上一般采用 -18 ℃ 作为贮藏温度。

酶和基质浓度对催化反应速度有很大的影响,肉品冻结时,当温度降至 -5~1 ℃ 时,由于肉品中 80% 的水冻结,基质和酶浓度提高,而 -5~1 ℃ 的低温不足以抑制酶的活性,所以会出现催化反应速度比高温时快的现象。

3. 低温与寄生虫 鲜猪肉中常含旋毛虫、绦虫等寄生虫,用冻结的方法可将其杀灭,在使用冻结方法致死寄生虫时,要严格按有关规程进行。杀死猪肉中旋毛虫的冷冻条件见表 3-3。

表 3-3 杀死猪肉中旋毛虫的冷冻条件

冻结温度/℃	所需天数/d	
	厚度 15 cm 以内的肉	厚度 15~68 cm 的肉
-15	20	30
-23.4	10	20
-29	6	16

4. 低温对生化反应的影响 食品及微生物中的各种生化反应的进行是有一定温度要求的。各种生化反应速度和温度在一定范围内成正比。当温度降低时,食品及微生物的生化反应明显减弱,新陈代谢降低到很低的水平,防止了微生物的生长和食品本身的代谢分解,从而达到较长时间贮藏的目的。

二、冷却保鲜

在冷却保鲜中,冷藏环境的温度越低,贮藏时间越长,一般以 -1~1 ℃ 为宜。经冷却处理后,肉的颜色、风味、柔软度都变好,这也是肉的成熟过程。这一过程是生产高档肉制品必不可少的。现在,发达国家中消费的大部分生肉均是这种冷却肉。经过冷却的肉胴体可以在安装有轨道的冷藏库中进行短期贮藏。冷却肉在冷藏时,库内温度以 -1~1 ℃ 为宜,相对湿度为 85%~90%。如果采用较低冷藏库温时,其相对湿度可高些。为了保证冷却肉在冷藏期间的质量,冷藏库的温度应保持稳定,尽量减少开门次数,不允许在贮存有已经冷却好的肉胴体的冷藏间内再进热货。

1. 冷却方法 空气冷却法是目前畜肉冷却的主要方法。它是通过冷却设备使冷却室内的温度保持在 1~4 ℃ 之间,冷却终温一般在 0 ℃ 左右。根据冷却过程中冷却条件的变化可分为 1 次冷却法和 2 次冷却法。

(1) 1 次冷却法:整个冷却过程 1 次完成。

(2) 2 次冷却法:整个冷却过程在同一冷却间里分 2 个阶段来进行。第 1 阶段,冷却间空气温度较低,空气流速较大,冷却 2~4 h。第 2 阶段,冷却间空气温度 -2~-1 ℃,空气流速 0.1 m/s,冷却时间稍长点,在缓慢冷却中使肉表面与中心温度趋于一致。分 2 段冷却的优点是:肉质量好,感官效果好,重量损失减少 40%~50%。

2. 冷却条件

(1) 温度:冷却间温度在肉进入前应保持在 -4~-2 ℃,这样在进肉之后,不会引起冷却间温度突然升高。对牛、羊肉而言,为了防止冷收缩的发生,在肉的pH高于6.0以前,肉温不要降到10 ℃以下。

(2) 空气相对湿度:冷却间空气相对湿度的大小会影响到微生物的生长繁殖和肉的干耗程度。相对湿度大,肉的干耗少,但有利于微生物的生长繁殖;相对湿度小,可抑制微生物活动,但肉的干耗将增加。处理好这一矛盾的方法就是在冷却开始的1/4时间内,维持相对湿度95%～98%;在后期3/4时间内,维持相对湿度90%～95%;临近结束时控制在90%左右。

(3) 空气流动速度:由于空气热容量小,导热系数小,肉在静止的空气中冷却速度很慢。要想加速冷却,只有增加空气流动速度。但过快的空气流速会增大肉的干耗,故冷却过程中一般采用0.5 m/s的空气流速,最大不超过2 m/s。

3. 冷却肉冷藏期间的变化

(1) 干耗:处于冷却终点温度的肉(0～4 ℃),其物理、化学变化并没有终止,其中以水分蒸发而导致干耗最为突出。干耗的程度与冷藏库温度、相对湿度、空气流速以及冷却时间有关。高温、低湿、高空气流速会增加肉的干耗。为减少干耗,可用配制一定浓度的乳酸溶液,喷到肉类上形成一层保护膜。这样,冷却肉的冷却干耗可大幅度减少,且商品外观不变,贮藏时间延长。

(2) 发黏、发霉:这是肉在冷藏过程中,微生物在肉表面生长繁殖的结果,与肉表面的污染程度和相对湿度有关。微生物污染越严重,温度越高,肉表面越易发黏、发霉(表3-4,表3-5)。

表3-4 牛瘦肉的初始菌数对货架期的影响表

(引自FAO《屠宰、肉类分割和深加工指南》,1999)

初始菌数/(个/cm²)	在0 ℃时发黏需要的天数/d
100 000	8
10 000	10
1 000	13
100	15
10	18

表3-5 贮藏温度与牛肉发黏的关系

(引自FAO《屠宰、肉类分割和深加工指南》,1999)

初始菌数/(个/cm²)	在0 ℃时发黏需要的天数/d
0	10
1	7
3	4
5	3
10	2
16	1

(3) 颜色变化:肉在冷藏中色泽会不断变化,若贮藏不当,牛、羊、猪肉会出现变褐、变绿、变黄、发荧光等现象,这些变化有的是在微生物和酶的作用下发生的,有的是本身氧化的结果。色泽的变化是品质下降的表现。

(4) 串味:肉与有强烈气味的食品存放在一起,会使肉串味。

(5) 成熟:冷藏过程中可使肉中的化学变化缓慢进行而达到成熟。目前肉的成熟一般采用低温成熟法,即冷藏与成熟同时进行。成熟时间视肉的种类而异,牛肉大约需3周。

(6) 冷收缩:冷收缩主要是在牛、羊肉上发生。在屠宰后进行第2阶段快速冷却、肉的温度下降太快时,即肉的pH降为6.2以前、冷却间温度在−10 ℃以下时,肉会发生强烈的冷收缩现象,从而变硬。这种肉在成熟时不能充分软化。

三、冷冻保鲜

冷却肉由于其贮藏温度在肉的冰点以上,微生物和酶的活动只受到部分地抑制,冷藏期短。冷冻肉比冷却肉更耐贮藏,一般采用-23 ℃以下的温度,将肉品进行快速、深度冷冻,使肉中大部分水冻结成冰,并在-18 ℃左右贮藏。目前多数冷库采用速冻法,即将肉放入-40 ℃的速冻间,使肉温迅速降低到-18 ℃以下,然后移入冷藏库。该方法对肉制品的品质影响相对较小,解冻后能恢复原有的滋味和营养价值。当肉在0 ℃以下冷藏时,随着冻藏温度的降低,肌肉中冻结水的含量逐渐增加,肉的A_w逐渐下降(表3-6),使细菌的活动受到抑制。当温度降到-10 ℃以下时,冻肉则相当于中等水分食品。大多数细菌在此A_w下不能生长繁殖。当温度下降到-30 ℃时,肉的A_w值在0.75以下,霉菌和酵母的活动也受到抑制。所以冻藏能有效地延长肉的保藏期,防止肉品质量下降,在肉类工业中得到广泛应用。

表3-6 低温与肉A_w之间的关系

温度/℃	肌肉(含水75%)中冻结水比例/%	A_w
0	0	0.993
-1	2	0.990
-2	50	0.981
-3	64	0.971
-4	71	0.962
-5	80	0.953
-10	83	0.907
-20	88	0.823
-30	89	0.746

1. 肉的冻结 肉中的水分部分或全部变成冰的过程叫做肉的冻结。从物理化学的角度看,肉是充满组织液的蛋白质胶体系统,其初始冰点比纯水的冰点低(表3-7)。初始冻结后,肉所处的温度越低,冻结水越多,从而剩余的水相中溶质浓度越来越高。所以需要逐渐降低温度才能使剩余的水变成冰。

表3-7 几种肉类食品的含水量和初始冰点

品　名	含水量/%	初始冰点/℃
瘦肉	74	-1.5
腌肉(含3%食盐)	73	-4
瘦鱼肉	80	-1.1
肥鱼肉	65	-0.8
鸡肉	74	-1.5

(1) 缓慢冻结:瘦肉中冰形成过程的研究表明,冻结过程越快,所形成的冰晶越小。在肉冻结期间,冰结晶首先在肌纤维之间形成,这是因为肌细胞外液的冰点比肌细胞内液的冰点较高。缓慢冻结时,冰结晶在肌细胞之间形成和生长,从而使肌细胞外液浓度增加。由于渗透压的作用,肌细胞会失去水分而发生脱水收缩,导致在收缩了的细胞之间形成相对少而大的冰晶。

(2) 快速冻结:快速冻结时,肉的热量散失很快,使得肌细胞来不及脱水便在细胞内形成了冰晶。换言之,肉内冰层推进速度大于水移动速度,从而在肌细胞内外形成了大量的小冰晶。

冰晶在肉中的分布和大小是很重要的。缓慢冻结的肉类因为水分不能返回到其原来的位置,在解冻时会失去较多的肉汁,而快速冻结的肉类不会产生这样的问题,所以冻肉的质量高。此外,冰晶的形状有针状、棒状等不规则形状,冰晶大小从10~800 μm不等。如果肉块较厚,冻肉的表层和深层所形成的冰晶也不同,表层形成的冰晶体积小、数量多,深层形成的冰晶少而大。

(3) 冻结速度:冻结速度对冻肉的质量影响很大。冻结期间从肉的表面到中心,温度变化或温度下降极为不同,单位时间内的温度变化(℃/h)难以描述确切的冻结过程。常用冻结时间和单位时间内形成冰层的厚度表示冻结速度。因为产品的形状和大小差异很大,如牛胴体和鹌鹑胴体,比较其冻结时间没有实际意义。通常,把冻结速度表示为由肉品表面向热中心形成冰的平均速度。

食品中心温度通过最大冰结晶生成带所需的冻结时间在30 min之内者,称快速冻结,在30 min以上者为缓慢冻结。

(4) 冻结方法：肉类的冻结多采用空气冻结法、板式冻结法和浸渍冻结法。其中空气冻结法最为常用。根据空气所处的状态和流速的不同，又分为静止空气冻结法和鼓风冻结法。

① 静止空气冻结法：这种冻结方法是把食品放入－30～－10 ℃的冻结室内，利用静止冷空气进行冻结。由于冻结室内自然对流的空气流速很低(0.03～0.12 m/s)，空气的导热系数小，肉类食品冻结时间一般在1～3 d。因而这种方法属于缓慢冻结。当然冻结时间还与食品的类型、包装大小、堆放方式等因素有关。

② 板式冻结法：这种方法是把薄片状食品(如肉排、肉饼)装盘或直接与冻结室中的金属板架接触，冻结室温度一般为－30～－10 ℃。由于金属板直接作为蒸发器，传递热量，冻结速度比静止空气冻结法快、传热效率高、食品干耗少。

③ 鼓风冻结法：工业生产上普遍使用的方法是在冻结室或隧道内安装鼓风设备，强制空气流动，加快冻结速度。鼓风冻结法常用的工艺条件是：空气流速一般为2～10 m/s，冷空气温度为－40～－25 ℃，空气相对湿度为90%左右。这是一种速冻方法，主要是利用低温和冷空气的高速流动，食品与冷空气密切接触，促使其快速散热。这种方法冻结速度快，冻结的肉类质量高。

④ 液体冻结法：这种方法是商业上用来冻结禽肉常用的方法，也用于冻结鱼类。此法热量转移速度慢于鼓风冻结法。热传导介质必须无毒，成本低，黏性低，冻结点低，热传导性能好。一般常用液氮、食盐溶液、甘油、甘油醇和丙烯醇等，但值得注意的是，食盐水常引起金属槽和设备腐蚀。

2. 冻藏条件及冻藏期　冻藏间的温度一般保持在－21～－18 ℃，温度波动不超过±1 ℃，冻结肉的中心温度保持在－15 ℃以下。为减少干耗，冻结间空气相对湿度保持在95%～98%。空气流速采用自然循环即可。

冻肉在冻藏室内的堆放方式也很重要。对于胴体肉，可堆叠成约3 m高的肉垛，保持周围空气流畅，避免胴体直接与墙壁和地面接触。对于箱装的塑料袋小包装分割肉，堆放时也要保持周围有流动的空气。

因为冻藏条件、堆放方式和原料肉品质、包装方式都影响冻肉的冻藏期，很难确定准确的冻肉贮藏期。冻牛肉比冻猪肉的贮藏期长，脂肪含量高的鱼贮藏期短。各种肉类的冻藏条件和冻藏期见表3-8。

表3-8　各种肉类的冻藏条件和冻藏期

类　　别	冻结点/℃	温度/℃	相对湿度/%	冻藏期/月
牛肉	－1.7	－23～－18	90～95	9～12
猪肉	－1.7	－23～－18	90～95	4～6
羊肉	－1.7	－23～－18	90～95	8～10
小牛肉	－1.7	－23～－18	90～95	8～10
兔肉	—	－23～－18	90～95	4～6

3. 肉在冻结和冻藏期间的变化　各种肉类经过冻结和冻藏后，都会发生一些物理变化和化学变化，肉的品质受到影响。冻结肉的功能特性不如鲜肉，长期冻藏可使猪肉和牛肉的功能特性显著降低。

(1) 物理变化

① 容积：水变成冰所引起的容积增加大约是9%，而冻肉由于冰的形成所造成的体积增加约为6%。肉的含水量越高，冻结率越大，则体积增加越多。在选择包装方法和包装材料时，要考虑到冻肉体积的增加。

② 干耗：肉在冻结、冻藏和解冻期间都会发生脱水现象。对于未包装的肉类，在冻结过程中，肉中水分减少0.5%～2%，快速冻结可减少水分蒸发。此外，冻藏期间空气流速小，温度尽量保持不变，也有利于减少水分蒸发。在冻藏期间重量也会减少。

③ 冻结烧：在冻藏期间由于肉表层冰晶的升华，形成了较多的微细孔洞，增加了脂肪与空气中氧的接触机会，最终导致冻肉产生酸败味，肉表面发生黄褐色变化，表层组织结构粗糙，这就是所谓的冻结烧。冻结烧与肉的种类和冻藏温度的高低有密切关系。禽肉和鱼肉脂肪稳定性差，易发生冻结烧。猪肉脂肪在－8 ℃下贮藏6个月，表面有明显酸败味，且呈黄色，而在－18 ℃下贮藏12个月也无冻结烧发生。采用聚乙烯塑料薄膜密封包装，隔绝氧气，可有效地防止冻结烧。

④ 重结晶：冻藏期间冻肉中冰晶的大小和形状会发生变化。特别是冻藏室内的温度高于-18℃，且温度波动的情况下，微细的冰晶不断减少或消失，形成大冰晶。实际上，冰晶的生长是不可避免的。经过几个月的冻藏，由于冰晶生长，肌纤维受到机械损伤，组织结构受到破坏，解冻时引起大量肉汁损失，肉的质量下降。采用快速冻结，并在-18℃下贮藏，尽量减少波动次数和减小波动幅度，可使冰晶生长减慢。

(2) 化学变化：速冻所引起的化学变化不大。而肉在冻藏期间会发生一些化学变化，从而引起肉的组织结构、外观、气味和营养价值的变化。

① 蛋白质变性：与盐类电解质浓度的提高有关，冻结往往使鱼肉蛋白质尤其是肌球蛋白，发生一定程度的变性，从而导致韧化和脱水。牛肉和禽肉的肌球蛋白比鱼肉肌球蛋白稳定得多。

② 肌肉颜色：冻藏期间冻肉表面颜色逐渐变暗。颜色变化也与包装材料的透氧性有关。

③ 风味和营养成分变化：大多数食品在冻藏期间会发生风味和味道的变化，尤其是脂肪含量高的食品。多不饱和脂肪酸经过一系列化学反应发生氧化而酸败，产生许多有机化合物，如醛类、酮类和醇类。醛类是风味和味道异常的主要原因。冻结烧、Cu^{2+}、Fe^{2+}、血红蛋白也会使酸败加快。添加抗氧化剂或采用真空包装可防止酸败。对于未包装的腌肉来说，由于低温浓缩效应，即使低温腌制，也会发生酸败。

4. 冻结肉的解冻 解冻是冻结的逆过程，使冻结肉中的冰晶融化成水，肉恢复到冻前的新鲜状态，以便于加工。冻肉完全恢复到冻前状态是不可能的。随着温度升高，肉会出现一系列变化。

(1) 解冻的条件和方法：解冻方法有多种，如空气解冻、水或盐水解冻、真空解冻、微波解冻等。在肉类工业中大多采用空气解冻和水解冻。解冻的条件主要是控制温度、湿度和解冻速度。

① 空气解冻：空气解冻又分自然解冻和流动空气解冻。空气温度、湿度和流速都影响解冻的质量。

自然解冻又称静止空气解冻，是一种在室温条件下解冻的方法，解冻速度慢。随着解冻温度的提高，解冻时间变短。在4℃和相对湿度90%下解冻时，冻结肉由-18℃上升到2℃，解冻时间2~3 d；在12~20℃和相对湿度50%~60%下解冻，需15~20 h。解冻速度也与肉块的形状和大小有关。流动空气解冻采用强制送风，可加快空气循环，缩短解冻时间。采用空气-蒸气混合介质解冻则比单纯空气解冻所需时间短。

空气解冻的优点是不需特殊设备，适合解冻任何形状和大小的肉块，缺点是解冻速度慢，水分蒸发多，重量损失大。

② 水解冻：水的导热系数比空气大得多，用水作解冻介质，可提高解冻速度。用4~20℃的水解冻猪肉半胴体，比空气解冻快7~8倍，如在10℃水中解冻半胴体，解冻时间为13~15 h。家禽胴体在5℃空气中自然解冻，解冻时间为24~30 h，而在相同温度的静水中解冻，仅需3~4 h。流水解冻比静水解冻快。

水解冻法还可采用喷淋解冻。根据肉的形状、大小和包装方式，也可采用空气解冻与喷淋解冻相结合的方法。

水解冻的肉表面色泽呈浅粉红或近乎白色，湿润；表面吸收水分，使肉的重量增加3%左右。静水浸渍解冻时水中微生物数量明显增加。包装的分割肉在水中解冻较好。生产实践中要根据肉的形状、大小、包装方式、肉的质量、污染程度以及生产需要等，采取适宜的解冻方法，而且还要根据生产的需要，将肉解冻到完全解冻状态或半解冻状态。

(2) 解冻肉的质量变化

① 肉汁流失：肉汁流失是解冻中常出现的对肉的质量影响最大的问题。影响肉汁流失的因素是多方面的，控制这些影响因素可使肉汁流失减少到最低程度。

A. 肉汁流失的内在因素

肉的成熟阶段与pH：肉的成熟阶段对肉汁流失有很大的影响。处于极限pH的肉，解冻时肉汁流失最多，为肉重的8%~10%。成熟肉在同样条件下的肉汁流失为3%~4%。换句话说，肉的pH愈接近其肌球蛋白的等电点，肉汁流失愈多。

肉组织的机械性损伤和肌纤维脱水：冰晶越大，肌肉组织的损伤程度越大，流失的肉汁越多。同时，由于冰晶的形成和增大，细胞内脱水，盐类浓度增大，导致蛋白质变性。解冻时，变性的蛋白质分子空间结构不能复原，不能重新吸附水分，造成肉汁流失。

B. 工艺条件对肉汁流失的影响

冻结速度和冻藏时间：缓慢冻结的肉，解冻时可逆性小，肉汁流失多。不同温度下冻结的肉在同一温度（20 ℃）解冻时，肉汁流失差异很大。例如，在-8 ℃、-20 ℃和-43 ℃三种不同条件下冻结的肉块，在20 ℃的空气中解冻，肉汁流失分别为11%、6%和3%。

冻藏温度和冻藏时间不同，解冻时肉汁流失各异。冻藏温度低且稳定，解冻时肉汁流失少，否则反之。例如，在-20 ℃下冻结的肉块，分别在-1.5~-1 ℃、-9~-3 ℃和-19 ℃的不同温度下保存3天，然后自然解冻，肉汁流失分别为12%~17%、8%和3%。

解冻速度：缓慢解冻肉汁流失少，快速解冻肉汁流失多。例如，在-23 ℃冻结的肉块，在-20 ℃下冻藏4个月后，分别在1 ℃、10 ℃下自然解冻，肉汁流失量分别为1.76%和3.27%。一般认为，10 ℃以下的低温解冻可使肉保持较少的肉汁流失和较少的微生物数。

② 营养成分的变化：解冻会造成肉汁流失，导致肉的重量减轻，水溶性维生素和肌浆蛋白等营养成分减少。此外，反复冻结会导致肉的品质恶化，如组织结构变差、形成胆固醇氧化物等。

第三节 肉的气调贮藏

气调包装技术也称换气包装，是指用高阻隔性的包装材料将肉品密封于一个改变了的气体环境中，减缓氧化的速度，抑制微生物的生长和阻止酶促反应，从而延长产品的货架期。鲜肉气调包装的保鲜机理是根据各类鲜肉的性质和保鲜要求，通过在包装内充入一定比例的混合气体置换出包装容器内空气，调节其保藏所需的气候环境，破坏或改变微生物赖以生存繁殖的条件，以减缓包装食品的生物生化变质，达到保鲜防腐目的。

常用的气体通常是CO_2、O_2和N_2或三种气体的各种组合。每种气体具有不同作用，CO_2充当细菌抑制剂，O_2起呈色作用，N_2常作为混合气体缓冲或平衡包装内气体。另外，在混合气体中加入低浓度CO使冷却肉具有樱桃红色。

一、二氧化碳（CO_2）

CO_2在充气包装中的使用主要是由于它的抑菌作用。CO_2是一种稳定的化合物，无色、无味，在空气中约占0.03%，提高CO_2浓度，使大气中原有的氧化浓度降低，使好气性细菌生长速率减缓，另外也使某些酵母菌和厌气性菌的生长受到抑制。CO_2的抑菌作用，一是通过降低pH，CO_2溶于水中，形成碳酸（H_2CO_3），使pH降低，这会对微生物有一定的抑制；二是通过对细胞的渗透作用，在同温同压下，CO_2在水中的溶解是O_2的6倍，渗入细胞的速率是O_2的30倍，由于CO_2的大量渗入，会影响细胞膜的结构，增加膜对离子的渗透力，改善膜内外代谢作用的平衡，而干扰细胞正常代谢，使细菌生长受到抑制。CO_2渗入还会刺激线粒体ATP酶的活性，使氧化磷酸化作用加快，ATP减少，即使机体代谢生长所需能量减少。

研究表明，20%的CO_2就起到抑菌作用，其抑菌能力随着浓度的增加而增大，但当浓度大于40%时，其抑菌效果并没有显著增加。CO_2具有水溶性，可降低肉的pH，使某些不耐酸的微生物失去生存的必需条件，但它会导致包装盒塌落，影响产品外观。因此，如使用CO_2作为保护气体，应选用阻隔性较好的包装材料或填充惰性气体。

二、氧气（O_2）

为保持肉的鲜红色，包装袋内必须有O_2。自然空气中含O_2约20.9%，因此，新切肉表面暴露于空气中则显浅红色。鲜红色的氧合肌红蛋白的形成还与肉表面潮湿与否有关，表面潮湿，则溶氧量多，易于形成鲜红色。氧气虽然可以维持良好的色泽，但由于氧气的存在，在低温条件下（0~4 ℃）也易造成好气性假单胞菌生长，因而保存期要低于真空包装。此外，氧还易造成不饱和脂肪酸氧化酸败，致使肌肉褐变。

氧气对鲜肉的保鲜作用主要有两个方面：抑制鲜肉贮藏时厌氧菌繁殖和维持氧合肌红蛋白，在短期内使肉色呈鲜红色，易被消费者接受。研究表明，要保持冷却肉良好的色泽，O_2含量应达到40%上，尽管高浓度氧的加入可使冷却肉保持鲜艳的红色,但在 0 ℃条件下,贮存期仅为 2 周,而且这种红色最长只能维持 1 周。另外,包装袋内 O_2 的存在会降低 CO_2 对微生物的抑菌效果,并使冷却肉脂肪氧化值升高。

三、氮气(N_2)

N_2 是惰性气体,不影响肉的色泽,对被包装肉一般不起作用,也不会被其所吸收,但能防止氧化酸败、霉菌的生长和寄生虫害。氮对塑料包装材料透过率很低,因而可作为混合气体、缓冲或平衡气体,并可防止因 CO_2 逸出后,包装盒因受大气压力而压塌。

四、一氧化碳(CO)

为了使冷却肉具有较长的货架期,并在货架期内保持稳定的鲜红色而又不引起肉中脂肪氧化,用于冷却肉气调包装的气体中可混入约 0.5% 的 CO。将含有 CO 的混合气体应用于鲜肉的包装和处理,概括起来可分为 2 种类型:将鲜肉包装并贮存于低浓度(0.1%~2%)的 CO 混合气体环境中,主要是利用其护色功能;将鲜肉包装并贮存于高浓度(5%~100%)的 CO 混合气体环境中,可起到护色和抑菌的双重功效。

用高浓度(5%~100%)的 CO 对鲜牛肉进行预处理,采用真空包装贮存,对稳定牛肉的颜色和抑制微生物生长都有作用,低浓度(0.1%~2%)混合气体 CO 对消费者并不存在有毒危害。

五、气调包装中各种气体的最适比例

在气调包装中,CO_2、O_2、N_2 必须保持合适比例,才能使肉品保藏期长,且各方面均能达到良好状态。欧美大多以 80%O_2+20% CO_2 方式零售包装,其货架期为 4~6 d。英国在 1970 年有两项专利,其气体混合比例为 70%~90% O_2 与 10%~30% CO_2 或 50%~70% O_2 与 50%~70% CO_2,而一般多用 20% CO_2+80% O_2,具有 8~14 d 的鲜红色效果。表 3-9 显示了各种肉制品所用气调包装的气体混合比例。

表 3-9 气调包装肉及肉制品所用气体比例

肉的品种	混合比例	国家和地区
新鲜肉(5~12 d)	70% O_2+20% CO_2+10%或 75% O_2+25% CO_2	欧洲
鲜碎肉制品和香肠	33.3% O_2+33.3% CO_2+33.3% N_2	瑞士
新鲜斩拌肉馅	70% O_2+30% CO_2	英国
熏制香肠	75% CO_2+25% N_2	德国及北欧四国
香肠及熟肉(4~8 周)	75% CO_2+25% N_2	德国及北欧四国
家禽(6~14 d)	50% O_2+25% CO_2+25% N_2	德国及北欧四国

第四节 肉的辐射贮藏

肉品的辐射是利用原子能射线能量来进行杀菌,是一种冷加工处理方法,以 ^{60}Co 或 ^{137}Cs 作为放射源,在衰变时放出射线(γ射线)穿透固体物质,通过破坏细胞壁来杀菌,肉品内部不会升温,不引起食品的色、香、味方面的变化。所以它能最大限度地减少肉品的风、滋味的损失,防止肉品的腐败变质,从而达到延长货架期的目的。由于以上物理处理手段,在低剂量下并不会给肉品中留下任何化学制剂的残留物,对消费者十分安全,能量消耗也极低,生产成本大为降低,所以对于产业和消费者都有益。

一、放射线杀菌的作用机制

放射线杀菌是利用放射线发出的能量以电磁波的形式透过物体,当物质中的分子吸收辐射能量时,使细菌细胞中的 DNA 化学键破裂失去复制能力,抑制其生长发育和新陈代谢,达到灭菌的目的。辐射保鲜技术由于不产生热效应,能最大限度地保持食品原有的特性。辐射剂量对微生物的杀灭有很大关系。Kanatt 等研究了辐射处理对冷却肉产品的影响,发现肉产品经过 3 kGy(1 kg 被辐照物质吸收 1 J 的能量为 1 Gy)的辐射处理与没有经过辐射的同等肉产品相比,货架期延长了两周。

1. 辐射和辐射杀菌的基本原理

(1) α、β、γ 射线的特性及形成：α 射线是从原子核中射出的带正电的高速离子流；β 射线则是带负电的高速粒子流；γ 射线是一种光子流，它是原子核从高能态跃迁到低能态时放出的。γ 射线的能量最大，为几十万电子伏[特]以上，而可见光只有几电子伏[特]。从电离能力来看，α 射线最强，γ 射线最弱；从对物质的穿透能力来看，γ 射线最强，β 射线的电离及穿透能力处于 α、γ 射线之间。

(2) 辐射源：辐射源是进行食品辐射杀菌最基本的工具。常用的辐射源有电子束辐射源（产生电子射线）、X 射线源和放射性同位素源。用于肉类辐射保鲜的辐射源主要是放射性同位素源，如 ^{60}Co 和 ^{137}Cs 辐射源，^{60}Co 最为常用。

(3) 辐射产生的变化：食品的辐射杀菌通常是用 X、γ 射线，这些高能带电或不带电的射线引起食品中微生物、昆虫发生一系列生物物理和生物化学反应，使它们的新陈代谢、生长发育受到抑制或破坏，甚至使细胞组织死亡等。而对食品来说，发生变化的原子、分子只是极少数，加之已无新陈代谢，或只进行缓慢的新陈代谢，故发生变化的原子、分子几乎不影响或只轻微地影响食品的新陈代谢。

2. 辐射的剂量单位

(1) 电子伏特：1 电子伏[特]（eV）=1.602×10^{-12} 尔格（erg）。

(2) 居里和克镭当量：它们都是放射强度单位。前者表示放射性元素的核衰变，而后者表示放射出 γ 射线的辐射源的辐射效应。对于不同的 γ 辐射源，它们之间的比值是不同的。例如，对 ^{60}Co 辐射线来说，1 居里等于 1.6 克镭当量。

1 居里相当于放射性同位素每秒有 3.7×10^{10} 次原子核衰变。1 居里=3.7×10^{10} 衰变/s。

(3) 伦琴：照射量的测定单位，即在标准状况下，0.001 293 g 空气形成一个正电或负电静电单位的 X 射线或 γ 射线照射量。

(4) 拉德：表示被照射的物体从辐射场内吸收的能量单位。1 g 物质当吸收 100 erg 射线能量时，辐射剂量即为 1 拉德（rad）。

(5) 戈[瑞]（Gy）：照射剂量的国际单位，即 1 kg 物质吸收 1J 的能量为 1Gy。

$$1\ Gy=1\ J/kg,1\ kGy=1\ 000\ Gy$$
$$1\ Gy=1\ J/kg=100\ rad=10^{7}\ erg/kg=10^{4}\ erg/g$$

二、辐射保藏食品的优点

1. 射线处理无需提高食品温度 照射过程中食品温度的升高微乎其微。因此，处理适当的食品在感官性状、质地和色香味方面的变化甚微。

2. 射线的穿透力强 可杀灭深藏于谷物、果肉或冻肉中的害虫、寄生虫和微生物，起到化学药品和其他处理方法所不能的作用。

3. 应用范围广 能处理各种不同类型的食物品种，从大块的肉类（牛肉、羊肉、猪肉）、火腿和火鸡到用肉、鱼和鸡肉作成的三明治都适用。食品可在照射前进行包装和烹调，照射后的制作更加简化和方便，降低了成本，节省了时间。

4. 照射处理食品不会留下任何残留物 这同农药熏蒸（如谷物杀虫）和化学处理相比是一突出的优点，可减少环境中化学药剂残留浓度日益增长而造成的严重公害。

5. 能节约能源 据报道，食品采用冷藏需要消耗能量为 324.4 kJ/kg，巴氏消毒为 829.1 kJ/kg，热消毒为 1 081.5 kJ/kg，脱水处理为 2 533.5 kJ/kg，而辐射消毒只需 22.7 kJ/kg，辐射巴氏消毒仅需 2.74 kJ/kg。因此，辐射处理可节约 70%～97% 的能量消耗。辐射装置加工效率高，整个工序可连续作用，易于自动化。

三、辐射食品的卫生安全性

辐射食品的卫生安全性是辐射食品研究的重要环节，其范围包括以下 5 个方面。

1. 有无残留放射性及诱导放射性　　对于是否会沾染放射性物质的问题,因食品在进行辐照时,被照食品没有直接接触放射性同位素,因此不会沾染放射性物质,这与核爆炸和核源泄漏事故等是不相同的。关于诱导放射性,即指因辐照引起食品内的构成元素变成放射性元素的问题。在食品辐照中,一般采用^{60}Co射线,其能量为1.33 MeV和1.17 MeV,运用低能量电子射线对食品进行处理。因此,这些射线不可能达到使食品中的元素产生诱导放射性的能量,当然也不会产生诱导放射性核元素及其化合物,因为使食品中基本元素诱导放射性需要临界能为2.2 MeV。

2. 辐射食品的营养卫生　　关于辐照食品的营养卫生问题,和其他食品加工技术一样,辐照也将使食品发生理化性质的变化,导致感官品质及营养成分的改变。变化程度和性质取决于照射食品的种类和照射剂量。在高剂量的辐射下,食品中氨基酸仅破坏10%左右,蛋白质的色、香、味及营养价值有一定程度下降,但不明显改变食品中蛋白质的含量,脂肪的氧化在适度剂量范围内很少发生。

3. 有无病原菌的危害　　人们对食源性疾病甚为关注。食物中的微生物如沙门氏菌、李斯特菌、大肠杆菌等对辐照较敏感,10 kGy以下的剂量就可以除尽。辐照杀死了致病菌且不会带来食品的安全性问题。根据各国30多年的研究结果,FAO/WHO/IAEA组织的联合专家委员会于1980年10月宣布,吸收剂量在10 kGy以下的任何辐照食品都是安全的,无需做毒理学试验。至今尚未证明辐射微生物能增加其致病性,或者被辐射的细菌增加了毒素的形成力,诱发了抗菌力。因此可以说,食品辐照不会增加细菌、酵母菌和病毒的致病性。

4. 辐照食品有无产生毒性　　20世纪70年代,中国国家科学技术委员会组织开展了全国范围的辐照农产品及其制品动物毒理试验研究项目,在此期间完成了慢性毒性试验、多代繁殖试验、致畸试验和诱变试验等。实验选用大鼠和狗两个不同属的动物,检测多种辐照农产品及其制品(大米、马铃薯、猪肉香肠、蘑菇等)的生物效应,没有发现与辐照农产品及其制品相关的有害作用。而食品营养卫生和辐射化学的研究结果表明,辐照食品营养丰富,分析辐照后食品产生的辐射降解产物,这些产物的种类和毒含量与常规烹调方法没什么区别。

5. 有无致畸、致癌及致突变效应　　近40年来,根据长期与短期动物饲养试验,观察临床症状、血液学、病理学、致畸等项目,没发现辐照食品产生毒性反应及致畸、致癌、致突变现象,用辐照饲料喂养家畜以及用辐照食品长期饲养有免疫缺陷的动物,均未发现任何病理变化。大量的研究结果表明:辐照处理在食品组成上所引起的变化对人体健康无害,也不会改变食品中微生物菌的总平衡,亦不会导致食品中的营养成分大量损失。关于是否会致突变,有两种完全相反的报道,需进一步研究。

四、辐射的应用

1. 控制旋毛虫　　旋毛虫在猪肉中防治比较困难,但其幼虫对射线比较敏感,用0.1 kGy的γ射线辐照,就能使其丧失生殖能力。因而将猪肉在加工过程中通过射线源的辐照场,使其接受0.1 kGy γ射线的辐照,就能达到消灭旋毛虫的目的。在肉制品加工过程中,也可以用辐照方法来杀灭调味品和香料中的害虫,以保证产品免受其害。

2. 延长货架期　　叉烧猪肉经^{60}Co γ射线8 kGy照射,细菌总数从20 000 cfu/g下降到100 cfu/g,在20 ℃恒温下可保存20 d,在30 ℃高温下也能保存7 d,对其色、香、味和组织状态均无影响。新鲜猪肉去骨分割,用隔水、隔氧性好的食品包装材料真空包装,用^{60}Co γ射线5 kGy照射,细菌总数由54 200 cfu/g下降到53 cfu/g,可在室温下存放5~10 d不腐败变质。

3. 灭菌保藏　　新鲜猪肉经真空包装,用^{60}Co γ射线15 kGy进行灭菌处理,可以全部杀死大肠菌群、沙门氏菌和志贺氏菌,仅个别芽孢杆菌残存下来。这样的猪肉在常温下可保存两个月。用26 kGy的剂量辐照,则灭菌较彻底,能够使鲜猪肉保存一年以上。香肠经^{60}Co γ射线8 kGy辐照,可杀灭其中大量细菌,能够在室温下贮藏一年。由于辐照香肠采用了真空包装,在贮藏过程中也就防止了香肠的氧化褪色和脂肪的氧化酸败。

肉品经辐照会产生异味,肉色变淡,0.1 Mrad照射鲜猪肉即产生异味,3 Mrad异味增强。这主要是含硫氨基酸分解的结果。不同食品的照射剂量规定如表3-10。

表 3-10　不同肉食品的辐射剂量(引自 FAO)

食　品	主　要　目　的	达到的手段	剂量/Mrad
肉、禽、鱼及其他易腐食品	不用低温,长期安全贮藏	能杀死腐败菌、病原菌和肉毒梭菌	4～6
肉、禽、鱼及其他易腐食品	在 3 ℃下延长贮藏期	减少嗜冷菌数	0.5～1.0
冻肉、鸡肉、鸡蛋及其他易污染病原菌的食品	防止食品中毒	杀灭沙门氏细菌	0.3～1.0
肉及其他有病原寄生虫的食品	防止食品媒介的寄生虫	杀灭旋毛虫、牛肉绦虫等	0.01～0.03
香辛料、辅料	减少细菌污染	降低菌数	1～3

五、辐照工艺学

只有合理的辐照工艺,才能获得理想的效果。其工艺流程是:

1. 前处理　辐射保鲜就是利用射线杀灭微生物,并减少二次污染,从而达到保藏的目的。因此,辐射保藏的原料肉必须新鲜、优质、卫生,这是辐射保鲜的基础。辐照前对肉品进行挑选和品质检查,要求质量合格,原始含菌量、含虫量低。

2. 包装　屠宰后的胴体必须剔骨,去掉不可食部分,然后进行包装。包装的目的是避免辐射过程中的二次污染,便于贮藏、运输。包装可采用真空或充入氮气。包装材料可选用金属罐或塑料袋。塑料袋一般选用抗拉度强,抗冲击性好,透氧率指标好,γ射线辐照后化学、物理变化小的复合薄膜制成,一般以聚乙烯(PE)、聚对苯二甲酸乙二酯(PET)、聚乙烯醇(PVA)、聚丙烯(PP)和尼龙 6(PA6)等薄膜复合结构,有时在中层夹铝箔效果更好。采用热合封口包装是肉制品辐射保鲜的一个重要环节。

3. 辐照　常用辐射源有^{60}Co、^{137}Cs 和电子加速器三种,其中^{60}Co 辐照源释放的γ射线穿透力强,设备较简单,因而多用于肉品辐照。辐照箱的设计根据肉品的种类、密度、包装大小、辐射剂量均匀度以及贮运销售条件决定,一般采用铝质材料,长方体结构,长、宽、高的比例可为 2∶15∶5。辐照条件根据辐照肉品的要求而定,如为减少辐照过程中某些营养成分的损失,可采用高温辐照。在辐照方法上,为了提高辐照效果,经常使用复合处理的方法,如与红外线、微波等物理方法相结合。

4. 剂量的确定　辐照处理的剂量和处理后的贮藏条件往往会直接影响其效果。辐照剂量越高,保存时间越长。各种肉类辐照剂量与保藏时间见表 3-11。

表 3-11　种肉类辐照剂量与保藏时间

肉　类	辐照剂量/krad	保藏时间
鲜猪肉	^{60}Co γ射线 1 500	常温保存 2 个月
鸡肉	γ射线 200～700	延长保藏时间
牛肉	γ射线 500	3～4 周
	1 000～2 000	3～6 个月
羊肉	γ射线 4 700～5 300	灭菌保藏
猪肉肠	γ射线照射	减少亚硝酸盐用量
	4 700～5 300	灭菌保藏
腊肉罐头	^{60}Co γ射线 4 500～5 600	灭菌保藏

六、辐照后的保藏

肉品辐照后可在常温下贮藏。采用辐射耐贮杀菌法处理的肉类,结合低温保藏效果较好。肉品辐照处理是一项综合性措施,要控制好每一个工艺环节才能保证辐照的效果和质量。

虽然食品辐照可有效减少或去除病原菌和腐败微生物,保证食品的卫生和感官品质,但是许多消费者仍不愿接受辐射食品。因此,科学家研究了电子束辐射在食品贮藏中的应用。机械加速的电子束辐射不使用任何放射性材料,消费者的认同可能会提高。

第四章

肉制品加工中常用辅料

第一节 调味料

调味料是指为了改善食品的风味,能赋予食品特殊味感(酸、甜、苦、辣、咸、鲜、麻等),使食品鲜美可口、引人食欲而添加于食品中的天然或人工合成的物质。由于其独特的特点及功能,是肉制品加工中不可缺少的一类添加剂,在加工肉制品时可以丰富和增强产品的特征香气,提高产品的吸引力,协调产品的香气,使口感更加圆润、丰满,掩蔽或修饰产品本身固有的风味,增加产品的营养。

一、咸味料

咸味是一种非常重要的基本味。它在调味中作用是举足轻重的,人们常称咸味是"百味之主",是调制各种复合味的基础。咸味调味料是以氯化钠为主要呈味物质的一类调味料的统称,又称咸味调味品。

1. 食盐 在肉品加工中,食盐具有调味、防腐保鲜、提高保水性和黏着性等重要作用。但食盐能加强脂肪酶的作用和脂肪的氧化,因此,腌肉的脂肪较易氧化变质。

食盐的主要作用有以下几点:① 调味作用,添加食盐可增加和改善食品风味,在食盐的各种用途中,当首推其在饮食上调味功用,即能去腥、提鲜、解腻、减少或掩饰异味、平衡风味,又可突出原料的鲜香之味,因此,食盐是人们日常生活中不可缺少的食品之一;② 提高肉制品的持水能力、改善质地,氯化钠能活化蛋白质,增加水合作用和结合水的能力,从而改善肉制品的质地,增加其嫩度、弹性、凝固性和适口性,使其成品形态完整,质量提高,增加肉糜的黏液性,促进脂肪混合以形成稳定的乳状物;③ 抑制微生物的生长,食盐可降低水分活度,提高渗透压,抑制微生物的生长,延长肉制品的保质期;④ 提高成品率,降低成本。

食盐的添加量:干腌法的食盐添加量占肉重的6%左右;湿腌法腌泡液中食盐比例为15%。同时根据季节不同,夏季用盐量比春、秋、冬季要适量增加0.5%~1.0%,以防肉制品变质,延长保存期。我国的食盐用量规定如表4-1所示。

表4-1 我国的食盐一般用量规定表

肉品种类	食盐添加比例/%
腌腊制品	6~10
酱卤制品	3~5
灌肠制品	2.5~3.5
油炸及干制品	2~3.5
粉肚制品	3~4

2. 酱油及酱类 酱油是肉制品加工中重要的呈味调味料,并含有丰富的氨基酸等风味成分。

酱油是一种比较好的咸味调味料,尤其对一些中式肉制品,可以起到增鲜、增色作用。酱油在我国的酱卤肉制品、香肠制品中广泛应用。

在肉制品加工中的作用主要有:第一,为肉制品提供咸味和鲜味;第二,添加酱油的肉制品多具有诱人的酱红色,是由酱色的着色作用和糖类与氨基酸的美拉德反应产生;第三,酿制的酱油具有特殊的酱香气味,可使肉制品增加香气;第四,酱油生产过程中产生少量的乙醇和乙酸等,具有解除腥腻的作用。

酱类是指黄酱、蚕豆酱、甜面酱、豆瓣酱等及以酱为原料再加工的制品。酱是以富含蛋白质的豆类和富含淀粉的谷类及其副产品为主要原料,在微生物酶的催化作用下分解熟成的发酵型糊状调味品。它的作用基本与酱油相同,可赋味、增色、添香、去腥、解腻等,但酱的风味与酱油不同,并较酱油黏稠,故在应用上有些差异。酱的用量首先要根据产品成度要求、色泽要求及品种不同来确定。

3. 替代咸味剂 类似食盐呈味的有机酸盐有苹果酸钠、谷氨酸钾、葡萄糖酸钠和氯化钾等,它们与氯化钠的作用不同,味道也不一样。由于过多摄入食盐会导致心血管病、高血压及其他疾病,因此,低食盐含量的肉制品越来越多。所以,无论从加工的角度,还是从保障人体健康的角度,采用替代咸味剂来降低因过量食用食盐带来的风险是一个很好的选择。

二、甜味剂

肉制品加工中应用的甜味调味品主要是食糖、蜂蜜、葡萄糖、饴糖、山梨糖醇、淀粉糖浆、红糖、冰糖及个别产品用糖精钠。除白砂糖,山梨糖醇、乳糖在干燥品中也用得比较多。安赛蜜、三氯蔗糖、阿力甜也比较稳定,新型糖如蛋白糖的使用也日益广泛。食糖的必需添加量宜在肉重的0.1%～2%。

1. 白砂糖 砂糖以蔗糖为主要成分,在肉制品加工中使用能保色、缓和咸味、增鲜、增色、适口、使肉质松软。白砂糖在肉制品加工中的添加量根据产品进行添加。在盐腌时间较长的肉制品中,添加量在肉重的0.5%～1%较为合适;中式肉制品中一般用量为肉重的0.7%～3%,甚至可达5%～7%。

2. 蜂蜜 蜂蜜在肉制品加工中的应用主要起提高风味、增香、增色、增加光亮度及增加营养的作用。将蜂蜜涂在产品表面,淋油或油炸,是重要的赋色工序。在使用中,应注意用量,防止过多而造成制品吸水变软,同时要掌握所用温度及加热时间,防止制品过硬或焦糊。

3. 山梨糖醇 山梨糖醇是白色颗粒或结晶粉末状。广泛存在于植物中,安全性高,可用葡萄糖还原制得,其甜味为蔗糖的一半,甜度较低,常作为砂糖的代用品。在肉制品加工,不仅用作甜味料,还能提高渗透性,使制品纹理细腻,肉质细嫩,增加保水性,提高出品率。

三、酸味剂

酸味调味料品种有许多,在肉制品加工中经常使用的有醋、番茄酱、番茄汁、山楂酱、草莓酱、柠檬酸等。酸味调料在使用中应根据工艺特点及要求去选择,还需注意到人们的习惯、爱好、环境、气候等因素。

1. 食醋 食醋为中式糖醋类风味产品的重要调味料,含醋酸3.5%以上,如与糖按一定比例配合,可形成宜人的甜酸味。当与醇类同在一起时,就会发生酯化反应,在风味化学中称为"生香反应"。炖牛肉、羊肉时加点醋,可使肉加速熟烂及增加芳香气味;骨头汤中加少量食醋可以增加汤的适口感及香味,并利于增加骨中钙的溶出。食醋在加工肉制品中使用还具有去腥作用,在肉制品加工中有时往往需要添加一些食醋,用以去除腥气味,尤其鱼类肉原料更具有代表性。

2. 柠檬酸 柠檬酸是功能最多,用途最广的酸味剂,它有较高的溶解度,对金属离子的螯合能力强,具有令人愉快的气味和极低的毒性,被广泛应用于肉制品加工中。国外利用氢氧化钠和柠檬酸盐等混合液来代替磷酸盐,提高pH到中性,也能达到提高肉类持水性、嫩度和成品率的目的。柠檬酸及其钠盐用于处理的腊肉如香肠和火腿,具有较强的抗氧化能力;柠檬酸也可作为多价螯合剂用于提炼动物油和人造黄油的过程;可用于密封包装的肉类食品的保鲜。柠檬酸还能降低肉糜的pH,在pH较低的情况下,亚硝酸盐的分解愈快愈彻底,在香肠生产中应用,具有良好的护色作用,但pH的下降,对于肉糜的持水性是不利的。因此,国外已开始在某些混合添加剂中使用糖衣柠檬酸,加热时糖衣溶解,释放出有效的柠檬酸,而不影响肉制品的质构。柠檬酸的加入量约为0.05%,勿超过0.1%。

四、增味剂

增味剂也称风味增强剂,指能增强食品风味的物质,主要是增强食品的鲜味,故又称为鲜味剂。鲜味调味品在肉制品主要有谷氨酸钠和肌苷酸钠等。

1. 味精 味精或味素,无色至白色棱柱状结晶或结晶性粉末,无臭。加热至 120 ℃时失去结晶水,大约在 270 ℃发生分解。在 pH 为 5 以下的酸性和强碱性条件下会使鲜味降低。在肉品加工中,一般用量为 0.2~1.5 g/kg,回锅肉可用到 5 g/kg。对酸性强的食品,可比普通食品多加 20%左右。

2. 肌苷酸钠 肌苷酸钠是白色或无色的结晶性粉末,性质稳定,100 ℃下加热 1 h 无分解现象。但在动、植物磷酸酯酶作用下分解而失去鲜味。肌苷酸钠鲜味是谷氨酸钠的 10~20 倍,与谷氨酸钠共同使用对鲜味有相乘效应,所以一起使用效果更佳。往肉中加 0.01%~0.02%的肌苷酸钠,相应地就要加 1/20 左右的谷氨酸钠。使用时,由于遇酶容易分解,所以添加酶活力强的物质时,应充分考虑之后再使用。

3. 琥珀酸及其钠盐 琥珀酸及其钠盐,无色至白色结晶或结晶性粉末,易溶于水,不溶于酒精。水溶液呈中性至微碱性,pH 7~9,120 ℃失去结晶水,味觉阈值 0.03%。对于肉制品来说,使用范围在 0.02%~0.05%。

第二节 香辛料

香辛料用于食品的加香调味,能显著改善食品的色、香、味,增强人们的食欲,提高食品自身价值。另外,有些香辛料还具有防腐抗菌、抗氧化性的机能,可用作天然抗氧化剂和防腐剂。

1. 胡椒 分白胡椒和黑胡椒两种。未成熟果实晒干后果皮皱缩而黑称为黑胡椒;成熟果实脱皮后为白色称为白胡椒。黑胡椒气味较白胡椒浓,但白胡椒的外观色泽较好。从成分上讲,两种胡椒几乎是完全一样的,其辣味成分主要是胡椒碱和异胡椒碱;其香味成分主要是含胡椒的精油混合物,如丁香油等。肉制品加工中应用胡椒,除少数品种的灌肠整粒使用外,大多数是磨成胡椒粉使用。白胡椒是香肠加工常用的香辛料之一,其用量是原料肉的 0.2%左右。黑胡椒用在干香肠加工中,其用量是原料肉的 0.3%左右。

2. 肉豆蔻 肉豆蔻(肉果、玉果)具有甜的刺激性芳香味和辛味,可消除原料肉的生肉味,是肉制品加工常用的香辛料之一。成熟的种子有坚硬的果皮,去皮后取种仁干燥即为肉豆蔻;外皮与种仁之间的种皮经干燥后为肉豆蔻衣,也可用作香辛料。肉豆蔻衣常用于波罗尼亚香肠、肝肠、色拉米香肠、水煮火腿、猪肉香肠等西式肉制品中。肉豆蔻种仁常用于酱卤制品及高档西式灌肠等。其用量限定在胡椒用量的 1/10 到 1/3 左右。肉豆蔻含脂肪较多,芳香成分主要是 α-松油二环烯、松油二环烯、丁香油酚、肉豆蔻酯等。

3. 丁香 用丁香树的干燥花蕾制成。所有芳香性香辛料中最具芳香性,兼有桂皮味,可代替桂皮使用,略带水果味、甜味、胡椒味及芥末味。丁香的香气特别浓,能掩盖其他香料香味,故使用时应注意用量。丁香油主要用于肉类制品调味酱、卤肉制品、猪皮冻、肝肠、灌肠及火腿制品中。

4. 肉桂 俗称桂皮,使用部位包括桂皮、桂叶、果实和桂枝。具有浓厚香气,味辛而甜,可以提高肉制品的风味。主要成分是肉桂醛,用于烧鸡、烧肉、酱卤制品、波罗尼亚香肠、血肠、西式火腿及午餐肉中。

5. 月桂叶 月桂叶(香叶)芳香文雅,香气清凉,带辛香和苦味,干燥叶子味不重,但与食物共煮后则香味浓郁,在肉制品中作为矫味剂使用,是炖肉时不可缺少的调味料。还常用于西式产品、午餐肉、鸡肉条及罐头(清蒸猪肉、清蒸牛肉)等。因具有去除肉腥味的作用,所以在汤、鱼等菜中也常使用。

6. 芫荽 芫荽(俗称香菜、胡荽)有发甜的芳香味,稍带些刺激味,是制作肉制品特别是猪肉香肠、波罗尼亚香肠、维也纳香肠、法兰克福香肠、肝肠、午餐肉及波兰香肠常用的香辛料。

7. 砂仁 砂仁(小豆蔻)气味芳香浓醇。含有砂仁的食品食之清香爽口,风味别致,并有清凉感。常用于熏烤肉、鸡鸭、肝肠、猪肉肠、汉堡肉饼等肉制品中。

8. 混合香辛调味料 混合香辛调味料是将几种香辛料粉末采用一定的配比混合而成的,如市场上常见的"五香粉"、"咖喱粉"等。

9. 浸膏 浸膏是一种含有精油及植物蜡等呈膏状的香料制品,是植物性天然香料的主要品种之一。浸膏在化妆品、香水、洗涤剂、食品中均有广泛用途。

10. 精油 精油是一种从芳香植物中提取出来的挥发性油状液体,是植物性天然香料的主要品种,由醇、烯等有机成分构成,并具有一定的抗菌性。精油价格昂贵,有"液体黄金"之称,除了应用于食品工业之外,也是日用化工产品的重要原料。

11. 微胶囊化香辛料　　在食品贮藏过程中,为防止香味的挥发和与其他物质反应,并降低香辛料对热和潮湿的敏感,应用微胶囊化和控释技术,使香味在食品中能长期保存,提高产品香料含量,延长释放时间,有利于包囊香料的贮存,防止氧化。一般应用明胶、阿拉伯胶、羧甲基纤维素、乙基纤维素、糊精、麦麸等作为壁材,用锐孔挤压、喷雾干燥、喷雾冷却等方法制备微胶囊。通常应用的是其10倍浓缩产品。

第五章

腌腊肉制品

第一节 腌腊肉制品概述

一、腌腊肉制品

所谓"腌腊"是指畜禽肉类在农历腊月进行加工制作,通过加盐(或盐卤)和香料进行腌制,并在较低的气温下经过自然风干成熟,形成独特风味。腌腊肉制品的加工工艺蕴藏了中国传统肉制品制作的经验和智慧。产品具有肉质紧密、色泽红白分明、香味浓郁、咸鲜适口、耐贮藏等特点,深受我国及东南亚地区消费者的喜爱。腌腊肉制品主要有咸肉类、腊肉类、酱封肉类和风干肉类。

咸肉类产品是原料经过腌制加工而成的生肉类制品,食用前需经熟制加工。咸肉又称腌肉,其主要特点是成品呈白色,瘦肉呈玫瑰红色或红色,具有独特的腌制滋味,味稍咸。如咸水鸭、咸猪肉、咸牛肉等。腊肉类制品是原料肉经食盐、硝酸盐、亚硝酸盐、糖及调味香料等腌制后,再经晾晒或烘烤或烟熏处理等工艺加工而成的生肉制品,食用前需熟化。与咸肉制品相比,腊肉制品经过了较长时间的晾晒和成熟过程,或者在腌制之后经过了烘烤或熏制处理,水分含量比咸肉制品低,风味比咸肉制品浓。主要特点是成品呈金黄色或红棕色,具有浓郁的腊香,滋味鲜美,如腊兔、腊羊肉、腊鸡、板鸭等。酱封肉类制品是原料肉经食盐、酱料(面酱或酱油)腌制、酱制后,再经脱水(风干、晒干、烘干或熏干等)而加工制成的生肉类制品,食用前需熟化处理。与咸肉类和腊肉类制品相比,酱封类制品加工时用了酱料,因此产品具有浓郁的酱香味,肉色棕红。风干肉类是原料肉腌制后,经过洗晒(某些产品无此工序)、晾挂、干燥等工艺加工而成的生肉类制品,食用前需熟化加工。与其他腌腊肉制品相比,风干类产品水分含量较低,干而耐咀嚼,风味浓郁,如风鸡、风羊肉、风鸭等。

二、腌制加工

1. 腌制作用

(1) 食盐的作用:食盐是唯一不可少的腌制材料,通过脱水作用和渗透压作用,抑制微生物生长,延长保存期。然而单独使用食盐会使腌肉发硬,并使产品色泽发暗,影响产品的可接受性。

食盐是肉品中最常用的一种腌制剂,它不仅是重要的调味料,且具有防腐作用。主要表现在:① 食盐溶液对微生物的脱水作用,食盐溶于水后可电离成 Na^+ 和 Cl^-,其质点比同浓度的非电解质溶液要高得多,故具有很高的渗透压,对微生物细胞有强烈的脱水作用,造成细胞质膜分离,抑制其生长活动;② 食盐溶液对微生物具有生理毒害作用,当 Na^+ 和 Cl^- 达到一定浓度时,就分别与微生物细胞原生质内的阴离子、阳离子结合,产生生理毒害作用,这种作用随pH下降而增加;③ 影响蛋白分解酶的活性,食盐和酶蛋白分子中肽链结合后,能破坏微生物蛋白分解酶分解蛋白质的能力;④ 由于食盐在溶液中电离成的 Na^+ 和 Cl^-,能形成水化离子,降低了微生物所处环境的水分活度;⑤ 食盐溶液中氧气溶解度下降,从而造成微生物缺氧的生理环境,好氧性微生物的生长受到抑制。

食盐抑制微生物的生长繁殖,并不能杀菌。有些嗜盐性微生物仍能生存和繁殖引起肉制品的腐败。因此,腌制过程要控制较低的腌制温度。当浓度高于15%~20%时才能起到防腐作用,这样高的浓度远远超出人们所能接受的范围。因此要起到防腐作用,必须与其他方法结合使用。在肉品腌制剂中,硝酸盐或亚硝酸盐也是其重要的组成成分,它不仅具有发色作用,使肉制品光泽鲜艳,且具有很强的抑菌作用。

(2) 硝酸盐和亚硝酸盐的作用:在腌肉中少量使用硝酸盐已有几千年的历史。亚硝酸盐由硝酸盐生成,也用于腌肉生产。腌肉中使用亚硝酸盐主要有以下几方面作用:① 抑制肉毒梭状芽孢杆菌的生长,并且具有抑制许多其他类型腐败菌生长的作用;② 优良的呈色作用;③ 抗氧化作用,延缓腌肉腐败,这是由于它本身有还原性;④ 有助于腌肉独特风味的产生,防止二次加热腌制品产生蒸煮味。

亚硝酸盐是唯一能同时起上述几种作用的物质,至今还没有发现有一种物质能完全取代它。亚硝酸很容易与肉中蛋白质分解产物二甲胺作用,生成二甲基亚硝胺。亚硝胺可以从各种腌肉制品中分离出来,这种物质具有致癌性,因此在腌肉制品中,硝酸盐的用量应尽可能降到最低限度。美国食品安全和审查机构(FSIS)仅允许在肉的干腌品(如干腌火腿)或干香肠中使用硝酸盐,干腌肉最大使用量为 2.2 g/kg,干香肠 1.7 g/kg,培根中使用亚硝酸盐不得超过 0.12 g/kg(与此同时需有 0.55 g/kg 的抗坏血酸钠作助发色剂),成品中亚硝酸盐残留量不得超过 40 mg/kg。我国食品卫生法标准规定,硝酸钠在肉类制品的最大使用量为 0.5 g/kg,亚硝酸钠在肉类罐头和肉类制品的最大使用量为 0.15 g/kg,残留量以亚硝酸钠计,肉类罐头不得超过 0.05 g/kg,肉制品不得超过 0.03 g/kg。

(3) 磷酸盐在腌制中的作用:肉制品中使用磷酸盐的主要目的是提高肉的持水能力,使肉在加工过程中仍能保持水分,减少营养成分损失,同时也保持了肉的柔嫩性,增加了出品率。前面已述,可用于肉制品的磷酸盐有三种:焦磷酸钠、三聚磷酸钠和六偏磷酸钠。磷酸盐提高肉持水性的机理有以下几个方面。

① 提高肉的 pH:磷酸盐呈碱性反应,加入肉中可提高肉的 pH,这一反应在低温下进行得较缓慢,但在烘烤和熏制时会急剧加快。

② 对肉中金属离子有螯合作用:聚磷酸盐有与金属离子螯合的作用,加入聚磷酸盐后,与肌肉的结构蛋白质结合的钙镁离子被聚磷酸盐螯合,肌肉蛋白中的羟基游离,由于羧基之间静电力的作用,蛋白质结构松弛,可以吸收更多的水分。

③ 增加肉的离子强度:聚磷酸盐是具有多价阴离子的化合物,因而在较低的浓度下具有较高的离子强度。加入聚磷酸盐使肌肉的离子强度增加,这有利于肌球蛋白从凝胶状态转变为溶胶状态,因而提高了持水性。

④ 解离肌动球蛋白:焦磷酸盐和三聚磷酸盐有解离肌肉蛋白质中肌动球蛋白为肌动蛋白和肌球蛋白的特异作用。而肌球蛋白的持水能力强,因而提高了肉的持水能力。聚磷酸盐的使用量为肉量的 0.1%～0.4%,使用量过高则不利于肉风味的形成,并且呈色效果不好。在实际生产中,常将几种磷酸盐按一定比例混合使用。由于多聚磷酸盐对金属容器有一定的腐蚀作用,所以所用设备应选用不锈钢材料。此外,使用磷酸盐可能使腌制肉制品表面出现结晶,这是焦磷酸钠形成的。预防结晶的出现可以通过减少焦磷酸钠的使用量或将产品存放在高湿度的环境中来实现。

(4) 影响腌制速度的因素:腌制能防腐败变质,同时也为消费者提供具有特别风味的腌腊制品,因此探讨腌制速度的因素对获得优质的腌制品具有重要意义。腌制速度受许多因素的影响,叙述如下。

① 腌制方法和盐水浓度:腌制方法包括干、湿、混合腌法,盐水注射法(动脉注射或肌肉注射)。一般干腌法比湿腌法食盐渗透的快,干腌擦涂于肉表面,与盐接触肉面几乎成饱和盐水,所以食盐渗透得较快。食盐的扩散、渗透速度和盐液浓度成正比。

② 压力:在腌制的时候,加压可以加速食盐的渗透速度,如我国的特产金华火腿加工都是翻堆,使每只火腿都能承受均匀的压力,从而加速食盐渗透。

③ 温度:温度和腌制速度成正比,10 ℃以下,冷库 2～4 ℃,若无冷库,立冬以后、立春前的季节里大量生产。

④ 原料的性质:有无表皮、脂肪的多少、新鲜度都能影响盐的渗透。带皮的肉比不带皮的渗透得慢。脂肪含量多的肉食盐渗透慢,鲜度越良好则越快。肌肉组织结构破坏严重渗透得快。解冻腌制食盐渗透得快。生产上要根据原料的特性,选择适宜的腌制方法、腌制工艺条件而获得最适宜的腌制速度。

(5) 腌制过程中肉的变化:由于腌制的方法、时间等的不同,肉的组织结构、化学成分等的变化也是不同的。主要变化有以下几点。

① 产生特殊的滋味、气味：腌制的肉类由于蛋白质、脂肪等成分的变化形成特殊的滋味、香味，特别是经过长时间贮藏的腌肉制品，能促进芳香气味的增强，金华火腿（腌制35～40天，发酵2～3个月）、广东腊肠经长期挂晾，微生物及组织酶的作用使其充分发酵成熟，滋味尤佳。

② 肉失去弹性而坚硬：采用湿腌法时，当盐的浓度高于蛋白质的溶解度，大部分蛋白质呈不溶状态，卤的浓度越高越明显，蛋白质失去其可逆性。用干腌法腌制，总是失去水分，经长时间腌制的肉类变得坚硬并完全失去水的膨胀能力。

③ 色泽变化：食盐作用：肌红蛋白（灰褐）→变性高铁肌红蛋白。加硝肉：玫瑰色。

④ 营养成分不同程度地损失：方法、时间不一样，营养成分的损失也不一样。湿腌法比干腌法营养损失显著。湿腌法时，肌肉组织中可溶性蛋白质、浸出物等转入盐水内，溶出的多少取决于盐水的浓度和时间，通常损失0.5%～5%。蛋白质损失随着盐水浓度的提高而显著减少。大分子的蛋白质粒子不能通过细胞壁扩散，只有血管系统和被破坏的细胞内的蛋白质向盐水转移，才导致蛋白质的损失。因此，腌制过程中蛋白质损失很大程度取决放血是否充分和组织的破坏程度。结缔组织中的肌原蛋白和弹性蛋白不能转入盐水中，只能发生强烈的膨胀。脂肪也不溶于盐水中，因此肉越肥，蛋白质相对损失得越少。

2. 腌制方法

（1）干腌法：用食盐盐硝混合物涂擦肉块，然后堆放在容器中，操作设备均简单，在小规模肉厂和农村多采用此法，在腌制时由于渗透扩散作用，肉内分离出一部分水分和可溶性蛋白质与矿物质等，形成盐水，逐渐完成腌制过程。腌制后制品的重量减少，并产生一定的硬度。缓慢腌制产生独特的风味和质地。

缺点：咸度不均匀。缓慢腌制能产生独特的风味和质地，国内主要名产火腿、咸肉；国外少，主要是一些带骨火腿，如乡村式火腿。

（2）湿腌法：腌制均匀，但含水量高，不易贮藏，蛋白质流失较多。

（3）混合腌法：将干腌法和湿腌法结合起来，可以增加制品贮藏时的稳定性，防止产品过度脱水，免于营养物质过度损失。这种方法极为普遍，不足之处是较麻烦些。

（4）盐水注射法

① 肌肉注射（muscle pumping）：金属针注射到肌肉中，此法速度快，破坏了肌肉组织的完整性，使组织松软，盐水不能完全渗入肉内，经过针而流动，增重10%。

② 动脉注射（artery pumping）：整肉尸腌制。牲畜屠宰后，以盐水在1个大气压（或股动脉的切口内以2.8 kg/cm² 压力压入），由心脏和主动脉注入，把血液排出，盐水即分布于循环血管内再渗入到一切组织中。此法优点：快、不破坏肌肉组织完整性。但大量盐水（肉重的12%～15%）可能引起过量和不均匀（因为血管分布不均匀），只能腌制前后腿，且胴体分割时还要注意保证动脉的完整性。

第二节 腌腊畜肉制品

一、腊肉加工

我国腊肉品种很多，风味各有特色。按产地分有广东腊肉、四川腊肉、云南腊肉和湖南腊肉等。按原料分有腊猪肉、腊牛肉、腊羊肉、腊鸡、腊鸭等。腊肉色泽粉红，香味浓郁，肉质脆嫩，具有提味脱腥之功效。虽然腊肉品种繁多，但加工过程大同小异。

1. 工艺流程 以广东腊肉为例，其简要工艺过程如下：

2. 工艺要点

（1）原料：精选肥瘦层次分明的去骨五花肉或其他部位的肉，一般肥瘦比例为5∶5或4∶6，修刮净皮层上的残毛及污垢。

（2）预处理：将适于加工腊肉的原料除去前后腿，将腰部肉剔去全部肋条骨、椎骨和软骨，边沿修割整齐后,切成长 33～40 cm,宽 1.5～2 cm 的肉坯。肉坯顶端斜切一个 0.3～0.4 cm 的吊挂孔,便于肉坯悬挂。肉坯于 30 ℃左右的温水中漂洗 2 min 左右,除去肉条表面的浮油、污物。取出后沥干水分。

(3) 腌制:一般采用干腌法或湿腌法腌制。按表 5-1 配方用 10% 清水溶解配料,倒入容器中,然后放入肉坯,搅拌均匀,每隔 30 min 搅拌翻动一次,于 20 ℃下腌制 4～6 h,腌制温度越低,腌制时间越长,腌制结束后,取出肉条,滤干水分。

表 5-1 腊肉腌制配方

品名	原料肉	食盐	砂糖	曲酒	酱油	亚硝酸钠	调味料
用量/kg	100	3	4	2.5	3	0.01	0.1

(4) 烘烤或熏制:肉坯完成腌制出缸后,挂于烘架上,肉坯之间应留有 2～3 cm 的间隙,以便于通风。烘房的温度是决定产品质量的重要参数,腊肉因肥肉较多,烘烤或熏制温度不宜过高,一般将温度控制在 40～50 ℃为宜。温度高,滴油多,成品率低;温度低,水分蒸发不足,易发酸、色泽发暗。广式腊肉一般需要烘烤 24～70 h。烘烤时间与肉坯的大小和产品的终水分含量要求有关。烘烤或熏制结束时,产品皮层干燥,瘦肉呈玫瑰红色,肥肉透明或呈乳白色。熏烤常用木炭、锯木粉、瓜子壳、糠壳和板栗壳等作为烟熏燃料,在不完全燃烧的条件下进行熏制,使肉制品产生独特的腊香和熏制风味。

(5) 包装:将烘烤后的肉条送入通风干燥的晾挂室中晾挂、冷凉,等肉温降到室温时即可包装。传统上腊肉一般用防潮蜡纸包装,现在一般采用真空包装,在 20 ℃可以有 3～6 个月的保质期。

二、咸肉制品加工

咸肉的特点是用盐量高,其生产过程一般不经过干燥脱水和烘熏过程,腌制是其主要加工步骤。经过腌制产生了丰富的滋味物质,因此腌肉制品滋味鲜美,但腌肉没有经过干燥脱水和发酵成熟,挥发性风味成分产生不足,没有独特的气味。作为一种传统的大众化肉制品和简单的贮藏方法,腌肉在我国各地都有生产,种类繁多。根据其规格和加工部位,可分为连片、段头、小块咸肉和咸腿。

连片指用整个半片猪胴体,去头尾,带脚爪骨皮而加工的加品。段头是指用去后腿及猪头、带骨皮前爪的猪肉体加工的产品。小块咸肉是指用带皮骨的分割肉加工的产品。咸腿也称香腿,是用带骨皮的猪的后腿加工的产品。

1. 工艺流程 咸肉的简要生产过程如下:

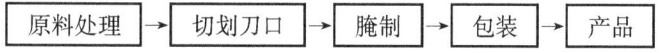

原料处理 → 切划刀口 → 腌制 → 包装 → 产品

2. 工艺要点

(1) 原料处理:对猪胴体进行修整,割除血管、淋巴及横隔膜等。

(2) 切划刀口:为了提高盐分的扩散速度,快速在肉组织内部建立起抑制微生物生长繁殖的渗透压,在原料上割出刀口,增大渗透面积。刀口深浅及多少取决于肌肉厚薄和腌制的气温。温度在 10～15 ℃时,刀口大而深;温度在 10 ℃以下时,可不切刀口或少开。该步骤在传统工艺上也称"开刀门"。

(3) 腌制:为了防止原料肉腐败变质,保障产品质量,腌制温度最好控制在 0～4 ℃。温度高,腌制速度快,但易发生腐败。肉结冰时,腌制过程停止,并且在结冻后会产生汁液流失。

干腌法:腌制时先用少量盐涂擦均匀,等排出血水后再擦上大量食盐,堆起来腌制。腌制中每隔 5 d 左右上下调换翻堆一次,同时补加食盐,经过 25～30 d 腌制结束。盐的添加量为每 100 kg 原料肉用食盐 14～20 kg,硝酸钠为 50～75 g。

湿腌法:用开水配制 22%～35% 的食盐饱和溶液,加入 0.7%～1.2% 的硝酸钠。盐液的用量控制为原料肉重的 30%～40%。肉面加盖并施压使原料肉完全浸没于腌制液中。每隔 4～5 d 上下翻堆一次,腌制 15～20 d。用过的盐液经煮沸、过滤、补盐和硝盐后可反复使用。

(4) 包装:习惯上,咸肉的包装并未受到广泛关注。目前,包装对咸肉品质影响的重要性已得到普遍认可。包装不仅能保护产品的色泽,还能够防止脂肪的过氧化而产生异味。腌制时,通常加入硝盐进行护色,但亚硝基肌红蛋白远比肌红蛋白易受光的损害,光能促进氧化反应,因而腌肉在强光下会迅速褪色。尤其在目前,大量的产品在超市销售。超市货架上一般用冷光源照明,同时加紫外线照射。在一般货柜的光照强度下,仅需1 h就能产生可见的褪色现象,在紫外光线照射下,该变化更迅速。经过包装可消除或降低光线的影响。另外,光线只有在有氧存在的条件下才会加速氧化变化。因此,包装时经过抽真空或充氮也能够消除光线的影响。如果包装内加有抗氧剂,则可以将包装内的氧消耗掉以延缓腌肉表面褪色,还原糖同样可以延缓腌肉表面褪色。

第三节　腌腊禽肉制品

一、板鸭加工

板鸭又称"贡鸭",是咸鸭的一种。在我国,南京所产板鸭最为盛名。板鸭有腊板鸭和春板鸭两种。腊板鸭是从小雪到立春时段加工的产品,这种板鸭腌制透彻,能保藏3个月之久;春板鸭是从立春到清明时段加工的产品,这种板鸭保藏期没有腊板鸭时间长,一般只有1个月左右。板鸭体肥、皮白、肉红、肉质细嫩、风味鲜美,是一种久负盛名的传统产品。

1. 工艺流程　其简要的生产工艺过程如下:

原料 → 宰杀及前处理 → 干腌 → 卤制 → 滴卤叠坯 → 晾挂

2. 工艺要点

(1) 原料:板鸭要选择体长身高,胸腿肉发达,两翅下有核桃肉,体重在1.75 kg以上的活鸭作原料。活鸭在屠宰前用稻谷饲养一段时间使之膘肥肉嫩。这种鸭脂肪熔点高,在温度高的时候也不容易滴油、酸败。经过稻谷催肥的鸭叫白油板鸭,是板鸭中的上品。

(2) 宰杀及前处理:肥育好的鸭子宰杀前停食12~24 h,充分饮水。用麻电法(60~70 V)将活鸭致昏,采用颈部或口腔宰杀法进行宰杀放血。宰杀后5~6 min内,用65~68 ℃的热水浸烫脱毛,之后用冰水浸洗三次,时间分别为10 min、20 min和1 h,以除去皮表残留的污垢,使鸭皮洁白,同时降低鸭体温度,达到"四挺",即头、颈、胸、腿挺直,外形美观。去除翅、脚,在右翅下开一约4 cm长的直形口子,摘除内脏,然后用冷水清洗,至肌肉洁白。压折鸭胸前三叉骨,使鸭体呈扁长形。

(3) 干腌:前处理后的光鸭沥干水分,进行擦盐处理。擦盐前,100 kg食盐中加入125 g茴香或其他香辛料炒制,可增加产品风味。腌制时每2 kg光鸭加盐125 g左右。先将90 g盐从右翅下开口处装入腔内,将鸭反复翻动,使盐均匀布满腔体,剩余的食盐用于体外,其中大腿、胸部两旁肌肉较厚处及颈部刀口处需较多施盐。于腌制缸内腌制约20 h。该过程中为了使腔体内盐水快速排出,需进行扣卤:提起鸭腿,撑开肛门,将盐水放出。擦盐后12 h进行第一次扣卤操作,之后再叠入腌制缸中,再经8 h进行第二次扣卤操作,目的是使鸭体腌透,同时渗出肌肉中血水,使肌肉洁白美观。

(4) 卤制:也称复卤。第二次扣卤后,从刀口处灌入配好的老卤,叠入腌制缸中,并在上层鸭体表层稍微施压,将鸭体压入卤缸内距卤面1 cm下,使鸭体不浮于卤汁上面,经24 h左右即可。

卤的配制:卤有新卤和老卤之分。新卤配制时,每50 kg水加炒制的食盐35 kg,煮沸成饱和溶液,澄清过滤后加入生姜100 g,茴香25 g,葱150 g,冷却后即为新卤。用过一次后的卤俗称老卤,环境温度高时,每次用过后,盐卤需加热煮沸杀菌;环境温度低时,盐卤用4~5次后需重新煮沸,煮沸时要撇去上浮血污,同时补盐,维持盐卤密度为1.180~1.210。

(5) 叠坯:把滴净卤水的鸭体压成扁平形,叠入容器中。叠放时,鸭头朝向缸中心,以免刀口渗出血水污染鸭体。叠坯时间为2~4 d,接着进行排坯与晾挂。

(6) 排坯与晾挂:把叠在容器中的鸭子取出,用清水清洗鸭体,悬挂于晾挂架上,同时对鸭体整形:拉平鸭颈、拍平胸部、挑起腹肌。排坯的目的是使鸭体肥大好看,同时使鸭子内部通风。然后挂于通风处风干。

晾挂间需通风良好,不受日晒雨淋,鸭体互不接触,经过2~3周即为成品。

二、风鸡

风鸡为典型的风干禽制品。其形状美观、膘肥肉满、肉质鲜嫩、气香味美。在我国,风鸡的种类很多,传统工艺完全是手工操作生产。

1. 传统工艺主要的生产要点

(1) 选鸡:公鸡和母鸡都行,宰杀前停食、水12~24 h,以便改善肉质,放血充分。

(2) 宰杀处理:宰杀后不褪毛,在嗉囊处开一个小口割断食管等,同时在汇殖腔下割一个5 cm左右的刀口,剜去肛门,把手伸进体腔,轻轻拉出所有内脏、嗉囊。

(3) 腌制:除去内脏以后,按每0.5 kg鸡用食盐30~35 g,花椒3 g混合均匀,涂擦在腹腔及嗉囊、喉部、口腔,擦后把鸡背向下,腹向上放在案板上,把两腿按自然姿势向腹部压紧,鸡头别在翅下,尾羽向上压到腹部,随后用两翅包住,用细绳纵横扎起,再用较粗的绳把鸡捆起来,背向下挂在阴凉处风干,该过程需保持通风、干燥、凉爽、不见日光,经半个月后可以腌透,1个月以后可以食用,产品别有风味。

2. 现代化工艺主要的生产要点 传统工艺条件下生产的产品,品质不均匀,产品的品质受自然条件影响很大。目前仍有部分生产厂家采用传统工艺进行生产。很多企业已在保持产品特色的情况下,对传统工艺进行了改造,使之形成工业化生产规模,提高了产品品质,并保证了品质的均一性。

简要的工业化生产过程如下:

原料 → 宰杀及整理 → 肉质嫩化 → 腌制 → 风干 → 后期处理 → 包装 → 杀菌 → 产品

(1) 原料:选用1.5~2 kg的新母鸡,最好为1年左右的新母鸡。经兽医检验合格。

(2) 宰杀及整理:鸡经宰杀、放血、脱毛、剖膛去内脏、清洗、沥水,得光鸡。在此过程中应注意鸡体的完整性和鸡皮的完整性,使皮不破不裂。

(3) 肉质嫩化:在光鸡肌肉发达的大腿及胸脯处均匀注射腌制嫩化液10~20 ml/kg光鸡,然后进行按摩,使腌制嫩化液分布均匀。腌制嫩化液配方为:以腌制嫩化液为母液,每升腌制嫩化液含木瓜蛋白酶0.03~0.07 g,氯化钙1~5 g,六偏磷酸盐0.5~1.5 g。

(4) 快速腌制:将鸡浸入腌制液中进行腌制,腌制液用量为800~1 200 ml/kg光鸡;腌制温度控制在8~15 ℃,腌制时间为18~24 h,腌制后光鸡中的食盐含量为光鸡重量的3.5%~4.0%。腌制液配方为:每升腌制液含食盐12~15 g、白糖8~15 g、味精3~6 g、白酒2~4 ml、大茴6~12 g、小茴5~8 g、花椒3~5 g、砂仁3~5 g、豆蔻4~6 g、白芷3~6 g、肉桂2~5 g、生姜0.6~1.0 g、山萘2~5 g。

(5) 风干:腌制后的光鸡,经沥干,进入控温、控湿、控风速的风干室内,风干时间为3 d,第一天温度为11~15 ℃,湿度为55%~65%,风速为5~6 m/s;第二天温度为14~16 ℃,湿度为65%~70%,风速为5~6 m/s;第三天温度为16~18 ℃,湿度为65%~70%,风速为5~6 m/s。风干过程中,风干室内的温、湿度应控制均匀,不能存在鸡挤压现象,以免风循环不充分,风干程度不够。

(6) 后期处理:风干后光鸡经清水漂洗,进入煮制锅,煮制液用量控制在1 200~2 000 ml/kg光鸡,煮制温度控制在90~100 ℃,煮制时间为40~60 min。煮制液配方中大茴、小茴、花椒、砂仁、豆蔻、白芷、肉桂、生姜、山萘的含量为腌制液浓度的1/5,白糖、味精、白酒含量与腌制液相同,食盐占煮制液重量的2.5%~3%。

(7) 包装:煮制后产品按规格要求尽快真空包装。

(8) 杀菌:可采用微波杀菌,然后快速冷却。产品宜在低温条件下保存。

第四节 腌腊肉制品相关标准

《腌腊肉制品卫生标准》(GB 2730-2005)要求腌腊肉制品感官无黏液、无霉点、无异味、无酸败味。理化指标如表5-2。

表5-2 腌腊肉制品卫生标准

项 目	指 标
过氧化值(以脂肪计)/(g/100 g)	
火腿	≤0.25
腊肉、咸肉、灌肠制品	≤0.50
非烟熏、烟熏板鸭	≤2.50
酸价(以脂肪计)(KOH)/(mg/g)	
灌肠制品、腊肉、咸肉	≤4.0
非烟熏、烟熏板鸭	≤1.6
三甲胺氮/(mg/100 g)	
火腿	≤2.5
苯并(α)芘[a],ug/kg	≤5
铅(Pb),ng/kg	≤0.2
无机砷(As),mg/kg	≤0.05
镉(Cd),mg/kg	≤0.1
总汞(Hg),mg/kg	≤0.05
亚硝酸盐残留量	按 GB 2760 的规定执行

注：a 仅适用于经烟熏的腌腊肉制品。

第六章 干肉制品

干肉制品(dried meat product)是将原料肉经过熟制后,利用干燥或人工烘干而制成的一类产品。人类在远古游牧时期就已开始了干燥肉制品的生产,发展至今,常见的干肉制品有肉松、肉干和肉脯。干肉制品经过熟制脱水后,体积小,食用方便,便于携带和运输,可以长期储存,适用于航天、行军、探险、地质勘探野外作业人员和旅游者的需要。

第一节 干制的原理和方法

一、干制的原理

肉品干制的基本原理是通过熟制后脱水干燥,降低肉的水分含量,抑制微生物的生长繁殖速度,从而延长了肉的储藏期。

肉品干制后,降低了水分活度(A_w),当 A_w 下降到 0.90 时,细菌的生长活动受到抑制,霉菌和酵母菌仍然旺盛生长;A_w 降低到 0.80~0.85 时,食品还会在 1~2 周内腐败变质,此时霉菌成为常见的腐败菌。只有当 A_w 降低到 0.75 时,食品的腐败变质才得以显著减慢,甚至能在较长时间内不发生变质。若将 A_w 降到 0.65,能生长的微生物极少,可以完全防止腐败,但这时的干制品口感和咀嚼性使人难以接受。一般认为,如在室温下储藏的食品,应将 A_w 降到 0.70,但在这样的水分活度下,霉菌仍会慢慢生长,因此霉菌是干制品常见的腐败菌。为了延长干肉制品的储藏期,生产上常用山梨酸钾等作为防腐剂,或者采用真空包装、充氮气等办法延长干肉制品的储藏期。

二、干制的方法

肉类脱水干燥方法很多,可分为自然干燥和人工干燥。人工干燥是在常压或负压条件下,以传导、对流和辐射传热方式或在高频电场内加热,人工控制工艺条件下干制食品的方法。

1. 自然干燥 这是一种古老的干燥方法,主要包括晒干和风干,对设备的要求非常简单,而且费用低,但是受自然条件的限制,温度条件很难控制,干燥速度也很慢,所以大规模的生产很少采用这种方法,只是对某些产品做辅助工序采用,如风干香肠的干制等。

2. 干燥烘焙 此法亦称为传导干燥,靠间壁的导热将热量传递给与壁接触的肉料。由于湿物料肉与加热介质(载热体)不是直接接触,所以又叫间接加热干燥。传导干燥的热源可以是水蒸气、热空气等。可以在常温下干燥,也可以在真空下进行。肉松就是采用这种干燥方式脱水。

3. 油炸干燥 将肉切成条,腌渍 10~20 min 后,投入 135~150 ℃ 的油中油炸,炸至肉块呈微黄色后捞出。油炸时要控制好肉坯量与油温之间的关系。油温高,火力大,可多投肉坯;反之则少。但油温过高容易炸焦糊,油温过低,脱水干燥不彻底,且色泽较差。因此,在实际生产中常采用恒温油炸锅,成品质量也较好控制。肉干的干燥可采用此法。

4. 烘房干燥 该方法亦称为对流热风干燥。直接以热空气为热源,通过对流传热将热量传递给肉料,故称为直接加热干燥。热空气既是热载体又是湿载体,一般对流干燥多在常压下进行。因为在真空干燥条件下,由于气相处于低压,热容量小,不能直接以空气为热源,必须采用其他热源。对流干燥室中的气温调节比较方便,物料不至于过热,但热空气离开干燥室时,带有相当大一部分热量,因此对流干燥热能利用率较低。

5. 低温升华干燥 在低温下,一定真空密闭的容器中,物料中的水分直接从冰升华为水蒸气,使物料脱水干燥,称为低温升华干燥。它不仅比自然干燥、烘炒干燥和烘房干燥的干燥速度快,而且能保持产品原来的性质,加水后能迅速恢复原来的状态,并保持原有成分,很少发生蛋白变性。但是这种方法需要的设备复杂,投资较大,费用高。

6. 微波干燥 微波干燥时,肉坯的各个部位是被同时加热的,又因为肉坯内部的水分含量比表面高,所以内部吸收的热量较多,内部温度比表面高,这种温度梯度促使水分由内部向表面扩散,从而达到干燥肉坯的目的。此法干燥的速度较前面的快,但是耗能也较大。

第二节 肉 干 加 工

1. 工艺流程

原料 → 初煮 → 切坯 → 煮制汤料 → 复煮 → 收汁 → 脱水 → 冷却 → 包装

2. 加工工艺

(1) 原料预处理:肉干加工一般多用牛肉,但现在也用猪肉、羊肉、马肉等。无论选择什么肉,都要求新鲜,一般选用前后腿瘦肉为佳。将原料肉剔去皮、骨、筋腱、脂肪及肌膜后,顺着肌纤维切成1 kg左右的肉块,除去血水、污物,沥干后备用。

(2) 初煮:初煮的目的是进一步挤出血水,并使肉块变硬以便切坯。初煮是将清洗、沥干的肉块放在沸水中煮制。煮制时以水盖过肉面为原则。一般初煮时不加任何辅料,但有时为了去除异味,可加1%～2%的鲜姜。初煮时间水温保持在90 ℃以上,并及时撇去汤面污物,初煮时间随肉的嫩度及肉块大小而异,以切面呈粉色、无血水为宜,通常初煮1 h左右。肉块捞出后,汤汁过滤待用。

(3) 切坯:肉块冷却后,可根据工艺要求放在切坯机中切成小片、条、丁等形状,要大小均匀一致。

(4) 复煮、收汁:复煮是将切好的肉坯放在调味汤中煮制,其目的是进一步熟化和入味,复煮汤料配制时,取肉坯重20%～40%的过滤初煮汤,将配方中不溶解的辅料装袋入锅煮沸后,加入其他辅料及肉坯,用大火煮制30 min左右,随着剩余汤料的减少,应减小火力以防焦锅。用小火煨1～2 h,待卤汁基本收干,即可起锅。

配制复煮汤料时,盐的用量各地相差无几,但糖和各种香辛料的用量变化较大,无统一标准,以适合消费者的口味为原则,以下是几种常见肉干配方。

① 麻辣肉干配方:鲜肉100 kg,精盐3.5 kg,白糖2.0 kg,白酒0.5 kg,酱油4.0 kg,味精0.1 kg,胡椒粉0.2 kg,老姜0.5 kg,花椒粉0.8 kg,辣椒粉0.4 kg。

② 五香肉干配方:鲜肉100 kg,食盐2.85 kg,白糖4.5 kg,黄酒0.75 kg,酱油4.75 kg,花椒0.15 kg,大茴香0.2 kg,小茴香0.15 kg,丁香0.05 kg,桂皮0.3 kg,陈皮0.75 kg,甘草0.1 kg,姜汁0.5 kg。

(5) 脱水:将收汁后的肉坯铺在竹筛或铁丝网上,放置于烘箱烘烤。烘烤温度前期可控制在80～90 ℃,后期可控制在50 ℃左右,一般5～6 h便可使含水量下降到20%以下。在烘烤过程中要注意定时翻动。

(6) 冷却:冷却以在清洁室内摊凉、自然冷却较为常用。必要时可用机械排风,但不宜在冷库中冷却,否则易吸水返潮。

(7) 包装:以复合膜为好,尽量选用隔气、阻湿性能好的材料。最好选用PET/PAI/PE等膜,但其费用较高;PET/PE、NY/PE效果次之,但较便宜。

第三节 肉脯加工

一、肉脯的传统加工工艺

1. 工艺流程

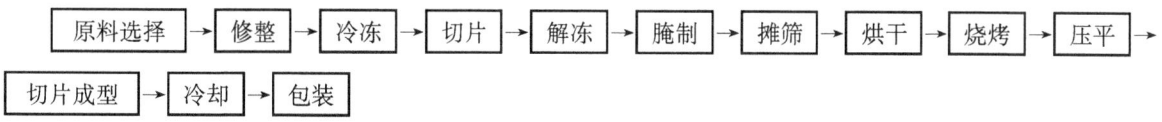

2. 加工工艺

（1）原料与预处理：传统肉脯一般是由猪、牛肉加工而成（但现在也选用其他肉）。选用新鲜的猪、牛后腿肉，去掉脂肪、结缔组织，顺肌纤维切成1 kg大小肉块。要求肉块外形规则，边缘整齐，无碎肉、淤血。

（2）冷冻：将修割整齐的肉块移入$-20 \sim -10$ ℃的冷库中速冻，以便于切片。冷冻时间以肉块深层温度达$-5 \sim -3$ ℃为宜。

（3）切片：将冻结后的肉块放入切片机中切片或手工切片。切片时需顺肌肉纤维切片，以保证成品不易破碎。切片厚度一般控制在1～3 mm。但国外肉脯有向超薄型发展的趋势，最薄的肉脯只有0.05～0.08 mm，一般在0.2 mm左右。超薄肉脯透明度、柔软性、贮藏性都很好，但加工技术难度较大，对原料肉及加工设备要求较高。

（4）拌肉、腌制：将粉状辅料混匀后，与切好的肉片拌匀。在不超过10 ℃的冷库中腌制2 h左右。腌制的目的一是入味，二是使肉中盐溶性蛋白尽量溶出，便于在摊晒时使肉片之间粘连。肉脯配料各地不尽相同，以下是两种常见肉脯辅料配方。

① 上海猪肉脯配方：猪肉100 kg，食盐2.5 kg，硝酸钠0.05 kg，白糖1.0 kg，高粱酒2.5 kg，白酱油1.0 kg，味精0.3 kg，小苏打0.01 kg。

② 牛肉脯配方：牛肉100 kg，食盐2.3 kg，抗坏血酸钠0.02 kg，白砂糖12 kg，酱油4.0 kg，味精2.0 kg，五香粉0.3 kg，山梨酸钾0.02 kg。

（5）摊筛：在竹筛上涂刷食用植物油，将腌制好的肉片平铺在竹筛上，肉片之间彼此靠溶出的蛋白粘连成片。

（6）烘干：烘干的主要目的是促进发色和脱水熟化：将摊放肉片的竹筛上架晾干水分后，放入烘箱中脱水。烘干温度控制在55～75 ℃，前期烘干温度可稍高。肉片厚度为2～3 mm时，烘干时间为2～3 h。

（7）烘烤熟制：高温烘烤是将半成品放在高温下进一步熟化并使质地柔软，产生良好的烧烤味和油润的外观。烘烤时可把半成品放在远红外空心烘炉的转动铁网上，用200 ℃左右温度烘烤1～2 min，至表面油润、色泽深红为止。成品含水量小于20%，一般为13%～16%为宜。

（8）压平、成型：烧烤结束后用压平机压平，按规格要求切成一定的长方形。

（9）冷却：冷却一般在清洁、干燥、通风的室内，以摊凉、自然冷却为常用，必要时可采用机械排风。

（10）包装：冷却后应及时包装。塑料袋或复合袋采用真空包装，马口铁听装加盖后锡焊封口。冷却包装间要进行净化和消毒处理。

二、肉脯加工新工艺

用传统工艺加工肉脯时，存在着切片、摊筛困难，难以利用小块肉和小畜禽及鱼肉，无法进行机械化生产等缺点。因此提出了肉脯生产新工艺，并在生产实践中广泛推广使用。

1. 工艺流程

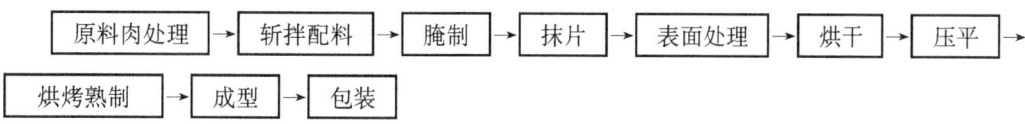

2. 加工工艺 原料肉经预处理后,与辅料一起加入斩拌机斩成肉糜,并置于10 ℃腌制1.5～2 h。竹筛表面涂油后,将腌制好的肉糜涂摊于竹筛上,厚度以1.5～2 mm为宜,在70～75 ℃下烘烤2 h,120～150 ℃下烧烤2～5 min,压平后按要求切片、包装。

3. 配方 鸡肉100 kg,食盐2.2 kg,混合磷酸盐0.25 kg,抗坏血酸钠0.05 kg,白糖10 kg,白酒1.0 kg,浅色酱油5.0 kg,味精0.2 kg,白胡椒粉0.3 kg,姜粉0.3 kg。

4. 产品质量控制

(1) 影响成品质量和口感的主要因素:据研究,新工艺生产肉脯时,影响肉脯质地的主要因素为肉糜斩拌的细度,其次为肉脯厚度。肉糜斩得越细,腌制剂的渗透就越迅速、越充分,盐溶性蛋白的溶出量就越多。同时,肌纤维蛋白质也越容易充分延伸为纤维状,形成蛋白的高黏度网状结构,其他成分充填于其中而使成品具有韧性和弹性。因此,在一定范围内,肉糜越细,肉脯质地及口感越好。

肉脯的涂抹厚度以1.5～2.0 mm为宜。随涂抹厚度的增大,肉脯柔性及弹性降低,且质脆易碎。在腌制时添加0.1%～0.3%的混合磷酸盐能明显改善肉脯的质地和口感。腌制时间对肉脯色泽无明显影响,而对质地和口感却影响很大。腌制时间以1.5～2 h为宜。

(2) 烘干温度和烘烤温度:烘干温度以70～75 ℃,时间2 h左右为宜。烘烤温度高于120 ℃,能使肉脯具有特殊的烤肉风味,并能改善肉脯的质地和口感。因此,烘烤以120～150 ℃,2～5 min为宜。

(3) 表面处理:通过在肉脯表面涂抹蛋白液和压平机压平,可以使肉脯表面平整,增加光泽,防止风味损失和延长货架期。可以在烘烤前用50%的全鸡蛋液涂抹肉脯表面,效果更好。在烧烤前进行压平效果较好,同时也可以减少污染。

第四节 肉松加工

肉松是指瘦肉经煮制、调味、炒松等工艺而制成的丝状肉干制品。因此,肉松实际上是加工成蓬松状的肌纤维丝。因其加工工艺不同可分为传统加工工艺和改进加工工艺。

一、肉松传统加工工艺

1. 工艺流程

原料肉的选择与整理 → 配料 → 煮制 → 炒压 → 擦松 → 跳松 → 拣松 → 包装

2. 加工工艺

(1) 原料肉的选择及整理:传统肉松是由猪瘦肉加工而成。现在除猪肉外,牛肉、鸡肉、兔肉等均可用来加工肉松。将原料肉剔除皮、骨、脂肪、筋腱等结缔组织。结缔组织的剔除一定要彻底,否则加热过程中胶原蛋白水解后,导致成品粘结成团块而不能呈良好的蓬松状。将修整好的原料肉切成1.0～1.5 kg的肉块。切块时尽可能避免切断肌纤维,以免成品中短绒过多。

(2) 配方:肉松生产中,配料的种类及比例因原料肉的种类及产地等而异。

① 猪肉松配方:瘦肉100 kg,糖3.0 kg,黄酒4.0 kg,酱油22 kg,大茴香0.12 kg,姜1.0 kg。

② 牛肉松配方:牛肉100 kg,食盐2.5 kg,白糖2.5 kg,绍兴酒1.0 kg,味精0.2 kg,葱末2.0 kg,姜末0.12 kg,大茴香1.0 kg,丁香0.1 kg。

(3) 煮制:将香辛料用纱布包好后和肉一起入夹层锅,加与肉等量水,用蒸汽加热,常压煮制。煮沸后撇去油沫,煮制结束后,起锅前需将油筋和浮油撇净,这对保证产品质量至关重要。若不除去浮油,则易炒干,炒松时易焦锅,成品颜色发黑。煮制的时间和加水量应根据肉质老嫩决定。肉不能煮得过烂,否则成品绒丝短碎,若筷子稍用力夹肉块时肌肉纤维能分散则肉已煮好。煮肉时间为2～3 h。

(4) 炒压(打坯):肉块煮烂后,改用中火,加入酱油、酒,一边炒一边压碎肉块。然后加入白糖、味精,减小火力,收干肉汤,并用小火炒压肉丝至肌纤维松散时即可进行炒松。

(5) 炒松:肉松由于糖较多,容易塌底起焦,要注意掌握炒松时的火力。炒松有人工炒和机炒两种。在实际生产中可结合使用。当汤汁全部收干后,用小火炒至肉略干,转入炒松机内继续炒至水分含量小于20%,颜色由灰棕色变为金黄色,具有特殊香味时即可结束炒松。在炒松过程中如有塌底起焦现象,应及时起锅,清洗锅巴后方可继续炒松。

(6) 擦松:为了使炒好的松更加蓬松,可利用滚筒式擦松机擦松,使肌纤维成绒丝松软状态即可。

(7) 跳松:利用机械跳动,使肉松从肉松机上面跳出,而肉粒则从下面落出,仅肉松与肉粒分开。

(8) 拣松:将肉松中焦块、肉块、粉粒等拣出,提高成品质量。跳松后的肉松送入包装车间的木架上晾松。肉松凉透后便可拣松,拣松时要注意操作人员及环境的卫生。

(9) 包装贮藏:在传统肉松生产工艺中,肉松包装前需晾松约 2 d。晾松过程不仅增加了二次污染的概率,而且肉松含水量会提高 3%左右。因此,最好进行"热包装"。肉松吸水性很强,不宜散装。短期贮藏可选用复合膜包装,贮藏 3 个月左右;长期贮藏多选用玻璃瓶或马口铁罐,可贮藏 6 个月左右。

二、肉松加工新工艺

传统工艺加工肉松时存在着以下两方面的缺陷:① 复煮后的收汁工艺费时,且工艺条件不易控制,若复煮汤不足则导致烧煮不透,给搓松带来困难,若复煮汤过多,收汁后烧煮过度,使成品纤维短碎;② 炒松时肉直接与炒松锅接触,容易塌底起焦,影响风味和质量。因此,提出了改进工艺、参数及加工中的质量控制方法,以下以鸡肉松为例进行说明。

1. 工艺流程

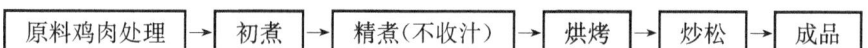

原料鸡肉处理 → 初煮 → 精煮(不收汁) → 烘烤 → 炒松 → 成品

传统工艺中精煮结束后要收汁,给生产带来极大不便。改进工艺研究表明,只要添加的调味料和煮烧时间适宜,精煮后无需收汁即可将肉捞出,所剩肉汤可作为老汤供下次精煮时使用。这样既能达到简化工艺的目的,又能达到煮烧适宜和入味充分的目的。同时,由于精煮时加入部分老汤,还能丰富产品的风味。另外,在传统生产工艺中,精煮收汁结束后脱水完全靠炒松完成。若利用远红外线烤箱或其他加热脱水设备,则既有利于工艺条件控制,稳定产品质量,又有利于机械化生产。因此,改进工艺在炒松前增加了烘烤脱水工艺。

2. 工艺操作及质量控制

(1) 煮烧时间:初煮的目的是初步熟化以便剔骨,而精煮的目的是进一步熟制以利于搓松,并赋予产品风味。初煮和精煮的时间在很大程度上决定了成品的色泽、入味程度、搓松难易程度和形态。研究表明,初煮 2 h,精煮 1.5 h,则成品色泽金黄,味浓松长,且碎松少。

(2) 烘烤温度和时间:新工艺中,精煮后肉松坯的脱水是在红外线烘箱中进行。烘烤的温度和时间对肉松坯的韧性、搓松难易程度、颜色及风味都有不同程度的影响,但对其黏性影响最大。精煮后的肉松坯 70 ℃烘烤 90 min 或 80 ℃烘烤 60 min,肉松坯的烘烤脱水率为 50%左右时搓松效果最好。

(3) 炒松:鸡肉经初煮和复煮后脱水率为 25%~30%,烘烤脱水率 50%左右,搓松后含水量为 20%~25%,而肉松含水量要求在 20%以下。炒松可以进一步脱水,同时还具有改善风味、色泽及杀菌作用。因搓松后肌肉纤维松散,炒松仅 3~5 min 即能达到要求。

第七章 西式火腿

第一节 西式火腿的特点及种类

西式火腿类产品是以大块肉为原料，经盐水注射、滚揉腌制等工艺达到快速腌制目的，经烟熏（或不烟熏），再采用低温杀菌、低温贮运等工艺制成的熟肉制品。由于其选料精良，加工工艺科学合理，采用低温巴氏杀菌，故可以保持原料肉的鲜香味，产品组织细嫩，色泽均匀鲜艳，口感鲜嫩味美，具有丰富营养，因此备受广大消费者的喜爱。

西式火腿工艺标准化，产品标准化，出品率高，适合机械化大规模生产，随着我国不断引进先进的加工设备和生产技术，西式火腿在国内的生产量逐年大幅提高。西式火腿种类较多，与我国传统火腿（如金华火腿）的形状、加工工艺、风味等有很大不同。按照加工工艺和配料的不同，西式火腿主要可分为：带骨火腿（regular ham）、去骨火腿（boneless boiled ham）、里脊火腿（loin ham）、成型火腿（pressed ham）、发酵火腿（fermented ham）等。其中除带骨火腿为半成品，在食用前需熟制外，其他种类的火腿均可直接食用。西式火腿起源于欧洲，传入中国已有160多年历史。目前国内市场习惯上将经过烟熏工艺制成的火腿称为"烟熏火腿"，主要工艺为盐水腌制的火腿称为"盐水火腿"，经发酵工艺制成的火腿为"发酵火腿"。

第二节 带骨火腿

带骨火腿是将猪后大腿作为原料，经盐腌、烟熏等工艺制成的半成品。根据取材的不同，带骨火腿可分为长形火腿和短形火腿2种。带骨火腿生产周期较长，成品较大，且为半成品，生产不易机械化，因此生产量及需求量较少。

一、工艺流程

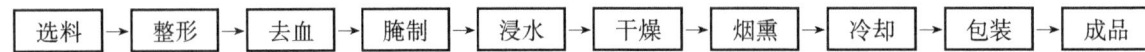

选料→整形→去血→腌制→浸水→干燥→烟熏→冷却→包装→成品

二、操作要点

1. 原料选择 长形火腿是自腰椎留1~2节，将后大腿切下，并自小腿处切断。短形火腿则自耳、心、骨中间并包括荐骨的一部分切开，并自小腿上端切断。

2. 整形 通过整形除去多余脂肪，修平切口使其整齐丰满。

3. 去血 取肉量3%~5%的食盐与0.2%~0.3%的硝酸盐，混合均匀后涂布在肉的表面，堆叠在略倾斜的操作台上，上部加压，在2~4℃下放置1~3 d，排除血水。利用盐水渗透作用进行部分脱水，可以除去肌肉中的残留的血液或淤血，具有防止肉腐败，改善色泽、风味、增加肌肉结着力的作用。

4. 腌制 腌制有干腌、湿腌和盐水注射法。

（1）干腌法：腌制剂：按原料肉重量计，食盐3%~6%，硝酸钾0.2%~0.25%，亚硝酸钠0.03%，砂糖为1%~3%，调味料为0.3%~1.0%。调味料常用的有月桂叶、胡椒等。

腌制时将腌制混合料分1~3次涂擦于肉上，每5~7 d涂一次盐。堆于5℃左右的腌制室内，尽量压紧，高度不超过1 m。每3～5 d倒垛一次。小型火腿5～7 d倒垛一次。5 kg以上较大火腿需腌制20 d左右，10 kg以上需40 d左右。

（2）湿腌法：先将混合料配制成腌制液，然后进行腌制。腌制液：食盐15%～25%，硝酸钠：0.1%～0.5%，亚硝酸钠0.05%～0.08%，白糖0.5%～7%，香料0.3%～1%，调味品0.2%～0.5%，加清水至100%，溶解备用。

（3）盐水注射法：腌制盐水：食盐、亚硝酸钠、糖、磷酸盐、抗坏血酸钠及防腐剂、香辛料、调味料等。按照配方要求将上述添加剂用0～4 ℃的软化水充分溶解，并过滤，配制成注射盐水。利用盐水注射机将上述盐水均匀地注射到经修整的肌肉组织中。火腿中盐水的注射量在10%～40%之间。

5. 浸水 　　用干腌法或湿腌法腌制的肉块，其表面与内部食盐浓度不一致，需浸入10倍5～10 ℃的清水中浸泡以调整盐度。一般每千克肉浸泡1～2 h。

6. 干燥 　　将火腿置于30 ℃温度下保持2～4 h至表面呈红褐色。干燥的目的是使肉块表面形成多孔以利于烟熏。

7. 烟熏 　　带骨火腿一般用冷熏法。烟熏时温度保持在30～33 ℃，熏制1～2昼夜。

第三节　去骨火腿

去骨火腿是利用猪后腿为原料，经整形、腌制、去骨、包扎成型后，再经烟熏、水煮而成。因此去骨火腿是熟制品，具有肉质鲜嫩的特点，但保藏期较短。在加工时，去骨一般是在浸水后进行，现代加工多一同除去皮及较厚的脂肪，卷成圆柱状，故又称去骨卷火腿。因需经水煮，故又称其为去骨熟火腿。

一、工艺流程

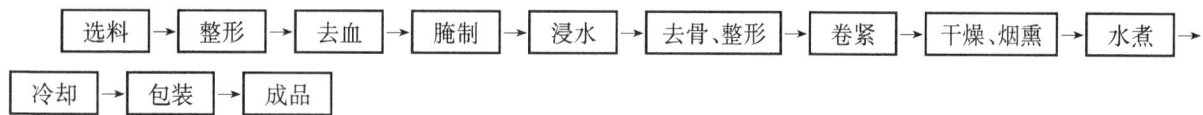

二、操作要点

1. 选料整形 　　与带骨火腿相同。

2. 去血、腌制 　　与带骨火腿比较，食盐用量稍减，砂糖用量稍增加。

3. 去骨、整形 　　去除两个腰椎，拔出骨盘骨，将刀插入大腿骨上下两侧，割成隧道状，去除大腿骨及膝盖骨后，卷成圆筒形，修去多余瘦肉、皮及脂肪。去骨时应尽量减少对肉组织的损伤。

4. 卷紧 　　用棉布将整形后的肉块卷紧，包裹成圆筒状后用绳扎紧，有时也用模具进行整形压紧。

5. 干燥、烟熏 　　干燥温度为30～35 ℃，时间为12～24 h。因水分蒸发，肉块收缩变硬，需再度卷紧后烟熏。烟熏温度在30～35 ℃之间，时间为10～24 h。

6. 水煮 　　水煮的目的是杀菌和熟化，赋予产品适宜的硬度和弹性，同时减弱浓烈的烟熏味。测定火腿中心温度达到62～65 ℃后，保持30 min。

7. 冷却、包装、贮藏 　　水煮后略加整形，快速冷却后除去包裹棉布，用塑料膜包装后在0～1 ℃的低温下贮藏。

第四节　成型火腿

成型火腿是以精瘦肉为主要原料，经腌制提取盐溶性蛋白，经机械嫩化和滚揉，破坏肌肉组织结构，装入包装袋或模具中成型，经煮制而成，又称压缩火腿（pressed ham）。成型火腿的最大特点是良好的成型性、切片性，适宜的弹性，鲜嫩的口感和很高的出品率。成型火腿标准化程度高，易于大规模生产，是目前国内外肉制品中发展最为迅速的肉制品，其种类及名目繁多。

一、盐水火腿

盐水火腿是对原来西式火腿的加工工艺和配方进行改进而加工制作的肉制品。盐水火腿的腌制以食盐为主要原料,加工中其他调味料用量甚少,故称盐水火腿。盐水火腿具有生产周期短、成品率高、粘合性强、营养丰富、色味俱佳、食用方便等优点,已成为世界各国主要肉制品品种之一。

1. 工艺流程

选料整理 → 盐水腌渍 → 滚揉 → 装模成型 → 煮制、整形 → 冷却 → 包装

2. 操作要点

(1) 原料选择与整理:符合鲜售的猪后腿或背肌,两种原料以任何比例混合或单独使用均可。

原料肉略剥去硬膘、筋络、淤血、淋巴等,尽量少破坏肌纤维组织,保持肌肉组织的自然生长块形。然后把经过整理的肉分装在能容 20～25 kg 的浅盘内,肉面以稍低于盘口为宜。

(2) 注射盐水腌渍:盐水的主要成分是盐、亚硝酸钠和水,还可加入柠檬酸、抗坏血酸、尼克酰胺、血红蛋白、大豆分离蛋白、磷酸盐、糖、淀粉等添加剂以得到更好的色泽和风味。混合盐水应成水溶液无渣滓,无悬浮物。盐水温度控制在 8～10 ℃,注射量为肉重的 20%～25%。均匀注射盐水后,将肉转入 2～4 ℃ 冷库肉,腌渍 16～20 h。

(3) 滚揉按摩:滚揉在真空滚揉机中进行,温度为 2～4 ℃,时间 16 h。滚揉的作用有三点:一是加速盐水渗透扩散,使肉质松软,肉发色均匀;二是使肉中可溶性蛋白质外渗,与盐水组成胶状物质,增强肉块间的黏着力,提高肉的持水性,另外,煮制时这部分蛋白会首先凝固,锁住水分,使成品肉质鲜嫩可口;三是加速肉的成熟,改善肉制品的风味。

(4) 装模成型:经过滚揉按摩的肉块定量称重,每只坯肉约 3 kg,迅速装入尼龙薄膜袋内,再在尼龙袋下部用细铜针扎眼,经排除袋中空气,然后将尼龙袋装入预先填好衬布的模型中,再把衬布多余部分覆盖上,加上盖子压紧扣牢。

(5) 煮制:把模型一层一层排列在不锈钢网框内,放入有清洁水的大池中,水面应高出模型,开大蒸汽使水温迅速上升,对肉进行加热。等肉中心温度达到 72 ℃ 时,即将框取出,转移至水温 30～40 ℃ 的水中进行降温。

由于在排列和煮制过程中,模子间相互挤压,火腿可能部分出现水分外渗、变形,所以经过降温后的制品需进行整理和整形。

(6) 冷却,包装:将经过整形后的原腿迅速放入 2～5 ℃ 的冷库内,继续冷却 12～15 h,待火腿已经凉透,即可出模,分装销售可冷藏保存。

二、方火腿

方火腿指成品呈长方形的火腿制品,有简装和听装两种。

1. 工艺流程

原料选择 → 去骨修整 → 盐水注射 → 滚揉腌制 → 充填成型 → 蒸煮 → 冷却 → 包装储藏

2. 操作要点

(1) 原料肉的选择及修整:加工方火腿时,选用猪后腿,每只约 6 kg,经 2～5 ℃ 排酸 24 h。

选好的原料肉经修整,去除皮、骨、结缔组织膜、脂肪和筋腱,为了增加风味,可保留 10%～15% 的肥膘。然后按肌纤维方向将原料肉切成不小于 300 g 的大块。整个操作过程温度不宜超过 10 ℃。

(2) 盐水配制及注射:注射腌制所用的盐水主要成分包括食盐、糖、亚硝酸钠、磷酸盐、抗坏血酸钠及调味料等。按照配方要求将上述添加剂用 0～5 ℃ 的软化水充分溶解,过滤,配制成注射盐水。

利用盐水注射机将上述盐水均匀地注射到经修整的肌肉组织中。火腿中盐水的注射量在 10%～40% 之间。所需的盐水采取一次或两次注射,以多大的压力、多快的速度和怎样的顺序进行注射,取决于使用的盐水注射机的类型。

(3) 滚揉腌制：滚揉的方式一般分为间歇滚揉和连续滚揉两种。连续滚揉多为集中滚揉两次,首先滚揉 1.5 h 左右,停机腌制 16～24 h,然后再滚揉 30 min 左右。间歇滚揉采用每小时滚揉 10 min,正转 10 min,反转 10 min,停机 40～50 min,连续进行 16～24 h,腌制结束前加入适量淀粉和味精,再滚揉 30 min。滚揉腌制温度控制在 2～3 ℃。

(4) 充填成型：滚揉以后的肉料,通过真空火腿压模机将肉料压入模具中成型。一般充填压模成型要抽真空,其目的在于避免肉料内有气泡,造成蒸煮时损失或产品切片时出现气孔现象。充填间温度控制在 10～12 ℃。

(5) 蒸煮与冷却：火腿的加热方式一般有水煮和蒸汽加热两种方式。为了保持火腿的颜色、风味、组织形态和切片性能,火腿的熟制和热杀菌过程,一般采用低温巴氏杀菌法,即火腿中心温度达到 68～72 ℃ 即可。

将产品连同蒸煮框一起放入冷却池,由循环水冷却至室温,然后在 2 ℃ 冷却间冷却至中心温度 4～6 ℃,即可脱模、包装,在 0～4 ℃ 冷藏库中贮藏。

三、里脊火腿

里脊火腿是以猪背腰肉为原料制成的火腿。

1. 工艺流程

原料选择 → 整理 → 去血 → 腌制 → 浸水 → 卷紧 → 干燥 → 烟熏 → 水煮冷却 → 包装

2. 操作要点

(1) 原料肉的选择及修整：系将猪背部肌肉分割为二或三块,削去周围不良部分后,切成整齐的长方形。Lachs 火腿则将原料肉切成 1.0～1.2 kg 的肉块后整形。这两种火腿都仅留皮下脂肪 5～8 mm。

(2) 去血：去血工艺与带骨火腿相同。

(3) 腌制：腌制可采用干腌、湿腌或盐水注射法进行,大量生产时一般多采用注射法。食盐用量以无骨火腿为准或稍少。

(4) 浸水、卷紧：浸水处理的方法及要求也与带骨火腿相同。

用棉布卷时,布端与脂肪面相接,包好后用细绳扎紧两端,自右向左缠绕成粗细均匀的圆柱状。

(5) 干燥、烟熏：在约 50 ℃ 的环境中干燥 2 h,再用 55～60 ℃ 烟熏 2 h 左右。

(6) 水煮、冷却、包装：在 70～75 ℃ 水中煮 3～4 h,使肉中心温度达 62～75 ℃,保持 30 min。

水煮后置于通风处,略干燥后换用塑料膜包装,送入冷库储藏。

优质成品应粗细长短相直,粗细均匀无变形,色泽鲜明光亮,质地适度紧密而柔软,风味优良。

第八章

肠类肉制品

香肠制品是指以畜禽、鱼肉为主要原料,经腌制或未经腌制,通过绞切、斩拌、乳化等单元操作制成肉馅(肉丁、肉糜或其混合物),再添加混合各种调味料、香辛料等,填充入天然或人造肠衣中,根据产品的品质特点进行烘烤、蒸煮、烟熏、发酵、干燥等加工处理制成的一类肉制品。在我国,根据肠类制品加工工艺和产品特点,可将其分为中式香肠、发酵香肠、熏煮香肠、生鲜肠。在各地的肠类制品生产上,习惯将中国原有加工方法生产的产品称为香肠或腊肠,把国外传入的方法生产的产品称为灌肠。

第一节 中式香肠

中式香肠是我国传统腌腊肉制品中品种最多的一大类产品,以其独特的风味品质深受消费者欢迎。我国地域广阔,气候差异很大,在传统生产条件下形成了风味不同的众多肠制品,主要产地有广东、广西、四川、湖南及上海等。我国习惯以生产地域对香肠分类,如广东香肠、四川香肠、北京香肠、如皋香肠、哈尔滨香肠等。同一地区生产的香肠又依其风味特点和所用原料分成众多类,如广东香肠可细分为生抽猪肉肠、老抽猪肉肠、猪肝肠、鸭肝肠、玫瑰猪肉肠、猪心肠、牛肉肠、鸡肉肠等。按照产品外形,中式香肠又分为香肠、香肚(或小肚)、肉枣(或肉橄榄、肉葡萄)等。

一、中式香肠的加工工艺

1. 工艺流程与操作要点

(1) 工艺流程:中式香肠种类繁多,风味差异很大,但生产方法大致相同。风味的差异主要来自于配料和生产工艺参数的不同。其工艺过程如下:

原料肉选择与修整 → 切丁 → 配料、腌制 → 灌制 → 漂洗 → 晾晒或烘烤 → 包装、成品

(2) 主要工序与操作要点

① 原料选择与处理:中式香肠的原料肉以新鲜猪肉为主。瘦肉以腿臀肉最好,肥肉以背部硬膘为好,腿膘次之。原料肉经过修整,去掉筋腱、骨头和皮,先切成50~100 g大小的肉块,然后瘦肉用绞肉机以0.4~1.0 cm的筛孔板绞碎,肥肉切成0.6~1.0 cm^3大小的肉丁。肥肉丁切好后用温水清洗一次,以除去浮油及杂质,沥干水分待用,肥、瘦肉要分别存放处理。与乳化肠相比,中式香肠原料肉粒度较大,自然风干后,肉与油粒分明可见,肉味香浓,干爽而油不沾唇。随着消费习惯的不断变化,应用于香肠加工的原料越来越多,产品也不断丰富,如牛肉肠、鸡肉肠、兔肉肠等。

② 配料:中式香肠种类很多,配方各不相同,但主要配料大同小异。常用的配料有:食盐、糖、酱油、料酒、硝酸盐、亚硝酸盐等。使用的调味料主要有:大茴香、豆蔻、小茴香、桂皮、白芷、丁香、山萘、甘草等。

③ 腌制:按配料要求将原料肉和辅料混合均匀。拌料时可逐渐加入20%左右的温水,以调节黏度和硬度,使肉馅滑润致密。混合料于腌制室内腌制1~2 h,当瘦肉变为内外一致的鲜红色,内馅中有汁液渗出,手摸触感坚实、不绵软、表面有滑腻感时,即完成腌制。此时加入料酒拌匀,即可灌制。与西式香肠相比,中式香肠生产过程的晾挂或烘烤成熟过程较长,原料肉一般不经长时间腌制。

④ 灌制:将肠衣套在灌装机灌嘴上,使肉馅均匀地灌入肠衣中。要掌握松紧程度,不能过紧或过松。用天然肠衣灌装时,干或盐渍肠衣要在清水中浸泡柔软,洗去盐分后使用。

⑤ 排气：用排气针扎刺湿肠，排出内部空气，以避免在晾晒或烘烤时产生暴肠现象。

⑥ 捆线结扎：捆线结扎的长度依具体产品的规格而定。一般每隔10~20 cm用细线结扎一道。生产枣肠时，每隔2~2.5 cm用细棉线捆扎分节，挤出多余肉馅，使其成枣形。

⑦ 漂洗：将湿肠用35 ℃左右的清水漂洗，除去表层油污，然后均匀地挂在晾晒或烘烤架上。

⑧ 晾晒或烘烤：将悬挂好的香肠放在日光下晾晒2~3 d。在日晒过程中，有胀气的部位应针刺排气。晚间送入房内烘烤，温度保持在40~60 ℃，烘烤温度是很重要的加工参数，需要合理控制烘烤过程中的质、热传递速度，达到快速脱水目的。一般采用梯度升温程序，开始时温度控制在较低状态，随生产过程的延续，逐渐升高温度。烘烤过程温度太高，易造成脂肪融化，同时瘦肉也会烤熟，影响到产品的风味和质感，使色泽变暗，成品率降低；温度太低则难以达到脱水干燥的目的，易造成产品变质。一般经3昼夜的烘晒，然后将半成品挂到通风良好的场所风干10~15 d，成熟后即为产品。

⑨ 包装：中式产品有散装和小袋包装销售两种方式，可根据消费者的需求进行选择。利用小袋进行简易包装或进行真空、气调包装，可有效抑制产品销售过程中的脂肪氧化现象，提高产品的卫生品质。

2. 中式香肠质量标准（GB/T 23493-2009） 中式香肠质量指标包括：感官指标、理化指标、污染物指标、食品添加剂四个方面。感官检查是对产品的色泽、香气、滋味、形态进行评定，具体要求如表8-1所示。中式香肠的理化指标如表8-2所示。

表8-1 中式香肠感官要求

项目	要求
色泽	瘦肉呈红色、枣红色，脂肪呈乳白色，外表有光泽
香味	腊香味纯正浓郁，具有中式香肠（腊肠）固有的风味
滋味	滋味鲜美，咸甜适中
形态	外形完整、均匀，表面干爽呈现收缩后的自然皱纹

表8-2 中式香肠理化指标

项目	指标		
	特级	优级	普通级
水分/(g/100 g)	≤25	≤30	≤38
氯化物（以NaCl计）/(g/100 g)	≤8		
蛋白质/(g/100 g)	≥22	≥18	≥14
脂肪/(g/100 g)	≤35	≤45	≤55
总糖（以葡萄糖计）/(g/100 g)	≤22		
过氧化值（以脂肪计）/(g/100 g)	按GB 2730的规定执行		
亚硝酸盐（以$NaNO_2$计）/(mg/kg)	按GB 2760的规定执行		

二、典型产品工艺配方

1. 广式香肠及川味腊肠

（1）配方（单位：kg）

① 广式香肠：瘦肉70，肥肉30，精盐2.2，砂糖7.6，白酒（50°）2.5，白酱油5，硝酸钠0.05。

② 川味腊肠：瘦肉80，肥肉20，精盐3.0，白糖1.0，酱油3.0，曲酒1.0，硝酸钠0.005，花椒0.1，混合香料0.15（大茴香1、山柰1、桂皮3、甘草2、荜拨3）。

（2）工艺

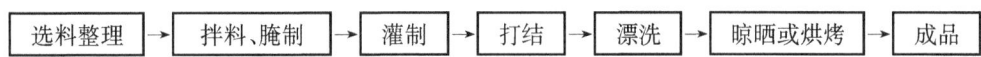

选料整理 → 拌料、腌制 → 灌制 → 打结 → 漂洗 → 晾晒或烘烤 → 成品

2. 香肚

（1）配方（单位：kg）

瘦肉80，肥膘20，食盐4，糖5，五香粉0.05，硝酸钠0.03。

(2) 工艺

第二节 西式灌肠

灌肠是以鲜猪肉、牛肉、鸡肉、鸭肉、兔肉及其他材料,经腌制、绞碎、斩拌后,灌装到肠衣中,再经烘烤、水煮、烟熏等工艺加工而成。灌肠又分为很多种,按加工方法可分为生香肠、生熏肠、熟熏肠、干制或半干制香肠等,引入我国的主要是熟熏灌肠。

一、西式灌肠的加工工艺

1. 工艺流程与操作要点

(1) 工艺流程

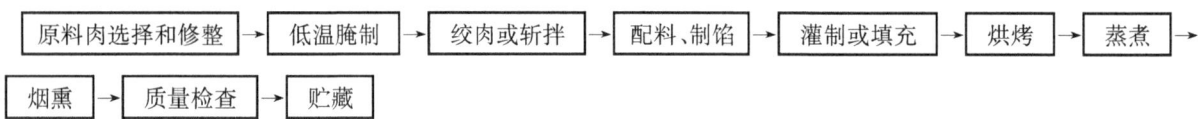

(2) 主要工序与操作要点

① 原料肉的选择与修整:选择符合兽医卫生检验的可食动物肉为原料,原料肉的整理包括解冻、劈半、剔骨、分割等过程。为了提高腌制的均匀性和可控性,原料整理过程中应将肥、瘦肉分开,瘦肉中所带肥膘不超过5%,肥肉中所带瘦肉不超过3%,瘦肉切成2 cm厚的薄片,肥肉切丁,分别放置。

② 低温腌制:混合盐中通常食盐占原料肉重的2%~3%,亚硝酸钠占0.025%~0.05%,抗坏血酸占0.03%~0.05%。腌制温度一般在10 ℃以下,最好是4 ℃左右,腌制1~3 d。

③ 绞肉或斩拌:该工艺步骤的目的是使肉的组织结构达到一定程度的破坏,同时肌球蛋白在一定的盐含量情况下溶出,与脂肪乳化,形成均一的香肠制品质构。斩拌时间不宜过长,一般以10~20 min为宜。斩拌温度最高不宜超过10 ℃。

④ 配料与制馅:在斩拌后,通常把所有调料加入搅拌机内搅拌均匀。

⑤ 灌制、填充与打卡:充填时要求松紧适度、均匀,充填后及时打卡或结扎。

⑥ 烘烤:目的是使肠衣表面干燥,增加肠衣机械强度和稳定性,使肉馅色泽变红,驱除肠衣的异味。烘烤温度65~80 ℃,1 h左右,使肠的中心温度达55~65 ℃。

⑦ 蒸煮:蒸煮可使蛋白质变性凝固、破坏酶的活力及杀死微生物、促进风味形成。该工艺步骤也称为杀菌。根据产品的类型和保藏要求,可进行高温蒸煮(高温杀菌)和低温蒸煮(巴氏杀菌)。进行高温蒸煮的产品,如高温火腿可在常温下销售,而法兰克福香肠、哈尔滨红肠等低温蒸煮的产品则需要在冷藏条件下销售。高温蒸煮的产品其受热强度应达到肠制品中心温度的F值在4~6 min,在这样的条件下,制品中的微生物几乎全被杀死,产品达到商业无菌要求。低温蒸煮的产品其肠中心温度应达到68~70 ℃以上,这样的加热强度只能破坏酶和微生物的营养体,而不能破坏芽孢菌。

⑧ 烟熏:根据产品的特点,有的产品需要烟熏,有些不需要烟熏。烟熏可以除去产品中的部分水分,肠衣也随之变干,肠衣表面产生光泽并使肉馅呈红褐色,通过烟熏也使产品具有特殊的香熏气味,增加产品的防腐能力。多数产品生产时,将烘烤、蒸煮和烟熏于熏蒸炉内按次序进行。

⑨ 贮藏:湿肠含水量高,如在8 ℃条件下,相对湿度75%~78%时可悬挂三昼夜,在20 ℃条件下只能悬挂一昼夜。水分含量不超过30%的灌肠,当温度在12 ℃,相对湿度为72%时,可悬挂存放25~30 d。

2. 灌肠相关标准(熏煮香肠 SB/T 10279-2008) SB/T 10279-2008对灌肠的感官指标、理化指标、卫生指标三个方面做了要求。感官要求对产品的外观、色泽、香气、组织状态、风味设定了指标,具体要求如表8-3所示,理化指标见表8-4,卫生指标见表8-5,微生物指标见表8-6。

表 8-3 灌肠感官要求

项　目	指　标
外观	肠体干爽,有光泽,粗细均匀,无黏液,不破损
色泽	具有产品固有颜色,且均匀一致
组织状态	组织细密,切片性能好,有弹性,无密集气孔,在切面中不能有大于直径2 mm以上的气孔,无汁液
风味	咸淡适中,滋味鲜美,有各类产品的特有风味,无异味

表 8-4 灌肠理化指标

项　目	指　标		
	特　级	优　级	普通级
水分/(g/100 g)	≤70		
氯化物(以NaCl计)/(g/100 g)	≤4		
蛋白质/(g/100 g)	≥16	≥14	≥10
脂肪/(g/100 g)	≤25		
淀粉/(g/100 g)	≤3	≤4	≤10

表 8-5 灌肠卫生指标

项　目	指　标
铅/(mg/kg)	≤0.5
无机砷/(mg/kg)	≤0.05
镉/(mg/kg)	≤0.1
总汞(以Hg计)/(mg/kg)	≤0.05
苯并芘/(μg/kg)	≤5.0
亚硝酸盐(以$NaNO_2$)/(mg/kg)	按GB 2760执行

表 8-6 微生物指标

项　目	指　标
菌落总数/(cfu/g)	≤30 000
大肠菌群/(MPU/100 g)	≤30
致病菌(沙门氏菌、金黄色葡萄球菌、志贺氏菌)	不得检出

二、典型产品工艺配方

1. 大红肠　大红肠又名茶肠,是欧洲人喝茶时用的肉食品。

(1) 配方：牛肉 45 kg,玉果粉 125 g,猪肥膘 5 kg,猪精肉 40 kg,白胡椒粉 200 g,亚硝酸盐 50 g,鸡蛋 10 kg,大蒜头 200 g,淀粉 5 kg,精盐 3.5 kg,牛肠衣口径 60～70 mm,每根长 45 cm。

(2) 工艺

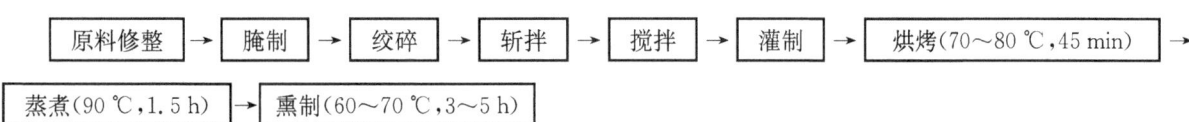

2. 小红肠　又名维也纳香肠,味道鲜美,风行全球。形状像夏天时狗吐出来的舌头,故得名为热狗。一般需经过斩拌、乳化的过程,肉馅成泥状,较细腻。根据使用瘦肉量的不同,分为高档类和低档类。

(1) 配方

① 瘦肉 75 kg,肥肉 15 kg,淀粉 10 kg,乳化剂 500 g,大蒜 1 kg,胡椒面 150 g,味素 150 g,红曲米 100 g,属高档肠。

② 瘦肉 40 kg,肥肉 40 kg,淀粉 20 kg,混合乳化剂 1 kg,大豆蛋白 2 kg,大蒜 1 kg,胡椒面 150 g,味素 150 g,红曲米 100 g,属中档肠。

③ 瘦肉 20 kg,肥肉 55 kg,淀粉 25 kg,混合乳化剂 1.5 kg,大豆蛋白 3 kg,大蒜 1 kg,胡椒面 150 g,味素 150 g,红曲米 100 g,属低档肠。

(2) 工艺

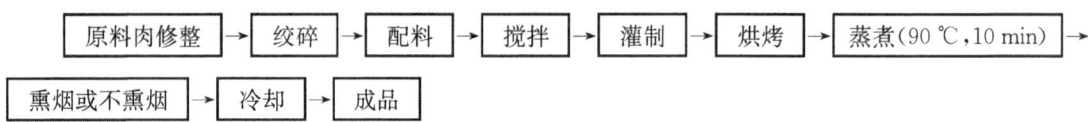

第三节 发酵肠类制品

发酵香肠亦称生香肠,是指将绞碎的肉和动物脂肪同糖、盐、发酵剂和香辛料等混合后灌入肠衣,经微生物发酵而制成的具有稳定的微生物特性和典型发酵香味的肉制品,具有安全性高、货架期长、易于储藏、食用方便等优点。

发酵香肠生产过程中的产酸量和产酸率在细菌学和加工工艺上具有决定性作用。原辅料是影响产酸量和产酸率的第一要素,涉及原料肉的质量、盐的含量、碳水化合物的含量、硝盐的含量、初始 pH、发酵剂的活性等。发酵香肠按发酵程度可分为低酸性发酵香肠(pH≥5.5)和高酸性发酵香肠(pH<5.4);按脱水程度可分为干香肠(含水量 25%～40%)和半干香肠(含水量 40%～45%);按地名可分为黎巴嫩大香肠、塞尔维拉特香肠和萨拉米香肠。

一、发酵香肠的加工工艺

1. 工艺流程与操作要点

(1) 工艺流程

(2) 主要工序与操作要点

① 原料预处理:原料肉经过修整,去掉筋腱、结缔组织等。各种肉均可用做发酵香肠,常用猪肉、牛肉和羊肉。若使用猪肉,其 pH 应在 5.6～5.8 范围内,这将有利于发酵的进行,并保证在发酵过程中有适宜的 pH 降低速率。根据经验,老龄动物的肉较适合加工干发酵香肠。发酵香肠要求使用不饱和脂肪酸含量低、熔点高的脂肪。牛脂和羊脂不适合作为发酵香肠的原料,色白而结实的猪背脂是生产发酵香肠的优良原料。

② 绞肉:原料肉的温度一般控制在 0～4 ℃,脂肪的温度控制在 −8 ℃。肉糜粒度的大小取决于产品的类型,一般肉馅中脂肪粒度控制在 2 mm 左右。

③ 配料:将各种物料按比例混入肉糜中。可以在斩拌过程中将物料混入,先将瘦肉斩拌至合适粒度,然后再加入脂肪斩拌至合适粒度,最后将其余辅料包括食盐、腌制剂、发酵剂等加入,混合均匀。生产中采用的发酵剂多为冻干菌,使用时通常先将发酵剂活化,接种量一般为 $10^6 \sim 10^7$ cfu/g。

④ 腌制:传统生产过程是将肉馅放在 4～10 ℃ 的条件下腌制 2～3 天。腌制过程中食盐、糖等辅料在浓度差的作用下均匀渗入肉中,同时在亚硝酸盐的作用下形成稳定的腌制肉色。现代生产工艺过程一般没有独立的腌制工艺,肉糜一般在混合均匀后直接填充,然后进入发酵室发酵,在相对较长时间的发酵过程中,同时产生腌制作用。

⑤ 充填:将斩拌混合均匀的肉糜灌入肠衣。灌制时要求充填均匀,肠坯松紧适度,灌制过程肉糜的温度控制在 4 ℃ 以下。

⑥ 发酵:发酵温度和时间依产品类型而定。通常对于要求 pH 迅速降低的产品,所采用的发酵温度较高。高温短时发酵时,相对湿度应控制在 98%,较低温度发酵时,相对湿度应低于香肠内部湿度 5%～10%。

发酵结束时，半干香肠的 pH 应低于 5.0，干香肠的 pH 在 5.0~5.5 的范围内。

⑦ 干燥和成熟：干燥的程度影响到产品的物理化学性质、食用品质和保质期。干燥过程会发生许多生化变化，使产品成熟，最主要是风味物质的形成。半干香肠干燥损失低于其湿重的 20%，干燥温度在 37~66 ℃。温度高则干燥时间短，温度低则时间长。高温干燥可以一次完成，也可以逐渐降低湿度分段完成。干香肠的干燥温度较低，一般为 12~15 ℃，干燥时间取决于香肠的直径。许多半干香肠和干香肠在干燥的同时进行烟熏。干香肠的干燥过程也是成熟过程。干燥过程时间较短，而成熟则一直持续至被消费为止，成熟形成发酵香肠的特有风味。

⑧ 包装：成熟以后的香肠通常要进行包装。便于运输和贮藏，保持产品的颜色和避免脂肪氧化。真空包装是最常用的包装方法，但是会造成水分向表面扩散，打开包装后，导致表面霉菌和酵母菌快速生长。

二、典型产品工艺配方

1. 图林根肠

(1) 配方：修整猪肉(75% 瘦肉)55 kg，牛肉 45 kg，食盐 2.5 kg，葡萄糖 1 kg，磨碎的黑胡椒 250 g，发酵剂培养物 125 g，芥末籽 125 g，芫荽 63 g，亚硝酸钠 16 g。

(2) 加工过程：检验合格的原料肉，经清洗，通过绞肉机 6.4 mm 孔板绞碎。在搅拌机内将配料搅拌均匀，再用 3.2 mm 孔板绞细。将肉馅充填入肠衣。用热水淋浴香肠表面 0.5~2.0 min，洗去表面黏附肉粒。室温下吊挂 2 h，然后移入烟熏室内，于 43 ℃熏制 12 h，再于 49 ℃熏制 4 h。将香肠置于室温下晾挂 2 h，最终产品的盐含量为 3%，pH 为 4.8~5.0。

2. 黎巴嫩大香肠

(1) 配方：母牛肉 100 kg，食盐 0.5 kg，糖 1 kg，芥末 500 g，白胡椒 125 g，姜 63 g，肉豆蔻种衣 63 g，亚硝酸钠 16 g，硝酸钠 172 g。

(2) 加工过程：原料肉混入 2% 的食盐，在 1~4 ℃下自然发酵 4~10 d，如添加发酵剂，可大大缩短发酵时间。当 pH 达到 5 或以下时，可确定为发酵过程完成。将牛肉通过 1.3 cm 孔板绞碎，然后在配料机内与剩余的盐、糖、香辛料、硝酸盐和亚硝酸盐等辅料混合均匀，再使肉馅通过 3 mm 孔板绞制，然后充填入纤维素肠衣中。充填后将半成品结扎并用网套支撑，产品移入烟熏室内冷熏 4~7 d。一般夏季熏制 4 d，秋季和冬季熏制 7 d。成品的盐含量一般为 4.5%~5.0%，pH 为 4.7~5.0。

第九章

酱卤肉制品

酱卤肉制品是中式肉制品中的一大类产品,主要用盐、酱油、酱等调味料以及香辛料,经煮制而成的一类熟肉类制品。可现做即食,也可利用当今食品保藏技术使其具有适当货架期。酱卤制品风味、口感独特,深受消费者的喜爱。

第一节 酱卤肉制品概述

酱卤制品是肉及可食副产品加调味料和香辛料,以水为质,加热煮制而成的一类熟肉制品。一般将其分为三类:白煮肉类、酱卤肉类和糟肉类。

白煮肉制品又称白烧肉制品或白切肉制品,是原料肉经(或未经)腌制后,在水(盐水)中煮制而成的熟肉类制品。白煮肉类的主要特点是最大限度地保持了原料肉固有的色泽和风味,一般在食用时才调味。如白斩鸡、盐水鸭、白切肉等。

酱卤肉类制品是肉在水中加食盐或酱油等调味料和香辛料一起煮制而成的一类熟肉类制品。有的酱卤肉类的原料肉在加工时,先用清水预煮,俗称"焯水",一般预煮15~20 min,然后再用酱汁或卤汁煮制成熟,有些产品在酱制或卤制后,需烟熏等工序。酱卤制品中,酱和卤实属两类制品,因酱和卤的烹调方法有许多相似之处,故人们往往将两者并称为"酱卤"。二者的主要区别是在煮制方法和使用辅料的种类和数量上,产品色泽、风味也不相同。煮制时,卤制品是将各种调味调香料煮成清汤,再将肉加入煮熟即可;酱制品是将肉与辅料同时下锅,产品基本熟化后,降低加热程度,在95 ℃左右的条件下,使汤汁逐渐浓缩,最后附着在肉表面。在配料上,卤制品所用辅料少,添加量小,主要使用盐水,突出原料肉的色、香、味;酱制所用的酱汁,过去必用豆酱、面酱等,现多用酱油或加糖色,所用香辛料和调味料的种类和添加量均高于卤制品,其风味浓郁,酱香味突出。在色泽上,酱制品多为酱红或红褐色;卤制品色泽较浅。酱卤肉类的主要特点是色泽鲜艳、味美、肉嫩,具有独特的风味。工业化生产的产品在品质、贮藏性、方便性、包装等方面均有较大改进,出现了许多新型产品,如软包装烧鸡、酱牛肉、五香猪蹄等。

糟肉类制品是原料肉经白煮或腌制处理后,再用"香糟"糟制的熟肉制品。香糟是用谷类发酵制成黄酒或米酒后所剩余下来的残渣(即酒糟),经过一定的工艺加工而制成的制品。香糟中含有少量的酒精成分,另外还含有少量的风味物质如乙酸乙醇酯、丙酸乙醇酯、异丁酸乙醇酯等,在烹饪中主要是用来增香和调香,还可起到一定的去腥除膻作用。糟有生糟、熟糟之分,熟糟就是先将白煮成熟后的原料,放入容器内,加入香糟或香糟卤以及食盐,密封后经数日便可开启取出食用,如糟鸡、糟鱼等。生糟是将用食盐腌制过的原料,再浸入香糟中(有时也可直接将生的原料浸入香糟中),经数日后,取出原料再进行调味烹熟后食用,如糟青鱼块等。糟肉类制品的主要特点是保持原料固有的色泽,同时具有酒香气。

传统的酱卤肉制品只是作为菜肴,现做现吃。随着现代食品工程技术和保藏技术的不断发展,酱卤肉制品可以在冷藏或常温环境下达到较长的保质期。

第二节 酱卤肉制品工艺

一、选料

选取的原料卫生检验必须合格。酱卤制品所用的料很多,如猪、牛、羊、鸡、鸭以及头、蹄、内脏(猪、牛、羊的心、肝、肺、肠等)。

二、整理

原料的整理一般分为洗涤、分块、紧缩三道工序。无论何种原料,都要清除血水,彻底洗干净原料上的毛和污物,然后按照不同产品的需要,将原料进行分割,最后进行紧缩。所谓紧缩,即把酱制原料在酱制之前先放入开水锅中,焯烫一遍(10~20 min)。其目的是进一步清除血污,因此紧缩是必不可少的一道工序。

三、调味

调味是酱卤肉制品生产过程中关键工艺之一,是获得稳定和良好风味的重要操作步骤。调制酱汤对酱制品风味质量起着决定性的作用。各地区消费习惯不同,导致生产过程中所用的调味料种类和数量差别很大。通常而言,北方酱卤制品用调料及香辛料多,咸味较重;南方制品味偏甜。

调味的方法根据加入调料的时间和作用,大致可分为基本调味、定性调味和辅助调味三种。基本调味是原料经整理后,在加热前经过加盐、酱油或其他配料腌制,奠定产品咸味的过程。定性调味是在煮制或红烧时,与原料肉同时加入各种香辛料和调味料,如酱油、盐、酒、香辛料等,赋予产品基本香味和滋味的过程。辅助调味是在原料肉熟制后或出锅前,加入糖、味精、香油等,以增进产品的色泽、鲜味的过程。

酱卤制品可按照加入调料的种类、数量,分为五香、红烧、酱汁、蜜汁、糖醋、咸卤等制品。五香制品是酱卤制品中的主要产品,分布非常广泛。由于在配料中使用了八角、桂皮、丁香、花椒、小茴香五种香料,所以被称为五香制品。其特点是酱油用量较大,制品呈红棕色,故也称红烧制品。酱汁制品是在红烧的基础上,添加红曲米着色,使制品呈樱桃红色。酱汁制品使用的糖量较酱制品多,当肉已酥烂、汤汁收干准备出锅时,将糖熬成汁刷在肉表面。酱汁制品色泽鲜艳,口味咸中带甜,深受人们喜爱。蜜汁制品的特点是原料块小,烧煮时间短,一般需要油炸,以带骨制品较多(如大排、小排、肋排等),制品表面发亮,多为红色或红褐色,制品鲜香可口,蜜汁甜蜜浓稠。常有两种制作方法:一种是先将原料进行油炸,再将白糖与红曲米水熬成浓汁,浇在经过油炸的制品上即成;另一种是将肉块基本煮烂,汤汁浓缩,再将白糖和红曲米水加入锅内,待糖和红曲米水熬至起泡发稠,与肉块混匀,起锅即成。糖醋制品的加工方法与酱制品基本相同,只是配料中要加入糖和醋,使制品具有酸甜味。

四、煮 制

煮制是酱卤制品加工过程中的另一关键工艺,是对产品进行热加工的过程。加热介质有水、蒸汽、油等。其目的是改善产品的感官性质,使肉粘着、凝固,形成产品特有的质构和口感,同时形成特殊的风味,杀死微生物和寄生虫,达到原料熟化、提高制品耐贮性和稳定肉色的目的。煮制包括清煮(也称白烧)和红烧。清煮是汤中不加任何调味料,只是清水煮制;红烧是加入各种调味料进行煮制的过程。无论是清煮还是红烧,对形成产品的色、香、味、形及产品的化学成分的变化都有决定性的作用。

煮制过程中,肌纤维状态、蛋白质、脂肪、色素等都发生很大变化,最终影响产品的质构、风味、色泽。一般而言,煮制过程中,肌肉中组织蛋白的变性使肉质收缩、变硬;结缔组织中胶原蛋白、弹性蛋白溶胀并部分降解,使肉质变嫩。受热强度的不同决定了两者变化的程度,并最终决定了产品的口感和质构。在煮制过程中,肌红蛋白的变化使肉色由生肉的鲜红色转化为灰褐色。煮制过程中,还会产生脂肪的水解及氧化、浸出物的变化及维生素的变化,对产品的气味和滋味产生影响。另外还会产生美拉德反应,既有利于产品风味的体现,又会对产品色泽产生影响,形成红褐色。

以上各种变化取决于受热强度,即温度和时间的组合。通常情况下,温度达到50 ℃时,蛋白质开始凝固变性,肌肉收缩并逐渐变硬;60 ℃时,肉汁开始流出;70 ℃时,肌肉凝结收缩程度变大,肉中肌红蛋白变性,肉色由红色变灰白色;80 ℃时,结缔组织开始溶胀、并部分降解,各肌束间的联结性减弱,肉质变软;90 ℃时,稍长时间煮制蛋白质凝固硬化,盐类及浸出物从肉中析出,肌纤维强烈收缩,肉反而变硬;100 ℃时,肌纤维完整性受到破坏、断裂,肉被煮烂。

用于煮制酱卤制品的汤汁统称卤汁,一般把使用过一次以上的卤汁称为老汤。在煮制过程中,肉中蛋白质、脂肪、硫胺素等降解,浸出物渗透出,使卤汁中含有很多的呈味物质。卤汁使用次数越多,呈味物质也越多。因此,利用老卤对改善产品风味有利。卤汁使用后,撇去过多的油脂,经煮沸、过滤、冷却后于阴凉处保存。

传统的酱卤肉制品加工十分关注"火候",分为"急火、文火、微火",文火和微火也称为慢火,并形成了传统的加工操作要点:"急火求韧,慢火求烂。"急火时卤汁处于沸腾状态,在该状态下,原料快速熟化,产品弹性好、韧性强,但料味不易渗入,滋味和香气不足。文火时卤汁处于90~95 ℃,微火时卤汁处于80~85 ℃,实际是将原料处于一定温度下保温,达到入味、酥软的目的。经过一定温度的长时间保温,产品料味浓、香气足,入口酥软。在工业化生产中,需要根据原料和香辛料特点,合理优化沸腾熟化和保温入味时间,使产品质构好,风味足。

五、冷却

加热结束后,应马上使制品冷却。冷却的目的是为了提高杀菌效果。若缓慢冷却,则会使肉品温度停滞在适宜微生物生长的温度,导致残存微生物的繁殖,加快腐败的进程。冷却要充分,在尽可能短时间内使制品中心温度降至10 ℃以下才能结束冷却。冷却设备也需保持卫生和清洁,避免不洁物质的污染。

六、包装后的处理

传统加工是现做即食,产品煮制冷却后即可食用。这样的制品没有合适的商品保质期,产品销售半径小。为了达到较长的保质期,一般在包装之后采用热处理或冷处理。

根据产品的市场销售条件,热处理分为高温处理和巴氏杀菌处理。高温处理一般在115~121 ℃的条件加热一定时间。时间和温度的组合决定了杀菌强度,决定了产品的保藏期和产品品质。巴氏杀菌处理一般采用95~100 ℃的沸水进行杀菌,因温度低,不能杀灭芽孢菌,产品贮运销售需在0~2 ℃的冷链中进行,保质期较短。

不管是采用高温处理还是巴氏杀菌处理,杀菌后产品的风味和质构都会受到不同程度的影响,还易产生加热蒸煮味等异味。

冷处理是产品包装后进行速冻,然后于-18 ℃以下的条件保藏,食用前进行回热处理。该类产品最大程度保持了产品的色、香、味、形和质构,也具有较长的保质期,但产品贮运、销售过程必须控制-18 ℃以下,贮运销售过程中的温度波动会影响到产品质量,解冻后会有少许的汁液流失。

第三节 酱卤肉制品相关标准及潜在安全问题

一、酱卤肉制品相关标准

以前有多个熟肉制品标准,如《酱卤肉类卫生标准》(GB 2726-1996)、《烧烤肉卫生标准》(GB 2727-1994)、《肴肉卫生标准》(GB/T 2728-1981)等,目前采用统一的《熟肉制品卫生标准》(GB 2726-2005)。相关指标如表9-1、表9-2。

表9-1 熟肉制品理化指标

项 目	指 标
水分(g/100 g)	
肉干、肉松、其他熟肉干制品	≤20.0
肉脯、肉糜脯	≤16.0
油酥肉松、肉粉松	≤4.0
复合磷酸盐[a](以PO_4^{3-}计)/(g/kg)	
熏煮火腿	≤8.0
其他熟肉制品	≤5.0

续 表

项 目	指 标
苯并(a)芘b/(ug/kg)	≤5.0
铅(Pb)/(mg/kg)	≤0.5
无机砷/(mg/kg)	≤0.05
镉(CD)(mg/kg)	≤0.1
总汞(mg/kg)	≤0.05
亚硝酸盐	按 GB 2760 执行

注：a 复合磷酸盐残留量包括肉类本身所含磷及加入的磷酸盐，不包括干制品
　　b 限于烧烤和烟熏肉制品

表 9-2　熟肉制品微生物指标

项 目	指 标
菌落总数/(cfu/g)	
烧烤肉、肴肉、肉灌肠	≤50 000
酱卤肉	≤80 000
熏煮火腿、其他熟肉制品	≤30 000
肉松、油酥肉松、肉粉松	≤30 000
肉干、肉脯、肉糜脯、其他熟肉干制品	≤10 000
大肠菌群/(MPN/100 g)	
肉灌肠	≤30
烧烤肉、熏煮火腿、其他熟肉制品	≤90
肴肉、酱卤肉	≤150
肉松、油酥肉松、肉松粉	≤40
肉干、肉脯、肉糜脯、其他熟肉干制品	≤30
致病菌(沙门氏菌、金黄色葡萄球菌、志贺氏菌)	不得检出

二、酱卤肉制品潜在危害分析

酱卤肉制品生产过程中，普遍采用酱油或面酱和焦糖色素对其上色，在老抽酱油中，焦糖色素使用量最高可达20%。直接用糖煮制而成的焦糖色素不含4-甲基咪唑，但许多生产厂家生产的焦糖色素都是使用"氨类化合物"作为催化剂，或是由糖、氨水及亚硝酸盐在高压高温下产生化学作用而成，会产生副产物4-甲基咪唑。4-甲基咪唑为含氮杂环化合物，分子式为 $C_4H_6N_2$，作为一种神经毒，具有强烈的致惊厥作用，能使动物产生超兴奋状态，令其发生痉挛甚至诱发癫痫症，对雄性小鼠的痉挛致死量为 370 mg/kg 体重；同时，可以诱发患肺癌。在食品添加剂国家标准(GB 8817-2001)中规定了采用亚硫酸法、氨法、普通法生产的焦糖色中4-甲基咪唑的限量标准，其含量不得超过0.02%。因此，不合格焦糖色的使用以及过量使用会给酱卤产品带来一定的潜在风险。

油脂在高温下可以分解成小分子的醛、酮、酸、烷烃等低分子化合物。温度在260℃以下时热分解反应不是十分明显，当温度上升到350℃以上时，热分解反应明显加快，分解产物挥发产生蓝色烟雾，具有刺激性气味，其重要成分是丙烯醛。丙烯醛是由甘油在高温下进一步脱水以及脂肪酸的氧化而产生的，具有强烈的辛辣气味，对鼻、眼黏膜有较强的刺激性。使用质量差、烟点低的油脂煎炸食品时，较多的丙烯醛会随同油烟一起冒出。丙烯酰胺是由丙烯醛或丙烯酸与胺的反应而来，胺主要来自含氮化合物的高温分解。

低温油炸有利于控制脂肪的氧化和丙烯酰胺的产生。采用真空油炸可以极大地降低油炸温度，在满足油炸目的的情况下，减少品质的劣变。油炸过程中使用抗氧化剂也是抑制脂肪氧化常用手段，抗氧化剂能淬灭氧化产生的自由基，阻断自由基链锁反应。煎炸油中常用的抗氧化剂有：天然抗氧化剂和合成抗氧化剂。天然抗氧化剂主要有生育酚。合成抗氧化剂包括特丁基对苯二酚(TBHQ)、丁基羟基茴香醚(BHA)、没食子酸丙酯(PG)等，其中TBHQ是用于煎炸油效果最好的抗氧化剂，在煎炸油中广泛使用。

第四节　典型酱卤肉制品生产工艺介绍

一、肴肉

肴肉皮色洁白，晶莹透明、肉质细嫩，也称水晶肴肉。江苏省镇江肴肉是历史悠久的传统肉制品，闻名全国。肴肉生产的简要工艺流程如下：

选料 → 整理 → 煮制 → 压蹄 → 包装 → 保藏

1. 选料　　选择优质薄皮的猪前后蹄膀为原料，以前蹄膀为最好。

2. 原料整理　　取猪的前后腿，除去户胛骨、臀骨和大小腿骨，去爪、筋，刮净残毛，洗净，将其皮朝下，置于操作台上，在蹄膀的瘦肉上切出深度适中的刀口，以增大腌制面积。将腌制盐涂抹在蹄膀上，用盐时一般控制在6%，然后将其放置于老卤液中腌制5～7 d，中间翻动3～4次，腌好后取出用清水浸泡8 h左右，除去部分盐分，脱除涩味，去除血污。老卤是前期腌制生产时从蹄膀中渗出的汁液，含有多种蛋白质、肉中浸出物、脂肪滴等，在使用前需要进行加热杀菌、过滤，冷却后再进行使用。使用老卤有利于增加产品的滋味和气味。腌制时最好控制在8 ℃以下，虽然温度高可以缩短腌时间，但原料易遭受微生物污染，产生异味。

3. 煮制　　按表9-3配方，并以肉∶水为1∶1配煮制调味盐水。取清水加入调料煮沸1 h，过滤。蹄膀放入锅中，将调味料滤液加入蒸煮锅内，翻动蹄膀使调味液将其完全浸没。加热到沸腾，保持1.5～2 h。将蹄膀上下翻动，然后再于沸腾状态下煮制2～3 h。

表9-3　煮制调味配方/kg　　　　　　　　　　　　　　（引自周光宏，2002）

品名	鲜腿	食盐	白糖	曲酒	明矾	生姜	香辛调料
用量	100	8.5	0.5	0.5	0.02	0.5	0.2

4. 整形　　将蹄膀皮向上置于平盘内，盘高度约4.3 cm，长、宽一般为40 cm，每只盘基本可放2只蹄膀。一般将5只盘叠压在一起，并稍许加压，经20～30 min，盘内有汁液流出。将汁液倒入蒸煮锅中，加热至沸。然后加入明矾30 g，水5 kg，再煮到沸腾。取冷却到40 ℃左右的蒸煮液于盛放蹄膀的平盘中，使汁液淹没肉面。

5. 凝冻　　将平盘移送到2～4 ℃的冷库中，至蹄膀和蒸煮液凝冻彻底，即成晶莹透明的水晶肴肉。

6. 包装　　将水晶肴肉用包装袋包装，并真空封口，于4 ℃的环境下保藏及销售。

二、传统糟肉

糟肉具有独特的糟香味，皮黄肉红，鲜嫩可口，肥而不腻，肉质酥软而不烂，凉爽可口。糟肉加工时往往同时加工糟鸡、糟蹄膀、糟鸡爪等，统称糟货。其加工方法相同，简要工艺过程如下：

选料与整理 → 清煮 → 制糟露 → 制糟卤 → 糟制 → 包装 → 杀菌 → 成品

1. 选料与整理　　选用新鲜皮薄的猪肋排和前、后腿肉。将先好的肉斩成11 cm×15 cm的长方块，即为坯料。将坯料脱除杂毛，清洗。

2. 清煮　　将肉坯放入锅内，加水淹没，加热至沸腾，撇去血污，于90～95 ℃保温1 h左右，至骨头容易抽出。取出肉坯，拆除骨头。

3. 制糟露　　以50 kg原料为基准，称取陈年香糟(香糟50 kg，用炒过的花椒1.5～2.0 kg，加盐0.5～1.0 kg拌和后，置于容器内，密封，待第二年使用)1.5 kg，五香粉15 g，盐250 g，放入容器内，边搅拌边洒入黄酒2.5 kg，高粱酒100 g，直到酒糟和酒完全拌和，没有结块为止。将糟酒混合物压滤，所得汁液为糟露。

4. 制糟卤　　取清煮坯料的汤汁15 kg，撇去浮油，过滤。滤液中加盐1.2 kg，味精100 g，酱油500 g，高梁酒300 g,混均并冷却,即为成糟卤。

5. **糟制** 将冷却后的清煮肉坯平铺于容器中,倒入糟卤使其高过肉面,然后于冰箱中至糟卤凝冻时即为成品。

三、软包装糟卤牛肉

近年来,随着对酱卤制品传统加工技术的研究以及先进工艺设备的应用,使许多酱卤制品的传统工艺得以改进,成功转化为工厂化生产模式,向市场提供了许多新型酱卤产品,如软包装酱牛肉、烧鸡、五香猪蹄等,这类产品以卫生、安全、携带方便、耐贮藏等优点,深受消费者欢迎,具有巨大的市场潜力。其简要工艺流程如下:

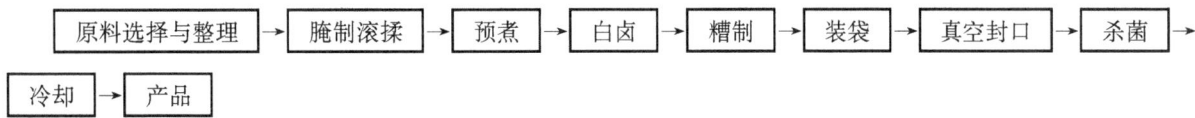

1. **选料选择整理** 选择牛前腿、后腿、西冷肉为好,修去脂肪、软骨、淋巴、淤血、污物等,分切成250 g左右的小块,用清水冲漂去肉表面血污,沥干水分。

2. **腌制滚揉** 100 kg原料加食盐2.2%,复合磷酸盐0.3%,小苏打0.2%,白糖1.5%,玉米淀粉1%,葱姜汁0.3%,亚硝酸盐0.01%,异抗坏血酸0.05%,冰水15%。将腌制料与肉混合均匀进行腌制,腌制肉的初始温度控制在8 ℃以下,根据企业生产设备条件,也可用注射腌制法。

将滚揉工艺与腌制过程结合,真空滚揉效果最好,采用间歇时滚揉方式,滚揉时间应酌情掌握,腌制总时间应不少于36 h。

3. **预煮** 水沸腾后将肉加入,并保持沸腾,以便肉表面浸提蛋白或附加蛋白能快速凝固,减少肉内水分流失,一般预煮时间15~20 min,预煮时不断撇去表面浮油及杂物。

4. **白卤** 按水100 kg,加豆蔻0.6 kg、葱1 kg、砂仁0.3 kg、姜0.5 kg、八角0.1 kg、桂皮0.1 kg、月桂叶0.1 kg、丁香0.04 kg、鸡骨架10 kg。将香辛料包好,与鸡骨架入锅加水熬制2 h左右,捞出鸡骨架,滤去沉渣及浮沫,再加入精盐2 kg,白糖1.2 kg,放入预煮后的牛肉,于90~95 ℃焖煮40 min,出锅后自然冷却至15 ℃以下。

5. **糟制** 取白卤澄清汤6 kg,加香糟卤6.6 kg、黄酒3 kg、曲酒0.2 kg。将糟卤混合均匀,加入白卤好的牛肉,浸没糟制30 min,温度控制在20 ℃以下,最好在预冷间操作。

6. **装袋封口** 取糟卤10 kg,加鸡精100 g,卡拉胶200 g,乙基麦芽酚2 g,食用色素30 g。在夹层锅中烧开,冷却至凝胶。按产品规格要求将牛肉、糟卤冻胶装袋,要求每袋装牛肉1~2块,允许有调整重量的小块1块,每袋重量误差不超过±3 g。抽真空封口。

7. **杀菌** 根据产品的保藏销售条件选择杀菌工艺。于冷藏条件下销售的低温肉制品采用巴氏杀菌,否则用高压杀菌。具体杀菌参数需按产品的大小进行优化。

四、低温酱卤牛肉

传统五香牛肉加工过程中,由于煮制时间长,耗能多,产品出品率低。低温酱卤牛肉以成熟牛肉为原料,利用低温熟制、真空包装、二次杀菌综合栅栏技术和真空滚揉技术,在卤汤中加入1%的中草药,使制品柔嫩多汁、风味独特、软硬适中、营养保健、品质优良、出品率高。驴肉、羊肉、兔肉亦可参照此工艺生产。简要加工过程如下:

原料选择整理 → 注射腌制 → 卤煮 → 冷却 → 装袋 → 真空封口 → 蒸煮杀菌 → 冷却 → 成品

1. **原料选择整理** 选择健康无病新鲜的成熟牛分割肉,剔除表面脂肪、杂物,洗净分切成0.5 kg的肉块。

2. **腌制** 先将腌制剂、大豆分离蛋白等腌料配制成盐水溶液,其中复合腌制剂0.04%、大豆分离蛋白

2%,用盐水注射机注入肉块中。腌制时可静止腌,在2～5℃下腌制24～48 h。也可采用滚揉腌制。滚揉是一个非常重要的工序,它能够破坏肌肉组织原有的结构,使其变得松弛,便于腌料的渗透和扩散;能促进可溶性蛋白质的浸提,增强肉的保水性,提高制品的嫩度。滚揉条件一般控制为滚筒转速8 r/min,温度3～5℃,工作时间40 min/h,间歇时间20 min/h,总处理时间14～18 h。

3. 卤煮　在夹层锅中进行。先配制调味料:山楂0.4%,枸杞0.3%,山药0.3%,肉蔻0.05%,八角0.2%,花椒0.15%,桂皮0.1%,丁香0.04%,姜2%,草果0.2%,葱1%,食盐3%,糖1%,酒1%。将香辛料装入双层纱布袋作为料包,于水中至沸后保温1 h左右,至风味浓郁,即成卤汤。卤汤是决定酱卤制品风味的主要因素,卤汤越老,风味越好。每次卤煮时都要将老卤加入,料包用3～5次更换。卤汤熬好后,将肉、食盐、糖等加入,保持沸腾30 min,撇除浮沫,再加入酱油,在85～90 ℃下,保温120 min,使肉熟制并入味,出锅前20 min可根据口味需求加入适量酒和味精,以增加制品的鲜香味。

4. 冷却、装袋　卤煮完成后将肉块捞起沥干水分,冷却、分切。将肉顺着肌纤维方向切成3～4 cm厚的块状,根据装袋规范装入蒸煮袋中,一般每袋净重250 g或400 g为宜。

5. 真空封口　将肉块装入包装袋,约占2/3的体积,用真空包装机封口。

6. 蒸煮杀菌　于100 ℃蒸煮15～20 min,以杀灭包装过程中污染的微生物,提高制品的贮藏性。杀菌参数应以产品的保质期、装袋量、生产卫生情况等进行优化。结合卤煮时间进行杀菌参数优化对于保持产品的质构和风味具有重要的作用。

7. 冷却、检验　杀菌后,将制品在0～4 ℃下冷却24 h,使其温度降至4 ℃左右,检验剔除"砂眼"袋。

五、烧鸡

烧鸡是一大类禽类酱卤制品,产品多以造型美观、色泽鲜艳、黄里带红、味香肉嫩为主要特点,深受广大消费者喜爱。在我国,烧鸡品种众多,风味各有特色,加工过程也各有特点,但加工原理及主要加工过程相似。以道口烧鸡为例,其简要生产过程如下:

原料选择 → 宰杀 → 造型 → 油炸 → 煮制 → 装袋封口 → 杀菌 → 冷却 → 产品

1. 配方　道口烧鸡的配方八料香料加老汤,每100只鸡的配料比例为:肉桂90 g,草果30 g,砂仁15 g,良姜90 g,陈皮30 g,丁香3 g,豆蔻15 g,白芷90 g,食盐2～3 kg。若无老汤,香辛料加倍使用。

2. 加工方法

(1) 原料选择:选择健康无病6～24月龄、体重为1～1.25 kg的鸡,最好是雏鸡和肥母鸡。

(2) 宰杀:宰杀前禁食12～24 h,采用颈部宰杀法,刀口要小,充分放血后在64 ℃热水中浸烫褪毛,在清水中洗净细毛,搓掉表皮,使鸡胴体洁白;在颈根部开一小口,取出嗉囊,排除口腔内污物;腹下开膛,将全部内脏掏出,用清水冲洗干净,斩去鸡爪、割去肛门。

(3) 造型:道口烧鸡有其独特的造型,将鸡体腹部向上,用刀将肋骨切开,取一束适当长度的高粱秆撑开鸡腹,两侧大腿插入腹下刀口内,两翅交叉插入鸡口腔内,使鸡体成为两头尖的半圆造型,用清水洗净,吊挂沥水。

(4) 油炸:以饴糖或蜂蜜:水为3:7的比例配制成糖蜜水,均匀地涂抹鸡体全身,晾干后放入150～180 ℃的植物油中,翻炸约1 min,待鸡体呈柿黄色时捞出。油炸温度很重要,温度达不到,鸡体上色就不好,温度太高,易焦化,影响产品色泽与口感和风味。油炸时需注意不能破皮。

(5) 煮制:以100只鸡为基准,加入肉桂90 g、草果30 g、砂仁15 g、良姜90 g、陈皮30 g、丁香3 g、豆蔻15 g、白芷90 g、食盐2～3 kg。将各种香辛料打料包后置于锅底,然后将鸡体整齐码好,加入老卤,老卤不足时补充清水,使液面高出鸡体表层2 cm左右。若无老卤,香辛料需加倍。卤煮时,需保持鸡浸没于卤液之下。沸腾后加入亚硝酸盐,加入量需按亚硝酸盐用量的相关规定,不可多加。之后于90～95 ℃保温,一般母鸡需4～5 h,公鸡需2～4 h,雏鸡1.5～2 h,具体时间视季节、鸡龄、体重等因素而定。熟制后立即出锅。该过程应小心操作,确保烧鸡的造型不散不破。若产品即时食用,则不需进行后期的杀菌工艺,若需要有一定保质期市场销售,则需进行后期操作。

(6) 装袋封口：根据产品要求进行整只装袋或半只装袋，然后真空封口。

(7) 杀菌：产品可进行巴氏杀菌，于 2～4 ℃贮藏销售，也可采用高压杀菌，达到在常温下有一定保质期的要求。杀菌参数需根据产品的大小、保质期要求、生产卫生条件、贮藏销售环境而定。过高的杀菌强度会影响产品的品质。在杀菌参数优化时，结合煮制时间同时优化，有利于保持产品的色、香、味。若后期采用高压杀菌，产品在煮制时可至 7～8 成熟，否则杀菌之后产品质构过于软烂，失去烧鸡应有的口感。最终产品应色泽鲜艳，呈柿黄色，鸡体完整，鸡皮不破不裂，肉质软嫩，有浓郁的香味。

第十章

畜禽副产品综合利用

第一节 畜禽血液的综合利用

一、畜禽血液的组成与理化特性

血液由血浆、红细胞、白细胞、血小板等组成,其中血浆约占60%,血细胞约占40%。全血中水分约占80%,干物质约占20%。血浆含水分90%~92%,干物质8%~10%。血浆中的干物质主要由蛋白质和盐类组成,血浆蛋白包括清蛋白、球蛋白、纤维蛋白原三种,占血浆总量的6%~8%。血浆中还含有一些无机盐,其含量在正常条件下比较恒定,约占0.9%。此外,血浆中还含有少量激素、酶、维生素和抗体等物质。新鲜的血液为红色不透明、微碱性的液体,稍带黏性,有咸味和特殊臭味。畜禽的血量是比较恒定的,一般约占体重的8%。按血液的实际可被利用量来说,采出率仅占体重的5%左右。

血液呈弱碱性,pH 7.3~7.5。全血的比重为1.043~1.06,比重和血中蛋白质的含量大致成比例。血液的黏滞度是与纯水的黏滞度作比较而确定的。水的黏滞度为1,则全血的黏滞度的大致范围为3.6~5.4。血液的黏滞度主要由血浆蛋白和红细胞的量决定。血液凝固是由于血浆中溶解状态的纤维蛋白原转变成不溶解的纤维蛋白。纤维蛋白形成后,在血液中构成稠密的细纤维网,把所有的血细胞都缠绕在一起,因而使原来呈液体状的血液逐渐变成胶冻状的血块。血液凝固后,由于血小板成堆地黏聚在纤维蛋白丝上,使纤维蛋白丝渐渐缩短,因而使血块变硬,并挤出血清。

畜禽血液中不仅含有丰富的营养成分、矿物质、维生素和微量元素,还有各种酶和多种维生素。它在饲料工业、食品工业、制药工业和化学工业等方面有着广阔的开发和应用前景。在我国,虽然畜禽血液资源丰富,但尚未得到充分合理利用,还有很大的潜力可挖。

二、畜禽血液的采集和保藏

1. 血液的采集 血液采集时应当场检查,避免污染。在卫生条件较好的屠宰场,所采集的血液适宜食用或制造血粉。采集血液的容器因加工目的不同而不同,如加工血粉可用塑料容器;如需使血液凝固,贮放容器可以是圆筒形或箱形;脱纤维蛋白或加抗凝剂的血,应存放在奶罐型的容器中,用不锈钢容器最为理想。为了防止腐败,采集的血液要尽快运往加工厂,为避免途中温度升高,运输最好安排在夜间或早晨,或用隔热材料遮盖容器。同时,血液必须在密闭容器中运输,一为防止溢出,二为防止污染。在大型屠宰场,血液用装在卡车上的血箱运输。

2. 血液的防凝 新鲜的血液为红色不透明液体,如果不采取任何措施,很快就会变暗,并随之形成凝块。某些产品的制取原料必须是液态血,必须加入抗凝剂。常用的抗凝剂有以下几种。

(1)草酸盐:常用的有草酸钠和草酸钾。每升血液(1 L 血液约重 1 kg)加入草酸钠或草酸钾 1 g,将其30%的水溶液加入血中;或用0.6 g草酸铵与0.4 g草酸钾,用少量生理盐水稀释后加入1 L血内。草酸盐的抗凝作用是由于草酸盐能使血液中的钙离子沉淀,从而防止血液的凝固。加工食用血产品或制取医用血产品,禁止使用草酸盐,因为草酸盐有毒。

(2)柠檬酸钠:每升血液加入柠檬酸钠 3 g,以少量水稀释或较大量生理盐水稀释后加入血中。柠檬酸钠能将血液中的钙转化为非离子态,从而起到抗凝作用。在食品工业和医药工业方面,柠檬酸钠的使用法规各不相同,因此,应用时应先查清有关法规。

(3) 乙二胺四乙酸(EDTA):乙二胺四乙酸的二钠盐作为抗凝剂,是以每升血液加入 2 g 的比例,先稀释于少量水中或大量生理盐水中,然后再加入血内。乙二胺四乙酸的抗凝作用,是通过络合血液凝固所需的钙离子而起作用。绝大多数国家允许在食品工业和医药工业中使用乙二胺四乙酸。

(4) 肝素:肝素是最理想的抗凝剂之一,商业上最常见到的是肝素的钠盐、钙盐和钾盐。应用时,每升血液加入 200 ml 肝素。肝素有抑制凝血酶的作用。因此能阻止血液的凝结。肝素抗凝液态血是食品加工和医药制造的原料。

抗凝剂最好以固体盐的形式贮存,使用前配制成溶液。抗凝剂溶液有毒,尤其是肝素,绝不能与食品接触,为了使用安全,抗凝剂溶液应贴标签,并用食品所允许的染料轻微染色,以示区别。

抗凝剂的使用方法是:在采集血液后的 2~5 min 内、血液尚未凝固前,根据血液的容积计算出应加的抗凝剂数量,或计算出应加的预配抗凝液容量,然后缓缓加入血液中,并搅拌均匀。如果血液已凝固,再加抗凝剂就不起作用了。

制取液态血除添加抗凝剂外,也可以用人工方法脱出血液中的纤维蛋白的方法,适合于中小型加工厂或屠宰场应用。方法是:将刚放出的血盛入容器内,用表面粗糙的木棒或长柄的毛刷不停地用力在血液中搅拌,纤维蛋白就被破坏,部分附着在木棒或毛刷上,另一部分漂浮在血液表面上,这样就可以将纤维蛋白与液态血分离。当把脱纤维蛋白的血液灌入另一容器时,经过过滤,纤维蛋白即可沥出。被脱去纤维蛋白的血液,保持其液态特性,在进入下一步加工时颇为方便。在人工搅拌脱纤维蛋白血时,可从血液中得到 12% 左右的血纤维蛋白,收集到容器中,用作加工饲料。

3. 血液的保藏 血液富含营养,是细菌繁殖最好的培养基。血液在空气中暴露较长时间后,细菌的数量便很快增殖。当血液腐败以后,就会产生一种难闻的恶臭味,这是由于血蛋白被细菌分解的缘故。所谓血液的保藏,也就是要设法防止细菌的繁殖和血蛋白本身的分解。

血液保藏可以采用化学保藏、冷藏或干燥保藏等方法。采用化学药剂保藏血液,可以抑制细菌的繁殖,但许多化学药品对人体有害,所以用药品来保藏食用血,受到了很大限制。

(1) 食用血的保藏:在脱纤维蛋白的血液中加入 10% 的细粒食盐,放置于 5~6 ℃ 的冷藏室内,可以保藏 15 d 左右。

(2) 工业用血的保藏:工业用血的保藏,一般采用干燥保藏法和化学保藏法,前者是将血干燥成血粉保藏。在没有干燥设备的加工厂,还可采用冷藏法来保藏血液。我国北方冬季气温很低,可以采用冷冻法保藏血液。血液的冰点为 −0.56 ℃,当血液冻结时,细菌也停止活动。冷冻过的血液再融化后制成血粉,其化学成分和蛋白质都保持不变。冷冻血液时,将血液注入容器内密封,但不宜盛血过满,应留有一定余地。因为血液冻结后体积膨胀,如果盛装太满,容器易胀裂。

化学药剂保藏血液是在 1 000 kg 脱纤维蛋白的血液中,加入结晶石灰酸或结晶酚 2.5 kg,用 20 kg 水溶解后慢慢注入血液中,同时搅拌 5~15 min,然后放入铁桶或木桶内,加盖密封,在 1~2 ℃ 的冷库内可保藏 6 个月左右。

三、畜禽血液产品在食品工业中的应用

国外畜禽血液在食品加工上的应用历史比较长,日本将血色素作香肠的着色剂,将血浆粉代替肉作为香肠原料,德国和比利时曾大量进口血浆粉作为食品抗结剂和乳化剂,瑞典、丹麦把血浆用于肉制品中,保加利亚用血生产乳酸酪,俄罗斯除用猪血制作血肠外,还利用血浆做饺子馅。

目前畜禽血液在我国食品工业上应用还不多,主要是将血液经降解、脱色、干燥、粉碎,制成高蛋白富铁食品。另外,从畜禽血液中提取水解蛋白、血色素、超氧化物歧化酶、胸腺因子多肽激素、免疫球蛋白、干扰素等也是我国近年来在血液资源开发和利用上所取得的重要科技成果。研究报道,1 L 血液可提取血红素 10~15 g,同时可产生 400 g 左右的蛋白,加工工艺简单、成本低,其中血红素可作为营养缺乏或不良以及贫血的人群的营养补充剂,而且血红素补血无毒无害,吸收率高,可望取代目前常用的补铁剂,将成为受欢迎的新一代产品。猪血中除含有凝血酶和血红素外,还含有人体必需的 8 种氨基酸,且含量丰富。用猪血制备食用蛋

白,广泛应用于食品加工中,可以极大地提高食品的营养价值,改善人们的膳食结构。

1. 在肉制品中的应用 在香肠、灌肠、西式火腿和肉脯中添加适量的猪血浆蛋白,脂肪含量略有降低,蛋白质含量提高,特别是血浆蛋白乳化性能好,产品的保水性、切片性、弹性和黏度,产品的出品率等均有提高,成本降低。例如,在红肠中加入10%～20%的血浆,蛋白质含量可提高7%,产品的出品率可提高20.4%,每千克香肠成本降低5%～8%;用血浆代替鸡蛋添加到肉脯中效果也很好,降低了成本。天津肉联厂在香肠中添加10%的血浆蛋白,增加效益明显,金锣火腿肠也添加血浆蛋白,经济效益明显。

2. 在糕点中的应用 血浆或全血经水解、酶解、脱色、脱臭后,可制得一种食用蛋白质,其蛋白质含量比奶粉的含量高80%以上,脂肪含量小于1%,碳水化合物含量小于2%,氯化物含量小于6%,溶解度达到了95%,水分在6%以下。应用于糕点,如京果粉、蛋糕、乳儿糕、饼干、桃酥、蛋卷、面包、馒头等均取得较好效果。上海市食品研究所经研究发现,血浆蛋白是一种良好的发泡剂,有牛奶味,可替代牛奶蛋白,添加到面包中,使色泽、保形性更佳,不易老化,添加到面粉中,可提高蛋白质效价25%左右。

3. 在营养补剂中的应用 由于血中含有丰富的蛋白质、微量元素和铁质等,特别适宜于作营养添加剂,如蛋白质补剂,补充儿童发育所需组氨酸、赖氨酸。作为铁质补剂,血色素可预防和治疗缺铁性贫血。

4. 在烹调菜肴中的应用 血浆蛋白粉烹饪菜肴,如蛋白虾片、辣油蛋白等具有高蛋白、低脂肪的特点,味道鲜美,滑嫩可口,营养丰富,色、香、味、形俱佳。

四、饲料用血粉的加工

饲料用血粉是用凝固血经干燥、粉碎而制成的产品,是血液最简单利用的产品,也可以视为血液的一种保藏方法。血粉含粗蛋白质80%以上,含干物质82%～85%,含水分5%～8%,并含有多种维生素和微量元素,是配合饲料中良好的动物性蛋白质和必需氨基酸的来源。

1. 工艺流程

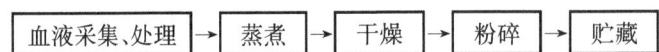

血液采集、处理 → 蒸煮 → 干燥 → 粉碎 → 贮藏

2. 操作要点

(1) 血液的采集与处理:血液在采集过程中必须保证不被污染。最好当天加工,以防腐败。如不能,可添加0.5%～1.5%的生石灰,保存较长时间,但要防止苍蝇。

(2) 凝血的蒸煮:将凝血块划成10 cm×10 cm×10 cm大小的立方块,在未沸的水中约煮20 min左右,待内部颜色变深,内部和外部均凝结后,取出沥干,也可放在压榨机上压出水分。

(3) 凝血的干燥:凝血干燥简便易行的方法是日光照射。将蒸煮过的凝血块弄碎,均匀撒在苇席、竹匾或暗色塑料薄膜上,晒至暗褐色充分干燥为止。在高于28 ℃的温度下,经2～3 d可完成干燥过程。如果有条件,可在高压热气循环炉中干燥(60 ℃即可)。

(4) 干血的粉碎:干燥后的凝血呈易碎的小块,可用石磨磨碎或用粉碎机粉碎成细粒,即成饲用血粉。

(5) 血粉的贮藏:血粉可用塑料袋、厚纸袋、麻袋或其他适合的容器包装。未添加石灰的血粉仅能保存4周,而添加石灰后的血粉保存期可延长到1年以上。

此外,还有发酵法制备血粉(发酵血粉),是用畜禽血经微生物菌种发酵而制得。滚筒干燥血粉将畜禽血液放进热交换器中,用60～65.5 ℃的水蒸气将流体凝固,再用高速打碎机打碎,然后压辊、粉碎或压辊过筛而成。发酵血粉的优点是:血液经微生物发酵,适口性增强,氨基酸更平衡,消化率提高。发酵过程用的菌种多为霉菌。

五、工业用血粉的加工

工业用血粉又称喷雾干燥血或黑血蛋白,呈深红褐色,粉状。含蛋白质90%以上,含水分5%～8%,灰分10%～15%,能溶于水。工业用血粉的用途很广,如胶合板工业中用作粘合剂;皮革工业中用作蛋白质抛光剂;沥青乳胶中作为稳定剂;陶瓷制品中作为泡沫稳定剂和分解过氧化氢的催化剂等。

1. 工艺流程

原料血处理 → 过滤 → 喷雾干燥 → 包装 → 贮藏

2. 操作要点

(1) 原料血的处理：工业用血粉的原料血为脱纤维蛋白血。制备好的脱纤维蛋白血应在几小时内进行加工，如暂不能加工，需置于 4 ℃条件下贮存。

(2) 过滤：脱纤维蛋白血在喷雾干燥前必须过滤，除去血纤维蛋白和杂质。

(3) 喷雾干燥：血浆的喷雾干燥是通过一套工业用喷雾设备来完成的，热空气的入口温度为 200～250 ℃，出口温度近 70 ℃。

(4) 包装和贮藏：喷雾干燥结束后，先通空气冷却到室温，然后再进行包装。工业用血粉一般用聚乙烯袋等小包装，便于销售和运输。如果包装合理，可贮藏 5 年之久。

六、血红素的制备

血红素是由原卟啉与一个二价铁原子构成的称为铁卟啉的化合物，存在于红细胞中，与蛋白质结合组成复合蛋白质，称为血红蛋白(Hb)或肌红蛋白(Mb)。它们对机体内氧气运输、贮存利用或气体交换起着重要作用。在食品行业中，血红素可代替肉制品中的发色剂亚硝酸盐及人工合成色素。在制药行业中，血红素可作为半合成胆红素原料，在临床应用中可作为补铁剂，治疗因缺铁引起的贫血症，可直接被人体吸收，吸收率高达 10%～20%。国内外对血红素及血红素补铁剂都高度重视。

提取血红素的方法很多，过去常用冰醋酸提取血红素，每提取 1 L 血液只可得 3～4 g 血红素，而且冰醋酸难以回收，成本高，收率低。采用醋酸钠法、鞣酸提取法、羧甲基纤维素(CMC)提取法、蒸馏提取法，每提取 1 L 血液就可得 10 g 左右血红素，同时可产 400 g 左右的蛋白，而且丙酮容易回收，成本低，收率高。

下面以醋酸钠法为例，介绍血红素的提取工艺。

1. 工艺流程

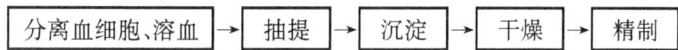

分离血细胞、溶血 → 抽提 → 沉淀 → 干燥 → 精制

2. 操作要点

(1) 分离血细胞、溶血：将新鲜血移入搪瓷桶中，加入 0.8%柠檬酸三钠(按 100 kg 血添加)。搅拌均匀，以 3 000 r/min 的速度离心 15 min，弃去清液(可供提取凝血酶用)，收集血细胞，加入等量蒸馏水，搅拌 30 min，使血细胞溶血，然后加 5 倍量的氯仿，滤出纤维。

(2) 抽提：在滤液中加 4～5 倍体积的丙酮溶液(含 3%丙酮体积的盐酸)，校正 pH 为 2～3，搅拌抽提 10 min 左右，然后过滤，收集滤液备用，滤渣干燥得蛋白粉。

(3) 沉淀：将滤液移入另一搪瓷桶中，调节 pH 为 4～6，然后加滤液量 1%的醋酸钠，搅拌均匀，静置一定时间，血红素即以无定形黑绿色沉淀析出，抽滤(或过滤)得血红素沉淀物。

若采用鞣酸提取法，则在提取液中加 5%鞣酸，搅匀，静置过夜，血红素呈针状结晶析出，离心分离出血红素沉淀物，用蒸馏水冲洗 3～4 次，至洗出液变清，然后用布袋吊干。

(4) 干燥：把血红素沉淀用布袋吊干，置于石灰缸中干燥 1～2 d，即得产品(也可用干燥器干燥)。

(5) 精制：先将血红素 4 倍量的吡啶、7 倍量的氯仿加入瓶中，然后加入粗品血红素，振荡 30 min，过滤后收集滤液。滤渣用氯仿洗涤，合并两次滤液。把适量冰醋酸加热至沸腾后，加入各占 1/7 体积(相对于冰醋酸而言)的饱和氯化钠溶液和盐酸，搅匀后过滤，滤渣用氯仿洗涤，合并两次滤液，静置过夜，过滤收集滤饼，用冰醋酸洗涤后，干燥即得产品。

七、无菌血清的制取

无菌血清则是在无菌操作条件下，利用乳用公犊牛的血液加工而获得。可作为生物实验室的标准蛋白质溶液，病毒繁殖培养基的组分，生产病毒疫苗时细胞生长培养基的组分，也用作某些微生物的培养基。

1. 工艺流程

原料血采集 → 血清制取 → 贮藏 → 无菌检验

2. 操作要点

(1) 原料血采集：原料血应是初生 24 h 以内未吸吮乳汁的健康乳用公犊的全血。在整个采集过程中要严格注意卫生，无菌操作。采集后，及时遮盖，最好放入冰箱内，让其自然凝固。还应避免过度振荡，产生红色血清。

(2) 血清制取：将冷冻凝血块用锋利刀片切成 1～2 cm 的小方块，然后在 5～10 ℃ 的冷室中，将凝血块放在布氏漏斗中，血清在布氏漏斗中逐渐析出，并流入锥形瓶内。最初 2～3 h 收集的血清颜色较深，应废弃。在 12 h 内收集的血清用吊桶式离心机离心，取 200～250 g（用带有 250 ml 离心瓶的离心机，转速为 1 000～1 500 r/min）离心 30～40 min，然后收集透明的淡黄色上清液（血清）供失活。血清的失活是在 54～56 ℃ 的温度下，在双煮器中保持 30 min，再在高压灭菌锅中，以 0.13 MPa 压力消毒 20 min，最后用 Seitz 式过滤器进行过滤，将滤液装入 50 ml 或 100 ml 的无菌安瓿瓶中，贴上标签并注明生产日期。

(3) 贮藏：在 4～5 ℃ 下安瓿瓶装血清最多贮藏 1 个月，在 -20 ℃ 下可贮藏 6 个月，在 -40 ℃ 下则能贮藏 1 年。如果准备深冷冻贮藏，在装安瓿瓶时要留有一定空间，避免冷冻时血清膨胀，而使安瓿瓶破裂。

(4) 无菌检验：将 5 ml 血清接种到肉汤培养基和厌氧培养基中，培养 3 d 后，应无细菌生长。若血清已经被细菌污染，必须废弃。

第二节　畜禽骨的综合利用

畜禽骨骼包括骨组织、骨髓和骨膜。骨组织由红细胞、纤维成分和基质组成，起着支撑机体和保护器官的作用，同时又是钙、镁、钠等元素离子的贮存组织。成年牲畜骨的含量比较恒定，占总体重的 15%～20%。骨由骨膜、骨质和骨髓构成。骨的化学成分中水分占 40%～50%，胶原蛋白占 20%～30%，无机质占 20%，无机质的成分主要是钙和磷。骨中的营养成分很全，运用生化技术，可从哺乳动物鲜骨中提取多种可食用的生物制品。骨可分为生肉剔骨和熟肉剔骨两类。生肉新鲜剔骨是含有大量水分，并带有残肉、脂肪和结缔组织等，易引起腐败，所以新鲜的骨要尽快处置，不可久放。干燥的骨可置于温度较高场所保存，但也要避免日光照射，并要通风良好，寒冷地区，冬春季节可放露天地保存，但要覆盖好，严防泥沙沾污。

目前，畜禽骨的加工利用率不高，主要是通过粗加工生产动物饲料，已开展的畜禽骨加工利用的研究包括明胶、骨粉、骨泥以及畜禽骨提取液的制备，这些产品可作为调味品、食品和饲料添加辅料应用于食品和饲料加工中。开展畜禽骨加工利用的研究，能够合理利用畜禽产业发展过程中的副产物，变废为宝，具有很好的发展前景。

一、骨髓骨粉的加工

骨髓骨粉（骨粉）是以鲜牛骨为原料，经洗净、蒸煮、粉碎、精制等工艺制造而成的，含有钙、磷、蛋白质、黏多糖、脂肪、磷脂质、磷蛋白、氨基酸以及各种维生素、铁、锌等矿物质微量元素，是良好的补钙食品。

1. 工艺流程

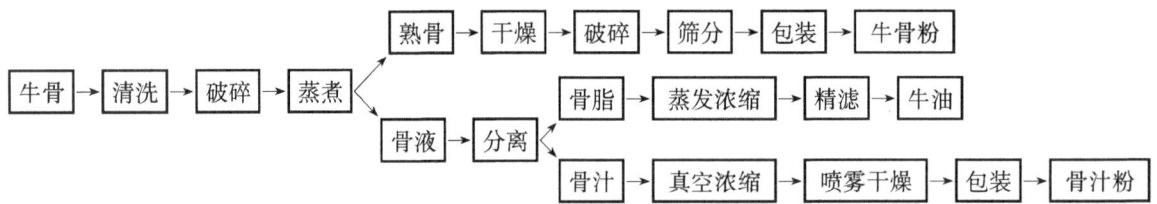

2. 操作要点

(1) 原料预处理：选择新鲜、无异味原料骨。冷冻的牛骨应先用流动水解冻，附在骨上的牛肉应尽量剔净,带肉率不超过5%,拣出异物杂质,用高压水冲洗,使骨上无血污、毛和泥沙,将骨压成30~40 mm碎块。

(2) 蒸煮:将牛骨碎块、软化水(比例为1∶1.5)加入蒸煮罐中,沸腾后撇去浮沫、血块。在表面压力为0.12~0.15 MPa,温度125~130 ℃条件下,蒸煮3~4 h,直到牛骨软化,并且肉、脂分离,即可出锅。

(3) 分离:对蒸煮好的牛骨进行液固分离,以进一步加工不同类型产品,使其便于应用贮存。滤去骨液后所得熟骨,进一步加工可得牛骨粉。骨液中有骨脂和骨汁,利用比重差分离,分离后的骨脂用于加工牛油,骨汁用于加工骨汁粉。

(4) 牛骨粉的加工:蒸熟的骨料用清水冲洗2~3遍,去除骨料附带的油脂和其他杂物。将骨料送入干燥机中,在100~110 ℃下烘10~13 h。先用粉碎机将烘干的骨料粉碎成5 mm以下的颗粒,再用研磨机将颗粒磨细、过筛即得牛骨粉。为消除骨粉中的腥臊味,研磨前也可加入适量环状糊精。

(5) 牛油的加工:分离出的骨脂加入到蒸发浓缩锅中,蒸发去除油脂中的水分,精滤后得食用牛油。

(6) 骨汁粉的加工:分离出的骨汁加入真空浓缩器中,同时加入适量环状糊精,以消除制品的腥臊气味。当骨汁固形物含量浓缩至16%~20%时,进行喷雾干燥,可制得产品粒度小于0.177 mm的骨汁粉。干燥塔进口温度280~290 ℃,出口温度70~80 ℃。

二、超细鲜骨粉(食用骨粉)的加工

超细鲜骨粉是利用近年来新兴的超微粉碎设备,通过一定的加工工艺,生产的一种粒度小于10 μm的产品,该产品粒度细,高钙低脂,营养全,易于人体吸收。已经成功应用于粮食制品、肉制品、奶制品、调味品等的生产。

1. 工艺流程

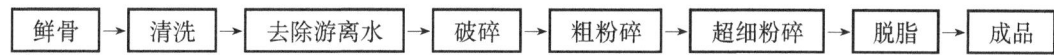

鲜骨 → 清洗 → 去除游离水 → 破碎 → 粗粉碎 → 超细粉碎 → 脱脂 → 成品

2. 操作要点

(1) 原料鲜骨的选择:各种畜、禽、兽、鱼的各部分骨骼均可,无需剔除骨膜、韧带、碎肉以及畜、兽坚硬的腿骨,原料选择面广,不受任何限制。

(2) 清洗:去除毛皮和血污等杂物。

(3) 去除游离水:去除由于清洗使骨料表面附着的游离水,以减少后续工序能耗,粉碎过程中无需加以助磨。

(4) 破碎:通过强冲击力,使骨料破碎成小于10~20 mm的骨粒团,并在骨粒内部产生应力,有利于进一步粉碎。

(5) 粗粉碎:主要通过剪切力、研磨力使韧性组织被反复切断、破坏,通过挤压力、研磨力使刚性的骨粒得到进一步粉碎,并在小粒内部产生更多的裂缝及内应力,利于进一步细化,得到粒径小于1~2 mm的骨糊。

(6) 细粉碎及超细粉碎:主要通过剪切、挤压、研磨的复合力场作用,使骨料得到进一步的粉碎及细化,并同时进行脱水和杀菌处理。细粉碎可得到粒径小于0.11~0.15 mm,含水量小于15%的骨粉,超细粉碎则得到粒径小于5~10 μm,含水量小于3%~5%的骨粉。

(7) 脱脂:该工序可有效控制骨粉脂含量,可根据产品要求确定是否采用,如要求产品骨粉低脂、保质期长,需进行脱脂处理。

三、蛋白胨的制备

蛋白胨是蛋白质分子的碎片,呈褐色膏状产品,有肉腥味,能溶于水,系由骨中的蛋白质经强酸、强碱、高温或蛋白酶作用,将其中的肽链打开,生成不同长度的蛋白质分子的碎片,主要是用作细菌培养基,其加工工艺如下所示。

1. 工艺流程

新鲜骨 → 熬胶 → 中和 → 冷却、消化 → 双缩脲反应 → 加食盐 → 浓缩 → 产品

2. 工艺要点

(1) 熬胶：取 100 kg 新鲜骨加等量水熬煮 3 h(100 ℃)，然后取出，趁热过滤，滤渣可用于加工骨胶、骨粉等。

(2) 中和：将滤液倒入陶瓷缸内，用 15%氢氧化钠调整 pH 至 8.6 左右。

(3) 冷却、消化：在滤液中加入冰块使之冷却至 40 ℃，再加入胰蛋白酶进行消化。每次加入 40 ml，不断搅拌，并在 37～40 ℃维持 4 h。

(4) 双缩脲反应：消化完毕，作双缩脲反应。取过滤后的消化液 5 ml 注入试管中，加入 5%的硫酸铜 0.1 ml，再加入 4%的氢氧化钠 5 ml 混合。若呈红色反应，说明消化已经完全，即可用盐酸调 pH 至 5.6 左右。

(5) 加食盐：液体在陶瓷缸内加热煮沸 30 min。然后按滤液重量，加入精制食盐 1%，充分搅拌 10 min，再加入 15%的氢氧化钠，调 pH 至 7.4～7.6。

(6) 浓缩：将滤液加入蒸发罐(或锅)内，加热浓缩成膏状，瓶装，即为成品。

四、骨素、骨油的加工

以新鲜畜禽骨为原料，经破碎、高压蒸煮、酶解、过滤和真空浓缩等步骤制得营养丰富、味道鲜美的骨类抽提物，包括骨素和骨油。在浓缩后若分离出骨油，则为骨清汤，若再按一定比例将骨清汤和骨油混合均匀并乳化，则为骨白汤。

骨素是一种天然调味料，是用物理方法从天然调料中提取或用酶水解制成的调味料。其主要特点是最大限度地保持了原有动物新鲜骨肉天然的味道和香气，具有很好的风味增强效果，可在肉制品中广泛使用。骨素中含有 30%的蛋白质，有的甚至达到 50%多，比鲜肉(含蛋白质约 20%)中要高得多。在骨素的生产过程中，大分子蛋白质降解为多肽和氨基酸，易于被人体消化吸收。

骨油的用途一般可分食用和工业用两种，凡用新鲜、洁净没有腐败变质的骨制成的骨油，可以熬炼成食用油脂。否则充作工业用原料，工业骨油是制造肥皂的原料，也可做提取甘油和脂肪酸的原料，优质骨油还可以制造润滑油。骨油的加工方法目前主要有水煮法、蒸汽法、抽提法。

骨素和骨油加工的工艺流程如下：

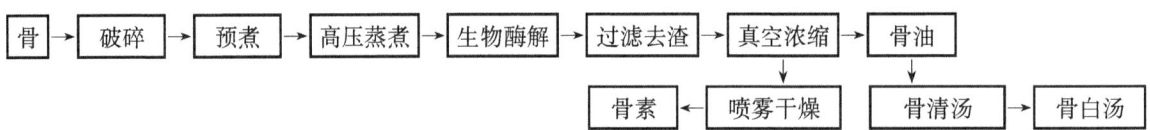

五、骨泥的加工

骨泥又称骨糜浆，是近年出现的新型营养食品，具有很高的营养价值。骨泥既可以直接加工成红肠、腊肠、火腿、肉饼、肉馅、肉丸子等，又可作为添加剂加在罐头、糕点、面包等食品中，特别适于老人、孕妇、儿童、病人食用。

1. 工艺流程

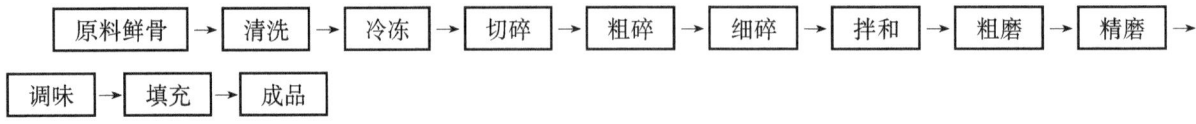

2. 操作要点

(1) 原料选择：带肉不带肉的鲜骨均可，以排骨、脊骨为好，齿骨、颚骨、坐骨、大腿骨、胫骨硬度过大不宜加工，骨中不允许混合杂物，尤其是金属类异物。

(2) 清洗：最好用清洁高压水冲淋，冲洗掉毛、杂物、细菌等。

(3) 冷冻：将洗涤干净的原料骨送入冻结库中冷冻到 －20～－18 ℃。

(4) 粉碎：视骨头大小，整块骨头需经 1～3 次粉碎，采用压碎或绞碎方式，第一次切碎成 2～3 cm 大小，第二次粗碎成1cm左右,第三次细碎达到5mm的小块。

(5) 拌和:经粉碎后的骨头温度已升到-3℃左右,掺入50%~80%(视骨上带肉多少而定)0~2℃的冷冻水在搅拌机内拌和。

(6) 粗磨:用超微粉碎机调整膜片间隙至口尝略有粗糙感即可。

(7) 细磨:经粗磨已成膏状的粗骨泥再细磨1~2次,达到味美细腻,口感满意的程度,粒度大约150目时即成成品。

(8) 调味、定量填充、速冻:成品骨泥需经包装处理,可采用定量填充机注入塑料袋内,经速冻至-40~-30℃,最后送冷库中保存。在充填前还可根据需要适当调味,便可成为多种骨泥产品。

六、骨胶的制取

骨胶又叫明胶,是从动物的骨、皮等组织中提取的,它是骨中所含的主要蛋白历经水解制成,是具有广泛用途的高分子生物化工产品。该产品在照相、医药、食品及其他工业领域都有着重要的应用。在食品行业中明胶可用于生产乳脂果子冻、果泥膏、冰淇淋及其他食品时的乳化剂和稳定剂。医药上用来生产血浆代用品、可吸收明胶海绵、药物赋形剂(胶囊、胶丸及栓塞)。服务行业用来制作美容保湿因子等。

1. 工艺流程

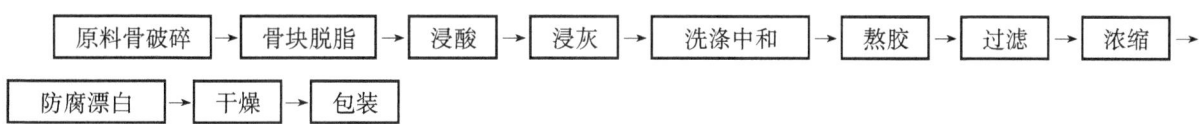

2. 操作要点

(1) 原料处理:如果原料骨是没有脱脂的新鲜骨,可选用头骨、肩胛骨、腿骨、盆骨和肋骨。新鲜骨必须首先剔除残肉和筋腱等异物,再按提取骨油的方法破碎、脱脂。

(2) 盐酸浸泡:每吨骨的盐酸用量为1.1t,最佳浸泡温度为15℃,冬季气温低时,浸泡时间适当延长。目前通常采用连续式浸泡池进行操作,这种浸泡池由6个池组成,彼此之间有管相连,每个池中原料骨与盐酸的重量比为1:1。盐酸从第一个池逐渐流到最后一个池,骨原料先后在6个池中进行浸泡,时间逐次缩短,通常第一池为6d,总浸泡时间为14d。

(3) 石灰水浸泡:石灰水浸泡主要作用有两方面:其一是缩短熬胶时间,降低生成骨胶的温度;其二是除去原料骨的脂肪、血等杂质,使骨组织疏松,从而有利于溶解有机物质和皂化脂肪。具体方法是将盐酸浸泡过的小骨块移入浸泡池内,注入与骨块等量的清水,再分3次加入熟石灰。第一次加骨块重的3.7%,浸泡5~6d后,当水颜色变黄时,将水弃去;第二次再注入等量清水及相当于骨重2%的石灰,约经5d后,水变黄时,再将水弃去;第三次加入适量水和骨块重量1%的熟石灰,当骨块已被石灰水浸泡成洁白时,即可进入下一道工序的加工。浸泡温度最好在15~18℃。

(4) 洗涤中和:骨经石灰水浸泡后,用清水冲洗,并随时用石蕊试纸测试,一定冲洗到pH小于9为止,然后再加稀盐酸调节pH到7,再用清水冲洗,除掉盐酸与石灰相互作用生成的氯化钙及余酸。

(5) 熬胶:熬胶一般在不锈钢或铝板制成的熬胶锅中进行。一般采用3次以上的分级熬胶,熬胶温度控制成60~70℃为佳,不宜过高,特别是制造高级明胶,温度不宜超过70℃。每次熬胶时间一般在4~6h,时间过长会出现二次分解,使胶质不纯。熬胶过程中pH应在5.5左右为好,熬胶中止时pH升到6.5。

(6) 过滤:利用板框压滤机除去稀胶液中尚未熬化的纤维、钙皂、脂肪等杂质。为进一步提高质量,可再加入吸附活性85%的粉状活性炭,吸附胶液中的混浊物和悬浮物以及某些气味。活性炭加量为胶液重的0.3%~1%,过滤温度应控制在60℃左右,过滤压力为0.25~3.5MPa。然后再用奶油分离机分离稀胶液中残余脂肪,分离温度不低于50℃。

(7) 浓缩:稀胶液浓缩采用双效列管式真空蒸发器,操作时真空度控制在0.05~0.09MPa。稀胶液首先在真空度较低,温度较高(65~70℃)的第一效内迅速浓缩,然后进入真空度较高而温度较低(60~65℃)的第二效内浓缩。

(8) **防腐漂白**：该工序可防止胶液由于微生物的作用而变质，以保证成品色泽浅淡。加工方法为浓缩后的胶液趁热加入双氧水、对羟基苯甲酸乙酯或亚硫酸。食用明胶一般是加入干胶重量 0.5% 双氧水，或加入干胶重量 0.2% 的对羟基苯甲酸乙酯。如果添加亚硫酸，其用量应使胶液 pH 为 6，或使干胶中含硫酸量为 0.6%～0.8%。

(9) **冷凝切胶**：将漂白后的胶液注入铝制盒内冷凝，胶液注入盒内后，将其置于冷却槽或冷却室内，水温或室温应在 10 ℃以下，经过 4～6 h，盒内胶液即成冻胶。然后将盛有冻胶的铝制盒置于 70 ℃热水中数秒，待盒壁冻胶熔化后，立即倒在工作台上，用绷紧的金属丝将冻胶切成 240 mm×90 mm×2 mm 薄片。

(10) **干燥**：将胶片放在平整的铝丝网上置于干燥室内烘干，干燥室温度保持在 25～35 ℃之间，经 24 h 即能干透。

(11) **包装**：干燥胶片经粉碎后即为成品。粉碎胶片常采用锤式粉碎机。粉碎后的明胶为 2 mm 以下的细粉。包装常采用麻布袋内衬塑料袋，每袋净重 50 kg。麻布袋上注明产品名称、生产厂名、批号、规格、重量等项。

第三节　畜禽肠的综合利用

一、肠衣的加工

1. 肠衣的概念及种类　猪、牛、羊小肠壁的构造共分四层，由内到外分别为黏膜层、黏膜下层、肌肉层和浆膜层。黏膜层为肠壁的最内一层，由上皮组织和疏松结缔组织构成，在加工肠衣时被除掉。黏膜下层由蜂窝结缔组织构成，内含神经、淋巴、血管等，在刮制原肠时保留下来，即为肠衣，因此在加工时要特别注意保护黏膜下层，使其不受损失。肌肉层由内环外纵的平滑肌组成，加工时被除掉。浆膜层是肠壁结构中的最外一层，在加工时被除掉。

(1) **肠衣的概念**：屠宰后的鲜肠管，经加工除去肠内外的各种不需要的组织后，剩余一层坚韧半透明的黏膜下层，称为肠衣。肠衣可用来灌制香肠、灌肠，制作体育用具、乐器和外科手术用的缝合线等。

肠衣也是我国重要的出口畜产品之一，在国际市场上占有重要地位。我国所产的肠衣薄而透明，质地坚韧而富有弹性，同时口径适于灌制香肠和灌肠，因此在国内外的销售数量很大，往往供不应求。但目前由于很多地方利用塑料制品代替肠衣，因此销路受到一定的影响。

我国肠衣的产区很大，由于产地不同，肠衣的种类也不同，如华南、华东、华中等地区，因养猪事业发达，多产猪肠衣；而内蒙古、东北、华北等地区，因养羊多，盛产羊肠衣。

(2) **肠衣的种类**：肠衣按畜种不同可分为猪肠衣、羊肠衣和牛肠衣三种，其中以猪肠衣为主。我国出口贸易中，大部分为猪肠衣，其次为羊肠衣。羊肠衣可分为绵羊肠衣和山羊肠衣。绵羊肠衣比山羊肠衣价格高，有白色横纹；山羊肠衣弯曲线多，颜色较深。牛肠衣分为黄牛肠衣和水牛肠衣，黄牛肠衣价格较高。此外，肠衣还可以分为大肠衣和小肠衣两类。

肠衣在未加工前，称为"原肠"、"毛肠"或"鲜肠"。原肠经加工处置后即为成品，按成品种类不同还可分为盐渍肠衣和干制肠衣两大类。盐渍肠衣用猪、绵羊、山羊以及牛的小肠和直肠均可制作，干制肠衣以猪、牛的小肠为最多。盐渍肠衣富有韧性和弹性，品质最佳；而干制肠衣较薄，充塞承受力差，无弹性。

2. 肠衣的加工工艺

(1) **盐渍肠衣的工艺流程**

浸漂 → 刮肠 → 串水、灌水 → 配码 → 腌制 → 缠把 → 漂净洗涤 → 串水分路 → 配码 → 腌肠及缠把

(2) **干肠衣的工艺流程**

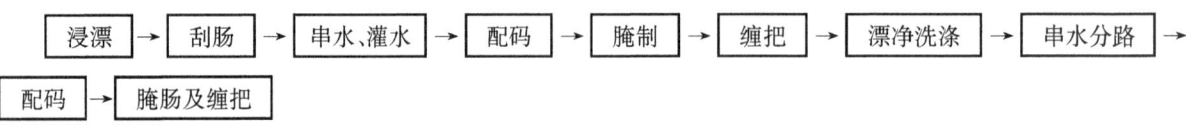

3. 肠衣的加工技术要点

（1）猪盐渍肠衣的加工

① 浸漂：将原肠翻转（不翻转也可），除去粪便洗净后，充入少量清水，浸入水中。水温依当时气温和距刮肠时间的长短而定，一般春秋季节在28 ℃，冬季在33 ℃，夏季则用凉水浸泡，浸泡时间一般为18～24 h。如没有调温设备，亦可用常温水浸泡，不过要适时掌握时间（以黏膜下层以外各层能顺利刮下为宜）。浸泡用水应清洁，不含矾、硝、碱等物质。

② 刮肠：将浸泡好的肠取出放在平台或木板上逐根刮制，或用刮肠机进行刮制。手工刮制时，用月牙形竹板或无刃的刮刀，刮去肠内外无用的部分（黏膜层、肌肉层和浆膜层），使成透明状的薄膜。刮时用力要适当、均匀，既要刮净，又不要损伤肠壁。

③ 串水：刮完后的肠衣要翻转串水，检查有无漏水、破孔或溃疡。如破洞过大，应在破洞处割断。最后割去十二指肠和回肠。

④ 量码：串水洗涤后的肠衣，每100码（91.5 m）合为一把，每把不得超过18节（猪），每节不得短于1.5码（1.35 m）。羊肠衣每把长限为93 m（92～95 m），其中，绵羊肠衣一至三路每把不得长过16节，四至五路18节，六路每把20节，每节不得短于1 m；山羊肠衣一至五路每把不得超过18节，六路每把不得超过20节，每节不得短于1 m。

⑤ 腌制：将已配扎成把的肠衣散开用精盐均匀腌渍。腌渍时必须一次上盐，一般每把需用盐0.5～0.6 kg，腌好后重新扎成把放在竹筛内，每4～5个竹筛叠在一起，放在缸或木桶上使盐水沥出。

⑥ 缠把：腌肠后12～13 h，当肠衣处于半干半湿状态时便可缠把，即成"光肠"（半成品）。

⑦ 漂净洗涤：将"光肠"浸于清水中，反复换水洗涤，必须将肠内外不洁物洗净。浸漂时间：夏季不超过2 h，冬季可适当延长，但不得过夜。漂洗水温不得过高，若过高可加入冰块。

⑧ 串水分路：洗好的"光肠"串入水，一方面检验肠衣有无破损漏洞，另一方面按肠衣口径大小进行分路。分路标准见表10-1。

表10-1 部分盐渍肠衣分路标准

尺码/mm 品种	一路	二路	三路	四路	五路	六路	七路
猪小肠	24～26	26～28	28～30	30～32	32～34	34～36	36以上
猪大肠	60以上	50～60	45～50	—	—	—	—
羊小肠	22以上	20～22	18～20	16～18	14～16	12～14	—
牛小肠	45以上	40～45	35～40	30～35	—	—	—
牛大肠	55以上	45～55	35～45	30～35	—	—	—

⑨ 配码：把同一路的肠衣，按一定的规格尺寸扎成把。

⑩ 腌肠及缠把：配码成把以后，再用精盐腌上，待水分沥干后再缠成把，即为"净肠"成品。

上述①～⑥是由原肠加工成"光肠"的过程，⑦～⑨是由光肠制成成品的过程。

（2）猪干肠衣的加工

① 浸漂：将洗涤干净的小肠浸于清水中，冬季1～2 d，夏季数小时即可。

② 剥油脂：将浸泡好的鲜肠衣放在台板上，剥去肠管外表的脂肪，浆膜及筋膜，并冲洗干净。

③ 氢氧化钠溶液处理：将翻转洗净的原肠，以10根为一套，放入缸或木桶里，然后按每70～80根用5%氢氧化钠溶液约2 500 ml的比例，倒入缸或盆里，迅速用竹棍搅拌肠子，便可洗去肠上的油脂。如此漂洗15～20 min，就能使肠子洁净，颜色也变好。处理时间与气温有关，天热可稍短，天冷则稍长，但不得超过20 min，否则肠子就会被腐蚀而成为废品。

④ 漂洗：将去掉脂肪后的肠子，放入清水缸中，用手不停地洗几次，并反复换水，要求彻底洗去血水、油脂以及氢氧化钠的气味，然后浸漂于清水中。漂浸时间：夏季3 h，冬季24 h，并需经常换水。这样肠可漂成白色，制成品质和色泽优良的干肠衣。

⑤ 腌制：腌制可使肠子收缩、伸缩性降低，制成干肠衣后不会随意扩大。灌制香肠后式样均匀美观。腌制时通常每100码需用盐0.75～1 kg。腌制方法：将肠衣放入缸中，加盐腌渍12～24 h，夏季可缩短，冬季可延长。

⑥ 水洗：用清水把盐汁漂洗干净，以不带盐味为止。

⑦ 充气：洗净后的肠衣，用气泵（或气筒）充气，使肠膨胀，然后置于清水中，检查有无漏洞。

⑧ 干燥：充气后的肠衣，可挂在通风良好处晾干，或放入干燥室内（29～35 ℃）干燥。

⑨ 压平：将干燥后的肠衣一头用针刺孔，使空气排出，然后均匀地喷上水，用压肠机将肠衣压扁，包扎成把即可装箱。

肠衣的质量要求：不同肠衣其质量要求不一样，总的来说，成品肠衣应呈淡红色、乳白色或淡黄色、灰白色；肠壁坚韧、清洁、薄而透明、无裂缝、无砂眼。盐渍肠衣应无腐败味和腥味，干制肠衣应无异臭味。

4. 肠衣的质量标准　肠衣的品质可根据色泽、气味、拉力、厚薄及有无砂眼等进行鉴别。

(1) 色泽：盐渍猪肠衣以淡红色及乳白色为上等，其次为淡黄色及灰白色，再次为黄色和紫色，灰色及黑色者为二等品。山羊肠衣以白色及灰色为最佳，灰褐色、青褐色及棕黄色者为二等品。绵羊肠衣以白色及青白色为最佳，青灰色、青褐色次之。干肠衣以淡黄色为合格。

(2) 气味：各种盐渍肠衣均不得有腐败味和腥味。干制肠衣以无异臭味为合格。

(3) 质地：薄而坚韧、透明的肠衣为上等品，厚薄均匀而质松软者为次等品。但猪、羊肠衣在厚薄的要求方面有差异，猪肠衣要求薄而透明，厚的为次品；羊肠衣则以厚的为佳，凡带有显著筋络（麻皮）者为次等品。

(4) 其他：肠衣不能有损伤、破裂、砂眼、硬孔、寄生虫啃痕与局部腐蚀等，细小砂眼和硬孔尚无大碍。若肠衣磨薄，称为软孔，就不适用。肠衣内不能含有铁质、亚硝酸盐、碳酸盐及氯化钙等化学物质，因为这类物质不仅损害肠质，还有碍卫生。干肠衣需完全干燥，否则容易腐败。

二、肝素的提取

肝素在哺乳动物的很多组织中存在，如肠黏膜、十二指肠、肺、肝、心、胰脏、胎盘、血液等。肝素和大多数黏多糖一样，在体内与蛋白质结合成复合体的形式存在，此复合体无抗凝血活性，只有将其中蛋白质除去，肝素才能发挥其抗凝活性。

肝素为抗凝血药，能阻抑血液凝结，防止形成血栓，它也能降低血脂和提高免疫功能，肝素可以配合治疗爆发性流脑、败血症和肾炎，我国和德国等国家使用肝素软膏治疗皮肤病等。

组织内肝素与其他黏多糖在一起，并与蛋白质结合成复合物，肝素的提取方法一般采用盐解-离子交换工艺或酶解-离子交换工艺，包括肝素蛋白质复合物的提取、分解和分离等三步，现以盐解-离子交换工艺为例，介绍其提取方法。

1. 工艺流程

原料选择（新鲜肠黏膜）→ 提取 → 吸附 → 洗涤 → 洗脱 → 沉淀 → 精制 → 成品 → 包装

2. 操作要点

(1) 原料选择：选取健康畜禽的新鲜肠黏膜为提取原料。

(2) 提取：取新鲜肠黏膜投入反应锅内，按原料重3%加入氯化钠，用氢氧化钠调节pH至9，逐步升温至50～55 ℃，保温2 h，继续升温至95 ℃，保持10 min，随即冷却。

(3) 吸附：将上述提取液用30目双层纱布过滤，待冷却至50 ℃以下即加入714型强碱性CI型树脂，树脂用量为提取液的2%，搅拌8 h后静置过夜。

(4) 洗涤：虹吸除去上层液，收集树脂，用水冲洗至澄清、滤干。用2倍量1.4 mol/L的氯化钠搅拌2 h，滤干。树脂再用1倍量1.4 mol/L的氯化钠搅拌2 h，滤干。

(5) 洗脱：树脂再用2倍量3 mol/L的氯化钠搅拌、洗脱8 h，滤干；再用1倍量3 mol/L的氯化钠搅拌、洗脱2 h，滤干。

(6) 沉淀：合并滤液，加入等量的95%乙醇，沉淀过夜，虹吸除去上清液，收集沉淀物，用丙酮脱水干燥，即得粗品。

(7) 精制：将粗品溶于 15 倍量的 1% 氯化钠中，加 6 mol/L 盐酸调节 pH 至 1.5，过滤至清。随即用 5 mol/L 氢氧化钠调节 pH 至 11，按粗品的 3% 加入 30% 的过氧化氢，25 ℃ 放置，24 h 后再按 1% 加入过氧化氢 pH 至 11，静置 48 h，过滤，用 6 mol/L 盐酸调节 pH 至 6.5，加入等量的 95% 乙醇沉淀。24 h 后虹吸除去上清液，用丙酮脱水干燥，即得肝素钠精品。

肝素为白色粉末，易溶于水，不溶于乙醇、丙酮等有机溶剂。常温制品为注射剂。为延缓作用，提高效果，目前生产长效肝素注射液，一般封存于粉末安瓿中，临用前以注射用水溶解后供肌肉注射。

第四节 畜禽肝的加工利用

畜禽的肝脏可直接食用，或者加工成不同的产品，如猪肝可以用来制作腊猪肝、金银肝（金银润）等传统风味腊制品。在医药工业上可以制作肝浸膏和肝注射液等。畜禽肝具有一定的功效作用，如兔肝脏具有补肝明目之功效，可以防止肝虚眩目、目昏、目痛等症。此外，以兔肝为原料，采用特殊诱导技术，经分离、纯化、冻干可制得兔肝金属硫蛋白，该蛋白具有抗辐射、抗氧化和延缓衰老等多种功能。

一、肝浸膏的制备

肝浸膏系由除去脂肪和结缔组织的新鲜猪、牛或羊等畜禽的肝脏提取，为棕色或深棕红色膏状物；有特殊香味，不得有焦味。按总固体计算，含氮量应不低于 8.0%。含有丰富的铁及抗贫血因子、核黄素、叶酸、胆碱、多肽及多种氨基酸等，是治疗缺铁性贫血的营养药。

1. 工艺流程

2. 操作要点

（1）原料要求：取新鲜或冷冻的健康畜禽肝，清除肌肉、脂肪及结缔组织，放入绞肉机中绞碎成浆状。

（2）绞碎、浸渍：原料肝绞碎为肝浆，置于蒸发锅内，加水半量，混合均匀，然后按原料质量加 0.1% 硫酸（用水稀释后加入），搅拌均匀，pH 为 5~6，加热至 60~70 ℃，恒温 30 min，再迅速加热至 95 ℃，保温 15 min。

（3）过滤：取加热提取得到的肝浆过滤，滤渣加水适量再做第二次提取，将两次肝渣离心分离，合并滤液备用。

（4）浓缩：取滤液进行 60~70 ℃ 蒸发浓缩或真空浓缩至膏状，按肝膏重加入 0.5% 的苯甲酸作防腐剂，即得肝浸膏，出膏率为 5%~6%。

（5）配料：目前常用制品为肝膏片。配料方法为：每 1 万片含肝浸膏 3 kg，淀粉适量，硬脂酸镁 27 g。肝浸膏加适量淀粉拌匀后，80 ℃ 干燥，粉碎成细粉，过 100 目筛，加适量 75% 的乙醇为润湿剂，用 18 目筛整粒后，加入硬脂酸镁，拌匀压片包糖衣即得。

每片含肝浸膏 0.3 g，硬脂酸镁 2.7 mg，易溶于水，不溶于醇，置于空气中容易糊解。主要用于治疗慢性肝炎、肝硬化症等，也可作治疗贫血及营养不良的补剂。

二、RNA 的提取

正常动物肝脏 RNA 用于治疗肝炎效果良好，有助于病变肝细胞的修复和再生等诸多生理功能，作为保健食品有一定发展前途。RNA 可用于食品工业的饮料和糖果作营养剂以及医学上的试剂，可治血球病和调节代谢机能。提取核酸的一般原则是：首先用"机械法"将组织打碎，再加入蛋白质变性剂，使蛋白质变性，从而离心分离蛋白质与核酸。

1. 工艺流程

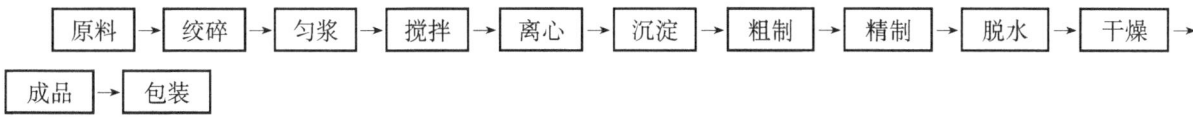

2. 操作要点

(1) 原料要求：选取新鲜健康畜禽肝,清除残余的肌肉、脂肪及结缔组织备用。

(2) 匀浆搅拌：取鲜肝,加5倍体积的0.1% EDTA和0.5%硫酸十二酯钠溶液,用组织绞碎机在低温下绞碎,搅拌1 min,匀浆液加5倍体积的0.1% 8-羟基喹啉和90%苯酚溶液,搅拌1 h。

(3) 离心分离：上述匀浆液经3 000 r/min,离心30 min,取上层液,加1/2体积的0.1% 8-羟基喹啉和90%苯酚溶液,搅拌30 min;取中间层液加1/2体积的0.1% EDTA和0.5%硫酸十二酯钠溶液,再加1/2体积的0.1% 8-羟基喹啉和90%苯酚溶液,搅拌30 min;低层液内有蛋白质和DNA综合利用回收苯酚。

(4) 沉淀：取上、中层液,混悬液离心45 min,在10 ℃下取上层液加2倍体积的95%乙醇过夜,在10 ℃以下离心45 min,沉淀用95%乙醇洗两次和乙醚洗两次,真空干燥即为粗品。

(5) 精制：粗品调pH为5.1,用0.1 mol/L的醋酸钠缓冲液溶解成胶状,加等体积的pH 8.0的2.5 mol/L磷酸缓冲液和等体积的乙二醇甲醚,搅拌5 min,混浊液在10 ℃下离心(3 000 r/min,20 min),取清液加原体积的1/4体积乙二醇甲醚,搅拌5 min,上清液加等体积0.2 mol/L的醋酸钠溶液,1/2体积的1%十六烷基三甲基溴季铵盐(CTA),低温下放置30 min。离心(3 000 r/min,20 min),沉淀用含0.1 mol/L的醋酸钠-70%乙醇充分洗涤,3 000 r/min离心20 min,重复3次,再用95%冷乙醇洗涤1次,3 000 r/min离心20 min,分离沉淀。

(6) 脱水干燥：将沉淀置于真空干燥器(P_2O_5)3~4 h,得精制RNA。

第Ⅱ部分　乳与乳制品

第十一章
乳的化学组成及性质

第一节 乳成分及其理化性质与加工特性

乳的成分十分复杂,含有上百种化学成分,主要成分是水、乳脂肪、乳蛋白质、乳糖和矿物质(无机盐类)及其他微量成分,如色素、酶类、维生素和磷脂以及气体。

乳中除去水和气体之外的物质称为干物质或乳的总固形物含量。非脂乳固体(SNF)常用于描述乳的成分,SNF是指除脂肪之外的总固形物含量。乳中包括87%的水和13%的干物质,这些干物质或悬浮或溶解于水中,取决于这些物质在水相中的不同分散系统。不同乳中各种主要成分差别很大,见表11-1。

表11-1 人与哺乳动物的乳的成分/%

成 分	人	马	乳 牛	山 羊	绵 羊
脂 肪	3.4	1.2	3.6	4.1	3.9
蛋白质	1.6	2.0	3.4	3.7	6.2
乳 糖	6.4	5.8	4.6	4.6	5.0
矿物质	0.3	0.4	0.8	0.8	1.0
水 分	88.1	90.4	87.4	86.5	83.7

在物理构成上,乳是一种复杂的分散体系。其中水是分散剂,其他各种成分如脂肪、蛋白质、乳糖、无机盐等为分散质,分别以不同的状态分散在水中,共同形成一种复杂的分散系,乳糖、钾、钠、氯、柠檬酸盐和部分磷酸盐以分子或离子形式存在于乳中。在分散媒(剂或分散介质)——水中:有以分子及离子状态分散在其中的乳糖和盐类;有成乳浊质及悬浊质状态分在其中的蛋白质;还有一部分以乳浊液及悬浊液状态分散在乳中的脂肪,这些分散在水中的成分,都被称为分散相或分散质(表11-2)。

牛乳中以分子或离子状态存在的溶质有磷酸盐类的一部分、无机盐类、糖类等,其粒子直径在1nm以下,即形成真溶液。

乳中的乳白蛋白、乳球蛋白是大分子状态,直径为15~50 nm,形成胶体溶液,酪蛋白在乳中形成酪蛋白酸钙-磷酸钙复合胶粒,胶粒直径为30~800 nm,平均100 nm,为过渡态,一般将其列入胶体悬浮液范畴,最大3 μm。此外,凡直径在0.1 μm以下的脂肪球、一部分聚磷酸盐等也以胶体状态分散于乳中。

乳的脂肪在常温下呈液态的微小球状分散在乳中,乳脂肪球的直径平均3 μm左右,可以在显微镜下明显地看到,所以牛乳中的脂肪球即为乳浊液的分散质。

乳中少量气体,部分气体以分子状态溶于乳中,部分气体经搅动后在乳中形成泡沫状态。

表11-2 分散质的分类

0.1 nm	1 nm	10 nm	100 nm	1 μm	10 μm	100 μm	1 mm
	超显微镜领域				显微镜领域		
	粒子能通过普通滤纸				粒子不能通过普通滤纸		
真溶液	胶体溶液			乳浊液及悬浊液			

新鲜牛乳一般呈乳白色或稍呈淡黄色。乳白色是乳的基本色调,这是酪蛋白胶粒及脂肪球对光不规则

反射的结果。脂溶性胡萝卜素和叶黄素使乳略带黄色。水溶性的核黄素是使乳清呈荧光性绿色。

一、水分

水分是乳中的主要组成部分,占87%~89%。水中溶解有有机质、矿物质和气体。乳中水分又可分为自由水、结合水、膨胀水和结晶水,自由水是乳中主要水分,即一般的常水,具有常水的性质,而结合水、膨胀水和结晶水则不同,在乳中具有特别的性质和作用。

1. 结合水　结合水占2%~3%,以氢键和蛋白质的亲水基或与乳糖及某些盐类结合存在,无溶解其他物质的特性,在通常水结冰的温度下并不结冰。

存在于电荷的胶体颗粒表面的结合水分子,由于水分子的极性,形成向水的单分子层,在单分子层上又吸附一些微水滴,于是逐渐形成一层新的结合水。水层在加厚时胶粒越来越不能支持,结果围绕着微粒形成一层疏松的、扩散的水层。外水层与胶体表面联结很弱,因此,温度高时,容易和胶体分离,但内层水很难除去,这种现象发生在乳干燥的过程中。因此,在乳粉生产中的任何时候也不能得到绝对无水的产品,总要保留一部分结合水。在良好的喷雾或滚筒干燥条件下,保留3%左右的水分,要想除去这些多余的水分,只有借助于加热到150~160℃,或者长时间保持在100~105℃的恒温时才能达到。但是乳粉受长时间高温处理后,乳成分受到破坏、乳糖焦化、蛋白质变性、脂肪氧化,因此这种乳粉就失去营养作用。

2. 膨胀水　膨胀水存在于凝胶粒结构的亲水性胶体内,由于胶粒膨胀程度不同,膨胀水的含量也就各异,而影响膨胀程度的主要原因为中性盐类、酸度、温度以及凝胶的挤压程度。高浓度的食盐能抑制凝胶的膨胀,这广泛地应用于干酪生产中。酸度对酪蛋白凝胶的膨胀有很大影响,这表现在酸稀奶油、酸凝乳以及其他乳制品中。

凝胶的挤压(也称胶体脱手收缩作用)在酸乳制品及干酪生产中具有很大的意义。例如酸牛奶的质量随胶体脱水收缩的程度而异,当分离出酸牛乳5%以上的乳清时,便成次品。凝乳的质量也取决于其中的含水量,即取决于凝块所分离出来的水量。干酪成熟的特性及干酪的类型,在很大程度上取决于干酪凝块及干酪颗粒的胶体脱水收缩。

3. 结晶水　结晶水存在于结晶性化合物中。当生产乳粉、炼乳以及乳糖等产品而使乳糖结晶时,我们就可以发现含结晶水的乳制品,即乳糖中含有1分子的结晶水。

二、乳脂肪

乳脂质中有97%~99%的成分是乳脂肪,还含有约1%的磷脂和少量的甾醇、游离脂肪酸、脂溶性维生素等。所谓乳脂肪是指采用哥特里-罗兹法测得的那一部分乳脂质。乳脂肪包括三酸甘油酯(主要组分)、甘油酸二酯、单酸甘油酯、脂肪酸、固醇、胡萝卜素(脂肪中的黄色物质)、维生素(A、D、E、K)和其余一些痕量物质。乳脂肪是中性脂肪,在牛乳中的含量平均为3.5%~4.5%,是牛乳的主要成分之一。

1. 乳脂肪的脂肪酸组成和含量　乳脂肪的脂肪酸组成受饲料、营养、环境、季节等因素的影响而变化,尤其是饲料会影响乳中脂肪酸的组成。不同的脂肪酸的相对量变化很大,进而影响脂肪的硬度。脂肪中高熔点的脂肪酸含量高,例如棕榈酸含量高,则脂肪的硬度大;反之,脂肪酸中低熔点的脂肪酸含量多,例如油酸含量多,则脂肪软些。一般夏季放牧期间乳脂肪不饱和脂肪酸含量升高,而冬季舍饲期不饱和脂肪酸含量降低,所以夏季加工的奶油其熔点比较低,质地较软。

研究发现,乳脂肪中的脂肪酸达100余种,主要可分为三类:

第一类为水溶性挥发性脂肪酸,例如丁酸、乙酸、辛酸和癸酸等;第二类是非水溶性挥发性脂肪酸,例如十二碳酸等;第三类是非水溶性不挥发脂肪酸,例如十四碳酸、二十碳酸、十八碳烯酸和十八碳二烯酸等。

乳脂肪是由1个分子的甘油和3个分子相同或不同的脂肪酸所组成,形成甘油三酸酯的混合物。由于组成乳脂肪的脂肪酸残基的种类和结构的变化,可能形成不同的甘油三酸酯。构成甘油三酸酯的三个脂肪酸残基可能是饱和的或是不饱和的,而不饱和的中间还可能是单不饱和、双不饱和或多不饱和的脂肪酸,因此乳腺中形成的乳脂肪的组成非常复杂。乳脂肪不溶于水,而是以脂肪球状态分散于乳浆中。

乳中脂肪以中性脂肪(98%~99%)形态存在,溶有磷脂(0.2%~1%)、甾醇、色素、脂溶性维生素

（0.25%～0.4%），是甘油酯的混合物，其中最主要的是甘油三酸酯。甘油三酸酯是甘油和脂肪酸的化合物，约90%的乳脂肪是脂肪酸参与构成的酯。脂肪酸分子是由一个烃基长链和一个羧基组成的（分子式为RCOOH），在饱和脂肪酸分子中，碳原子以单键相连接，在不饱和脂肪酸分子中，碳氢链上有一个或多个双键。每一个甘油分子都能够结合三个脂肪酸分子。由于这三个脂肪酸分子不一定相同，所以乳中有大量不同种类的甘油酯，乳脂肪甘油酯中的主要脂肪酸见表11-3。

表11-3 乳脂肪酸的种类

脂肪酸	占脂肪酸总量/%	熔点/℃	原子数		
			H	C	O
饱和脂肪酸					
丁酸	3.0～4.5	-7.9	8	4	2
己酸	1.3～2.2	-1.5	12	6	2
辛酸	0.8～2.5	+16.5	16	8	2
癸酸	1.8～3.8	+31.4	20	10	2
月桂酸	2.0～5.0	+43.6	24	12	2
肉豆蔻酸	7.0～11.0	+53.8	28	14	2
棕榈酸	25.0～29.0	+62.6	32	16	2
硬脂酸	7.0～13.0	+69.3	36	18	2
不饱和脂肪酸					
油酸	30～40	+14.0	34	18	2
亚油酸	2.0～3.0	-5.0	32	18	2
亚麻酸	<1.0	-5.0	30	18	2
花生四烯酸	<1.0	-49.5	32	20	2

与其他动植物脂肪的比较，乳脂肪中含有20种左右的脂肪酸，而其他动物性油脂有5～7种；乳脂肪中含有低级挥发性脂肪酸（占14%），其中水溶性挥发性脂肪酸达8%，其他油脂≤1%，但易受光线、氧气、高温、解脂酶、微生物的作用；不饱和脂肪酸含量约占44%，既不同于坚硬的动物性脂肪，也有别于呈液态的植物油。

2. 乳脂肪球及乳脂肪膜 乳脂肪以微小脂肪球的形式分散于乳中。乳脂肪球的大小依乳牛的品种、个体、健康状况、泌乳期、饲料及挤乳情况等因素而异，通常直径为0.1～10 μm，其中以0.3 μm左右者居多。每毫升牛乳中有20～40亿个脂肪球。脂肪球平均直径与乳中脂肪含量有关，脂肪含量越高，脂肪球直径越大。脂肪球是乳中最大的，同时也是最轻的颗粒。乳脂肪球在显微镜下观察为圆球形或椭圆球形，表面被一层5～10 nm厚的膜所覆盖，称为脂肪球膜。脂肪球膜主要由蛋白质、磷脂、甘油三酯、胆固醇、维生素A、金属及一些酶类构成，同时还有盐类和少量结合水。由于脂肪球含有磷脂与蛋白质形成的脂蛋白络合物，使脂肪球能稳定地存在于乳中。磷脂是极性分子，其疏水基朝向脂肪球的中心，与甘油三酯结合形成膜的内层，磷脂的亲水基向外朝向乳浆，连着具有强大亲水基的蛋白质，构成了膜的外层，脂肪球膜的结构见图11-1。

脂肪球膜具有保持乳浊液稳定的作用，即使脂肪球上浮分层，仍能保持脂肪球的分散状态。在机械搅拌或化学物质作用下，脂肪球膜遭到破坏后，脂肪球才会互相聚结在一起。因此，可以利用这一原理生产奶油和测定乳的含脂率。

当乳从母牛乳房37℃体温离开时，乳脂肪是液态的，这意味着其形状很容易因外界机械处理而改变。例如：经过泵输送、管道输送等，但是脂肪不会从脂肪球膜中溢出。

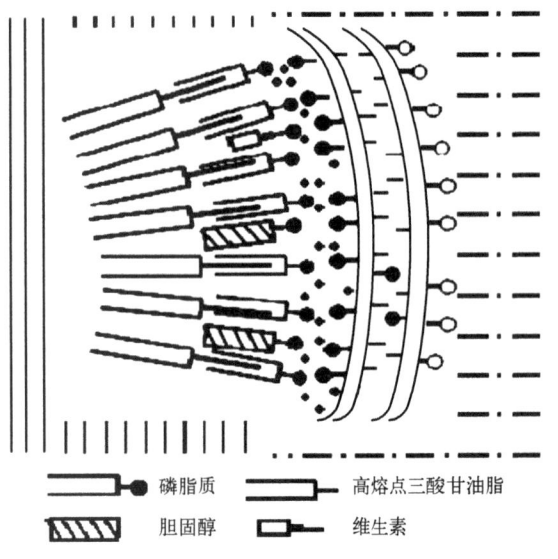

图11-1 乳脂肪膜结构示意图（引自顾瑞霞，2006）

3. 乳脂肪的特性

(1) 乳脂肪的特点

① 乳脂肪中短链脂肪酸含量达14%左右,其中水溶性挥发脂肪酸含量高达8%,而其他动、植物油中不过1%,因此乳脂肪具有特殊的香味和柔软的质体,是高档食品的原料。

② 乳脂肪易受阳光、空气中的氧、热、金属铜、铁作用而氧化,从而产生脂肪氧化味。

③ 乳脂肪易在解脂酶及微生物作用下发生水解,水解结果使酸度升高。由于乳脂肪含低级脂肪酸较多,尤其是含有酪酸(丁酸),故即使轻度水解也能产生特别的刺激性气味,即所谓的脂肪分解味。

④ 乳脂肪易吸收周围环境中的其他味道,如饲料味、牛舍味、柴油味及香脂味等。

⑤ 乳脂肪在5℃以下呈固态,11℃以下呈半固态。

(2) 乳脂肪的理化常数:乳脂肪的理化性质中比较重要的有4项,即溶解性挥发脂肪酸值、皂化值、碘值、非水溶性挥发性脂肪酸值(表11-4)。

① 溶解性挥发脂肪酸值是指中和从5 g脂肪中蒸馏出来的溶解性挥发脂肪酸时所消耗的0.1 mol/L碱液的体积(ml)。

② 皂化值是指每皂化1 g脂肪酸所消耗的氢氧化钠的质量(mg)。

③ 碘值是指在100 g脂肪中,使其不饱和脂肪酸变成饱和脂肪酸所需的碘的质量(g)。

④ 非水溶性挥发性脂肪酸值是中和5 g脂肪中挥发出的不溶于水的挥发性脂肪酸所需0.1 mol/L碱液的体积(ml)。

表11-4 乳脂肪的理化常数

项目	指标	项目	指标
相对密度	0.935～0.943	水溶性挥发性脂肪酸值	21～36(约27)
熔点	28～38	非水溶性挥发性脂肪酸值	1.3～3.5
凝固点	15～25	酸值	0.4～3.5
折射率	1.459 0～1.462 0	丁酸值	16～24(约20)
皂化值	218～235(约226)	不皂化物值	0.31～0.42
碘值	21～36(约30)		

总之,乳脂肪的特点是水溶性脂肪酸值高、碘值低、挥发性脂肪酸多、不饱和脂肪酸少、低级脂肪酸多,皂化值比一般脂肪高。

4. 磷脂 磷脂的化学成分接近脂肪。由甘油、脂肪酸、磷酸和含氮物组成,在牛乳中含量约0.03%,其中卵磷脂含量为0.004 5%～0.005%,脑磷脂含量为0.012 7%～0.015 6%,神经鞘磷脂含量为0.007 3%～0.008 4%。

牛乳中磷脂的60%都存在于脂肪球膜中。牛乳经分离机分离后,磷脂的大部分(约70%)进入稀奶油中。稀奶油再经过搅拌制造奶油时,大部分磷脂又转移到酪乳中,所以酪乳是富含磷脂的产品,可作为再制乳、冰淇淋及婴儿乳粉类的乳化剂和营养剂。

5. 甾醇 乳中含有少量的甾醇类(每100 ml乳中含7～17 mg),以游离状态存在,其中主要为胆固醇($C_{27}H_{45}OH$)。有些甾醇(如麦角甾醇)经紫外线照射后具有维生素特性,所以有很大意义,只是乳脂经照射后易氧化变质,使乳脂变坏,所以没有广泛应用。

三、乳蛋白

乳中含有几百种蛋白质,多数含量较少,根据蛋白质的化学或物理性质和其生理功效可有各种不同的分类方式。主要分为:酪蛋白、乳白蛋白和乳球蛋白。乳中蛋白质组成见图11-2。

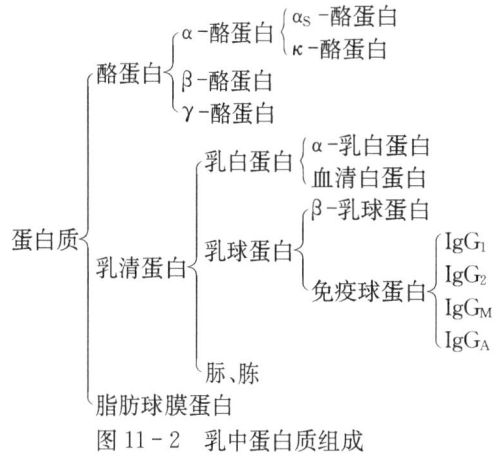

图11-2 乳中蛋白质组成

1. 酪蛋白 酪蛋白是乳中一大类蛋白质的总称。酪蛋白很容易形成含有几种同样不同类型分子的聚合物。由于酪蛋白分子上存在大量亲水基和憎水基以及电离化基团，因此由酪蛋白形成的分子聚合物十分特殊，该分子聚合物由数百乃至数千个单个分子构成，并且形成胶体溶液，这种结构使得脱脂乳带有蓝白色的色泽。这一分子混合物就是众所周知的酪蛋白胶束，这些胶束大小在 0.4 μm 左右，只有通过电子显微镜才可以看得到酪蛋白胶束有三种酪蛋白：s-酪蛋白、κ-酪蛋白和 β-酪蛋白，每种酪蛋白有 2～8 种遗传性变异体，变异体间的差别仅为几个氨基酸的不同。事实上，这三种蛋白质一般有一个或两个含有羟基的氨基酸与磷酸发生酯化，磷酸能与钙、镁或其他盐在分子内或分子间发生键合。

在温度较低时，β-酪蛋白是最憎水的酪蛋白，此时其憎水能力较弱。这一变化使牛乳不适于生产干酪，因其结果是凝乳耗时较长且凝块较软。离开酪蛋白胶束的 β-酪蛋白易被乳中的多种蛋白酶水解，这意味干酪制作中的产率偏低，因为会随乳清被排放掉了。β-酪蛋白的这一反应也可形成苦味肽，造成干酪出现异味。

鲜乳和巴氏杀菌后冷却贮存的牛乳，经 62～65 ℃约 20 s 加热后，β-酪蛋白和胶体磷酸钙还会恢复到酪蛋白胶束中，并因此至少部分恢复了常乳的原始特性。

(1) 酪蛋白与酸碱的反应：酪蛋白属于两性电解质，它在溶液中既具有酸性也具有碱性，即它能形成两性离子。当酪蛋白与酸发生反应时，酪蛋白本身具有碱的作用。于是酪蛋白与酸结合生成碱性酪蛋白，重新溶解。这种溶解作用，随酸的性质而不同，加弱酸时溶解作用缓慢进行，如加大量的强酸，则迅速溶解。当酪蛋白中加入碱时，则酪蛋白具有酸的作用。酪蛋白与碱结合生成一种盐，形成一种近乎透明的溶液。

(2) 酪蛋白与醛的反应：酪蛋白除与酸碱能起作用外，并可与醛反应，当酪蛋白在弱酸介质中与甲醛反应时，则形成亚甲基桥，可将两个分子的酪蛋白联结起来。这种反应广泛用于塑料工业、人造纤维的生产及检验乳样的保存方面。

(3) 酪蛋白与糖反应：自然界中的醛糖、葡萄糖、转化糖等与酪蛋白作用后变成氨基糖而产生芳香味，如黑面包芳香酒即由此作用。这种作用也表现于产生色素方面，可使食品具有某种颜色如黑色素。

酪蛋白和乳糖的反应，在乳品工业中有特殊的指导意义。乳品在长期贮存中，乳糖与酪蛋白发生反应，产生颜色、风味及改变营养价值。在贮存中如有氧存在时，则能加速这种变化。因此贮存乳粉应保持在真空状态。此外，湿度也能加速这种过程，工业用干酪素由于洗涤不干净，贮存条件不佳，同样也能发生这种变化。炼乳罐头也同样有这种反应过程，特别是含转化糖多时变化更明显。由于酪蛋白与乳糖的反应，发现产品变暗并失去有价值的氨基酸，如赖氨酸失去 17%，组氨酸失去 17%，精氨酸失去 10%。由于这三种氨基酸是无法补偿的，因此发生这种情况时，不仅使颜色、气味变劣，营养价值也有很大损失。

(4) 酪蛋白的酸凝固：普通牛乳的 pH 大约为 6.6，即接近于等电点的碱性方面，这时的酪蛋白表现为酸性，与牛乳中的碱性基(主要是钙)结合，以酪蛋白酸钙的形式存在于乳中。牛乳中加酸后 pH 达 5.2 时，磷酸钙先行分离，酪蛋白开始沉淀。由于加酸程度不同，酪蛋白酸钙复合体中钙被酸取代的情况也有差异。实际上乳中酪蛋白在 pH 5.2～5.3 时，$Ca_3(PO_4)_2$ 先行分离就发生沉淀，这种酪蛋白沉淀中含有钙；继续加酸使 pH 达到 4.6 时，钙又从酪蛋白钙中分离，游离的酪蛋白完全沉淀。

牛乳在微生物作用下产酸，会使酪蛋白凝固。主要是乳糖在微生物的作用下生成乳酸，pH 下降到酪蛋白的等电点，出现絮状沉淀。如果发酵是杂菌共同作用的结果，产物杂异，产品不能食用。如果利用纯的乳酸菌发酵牛乳，可用于生产酸乳及其他发酵乳制品。人为在乳中加盐酸、硫酸、醋酸、乳酸等酸调节 pH，使加入的酸与酪蛋白酸钙-磷酸钙起作用，可用来制造干酪素。而加入的酸与白蛋白和球蛋白不起作用，留在乳清液中。如果加酸不足，钙没有完全分离，在酪蛋白中还包含一部分钙盐，干酪素的灰分高。硫酸也能沉淀乳中的酪蛋白，但硫酸钙不易溶解，也使干酪素的灰分增加，即生产有灰干酪素。工业上一般用盐酸，生产无灰干酪素。

(5) 酪蛋白的皱胃酶凝固：酪蛋白在皱胃酶等凝乳酶的作用下会发生凝固，这在干酪生产中具有很大的意义，除能凝固牛乳外，还能促进乳酸菌的生长和干酪的成熟。酪蛋白在皱胃酶的作用下水解为副酪蛋白(Para-casein)，后者在钙离子等二价阳离子存在下形成不溶性的凝块，这种凝块叫做副酪蛋白钙。

(6) 酪蛋白醇凝固：当新鲜牛乳酸度升高，加入醇类（乙醇）时，酪蛋白更易凝固。原因是胶粒表面的水化层被脱水，胶粒表面的κ-酪蛋白变得不稳定，胶粒内的α_s-酪蛋白和β-酪蛋白受周围环境钙离子的影响，就会凝集。因而可以用不同浓度的乙醇溶液与等量的鲜乳混合验收原料乳，以判断其新鲜度。

(7) 盐类及离子对酪蛋白稳定性的影响：乳中的酪蛋白酸钙-磷酸钙胶粒容易在氯化钠或硫酸铵等盐类饱和溶液或半饱和溶液中形成沉淀，这种沉淀是由于电荷的抵消与胶粒脱水而产生。酪蛋白酸钙-磷酸钙胶粒对于其体系内二价的阳离子含量的变化很敏感。钙或镁离子能与酪蛋白结合，而使粒子形成凝集作用。故钙离子与镁离子的浓度影响着胶粒的稳定性。钙和磷的含量直接影响乳汁中的酪蛋白微粒的大小，也就是大的微粒要比小的微粒含有较多量的钙和磷。由于乳汁中的钙和磷呈平衡状态存在，所以鲜乳中酪蛋白微粒具有一定的稳定性。当向乳中加入氯化钙时，则能破坏平衡状态，因此在加热时使酪蛋白发生凝固现象。试验证明，在90 ℃时加入0.12%～0.15%的$CaCl_2$即可使乳凝固。利用氯化钙凝固乳时，如加热到95 ℃时，则乳汁中蛋白质总含量97%可以被利用，而此时氯化钙的加入量以每升乳1.00～1.25 g为最适宜。采用钙凝固时，乳蛋白质的利用程度一般要比酸凝固法高5%，比皱胃酶凝固法约高10%以上。

(8) 醇凝固：乳酸度较高时，如加入酒精，可使酪蛋白发生凝固——酒精阳性乳。

2. 乳清蛋白 乳清蛋白是乳浆蛋白质的另一种说法，主要包括α-乳白蛋白和β-乳球蛋白。乳清蛋白就是指溶解于乳清中的蛋白质，占乳蛋白质的18%～20%。若将乳清蛋白加热，则乳清中含有的热凝固性乳清蛋白凝固，而热稳定性乳清蛋白仍残留在乳清中。

乳清蛋白受热时，一部分清蛋白变性，其沉淀物附着在酪蛋白上，由于会阻碍凝乳酶进入并降低切断酪蛋白长链的能力和钙键连接能力，高温加热过的牛乳产生的凝块不会像常规干酪凝块那样释放出乳清。这是因为在酪蛋白分子内部或分子之间形成的酪蛋白钙桥太少。一般而言，乳清蛋白特别是α-乳白蛋白具有很高的营养价值，其氨基酸组成非常接近最佳生理组成。乳清蛋白产品被广泛应用于食品工业。

(1) α-乳白蛋白：这种蛋白质被认为是典型的乳清蛋白，存在于一切哺乳动物的乳汁中，并且在乳腺合成乳汁的过程中起着重要作用，还是制造小儿麻痹滤性病毒培养基的必需原料，所含必需氨基酸较酪蛋白少，但可起到蛋白补偿作用，故乳蛋白是全价蛋白。α-乳白蛋白呈直径1.5～5 μm的微粒分散于乳中，对酪蛋白起保护作用，而常温下不能用酸凝固，弱酸加温可以。等电点为4.1～4.8，相对分子质量为15 100，与酪蛋白的主要区别是不含磷，而含大量硫，故α-乳白蛋白不能被皱胃酶凝固。

(2) β-乳球蛋白：β-乳球蛋白不是乳清蛋白质的重要组分。如果牛乳加热温度超过60 ℃，β-乳球蛋白中的含硫氨基酸对变性起着作用。在β-乳球蛋白之间、β-乳球蛋白与κ-酪蛋白球之间、β-乳球蛋白与α-乳白蛋白之间开始形成硫键（桥）。高温使得硫氰基团例如—SH释放出来，这些含硫化合物在热处理后的牛乳中引起一种明显的"蒸煮味"。

(3) 免疫球蛋白及微量亲缘蛋白：这类蛋白质非常不均匀，其中某些已被详细研究过。今后，乳清中或乳清蛋白质中一些物质还将被工业化分离。乳铁糖蛋白和过氧化物酶都能被医药和食品业广泛应用。

3. 脂肪球膜蛋白 脂肪球膜蛋白是包在脂肪球表层起保护作用的蛋白质，一些膜蛋白特性是柔软或似胶胨状，另一些则既韧且呈薄片状。一些膜蛋白含有脂类残基，称为脂蛋白。这些脂蛋白的疏水氨基酸使得酪蛋白的疏水端伸向脂肪表面，不太疏水的部分伸向水中。

4. 非蛋白含氮物 牛乳的含氮物中，除蛋白质外，还有非蛋白态的氮化物，约占总氮的5%。其中包括氨基酸、尿素、尿酸、肌酸（creatinine）及叶绿素等。这些含氮物是活体蛋白质代谢的产物，从乳腺细胞进入乳中。

四、乳糖

乳糖是仅在乳中发现的一种糖类，属碳水化合物类。乳糖含量介于3.6%～5.5%（牛乳约4.5%～4.6%），占总碳水化合物的99.8%，占干物质38%～39%，是乳腺分泌的特有产物，其他碳水化合物有葡萄糖（初乳中较多）、半乳糖、果糖、低聚糖、己糖胺等。乳糖具有两种构型——α-乳糖、β-乳糖，两者之间在水溶液可以互相转变，直至动态平衡。乳糖异构体的特性见表11－5。

表11－5 乳糖异构体的特性比较

项　　目	α-乳糖水合物	α-乳糖无水物	β-乳糖
制法	乳糖浓缩液在93.5℃以下结晶	α-乳糖水合物减压加热或无水乙醇处理	乳糖浓缩液在93.5℃以上结晶
熔点（℃）	202	222.8	252.2
溶解度（g/100ml,20℃）	8	—	55
甜味	较弱	—	较强
晶型	单斜晶三棱形	针状三棱形	金刚石形、针状三棱形
比旋光$[\alpha]^{20}D$	89.4	86.0	35.5

α-乳糖很易与一分子结晶水结合，变为α-乳糖水合物（α-lactose monohydrate），所以乳糖实际上共有三种构型。甜炼乳中的乳糖大部分呈结晶状态，结晶的大小直接影响炼乳的口感，而结晶的大小可根据乳糖的溶解度与温度的关系加以控制。α-乳糖及β-乳糖在水中的溶解度也随温度而异。α-乳糖溶解于水中时逐渐变成β-型。因为β-型乳糖较α-型乳糖易溶于水，所以乳糖最初溶解度并不稳定，而是逐渐增加，直至α-型与β-型平衡为止。

乳糖的溶解度分为三种：初溶解度、最后溶解度、超溶解度。

将乳糖加入水中后，立即有一部分乳糖溶解到水中，这是乳糖溶液的初溶解度。将上述乳糖溶液振荡，再继续添加乳糖仍可溶解，最后达到饱和点。这是乳糖溶液的最后溶解度。随着α-乳糖转化为β-乳糖，从而使α-乳糖减少，直到α-乳糖和β-乳糖达到平衡为止的溶解度。将上述乳糖的饱和溶液冷却到饱和温度以下时，则形成过饱和溶液，但并未立即析出乳糖结晶，这时的溶解度称为超溶解度。在没有晶核的情况下，一般不会形成结晶，而溶液可在较长时间内保持饱和状态，也称为过饱和溶液。

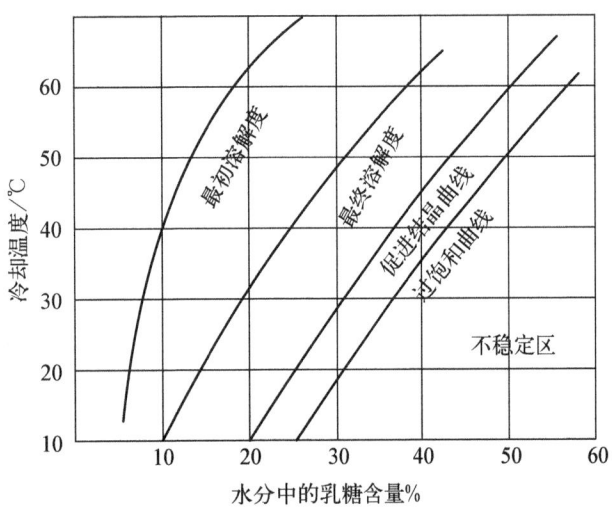

图11－3　乳的溶解度曲线（引自顾瑞霞，2006）

注：1. 初溶解度：将乳糖投入水后，立即溶解时的溶解度，即α-含水乳糖的溶解度。2. 最后溶解度：上述溶液继续振荡，再添加乳糖则可溶解，达最后溶解度，即α-含水乳糖和β-无水乳糖的溶解度，当Temp.>25℃时，几乎测不出初溶解度。3. 超溶解度：将上述饱和溶液冷却到饱和时的温度以下，则生成过饱和液（亚稳态），但并未立即析出结晶时的溶解度

乳糖是水溶性的，在乳中以分子形式存在。在干酪生产中，大部分的乳糖溶解在乳清中，乳的溶解度曲线见图11－3。乳糖的相对不溶性与形成过饱和溶液的能力在乳品中有着广泛的应用。乳糖没有其他糖类甜，其甜度比蔗糖低30倍。

乳糖是调制代母乳的重要原料，但它又是干酪生产的副产品，在干酪生产中，大部分的乳糖溶解在乳清中，蒸发乳清可以使乳糖浓度进一步增加。乳糖会在大肠中缓慢水解，维持人体在两餐之间较稳定的血糖浓度。乳糖作为发酵基质，促进乳酸菌的繁殖，抑制肠道中杂菌生长，是众所周知的。在糖果、糕点、饮料、香料混合物和蔬菜加工中常常需要降低甜度，可采用乳糖作甜味剂。无论是在食用香料、填充料中作为甜味剂，还是在香料混合物中作为填充剂使用，乳糖都有吸附香味和增强香味的作用。

乳糖在甜炼乳中大部分呈结晶状态，结晶的大小直接影响炼乳的口感，而结晶的大小可根据乳糖的溶解度与温度的关系加以控制。乳糖远较麦芽糖难溶于水，饱和溶液在15℃时为14.5%、25℃时为17.8%。

乳酸菌含有被称为乳糖酶的一种酶类，乳糖酶作用于乳糖，将乳糖分解为葡萄糖和半乳糖。乳酸菌产生的其他酶类又与葡萄糖和半乳糖反应，通过复杂的中间反应把它们转化为以乳酸为主的物质，各种酶在这些反应中依序作用，这是当牛乳在变酸过程中的情况，即乳糖发酵为乳酸。

在乳糖酶的作用下，能使乳糖分解成单糖（在婴儿的肠液中及兔、羊、犊牛等的肠黏膜中也含有乳糖酶），

然后再经各种微生物等的作用分解成各种酸和其他成分。乳糖易被乳酸菌分解生成乳酸,是多种酸乳制品制造的依据,在乳品工业中有很大意义。但也是乳品加工中引起乳与乳制品变质的一个十分重要的问题。原料乳酸度的控制是要防止微生物或一些有害乳酸菌的生长,而酸乳制品的生产制造就是要有效地利用乳酸菌的生长。乳糖生成乳酸的反应过程如下:

$$C_{12}H_{22}O_{11} \longrightarrow 2C_6H_{12}O_6 \longrightarrow 4C_3H_6O_3$$

如果将牛乳长时间高温加热,牛乳将变成棕褐色并产生一种焦糖味,这种作用称作焦糖化,是乳糖和蛋白质之间发生了被称作美拉德反应的化学反应。

一般动物在出生后消化道内分解乳糖的酶最多,其后趋于减少。一部分人随着年龄的增长,消化道内呈现缺乏乳糖酶的现象,饮用牛乳后出现呕吐、腹胀、腹泻等症状,称之为"乳糖不耐症"或"乳糖不适应症"。乳糖不耐症的原因是由于肠道内没有分解乳糖的乳糖酶,乳糖直接进入大肠后,使大肠的渗透压增高,大肠黏膜把水分吸收至大肠中去,由于大肠中细菌的繁殖而产生乳酸和CO_2,使pH降至6.5以下,从而刺激大肠引起腹痛等症状。因此,在乳品加工中利用乳糖酶,将乳中乳糖分解为葡萄糖和半乳糖;或利用乳酸菌将乳糖转化为乳酸,可预防乳糖不耐症。

五、乳中的矿物质

牛乳中的无机物(inorganic salts)亦称为矿物质,是指除碳、氢、氧、氮以外的各种无机元素,主要有磷、钙、镁、氯、钠、硫、钾等。此外还有一些微量元素。通常牛乳中无机物的含量为0.35%～1.21%,平均为0.7%左右。牛乳中无机物的含量随泌乳期及个体健康状态等因素而异。

牛乳中的无机物大部分与有机酸或无机酸结合成盐类。其中钠、钾、氯大部分电离成离子,呈溶解状态存在。钙、镁小部分呈离子状态,大部分与酪蛋白、磷酸、柠檬酸结合成胶体状态。磷是酪蛋白、磷脂及有机磷酸酯的成分。

牛乳中的无机盐含量虽然很少,但对乳品加工特别是对乳的热稳定性起着重要的作用。牛乳中的盐类平衡,特别是钙、镁等阳离子与磷酸、柠檬酸等阴离子之间的平衡,对于牛乳的稳定性具有非常重要的意义。当牛乳受季节、饲料、生理或病理等因素的影响,而发生不正常凝固时,往往是由于钙、镁离子过剩,盐类的平衡被打破的缘故。

乳与乳制品的营养价值,在一定程度上受矿物质的影响。以钙而言,由于牛乳中的钙的含量较人乳多3～4倍,因此牛乳在婴儿胃内所形成的蛋白凝块相对人乳比较坚硬,不易消化。为了消除可溶性钙盐的不良影响,可采用离子交换的方法,将牛乳中的钙除去50%,从而使凝块变得很柔软,便于消化。但在加工上如缺乏钙时,对乳的加工特性就会发生不良影响,尤其不利于干酪的制造。牛乳中铁的含量为10～90 μg/100 ml,较人乳中少,故人工哺育幼儿时应补充铁。

六、乳中的维生素

牛乳中含有几乎所有已知的维生素,特别是维生素B_2的含量很丰富,但维生素D的含量不高。若作为婴儿食品应进行强化。表11-6列出了牛乳中含有的不同维生素的含量,以及成人每日所需维生素的数量。

表11-6 牛乳中的维生素及每日需要量

维生素	每升牛乳中的含量/mg	每日所需量/mg
A	0.2～2	1～2
B_1	0.4	1～2
B_2	1.7	2～4
C	5～20	30～100
D	0.002	0.01

乳中的维生素主要从乳牛的饲料中转移而来。因此,为了生产含维生素丰富的牛乳,必须多喂含维生素丰富的饲料。同时乳及乳制品中的维生素往往受到乳牛的饲养管理、杀菌及其他加工处理的影响。维生素

D、B_2、烟酸对热是稳定的,在热处理中不会受到损失。其他的维生素 A、B、E、C 等都有不同程度的损失。在生产发酵乳时,由于微生物能合成维生素,可使一些维生素含量增高。例如,在酸凝乳、牛乳酒等生产过程中,能使维生素 A、B_1、B_2 增加。

维生素 B_1 及维生素 C 等在日光照射下会受到破坏,所以用褐色避光容器包装乳与乳制品,并避免在日光下直射的条件贮存,以减少维生素的损失。

七、乳中的酶类

牛乳中存在着各种酶,这些酶对牛乳的加工处理、乳制品的保存以及乳品质的评定都有重大影响。乳中的酶类有两个来源:一是来自乳腺;二是来源于微生物的代谢产物。主要为水解酶类和氧化还原酶类两大类,其中最重要的是过氧化物酶、过氧化氢酶、磷酸酶和脂解酶。

1. 水解酶类

(1) 脂酶:脂酶能将脂肪分解为甘油及脂肪酸。牛乳中的脂酶有两种,一种是吸附于脂肪球膜间的膜脂酶,在末乳、乳房炎乳等异常乳中常出现。另一种是存在于脱脂乳中的大部分与酪蛋白相结合的乳浆脂酶,通过均质、搅拌、加热等处理,乳浆脂酶被激活并为脂肪球所吸附,会促使脂肪分解。对常乳来说,影响较大的通常是乳浆脂酶。它除了来自乳腺外,微生物污染也是重要来源。

脂酶的相对分子质量一般为 7 000～8 000,最适作用温度为 37 ℃,最适 pH 9.0～9.2。钝化温度至少 80～85 ℃。钝化温度与脂酶的来源有关,来源于微生物的脂酶耐热性高,已经钝化的酶有恢复活力的可能。乳脂肪在脂酶的作用下水解产生游离脂肪酸,从而使牛乳带上脂肪分解的酸败气味,这是乳制品,特别是奶油生产上常见的缺陷。为了抑制脂酶的活性,在奶油生产中,一般采用不低于 80～85 ℃ 的高温或超高温处理。

另外,加工过程也能使脂酶增加其作用机会。例如均质处理,由于破坏脂肪球膜而增加了脂酶与乳脂肪的接触面,使乳脂肪更易水解,故均质后应及时进行杀菌处理;其次,牛乳多次通过乳泵或通入空气剧烈搅拌,同样也会使脂酶的作用增加,导致牛乳风味变劣。

(2) 磷酸酶:牛乳中的磷酸酶(phosphatase)有两种:一种是酸性磷酸酶,存在于乳清中;另一种为碱性磷酸酶,吸附于脂肪球膜处。磷酸酶能水解复杂的磷酸酯,是牛乳中原有的酶。牛乳的磷酸酶主要是碱性磷酸酶,也有少量的酸性磷酸酶。碱性磷酸酶经 62.8 ℃,30 min 或 72 ℃,15 s 加热后钝化。可利用这种性质来检验低温巴氏杀菌处理的消毒牛乳杀菌是否彻底,即使消毒乳中混入 0.5% 的生乳亦能被检出,这就是磷酸酶试验。但是,近年来发现,牛乳经 100 ℃ 以下数秒至数分钟加热杀菌后已使碱性磷酸酶钝化,但在 5～40 ℃ 条件下贮藏后,已经钝化的碱性磷酸酶能重新活化。这一现象是由于牛乳中含有可渗析的对热不稳定的抑制因子,也含有不可渗析的对热稳定的活化因子,牛乳经 62.8 ℃,30 min 或 72 ℃,15 s 的温度加热,抑制因子不会被破坏,所以能抑制残存磷酸酶恢复活力;若经 82～180 ℃ 加热,抑制因子遭到破坏,对热稳定的活化因子则不受影响,从而使磷酸酶重新被激化。因此高温短时处理的杀菌乳装瓶后,应立即在 4 ℃ 下冷藏。

(3) 蛋白酶:牛乳中含有非细菌性的蛋白酶,其作用类似胰蛋白酶,存在于脱脂乳部分。在等电点时与酪蛋白酶在贮藏中复活,对 β-酪蛋白有特异作用。细菌性的蛋白酶使蛋白质水解后形成蛋白胨、多肽及氨基酸,是干酪成熟的主要原因。蛋白酶多属细菌性的,其中有乳酸菌形成的蛋白酶,在乳特别是在干酪中具有特别重要的意义。蛋白酶具有很强的耐热性,加热至 80 ℃,10 min 时被钝化。最适 pH 为 8.0,能使蛋白质凝固。

2. 氧化还原酶类

(1) 过氧化氢酶:牛乳中加入 H_2O_2 则游离出分子态氧,这是过氧化氢酶作用的结果。牛乳中的过氧化氢酶主要来自白血球的细胞成分,特别在初乳和乳房炎乳中含量较多。所以利用对过氧化氢酶的测定可判断牛乳是否为乳房炎乳和其他异常乳,此即过氧化氢酶试验。过氧化氢酶经 75 ℃,20 min 可全部钝化。

(2) 过氧化物酶:过氧化物酶能促使过氧化氢分解产生活泼的新生态氧,而使多元酚、芳香胺及某些无机化合物氧化。乳中的过氧化物酶主要来自白血球的细胞成分。其数量与细菌无关。过氧化物酶最适 pH 为 6.8,最适温度为 25 ℃。牛乳经 85 ℃,10 s 加热杀菌处理后,过氧化物酶即钝化。因此,可通过测定过氧化物酶的活性来判断乳是否经过热处理及热处理的程度。生产消毒乳时,过氧化物酶试验可以作为一个检验项目。

但过氧化物酶已钝化的杀菌合格乳装瓶后如不立即冷藏,在20 ℃以上温度存放时,会再恢复活力。此外,酸败乳中过氧化物酶活力会钝化,故对这种乳不能因过氧化物酶检验呈阴性,就认为该乳是新鲜乳。

(3) 还原酶:上述几种酶是乳中固有的酶,还原酶不是乳中固有的酶,是由挤乳后进入乳中的微生物代谢产生的。还原酶能使甲基蓝还原为无色。乳中还原酶的量与微生物污染程度成正比。因此,可通过还原酶试验来判断乳的新鲜度。

八、乳中的其他成分

除上述各类物质外,乳中还含有少量的有机酸、气体、色素、细胞成分及激素等。

1. 有机酸　乳中主要的有机酸是柠檬酸,此外还有微量的乳酸、丙酮酸及马尿酸等。在酸败乳及发酵乳中,乳酸的含量由于乳酸菌的作用而增高。在乳酸菌的作用下,发酵乳或干酪中的马尿酸可转化成苯甲酸。

牛乳中柠檬酸的平均含量约为0.18%,以盐类状态存在。除了酪蛋白胶粒成分中的柠檬酸盐外,还存在着离子状态的、分子态的柠檬酸盐,主要是柠檬酸钙。柠檬酸对牛乳的热稳定性、冷冻牛乳的稳定性均起重要的作用。同时,柠檬酸还是乳制品的芳香成分——丁二酮的前体物。

2. 细胞成分　乳中所含细胞成分是白细胞和一些乳房分泌组织的上皮细胞,也有一些红细胞。牛乳中的细胞数是乳房健康状况的一般标志,也可作为衡量牛乳卫生品质的指标之一。一般正常乳中细胞数不超过50万个/ml,平均为26万个/ml。根据细胞数量和菌群,可进行乳房炎的判断。

3. 气体　牛乳刚挤出时,100 ml乳中大约有7 ml气体,主要是CO_2,其次是N_2和O_2。在贮存和处理过程中,CO_2因逸散而减少,而氧、氮因与大气接触而增多。氧的存在将导致维生素的氧化与脂肪的变质,所以牛乳应尽量在密闭容器及管路内输送、贮存及处理,特别要避免在敞口的容器内加热。

九、加工处理对乳性质的影响

1. 乳的热处理　所有液体乳和乳制品的生产都需要热处理。这种处理主要目的在于杀死微生物和使酶失活,或获得一些变化,主要为化学变化。这些变化依赖热处理的强度,即加热温度和受热时间。但热处理也会带来不好的变化,例如褐变、风味变化、营养物质损失、菌抑制剂失活和对凝乳力的损害。

(1) 加热处理乳的综合变化

① 加热过程中乳起初变得稍微白一些,随着加热强度的增加,颜色变为棕色。

② 黏度增加。

③ 风味改变。

④ 营养价值降低,如维生素损失、赖氨酸效价降低。

⑤ 一些微生物在热处理过的乳中生长较快,这是因为细菌抑制剂如乳过氧化物酶——H_2O_2-CNS和免疫球蛋白钝化失活。此外,一定条件下热处理可以产生某些物质,促进一些菌生长,相反抑制另一些菌生长。所有这些变化在很大程度上都取决于加热的强度。

⑥ 浓缩乳的热凝固和稠化趋势会降低。

⑦ 凝乳能力降低。

⑧ 乳脂上浮趋势降低。

⑨ 自动氧化趋势降低。

⑩ 在均质或复原过程形成的脂肪球表面物质组成受均质前加热强度的影响,例如形成均质团的趋势有所增加。

(2) 脂肪在热加工中的变化

① 当60 ℃时,黏度下降,脂肪上浮,故分离稀奶油时,需加热。

② 温度大于100 ℃加热时,脂肪化学性质不变,但由于乳清蛋白变性,球蛋白上浮,形成脂肪球间凝聚

体,使黏度上升,上浮减弱,稀奶油分离困难,即高温加热后的牛奶,稀奶油不易分离。

(3) 乳清蛋白在加热过程中的变化:乳清蛋白对热都不稳定,白蛋白、球蛋白完全凝固的条件为 80 ℃,60 s;90 ℃,30 s;95 ℃,10~15 s。蒸煮味与产生—SH 有关,主要由乳清蛋白产生,且主要由 β-乳球蛋白产生。乳清蛋白的热稳定性低于酪蛋白。热稳定性顺序以加热 30 min 计算,变性温度:免疫球蛋白 70 ℃,血清蛋白 74 ℃,β-乳球蛋白 90 ℃,α-乳白蛋白 94 ℃(图 11 - 4)。

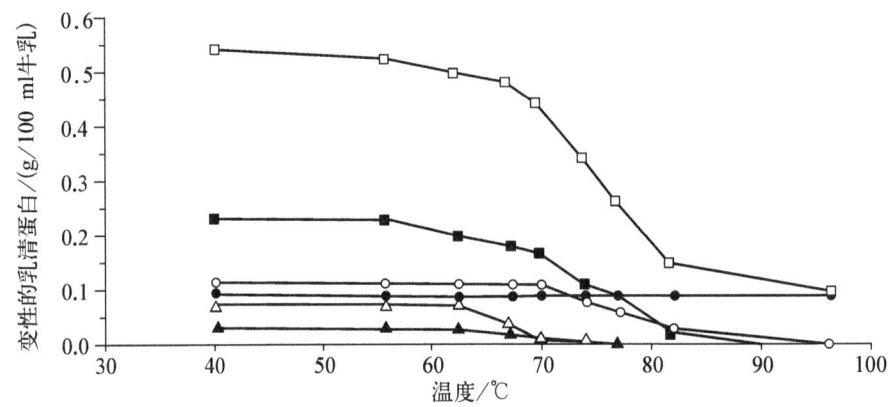

图 11 - 4　不同的温度下加热 30 min 后牛乳中蛋白质的变性
□—总乳清蛋白　■—β-乳球蛋白　○—α-乳白蛋白　●—蛋白胨　△—免疫球蛋白
▲—血清白蛋白

(4) 酪蛋白在热加工中的变化:常温乳的酪蛋白热稳定性较高,温度低于 100 ℃时化学性质不受影响,但物理性质有变化。经 63 ℃热处理后,牛乳酸凝固、酶凝固所产生的凝块小且柔软,随着牛奶加热温度的提高,凝固时间延长,凝块水分增加。100 ℃长时间或 120 ℃加热,则参与褐变反应,并产生部分水解、脱磷酸和凝聚作用,140 ℃时开始凝固。未经浓缩的牛乳热稳定性良好,足以耐受一般的热处理。牛乳中存在高浓度钙离子,同时由于饲料饲喂不当,原料乳中的柠檬酸浓度过低时,牛乳在高温短时杀菌时会出现凝固现象。

(5) 乳糖在热处理中的变化:乳糖在强热情况下或加热至融化状态,会产生多种变化,如变旋作用、异构化作用以及形成多种挥发性化合物。杀菌或 UHT 灭菌时变化很小,但长时间高温加热,乳糖将产生变化。在强酸性条件下,乳糖在溶液中加热时形成单糖,但此反应在一般的杀菌处理条件下不会发生。在温和的碱性条件下,乳糖是热不稳定的,经过重排反应,能够生产醛、酮糖等化合物或其他化合物。

(6) 无机成分的变化:温度对乳中无机成分影响最大的主要是 Ca 和 P。当加热接近 63 ℃时,可溶性 Ca、P 从溶解相变化到胶体相,即 Ca、P(可溶)→$Ca_3(PO_4)_2$↓

当温度为 60~83 ℃时,减少了 0.4%~9.8%的可溶性 Ca 和 0.8%~9.5%的可溶性 P。

(7) 热处理对维生素的影响:脂溶性维生素 A、D、E 以及复合维生素核黄素(维生素 B_2)、泛酸、生物素和烟酸对热相对稳定,只有在灭菌和长时间加热时,维生素 A、维生素 E 和维生素 B_2 含量才会有所降低。维生素 A 和维生素 E 的减少主要是氧化剂氧化所致。

另一方面,维生素 B_1、维生素 B_{12}、叶酸和维生素 C 对热不稳定,因此,加热很容易损失。巴氏杀菌造成乳中维生素的损失较小,对乳的营养价值影响不大。UHT 乳维生素的损失在 10%~20%以下,间接 UHT 杀菌造成维生素的损失比直接 UHT 杀菌高。在淡炼乳的灭菌的过程中,有大量维生素被破坏;由于加糖炼乳无需灭菌,维生素的损失相对低些,仅为 10%~30%。

2. 冷处理

(1) 冷冻对蛋白质的影响:-10 ℃冷冻贮存 10 周以上造成鲜乳中蛋白质的变化包括:① 解冻后,酪蛋白产生沉淀凝固现象。② 冻结初期,融化后的牛乳有脆弱的羽毛状沉淀(为酪蛋白酸钙),机械搅拌或加热即可除去。③ 不稳定现象加深后,即使加热搅拌也难以分散。

(2) 冷冻对脂肪的影响:冷冻造成鲜乳中脂肪的变化包括:

① 冻结→冰碎片,对脂肪球产生机械压迫,碰撞成多角形,形成蜂窝状团块。
② 解冻失去水分,失去弹性。
③ 脂肪球内的脂肪形成结晶,产生挤压,将液体脂肪从脂肪球内挤出而破坏了球膜,乳化状态被破坏。
冷冻前进行均质处理可防止这些变化。

第二节 牛乳的营养价值及功能特性

牛乳之所以被公认为迄今为止一种比较理想的完全食品,主要是由于其具有以下特点:牛乳经杀菌后,不需要进行任何调理即可直接供人食用;人们食用的牛乳几乎全部被人体消化吸收,并无废弃排泄物;牛乳中含有能促进人类生长发育以及维持健康水平的几乎一切必需的营养成分;牛乳所含各种营养成分的比例大体适合人类生理需要;其他食物由于添加了牛乳,其蛋白质的营养价值显著提高;为了获得与牛乳等量的营养成分,用其客观存在谷物提供,在数量上要比牛乳多消耗好几倍。

一、牛乳的营养

牛乳中的蛋白质、乳糖、脂类、维生素等提供了人体生长发育和维持健康的基本营养物质。不仅如此,牛乳中的钙还能被人体很好的利用。研究表明:牛乳有增加尿的排泄、保持血管弹性及直接降血压的作用,高血压患者坚持饮牛乳有可能使血压稳定下来,并且对预防脑卒中大有裨益。

据了解,每 100 g 牛乳中所含的营养成分为脂肪 3.1 g、蛋白质 2.9 g、乳糖 4.5 g、矿物质 0.7 g、生理水 88 g。其营养价值主要表现为以下几方面。

1. 蛋白质 牛乳中的蛋白质含量为 3%～4%,其中 80% 以上为酪蛋白,其他主要为乳清蛋白。各部分蛋白的大致比例如表 11-7。酪蛋白是一种耐热蛋白质,但可在酸性条件下沉淀,酸奶即是以这个原理制造的。酪蛋白是一种优质蛋白,容易为人体消化吸收,生物价为 85,并能与谷类蛋白质发生营养互补作用。

表 11-7 牛乳中主要蛋白质含量

		乳中蛋白质浓度/(g/L)	占总蛋白质的百分数/%
酪蛋白		26	79.5
	α_{s1}-酪蛋白	10	30.6
	α_{s2}-酪蛋白	2.6	8.0
	β-酪蛋白	9.3	28.4
	κ-酪蛋白	3.3	10.1
乳清蛋白		6.3	19.3
	α-乳白蛋白	1.2	3.7
	β-乳球蛋白	3.2	9.8
	BSA	0.4	1.2
	免疫球蛋白	0.7	2.1
	其他(朊胨)	0.8	2.4
总蛋白质		33	100

牛乳所含的蛋白质中有人体生长发育所必需的一切氨基酸。牛乳蛋白质的消化率可达 98%～100%,生物价 84;而豆类蛋白质的消化率为 80%,因而乳蛋白为完全蛋白质。

乳蛋白质有其特定的营养价值,人膳食中乳蛋白质对婴儿和成人具有很大的作用。乳中必需氨基酸的量与人类所需的最适氨基酸量关系十分密切。因此,乳蛋白质最好的应用可作为植物性蛋白质的补充,从而发挥其富含必需氨基酸的优点,强化混合食品的营养价值。

(1) 酪蛋白的营养价值及生理作用:酪蛋白是一组具有特定分子结构的蛋白质,作为胶体的酪蛋白含有钙和无机磷酸盐,它是天然存在的磷蛋白的一种。酪蛋白是乳的专一性蛋白,酪蛋白的种类间一方面表现为差异性,另一方面又表现为营养方面的相似性,即酯结合磷酸盐含量高,脯氨酸含量高,含硫氨基酸,尤其是胱氨酸含量低,pH 为 4～5 时呈低溶解性。

α-酪蛋白是哺乳动物的主要蛋白，人乳中没有 α-酪蛋白，它以 β-酪蛋白为主要酪蛋白形式。酪蛋白对幼儿既是氨基酸的来源，也是钙和磷的来源，酪蛋白在胃中形成凝乳以便消化，人乳的凝乳较牛乳软，这种生理重要性尚不清楚。而且作为钙、磷源，无乳膳食常常会有钙营养缺乏问题。

(2) 乳清蛋白的营养价值及生理作用：近年来，在食品中使用乳清蛋白引起特别的注意，这是由于乳清蛋白质的一个重要功能是提高乳蛋白质的营养价值。从人的营养观点来看，酪蛋白并不是最好的，比乳清蛋白营养差。乳清蛋白质是一种营养价值很高的蛋白质，含有人体所必需的氨基酸，其含量除苯丙氨酸、酪氨酸、缬氨酸和甲硫氨酸略低外，其余必需氨基酸都高于酪蛋白，乳清蛋白提供的必需氨基酸比 FAO/WHO 标准的最低量高出 2 倍，故在人乳中，乳清蛋白对酪蛋白进行营养补充使其必需氨基酸平衡，特别是第一限制性氨基酸（赖氨酸）含量很高，为 9.1 g/100 g 蛋白质。同时，对赖氨酸缺乏的谷物类蛋白质，如小麦蛋白、大米蛋白都具有良好的互补作用。此外，乳清蛋白质也是一种极易消化吸收的蛋白质，其蛋白质效率比、净蛋白质利用率和生物价都高于酪蛋白，是一般食品中蛋白质不可比拟的，特别适宜于婴儿及老弱者食用。

2. 脂肪 熔点低，仅为 34.5 ℃。牛乳脂肪球颗粒小，呈高度乳化状态，所以乳脂肪极易被消化吸收。牛乳中的脂肪含量为 2.8%～4.0%，以微脂肪球的形式存在，呈很好的乳化状态，容易消化。乳脂中饱和脂肪酸占 95% 以上，并含有胆固醇。由于牛是反刍动物，乳脂中短链脂肪酸如丁酸、己酸等含量较高，因而牛乳具有特殊的风味。

鲜牛奶干物质中约含有 27% 的脂肪，这些脂肪易为人类消化吸收，并含有丰富的 14 碳以下的脂肪酸，这是其他食品所欠缺的，乳中含有丰富的磷脂，有利于脑神经组织的发育与保健，并含有抑制低密度脂蛋白形成的因子，所以常吃乳的人群心血管病的发病率远低于不常吃乳的人群。

牛乳脂肪为短链和中链脂肪酸。乳脂肪还含有人类必需的脂肪酸和磷脂，因此是一种营养价值较高的脂肪。

3. 乳糖 乳糖几乎是乳中唯一的碳水化合物。乳糖容易为婴幼儿消化吸收，而且具备蔗糖、葡萄糖等所没有的特殊优点：促进钙、铁、锌等矿物质的吸收，提高其生物利用率；促进肠内乳酸细菌，特别是双歧杆菌的繁殖，改善人体微生态平衡；促进肠细菌合成 B 族维生素。有些人成年后多年不喝牛乳，体内的乳糖酶活性很低，无法消化乳糖。小肠内未消化的乳糖具有促进肠蠕动的作用，在大肠中经细菌发酵分解产生大量气体，导致"乳糖不耐症"，包括腹胀、腹泻等症状。这部分人群可以食用经乳糖酶处理的奶粉，或是饮用酸奶。

4. 维生素 牛乳是各种维生素的优良来源。它含有几乎所有种类的脂溶性和水溶性维生素，可以提供相当数量的核黄素、维生素 B_{12}、维生素 A、维生素 B_6 和泛酸。牛乳中的尼克酸含量不高，但由于牛乳中蛋白质中的色氨酸含量高，可以帮助人体合成尼克酸。牛乳中还含有少量维生素 C 和维生素 D。目前市售消毒鲜奶普遍强化维生素 A 和维生素 D，成为这两种维生素最方便和廉价的膳食来源之一。

牛乳中的淡黄色来自类胡萝卜素和核黄素，其中胡萝卜素的含量受饲料和季节影响，青饲料多时含量增加。维生素 A、维生素 D、维生素 E 的含量也受季节的影响。水溶性维生素受季节的影响较小。

5. 矿物质 牛乳中含有丰富的矿物质，如钙、磷、铁、锌、铜、锰、钼等。特别是含钙较多，而且钙、磷比例合理，吸收率高，是动物食品中唯一的呈碱性食品。牛乳中的钙 80% 以酪蛋白酸钙复合物的形式存在，其他矿物质也主要是以蛋白质结合的形式存在的。牛乳中的钙、磷不仅含量高而且比例合适，并有维生素 D、乳糖等促进吸收因子，吸收利用率高，因此牛乳是膳食中钙的最佳来源。

综上所述，除膳食纤维外，牛乳中含有人体所必需的全部营养物质，其营养价值之高是其他食物所不能比的。一个成年人每日喝 500 g 牛乳，能获得 15～17 g 优质蛋白，可满足人体每天所需的必需氨基酸；能获得 600 mg 的钙，相当于日需要量的 80%；可满足每日热量需要量的 11%。

二、牛乳制品的营养价值

鲜奶经过加工，可制成许多产品，主要包括消毒牛奶、酸奶、干酪、牛乳粉以及炼乳等。

1. 消毒牛奶 消毒牛奶是鲜牛奶经过过滤、加热杀菌后，分装出售的饮用奶，其营养价值与鲜牛奶差别不大。市售消毒牛奶常强化维生素 D 等。

2. 酸奶 酸奶是牛乳经乳酸发酵制成的食品。乳酸菌的繁殖消耗了牛乳中的乳糖成分，解决了"乳糖不耐"的问题,而保留了牛乳中的其他所有营养成分。

牛奶发酵制成酸奶容易消化吸收,发酵过程使奶中糖、蛋白质有20%左右被分解成为小的分子(如半乳糖和乳酸、小的肽链和氨基酸等)。奶中脂肪含量一般是3%～5%。经发酵后,乳中的脂肪酸可比原料奶增加2倍。这些变化使酸奶更易消化和吸收,各种营养素的利用率得以提高。酸奶由纯牛奶发酵而成,除保留了鲜牛奶的全部营养成分外,在发酵过程中酸奶乳酸菌还可产生人体营养所必需的多种维生素,如 VB_1、VB_2、VB_6、VB_{12} 等。

特别是对乳糖消化不良的人群,饮用酸奶也不会发生腹胀、气多或腹泻现象。鲜奶中钙含量丰富,经发酵后,钙等矿物质都不发生变化,但发酵后产生的乳酸可有效地提高钙、磷在人体中的利用率,所以酸奶中的钙磷更容易被人体吸收。

酸奶还是钙的良好来源,虽然说酸奶的营养成分取决于原料奶的来源和成分,但是一般酸奶比原料奶的成分都有所提高,一方面因为原料质量的要求高,另一方面因为有些酸奶制作中加入少量奶粉。所以饮用一杯150 g的酸奶,可以满足10岁以下儿童所需的钙量的1/3、成人钙量的1/5。

酸奶除了营养丰富外,还含有乳酸菌,所以具有保健作用。这些作用是:维护肠道菌群生态平衡,形成生物屏障,抑制有害菌对肠道的入侵;通过产生大量的短链脂肪酸促进肠道蠕动,促进菌体大量生长改变渗透压而防止便秘;酸奶含有多种酶,促进消化吸收;通过抑制腐生菌在肠道的生长,抑制了腐败所产生的毒素,使肝脏和大脑免受这些毒素的危害,防止衰老;通过抑制腐生菌和某些菌在肠道的生长,从而抑制了这些菌所产生的致癌因子,达到防癌的目的;提高人体免疫功能,乳酸菌可以产生一些增强免疫功能的物质,可以提高人体免疫力,防止疾病的发生。

3. 干酪　干酪是由牛乳经过发酵、凝乳、除去乳清、加盐压榨、后熟等处理后得到的产品。除部分乳清蛋白和水溶性维生素随乳清流失外,其他营养素得到保留,而且得到浓缩。经后熟发酵,蛋白质和脂肪部分分解,提高了消化吸收率,并产生干酪特有的风味。

干酪的营养价值十分丰富,且利于消化吸收,每生产1 kg干酪需要消耗10 kg的鲜奶,相当于将原料奶中的蛋白质和脂肪浓缩了10倍左右。除蛋白质和脂肪外,干酪中还含有糖类、有机酸、钙、磷、钠、钾、镁、铁、锌以及脂溶性维生素 A、胡萝卜素和水溶性的维生素 B_1、维生素 B_2、维生素 B_6、维生素 B_{12}、烟酸、泛酸、叶酸、生物素等多种营养成分(表11-8)。干酪中的蛋白质在发酵成熟过程中,逐步被分解为多肽、胨、氨基酸等,这些物质容易被人体吸收,使干酪的蛋白质消化率高达96%～98%,尤其是干酪中含有丰富的钙、磷、必需氨基酸和多种人体成长发育、生理活动及组织修复所需的营养成分。可以说,干酪除了可直接食用外,还可作为制作儿童营养食品和老年人保健食品的优选原料。

表11-8　干酪的组成(每100 g中的含量)

干酪名称	类型	水分/%	热量/cal	蛋白质含量/g	脂肪含量/g	钙含量/g	磷含量/g	维生素A含量/IU	维生素B_1含量/IU	维生素B_2含量/IU	烟酸含量/IU
契达干酪 Cheddar	硬质(细菌发酵)	37.0	398	25.0	32.0	750	478	1 310	0.03	0.46	0.1
法国羊乳干酪 Roquefort	半硬(霉菌发酵)	40.0	368	21.5	30.5	315	184	1 240	0.03	0.61	0.2
法国浓味干酪 Camembert	软质(霉菌成熟)	52.2	299	17.5	24.7	105	339	1 010	0.04	0.75	0.8
农家干酪 Cottage	软质(新鲜不成熟)	79.0	86	17.0	0.3	90	175	10	0.03	0.28	0.1

干酪拥有人体肌肉、器官和骨头结构、生长发育以及维护保养所需的主要元素。干酪的含钙量很高,是食用钙的主要来源之一。干酪还含有大量的蛋白质。其中多种维生素增加了干酪的营养价值:维生素 A 有益生长发育、皮肤健康、保护视力及提高抗感染能力;维生素 B 有益促进人体对碳水化合物、脂质和蛋白质的吸收及维护神经系统的健康;维生素 D 有益生长发育及增强抗佝偻病能力。

干酪的营养价值体现在一些含量高的特殊蛋白质上。这些蛋白质含有的主要氨基酸元素是人体自身不能合成的。氨基酸是身体健康所必需的元素,干酪则能供给大量该类主要元素。

干酪的优质营养价值也体现在丰富的矿物质含量上。其钙和磷的含量远远高于鲜奶的含量,硬质干酪(比如孔泰、埃曼塔等)的含量甚至要高出十倍之多,软质干酪(卡门培尔、布里等)也要高出4~5倍。

每百克软质干酪(卡门培尔、布里等)或硬质干酪(比如孔泰、埃曼塔等)能分别满足人体蛋白质需求量的12%~20%至40%~50%,以及钙质需求量的30%~40%至100%。

镁含量比重根据不同干酪而变化:硬质干酪的镁含量高出鲜奶5倍,软质干酪则高出2~3倍。

总的来说,干酪是一种营养价值很高的发酵乳制品,它含有丰富的蛋白质、脂肪及全部的必需氨基酸、维生素和矿物质等。其中,蛋白质、钙、核黄素、维生素A和D是干酪组成成分中最重要的营养成分。干酪的种类将近2000种,随着新产品的开发,干酪的种类每年都在增加,干酪的产量和消费水平呈上升趋势,生产和销售遍及全球。

4. 牛乳粉 一般意义上讲,乳粉(俗称奶粉)是指仅以牛乳或羊乳为原料,经过浓缩、干燥而制成的粉末状产品。但是从更广泛意义上讲,乳粉是指以生产乳或乳粉为原料,添加或不添加食品添加剂和(或)食品营养强化剂等辅料,经脱脂或不脱脂、浓缩干燥或干混合而制成的粉末状产品。此类产品中乳固体应不低于70%,全脂型乳蛋白质不低于16.5%,脂肪不低于18%;而脱脂型乳蛋白质不低于22%。固体乳制品是乳粉概念的延伸,主要包括乳清粉、酪乳粉、奶油粉、干酪素和乳糖等产品,其共同点在于都是以牛乳或羊乳的部分成分或乳制品加工后的剩余部分为原料,经过回收、分离、浓缩和干燥而制成的粉末状乳制品。各种乳粉的大致组成见表11-9。

表11-9 各种乳粉的大致组成 (单位:质量分数/%)

成分	全脂乳粉	脱脂乳粉	乳清粉	甜性酪乳粉	成分	全脂乳粉	脱脂乳粉	乳清粉	甜性酪乳粉
脂肪	26	1	1	5	乳清蛋白	4.8	6.6	8.5	6.2
乳糖	38	51	72	48	灰分	6.3	8.5	8	8
酪蛋白	19.5	27	0.6	26	水分	2.5	3	3	3

全脂牛乳粉是鲜牛乳经过浓缩除去70%~80%水分后,再经滚筒干燥或喷雾干燥而成的。牛乳粉是蛋白质和钙的良好来源。甜奶粉中添加了20%左右的蔗糖,脱脂奶粉中除去了大部分乳脂肪。目前,许多牛乳粉产品都按照产品目标人群的营养需要对原来的营养成分进行了调整,生产出婴儿奶粉、青少年奶粉、老年奶粉等新型产品,提高了牛乳粉的营养价值。

5. 炼乳 炼乳是原料牛乳经消毒和均质后,在低温真空条件下浓缩除去2/3的水分再装罐杀菌而成的乳制品。

甜炼乳是在牛乳中加入约16%的蔗糖,并浓缩至原体积40%左右的一种乳品。成品中蔗糖含量为40%~45%。

以往甜炼乳曾普遍地用于哺育婴儿。随着营养学的发展,已证明甜炼乳蔗糖含量过多,不宜用于哺育婴儿。现在甜炼乳主要用作饮料及食品加工的原料。它可以在室温下长期贮藏。该产品小罐包装型一般主要为饮用,以代替消毒牛乳,或添加于红茶、咖啡中饮用;大罐包装型则用于食品工业,如冰淇淋、糖果、糕点等的配料。

淡炼乳是将牛乳浓缩到1/2.5之后装罐密封,经加热杀菌制成的具有保存性的制品,其制造方法与甜炼乳的主要区别是不加糖、进行均质操作及灭菌处理。

淡炼乳经高温杀菌,维生素B_1、维生素C会有所损失,但若予以增补,其营养价值几乎与新鲜牛乳相同,而且经高温处理后产品成为软凝块乳,易于消化。此外,脂肪经均质处理,使脂肪球微细化而易于被人消化吸收。由于淡炼乳的消化性良好,所以适于喂育婴儿而受到人们的重视。它还可作为冲调咖啡或红茶的配料。

第十二章
乳的质量控制与预处理

第一节 乳中微生物

牛乳是微生物生长的理想介质,它含有微生物生长所需的各种营养物质。当牛乳被微生物污染之后,在适当的温度下,微生物就会迅速增殖,从而使牛乳酸败、变质,结果失去食用价值。因此,需了解牛乳中微生物的来源,以控制微生物污染,从而提高原料乳和乳制品的质量。

一、微生物的来源

牛乳中微生物的污染来源有乳房内的微生物、挤乳过程中侵入的微生物以及挤乳后污染和繁殖的微生物等。应该着重从这三个方面预防牛乳微生物污染,提高原料乳的质量,以满足生产的需要。

1. 乳房内的微生物 乳房内的细菌主要存在于乳头管及其分支处。在乳腺组织内无菌或含有很少细菌。乳头前端因容易被外界细菌侵入,细菌常在乳管中形成菌块栓塞,所以挤乳时要求弃去最先挤出的少数乳液。乳房炎是奶牛的一种常见多发病,引起乳房炎的病原微生物有无乳链球菌、乳房链球菌、金黄色葡萄球菌、化脓棒状杆菌以及大肠杆菌等。患乳房炎的奶牛的乳液中,除可以检出病原菌外,乳液的性状一般也发生变化,如非酪蛋白氮增多,过氧化氢酶活性增强,细胞数增多,pH升高,乳糖及脂肪含量降低等。

2. 挤乳过程中微生物的污染 在挤乳过程中,微生物、饲料、牛的粪便和土壤都可直接或间接地污染牛乳。

饲料和粪便中含有大量的微生物,特别是粪便内含有大量的细菌。粪便内的细菌数有 $10^9 \sim 10^{11}$ cfu/g,如果每 10 L 乳液中被污染 1 g 含有 10^9 cfu/g 细菌的粪便,则乳液中会再增加 10^5 cfu/g 的细菌。

在喂养饲料、洗刷牛体、清洁牛舍等过程中,空气中的细菌数可以上升达 $10^3 \sim 10^4$ cfu/ml,因此,牧场中的饲养人员习惯在挤乳后才进行喂饲。在不清洁的牛舍中,牛体表面有时含有的细菌数高达 $10^7 \sim 10^8$ cfu/g。在被粪便和饲料污染后,体表微生物的数量会显著增加,从而很容易造成乳液的污染。

在挤乳前,乳房和乳头均应经清洗、消毒。有时由于清洗消毒不充分,也会导致乳液被污染。挤乳工人或其他管理人员的手、衣帽、呼吸等也会把微生物带入乳液。在挤乳过程中污染的微生物有霉菌、酵母和细菌等。对于大中型牧场,大多采用机械挤乳,但即使采用机械挤乳,也需要重视牛舍和牛体的卫生。

3. 挤乳后微生物的污染和繁殖 牛乳被挤出后,应进行过滤并及时冷却,使乳温下降至 10 ℃ 以下。在此过程中乳液所接触的奶桶、过滤器、空气管道和贮罐等,都有可能使牛乳受到微生物的再污染。当乳温在 30 ℃ 以上时,乳的变质非常迅速。一些未装满乳液的贮奶桶不断振荡,也会加速微生物的繁殖。

为杜绝以上污染途径,乳品厂尽可能采用自动化装置,使牛乳在进入加工系统至加工完毕成为成品的过程中,都不与外界接触,此时,微生物污染只取决于容器与设备的清洗与杀菌效果。

二、微生物的种类及其性质

挤乳过程、挤乳后的处理、器械接触以及运输过程亦可能使牛乳中混入微生物,如若处理不当,会引起牛乳的风味、色泽、特性等发生变化。

1. 细菌 牛乳中存在的微生物有细菌、酵母和霉菌,其中细菌对牛乳贮藏与加工特性的影响最大。细菌直径约为 0.6 μm,平均约为牛乳脂肪球的 1/125。

(1) 乳酸菌(Lactic acid bacteria)：乳酸菌为可利用碳水化合物产生乳酸的一类细菌的总称。乳酸菌为革兰氏阳性球菌或杆菌，属厌氧或兼性厌氧菌。在乳酸发酵过程中，有时产生挥发性酸或气体。

① 链球菌属(*Streptococcus*)：这类菌利用碳水化合物只产生乳酸，为同型发酵型菌群。据发酵产物的不同，可将链球菌分为脓血菌群(*Pyogenic*)、绿色菌群(*Viridans*)等。

嗜热链球菌(*Streptococcus thermophilus*)是最为典型的代表。该细菌为在高温下也可生长的乳酸菌，在50~53 ℃也可产生乳酸。嗜热链球菌的最低生长温度为20 ℃，适宜生长温度为40~45 ℃，能分解蔗糖、乳糖、果糖而产酸，可用于高温加工干酪及酸乳。

此外，牛乳中还可能有溶血菌属的酿脓链球菌(*Streptococcus pyogenes*)以及无乳链球菌(*Streptococcus agalactiae*)等乳房炎菌。

② 肠球菌属(*Enterococcus*)：在乳中经常存在的肠球菌包括粪肠球菌和屎肠球菌，该类细菌为机会性致病菌，乳品加工中亦可应用这类非致病性肠球菌。

粪肠球菌(*E. faecalis*)存在于动物的肠道与粪便中，能分解葡萄糖、果糖、蔗糖、半乳糖、乳糖和麦芽糖等。这种菌在乳中繁殖而产酸，产酸能力不强，其耐热性与化学耐受性高。此种细菌生长的最低温度为10 ℃，最高温度为45 ℃。

屎肠球菌(*E. faecium*)也存在于动物肠道和粪便中，用血清学分类属D群链球菌，为人及动物肠道中正常菌丛的一部分，在一定条件下可引起肠外感染。它的生长温度在10~45 ℃之间。

③ 乳球菌属(*Lactococcus*)

乳酸乳球菌乳亚种(*Lactococcus lactis. sub. lactic*)为有代表性的乳品加工用乳酸菌，普遍存在于乳液中，几乎从所有的牛鲜乳中均能检出这种菌。乳酸乳球菌乳亚种产酸的温度范围为10~40 ℃，以30 ℃为最适温度。此菌能分解葡萄糖、果糖、乳糖、半乳糖和麦芽糖，产生乳酸和其他有机酸，酸的最高生产量为1%左右。乳酸乳球菌乳亚种的某些菌株会产生乳酸链球菌素，在牛乳中可抑制细菌的繁殖。

乳酸乳球菌乳脂亚种(*Lactococcus lactis. sub. cremoris*)为制造干酪或其他发酵乳制品的常用菌。乳酸乳球菌乳脂亚种的最适生长温度为30 ℃，产酸最适温度比乳酸乳球菌乳亚种低，其在18~20 ℃与30 ℃产生的酸度相同，高于40 ℃则无法生长。此菌不仅能分解乳糖而产酸，而且还有较强的蛋白质分解能力。

④ 明串珠菌属(*Leuconostoc*)：明串珠菌属为可利用碳水化合物来产生乳酸、挥发性酸如醋酸及二氧化碳等的一类异性发酵球菌。其存在于牛乳中，可将柠檬酸生成香气物质。明串珠菌属的最适温度为20~25 ℃，可分为嗜柠檬酸明串珠菌(*Leuconostoc citrovorum*)与戊糖明串珠菌(*Leuconostoc dextranicum*)两种菌，这些菌可用于制造发酵乳制品。

⑤ 乳杆菌属(*Lactobacillus*)：乳杆菌属为可产生乳酸的杆菌，可分为同型及异型发酵。乳杆菌属以适温的差异可分嗜热性(*Thermobactorium*)和嗜温性(*Streptobactorium*)两类。乳杆菌属嗜热性代表菌为德氏乳杆菌保加利亚亚种(*Lactobacillus delbrueckii sub. bulgaricus*)与嗜酸乳杆菌(*Lactobacillus acidophilus*)，嗜温性代表菌为干酪乳杆菌(*Lactobacillus casei*)与植物乳杆菌(*Lactobacillus plantarum*)。在牛乳中，乳杆菌属的乳酸生成量比链球菌属高。

德氏乳杆菌保加利亚亚种(*L. delbrueckii subsp. bulgaricus*)为高产酸菌，在牛乳中可产酸使牛乳酸度达2%，最适生长温度38~41 ℃，生长温度最高可达53 ℃，20 ℃以下生长受到抑制，常用以制造干酪及发酵乳。

嗜酸乳杆菌(*Lactobacillus acidophilus*)是食草哺乳动物肠道内存在的细菌，常用于发酵乳制品的生产。这种菌最适生长温度为35~38 ℃，常与干酪乳杆菌等混合使用，这种菌能利用半乳糖、乳糖、麦芽糖、甘露糖等发酵产酸。

(2) 丙酸菌(Propionic acid bacteria)：该类细菌可将乳糖及其他碳水化合物分解为丙酸、醋酸与二氧化碳。此种菌为革兰氏阳性短杆菌，为制造瑞士干酪的发酵剂，其制出的干酪有气孔。

(3) 肠细菌(*Enterobacteria*)：肠细菌寄生于动物的肠道，为革兰氏阴性短杆菌。肠细菌为兼性厌氧性细菌，以大肠菌群、病原菌、沙门氏菌为主要菌群。大肠菌群可发酵碳水化合物，产生酸及二氧化碳、氢气等。因大肠菌群来自粪便，而被作为牛乳污染的指标菌。

(4) 芽孢杆菌(Spore-forming bacillus)：芽孢杆菌为形成内孢子的革兰氏阳性杆菌,可分为好氧性芽孢杆菌属(Bacillus)与厌氧性梭状芽孢杆菌属(Clostridium)。

① 好氧性芽孢杆菌属：好氧性芽孢杆菌属在牛乳中大多为耐热性的孢子形成菌,其代表菌为枯草芽孢杆菌(Bacillus subtilis)。这是一类分解蛋白质的细菌,凡是能使不溶解状态的蛋白质变成溶解状态的简单蛋白质的一类细菌,都称为蛋白胨化菌(Peptonizing-bacteria)。好氧性芽孢杆菌属的适宜生长温度为24～40 ℃,最高生长温度可达55 ℃,其芽孢菌体对热和干燥具有较强的抵抗力。

② 厌氧性芽孢杆菌属：厌氧性芽孢杆菌属中有丁酸梭菌(Clostridiun butyricum)、肉毒梭菌(Clostridium botulinum)及破伤风梭菌(Clostridiun tetani)。

(5) 微球菌属(Micrococcus)：微球菌属为好气性产生色素的革兰氏阳性球菌。在牛乳中常出现的有小球菌属和葡萄球菌属。葡萄球菌的菌体如葡萄串般排列,多为乳房炎乳或食物中毒的病原菌。

(6) 假单胞菌(Pseudomonas)：假单胞菌是利用鞭毛运动的需氧性菌,主要有荧光假单胞菌(Pseudomonas fluorescens)和腐败假单胞菌(Pseudomonas putrefaciens)。这种菌可将乳蛋白分解成蛋白胨或将乳脂肪分解产生脂肪酸。这种菌能在低温下生长繁殖。

(7) 产碱菌属(Alcaligenes)：产碱菌可使牛乳中的有机盐分解成碳酸盐,从而使牛乳转变为碱性。粪产碱菌(Alcaligenes faecalis)为革兰氏阴性需氧菌,这种菌在人及动物肠道内存在,它随着粪便污染牛乳。这种菌的适宜生长温度为25～37 ℃。稠乳产碱杆菌(Alcaligenes viscolactis)常在水中存在,为革兰氏阴性菌,是需氧性的,这种菌的适宜生长温度在10～26 ℃,它除能产碱外,还能使牛乳黏质化。

(8) 病原菌(Pathogenic bacteria)：牛乳中有时混有病原菌,会在人群中传染疾病,因此必须严格控制牛乳的热处理条件,达到杀灭病原菌的要求。

混入牛乳中的主要病原菌有：沙门氏菌属的伤寒沙门氏菌(Salmonella typhosa)、副伤寒沙门氏菌(Salmonella paratyphosa)、肠伤寒沙门氏菌(Salmonella enteritidis),志贺氏菌属的志贺氏痢疾杆菌(Shigella dysenteriae),弧菌属的霍乱弧菌(Vibrio anthracis),白喉棒状杆菌(Corynebacterinm dipHtheriae),人形结核菌(Mycobacterinm tuberculosis),牛形结核菌(Mycobacterinm bovis),牛传染性流产布鲁氏杆菌(Brucecla abortus),炭疽菌(Bacillus anthracis),大肠杆菌(Escherichia coli),葡萄球菌(Stalnylococeusaureus),溶血性链球菌(Streptococcus pyogenes),无乳链球菌(Streptococcus agalattiae),病原性肉毒杆菌(Clostridium botulinum)。

2. 真菌

(1) 酵母菌(Yeast)：通常在牛乳及其制品中,酵母菌不能很好地生长繁殖。在酸牛乳等发酵乳中,由于其较低的pH,有许多微生物不能增殖。然而,添加果汁、果肉、蜂蜜、巧克力等物质的发酵酸乳制品中,由于含有大量的葡萄糖和果糖,同时pH较低,最适合酵母菌的繁殖,容易导致乳制品变质。酵母菌通常在挤乳操作过程中,从地面、墙壁、饲草、空气以及乳房、挤乳器和人手污染到牛乳中。

(2) 霉菌(Mould)：与牛乳和乳制品关系较大的霉菌种类主要是结合菌类、子囊菌类以及半知菌类的真菌。牛乳中常见的霉菌有曲霉菌(Aspergillus)、青霉菌(Pennicllum)、白地霉(Geotrichum candidum)、根霉菌(Rhizopus)、毛霉菌(Macor)以及梨头霉菌(Absidia)等。

根霉菌、梨头霉菌以及毛霉菌等真菌常出现于干酪制品和乳房炎乳中,其危害较大。根霉菌属的黑根霉(R. nigricans)常污染奶油和干酪,在其表面形成斑点。毛霉最适生长温度为20～25 ℃,酒精发酵、液化明胶和脂肪分解能力较强,常用于乳制品,特别是干酪生产中,用于生产凝乳酶。

引起乳制品腐败变质的霉菌白地霉(Geotrichum candidum)常出现于酸败乳、酸性奶油中,也会在干酪表面形成白色菌膜。该菌把乳酸分解为水和二氧化碳的能力较强,还产生脂肪分解酶,产生酵母样臭味,在奶油或干酪上还会形成黏性物质,导致酸败。串孢霉(Catenularia)污染加糖炼乳,使之出现扣状物的质量缺陷。念珠菌(Monilia)属半知菌门,是契达干酪成熟过程中最易污染乳制品的霉菌之一。链孢霉(M. sitophila)和仁果褐腐丛梗孢酶(M. fructicola)等以及枝孢属(Cladosporium)和链格孢属(Alternaria)的菌株常污染奶油和干酪制品,产生黑斑、酸败以及产生恶臭味。

鲜乳中常会污染一些霉菌,如曲霉属、青霉属和镰刀霉属(Fusarium),其中有些菌株产生霉菌毒素,引起人类食物中毒和慢性中毒性疾病。霉菌毒素多为次生代谢产物,其中有镰刀霉产生的具耐热性致吐作用的赤霉毒素。另外,黄曲霉(Asp. flavus)和寄生曲霉(Asp. parasiticus)的一些菌株产生的黄曲霉毒素具有极强的致癌和致畸作用,人和动物如果长期摄入较低水平的黄曲霉毒素或短期内摄入一定量的毒素,经过一定时间可诱发肝癌。

3. 病毒和噬菌体

(1) 病毒(Vrius):病毒在牛乳中并不能繁殖,但病毒污染牛乳后,能够在其中较长时间存活。在牛乳中即使含有很少量的病毒也有可能引起感染。

轮状病毒(Rotaviruses)是引发幼儿和新生动物胃肠炎的病毒,经过巴氏杀菌处理后,该病毒能被杀死或感染力下降。

肝炎病毒一般通过发病者、带毒者或隐性感染者的粪便和其他排泄物以及血液而污染牛乳和饮水,并引起传染。

(2) 噬菌体(Bacteriophage):噬菌体是侵染细菌细胞的病毒总称,又称细菌病毒。噬菌体长度多为50~80 nm,可分为头部和尾部。头部外壳由蛋白质组成,内部含有核酸,携带着噬菌体的全部遗传信息,使其对宿主菌株有选择特异性;尾部由蛋白质组成(图12-1)。

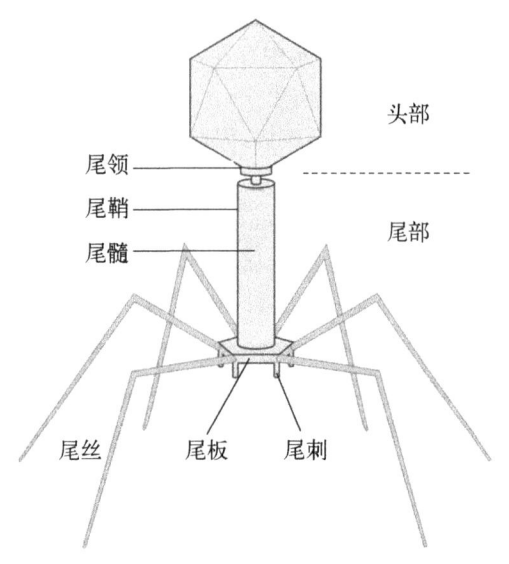

图 12-1 噬菌体的结构

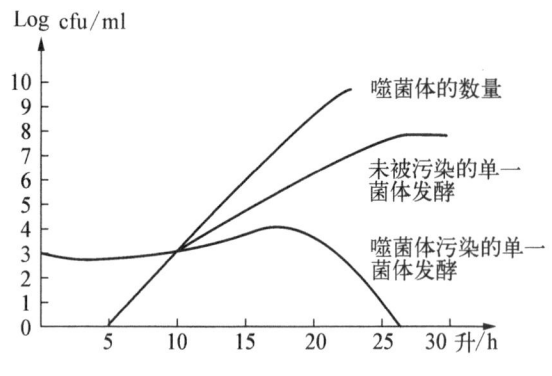

图 12-2 噬菌体污染发酵剂后菌种生长情况

在乳制品加工中,具有重要研究意义的是乳酸菌噬菌体。鲜乳中含有噬菌体对随后的发酵乳制品生产的影响巨大。一般情况下,脱脂乳加热到90 ℃以上,保持30 min才能使噬菌体失活。在发酵乳生产中,遭受噬菌体侵染后,乳酸菌及噬菌体在发酵过程中的变化情况如图12-2所示。另外,干酪和酸乳发酵剂的乳酸菌,感染噬菌体经一段时间后,乳酸菌的生长会突然消失,从而导致发酵失败,这是因为一个携带噬菌体而没有发生影响的细菌通过二次分裂产生4个新的细菌,但同时一个噬菌体已经生成22 500个子代噬菌体。

常见的乳酸菌噬菌体有乳酸乳球菌乳亚种的噬菌体、乳酸乳球菌乳脂亚种的噬菌体、嗜热链球菌的噬菌体等。

第二节 影响泌乳量及乳成分的因素

乳牛的泌乳量及乳汁成分受到乳牛本身和各种外界因素影响而产生差异。乳牛产乳量受遗传和饲养条件影响较大,而乳汁成分中乳脂肪变动较大,蛋白质次之,矿物质(灰分)和乳糖则变动很小。

一、乳牛个体因素

1. 品种 乳牛的泌乳量及乳汁成分因品种的遗传性而异。荷斯坦牛产乳量最高,乳脂率较低;而娟栅牛产乳量较低,但乳脂率较高(表12-1)。

表12-1 主要现用品种母牛的平均泌乳量和乳汁成分表

品　种	泌乳量*/kg	脂肪%	无脂固体%	蛋白质%	乳糖%	灰分%
荷斯坦牛	6 904	3.7	8.5	3.1	4.6	0.73
瑞士褐牛	5 814	4.0	9.0	3.5	4.8	0.72
爱尔夏牛	5 256	3.9	8.5	3.3	4.6	0.72
更赛牛	4 720	4.6	9.0	3.6	4.8	0.75
娟栅牛	4 489	4.9	9.2	3.8	4.7	0.77

*:每天挤2次,305 d,全年量

即使同一品种,不同个体间,产乳量及乳汁成分也是有差异的。这除与遗传因素有关外,环境影响是其主要原因。一般乳脂率及蛋白质受遗传因素的影响大于泌乳量。

2. 年龄与体型　母牛产乳量受年龄与胎次的影响较大,可相差15%~20%。一般荷斯坦牛6~7岁达到产乳量最高峰,成年母牛产乳量要比2岁的青年母牛多产乳20%。而乳汁成分与此相反,其中,乳脂率与非脂乳固体、全乳固体随着年龄、胎次的增长而略有下降,非脂乳固体量的降低主要是乳糖含量的下降,蛋白质含量的变化较小。因年龄大的乳牛潜在性乳房炎发病率高于年龄小的乳牛,老龄牛牛乳细菌污染检出率较高,细胞及白血球的数量也比较多,因此,对乳汁成分有一定影响。一般随着年龄的增长,体重增加,体型大的母牛比体型小的母牛产乳多,但体型大小几乎不影响乳脂率,而且产乳量并不是与体重成正比,体型大1倍的母牛通常约多产乳70%而不是100%。

3. 泌乳期　母牛分娩后开始进入泌乳期。随着母牛体内催乳素分泌量逐渐增加,乳腺机能的活动日益旺盛,其泌乳量也随之增加,一般在分娩后第1~2个月时达到泌乳高峰。乳的脂肪率在泌乳的最初2~3个月稍有降低,接着当总产乳量随泌乳的进展而减少时,乳脂率则增加。乳中蛋白质含量随泌乳的进展而逐渐增加,乳糖和矿物质的浓度也稍有增加。母牛一般在分娩后60~80 d,配种妊娠之后,随着受孕月份的增长,机体内孕酮分泌量的增加而逐渐影响产乳量,这种影响到妊娠第5个月比较明显,其后产乳量急剧地减少直至干乳。牛乳中的矿物质含量也因泌乳阶段而不同,分娩后第一个月,钙和磷含量最多,其后减少,第5个月后再逐渐增加至泌乳末期。

母牛分娩后至1周内的牛乳称初乳,初乳的成分与常乳不大相同。初乳呈黄褐色或红褐色,有异常的气味和苦味,黏度大,乳固体含量较高,脂肪和蛋白质特别是乳清蛋白含量多,乳糖含量少,灰分特别是钠及氯离子的含量多。初乳含有初生牛犊所必需的免疫球蛋白,这种免疫物质随着泌乳期延长含量逐渐减少,相应地乳糖含量上升而转为常乳含量。初乳中钙、磷、镁和氯的含量高,而钾的含量低,初乳中含铁量比常乳大10~17倍,因而初乳不适宜作市售消毒乳、炼乳和干酪的原料,制造黄油也应用分娩4~5 d以后的牛乳。泌乳末期即泌乳期将近结束,牛乳中氯化物显著增加,pH逐渐倾向碱性,口味变劣,热稳定性也低,酪蛋白及乳清蛋白含量与初乳非常近似。热稳定性低的牛乳不适宜制造炼乳和奶粉。当泌乳末期,日泌乳量在3 kg以下的乳不宜作消毒乳的原料乳。

4. 发情　多数情况下,母牛发情时产乳量下降,含脂率上升,但也有部分母牛发情时对当时乳产量与乳脂率的影响不明显。

二、环境因素

1. 气温　对乳牛最适宜的温度是10~15 ℃,高于或低于这一温度,其泌乳量都会减少,牛乳的成分也会起变化。气温在27~29 ℃时泌乳量显著减少,乳蛋白质及非脂固体也同时减少。实际上泌乳量减少的主要原因是乳牛食欲下降,采食量减少。在高温情况下,乳中含氯量有所增加,而乳糖和蛋白质的含量会减少,同时乳中脂肪酸也起变化,柠檬酸、钙及磷亦趋向下降。在高温条件下为乳牛提供凉棚,使用风扇、淋浴或冷气可以减轻逆境压力,可使产乳量比无降温设施的乳牛增加10%。

乳牛对低温环境条件的自身调节能力较强,如果给乳牛加强对风、雪、雨等的防护条件并经常保持牛床干燥,10 ℃左右的牛舍与-1 ℃左右的牛舍,乳牛泌乳能力将是相同的。当温度从10 ℃慢慢下降至-15 ℃

会呈现泌乳量逐步减少,但乳脂率、蛋白质、非脂乳固体含量增加,乳糖、乳比重及冰点几乎没有什么影响。

2. 噪音、日照及空气污染　　噪音及突发事件能引起乳牛神经过敏,使泌乳量降低。最常见的是相同间隔时间内处于白天的乳牛产乳量低于夜晚的产乳量,这是夜间安静而白天嘈杂所致。环境噪音在 90 dB 时乳牛采食量减少,产乳量也减少,至 105 dB 受影响程度更大,严重的能降低泌乳量 20%～50%。日照对乳牛个体而言,因受阳光照射程度不同,如照射时间的长短会对泌乳量及牛乳的成分有一定影响。因日照原因,舍饲乳牛比放牧乳牛个体乳脂百分率可相差 1%,一群牛其乳脂率平均减少 0.2%～0.5%。乳牛在环境被污染的地区饲养,如受尘埃及亚硫酸毒气影响,比没有受污染地区饲养的乳牛,每头牛每天的产乳量要减少 5%～10%,乳脂百分率减少 8%。

三、管理因素

1. 挤乳次数和间隔时间　　母牛每天挤乳 3 次比挤乳 2 次产乳量增加 10%～25%,每天挤乳 4 次能再增加 5%～10%。但也绝不是挤乳次数越多,泌乳量越多,多次挤乳,牛只受到过分干扰,不得安静,且多次挤乳劳务费用也大,影响经济效益。挤乳间隔时间越长,泌乳量就越多,但单位时间获得的乳量减少,乳脂率会降低。挤乳间隔时间超过 15 h,会引起乳房高度膨胀,泌乳机能衰退,滞留在乳房中的牛乳的蛋白质、乳糖、灰分也会发生变化。每天挤乳 2 次,挤乳间隔 12 h,早上比晚上挤的泌乳量多一些,而乳脂率、蛋白质含量及乳糖含量却低。每天以 10 h 与 14 h 间隔挤乳比平均 12 h 与 12 h 间隔挤乳的母牛少产乳 1%。低产母牛在 16 h 与 8 h 间隔挤乳比 12 h 与 12 h 间隔挤乳的母牛少产乳 1.3%,但对高产母牛和青年母牛而言,如此间隔损失大,可减少 4%～7% 的产乳量。

2. 挤乳中的变化　　在一次挤乳过程中,从最初到最后不可能获得同一组成的牛乳。最初挤得的乳的乳脂率低,随后逐渐增加,最后挤得的乳的乳脂率最高,乳脂百分率差异平均为 8%,挤乳间隔越长差异就越大,但同一次挤乳中不同阶段乳的非脂固体、蛋白质、乳糖、灰分的含量变化不大。挤乳方法优良,不仅挤的量多,乳脂率也高。不尽快和充分将乳挤完,要比尽快和充分地将乳挤完的产乳量减少 10%。因此,要从开始挤乳到最后一滴乳都应该充分地、尽快地将乳挤完。

3. 配种与产犊季节　　乳牛配种受孕后随着受胎月份的增长将逐渐影响产乳量,胎儿发育需要从母体摄取营养物质,从而影响泌乳所需要的营养。同时,妊娠催乳激素减少,而孕酮分泌逐渐旺盛,也使泌乳受到抑制。因此,产后配种受孕的早晚对胎次、产乳量是有影响的,这种影响一般从受胎后第 5 个月才比较明显。倘若母牛于产后 90 d 配种受孕,其 365 d 的产乳量要比产后 240 d 配种受孕的母牛少产乳 340～360 kg。在妊娠第 8 个月,该月的产乳量与泌乳时间同样长的未孕母牛比较,可能要少产乳 20%。配种受胎期并非越晚越好,因为它直接影响到繁殖率与年度总产乳量和经济效益。一般掌握在产后 80～120 d 内配种受孕为好,乳牛分娩前 50～60 d 停止挤乳(干乳)给予休息,不论是更长或更短的干乳期都会使下一泌乳期产乳量减少。产犊季节在江、浙、沪地区适宜每年 10 月份,其母牛年产量亦高,而每年 5、6 月份产犊的母牛泌乳高峰期正值高温季节,泌乳量剧减,严重影响本胎次产乳量,使母牛年产乳量低。母牛妊娠第 5 个月起泌乳量开始下降,乳脂肪、蛋白质、非脂固体迅速增长而乳糖量减少。

4. 疾病与药物　　乳牛一旦患病泌乳量即减少,牛乳的成分也起变化,受影响程度因疾病种类不同而不同。如母牛患乳房炎泌乳量会减少 10%～20%,乳中乳清蛋白、免疫球蛋白、氯及钠含量增加,非脂固体、酪蛋白、乳白蛋白、乳糖、钾及磷含量减少,pH 升高,牛乳中细菌数、白血球以及上皮细胞数增加。乳房炎乳不宜作乳制品的原料乳,对人体健康有害。如果母牛患上口蹄疫,泌乳量会减少 30%～40%,乳脂率减少 20%～30%,乳中白血球数增大 6～7 倍,钙含量增加 20%,磷含量一定减少。如果母牛患上全身性疾病,体温上升,泌乳量急剧下降,乳脂率有升高趋势,而非脂固体含量减少。应用抗生素、激素、杀虫剂治疗乳牛疾病,药物能进入乳中,这样的乳应予以废弃,以防药物在食品中的残留。

四、饲料因素

饲料与遗传都是影响牛乳产量和成分组成的重要因素。在饲料总量不足与饲料的配合不恰当时,都会引起乳产量下降和乳成分的变化,对非脂乳固体的影响特别明显。当精饲料用量过多,使得低级脂肪酸组成比例变化,这时乙酸比例下降,丙酸比例上升,牛乳中乳脂率随着下降。精饲料过度粉碎或进行蒸煮也会引起瘤胃发酵过程发生变化,造成牛乳中乳脂率下降。配合饲料中能量饲料不足时,泌乳量、乳脂率、非脂固体以及蛋白质就会下降,饲料中可消化蛋白质不足对牛乳产乳量影响较大,对非脂乳固体略有影响但不显著;相反,过多时对产乳量及非脂乳固体都不能起到提高的作用。

第三节 异 常 乳

一、异常乳的概念和种类

异常乳(abnormal milk)是一个相对的概念,是指组成、特性等与常乳不同的乳。也就是在奶牛的泌乳过程中,由于奶牛生理、病理的原因以及其他包含人为的原因,造成牛乳成分和性质异于常乳,这种牛乳称为异常乳。

异常乳按产生的原因可分为生理异常乳、化学异常乳、微生物污染乳等(表12-2)。

表12-2 异常乳的分类

异常乳的种类	生理异常乳	化学异常乳	微生物污染乳
异常乳的具体分类	初乳 末乳	酒精试验阳性乳 低酸度酒精试验阳性乳 低成分乳 冻结乳 风味异常乳 异物混杂乳 人为掺杂乳 污染物乳	酸败乳 乳房炎乳 其他致病菌污染乳 黏质乳 着色乳 异常凝固分解乳 细菌性异常风味乳 噬菌体污染乳

二、异常乳的产生原因和性质

1. 生理异常乳

(1) 初乳:初乳是牛在产犊后的特殊生理期(7 d内)所分泌的乳。初乳呈黄色或红褐色,有异味,味苦,黏度大。脂肪和蛋白质特别是乳清蛋白含量高,乳糖含量低,灰分特别是钠及氯离子含量高。维生素A、维生素D、维生素E及水溶性维生素含量均高于常乳。初乳中还含有非常丰富的微量元素如铁、铜等及大量的活性物质如免疫球蛋白。初乳的化学成分、物理性质与常乳存在较大差异,不适宜做一般乳制品的原料,但是可以作为特殊乳制品的加工原料,采用特殊加工工艺处理。

(2) 末乳:末乳即奶牛干乳期前一周左右所分泌的乳,末乳的脂肪含量较低,细菌数和过氧化氢酶含量均较高,酸度低,有苦味和油脂氧化的味道,微咸,不适宜作为一般乳品加工的生产原料,但可用于乳糖、干酪素等产品的加工原料。

2. 化学异常乳

(1) 酒精试验阳性乳:酒精试验阳性乳是指酒精试验规定方法检出絮状物的乳。其产生的原因较多。例如,饲喂变质饲料,且在较长时间内饲料供给不足,投给的食盐过量,饲料中维生素量欠缺;或是由于乳牛患乳房炎、肝机能障碍、软骨病等疾病;或是由乳牛体内盐平衡丧失,离子性钙增加,钙、磷比例不均衡等因素造成的。

(2) 低酸度酒精阳性乳:低酸度酒精阳性乳是指酸度虽正常,但酒精试验为阳性、煮沸试验不凝固的异常乳。低酸度酒精阳性乳现较为多见,尤其是在青饲料更换初期,由于代谢障碍、气候剧变、喂饲不当等复杂的原因,引起牛乳中与酪蛋白结合的钙转变成离子性钙,柠檬酸的合成减退,游离性磷减少,造成缓冲系统不平衡所致。低酸度酒精阳性乳如果煮沸试验呈阴性反应,可以生产巴氏杀菌乳,但不宜生产淡炼乳。

(3) 低成分乳:低成分乳是由于受奶牛品种、饲养管理、营养素配比和高温多湿等因素的影响而产生的乳固体含量过低的牛乳。这主要要从加强育种改良及饲养管理等方面来加以改善。

（4）冻结乳：冻结乳由于乳化体系破坏，导致脂肪分离，蛋白质沉淀，解冻后易发生氧化。由于乳经冻结，影响酪蛋白胶体稳定性，酒精试验常常为阳性反应。

（5）风味异常乳：风味异常乳主要包括饲料味乳、脂肪分解味乳、氧化味乳、日光味乳及苦味乳等。影响牛乳风味的因素很多，其中饲料味乳主要因冬季、春季牧草减少，饲料主要是各种青贮料，通过机体转移或从空气中吸收的饲料臭可导致饲料味乳的产生。脂肪分解味乳主要由于乳脂肪被脂酶水解，脂肪中含有较多的低级挥发性脂肪酸而引起，其主要成分为丁酸。氧化味乳是由于乳脂肪氧化而产生的不良风味。日光味乳是由于乳清蛋白受阳光照射而产生，日光味乳的滋、气味类似焦臭味和羽毛烧焦味，其强度与维生素 B_2 和色氨酸的破坏程度有关。苦味乳是由于长时间冷藏，低温菌或酵母产生的蛋白酶分解乳蛋白质所造成的，或是解脂酶使牛乳产生游离脂肪酸所致。

克兰茨等曾对美国 19 000 个试样进行风味试验，结果发现饲料臭的出现率最高（88.4%），其次是涩味（12.7%）及牛体臭（11.0%）。防止牛乳风味异常问题，主要改善牛舍与个体卫生，保持空气新鲜畅通，注意防止微生物污染等方面着手。

（6）异物混杂乳：异物混杂乳包括饲料等杂物在有意或无意情况下混入到原料乳中而形成的异常乳，包括偶然混入的异物。

由于牛舍不洁净，牛体管理不良，挤奶用具洗涤不彻底，工作人员不卫生而引起的异物混入。来源于牛舍环境的异物有昆虫、杂草、饲料、土壤、污水等；来源于牛体的异物有奶牛皮肤、粪便等；来源于挤乳过程中的异物有头发、衣服片、金属、纸、洗涤剂、杀菌剂等。人为混入的异物包括为了增加重量而掺入的水，为了中和高酸度乳而添加的中和剂，为了保持新鲜度而添加的防腐剂，非法增加含脂率和非脂乳固体而添加的异种成分如植脂末、乳清粉、豆类蛋白等。

（7）污染物乳：污染物乳中含有残留的抗生素、激素、各种农药、兽药、洗涤剂、加工助剂、重金属等污染物质。这种乳对发酵乳的生产有一定影响，会引起人体过敏反应，产生细菌抗药性等。由于污染物的蓄积破坏人体正常的代谢机能，而发生慢性中毒，甚至可能有潜在的致癌、致畸作用。

3. 微生物污染乳

（1）酸败乳：酸败乳中常出现酸度高、酒精凝固、热凝固、发酵产气、酸臭味和酸凝固等现象。其酸败是由乳酸菌、丙酸菌、大肠杆菌、小球菌等细菌污染造成的。

（2）乳腺炎乳：乳腺炎乳中混有血液及凝固物，可以使酒精凝固，常出现风味异常，乳中的乳清蛋白、钠、氯、过氧化氢酶和体细胞数增加，脂肪、乳糖、钙及非脂乳固体含量下降。乳腺炎乳的产生是由于溶血性链球菌、葡萄球菌、小球菌、芽孢菌、放线菌及大肠杆菌的污染造成的。由于细菌的存在，乳腺炎乳中常含有肠毒素，可引起食物中毒。

（3）黏质乳：黏质乳常出现黏质化、黏液形成、蛋白分解等现象，是由于嗜冷菌、明串珠菌属菌等的感染所致。

（4）着色乳：着色乳常出现黄变、赤变或蓝变，是由于嗜冷菌、球状菌类、红色酵母的污染引起的。着色乳的色泽发生改变，失去正常风味，不能用于乳制品的生产。

（5）异常凝固分解乳：异常凝固分解乳中常出现凝乳酶状凝固、陈化、碱化、脂肪分解臭，并带有苦味，是由蛋白质分解菌、芽孢杆菌、嗜冷菌的污染所导致的。乳制品中发生腐败变质，出现不良风味。

（6）细菌性异常风味乳：细菌性异常风味乳中常出现异臭、异味和各种变质，是由于蛋白质脂肪分解菌、产酸菌、嗜冷菌和大肠杆菌感染导致乳品中出现风味异常并变质腐败。

（7）噬菌体污染乳：噬菌体污染乳中菌体溶解，细菌数降低，是由噬菌体（主要是乳酸噬菌体）感染所致，可导致制造酸乳或发酵乳制品的失败。

第四节　原料乳的质量要求

我国规定生鲜牛乳收购的质量标准（GB/T 6914－1986）包括感官指标、理化指标及微生物指标。

一、感官指标

正常牛乳呈白色或稍带黄色,不能有肉眼可见的异物,不得有红色、绿色或其他异常颜色。不能有苦味、咸味、涩味、饲料味、青贮味、霉味等异常味。

二、理化指标

理化指标只有合格指标1种,不再分级。我国颁布的标准规定原料乳验收时的理化指标见表12-3。

表12-3 鲜奶的理化指标

项 目	指 标
相对密度 D_4^{20}(20 ℃/4 ℃)	≥1.028(1.028~1.032)
脂肪(%)	≥3.10(2.8~5.0)
蛋白质(%)	≥2.95
酸度[以乳酸(%)表示]	≤0.162
杂质度(mg/kg)	≤4
汞(mg/kg)	≤0.01
六六六、滴滴涕(mg/kg)	≤0.1
抗生素(IU/L)	≤0.03

三、微生物指标

细菌指标有下列2种,均可采用。采用平皿培养法计算细菌总数,或采用美蓝还原退色法,按美蓝退色时间分级指标进行评级,两者只允许用一个,不能重复。细菌指标分为4个级别,按表12-4中细菌总数分级指标进行评级。

表12-4 原料乳的细菌指标

分 级	平皿细菌总数分级指标法(10^4 cfu/ml)	美兰退色时间分级指标法
Ⅰ	≤50	≥4 h
Ⅱ	≤100	≥2.5 h
Ⅲ	≤200	≥1.5 h
Ⅳ	≤400	≥40 min

四、不得收购的乳

此外,许多乳品收购单位还规定有以下情况之一者不得收购:产犊前15天内的末乳和产犊后7天内的初乳;牛乳颜色有变化,呈红色、绿色或显著黄色;牛乳中有肉眼可见的杂质;牛乳中有凝块或絮状沉淀;牛乳中有畜舍味、苦味、霉味、臭味、涩味、煮沸味及其他异味;用抗生素或其他对牛乳有影响的药物治疗期间,母牛所产的乳和停药后3天内的乳;添加有防腐剂、抗生素和其他任何有碍食品卫生的乳;酸度超过20°T的乳。

第五节 原料乳的验收与预处理

一、乳的验收

原料乳的检验项目包括色泽观察、臭味检验、酒精试验、亚甲蓝试验或刃天青试验;测定相对密度、温度、酸度、脂肪、细菌数及杂质等。但在收乳站验收时,除感官检验外,主要以酒精试验和相对密度测定两项为主,其余项目由厂检验室完成。

1. 感官检验　鲜乳的感官检验主要是进行嗅觉、味觉、外观和尘埃等的鉴定。

打开冷却贮乳器或罐式运乳车容器的盖后,应立即嗅其容器内鲜乳的气味。然后观察色泽,有无杂质、发黏或凝块,是否出现过乳脂分离现象等。随后将试样含入口中,并使之遍及口腔的各个部位,以此鉴定是否存在各种异味。

正常鲜乳为乳白色或微带黄色,不得含有肉眼可见的异物,不得有红、绿等异色,不得有苦、涩和咸味以及饲料、青贮、霉等异味。

2. 理化检验

（1）酒精试验：酒精试验是牛乳验收极重要而又必须做的一项工作,可检出超过一定标准酸度的牛乳,还可以检出乳房炎乳、盐类不平衡乳以及混入氯化钙溶液的乳等异常乳。

① 目的：检验原乳中蛋白质的稳定性。蛋白质对酒精的稳定性越高,说明牛乳蛋白质的热稳定性越好,牛乳质量新鲜,品质优异,经得起热处理,从而能获得较高质量的乳制品。

② 原理：酒精试验利用酒精对蛋白质的脱水作用,一定数量的正常牛乳对一定浓度的中性酒精的脱水作用呈现稳定性,否则牛乳蛋白质会因酒精的脱水作用而发生凝结。在乳品工业中,一般均采用68%~72%的中性酒精与等量的牛乳混合均匀,若呈现稳定者,说明牛乳蛋白质的热稳定性尚可。牛乳中因微生物生长繁殖使硬度增加、盐类出现不平衡、乳清蛋白质及乳球蛋白质的含量增加时,会导致牛乳产生凝集而结块。

③ 方法：取一定量的中性酒精（68%~72%即酒精度68~72）置于一定容量的玻璃试管中,再取等量的牛乳置于此试管中,混匀并观察,若出现絮状沉淀,说明牛乳蛋白质稳定性较差,一般不予收购,作为次乳论处,属特殊情况可作进一步的酸度检验,无絮状沉淀者,应予收购。酒精试验时,在一定酒精浓度的情况下,蛋白质对酒精的稳定性与牛乳的酸度、盐类平衡、白蛋白和球蛋白质含量及酒精的用量、pH等因素有关。

④ 酒精试验的注意事项

· 牛乳试样需搅拌均匀,若将悬浮于上层脂肪含量较高的牛乳作为试样进行试验时,则易产生絮状沉淀,会造成误判。

· 严格按等量的原则进行混合,酒精用量大而牛乳量少时,则易将好乳当作次乳收购。反之,会误将次乳收做好乳。

· 玻璃试管内的酒精应在使用时注入,不能事先置于试管内,因长时间敞开放置,酒精将会挥发,从而浓度下降,导致次乳作为好乳收购。

· 配制酒精时,一次配制量不能太多,应贮存于密闭洁净的容器内。因酒精经一定时间贮存后,将由中性变为酸性。应经常进行抽验,并及时调整至中性。

· 在酒精试验时,有时会遇到温度较高的牛乳试样,这时酒精呈弱的阳性反应,此时应进行冷却,取冷却后的牛乳作为试样,再进行酒精试验,以此结果作出判断。

（2）相对密度测定：在牛乳验收中,相对密度的测定是极为重要的一项工作,它可粗略地判断牛乳的内在质量。特别是对分散饲养的小牧场和个体户的牛乳必须逐桶测定。若相对密度偏低,需抽样作干物质及脂肪的测定,这样才能保证原料乳的内在质量及卫生质量,杜绝掺水,以免影响产品的单耗,增加成本。

① 牛乳的相对密度和密度：牛乳相对密度指15 ℃时牛乳重量与15 ℃时水的重量之比,以 D_{15}^{15} 表示。牛乳的密度指牛乳在20 ℃时单位体积的质量与4 ℃时同体积的水的质量之比,以 D_4^{20} 表示。

② 牛乳的相对密度与密度的关系及表示方法：牛乳收购时,用乳稠计检验牛乳的质量,但乳稠计有相对密度乳稠计及密度乳稠计两种规格,前者的读数为相对密度,后者的读数为密度。在乳品工业中常用相对密度这个概念,而且以度数来表示。

相对密度或密度与度的关系：相对密度或密度×1 000－1 000＝度

相对密度与密度的关系：（相对密度×1 000－1 000）－（密度×1 000－1 000）＝2度

③ 相对密度测定的仪器：

D_{15}^{15} 的相对密度乳稠计或用 D_4^{20} 的密度乳稠计各1支。

0~50 ℃或0~100 ℃的水银温度计或红液棒状温度计各1支。

200~250 ml量筒1个。

④ 相对密度测定方法：将牛乳充分搅拌均匀，取 150～200 ml 牛乳，置于量筒中（防止起泡沫），然后将乳稠计轻轻地插入量筒的中心，使其徐徐下沉，切勿与筒壁相接触，待静止后读数，以牛乳液面月牙形上部尖端部位为准，同时测定牛乳试样的温度。如果牛乳试样温度不是乳稠计标准温度时，必须进行换算。

(3) 乳成分的测定：近年来，随着分析仪器的发展，出现了很多高效率的乳品检验仪器。人们采用光学法测定乳脂肪、乳蛋白、乳糖及总干物质，并已开发使用各种微波仪器。

① 微波干燥法测定总干物质（TMS 检验）：通过 2 450 MHz 微波干燥牛乳，自动称量、记录乳中总干物质的质量，测定快速、准确，便于指导生产。

② 红外线牛乳全成分测定：通过红外线分光光度计，自动测出牛乳中的脂肪、蛋白质和乳糖三种成分。红外线通过牛乳后，牛乳中的脂肪、蛋白质和乳糖的不同浓度，减弱了红外线的波长，红外线波长的减弱率反映出三种成分的含量。该法测定速度快，但设备造价较高。

(4) 煮沸试验：牛乳的煮沸试验同样可以确定牛乳蛋白质的热稳定性，一般此法在牛乳验收中不常用。因为煮沸牛乳产生凝固时的酸度，能达到 26 °T 以上，这已超过了原乳的收纳标准。所以，只能在生产前作为一种补充试验，确定其能否使用。

3. 微生物检验 一般现场收购鲜乳不作细菌检验，但在加工以前，必须检验细菌总数和体细胞数，以确定原料乳的质量和等级。如果是加工发酵制品的原料乳，必须作抗生物质检验。

(1) 细菌检验：细菌检验方法很多，有美蓝还原试验、直接镜检法、稀释倾注平板法和大肠菌数检验法等。

① 美蓝还原试验：美蓝还原试验是用来判断原料乳的新鲜程度的一种色素还原试验。新鲜乳加入亚甲蓝后染为蓝色，牛乳中细菌的新陈代谢产生还原酶，可以使颜色逐渐变淡，直至无色。颜色改变的速度与细菌数有直接关系。通过测定颜色变化速度，可间接地推断出鲜乳中的细菌数。该法除可间接迅速地查明细菌数外，由于其对白细胞及其他细胞的还原作用敏感，还可用于检验异常乳（乳房炎乳、初乳或末乳）。

② 直接镜检法（费里德氏法）：直接镜检法是利用显微镜直接观察确定鲜乳中微生物数量的一种方法。取一定量的乳样，在载玻片上涂抹一定的面积，经过干燥、染色和镜检观察细菌数，根据显微镜视野面积，推断出鲜乳中的细菌总数，而非活菌数。直接镜检法比平板培养法更能迅速地判断结果，通过观察细菌的形态，推断细菌数增多的原因。

③ 稀释倾注平板法：平板培养计数是在取样稀释后，将其接种于琼脂培养基上，培养 24 h 后计数，测定样品中的细菌菌落总数。该法测定的是样品中的活菌数，测定时间较长。菌落总数指 1 g 或 1 ml 食品检样经营养琼脂培养基，$36(\pm 1)$℃，$48(\pm 2)$h 培养后，所含细菌菌落的总数。菌落总数用以判定食品被细菌污染的程度，或观察食品中细菌的性质以及细菌在食品在繁殖的动态。

④ 大肠菌数检验法：大肠菌落数以 100 ml(g) 检样内大肠菌落最可能数（MPN）表示，通过该指标可以推断食品中是否存在肠道致病菌，因而具有广泛的卫生安全评价意义。

(2) 体细胞数检验：正常乳中的体细胞，多数来源于上皮组织的单核细胞，如有明显的多核细胞出现，可判断为异常乳。例如，当牛乳中的体细胞数超过 5×10^6 个/ml，意味着奶牛得了乳房疾病。细胞含量的常用计数方法有直接镜检法（同细菌检验）或加利福尼亚细胞数测定法（GMT 法）。GMT 法根据细胞遇到表面活性剂时表面张力的变化进行检测，细胞在遇到表面活性剂时，会收缩凝固。细胞越多，凝集状态越强，出现的凝集片越多。

4. 抗生物质残留量检验 抗生物质残留量检验是验收发酵乳制品原料乳的必检指标。作为接收乳的主产企业，应该严格检测原料乳和乳粉的抗生素残留量，合格后才能使用。常用的方法有以下两种。

(1) TTC 试验：如果鲜乳中有抗生素物质残留，在被检乳样中，接种细菌进行培养，细菌不能增殖，此时加入的指示剂 TTC 保持原有的无色状态（未经还原）。反之，如果无抗生素物质残留，试验菌就会增殖，使 TTC 被还原，被检样变成红色。因此，被检样保持鲜乳的颜色即为阳性，如果变成红色则为阴性。

(2) 纸片法：将指示菌接种到琼脂培养基上，然后将浸过被检乳样的纸片放入培养基中进行培养。若被检乳样中有抗生素物质残留，则其会向纸片四周扩散，阻止指示菌的生长，在纸片的周围形成透明的阻止带，根据阻止带的直径，可判断抗生物质的残留量。

二、原料乳的预处理

原料乳的质量好坏是影响乳制品质量的关键,为了保证原料乳的质量,挤出的牛乳必须进行一些必要的预处理。

1. 过滤与净化

(1) 过滤:若牧场卫生条件不良,乳容易被粪屑、饲料、垫草、牛毛和蚊蝇等污染,因而挤出的乳必须进行过滤。过滤是将验收合格的原料乳,通过多孔质的材料将杂质与乳分开的过程。过滤方法有常压过滤、减压过滤(吸滤)和加压过滤,多用孔较粗的纱布、滤布、金属绸或人造纤维等作为过滤材料。生产中常用纱布进行过滤,将消过毒的纱布折成3~4层,结扎在乳桶口上,将挤出的乳称重后倒入扎有纱布的奶桶中,即可达到过滤的目的。在牧场中要求纱布的一个过滤面不超过 50 kg 乳,使用后的纱布应立即用温水清洗,并用 0.5%的碱水洗涤,然后再用清洁的水冲洗,煮沸 10~20 min 杀菌,放于清洁干燥的通风处以备下次使用。

(2) 净化:原料乳经过数次过滤后除去了大部分杂质,但由于乳中污染了许多极微小的机械杂质和细菌细胞,很难用一般的过滤方法除去,为了达到较高的纯净度,必须经过净化,其目的是除去机械杂质并减少微生物数量。通常采用离心法。离心净乳一般设在粗滤之后、冷却之前。现代的离心净乳机既能处理冷乳(低于 8 ℃)或热乳(50~60 ℃),同时又能自动定时排放物料中所分离出的杂质。在净乳过程中要防止泡沫的产生。普通净乳机在运转 2~3 h 后需停止,以便进行排渣,因而大型工厂采用自动排渣净乳机或三用分离机(奶油分离、净乳、标准化),对提高乳的质量有重要作用。

2. 乳的冷却　净化后的乳最好直接加工,如果短期贮藏时,必须及时进行冷却保持乳的新鲜度。

(1) 冷却的作用:刚挤下的乳在 36 ℃左右,是微生物繁殖最适宜的温度,如不及时冷却,混入乳中的微生物就会迅速繁殖。因此新挤出的乳,经净化后需冷却到 4 ℃左右以抑制乳中微生物的繁殖。冷却对乳中微生物的抑制作用见表 12-5。

表 12-5　乳的冷却与每毫升乳中细菌数(个)的关系

品　名	刚挤出的乳	时间/h			
		3	6	12	24
冷却乳/个	11 500	11 500	8 000	7 800	62 000
未冷却乳/个	11 500	18 500	102 000	114 000	1 300 000

由表 12-5 可知,未冷却的乳其微生物数量增加迅速,而冷却乳的微生物数量增加缓慢。在第 6~12 h 微生物有减少的趋势,这是因为低温和乳中自身抗生物质——乳烃素(拉克特宁,Lactenin)使细菌的繁殖受到抑制。新挤出的乳迅速冷却到低温,可使抗菌特性保持较长的时间。另外,原料乳污染越严重,抗菌作用时间越短。如乳温 10 ℃时,挤乳时严格执行卫生制度的乳样,其抗菌期是未严格执行卫生制度乳样的 2 倍。通常可根据贮存时间的长短选择适宜的温度(表 12-6)。

表 12-6　牛乳的贮存时间与冷却温度的关系

贮存时间/h	6~12	12~18	18~24	24~36
冷却温度/℃	6~12	8~6	6~5	5~4

(2) 冷却的方法

① 水池冷却:将装乳桶放在水池中,用冷水或冰水进行冷却,可使乳温冷却到比冷却水温度高 3~4 ℃。水池冷却的缺点是冷却缓慢,消耗水量较多,劳动强度大,不易管理。

② 浸没式冷却器冷却:这种冷却器可插入贮乳槽或奶桶中冷却牛乳。浸没式冷却器中带有离心搅拌器,可调节搅拌速度,并带有自动控制开关,可以进行定时自动搅拌,故可使牛乳均匀冷却,并防止稀奶油上浮,适用于奶站和较大规模的牧场。

③ 冷排和板式热交换器冷却:乳流过冷排冷却器和冷剂(冷水或冷盐水)进行热交换后流入贮乳槽中。

这种冷却器构造简单、价格低廉、冷却效率也比较高。板式热交换器克服了表面冷却器因乳液暴露于空气而容易受到污染的问题,用冷盐水作为冷媒,可使乳温迅速降低4℃左右。目前许多乳品厂及奶站都用板式热交换器对乳进行冷却。

3. 贮存 为了保证工厂连续生产的需要,必须有一定的原料乳贮存量。一般工厂的总贮乳量应不少于1天的处理量。冷却后的乳应尽可能保持低温,以防止温度升高保存性降低。因此,贮存原料乳的设备,要有良好的绝热保温措施,贮乳罐外面有绝缘层(保温层)或冷却夹层,一般乳贮存24 h内乳温仅升高1~2℃。贮乳罐并配有适当的搅拌机构,定时搅拌乳液,以防止乳脂肪上浮造成乳液分布不均匀。

贮乳设备一般采用不锈钢材料制成,应配有不同容量的贮乳罐,贮乳罐的容量应根据各厂每天牛乳总收纳量而定,应为日收纳总量的2/3~1。而且每只贮乳罐的容量应与每班生产能力相适应,每班的处理量一般相当于2个贮乳罐的乳容量,否则,使用多个贮乳罐会增加调罐、清洗的工作量并增加牛乳的损耗。贮乳罐使用前应彻底清洗、杀菌,待冷却后注入牛乳。且每罐须装满,并加盖密封,如果装半罐,会加快乳温上升,不利于原料乳的贮存。贮存期间要开搅拌机,24 h内搅拌20 min,乳脂率的变化在0.1%以下。

4. 运输 乳的运输是乳品生产中重要的一环,运输不妥,往往会造成很大的损失。在乳源分散的地方,多采用乳桶运输,乳源集中的地方,采用贮乳槽运输。无论采用哪种运输方式,都应注意以下几点:防止乳在途中升温,特别是夏季,运输最好在夜间成子晨进行,或用隔热材料盖好桶;所采用的容器必须保持清洁卫生,并进行严格杀菌;夏季必须装满盖严,以防震荡,冬季不能装得太满,避免因冻结而使容器破裂;长距离运送乳时,最好采用乳槽车,利用乳槽车运乳的优点是单位体积表面小,乳升温慢,特别是在乳槽车外加绝缘层后可以基本保持在运输中不升温。

第十三章 液态乳

第一节 液态乳概述

液态乳的概念可以理解为：以生鲜牛乳、奶粉等为原料，经过适当的加工处理后可供消费者直接饮用的液态状的一类乳制品。

一、液态乳的种类

液态乳种类繁多，目前还没有一种统一的方法对其进行合理的分类。通常采用以下几种方法进行分类。

1. 根据热处理方法分类 根据产品在生产过程中采用的热处理方式不同，可将液态乳分：巴氏杀菌乳、超高温灭菌乳、保持式灭菌乳。经不同热处理制成的液态乳产品保质期如表13-1所示。

表13-1 不同加热处理方法生产的液态乳制品保质期

液态乳	热处理	最低温度/℃	最少时间	保质期/d	流通模式	工艺要求
巴氏杀菌乳(美国)	巴氏杀菌	72	15 s	7~14	冷	净化灌装机
ESL乳(英国)	巴氏杀菌	90	5 s	14~30	冷	超净化灌装机
ESL乳(美国)	超高温巴氏杀菌	138	2 s	45~60	冷	超卫生灌装机
灭菌乳	加压高温灭菌	120	20 min	90	室温	净化灌装机及高压灭菌系统
超高温灭菌乳	瞬时超高温灭菌	140	4 s	90	室温	无菌灌装生产线

注：ESL(extended shelf life)乳，即延长货架期的巴氏杀菌乳。

2. 根据脂肪含量分类 为了满足不同消费者的需求，常常生产不同脂肪含量的液态乳。不同国家对按脂肪分类的产品标准并不相同，我国和德国液态乳依据脂肪含量的不同，分类情况如表13-2所示。

表13-2 液态乳的种类及脂肪含量

产品类型	脂肪质量分数/%	
	中国	德国
全脂乳	≥3.1	≥3.5
部分脱脂乳	1.0~2.0	1.5~1.8
脱脂乳	≤0.5	≤0.4

3. 根据营养成分或特性分类

（1）纯牛乳：以生鲜牛乳为原料，不添加任何其他食品原料，产品保持了牛乳所固有的营养成分。

（2）再制乳：以乳粉、奶油等为原料，加水还原而制成的与鲜乳组成、特性相似的乳产品。我国规定，再制乳必须在产品包装上予以标注。

（3）调味乳：以生鲜牛乳为主要原料，同时添加其他的调味成分，如巧克力、咖啡、各种谷物成分等制成的产品。产品的风味与纯牛奶有较大的不同，这类产品一般含有80%以上的牛乳。

（4）营养强化乳：在生鲜牛乳的基础上，添加其他的营养成分，如维生素、矿物质、多不饱和脂肪酸等对人体健康有益的营养物质而制成的液态乳制品。

（5）含乳饮料：在牛乳中添加水和其他调味成分而制成的含乳量在30%~80%的产品，根据国家标准，乳饮料中蛋白质的含量应在1.0%以上。

二、液态乳的一般加工工艺

液态乳的种类较多，但这类产品的加工工艺大致相近。基本加工工艺流程如下所示。

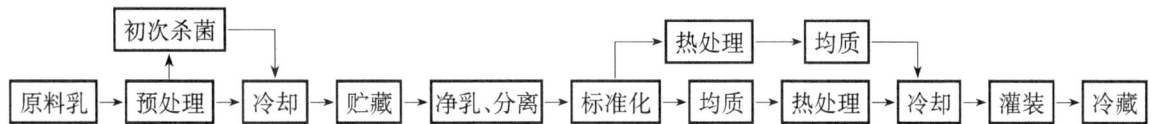

第二节 巴氏杀菌乳

一、巴氏杀菌乳的概念

巴氏杀菌是指杀死引起人类疾病的所有病原微生物及最大限度破坏腐败菌和乳中酶的一种加热方法，以确保其安全性。巴氏杀菌乳(Pasteurised milk)系指以新鲜牛乳为原料，经净化、均质、杀菌、装瓶（或装袋）后，直接供应消费者饮用的商品乳。过去巴氏杀菌乳均为当天饮用，随着生产技术的改进，现在的保质期已达3~7 d，但需冷链贮藏和运输。

二、巴氏杀菌乳的加工工艺

1. 工艺流程

原料乳的验收 → 过滤、净化 → 标准化 → 均质 → 巴氏杀菌 → 冷却 → 灌装 → 检验 → 冷藏

2. 加工生产线　生产普通消毒奶的各家乳品厂工艺流程的设计差别很大。例如：标准化可以采用预标准化、后标准化或者在线标准化，而均质也可以是全部或者部分均质。最典型的工艺是生产巴氏杀菌全脂乳，这种加工生产线（图13-1）包括一台净乳机、巴氏杀菌器、缓冲罐和包装机。

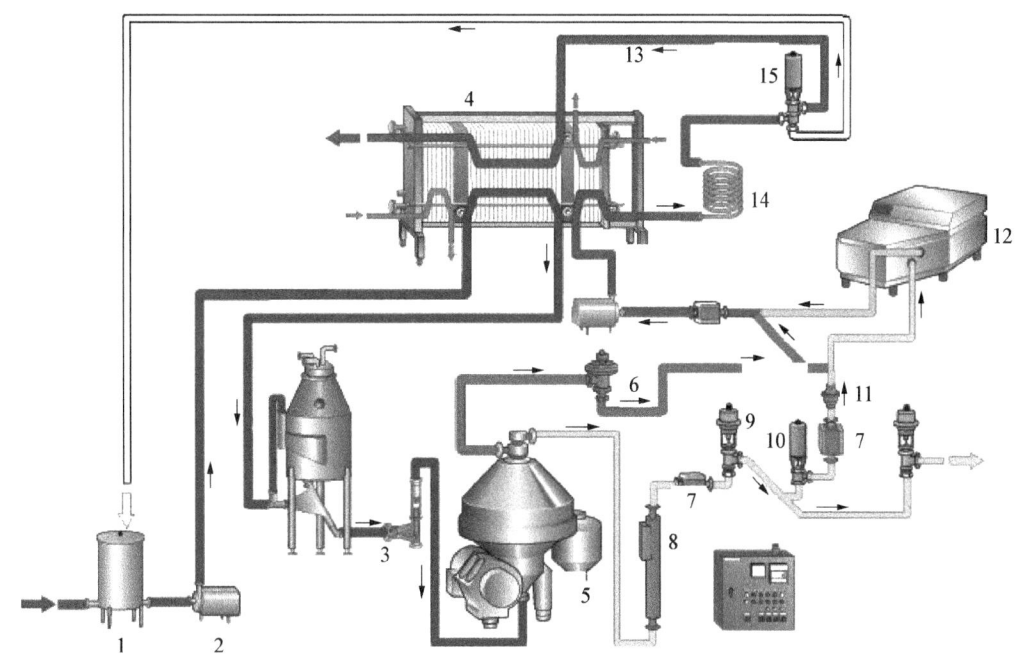

图13-1　部分均质的巴氏杀菌乳生产线

1. 平衡槽；2. 物料泵；3. 流量控制器；4. 板式热交换器；5. 离心机；6. 恒压阀；7. 流量传感器；8. 密度传感器；9. 调节阀；10. 逆止阀；11. 检测阀；12. 均质机；13. 升压阀；14. 保持管；15. 回流阀

图 13-1 为典型巴氏杀菌乳生产工艺流程图。牛乳经过平衡槽(1)进入到生产线,被泵入到板式换热器(4),先预热然后再到分离机(5),在这里分成脱脂乳和稀奶油。产品进行在线标准化,不管进入分离机的原料乳含脂率和流速是否变化,从分离机流出来的稀奶油的含脂率都能调整到要求的标准,并保持在这一水平上。一旦设定,稀奶油含脂率通过控制系统保持恒定,此系统包括流量传感器(7)、密度传感器(8)、调节阀(9)和标准化控制系统。

在这个例子中采用的是部分均质,仅对稀奶油进行均质。选择此系统的原因在于用较小的均质机(12)就能完成任务,并且消耗很少的动力仍能保持很好的均质效果。经过标准化设备之后,稀奶油分成两路:一路接着进行均质,同时保证有适当的流量以达到巴氏乳最后所要求的含脂率;另一路为多余稀奶油,可被送到稀奶油加工车间。

在部分均质中,均质机也需要和脱脂乳生产线相连接,这样保证均质机一直有足够的物料使其正常运转。因此,相对低流速的稀奶油用脱脂乳进行补充达到额定的生产能力。在进行巴氏杀菌之前,稀奶油最后在管中与脱脂乳相混合达到要求的含脂率。经过含脂率标准化的乳,被泵入到板式换热器进行巴氏杀菌,并进入保持管(14)保温,巴氏杀菌温度可连续记录下来。

巴氏杀菌后,牛乳流到板式换热器冷却段,先与流入的未经处理的乳进行回收换热,本身被冷却,然后在冷却段再由冰水进行冷却,冷却后牛乳被泵入到灌装机。

3. 工艺技术要求

(1) 原料乳的验收和分级:消毒乳的质量取决于原料乳。因此,对原料乳的质量必须严格管理,认真检验。只有符合标准的原料乳才能生产消毒乳。

(2) 过滤或净化:目的是除去乳中的杂质。

(3) 标准化:标准化的目的是保证牛奶中含有规定的最低限度的脂肪。各国牛奶标准的要求有所不同。一般来说,低脂奶含脂率 0.5%,普通奶为 3.0%。我国规定消毒乳的含脂率为 3.1%,凡不合乎标准的乳,都必须进行标准化。

(4) 均质:所谓均质就是将乳中脂肪球在强力的机械作用下破碎成小的脂肪球。目的是为了防止脂肪的上浮分离,并改善牛乳的消化、吸收程度。通常荷兰牛的奶中,75% 的脂肪球直径为 2.5~5 μm,其余为 0.1~2.2 μm。均质后的脂肪球,大部分在 1.0 μm 以下(表 13-3)。

表 13-3 均质压力与脂肪球直径

压力/MPa	脂肪球/μm	脂肪球平均/μm
0	1~18	3.71
3.5	1~14	2.39
7.0	1~7	1.68
10.5	1~4	1.40
14.0	1~3	1.08
17.5	1~3	0.99
21.0	0.5~2	0.76

均质的效果可以用显微镜、离心、静置等方法来检查,通常用显微镜检查比较简便。均质机是一种高压泵,加高压的牛乳通过均质阀流向低压部时,剪切(shearing)和冲击(impact)的力量,或者通过阀门后压力的急剧减小而产生空穴效应,使脂肪球破碎。一般采用的压力为 18~25 MPa。

(5) 巴氏杀菌:巴氏杀菌的目的首先是杀死引起人类疾病的所有致病微生物,同时杀灭牛乳中能影响产品风味和保质期的绝大多数其他微生物以及酶类,以保证产品质量并提高产品的贮藏稳定性。同时牛乳中也存在一些致敏因子,牛乳的热处理可以降低过敏性反应。

从杀死微生物的观点来看,牛乳的热处理强度是越强越好。但是,强烈的热处理对牛乳外观、味道和营养价值会产生不良影响。如牛乳中的蛋白质在高温下会变性;强烈的加热使牛乳味道改变,首先是出现"蒸煮味",然后是焦味。因此,时间和温度组合的选择必须考虑到杀灭微生物和保持产品质量两方面,以达到最佳效果。

在乳品加工中,各种加热杀菌温度对牛乳的风味、色泽、营养价值及乳脂等有密切关系,对其理化性质也有不同的影响(表13-4)。因此,必须根据不同产品选择不同的杀菌方法。

牛乳杀菌或灭菌方法有以下几种:

① 低温长时间巴氏杀菌(low temperature long time):简称 LTLT 杀菌法。这是一种间歇式巴氏杀菌方法。加热条件为 62～65 ℃下保持 30 min。这种杀菌方法由于所需时间长,效果也不够理想。因此,目前生产上很少采用。

② 高温短时间巴氏杀菌(high temperature short time):简称 HTST 杀菌法。此种热处理方式的具体时间和温度的组合,可根据所处理产品类型不同而有所变化。新鲜原料乳可采用的杀菌条件为 72～75 ℃,保持 15～20 s。通常均用板式杀菌器进行杀菌,其优点是能连续处理大量牛乳。

③ 超巴氏杀菌(ultra pasteurisation):目的是延长产品的保质期。杀菌条件一般为 125～138 ℃,时间为 2～4 s,然后将产品冷却至 7 ℃以下贮存和销售。

表13-4 各种杀菌温度对乳理化性质的影响

杀菌温度	酸 度	白蛋白	酶及维生素	磷酸钙	乳 糖	稀奶油层	应 用
63 ℃,30 min	降低 0.5～1 °T	稍有凝固 5%左右	淀粉酶破坏,维生素C减少 7.9%			影响极少	消毒乳
70～72 ℃,5～10 min	降低	部分沉淀 50%左右		沉淀 3%～4%			干酪、加糖炼乳等
85～87 ℃,数秒钟	增高	大量沉淀 60%以上	全部酶被破坏,维生素C减少 12.5%	沉淀 4%左右			奶油、奶粉
煮沸		全部沉淀	全部酶被破坏,维生素C破坏更多	沉淀 6%左右	焦化分解生酸	影响,上浮有油珠	家庭
高温杀菌 116～120 ℃,10～30 s	增高	全部沉淀	全部酶被破坏,维生素C破坏更多	沉淀 6%以上	焦糖化分解生酸	上浮较慢	

(6) 冷却:乳经杀菌后,就巴氏杀菌奶、非无菌灌装产品而言,虽然绝大部分微生物都已消灭,但是在以后各项操作中还是有被污染的可能,为了抑制牛乳中细菌的滋长,延长保存期,仍需及时进行冷却,通常将乳冷却至 4 ℃左右。而超高温奶、灭菌奶则冷却至 20 ℃以下即可。

目前对巴氏杀菌乳的冷却,通常在板式热交换器中完成,其特点是能回收利用热能。杀菌后的高温牛乳先进入预热阶段,同进入该段的冷藏牛乳进行热交换,使前者得以降温,后者得以升温预热。在该段的热交换中,热量得以回收利用。经预热段降温后的杀菌乳,进入冷却段,进行最后的冷却。该段使用冰水作冷却介质,将杀菌乳冷却至 4～5 ℃,然后通过出料管,连续送往灌装机。

(7) 灌装:灌装的目的主要为便于分送和零售,防止外界杂质混入和微生物污染,保存风味和防止吸收外界气味而产生异味,以及防止维生素等营养成分受损失。

(8) 冷藏、运输:灌装后的消毒乳,通过传送带送入包装箱中,再由手动或电动拖车送入冷库作销售前的暂存。冷库温度一般为 4～6 ℃,巴氏杀菌乳的贮藏期为 7 d。巴氏杀菌乳在贮存、运输和销售过程中,必须保持冷链的连续性。乳品厂至商店的运输过程及产品在商店的贮存过程是冷链的两个最薄弱环节,要特别引起重视。具体要求包括:产品必须贮藏在 4 ℃以下;巴氏杀菌乳必须在 6 ℃以下贮藏和运输;产品应尽量在避光条件下贮藏、运输和销售;产品应尽量在密闭条件下销售。

第三节 ESL 牛 乳

ESL(extended shelf life)乳即延长货架期的巴氏杀菌乳。生产延长货架期乳制品的技术最早于 1960 年出现在北美。当时主要用于生产流通速度缓慢的产品,如发泡稀奶油和咖啡稀奶油。现在此技术已经应用到其他高附加值产品以及普通液态乳产品,并且 ESL 乳已经成为一个专有的缩写词,指从原料乳质量控制到最终销售的整个系统过程。

ESL乳并没有一个法定的概念，本质上是延长（巴氏杀菌）产品的货架期，一般把ESL乳产品的货架期定位在巴氏杀菌乳与UHT乳制品之间，这主要取决于产品从原料到销售的整个过程中的加工工艺、技术装备及质量控制。ESL乳解决了巴氏杀菌乳货架期短的问题，使产品的销售范围得以进一步扩大，同时满足了消费者对液态乳制品的口感和营养价值方面的要求。

一、ESL乳的基本生产工艺

生产ESL乳的基本工艺和条件包括原料乳的验收、预处理、标准化、热处理、灌装以及储藏销售、CIP/SIP（就地清洗和杀菌）（图13-2）。

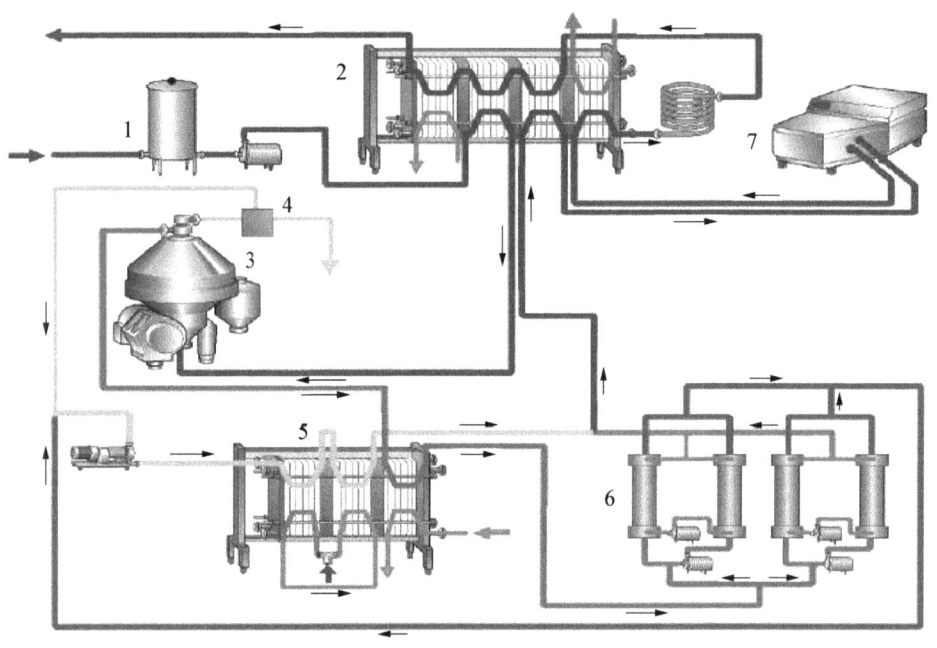

图13-2 带有微滤装置的ESL牛乳加工流程图
1. 平衡槽；2. 巴氏杀菌机；3. 离心机；4. 标准化；5. 板式热交换器；6. 微滤单元；7. 均质机

1. 原料乳的质量要求 原料乳中的细菌数是影响巴氏杀菌乳货架期的重要因素。欧盟规定在生产ESL牛乳中原料乳细菌总数≤10^5 cfu/ml，德国规定原料乳细菌总数≤$5×10^4$ cfu/ml。当原料乳中的微生物达到一定数量，特别是超过10^5 cfu/ml时，一些芽孢杆菌、巨大芽孢杆菌、嗜热脂肪芽孢杆菌等在杀菌过程中不能完全被杀灭，在长时间的贮存过程中容易被激活，最终导致产品变质。同时，原料乳在生产中要尽量缩短储藏时间，尽快进行加工处理，以防止低温菌大量繁殖产生一些酶如蛋白分解酶、脂肪分解酶等降低产品感官特性。

2. 热处理 巴氏杀菌处理是目前生产ESL乳的主要方法。不同温度的巴氏杀菌条件对产品货架期延长的影响也不同。超巴氏杀菌条件的制定不仅要考虑延长产品的货架期，同时又要最大限度地减轻由于热处理造成的产品感官质量的变化。

3. 灌装及清洗 ESL乳是在改善杀菌工艺和提高灌装设备卫生等级的基础上，围绕ESL乳的生产，要求灌装过程必须在过滤的无菌空气保护下形成小环境的正压灌装区内完成。

如英国在生产ESL乳时，产品在90℃处理5 s后，输送到超净灌装机中进行灌装，同时进行瓶盖处理，以及在稍高的压力下实现就地清洗，对灌装机进行彻底的清洗、杀菌。美国在生产ESL乳时，在138℃高温下处理2 s后，采用超净灌装机灌装，容器及瓶盖也进行杀菌处理。此外，灌装机也要用140℃的超热水进行SIP（就地杀菌）处理。

ESL乳的包装材料需要用双氧水喷雾式杀菌和无菌干燥空气干燥、紫外线区域照射等。包装材料表面双氧水的残留量必须达到IDF标准或欧美标准。同时，乳中的许多营养成分如维生素A、维生素B_6、维生素

B_{12}、维生素 D、维生素 K、生育酚、色氨酸、β-胡萝卜素、不饱和脂肪酸等均对光敏感,在长时间的贮存期间易发生降解,所以应选用不透明的或散光性强的包装材料。

4. 贮藏及销售　　冷链系统对 ESL 乳的保存和销售尤其重要。低温能够抑制细菌生长,进而可以增加产品的货架期。ESL 乳通常在 4 ℃条件下冷藏和销售。

二、新技术在 ESL 乳生产中的应用

为了保证 ESL 乳的稳定性和理想的货架期,除了制定合理的热处理条件外,一些新技术、新工艺也可应用到 ESL 乳的生产中。

1. 陶瓷膜微滤除菌技术的应用　　应用膜微滤技术去除原料乳中的微生物是近几年才发展起来的。微滤膜可以有效地截留乳中的细菌、酵母菌和霉菌等,乳中的有效成分则可以透过。

膜过滤除菌技术最早由帕玛拉特加拿大公司用于开发生产味道新鲜的 ESL 乳。最近,法国国家农艺学研究所也报道了采用膜过滤技术生产 ESL 牛乳的研究成果:新鲜牛乳脱脂,脱脂乳经 1.0～1.4 μm 的陶瓷膜过滤,可除去乳中 99.84%～99.90% 的细菌,将单独热处理的稀奶油与经过过滤除菌的脱脂乳混合,均质后在 96 ℃下持续 6 s 杀菌,使乳中的酶失去活性,避免在储存过程中酶分解蛋白质而引起牛乳变质。采用该工艺加工的牛乳在低温下可以冷藏 4～6 个月,而且味道与巴氏杀菌乳相同。这种将膜技术与其他技术相结合的复合杀菌系统降低了对牛乳的热处理强度,在保证了杀菌效果的同时,还可以保持乳原有的风味并避免蛋白质的热变性,提高了产品的质量,延长了货架期。

Stork 公司 ESL 乳生产工艺为:牛乳先被分离成稀奶油和脱脂乳,脱脂乳通过一个孔径大小为 1.4 μm 的陶瓷半透膜过滤除菌,滤过液在热交换器中进行巴氏杀菌(72 ℃,15 s)。微滤后 4%～5% 的截留液,其中包括 99.5% 的细菌和孢子,可以经过高温处理(120 ℃,2 s)后再与滤液重新混合。

2. 离心除菌技术的应用　　离心除菌技术在欧洲一些国家的干酪生产中已经得到了广泛的利用,现在许多国家开始把它应用于 ESL 乳的生产中。通过一次分离除菌工艺,乳中 80%～95% 的细菌将被除去。其中,好氧菌去除率在 95% 以上、厌氧孢子为 98%～99%、嗜冷菌为 82%～89%,经过离心除菌的原料乳再经巴氏杀菌,可使产品的保质期在 8 ℃左右的贮藏条件下达到 15 d 左右。二次离心除菌后,牛乳中剩余细菌量的 70% 将被去除掉,而通过这道工艺,产品的保质期可达到 30 d 左右。在离心除菌过程中,只有 0.5%～1.0% 的原料乳损耗。

3. 二氧化碳的应用　　二氧化碳可以有效抑制许多引起食物腐败的微生物的生长,尤其是革兰氏阴性嗜冷菌。乳的理化质量(酪蛋白、乳清蛋白、碳水化合物、维生素和有机酸)不会因为二氧化碳而产生不良影响。在牛乳中充入适量的二氧化碳,不会改变乳的风味、外观特征和乳香味。

许多研究发现,嗜冷菌产生的一些胞外酶能引起乳中蛋白质和脂肪的水解,而乳中溶解的二氧化碳能够延缓蛋白质和脂肪的水解,同时能延长细菌的生长周期,并在一定程度上抑制乳中嗜冷菌的生长。

4. Pure-LacTM 系统的应用　　经 APV 和 Elopak 公司共同研究开发蒸汽加热技术,在蒸汽直接加热杀菌设备上增加了 PTTM 控制单元,命名为 Pure-LacTM 系统。Pure-LacTM 系统控制杀菌温度在 125～145 ℃之间,热处理时间少于 1 s,即瞬时加热小于 0.2 s、闪蒸冷却时间小于 0.3 s。此系统主要侧重于减少存活于巴氏杀菌后的需氧嗜冷菌的孢子数,配合超清洁包装技术,产品在高于 10 ℃储存销售时,货架期达到 2～3 周。

第四节　超高温灭菌乳

超高温(ultra high temperature, UHT)杀(灭)菌乳一般采用 120～150 ℃、0.5～4 s 杀菌。原料乳中乳细菌数过多时,往往影响杀菌效果和保存性。采用超高温杀菌时,由于时间很短,故风味、营养价值和保存性较好。此外,耐热性细菌都被杀死,达到商业无菌,可以在常温下贮藏。但如果原料乳质量不高(如酸度高、盐类不平衡),则易形成软凝块和杀菌器内挂污石等,故原料乳质量必须充分注意。

由于牛乳灭菌后细菌全部被杀死,故其保质期较长,一般在 6 个月以上。但由于灭菌的热处理条件过于

强烈,对乳中的热敏感性成分如维生素 C 等破坏较大。UHT 灭菌乳由于处理时间较短,营养成分几乎没有损失,现已在国内得到广泛应用。与传统的在静水压塔中灭菌相比,用 UHT 处理牛乳能够节省时间、劳动力、能源和空间。UHT 是一个高速加工过程,因此对于牛乳风味的影响要远远小于前者。然而二次灭菌牛乳的老顾客习惯于其产品"蒸煮"和焦糊风味,反而会觉得 UHT 处理的产品"没味道"。

一、不同的 UHT 系统

UHT 系统主要有两种类型,即直接式 UHT 和间接式 UHT。所谓直接式 UHT 是指产品进入系统后与加热介质直接接触,随之在真空缸中闪蒸冷却。直接式 UHT 又可分为:蒸汽注射系统,即蒸汽注入产品,如图 13-3a 所示;蒸汽混注系统,即产品进入充满蒸汽的罐中,如图 13-3b 所示。在间接式 UHT 中,热量从加热介质中通过一个间壁(板片或管壁)传送到产品中。间接系统可分为:板式热交换器(图 13-4a);管式热交换器(图 13-4b)和刮板式热交换器(图 13-4c)。在间接系统中,可依据产品和加工要求将不同的热交换器进行组合。

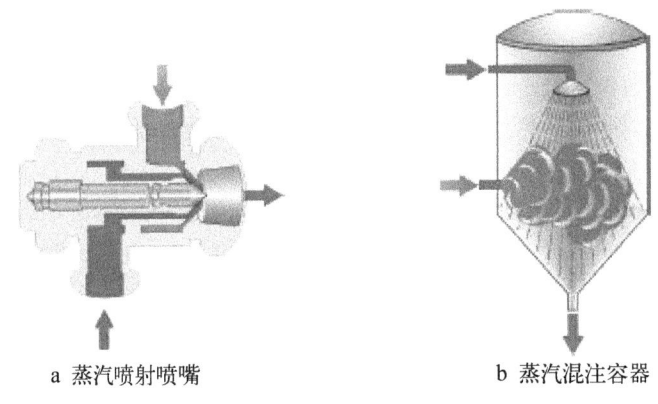

a 蒸汽喷射喷嘴　　　　　　　b 蒸汽混注容器

图 13-3　UHT 直接加热法

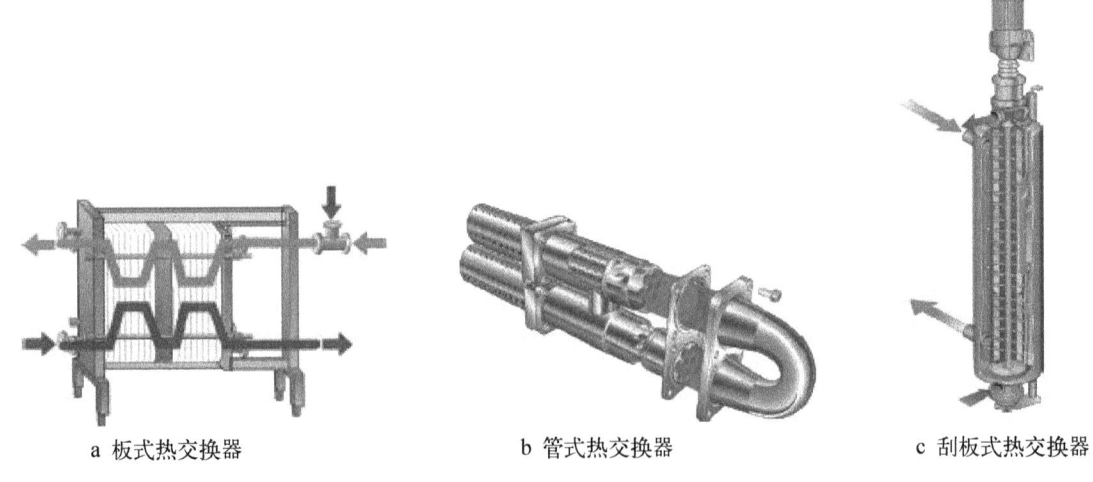

a 板式热交换器　　　　b 管式热交换器　　　　c 刮板式热交换器

图 13-4　UHT 间接加热法

二、UHT 灭菌乳的加工工艺

UHT 灭菌乳生产的工艺流程与消毒乳的主要区别在于杀菌工艺和灌装。UHT 乳生产同样也需要经过原料乳的验收、过滤或净化、标准化步骤。下面以管式热交换器加蒸汽注射器为基础的直接 UHT 为例介绍灭菌乳的工艺(图 13-5)。

牛乳经预处理后,进入管式热交换器(3)中预热至约 95 ℃(3a 和 3c 段),经保持管(4a)后,牛乳被进一步间接加热(3 d)。蒸汽注射使温度迅速升高至 140～150 ℃,牛乳在此温度下保持数秒(4b)后冷却,预冷却在

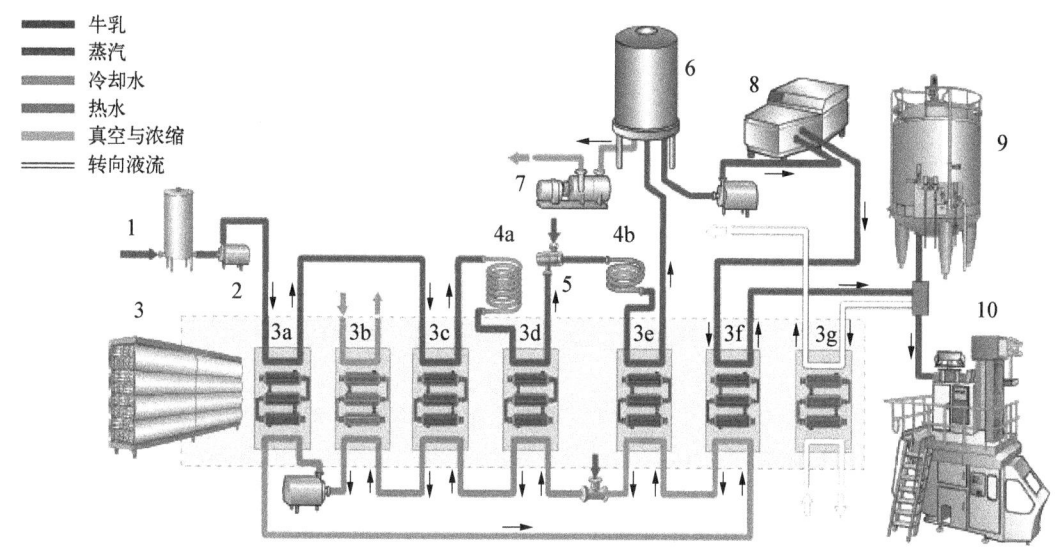

图 13-5　列管式蒸汽喷射 UHT 杀菌系统

1. 平衡槽；2. 供料泵；3. 管式热交换器；3a. 预热段；3b. 补偿冷却器；3c. 加热段；3d. 最终加热段；3e. 冷却段；3f. 冷却段；3g. 转向冷却器；4. 保持管；5. 蒸汽喷射头；6. 蒸发室；7. 真空泵；8. 无菌均质机　9. 无菌罐；10. 无菌灌装

管式热交换器(3e)中进行,其中的热能被用于再生加热,注射到产品中的蒸汽在真空室中以蒸汽形式被闪蒸掉(6),同时温度降至80 ℃。在闪蒸之前的预冷却段不仅使热能得到回收,也减少了牛乳的香味损失。经无菌均质(8)之后,牛乳经热回收(3f)冷却至包装温度约20 ℃,并进行无菌灌装,或进入无菌缸中进行中间贮存。在重新开始生产之前设备必须清洗和灭菌。

三、UHT 灭菌乳的包装

无菌包装是生产 UHT 乳的一个重要过程,该过程包括包装材料或容器的灭菌、在无菌环境下将牛乳灌入无菌容器中、形成足够紧密防止再污染的包装容器。UHT 产品在非冷藏条件下具有长货架期,所以包装材料必须具有防光和防氧气作用,因此在聚乙烯塑料层之间需要有一个薄铝夹层。

1. 无菌罐　无菌罐用于 UHT 处理乳制品的中间贮存。在 UHT 生产线上,无菌罐的作用主要有：

① 如果包装机中有一台意外停机,无菌罐用于停机期间产品的贮存。② 几种产品同时包装,首先将一个产品贮满无菌罐,足以保证整批包装,随后,UHT 设备转换生产另一种产品,并直接在包装机线上进行包装。

因此在生产线上有一个或多个无菌罐,为灵活安排生产提供了方便。UHT 系统要求不大于20%的产品回流,同时,适度的产品回流循环可以保持灌装压力的稳定。如果处理的产品对热敏感,最好采用无菌罐。

2. 灌装机　纸卷成型包装系统是目前使用最广泛的包装系统,包装材料由纸卷连续供给包装机,经过一系列成型过程进行灌装、封盒和切割。在这一过程中对包装材料的灭菌是获得无菌灌装的关键。包装材料的灭菌方式有多种,包括蒸汽灭菌、双氧水灭菌、紫外线辐射灭菌以及双氧水与紫外线联合灭菌。对于纸或复合塑料包装系统最为广泛的是双氧水结合紫外线灭菌,一般双氧水浓度为30%~35%。目前我国应用较多的包装形式有砖形包装、枕形包装和菱形包装。

第五节　再制乳的加工

一、再制乳的概念和特点

所谓再制乳(reconstituted milk)是指以脱脂乳粉和无水奶油为原料,经加工制成液态奶的过程。其成分可以与鲜奶相似,也可以强化各种营养成分,也可以用它来制成酸奶等其他乳制品。

二、再制乳的原料

1. 脱脂乳粉 脱脂乳粉质量的好坏对成品质量有很大影响。因此,要严格控制质量。脱脂乳粉的包装为多层牛皮纸袋,内衬聚乙烯薄膜袋。贮存温度不应超过 25 ℃,并避免阳光直接照射。脱脂乳粉的贮存期通常不超过 12 个月。

2. 无水奶油 再制乳的风味主要来自脂肪中的挥发性脂肪酸,故必须严格控制脂肪的质量标准。无水奶油应装在铁桶内(容积一般为 20 L 或 200 L),并充以惰性气体。运输和贮存中,必须防止铁桶的破损和渗漏,以免空气渗入,加速氧化。贮存中防止阳光照射和靠近热源。理想的贮存温度为 4 ℃,在 6~10 ℃下贮存期为 1 年。

3. 水 水是再制乳的溶剂,水质的好坏直接影响再制乳的质量。金属离子(如钙、镁)高时,影响蛋白质胶体的稳定性,故应使用软化水。

4. 添加剂 再制乳常用的添加剂有:
(1) 乳化剂:常用的有单甘酯、蔗糖酯和卵磷脂。
(2) 稳定剂:主要为水溶性胶体,包括阿拉伯树胶、果胶、琼脂、海藻酸盐等。
(3) 盐类:如氯化钙和柠檬酸钠等。
(4) 风味料:天然和人工合成的香精。
(5) 着色剂:常用的有胡萝卜素、安那妥等,赋予制品良好的颜色。

三、再制乳的加工工艺

1. 再制乳的加工方法

(1) 全部均质法:先将脱脂乳粉和水按比例先混合成脱脂乳,再添加无水黄油、乳化剂和芳香物等,充分混合。然后全部通过均质,再经杀菌、冷却而制成。

(2) 部分均质法:先将脱脂乳粉与水按比例混合成脱脂乳,然后取部分脱脂乳,在其中加入所需的全部无水黄油成高脂乳(含脂率为 8%~15%)。将高脂乳进行均质,再与其余的脱脂乳混合,经杀菌、冷却而成。

(3) 稀释法:先将脱脂乳粉、无水黄油等混合制成炼乳,然后用杀菌水稀释而成。

2. 工艺流程

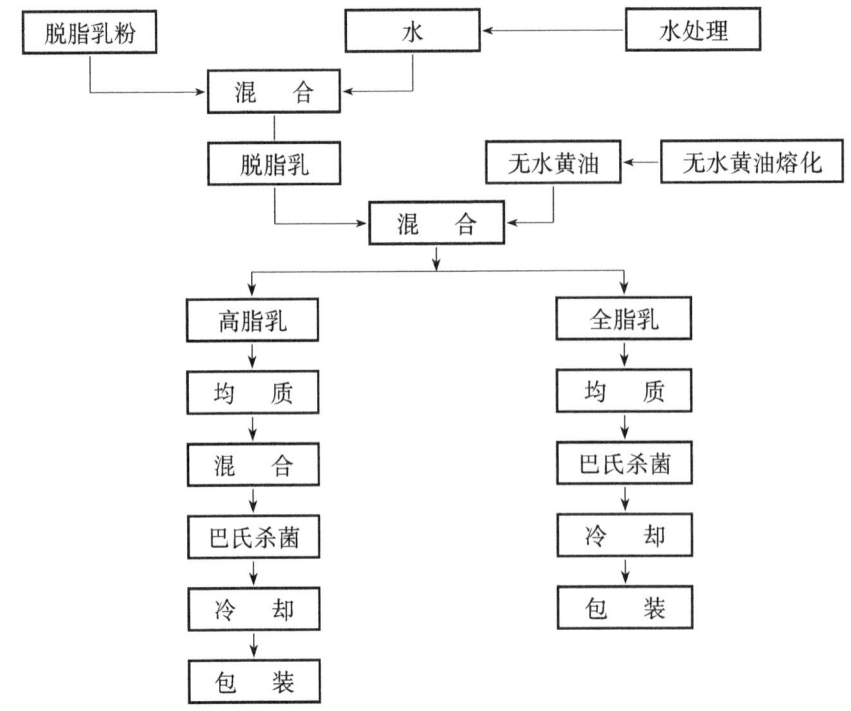

第六节　花色乳及含乳饮料

本节以常见的咖啡奶和巧克力奶加工为例。

一、原材料

1. 咖啡　　风味随产地而异，一般以1～3种混合使用，可使其发生特殊的风味。咖啡浸出液的调制可用咖啡粒浸提，也可以直接使用速溶咖啡。咖啡液倒入牛乳中时，由于咖啡酸度较高，容易引起乳蛋白质不稳定，故应少用酸味强的咖啡，多用稍带苦味的咖啡。咖啡浸出液的提取，可用产品重0.5%～2%的咖啡粒，用90℃的热水（咖啡粒的12～20倍）浸提制取。浸出液受热过度会影响风味，故浸出后应迅速冷却并在密闭容器内保存。

2. 可可和巧克力　　通常采用的是用可可豆制成的粉末，稍加脱脂的称可可粉，不进行脱脂的称巧克力粉。其风味随产地而异。巧克力粉含脂率50%以上，不容易分散在水中。可可粉的含脂率随用途而异，通常为10%～25%，在水中比较容易分散，故生产乳饮料时一般均采用可可粉。用量为1%～1.5%。

3. 甜味剂　　通常用蔗糖（4%～8%），为了使用方便，果葡糖浆的使用量逐渐增加。

4. 稳定剂　　常用的海藻酸钠、CMC、明胶等。明胶容易溶解，使用比较方便。使用量为0.05%～0.2%。此外，也有使用淀粉、琼脂、胶质混合物的。

二、加工方法

1. 咖啡奶的加工方法　　把咖啡浸出液和蔗糖与脱脂乳混合，经均质、杀菌而制成。

（1）工艺流程

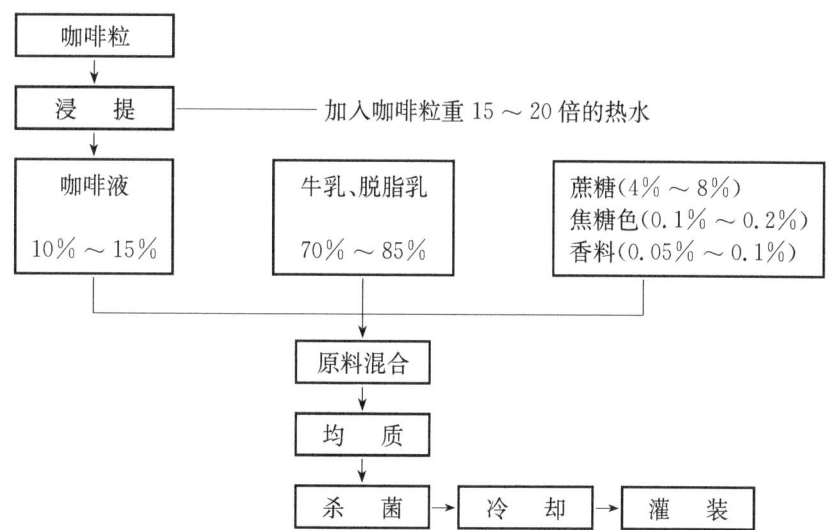

（2）咖啡奶的配方及加工要点：咖啡奶的配方可以根据各地区的条件加以调整。现举一例如下：
全脂乳40 kg，脱脂乳20 kg，蔗糖8 kg，咖啡浸提液（咖啡粒为原料的0.5%～2%）30 kg，焦糖色0.3 kg，稳定剂按0.1%～0.2%加入，香料0.1 kg，水1.6 kg。

2. 巧克力奶的加工方法

（1）巧克力奶的配方：全脂乳80 kg，脱脂乳粉2.5 kg，蔗糖6.2 kg，可可1.5 kg，稳定剂0.02 kg，色素0.01 kg，水9.47 kg。

（2）巧克力奶的加工方法：先制备糖浆，将0.2份的稳定剂与5倍的蔗糖混合，然后将1份可可粉与剩余的4份蔗糖混合，在此混合物中，边搅拌边徐徐加入4份脱脂乳。在82～88℃下搅拌15 min，并在10℃以下冷却保存。以液体巧克力代替可可粉时，先用脱脂乳徐徐稀释使成光滑的糊状物，然后将稳定剂和蔗糖加至糊状物中，进行杀菌、冷却。取糖浆10份加均质后的全脂乳或脱脂乳90份，杀菌。冷却后进行灌装。

第十四章

发酵乳制品

第一节 发酵乳概述

一、发酵乳的定义及历史

发酵乳(fermented milk)是指乳或乳制品在特征菌的作用下发酵而成的酸性凝乳状产品,在保质期内,该类产品中的特征菌必须大量存在,并能继续存活和具有活性。而乳酸菌饮料是一种发酵型的酸性含乳饮料,通常以牛乳或乳粉、植物蛋白乳(粉)、果蔬菜汁或糖类为原料,经杀菌、冷却、接种乳酸菌发酵剂培养发酵,然后经稀释而成。

发酵乳制品是一个综合名称,包括酸乳、酸乳酒、发酵酪乳、斯堪的纳维亚酸乳、酸奶油等。发酵乳的名称是由于牛乳中添加了发酵剂,使部分乳糖转化成乳酸而来的。在发酵过程中还形成 CO_2、醋酸、丁二酮、乙醛和其他物质。

二、发酵乳的营养价值和保健功能

1. 发酵乳的营养价值 牛乳经发酵制成发酵乳时,部分乳糖水解成半乳糖和葡萄糖,后再被转化为乳酸。半乳糖被机体吸收后可参与幼儿脑苷和神经物质的合成。发酵产生的乳酸会使乳蛋白变成微细的凝乳粒,易于消化吸收。另外,乳酸菌能够释放活性酶类和维生素 B 类等营养物质。经研究发现,来自人体肠道的双歧杆菌等乳酸菌能产生维生素 B_1、叶酸、维生素 B_6、维生素 B_{12} 等多种维生素,数量因种类不同而各异。发酵乳中还含有胞外多糖、矿物质、呈味物质等,所有这些营养成分在提供机体营养、调节肠道微生态、促进人体健康等方面起着极其重要的作用。

2. 保健功能 乳酸菌及其发酵乳的保健功能主要包括:① 调节肠道的微生态平衡,经常饮用发酵乳或乳酸菌活菌制剂来调节肠道的微生态平衡;② 抑制有害微生物的生长,防止腹泻;③ 促进人体对乳中钙的吸收;④ 提高机体的免疫力;⑤ 减少乳糖不耐症;⑥ 降低胆固醇;⑦ 降低血压等作用。

第二节 发酵剂制备

一、发酵剂的概念及种类

发酵剂是指生产发酵乳制品时所用的特定微生物培养物。对于发酵乳生产来说,质量优良的发酵剂是不可缺少的。选择优良的发酵剂菌种,进行正确育种、活化、传代,生产过程中还需防止杂菌污染,并对发酵剂菌种进行适当的保藏,这样有助于提高发酵剂利用周期,保证目标产品达到标准化,产品品质长期均匀一致。

乳酸菌发酵剂通常按如下几种方式进行分类。

1. 根据发酵剂生产阶段的不同分类 通常用于乳酸菌发酵的发酵剂按照制备过程分为乳酸菌纯培养物、母发酵剂、中间发酵剂和生产发酵剂。

(1) 乳酸菌纯培养物:即一级菌种,多是从专门的发酵剂公司或研究所购得的原始菌种,一般多接种在脱脂乳、乳清、肉汁等培养基中,或者用升华法制成冻干粉状菌种(能较长时间保存并维持活力)。当生产单位取到菌种后,即可将其移植于灭菌脱脂乳中,恢复活力以供生产需要。

(2) 母发酵剂:即一级菌种的扩大再培养,其培养基一般为灭菌脱脂乳,它是制备、生产发酵剂的基础。母发酵剂的质量优劣直接关系到生产发酵剂的质量。

(3) 中间发酵剂:是扩大至生产发酵剂的中间物质。

(4) 生产发酵剂:生产发酵剂又称工作发酵剂,是直接用于实际生产的发酵剂。

由此可看出各级菌种之间的制约关系,一级菌种质量优劣,对以后两级菌种影响极大,并直接影响产品质量。

2. 根据发酵剂菌种组合情况不同分类　　根据菌种数量将其分为混合发酵剂、单一发酵剂和补充发酵剂。

(1) 混合发酵剂:这一类型的发酵剂含有两种或两种以上的乳酸菌,如德氏乳杆菌保加利亚亚种和嗜热链球菌按1:1或1:2比例混合的酸乳发酵剂,且两种菌比例的改变越小越好。

(2) 单一发酵剂:这一类型发酵剂只含有一种乳酸菌。

(3) 补充发酵剂:为增加发酵乳的黏稠度、风味或增强产品的保健功能,而单独或混合使用的发酵剂。

① 产黏发酵剂:为增加发酵乳的黏稠度,额外选择产黏菌株做发酵剂。为防止产黏过度增殖,应将其与保加利亚乳杆菌或嗜热链球菌分开培养。

② 产香发酵剂:当生产的天然纯酸乳的香味不足时,可考虑加入特殊产香的保加利亚乳杆菌菌株或嗜热链球菌产香菌株。

③ 益生菌发酵剂:如日本非常有名的发酵乳"Yakult"的发酵剂就是由嗜酸乳杆菌、干酪乳杆菌和双歧杆菌组合发酵而成的,加入嗜酸乳杆菌与双歧杆菌配合生产保健乳(AB-culture),这种发酵剂在乳中生长缓慢;由于双歧杆菌会产生特有的不良醋酸味,因而一般不单独使用,通常单独培养双歧杆菌,然后在生产前与德氏乳杆菌保加利亚亚种和嗜热链球菌混合接种于乳中,其目的也是增加最终产品的食疗作用。

3. 根据发酵剂物理状态的不同分类

(1) 液态发酵剂:乳品厂一般将商品发酵剂制成各种液态发酵剂供生产用。液态发酵剂中的母发酵剂、中间发酵剂一般由乳品厂化验室制备,而生产用的工作发酵剂由专门发酵剂室或车间制备。所用培养基为脱脂乳或复原脱脂乳,一般要求干物质含量较高,必要时可添加促生长因子。生产发酵剂一般要求同生产用的原料相同,用原料乳制作。

精心选择和制备的液态发酵剂也可作为商品发酵剂出售。液态发酵剂的优点是便于检查,价格便宜。其缺点是批与批之间质量不够稳定、保存期短、乳酸菌活菌数量低,必须经常传代以保存活力,费时费力且容易受到外界微生物的污染和噬菌体的侵袭,必须安排训练有素的人员在这些岗位上,且接种量较大。其活菌数一般为 $10^6 \sim 10^8$ cfu/ml,要求在 0~5 ℃保存不超过1周,一般需 4~7 d 活化1次。

(2) 冷冻发酵剂:是在乳酸菌生长活力最高点时,通过浓缩、在液氮罐中冷冻而制成的,然后保存在 -196 ℃液氮罐中或在 $-70 \sim -40$ ℃低温冻藏。冷冻发酵剂可直接作为生产发酵剂,一次性使用简单、方便,大大降低了污染机会,确保了每批产品质量稳定;可随时按产量接种,减少了浪费。但是,该发酵剂在运输过程中不能解冻,因此,不便于运输。

(3) 冻干发酵剂:粉末状或颗粒状发酵剂是通过冷冻干燥培养到最大乳酸菌数的液态发酵剂而制得的。冷冻干燥是在真空下进行的,该方法最大限度地减少了对乳酸菌的破坏。冷冻干燥发酵剂活菌数高,可直接用作生产发酵剂。

与液态发酵剂相比,粉末发酵剂运输和保存方便,质量稳定,污染机会也随之降低,但是成本高。

4. 根据发酵剂最适生长温度的不同分类

(1) 嗜温菌发酵剂:此类发酵剂菌种通常能在 10~40 ℃的温度范围内生长,最适生长温度为 20~30 ℃。常用的嗜温菌发酵剂菌种有:乳酸乳球菌、乳脂乳球菌、丁二酮乳链球菌、乳明串珠菌等。前两种主要是利用乳糖产生乳酸,常作为酸生成菌;后两种能发酵柠檬酸,产生的主要代谢产物是二氧化碳、乙醛和丁二酮,常作为风味生成菌。而丁二酮乳链球菌既能发酵柠檬酸又能发酵乳糖,既能产生酸又能产生风味物质。

（2）嗜热菌发酵剂：这种发酵剂的最适生长温度为 40~45 ℃，最常见的是由嗜热链球菌和德氏乳杆菌保加利亚亚种组合的发酵剂，可用于酸乳及一些乳酸菌饮料的生产。

二、发酵剂的主要作用及发酵剂的选择

发酵剂质量影响发酵乳制品品质，其作用主要体现在：分解乳糖产生乳酸；产生挥发性的物质，如丁二酮、乙醛等，从而使发酵乳具有典型的风味；酸化过程抑制了腐败致病菌的生长，调节肠道菌群平衡；具有一定降解脂肪、蛋白质作用，使发酵乳制品更容易消化吸收。

发酵剂的选择也是发酵乳制品质量优劣的决定因素之一，选择质量优良的发酵剂应从以下几方面考虑。

1. 产黏性 发酵过程中产生的黏性物质有助于改善发酵乳的组织状态和黏稠度，在发酵乳干物质含量不太高时尤其重要，但一般情况下产黏发酵剂往往会对发酵乳的发酵风味有一定程度的影响。

2. 产香性 发酵乳发酵剂产生的芳香物质通常为乙醛、丁二酮、丙酮和挥发性酸，评价方法常用的有感官评价、测定挥发性酸的量、测定乙醛生成能力。

3. 蛋白质的水解性 嗜热链球菌在乳中表现很弱的蛋白水解性，德氏乳杆菌保加利亚亚种的蛋白水解活性较高，能将蛋白质水解，产生大量的游离氨基酸和肽类。影响蛋白质水解活性的因素主要有温度、pH、菌种与菌株、贮藏时间等。

4. 产酸能力 判断发酵剂产酸能力的方法有两种，即测定酸度和产酸曲线。产酸能力强的发酵剂在发酵过程中容易导致产酸过度，所以生产中一般选择产酸能力中等或弱的发酵剂。

5. 后酸化 后酸化是指发酵乳生产中中止发酵后，发酵剂菌种在冷却和冷藏阶段仍能继续缓慢产酸，它包括三个阶段：从发酵终点（42 ℃）冷却到 19 ℃或 20 ℃时酸度的增加；从 19 ℃或 20 ℃冷却到 10 ℃或 12 ℃时酸度的增加；在冷库中冷藏阶段酸度的增加。发酵乳生产中应选择后酸化尽可能弱的发酵剂，以便控制产品质量。

菌种的选择对发酵剂的质量起重要作用，可根据不同的生产目的选择适当的菌种，同时对菌种的最适发酵温度、耐热性、产酸力以及是否产生黏性物质等需要特别注意。有时单独使用一个菌种，有时将两个以上的菌种混合使用。乳酸菌的混合发酵剂多以乳酸链球菌或嗜热链球菌与干酪乳杆菌或德氏乳杆菌保加利亚亚种混合，其组合方式随产品的种类而异，二者存在一定的共生关系。德氏乳杆菌保加利亚亚种在发酵的初期分解乳中酪蛋白而形成氨基酸和多肽，促进了嗜热链球菌的生长，随着嗜热链球菌的增加，乳酸度也随之增加。随着乳酸度的增加，又抑制了嗜热链球菌的生长。在发酵初期嗜热链球菌生长快，随后德氏乳杆菌保加利亚亚种的数量也逐渐与其数量接近。

近年来，为了使发酵乳制品具有特殊的质地，已经加入特殊产香的德氏乳杆菌保加利亚亚种或嗜热链球菌丁二酮产香菌株，也可加入嗜酸乳杆菌、干酪乳杆菌。另外，双歧杆菌因其独特的生理功能而逐渐得到人们的喜爱。

三、发酵剂的制备

发酵剂的制备是乳品厂中最困难也是最重要的工艺之一，必须慎重地选择发酵剂的生产工艺及设备。生产过程中要求极高的卫生条件，要把微生物污染危险降低到最低限度。发酵剂菌种活化、母发酵剂制备应该在有正压和配备空气过滤器的单独房间或无菌室中进行。中间发酵剂和生产发酵剂可以在离生产近一点的地方或在制备母发酵剂的房间里制备，发酵剂的每一次转接都要在无菌操作条件下进行。对设备的清洗、灭菌要严格，以防清洗剂和消毒剂的残留物与发酵剂接触而污染发酵剂。发酵剂的制备工艺步骤见如图 14-1。

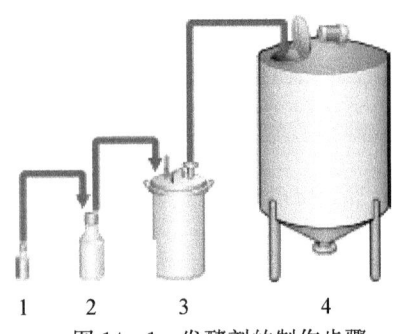

图 14-1 发酵剂的制作步骤
1. 商品菌种；2. 母发酵剂；
3. 中间发酵剂；4. 生产发酵剂

1. 纯菌种的活化 纯菌种由于保存条件的影响，在使用时应反复进行活化，以恢复其活力。若纯菌种发酵剂是液态的，接种时先将装菌种的试管口用火焰杀菌，然后打开棉塞，用灭菌吸管从试管底部吸取

0.1~0.2 ml 培养在脱脂乳中的液体乳酸菌种，立即移入预先准备好的灭菌试管培养基中。根据采用菌种的特性，放入恒温箱中进行培养。凝固后取出 0.1~0.2 ml，再按上述方法移入灭菌培养基中。如此反复数次（3~5次以上），待乳酸菌充分活化后，即可制备母发酵剂。如新取到的发酵剂是粉末状时，将瓶口充分灭菌后，用灭菌铂耳取出少量，移入预先准备好的培养基中。在所需温度下培养，最初数小时缓慢振荡，使菌种与培养基均匀混合。按着上述方法反复进行移植活化后，即可用于调制母发酵剂。以上操作均需在无菌室内进行。

活化好的商品发酵剂，如果单以维持活力为目的，只需将凝固后的菌种管保存在 0~5 ℃ 的冰箱中，每隔 1 周活化 1 次即可。但在正式应用于生产以前，仍需按上述方法反复接种进行活化。

2. 母发酵剂和中间发酵剂的制备　母发酵剂和中间发酵剂的制备方法也是一个接种传代过程，只不过所用的培养基量逐渐扩大，比如用于母发酵剂的培养基量一般是 250~500 ml，而用于中间发酵剂的培养基量为 1 000~2 000 ml，每次接种时的接种量是发酵剂量的 1%~2%，培养基要经过严格灭菌。

母发酵剂和中间发酵剂的制备需在严格的卫生条件下，制作间最好有经过过滤的正压空气，操作前环境要用 400~800 mg/L 次氯酸钠溶液喷雾或紫外灯杀菌 30 min，操作过程应尽量避免杂菌污染。每次接种时容器口端最好用 200 mg/L 的次氯酸钠溶液浸湿的干净纱布擦拭或用酒精灯进行火焰杀菌，以防止噬菌体的污染。

母发酵剂和中间发酵剂制备时可根据需要将活化好的单一菌种进行混合，制备好的母发酵剂可存放于 0~5 ℃ 的冰箱中，每周活化一次即可。考虑到母发酵剂在活化过程中可能会带来杂菌、酵母、霉菌或噬菌体的污染，为保证产品质量，应定期更换，一般可用 1~3 个月。为了防止混合菌种中球菌和杆菌的比例失调与变异，菌种的继代次数不超过 15~20 次。

3. 生产发酵剂的制备

（1）培养基的热处理：为了使菌种的生活环境不致急剧改变，生产发酵剂的培养基最好与成品的原料相同，即成品用的原料如果是脱脂乳时，生产发酵剂的培养基最好也用脱脂乳，如成品的原料是全脂乳，则生产发酵剂也用全脂乳。

培养基的热处理即把培养基加热到 90~95 ℃，并在此温度下保持 30~45 min。热处理能改善培养基的一些特性，破坏噬菌体，消除抑菌物质，蛋白质发生一些分解，排除了溶解氧，杀死原有的微生物。

（2）冷却：加热后，培养基冷却至接种温度，接种温度根据使用的发酵剂类型而定。在培养多菌株发酵过程中，即使与最适温度有很小的偏差，也会对其中一种菌株的生长有益而对其他种不利，结果是使成品不能获得理想的典型特征。常见的接种温度范围：嗜温型发酵剂为 20~30 ℃；嗜热型发酵剂为 42~45 ℃。

（3）接种与培养：工作发酵剂的制备与母发酵剂制备工艺相同，将中间发酵剂按 2%~4% 的接种量接种到灭菌并冷却的培养基中，在最适温度下培养至对数期末期，并迅速冷却。

（4）发酵剂的保存：为了在贮存时保持发酵剂的活力，已经进行了大量的研究工作，以便找出处理发酵剂的最好办法。一种方法是冷冻，温度越低，保存越好。用液氮冷冻到 −160 ℃ 来保存发酵剂，效果很好。

菌种保藏受诸多因素影响，其中水分影响至关重要，水分影响生化反应和一切生命活动，所以通过干燥去除水分来保藏菌种不失为一种良好的菌种保藏方法。

除水分外，温度也是一个重要条件，主要是因为低温会使细胞内的水分形成冰晶，从而引起细胞结构尤其是细胞膜的损伤，这在冷冻干燥时尤为重要，冷冻时选择的温度都很低，所以采用速冻的方法，这样可使生成的冰晶体积较小，减少对细胞膜的损害。

当然，良好的菌种保藏方法的前提是必须能够保证原菌具有优良的性状，此外还需考虑方法的通用性和操作的简便性。

菌种保藏时可选择生长态的细胞，也可选择休眠态的细胞。

尽管菌种保藏原理一致，但方法繁多，各有侧重，涉及具体菌种保藏时仍需从实际情况出发，选择合理有效的保藏方法。

四、发酵剂的质量要求及活力控制

1. 发酵剂的质量要求　乳酸菌发酵剂的质量,必须符合下列各项要求:
(1) 具有良好的酸味和风味,不得有腐败味、苦味、饲料味和酵母味等异味。
(2) 凝块完全粉碎后,质地均匀、细腻润滑、略带黏性、不含块状物。
(3) 凝块需有适当的硬度,富有弹性,组织均匀一致,表面无变色、乳清分离等现象。
(4) 接种后,在规定时间内产生凝固,无延长现象,活力测定符合规定指标。

2. 影响发酵剂活力的主要因素
(1) 噬菌体:噬菌体的存在对发酵乳的生产是致命的,噬菌体对嗜热链球菌的侵袭通常表现在发酵时间比正常时间长,产品酸度低,并有不愉快的味道。
(2) 抗生素残留:患乳房炎等疾病的乳牛常用青霉素、链霉素等抗生素药物治疗,在一定时间乳中会残留一定的抗生素,用于生产酸乳的所有乳制品原料中都不允许有抗生素残留。
(3) 天然抑制物:牛乳中存在不同的天然抑菌因子,主要功能是增强犊牛的抗感染与抗疾病的能力。这些物质包括凝聚素、溶菌酶等,通常对热不稳定,加热后即被破坏。
(4) 清洗剂和杀菌剂的残留:清洗剂和杀菌剂是乳品厂用来清洗和杀菌用的化学物品,这些化合物的残留会影响发酵菌种的活力,它们主要来自人为工作的失误或 CIP 系统循环的失控。

3. 发酵剂的质量控制　生产发酵乳制品及乳酸菌制剂时,发酵剂质量的好坏直接影响成品的质量,故对发酵剂的质量必须进行严格检查,常用以下几种方法。
(1) 感官检查:对液态发酵剂首先检查其组织状态、色泽及有无乳清分离等;其次检查酸乳的硬度;然后品尝酸味与风味,判断其有无苦味和异味等。
(2) 化学性质检查:化学性质检查方法很多,最主要的是测定酸度和挥发酸。酸度一般用滴定酸度表示,以 0.8%～1.0%(乳酸度)左右为宜。测定挥发酸时,可取发酵剂 250 g 于蒸馏瓶中,用硫酸调整 pH 为 2.0 后,用水蒸气蒸馏,收集最初的 1 000 ml 用 0.1 mol/L 氢氧化钠滴定。
(3) 细菌检查:用常规方法测定总菌数和活菌数,必要时选择适当的培养基测定乳酸菌等特定的菌群。检查是否污染酵母、霉菌、噬菌体等,也可用大肠菌群试验检查粪便污染情况。

4. 发酵剂活力的测定　发酵剂活力的测定方法如下。
(1) 酸度测定:在灭菌冷却后的脱脂乳中加入 3% 的待测发酵剂,在 37.8 ℃恒温箱中培养 3.5 h,然后取出,加入两滴 1% 酚酞指示剂,用 NaOH 的标准溶液滴定,若乳酸度达 0.8% 以上表示活力良好。
(2) 刃天青还原试验:9 ml 脱脂乳中加入 1 ml 发酵剂和 0.005% 的刃天青溶液 1 ml,在 36.7 ℃的恒温箱中培养 35 min 以上,如刃天青溶液完全褪色表示发酵剂活力良好。

第三节　酸　乳

一、酸乳的概念和种类

1. 酸乳的概念　联合国粮食与农业组织(FAO)、世界卫生组织(WHO)与国际乳品联合会(IDF)于 1977 年对酸乳作出如下定义:酸乳,即在添加(或不添加)乳粉(或脱脂乳粉)的乳(杀菌乳或浓缩乳)中,由德氏乳杆菌保加利亚亚种和嗜热乳酸链球菌进行乳酸发酵制成的凝乳状产品,成品中必须含有大量的、相应的活性微生物。

2. 酸乳的种类　通常根据成品的组织状态、口味、原料乳中脂肪含量、生产工艺和菌种的组成等,将酸乳分成不同的类别。
(1) 按成品的组织状态分类
① 凝固型酸乳(set yoghurt):其发酵过程在包装容器中进行,从而使成品因发酵而保留其均匀一致的凝乳状态。

② 搅拌型酸乳(stirred yoghurt)：成品先发酵后灌装而得。发酵后的凝乳已在灌装前和灌装过程中搅碎而成黏稠且均匀的半流动状态。

③ 饮用型酸乳(drinking yoghurt)：类似搅拌型酸乳，但包装前凝块被分散成液体。

(2) 按成品口味分类

① 天然纯酸乳(natural yoghurt)：产品只由原料乳加菌种发酵而成，不含任何辅料和添加剂。

② 加糖酸乳(sweeten yoghurt)：产品由原料乳和糖加入菌种发酵而成。

③ 调味酸乳(flavored yoghurt)：在天然酸乳或加糖酸乳中加入香料而成。

④ 果料酸乳(yoghurt with fruit)：天然酸乳或加糖酸乳混合果酱或果汁而成。

⑤ 复合型或营养健康型酸乳：通常在酸乳中强化不同的营养素(维生素、食用纤维素等)或在酸乳中混入不同的辅料(如谷物、干果等)而成。这种酸乳在西方国家非常流行，人们常在早餐中食用。

(3) 按发酵后的加工工艺分类

① 浓缩酸乳(concentrated or condensed yoghurt)：这是一种将正常酸乳中的部分乳清除去而得到的浓缩产品。

② 冷冻酸乳(frozen yoghurt)：这是一类在酸乳中加入果料、增稠剂或乳化剂，然后像冰淇淋一样进行凝冻处理而得到的产品。

③ 充气酸乳(carbonated yoghurt)：在酸乳中加入部分稳定剂和起泡剂(通常是碳酸盐)，经均质处理即得这类产品。这类产品通常是以充二氧化碳的酸乳碳酸饮料形式存在。

④ 酸乳粉(dried yoghurt)：通常使用冷冻干燥法或喷雾干燥法将酸乳中约95%的水分除去而制成酸乳粉。

(4) 按菌种类分

① 酸乳：通常仅指用保加利亚乳杆菌和嗜热链球菌发酵而得的产品。

② 双歧杆菌酸乳(yoghurt with *Bifidobacterium bifidum*)：酸乳菌种中含有双歧杆菌，如法国的"Bio"、日本的"Mil-Mil"。

③ 嗜酸乳杆菌酸乳(yoghurt with *Lactobacillus acidophilus*)：酸乳菌种中含有嗜酸乳杆菌。

④ 干酪乳杆菌酸乳(yoghurt with *Lactobacillus casei*)：酸乳菌种中含有干酪乳杆菌。

⑤ BRA酸乳：BRA的产品是最近在瑞典市场上出现的，酸乳菌种中同时含有 *Bifido*、*Reuteri* 和 *Acidophilus*，是以其三种菌名的字头命名的。另外，"BRA"也是瑞典字"好"的意思。

(5) 按产品货架期长短分

① 普通酸乳：按常规方法加工的酸乳，其货架期是在0～4℃下冷藏7 d。

② 长货架期酸乳：对包装前或包装后的成品酸乳进行热处理，以延长其货架期。

二、酸乳生产技术

1. 凝固型酸乳 生产工艺及控制要点：

(1) 原料乳：原料乳直接影响酸乳和所有发酵乳的质量。乳中的总固体，尤其蛋白质的含量对酸乳的感官性质有很大影响：改善酸乳风味和减轻酸味感；改善酸乳的硬度及黏度；防止乳清分离。泌乳动物种类和品系间，总乳固体的含量有显著差别，另外，乳中存在抑菌物质以及乳房异常会引起乳质变化，这些问题对酸乳质量极为重要。

生产酸乳所用原料乳必须符合下列条件：

酸度≤18 °T；脂肪≥3.1%；乳固体≥11.5%；杂菌总数≤50万个/ml；原料乳不应含有抗生素等乳酸菌生长抑制因子。

(2) 预处理：预处理过程包括计量、净化、冷却和贮藏等。

(3) 标准化

① 标准化的目的：标准化的目的是在食品法规允许的范围内，根据所需酸乳成品的质量特征要求，对乳的化学组成进行改善，从而使其可能存的不足的化学组成得以校正，保证各批成品质量稳定一致。

② 标准化方法：原料乳进厂后，除按生产工艺规定进行验收外，脂肪和乳固体含量应符合技术指标，否则需进行标准化。目前乳品厂对原料乳进行标准化时，通过以下三种途径：

直接加混原料组成：本法通过在原料乳中直接加混全脂或脱脂乳粉或强化原料乳中某一乳的组分来达到原料乳标准化的目的；

浓缩原料乳：作为乳品加工的重要工艺之一，浓缩通常采用蒸发浓缩、反渗透浓缩、超滤浓缩等三种方法；

复原乳：在某些国家，由于奶源条件的限制，常以脱脂乳粉、全脂乳粉、无水奶油为原料，根据所需原料乳的化学组成，用水来配制成标准原料乳。利用这种复原乳生产的酸乳产品质量稳定，但往往带有一定程度的"乳粉味"。

（4）预热：物料通过泵进入杀菌设备，预热至55～65 ℃，再进行均质处理。

（5）均质：均质的目的主要是使原料充分混合均匀、阻止奶油上浮、提高酸乳的稳定性和稠度，并保证乳脂肪均匀分布，从而获得质地细腻、口感良好的产品，它在酸乳生产中往往是不可缺少的加工过程。物料通过均质机在15.0～20.0 Mpa压力下均质，均质后回到杀菌器中。

（6）热处理：经均质后，原料乳在杀菌器内继续升温并保持一定时间，杀菌条件为90～95 ℃，保温5 min。杀菌的目的是：杀灭物料中的致病菌和有害微生物，以保证食品安全；为发酵剂的菌种创造一个杂菌少、有利生长繁殖的外部条件。此外，热处理可以使乳清蛋白变性，改善最终产品的质构，保证在货架期内不出现乳清分离现象。同时热处理也会产生一些对乳酸菌生长具有促进作用的物质，降低氧化还原电势等。

（7）冷却：热处理后的物料，进入杀菌器的预热段进行热交换，再在冷却段冷却至45 ℃左右。在很多情况下，冷却可以在板式换热器的热回收段里完成。如果绝大部分换热器能提供典型的热回收功能的话，那么热回收冷却也应该是这些换热器所必需的。

考虑到接种罐罐壁的温度，冷发酵剂的加入和潜热的影响，测得的冷却段的实际温度很可能会比所需要的高1～2 ℃，这主要取决于容量、搅拌方式、输送距离等。

对短凝乳时间的接种来说，获得一个精确的接种温度至关重要，因为温度太高会抑制并杀死发酵剂培养物，而温度太低会导致发酵时间不必要的延长。

（8）接种：接种指通过计量泵或手工将工作发酵剂连续地添加到经过预处理的原料乳中。在接种过程中，原料乳始终保持搅拌状态，发酵罐一般有两个，以便连续交替使用。

一般生产发酵剂，其产酸活力在0.7%～1%，因此最适接种量应为2%～4%。接种前应将发酵剂充分搅拌，使之成为均匀细腻的状态，目的是使菌体从凝乳块中分离分散出来，所以要搅拌到使凝乳完全破坏的程度。

接种是造成酸乳受微生物污染的主要环节之一，因此应严格注意操作卫生，防止细菌、酵母、霉菌、噬菌体及其他有害微生物的污染。

（9）灌装：可随当地市场需要情况，选择各种不同的包装形式，但在装瓶前均需进行杀菌，装瓶后立即加盖。

（10）发酵培养：发酵的时间随菌种而异，通常利用德氏乳杆菌保加利亚亚种和嗜热链球菌的混合发酵剂时，可在41～43 ℃的温度下培养4 h；如用德氏乳杆菌保加利亚亚种和乳酸链球菌的混合发酵剂时，可在33 ℃的温度下发酵10 h左右，当酸度达到0.7%～0.8%（乳酸度）时，即可从发酵室内取出。

（11）冷藏及出厂：发酵后的酸凝乳，应该移入0～5 ℃的冷库中保存。从发酵室中取出来的酸凝乳，冷却至5 ℃左右大致需要4 h，故必须在冷库中存放3～4 h。但冷藏期间酸度还会稍有增加，至出厂时，酸度可达0.8%～0.9%左右。

冷藏的作用除满足以上目的外，还有促进香味物质的产生、改善酸乳硬度的作用。

2. 搅拌型酸乳 搅拌型酸乳的生产工艺流程如图14-2所示，生产线如图14-3。

（1）接种：杀菌后的牛乳冷却到培养温度，加入生产发酵剂（普通型生产发酵剂的接种量为2.5%～

3%),开动搅拌机搅拌数分钟,保证发酵剂均匀分散。

(2) 培养发酵:在 42～43 ℃下保温培养发酵,达到所需的酸度时(pH 4.2～4.5),产品的温度应在 30 min内从 42～43 ℃冷却至 15～22 ℃,这样可以暂时阻止酸度的进一步增加。同时为确保成品具有理想的黏稠度,对凝块的机械搅拌处理必须柔和。

(3) 调味、灌装:冷却到 15～22 ℃以后,加入果料和香料,柔和搅拌均匀后,进行灌装。

(4) 冷藏:灌装及包装后,放入 4～8 ℃的冷库内冷藏。

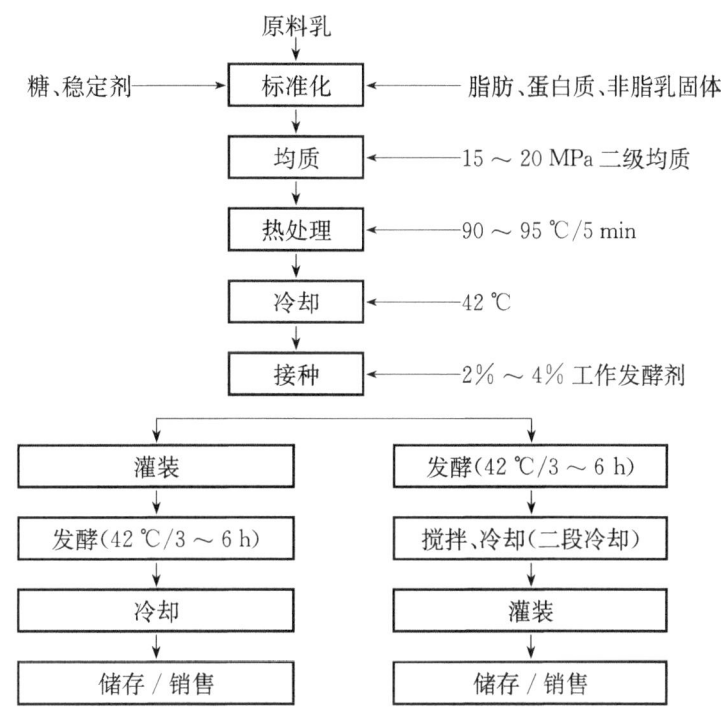

图 14-2 酸乳生产工艺流程图

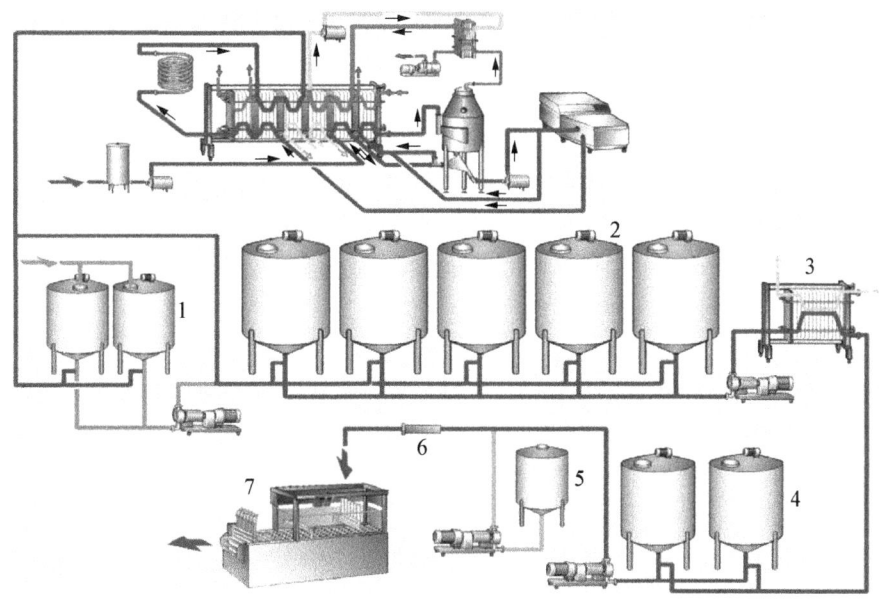

图 14-3 搅拌型酸乳的生产线

1. 生产发酵剂罐;2. 发酵罐;3. 板式冷却器;4. 缓冲罐;5. 果料/香料;6. 混合器;7. 包装

第十五章

乳 粉

第一节 乳粉概述

一、乳粉的概念

以新鲜乳(包括羊乳等)为原料,用冷冻或加热的方法去除乳中几乎所有的水分,得到干燥的粉末状产品,通常称之为乳粉(milk powder)。广义乳粉中包括添加或不添加食品添加剂和(或)食品营养强化剂等辅料,经脱脂或不脱脂、浓缩干燥或干混合的粉末状产品,产品中乳固体应不低于70%。此外,乳粉还包括有乳清粉、酪乳粉、奶油粉和干酪素、乳糖等产品。乳粉中保持了鲜乳中的大部分营养成分,水分含量很低,使微生物细胞和周围环境的渗透压差增大,便于保存,方便运输。乳粉可被直接食用或为糖果、冷饮、糕点等其他食品加工提供原料。

二、乳粉的种类

1. 一般乳粉的分类　　根据乳粉的特征,分为以下几大类。

(1) 全脂乳粉(whole milk powder):仅以乳为原料,添加或不添加食品营养强化剂,经浓缩、干燥制成的蛋白质不低于非脂乳固体的34%,脂肪不低于26%的粉末状产品。

(2) 脱脂乳粉(skimmed milk powder):仅以乳为原料,添加或不添加食品营养强化剂,经脱脂、浓缩、干燥制成的,蛋白质低于非乳固体的34%,脂肪不低于2.0%的粉末产品。

(3) 调制乳粉(recombined milk power):以乳为原料,添加或不添加食品营养强化剂和其他辅料,经浓缩、干燥制成的粉末状产品;或在乳粉中添加食品营养强化剂和其他配料而制成的粉末状产品。

(4) 全脂加糖乳粉(sweet milk powder):添加白砂糖,蛋白质不低于15.8%,脂肪不低于20.0%,蔗糖不超过20.0%的调制乳粉。

(5) 调味乳粉(seasoning powder):对风味和某些营养成分做了调整,乳固体不低于70%,蛋白质不低于16.5%(全脂)或不低于22.0%(脱脂),脂肪不低于18.0%的调制乳粉。

(6) 配方乳粉(formula powder):调整了乳粉的天然营养成分和(或)含量比例,满足特定人群的营养需要,乳固体不低于65%的调制乳粉。

2. 配方乳粉的分类

(1) 婴幼儿配方乳粉:婴幼儿配方乳粉是指以新鲜牛乳为原料,以母乳中的各种营养元素的种类和比例为基准,添加适量的乳清蛋白、多不饱和植物脂肪酸、乳糖、复合维生素和复合矿物质等物质,达到配方乳粉的蛋白质、脂肪酸、碳水化合物、维生素和矿物质母乳化的目的,各种原料混匀后经均质、杀菌、浓缩、干燥等工艺而制得的粉末状产品。

(2) 中老年配方乳粉:以新鲜牛乳或脱脂乳为主要原料,添加一定量的蛋白质、碳水化合物以及中老年人容易缺乏的维生素和矿物质,混匀后经杀菌、浓缩、干燥等工艺而制得的粉末状产品。

(3) 特殊配方乳粉:常见的特殊配方乳粉包括高钙乳粉、早产儿乳粉、降糖乳粉、降血压乳粉、低过敏婴幼儿乳粉、酪乳粉、孕妇乳粉和免疫乳粉等。

3. 其他乳粉的分类　　其他乳粉包括:焙烤专用乳粉、冰淇淋专用乳粉、酸乳粉以及巧克力专用乳粉等。

三、乳粉的质量标准

全脂乳粉、脱脂乳粉、全脂加糖乳粉和调味乳粉技术要求如下。

1. 原料要求

（1）原料：应该符合相应国家标准或行业标准的规定。

（2）食品添加剂和食品营养强化剂：应该选用GB 2760-2011和GB 14880-2012中允许使用的品种，并应符合相应国家标准或行业标准的规定。

2. 感官特性

乳粉感官特性见表15-1。

表15-1 乳粉感官特性

项 目	1. 全脂乳粉	2. 脱脂乳粉	3. 全脂加糖	4. 调味乳粉
色泽	1、2、3 呈均一的乳黄色			4 具有调味粉应有的色泽
滋味和气味	1、2、3 具有纯正的乳香味			4 具有调味粉应有的滋味和气味
组织状态	1、2、3、4 干燥、均匀的粉末			
冲调性	1、2、3、4 经搅拌可以迅速溶解于水中，不结块			

3. 理化指标 乳粉蛋白质、脂肪、水分和杂质度见表15-2。

表15-2 乳粉蛋白质、脂肪、水分和杂质度

项 目	全脂乳粉	脱脂乳粉	全脂加糖乳粉	调味乳粉 全脂	调味乳粉 脱脂
蛋白质/%	≥非脂乳固体的34		≥18.5	≥16.5	≥22.0
脂肪/%	≥26.0	≤2.0	≥20.0	≥18.0	—
蔗糖/%	—	—	≥20.0		
复原乳酸度/°T	≤18.0	≤20.0	≤16.0		
水分/%	≤5.0				
不溶度指数 M1/(μg/kg)	≤1.0				
杂质度/(mg/kg)	≤16				

4. 微生物特性

乳粉微生物特性见表15-3。

表15-3 乳粉微生物特性

项 目	全脂乳粉、脱脂乳粉、全脂加糖乳粉、调味乳粉	项 目	全脂乳粉、脱脂乳粉、全脂加糖乳粉、调味乳粉
铅/(mg/kg)	≤0.5	黄曲霉毒素 M1/(μg/kg)	≤5.0
铜/(mg/kg)	≤10	菌落总数/(cfu/g)	≤50 000
硝酸盐(NaNO$_3$)/(mg/kg)	≤100	大肠菌群/(MPN/100 g)	≤90
亚硝酸盐(NaNO$_2$)/(mg/kg)	≤2	致病菌(指肠道致病菌和致病性球菌)	不得检出
酵母和霉菌/(cfu/g)	≤50		

第二节 全脂乳粉的加工

一、工艺流程

全脂乳粉可根据原料乳中加糖与否分为全脂甜乳粉和全脂淡乳粉两种，两种乳粉的加工工艺基本一致。

全脂乳粉加工是乳粉类加工中最简单且最具代表性的一种方法。工艺中应用了喷雾干燥技术,其他种类的乳粉加工都是在此基础上进行的。以全脂甜乳粉为例,其加工工艺见下图所示。

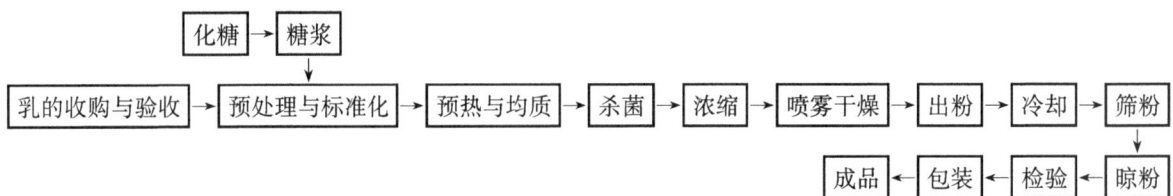

二、全脂乳粉的加工技术

1. 原料乳的验收 原料乳验收必须符合国家生鲜牛乳收购的质量标准(GB 19301-2010)规定的各项要求,严格地进行感观检验、理化性质检验和微生物检验。

2. 标准化 全脂乳粉的标准化主要是通过对原料乳的脂肪含量调整,使之达到成品的标准要求(即原料乳中的脂肪含量与无脂干物质含量的比值达到乳粉的标准比值),一般在离心净乳时同时进行。目前,我国全脂乳粉标准中的脂肪含量要求在20%～25%(全脂甜乳粉)、25%～30%(全脂淡乳粉)较宽范围内,所以生产全脂乳粉时很多厂家一般不对脂肪含量进行调整或只在冬季进行(冬季乳中的含脂率往往较高)。

全脂甜乳粉的原料乳标准化除了进行脂肪含量的调整外,还要进行蔗糖的标准化,即确定蔗糖添加量,加糖的方法有:净乳之前加糖;将杀菌过滤的糖浆加入浓缩乳中;包装前加蔗糖细粉于乳粉中;预处理前加一部分糖,包装前再加一部分。

3. 均质 均质可以使标准化时混合原料乳如添加的稀乳油或脱脂乳形成一个均匀的分散系。即使未进行标准化,经过均质的全脂乳粉质量也优于未经均质的乳粉,因为原料乳经均质后,将较大的脂肪球破碎成了细小的脂肪球,并且使细小的脂肪球均匀地分散在脱脂乳中,形成均匀的乳浊液,制成的乳粉冲调后复原性更好。在加工乳粉过程中,原料乳在离心净乳和压力喷雾干燥时,不同程度地受到离心机和高压泵的机械挤压和冲击,也有一定的均质效果,因此很多奶粉不进行均质处理。

4. 杀菌 大规模生产乳粉的加工厂为了便于加工,经均质的原料乳用片式热交换器进行杀菌后冷却到4～6℃,返回冷藏罐贮藏,随时取用。小规模乳粉加工厂将净化、冷却的原料乳直接预热、均质、杀菌后用于乳粉生产。

原料乳的杀菌方法需根据成品的特性进行适当选择。生产全脂乳粉时,杀菌温度和保持时间对乳粉的品质,特别是溶解度和保藏性有很大影响。一般认为,高温杀菌可以防止或推迟乳脂肪的氧化,但高温长时加热会严重影响乳粉的溶解度,最好是采用高温短时杀菌方法。乳粉生产中常用的杀菌方法见表15-4。

表15-4 生产全脂奶粉的原料乳常用杀菌方法

杀菌方法	杀菌温度、时间	杀菌效果	设备
低温长时杀菌法	60～65℃、30 min	可杀死病原菌,不能破坏所有酶类	容器式杀菌缸
高温短时杀菌法	85～95℃、15～20 s	效果较理想	连续式杀菌器如板式、列管式、滚筒式
超高温瞬时灭菌法	120～140℃、2～4 s	微生物几乎全部杀死	管式、板式、蒸汽直接喷射式

5. 真空浓缩

(1) 真空浓缩的意义

① 节省能量。原料乳在干燥之前,先经真空浓缩除去乳中70%～80%的水分,可节省加热蒸汽和动力消耗,相应地提高了干燥设备的能力,降低成本。

② 真空浓缩对奶粉颗粒的物理性状有显著影响,乳经浓缩后,喷雾干燥时,粉粒较粗大,具有良好的分散性和冲调性,能迅速复水溶解。反之,如原料不经浓缩直接喷雾干燥,粉粒轻细,降低了冲调性,而且粉粒的色泽灰白,感官质量差。

③ 真空浓缩可以改善乳粉的保藏性。真空浓缩排除了乳中的空气和氧气,使粉粒内的气泡大为减少,从而降低了奶粉中脂肪氧化的作用,增加了奶粉的保藏性。经验证明,奶的浓度越高,奶粉中的气体含量越低。

④ 经浓缩后喷雾干燥的奶粉,颗粒较致密、坚实,相对密度较大,利于包装。

(2) 真空浓缩的要求：乳粉生产中的浓缩与炼乳相同,采用减压(真空)浓缩。原料乳浓缩的程度直接影响乳粉的质量,特别是溶解度。浓缩乳浓度要求不像炼乳那样严格,一般要求原料乳浓缩至原体积的1/4,乳干物质达到45%左右。浓缩后的乳温一般为47~50 ℃,这时的浓缩乳浓度应为14~16°Bé,相对密度为1.089~1.100；若生产大颗粒甜乳粉,浓乳浓度可提高至18~19°Bé。

6. 干燥　　浓缩后的乳送入保温罐后,立即进行干燥。干燥直接影响乳粉的溶解度、水分、杂质度、色泽和风味等,是乳粉生产中最重要的工序。压力喷雾干燥工艺参数见表15-5,离心喷雾干燥工艺参数见表15-6。

表15-5　压力喷雾法生产乳粉时的工艺条件

项　目	全 脂 乳 粉	全脂加糖乳粉
浓缩乳浓度/°Bé	12~13	14~16
乳干物质含量/%	45~55	45~55
浓乳温度/℃	40~45	40~45
高压泵使用压力/MPa	13~20	13~20
喷嘴孔径/mm	1.2~1.8	1.2~1.8
芯子流乳沟槽/mm	0.5×0.3	0.5×0.3
喷雾角度/°	70~80	70~80
进风温度/℃	130~170	140~170
排风温度/℃	70~80	75~80
排风相对湿度/%	10~13	10~13

表15-6　离心喷雾干燥法生产乳粉工艺条件

项　目	全 脂 乳 粉	全脂加糖乳粉
浓缩乳浓度/°Bé	13~15	14~16
浓缩乳干物质含量/%	45~50	45~50
浓乳温度/℃	45~55	45~55
转盘转速/(r/min)	5 000~20 000	5 000~20 000
转盘数量/只	1	1
进风温度/℃	200上下	200上下
干燥温度/℃	90上下	90上下
排风温度/℃	85上下	85上下

7. 出粉、冷却、包装　　喷雾干燥结束后,应尽快出粉、冷却、送粉、筛粉、贮粉,此过程可连续化、自动化。

(1) 出粉与冷却：干燥的乳粉落入干燥室的底部,粉温可达60 ℃。应立即将乳粉送至干燥室外并及时冷却,避免乳粉受热时间过长。特别是对全脂乳粉,受热时间过长会使其游离脂肪增加,严重影响乳粉的质量,使之在保存中容易引起脂肪氧化变质。乳粉的色泽、滋气味、溶解度同样会受到影响。所以,喷雾干燥以后,出粉和冷却也是重要的环节。

(2) 筛粉与贮粉：乳粉过筛的目的是将粗粉和细粉(布袋滤粉器或旋风分离器内的粉)混合均匀,并除去乳粉团块、粉渣,也使乳粉均匀、松散,便于晾粉冷却。

(3) 包装：当乳粉贮放时间达到要求后,开始包装。这是乳粉生产的最后一道工序,包装质量直接影响到乳粉的保藏性及商品外观。包装要求称量准确、排气彻底、封口严密、装箱整齐、打包牢固。每天在工作之前,包装室必须经紫外线照射30 min灭菌后方可使用。包装室最好配置空调设施,使室温保持在20~25 ℃,乳粉冷却到28 ℃以下,相对湿度75%。凡直接接触乳粉的器具要彻底清洗、烘干灭菌。操作者的工作服、帽、鞋要求清洁,经过消毒；穿戴要整齐；双手洗净消毒后进入操作。

三、乳粉颗粒的理化特性

1. 颗粒大小与形状　　乳粉颗粒的大小与形状因操作方法和工艺条件不同而异。喷雾法生产的乳粉常具有单个或几个气泡，乳粉颗粒呈单球状或葡萄状。压力喷雾的乳粉颗粒直径在 10~100 μm 之间；离心喷雾的乳粉颗粒大小在 30~200 μm 之间。

乳粉颗粒的大小对乳粉的冲调性、复原性、分散性及流动性有很大影响。当乳粉颗粒达到 150 μm 左右时，冲调复原性最好；小于 75 μm 时，冲调复原性较差。

2. 色泽与风味　　正常乳粉的色泽呈淡黄色，滋气味应具有牛乳的特有乳香而微甜风味。一旦色泽和风味改变，乳粉质量将会发生改变。喷雾干燥时，温度过高或时间过长，会使乳粉色泽加深，甚至呈深褐色有焦粉。保藏时温度高、乳粉中水分超过 5% 时，乳粉的颜色会变褐，甚至产生陈腐味及氧化味。

3. 密度　　乳粉的密度有三种表示方法：表观密度、容积密度、真密度。

（1）表观密度：表示单位容积中乳粉的重量。它包括颗粒间空隙中的空气，与乳粉大小及内部结构有关。一般滚筒干燥的乳粉表观度为 0.3~0.5 g/ml，喷雾干燥的乳粉表观密度大，为 0.5~0.6 g/ml。表观密度大，则单位重量所占容积小，有利于包装。

（2）容积密度：表示乳粉颗粒的密度。它包括乳粉颗粒内部的气泡，而不包括乳粉颗粒间空隙的气体。其大小表明颗粒组织松紧状态或含有气泡多少。

（3）真密度：真密度不包括空气的乳粉本身的密度。全脂乳粉的真密度为 1.26~1.32 g/ml，脱脂乳粉的真密度为 1.44~1.48 g/ml。

乳粉的密度受板眼孔径、喷雾压力、浓缩乳浓度和黏度、干燥时的热风温度、出粉和出粉方式等因素的影响。一般浓度越高，乳粉的密度也越大，干燥温度增高时，因颗粒膨胀而中空，结果会使密度降低。

4. 乳粉的成分及其状态

（1）乳粉中的脂肪：乳粉颗粒中脂肪的状态随干燥方式和操作方法而异。脂肪状态对乳粉的保藏性有影响。压力喷雾乳粉因高压泵起到了一定的均质作用，因而脂肪较小，一般为 1~2 μm，离心法为 1~3 μm。

（2）乳粉中的蛋白质：乳粉颗粒中蛋白质的状态，特别是酪蛋白的状态，与乳粉的冲调复原有关。在乳粉加工过程中要尽量保持乳蛋白质的原来状态，以获得良好的复原性。喷雾干燥乳粉中的蛋白质变性很少，但是，即使优质牛乳，在加工过程中受热条件控制稍有不当，也会引起乳蛋白变性，使乳粉溶解度降低，产生不溶性沉淀物。所生成的不溶性成分主要是变性酪蛋白酸钙。

（3）乳粉中的乳糖：新制成的乳粉所含的乳糖呈非结晶的玻璃状态。α-乳糖与 β-乳糖的无水物保持平衡状态，其比例大致为 1:1.6。乳粉中呈玻璃状态的乳糖，吸湿性很强，所以很容易吸潮。如果将乳粉放置在潮湿的空气中，则乳糖开始吸收水分逐渐变为含有一分子结晶水的结晶乳糖。由于乳糖的结晶，乳粉颗粒表面产生很多裂纹，脂肪就会逐渐渗出，同时外界的空气也很容易渗透到乳粉颗粒中，引起氧化变质。

（4）乳粉中的水分：乳粉中的水分与酪蛋白呈化学结合状态存在。水分含量过高，细菌容易繁殖，促使酪蛋白变质，而且贮藏温度较高时，又促使乳粉褐变；水分含量过低时，乳粉容易氧化变味。

5. 乳粉的溶解度与复原性　　乳粉溶解度的高低反映乳粉中蛋白质的变性程度。优质乳粉的溶解度应达 99.90% 以上，甚至是 100%。用水冲调复原时，应是均一的鲜乳状态，其中蛋白质和脂肪也都恢复成牛乳原来的良好分散状态。而质量差的乳粉用水冲调时，却不能完全复原成鲜乳状态。

6. 乳粉的湿润性　　湿润性是表示乳粉颗粒的亲水性。尽管乳粉的溶解度达到 99% 以上，用水冲调复原时，却出现乳粉颗粒结团浮于表面现象，不都完全复原成鲜乳状态，这表明乳粉的湿润性差。湿润性与乳粉颗粒大小、密度有关。乳粉颗粒如果是由细小颗粒凝聚成较大的颗粒，形成了毛细管，湿润性显著增进。如在乳粉颗粒变形时，添加少量的食用润湿剂（如卵磷脂），湿润性显著提高，冲调时乳粉能迅速溶解。

第三节　脱脂乳粉的生产

脱脂乳粉是以新鲜的脱脂乳为原料，经过杀菌、浓缩、喷雾干燥制成的乳粉。脱脂乳粉可直接作为食品，更多的是做食品工业原料,如饼干、糕点、面包、冰淇淋及脱脂鲜干酪等都用脱脂乳粉,是很重要的蛋白质来源。脱脂乳粉的脂肪含量低(不超过1.25%),因此不易发生氧化变质,耐保藏。

一、普通脱脂乳粉生产工艺

脱脂乳粉的生产工艺流程如下。

原料乳验收 → 过滤 → 牛乳预热 → 分离 → 冷却贮存 → 预热杀菌 → 浓缩 → 喷雾干燥 → 过筛 → 包装 → 入库
                                    ↓
                                  稀奶油

二、脱脂乳生产技术

脱脂乳粉的生产工艺流程及设备与全脂乳粉大体相同,但是整个加工过程中如果温度的调节和控制不适当,将引起脱脂乳中的热敏性乳清蛋白质变性,从而影响乳粉的溶解度。因此,生产脱脂乳粉时某些工艺条件还需区别于全脂乳粉。

1. 牛乳的预热与分离　　原料乳要求及预处理同全脂乳,新鲜牛乳预热到38℃上下即可进行分离,分离一般采用离心式奶油分离机。分离出的脱脂乳含脂率要求控制在0.1%以下。

2. 预热杀菌　　脱脂乳中所含乳清蛋白热稳定性差,在杀菌和浓缩时易引起热变性,使制品乳粉溶解度降低。乳清蛋白中含有疏基,热处理易使制品并产生蒸煮味。

为使乳清蛋白质变性程度不超过15%,并且减弱或者避免蒸煮味,又能达到杀菌抑酶目的,脱脂乳的预热杀菌温度以80℃,保温15 s为最佳条件。

3. 真空浓缩　　脱脂乳的蒸发浓缩温度以不超过65.5℃为适宜,浓度为15~17°Bé,乳固体含量可控制在36%以上。如果浓缩温度超过65.5℃,则乳清蛋白质变性程度超过5%。为了减少对乳清蛋白质变性影响,多采用真空浓缩,尤其是多效真空浓缩,乳的温度控制在65.5℃以下,受热时间较短。

4. 喷雾干燥　　普通脱脂乳粉因其乳糖呈非结晶性的玻璃状态,具有很强的吸湿性,极易结块。为克服此缺点,并提高脱脂乳粉的冲调性,采取特殊的干燥方法生产速溶脱脂乳粉可获得改善。

第四节　速溶乳粉

速溶乳粉是指将乳粉放在未经加热过的水的表面,在没有搅拌的情况下乳粉会迅速下沉并能迅速溶解而不结块的乳粉。

速溶乳粉比普通喷雾乳粉颗粒大而疏松,润湿性好,分散度高,用水冲调复原速度快,所以颇受消费者欢迎。

一、速溶乳粉的特点

速溶乳粉是采用某种特殊的工艺经喷雾干燥,或真空薄膜干燥,或真空泡沫干燥所制成的粉末状制品,它有以下特点:

① 速溶乳粉的颗粒直径大,一般为100~800 μm;

② 速溶乳粉的溶解性、可湿性、分散性等性能都得到极大的改善,当用不同温度的水冲调复原时,只需搅拌一下,即迅速溶解,不结块,无需先调浆再冲调,减少了消费者冲饮的麻烦,即使用冷水直接冲调也能迅速溶解;

③ 速溶乳粉中的乳糖是呈结晶状的含水乳糖,在包装和保存过程中不易吸潮结块;

④ 由于速溶乳粉的直径大而均匀,减少了制造、包装及使用过程中粉尘飞扬的程度,改善了工作环境,避免了不应有的损失;

⑤ 速溶乳粉的比容大,表观密度低,则包装容器的容积相应增大,一定程度上增加了包装费用。

⑥ 速溶乳粉的水分含量较高,一般为 3.5%～5.0%,不利于保藏;对脱脂速溶乳粉而言,易于褐变,并具有一种粮谷的气味。

二、速溶乳粉的生产方法

1. 脱脂速溶乳粉的干燥工艺 脱脂速溶乳粉的速溶工艺与全脂乳粉的工艺完全不同。脱脂乳粉的复原速度是由乳粉的质构所决定的。脱脂速溶乳粉的速溶工艺是将乳粉颗粒附聚成大小为 2～3 mm 的多孔附聚物,附聚的过程增加了乳粉中空气的量,乳粉复原的过程是从乳粉中的空气被水替代时开始的,随后乳粉颗粒被润湿分散,最后真正的溶解开始。其制造方法有以下几种。

（1）干燥室内直接附聚法:在同一干燥室内完成雾化、干燥、附聚、再干燥等操作,使产品达到标准要求的方法。

直接附聚法的工作原理是,浓缩乳通过上层雾化器分散成微细的液滴,与高温干燥介质接触,瞬间进行强烈的热交换和质交换,雾化的液滴形成比较干燥的乳粉颗粒。然后另一部分浓缩乳通过下层雾化器形成相当湿的乳粉颗粒,使湿的乳粉颗粒与上述比较干燥的乳粉颗粒保持良好的接触,并使湿颗粒包裹在干颗粒上。这样湿颗粒失去水分,而干颗粒获得水分而吸潮,以达到使乳粉附聚及乳糖结晶的目的。然后附聚颗粒在热介质的推动及本身的重力作用下,在干燥室内继续干燥并持续地沉降于底部卸出,最终得到干燥的产品(图 15-1)。

但是这种方法由于乳滴大,延长干燥时间,生产效率低。如果使用高温热风进行短时间干燥,由于蛋白质热变性,使产品质量变劣。所以研究者应以尽可能延长低温恒速干燥时间为目的,采用塔式干燥机的方法。即在塔顶配列几个喷嘴,由一个喷嘴喷出比较湿的粒子,由其他喷嘴喷出比较干的粒子,使之互相接触,进行附聚团粒化。

（2）流化床附聚法:即二段干燥法,但在脱脂速溶乳粉生产时要求经第一干燥区喷雾干燥后最终获得水分含量高达 10%～12% 的乳粉,乳粉在沉降过程中产生附聚,沉降于干燥室底部时仍在继续附聚,然后将潮湿且已部分附聚的乳粉自干燥室卸出,进入第一级振动流化床继续附聚成为稳定的团粒,然后进入第二段干燥区的流化床及冷却床,最后经过筛板成为均匀的附聚颗粒(图15-2)。

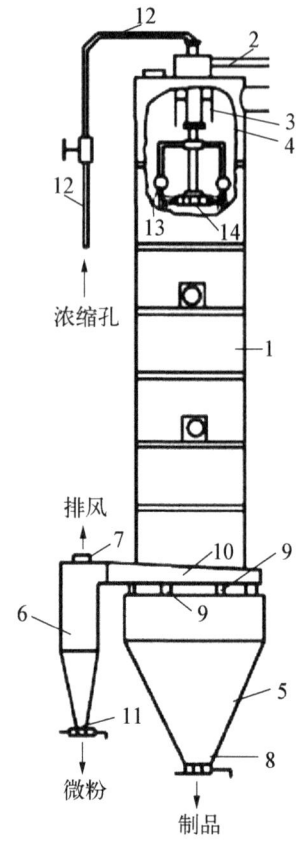

图 15-1 一次制造法生产速溶乳粉示意图

1. 塔;2. 热风入口;3. 调节板;4. 打孔板;5. 底部;6. 旋风分离器;7. 排风口;8. 制品取出口;9、10. 旋风分离器导管;11. 微粒子出口;12. 浓缩乳导入管;13、14. 喷雾头

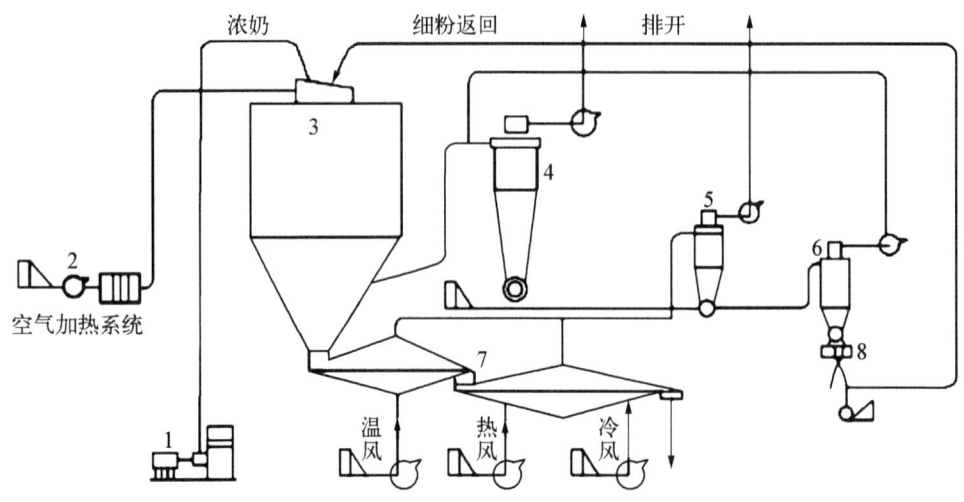

图 15-2 流化床附聚法生产速溶乳粉流程图

1. 高压泵;2. 空气加热系统;3. 干燥室;4、5、6. 旋风分离器;7. 流化床;8. 集粉器

（3）二次制造法：二次制造法生产脱脂速溶乳粉，是以喷雾干燥法生产的普通脱脂乳粉作为基粉（图15-3）。其加工要点如下：

① 基粉定量地注入加料斗，经振动筛板后均匀地洒布于附聚室内，与潮湿空气或低压蒸气接触，使基粉的水分含量增高至10%～12%；并使乳粉颗粒相互附聚而颗粒直径增大，随之乳糖产生结晶。

② 附聚的脱脂乳粉在流化床与附聚室一体的干燥室内，与温度为100～120℃的热空气接触，再行干燥，使脱脂乳粉的水分含量达到应有的要求。

③ 在振动冷却床上以冷风冷却至一定的温度。

④ 过筛使颗粒大小均匀一致。

2. 全脂速溶乳粉的干燥工艺 全脂速溶乳粉的制造较为复杂，除了考虑脱脂速溶乳粉的因素外，还得考虑解决脂肪对乳粉速溶性的影响因素。

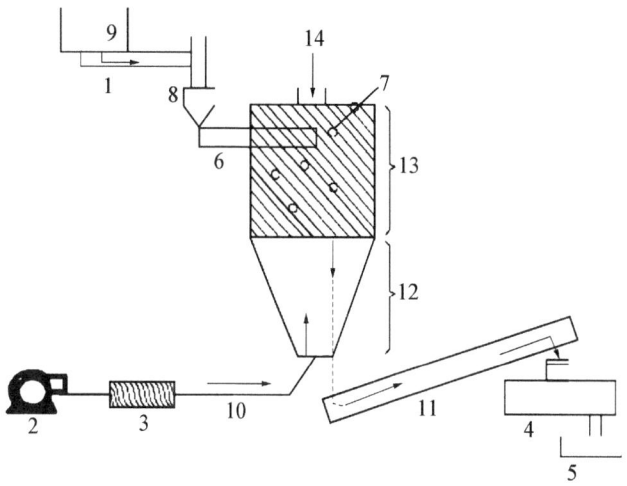

图15-3 二次制造法生产速溶乳粉流程图
1. 螺旋输送器；2. 鼓风机；3. 加热器；4. 筛粉机；5. 包装机；6. 振动筛板；7. 低压蒸气；8. 加料斗；9. 基粉；10. 加热空气；11. 速溶奶粉；12. 再干燥；13. 附聚吸潮；14. 含水空气

（1）基粉的要求：全脂乳粉的速溶加工过程是从生产基粉开始，卵磷脂化的乳粉在25℃的水中具有速溶性。基粉除了要达到普通乳粉的标准外还要达到下列要求：

① 游离脂肪的含量要尽量地低，这可通过在雾化前对浓缩乳进行均质来实现。

② 颗粒的密度要尽可能地高，以增加沉降性，因此需要使用高浓度的浓缩乳以使包埋在乳粉颗粒中的空气含量达到最小值。将进风温度升高到170～180℃也可以增加乳粉颗粒的密度。

③ 乳粉颗粒应该是多孔附聚物，不能有细粉。绝大部分乳粉颗粒的直径应该为100～250 μm，低于90 μm 的颗粒不应超过15%～20%。容积密度应该在0.45～0.50 g/cm^3 的范围内。为了达到这一要求，乳的浓缩度要高，雾化过程中要使用与干燥能力相适应的最低雾化速度。这种工艺条件会产生大颗粒的乳粉，从而延长干燥的时间，使得没有干燥完全的乳粉混合在一起的机会增多。为了克服干燥时间长的缺点，应该采用二级或三级干燥工艺，使干燥室内的温度比一级干燥温度低，得到的产品游离脂肪含量较低。

（2）工艺要求：用喷雾干燥法制造全脂速溶乳粉可采用一段法或二段法，但不论采用哪一种生产方法，其工艺过程中均包括下述两个关键性的环节。

① 采用高浓度、低压力、大孔径喷头，生产颗粒大且附聚颗粒直径较大和颗粒分布频率在一定范围内的乳粉，用以改善乳粉的下沉性。

② 喷涂卵磷脂以改善乳粉颗粒的润湿性、分散性，使乳粉的速溶性大为提高。

3. 影响乳粉速溶的因素及改善方法 奶粉的颗粒大小对乳粉溶解性的影响较大。速溶要求乳粉在热水、冷水中都能快速溶解，这要求颗粒具有足够大的直径和粒度分布。速溶乳粉颗粒分布多在20～60 μm，而普通乳20 μm 以下的颗粒占多数。实验证明，平均颗粒直径在30 μm，其冲调性能达到80%，小于30 μm，冲调性就差。因此，对速溶乳粉，颗粒平均直径要求在30 μm 以上，其中颗粒大部分要求分布在30～50 μm 之间。乳粉颗粒过小，复水后，易结团，浮于水面，影响溶解度。但颗粒大，相应含水增多，容重小，体积大。乳粉颗粒大小与原料乳的浓缩程度和干燥方式有关。提高乳的浓度是放大颗粒的关键。

干燥方式由于影响乳粉颗粒的大小从而也对乳粉溶解性起到影响作用。目前，乳粉的干燥方式主要为喷雾干燥，包括压力喷雾干燥和离心喷雾干燥。压力喷雾干燥的乳粉颗粒平均直径（100 μm）比离心喷雾干燥的颗粒平均直径（45 μm）大，速溶性好，是目前生产乳粉常用的干燥方法。

一般采用再润湿法（两段法）和直通法（一段法）的特殊工艺能增大乳粉颗粒大小，使其速溶。再润湿法：

用一般喷雾干燥的粉粒作为基粉,通过喷入湿空气或雾滴使其吸湿附聚成较大团粒,再行干燥,冷却形成速溶产品(干燥——吸湿——干燥)。直通法:干燥室下部连接一个直通式速溶奶粉瞬时形成机,连续地进行吸潮并用流化床附聚造粒,再干燥而成速溶奶粉。或者采用多喷头(如四喷头),可使每个喷头喷出的料液绝大部分按照正常情况的下落,到塔中部四喷头雾化相交区,小液滴互相碰撞,形成较大颗粒。由于存在毛细管现象,有利于奶粉溶解,从而大大减少细粉的量。即使有细粉也将通过旋风分离器收集,重新送回到塔顶,进入奶液雾化区,起晶核作用,吸附新喷出的奶滴。既消除了细粉,又增大了奶粉颗粒的均匀性和润湿性。

在包装方面,含水量在3%以下的乳粉,充氮密封包装,在室温下可保存两年,其溶解度不会下降,若水分超过5%,则溶解度易下降。

卵磷脂、单甘酯等乳化剂对于脂肪球上蛋白变性的脂肪球膜有稳定作用,可提高产品的冲调性。添加适量的黄原胶、海藻酸钠等亲水胶体作为稳定剂,不仅可提高乳液的稳定性、提高产品的冲调性,还可改进产品外观、质地和风味。国外的速溶乳粉一般采用成颗粒状的乳粉在流化床中附聚喷涂卵磷脂,覆盖粉粒表面,改善乳粉的表面润湿性。这样可生产出令人满意的速溶产品,卵磷脂有利于脂肪的乳化。麦芽糊精属于食物添加剂,可使奶粉体质膨胀,不易结块,速溶,冲调性好,延长产品货架期,同时降低成本,提高经济效益。也可改善营养配比,提高营养比价,易消化吸收。

第五节 配 方 乳 粉

最早的配方乳粉主要是婴儿乳粉,近些年来配方乳粉的概念已不仅仅局限于婴儿用乳粉上,而是针对不同人的营养需要,在鲜乳原料中或乳粉中调以各种营养素加工而成的乳制品。目前发展的主要品种有中老年乳粉、孕妇乳粉及降糖、降血压等功能性乳粉。

一、婴幼儿配方乳粉

婴幼儿配方乳粉是20世纪50年代发展起来的一种乳制品,它已经成为儿童食品工业中最重要的食品之一。婴幼儿配方乳粉是以类似母乳组成的营养素为基本目标,通过添加或提取牛乳中的某些成分使其组成不但在数量上、质量上,而且在生物功能上都无限接近于母乳的,经过配制和乳粉干燥技术制成的调制乳粉。在母乳不足或缺乏时,婴幼儿配方乳粉可作为母乳的替代品,能够满足3岁以下婴幼儿的生长发育和营养需求。根据不同阶段的婴幼儿可大致分为:0~6个月、6~12个月、12~36个月婴儿乳粉和幼儿成长乳粉。

1. 婴幼儿乳粉配方设计原则(0~6个月) 婴幼儿配方乳粉品种较多,但总体是根据婴幼儿成长所需要的营养成分和母乳中独特的营养成分共同决定婴幼儿调制乳粉的配方设计。母乳与牛乳的主要营养素差异见表15-7。

表15-7 牛乳与母乳的主要营养素的对比(每100 g乳中的含量)

分类	热量/kJ	水分/g	总干物质/g	蛋白质/g	脂肪/g	乳糖/g	灰分/g
母乳	251	88.0	11.8	1.4	3.1	7.1	0.2
牛乳	209	88.6	11.4	2.9	3.3	4.5	0.7

婴幼儿配方乳粉在发展初期只是根据母乳和牛乳成分差异,宏观地模拟母乳,而对一些生物活性因子考虑较少。目前,随着研究的深入,对免疫球蛋白、乳铁蛋白、乳过氧化氢酶、溶菌酶和刺激因子等活性物质逐渐明了,开发研制具有与母乳等同或生理功能相似的婴幼儿配方乳粉成为热点。一般常规的母乳化调整如下:

调整乳清蛋白质和酪蛋白的比例,达到母乳中的蛋白质构成的比例,即乳清蛋白及酪蛋白含量分别为60%、40%;同时,根据母乳中蛋白质组成不同进行组成上的调整(如相应添加α-乳白蛋白,降低β-乳球蛋白)。

调整乳粉中的饱和脂肪酸和不饱和脂肪酸的比例。牛乳与母乳相比,乳脂肪中必需脂肪酸含量较低,以亚油酸为例,在母乳中为 3.5%～5%,在牛乳中为 1%。低级脂肪酸或不饱和脂肪酸比高级脂肪酸或饱和脂肪酸更容易消化吸收。与母乳相比,牛乳的脂肪不容易被消化和利用。可采用亚油酸强化、脂肪酸结构的母乳化等措施提高牛乳脂肪的吸收率。

调整配方乳粉中碳水化合物的比例,特别是调整 α-乳糖和 β-乳糖的比例为 4∶6。有的产品中添加具有双歧杆菌增殖作用的功能性低聚糖调节婴儿肠道菌群。

根据母乳和牛乳中维生素、矿物质的差异进行强化,以及添加一些生理活性物质。

(1) 能量:0～6 个月龄婴幼儿此时处于生长发育比较快的时期,按体重计算营养的需要量是成人的 3 倍以上。在生长发育方面消耗的能量约占总摄入能量的 1/3,需 167～209 kJ/(kg·d)[40～50 kcal/(kg·d)]。用以维持基础代谢的能量消耗也多,需 184～192 kJ/(kg·d)[44～46 kcal/(kg·d)]。相对来说肌肉活动少,故在这方面消耗的能量较少,仅占总能量需要的 8%。关于具体能量需求可参照我国婴幼儿配方乳粉的标准。

(2) 蛋白质、氨基酸、核苷酸类物质:研究表明,以牛乳蛋白为基础的婴儿配方食品中,蛋白质能量密度达到 1.9 g/100 kcal 以上,足以满足婴儿需求,其身高、体重和血清蛋白等指标可达到母乳喂养的水平。以大豆或谷物蛋白为主的配方因其蛋白质的有效利用率较低,应适度提高其含量标准。

母乳中蛋白质的含量为 1.0%～1.5%,酪蛋白∶乳清蛋白=4∶6。而牛乳中酪蛋白含量高,在婴幼儿胃内易形成较大的坚硬凝块。从蛋白质消化性出发,可采用乳清蛋白或植物蛋白调整蛋白质的组成和含量。

除了对蛋白质数量和种类的考虑外,还需要考虑满足婴幼儿必需氨基酸的要求。蛋白质在消化道中经酶作用分解成氨基酸后被吸收,机体利用被吸收的氨基酸合成自身的蛋白质。因此,机体对蛋白质的需求实际是对氨基酸的需要。蛋白质的氨基酸组成,尤其是其中必需氨基酸的组成决定了它的营养价值。

国际食品法典委员会(CA)和欧洲食品科学委员会(SCF)对蛋白质质量有较严格的要求,两者都规定了婴幼儿配方食品中蛋白质每单位能量中各种必需氨基酸和条件必需氨基酸的含量必须等同于参照蛋白(母乳蛋白)中相应的氨基酸含量。

我国国家标准中对于婴幼儿配方食品中蛋白质的质量要求仅限于"蛋白质的有效利用率(PER)不低于酪蛋白的 85%",对于氨基酸组成未作规定。

牛磺酸是一种非蛋白氨基酸,人乳各个阶段的乳汁中都含有牛磺(5.1～11.9 mg/100 kcal)。配方食品中几乎不含牛磺酸,因此大多数婴幼儿配方食品中都有添加。强化牛磺酸的配方有可能对婴儿的体格及智力发育有促进作用。关于婴儿配方食品中牛磺酸含量,SCF(2003)和 CAC(2004)建议牛磺酸含量≤12 mg/100 kcal;GB 10765-2010 将牛磺酸作为可选择成分,最大值为 13 mg/100 kcal。

人乳中肉碱含量为 0.9～1.2 mg/100 kcal,牛乳中富含肉碱(50 mg/100 kcal),因此以牛乳蛋白为基础的配方中不必强化。但若以大豆蛋白为基础的配方中几乎不含肉碱,必须强化。GB 10765-2010 规定婴儿配方食品中左旋肉碱的含量≥1.3 mg/100 kcal。

核苷和核苷酸在人体内可以合成,是非必需营养成分。国际标准中对核苷酸的添加不作强制规定,但如果添加则不许超过其规定的上限。SCF(2003)和 CAC(2004)对于每种核苷酸添加量的规定:CMP≤2.5 mg/100 kcal,UMP≤1.75 mg/100 kcal,AMP≤1.5 mg/100 kcal,GMP≤0.5 mg/100 kcal,IMP≤1.00 mg/100 kcal,总量≤5.0 mg/100 kcal,以大豆蛋白为基础的婴儿配方食品本身含较高核苷酸,不允许再强化。我国 GB 2760-2007 规定:5′-腺苷酸、5′-肌苷酸二钠、5′-鸟苷酸二钠、5′-尿苷酸二钠、5′-胞苷酸二钠在婴幼儿配方乳粉中的使用量以核苷酸总量计为 0.2～0.58 g/kg,推算到婴儿配方乳粉中相当于 3.2～12.3 mg/100 kcal。

人乳胆碱含量在产后 1 周内数量可增加 1 倍,常乳中可利用胆碱含量达 12.6 mg/100 kcal。通常,配方食品中胆碱含量低于常乳,需要补充。GB 10765-2010 将胆碱作为可选择性成分,规定婴儿配方食品中胆碱的含量为 7.1～50.2 mg/100 kcal。

人乳中的蛋白质除了为婴儿提供生长发育所必需的氨基酸和氮源以外,还有一类蛋白质(如免疫球蛋白、乳铁蛋白等)提供一些生物学功能,可通过向婴幼儿配方乳粉添加这些主要生理活性物质来增强配方乳粉的生物活性功能。

(3) 脂类物质:牛乳中的乳脂肪含量平均在3.3%左右,与母乳含量大致相同,但质量上有很大差别。牛乳脂肪中的饱和脂肪酸含量比较多,而不饱和脂肪酸含量少。母乳中不饱和脂肪酸含量比较多,特别是不饱和脂肪酸的亚油酸、亚麻酸含量相当高,是人体所必需的脂肪酸。精炼植物油富含不饱和脂肪酸,易被婴儿机体吸收。

婴儿配方奶粉中的脂肪主要依靠植物油来提高不饱和脂肪酸的含量,常使用的是精炼玉米油和棕榈油。其中后者除含有可利用的油酸外,还含有大量婴儿不易消化的棕榈酸,会增加婴儿血小板血栓的形成,故添加量不宜过多。

不饱和脂肪酸按其双键位置可分为 $\omega-3$ 系列不饱和脂肪酸和 $\omega-6$ 系列不饱和脂肪酸。$\omega-3$ 系列不饱和脂肪酸中最具代表性的是二十二碳六烯酸(DHA)、二十碳五烯酸(EPA)和 α-亚麻酸(C18:3)。近年来,这些脂肪酸逐渐被人们所重视,在婴儿配方奶粉中出现。我国 GB 2760-2007 规定:配方中亚油酸含量为 0.29~1.38 g/100 kcal,α-亚麻酸含量 $\geqslant$50 mg/100 kcal,亚油酸与 α-亚麻酸比值在 5:1~15:1 之间;如配方中添加二十二碳六烯酸,其含量不应超过二十碳四烯酸,长链不饱和脂肪酸中二十碳五烯酸(20:5ω-3)的量不应超过二十二碳六烯酸的量。

肌醇在新生儿血液中的高含量水平表明它在婴儿早期发育中有重要作用,可能对肺表面活性剂的形成和肺的发育有作用。人乳中肌醇含量较高,为 22~48 mg/100 kcal。美国 FDA(1985)规定非乳基配方中肌醇含量 4 mg/100 kcal,SCF(2003)和 CAC(2004)都规定婴儿配方中肌醇含量为 4~40 mg/100 kcal。我国 GB 2760-2007 将肌醇作为可选择性成分,其含量为 4~39.7 mg/100 kcal。

(4) 碳水化合物:碳水化合物主要供给婴儿能量,促成发育。母乳中碳水化合物 90% 是乳糖,乳糖是婴儿食品中最好的碳水化合物来源。此外,新生儿也可消化吸收淀粉、葡萄糖和蔗糖等。由于蔗糖有导致婴儿龋齿的危险,果糖会对果糖不耐受的婴儿健康有危害,因此,如无特殊情况,配方应以乳糖为主,不应添加蔗糖和果糖。我国 GB 2760-2007 规定:对于乳基婴儿食品,首选碳水化合物应为乳糖、乳糖和葡萄糖聚合物。只有经过糊化后的淀粉才可以加入到婴儿配方食品中,不得使用果糖。乳糖占碳水化合物总量应 $\geqslant$90%。但对于一些有先天缺乏乳糖酶的婴儿,配方中的乳糖可导致他们腹泻等现象的发生。对于这类有特殊需要的婴儿乳粉在设计时就要考虑无乳糖或低乳糖配方。

(5) 维生素和矿物质:配方乳粉中也要充分强化维生素,满足婴幼儿生长发育所需要的日常维生素。配方中要强化维生素 A、维生素 B_1、维生素 B_2、维生素 B_6、维生素 B_{12}、维生素 C、维生素 D、生物素、泛酸、烟酸、维生素 K、维生素 E 和叶酸等。

牛乳中的矿物质含量高于母乳 3 倍,而婴幼儿的肾脏功能尚未健全,不能充分排泄体内蛋白质所分解的过剩电解质。特别是初生婴儿,相比于较大婴儿来说,在配方乳粉设计时,对于灰分的考虑更应该注意,其灰分含量应该更低。再考虑采用乳清粉时,一般采用脱盐率>90% 或采用乳清浓缩蛋白和乳糖。微量的铜、镁、锰、铁等元素的存在对于婴幼儿的造血效果和发育极为重要,应该适当强化。

2. 婴儿配方乳粉(6~12 个月龄婴儿) 6~12 个月龄婴儿的营养需求不像 0~6 个月那样严格依据实验数据。实际上,6~12 个月龄婴儿的大部分营养素的推荐摄入量很大程度上依赖于在 0~6 个月龄婴儿获得的数据。当前的推荐摄入量除了考虑 6 个月以后活动水平增加以及一定程度生长速度减缓,也考虑到较小婴儿和较大婴儿的发育差别。尽管缺少 1 岁婴儿后半年营养素需求量的实验数据,很少有人认为这个年龄组的推荐摄入量需要进行全面修订。

3. 幼儿成长配方乳粉(12~36 个月龄幼儿) 断乳或较大婴儿配方乳粉在欧洲已经很普遍,最近已被引入美国。这些配方乳粉比标准婴儿配方乳粉含蛋白质稍多一些。存在的脂肪和碳水化合物类型与标准婴儿配方乳粉相似(植物油、乳糖加玉米糖浆固形物)。还没人令人信服的证据证明这些配方乳粉优于标准的婴儿配方乳粉。

4. 婴儿配方乳粉的生产 各国不同品种的婴幼儿配方乳粉,生产工艺有所不同。现将基本工艺过程介绍如下。

(1) 工艺流程

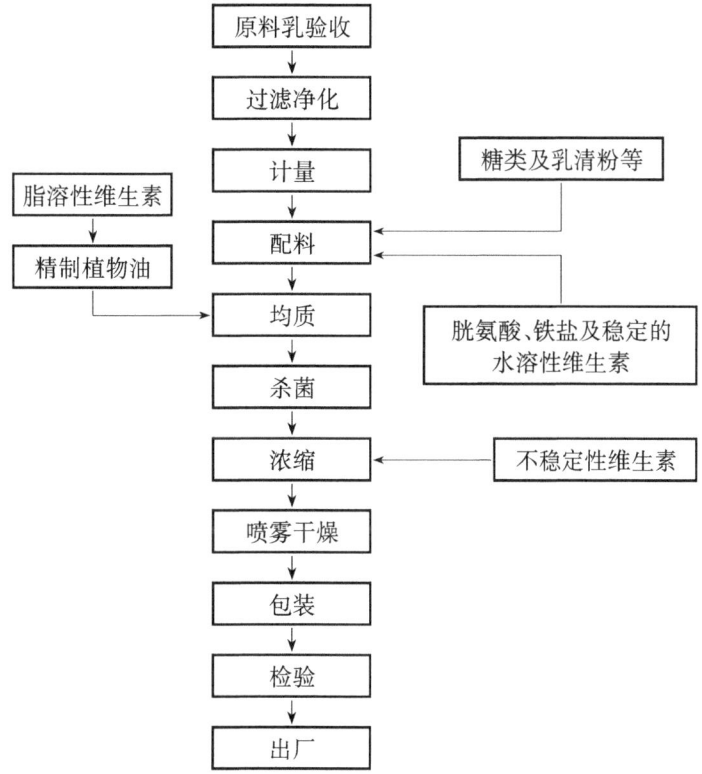

(2) 工艺要点

① 原料乳的验收和预处理：应符合生产特殊级乳粉的要求。

② 配料：按比例要求将各种物料混合于配料缸中，开动搅拌器，使物料混匀。

③ 均质、杀菌、浓缩：混合料均质压力一般控制在18 MPa；杀菌和浓缩的工艺要求和乳粉生产相同。浓缩后的物料浓度控制在46%左右。

④ 喷雾干燥：进风温度为140~160 ℃，排风温度为80~88 ℃。

二、成人配方乳粉

1. 概述 以成年人为消费对象的配方乳粉已经成为乳粉行业中除了婴幼儿配方乳粉之外的另一研究热点。特别是国外的一些药厂，除了研究各种维生素补充剂、高纯度蛋白质粉等之外，还利用牛乳蛋白质的优良特性研究以牛乳为主要原料，并添加各种营养强化剂和特有营养成分的成人营养配方粉，并受到广泛重视。

2. 分类

(1) 中老年配方乳粉：以新鲜牛乳或脱脂乳为主要原料，添加一定量的蛋白质、碳水化合物以及中老年人容易缺乏的维生素和矿物质，混匀后经杀菌、浓缩、干燥等工艺而制得的粉末状产品。

(2) 孕妇配方乳粉：以新鲜牛乳为主要原料，添加一定量孕妇所需要的叶酸、钙等微量成分，经杀菌、浓缩、干燥等工艺而制得的粉末状产品。

(3) 成人乳粉：成人配方粉指适用于18~50岁的、处于中等体力活动状态的普通人群。

3. 基础配方

(1) 中老年配方粉：中老年的生理机能减退，营养要求特殊，饮食要求是"三高三低"，即高蛋白、高纤维、高钙和低脂肪、低糖、低钠。不饱和脂肪酸可以有效地降低中老年易患高血脂、肥胖症等的发病率，维生素C、E等具有抗衰老的功能。在考虑上述情况的基础上，确定中老年乳粉的基础配方如表15-8所示。

表 15-8　中老年乳粉基础配方　　　　　　　　　　　　　　　　（以 1 000 kg 产品计）

原　料	用量/kg	原　料	用量/kg
鲜牛乳	3 000	牛磺酸	0.3
脱脂乳粉	650	钙强化剂(以 Ca 计)	6
精炼植物油	70	铁强化剂(以 Fe 计)	0.05
卵磷脂	3	复合维生素	适量
膳食纤维	10		

（2）孕妇乳粉：孕期是女性特殊的生理时期，孕期女性需要大量的营养物质，许多营养物质的需要量大于一般人，比如钙、叶酸等。另外孕妇也大量的需要许多其他的营养物质，比如蛋白质、各种维生素、矿物质等。孕妇乳粉的基础配方如表 15-9 所示。

表 15-9　孕妇乳粉的基础配方　　　　　　　　　　　　　　　　（以 1 000 kg 产品计）

原　料	用量/kg	原　料	用量/kg
鲜牛乳	5 000	铁强化剂(以 Fe 计)	0.05
脱脂乳粉	380	叶酸	0.004
精炼植物油	80	其他复合维生素	适量
钙强化剂(以 Ca 计)	6		

（3）成人乳粉：采用新鲜牛乳为主要原料，根据《中国居民膳食营养参考摄入量，2000》制定的营养素配方，含有 RNIs/Ais 中建议的所有营养元素，能补充日常疏忽的多种营养元素。针对成年人工作压力大，还特别添加了活性免疫球蛋白(活性免疫球蛋白可以增强人体的抵抗力)、纯乳钙质，满足成年人的特殊需求，另外强化了低聚果糖和被称为"第七营养素"的膳食纤维，改善成年人的胃、肠道功能。成年人乳粉配方如表 15-10 所示。

表 15-10　成人乳粉基础配方　　　　　　　　　　　　　　　　（以 1 000 kg 产品计）

原　料	用量/kg	原　料	用量/kg
鲜牛乳	5 500	维生素 A、D、E 及 B 族维生素	1.5
全脂乳粉	275	维生素 C	1.5
可溶性膳食纤维	40	钙、铁、锌	1
低聚果糖、低聚异麦芽糖	30	铜、碘、镁、钠	0.5
乳钙	20	牛初乳	3
不饱和脂肪酸	15	卵磷脂	2
大豆分离蛋白	10	牛磺酸	1
脱脂乳粉	10		

三、特殊配方乳粉

1. 免疫乳粉

（1）免疫及免疫乳粉的概念：免疫（immunity）是指机体接触抗原性异物或者"异己成分"的一种特异性生理反应，是机体在进化过程中获得的"识别自身、排斥异己"一种重要整理功能。

免疫乳粉是指在鲜牛奶的干燥过程中，通过一定保护措施和工艺添加一定量的免疫活性物质而制得的，能够增强机体对疾病的抵抗力、抗感染特性、抗肿瘤能力以及维持自身生理平衡的乳粉。

在提高机体免疫力的物质中，最重要的是母初乳中生物活性物质，这些物质在牛初乳中含量较高。另外天然存在的具有免疫调节作用的物质还包括生物活性多糖，也是免疫乳粉配方中的重要成分之一。

（2）免疫乳粉配方：免疫乳粉的基本配方如表 15-11 所示。

表 15-11　免疫乳粉的基本配方

原　料	用量/kg	原　料	用量/kg
鲜牛奶	4 000	核苷酸(包括 AMP、CMP、GMP、UMP、IMP 5 种)	0.3
全脂乳粉	350	初乳粉	50
脱脂乳粉	120	β-胡萝卜素	0.002
活性多糖物质	2	大豆卵磷脂	2
牛免疫球蛋白	10		

2. 降血糖乳粉　糖尿病是一种内分泌代谢性疾病。糖尿病患者的饮食首先要确定日需总热量的合理供给，使各种营养之间保持适当的比例，以适应其代谢的变化。日常总热量应该根据患者的年龄、体型、劳动强度等方面的因素而定。降糖乳粉适用于糖尿病患者食用，其基本配方如表 15-12。

表 15-12　降血糖乳粉的基本配方

原　料	用量/kg	原　料	用量/kg
鲜牛乳	3 770	精炼植物油	50
脱脂乳粉	450	可溶性纤维	50
吡啶甲酸铬	0.025	乳清浓缩蛋白	35

该类乳粉的生产与婴幼儿配方乳粉的生产工艺类似，此处不再详细说明。

3. 降血脂乳粉　心脑血管疾病是近年来严重危害人们健康的疾病，动脉粥状硬化的产生有多原因，其中最关键的因素是高脂血症即血胆固醇和血甘油三酯浓度的升高。一般来说，血液中胆固醇浓度每上升1%，冠心病死亡率上升2%，因此保持血液中的胆固醇浓度在正常范围内对于预防动脉粥状硬化和心脑血管疾病是至关重要的。

降血脂乳粉适用于高脂血症患者食用，其基本配方如表 15-13。

表 15-13　降血脂乳粉的基本配方

原　料	用量/kg	原　料	用量/kg
鲜牛乳	3 390	精炼大豆油	120
脱脂乳粉	400	DHA(6.25%)	10
精炼玉米油	55	大豆分离蛋白	150

降血脂乳粉生产工艺与婴幼儿配方乳粉的生产工艺类似，此处不再详细说明。

第十六章

干 酪

第一节 干酪概述

干酪生产历史悠久,它和奶油一样是人类最早利用的乳制品之一。据考证,干酪起源于公元前 6000～7000 年人类文明发祥地之一的底格里斯和幼发拉底两河流域。随着人类文明的迅速传播,干酪生产很快传入中东、埃及、希腊和罗马。以后发生的罗马军队大举入侵欧洲,对干酪生产在整个欧洲的普及起了决定性的作用。1851 年,英国人在纽约州的 Jesse Williams 建立了第一个干酪加工厂。目前全世界大约有 1/5 的原料乳用于生产干酪。

一、干酪的概念及种类

1. 干酪的概念 干酪(cheese)是以牛乳、稀奶油、部分脱脂乳、酪乳或这些产品的混合物为原料,经凝乳并分离出乳清而制得的新鲜或发酵成熟的乳制品。制成后未经发酵成熟的产品称为新鲜干酪;经长时间发酵成熟而制成的产品称为成熟干酪。国际上将这两种干酪统称为天然干酪(natural cheese)。

2. 干酪的分类 在各种乳制品中,干酪的种类最多,主要的干酪品种达 800 种以上,加上地方的类似产品有 2 000 种左右,这使得干酪的分类也变得异常复杂。国际上通常把干酪分为三大类:天然干酪、融化干酪和干酪食品,这三类干酪的主要规格、要求如下:

(1) 天然干酪:是以乳、稀奶油、部分脱脂乳、酪乳或混合乳为原料,经凝固后,排除乳清而获得的新鲜或成熟的产品,允许添加天然香辛料以增加香味和滋味。

(2) 融化干酪:是用一种或一种以上的天然干酪,添加食品卫生标准所允许的添加剂,经粉碎、混合、加热融化、乳化后而制成的产品,含乳固体 40% 以上。此外,允许添加稀奶油、奶油或乳脂以调整脂肪含量。为了增加香味和滋味,添加香料、调味料及其他食品时,其添加量必须控制在乳固体的 1/6 以内。但不得添加脱脂乳粉、全脂乳粉、乳糖、干酪素以及不是来自乳中的脂肪、蛋白质及碳水化合物。

(3) 干酪食品:是用一种或一种以上的天然干酪或融化干酪,添加食品卫生所规定的添加剂,经粉碎、混合、加热融化而成的产品,产品中的干酪数量需占 50% 以上。此外,还规定:添加香料、调味料或其他食品需控制在产品干物质的 1/6 以内;添加不是来自乳中的脂肪、蛋白质、碳水化合物时,不得超过产品的 10%。

国际乳品联合会(IDF)曾提出以水分含量为标准,将干酪分为硬质、半硬质、软质等三大类,并提出根据成熟的特征或固形物中的脂肪含量来分类的方案。现在习惯上以干酪的软硬度及与成熟有关的微生物来进行分类和区别。当前,世界上主要干酪的分类如表 16-1 所示。

表 16-1 干酪的品种分类

形体的软硬及与成熟有关的微生物			主 要 品 种
特硬质 水分 30%～35%	细菌		珀尔梅散(Parmesan) 罗马诺(Romano)
硬质 水分 30%～40%	细菌	大气孔	埃漫塔尔(Emmenthal) 格鲁耶尔(Gruyere)
		小气孔	荷兰干酪(Gouda) 荷兰圆形干酪(Edam)
		无气孔	契达干酪(Cheddar)

续 表

形体的软硬及与成熟有关的微生物		主 要 品 种
半硬质 水分 38%～45%	细菌	砖状干酪(Brick) 林堡干酪(Limburgar)
	霉菌	罗奎福特(Roquefort) 青纹干酪(Blue)
软质干酪 水分 40%～60%	霉菌	卡门培尔(Camembert)
	不成熟的	农家干酪(Cottage) 酸奶油干酪(Cream)
融化干酪 水分 40%以下	—	融化干酪(Process)

二、干酪的组成及特性

1. 干酪的组成及营养价值　　干酪含有丰富的蛋白质、脂肪等有机成分和钙、磷等无机盐类以及多种维生素及微量元素,因而具有很高的营养价值。几种主要干酪的化学组成见表 16-2 所示。

表 16-2　干酪的组成　　　　　　　　　　　　　（每 100 g 中的含量）

干酪名称	类型	水分/%	热量/kJ	蛋白质/g	脂肪/g	钙/mg	磷/mg	维生素		
								A/IU	B_1/mg	B_2/mg
契达干酪(Cheddar)	硬质（细菌发酵）	37.0	1.672	25.0	32.0	750	478	1 310	0.03	0.46
法国羊乳干酪(Roquefort)	半硬（霉菌发酵）	40.0	1.546	21.5	30.5	315	184	1 240	0.03	0.61
法国浓味干酪(Camembert)	软质（霉菌成熟）	52.2	1.256	17.5	24.7	105	339	1 010	0.04	0.75
农家干酪(Cottage)	软质（新鲜不成熟）	79.0	0.361	17.0	0.3	90	175	10	0.03	0.28

干酪是以蛋白质及脂肪为主要成分而含少量无机盐、乳糖、维生素等的乳制品。干酪中含有丰富的营养成分,100 份原料乳大致能生产 10 份干酪,即等于将原料中的主要成分蛋白质和脂肪浓缩了 10 倍,而且蛋白质在成熟过程中发生变化,形成氨基酸、肽等,因此干酪很容易被人体消化吸收。

(1) 水分：干酪的水分含量与干酪的种类、形状及组织状态有着直接关系,并影响着干酪的发酵速度,水分调节可以在制造过程中通过调节原料的成分及含量、加工工艺条件等来实现。

(2) 蛋白质：酪蛋白是干酪的重要成分,原料乳中的酪蛋白被酸或凝乳酶作用而凝固,成为凝块形成干酪组织。

(3) 脂肪：干酪中脂肪含量一般占总固形物含量的 45% 以上,脂肪的分解产物是干酪风味的主要来源,同时干酪中的脂肪使组织保持特有的柔性及湿润性。

(4) 乳糖：大部分转移到乳清中,残存的乳糖促进乳酸发酵,乳酸的生成能够抑制杂菌繁殖,与发酵剂中的蛋白质分解酶共同使干酪成熟。

(5) 无机物：牛乳无机物中含量最多的是钙和磷,在干酪成熟过程中与蛋白质融化现象有关。钙可促进凝乳酶的凝乳作用,加快凝块的形成,此外,钙还是某些乳酸菌,特别是乳酸杆菌生长所必需的营养素。

2. 干酪的质量标准

(1) 感官指标

① 色泽：具有该产品正常的色泽。

② 滋味和气味：具有该产品特有的滋味和气味。

③ 组织状态：组织细腻,质地均匀,具有该类产品应有的硬度。

(2) 干酪微生物限量应符合表 16-3 要求。

表 16-3 干酪微生物限量

项目	限量(若非指定,均以 cfu/g)			
	n	c	m	M
大肠杆菌	5	2	100	1 000
金黄色葡萄球菌	5	2	100	1 000
沙门氏菌	5	0	0/25 g	—
单核细胞增生李斯特氏菌	5	0	0/25 g	—
酵母[a]			50	
霉菌[a]			50	

注：a 不适用于霉菌成熟干酪

第二节 干酪的加工工艺

一、天然干酪

天然干酪的生产工艺流程如下。

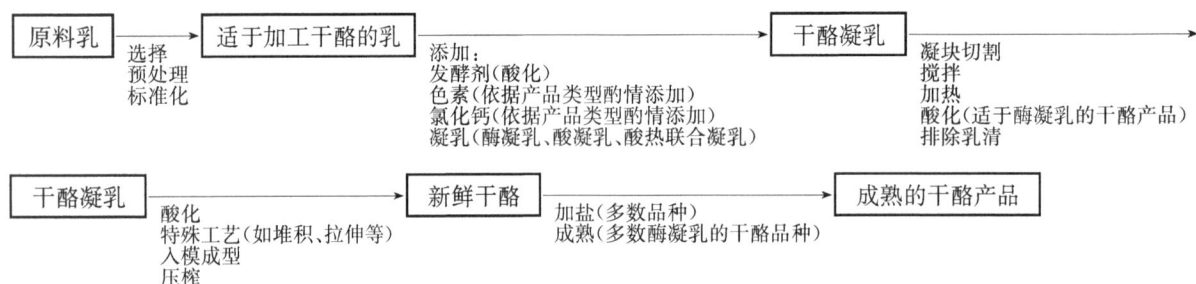

生产干酪的原料必须由健康奶畜分泌的新鲜优质原料乳，经感官检查合格后，测定酸度(牛乳 18 °T，羊乳 10～14 °T)或酒精试验，并进行抗生素及抑菌试验。然后进行严格过滤和净化等预处理。

1. 净乳 生乳中常含有杂质，因此需进行净化。目前采用离心或过滤净化，在去除杂质的同时可减少微生物数量。使用离心净乳机可以显著提高净化效果，有利于提高产品质量。离心净乳机还能将乳中的乳腺体细胞和某些微生物除去，如可去除 90% 带孢子的细菌(因其密度大于不带孢子的细菌)。

2. 标准化

(1) 标准化的目的：① 使每批干酪的组成一致；② 成品符合销售的统一标准；③ 质量均匀，缩小偏差。

(2) 标准化时的注意事项：① 正确称量原料乳的量；② 正确检验脂肪含量；③ 测定或计算酪蛋白含量；④ 每槽分别测定含脂率；⑤ 确定脂肪/酪蛋白的值，然后计算需加入的脱脂乳(或除去稀奶油)量。

(3) 标准化方法

① 测定脂肪；

② 根据下式，计算酪蛋白的含量：

酪蛋白% = 0.4F + 0.9

或酪蛋白% = (F－3) × 0.4 + 2.1

确定 C/F = 0.70

其中：F—脂肪；C—酪蛋白

[例] 今有原料乳 10 000 kg，含脂率 4%，用含酪蛋白 2.6%，脂肪 0.01% 的脱脂乳进行标准化，使

C/F=0.7,计算所需脱脂乳量。

[解] ① 10 000×0.04=400(kg)　全乳中的脂肪含量

10 000×0.025=250(kg)　全乳中的酪蛋白含量

② X(必要的酪蛋白 kg 数)

因为 C/F=0.7

所以 X=400×0.7=280(kg)(必要的酪蛋白)

③ 280-250=30(kg)　　(不足的酪蛋白量)

④ 30/0.026=1 154(kg)　(所需脱脂乳量)

即全乳 10 000 kg 中加 1 154 kg 脱脂乳后,C/F 即可达到 0.7(280/400=0.7)

3. 原料乳杀菌　杀菌的目的是为了杀灭原料乳中的致病菌和有害菌,使酶类失活,使干酪质量稳定、安全卫生。由于加热杀菌使部分白蛋白凝固,留存于干酪中,可以增加干酪的产量。但杀菌温度的高低直接影响干酪的质量,如果温度过高、时间过长,则受热变性的乳清蛋白质增多,会破坏乳中盐类离子的平衡,进而影响皱胃酶的凝乳效果,使凝块松软,收缩作用变弱,易形成水分含量过高的干酪。因此,在实际生产中多采用 63 ℃、30 min 的低温杀菌(LTLT)或 71~75 ℃、15 s 的高温短时杀菌。为防止或抑制丁酸菌等产气芽孢菌,在生产中常添加适量的硝酸盐(硝酸钠或硝酸钾)或过氧化氢。硝酸盐的添加量应特别注意,过多的硝酸盐能抑制发酵剂的正常发酵,影响干酪的成熟和成品风味。

4. 添加发酵剂和预酸化　原料乳经杀菌冷却后,必须加入发酵剂,以促使干酪正常发酵。

(1) 干酪发酵剂

① 添加发酵剂的目的:促进凝块的形成,使凝块收缩和容易排除乳清,防止在制造过程和成熟期间杂菌的污染,改进产品的组织状态,为干酪成熟中酶的作用创造适当的 pH 条件。

② 干酪所用发酵剂的种类:在制造干酪的过程中,用来使干酪发酵与成熟的特定微生物培养物称为干酪发酵剂。干酪发酵剂可分为细菌发酵剂与霉菌发酵剂两大类。

细菌发酵剂主要以乳酸菌为主,通过乳酸菌的发酵产酸和产生相应的风味物质。常用的主要有乳酸乳球菌乳亚种、乳酸乳球菌乳脂亚种、干酪乳杆菌、丁二酮链球菌、嗜酸乳杆菌、德氏乳杆菌、保加利亚亚种以及嗜柠檬酸明串珠菌等,有时为了使干酪形成特有的组织状态,还要使用丙酸菌。

霉菌发酵剂主要是用脂肪分解强的卡门培尔干酪青霉、干酪青霉、娄地青霉等。某些酵母,如解脂假丝酵母等也在一些品种的干酪中得到应用。

③ 干酪发酵剂的组成:作为一种干酪的发酵剂,必须选择符合制品特征和需要的专门菌种来组成。根据制品需要和菌种组成情况可将干酪发酵剂分为单菌种发酵剂和混合菌种发酵剂两种。

单菌种发酵剂:只含一种菌种,如乳酸乳球菌乳亚种或乳酸乳球菌乳脂亚种等。其优点主要是长期活化和使用,活力和性状的变化较小;缺点是容易受到噬菌体的侵染,造成繁殖受阻和酸的生成迟缓等。

混合菌种发酵剂:指由两种或两种以上的产酸和产芳香物质,形成特殊组织状态的菌种,根据制品的不同,侧重按一定比例组成的干酪发酵剂。干酪的生产中多采用这一类发酵剂,其优点是能够形成乳酸菌的活性平衡,较好地满足制品发酵成熟的要求,全部菌种不能同时被噬菌体污染,从而减少其危害程度;缺点是每次活化培养很难保证原来菌种的组成比例,由于菌相的变化,培养后较难长期保存,每天的活力有一定的差异,因此对培养和生产中的要求比较严格。

④ 噬菌体对发酵剂的危害及预防:在干酪生产过程中一旦污染了噬菌体,会造成乳酸菌不能繁殖,阻止干酪成熟,使产品质量下降,应及时采取措施。

(2) 发酵剂的加入方法:应根据制品的质量和特征,选择合适的发酵剂种类和组成。发酵剂添加量一般为原料乳量的 1%~2%,边搅拌边加入,并在 30~32 ℃条件下充分搅拌 3~5 min。为了促进凝固和正常成熟,加入发酵剂后应进行短时间的发酵,以保证充足的乳酸菌数量,此过程称为预酸化。经 10~15 min 的预酸化后,取样测定酸度。

不同类型的干酪需要使用发酵剂的剂量不同。在所有的干酪生产过程中要避免牛乳进入干酪槽时裹入空气,因为这将影响凝块的质量而且会引起酪蛋白损失于乳清中。

(3) 发酵剂失常：有时会发生酸化缓慢或产酸失败等形式的失常现象。一个原因是乳中含有治疗奶牛疾病的抗生素，另一个可能的因素是含有噬菌体等。第三种引起失常的原因是由于在使用清洗剂和消毒剂时粗心大意，注入原料乳中，这是发酵剂失常的多发原因。

(4) 加入添加剂与调整酸度：为了使加工过程中凝固硬度适宜、色泽一致，防止产气菌的污染，保证产品质量一致，要加入相应的添加剂并调整酸度。

① 添加氯化钙

如果生产干酪的牛乳质量差，则凝块会很软。这会引起细小颗粒（酪蛋白）及脂肪的严重损失，并且在干酪加工过程中凝块收缩能力很差。每 100 kg 牛乳中添加 5~20 g 氯化钙足以能恒定凝固时间并使凝块达到足够的硬度。过量的氯化钙会使凝块过硬而难于切割。对于低脂干酪，如果相关规定允许，在加入氯化钙之前，有时可添加磷酸二钠（Na_2PO_4）通常用量为 10~20 g/kg，这会增加凝块的塑性，因为它们会形成胶体磷酸钙 $Ca_3(PO_4)_2$，与裹在凝块中的乳脂肪几乎具有相同的效果。

② 添加色素

干酪的颜色取决于原料中脂肪的色泽，并随季节变化。为了使产品的色泽一致，需在原料乳中加胡萝卜素等色素物质，现多使用胭脂树橙的碳酸钠抽出液，通常每 1 000 kg 原料乳中加 30~60 g。

③ 加二氧化碳

添加 CO_2 是提高干酪用乳质量的一种方法。CO_2 天然存在于乳中，但在加工中，大部分会逸失。通过人工手段加入可降低牛乳的 pH，原始 pH 通常可降低 0.1~0.3 个单位，这样可以缩短凝乳时间，即使在使用少量凝乳酶时，也能取得同样的凝乳时间。

④ 加硝石

如果干酪乳中含有丁酸菌或大肠菌，如前所述，就会有发酵问题。硝石（硝酸钾或钠盐）可用于抑制这些细菌，但是其用量必须依照牛乳的组成、各种干酪的加工工艺等进行精确确定。因为过量的硝石也会抑制发酵剂生长，硝石过量会影响干酪的成熟，甚至使成熟过程终止。

硝石用量高还会使干酪脱色，引起红色条纹和不良的滋味。硝石的最大允许用量为每 100 kg 乳中添加 30 g 硝石。在过去十年中，从食品安全角度，硝石的使用一直受到质疑，并且硝石在一些国家禁止使用。如果牛乳经离心除菌或微滤处理，那么硝石的添加量就可大大减少甚至不用，这是一个重要优势。

⑤ 调整酸度

干酪生产过程中，温度、时间可以控制，但酸度系由乳酸而产生故难以控制。为使产品质量一致，可用 1 mol/L 的盐酸调整酸度。调整程度随原料乳情况而定。牛乳可调整到 22 °T。

5. 添加凝乳酶和凝乳的形成　在干酪的生产中，添加凝乳酶形成凝乳是一个重要的工艺环节。

(1) 凝乳酶：很早以前，人们就认识到可以利用小牛或小羊等反刍动物的皱胃提取物来进行干酪的加工。皱胃分泌一种具有凝乳功能的酶类，可以使小牛胃中的乳汁迅速凝结，从而减缓其流入小肠的速度。人们将皱胃的提取物添加到乳中，使乳迅速凝固，然后再加工成干酪。这种皱胃的提取物便称为粗制凝乳酶或皱胃酶（renner）。依据现代酶学命名规则可将皱胃酶（粗制凝乳酶）直接称为凝乳酶（chymosin）。

20 世纪，随着干酪加工业在世界范围内的兴起，先前以宰杀小牛而获得皱胃酶的方式已经不能满足工业生产的需要，而且成本较高。20 世纪 80 年代，在测定小牛凝乳酶基因序列的基础上，科学家利用基因重组技术对多种微生物进行改造，以求提高微生物发酵生产凝乳酶的产量。

(2) 凝乳酶的添加：通常按凝乳酶效价和原料乳的量计算凝乳酶的用量。用 1% 的食盐水将酶配成 2% 溶液，并在 28~32 ℃ 下保温 30 min。然后加入到乳中，充分搅拌均匀（2~3 min）后加盖。

活力为 1∶10 000~1∶15 000 的液体凝乳酶的剂量在每 100 kg 乳中可用到 30 ml，为了便于分散，凝乳酶至少要用双倍的水进行稀释。加入凝乳酶后，小心搅拌牛乳不超过 2~3 min。在随后的 8~10 min 内乳静止下来是很重要的，这样可以避免影响凝乳过程和酪蛋白损失。

为进一步便于凝乳酶分散，可使用自动计量系统，将经水稀释凝乳酶通过分散喷嘴而喷洒在牛乳表面。这个系统最初应用于大型密封（10 000~20 000 L）的干酪槽或干酪罐。

(3) 凝乳的形成：添加凝乳酶后，在 32 ℃ 条件下静置 30 min 左右，即可使乳凝固，达到凝乳的要求。

6. 凝块切割 典型的凝乳或凝固时间大约是 30 min。在凝块切割之前，通常要进行一个简单实验来鉴定凝块的乳清排出质量。典型的方法是将一把小刀刺入凝固后的乳表面下然后慢慢抬起，直至裂纹的出现呈适宜状态，一旦出现玻璃样分裂状态就可认为凝块已适宜开始切割。切割把凝块柔和地分裂成 3～15 mm 大小的颗粒，其大小决定于干酪的类型。切块越小，最终干酪中的水分含量越低。

7. 搅拌及加温 凝块切割(此时测定乳清酸度)，开始时徐徐搅拌，防止凝块碰碎。大约 15 min 后，搅拌速度可逐渐加快，同时在干酪槽的夹层中通入热水，使温度逐渐升高。温度升高速度为：开始时每隔 3 min 升高 1 ℃，以后每隔 2 min 升高 1 ℃，最后使槽内温度达 42 ℃。加温时间按乳清的酸度而定。酸度越低加温时间越长，酸度高则可缩短加温时间。

以牛乳干酪为例：酸度 0.13%，加温 40 min；酸度 0.14%，加温 30 min；酸度 0.145%，加温 25 min。

通常加温越高，排出的水分越多，干酪越硬。特硬干酪，二次加热的温度有达 50 ℃ 的，这是一种特硬干酪的加工方法，也称为热烫(通常加热至 44 ℃ 以上就称热烫)。采用这样高的温度时，必须使用嗜热细菌发酵剂。一般发酵剂中的乳酸菌可能被杀死或抑制。

加温速度不宜过快，如过快，会使干酪粒表面结成硬膜，影响乳清的排出，最后使成品水分过高。

8. 排除乳清 二次加热后，当乳清酸度达到 0.12%（牛乳干酪）且干酪颗粒已收缩到适当硬度时，即可将乳清排出。试验干酪粒硬度的方法为：用手握一把干酪粒于手掌中，尽力压出水分后放松手掌，如干酪粒富有弹性，搓开仍能重新分散时，表示干酪粒已达到适当的硬度。

9. 压榨成型 乳清排除后，将干酪粒堆积在干酪槽的一端，用带孔木板或不锈钢板压 5 min，使其成块，并继续压出乳清。然后将其切成砖状小块，装入模型中，成型 5 min，成型后用布包裹，再放入模型中用压榨机压榨 4 h。当压榨开始 1 h 后，上下翻转一次，并修整形状。

10. 加盐

(1) 加盐的目的：加盐的目的在于改进干酪的风味、组织和外观，排除内部乳清或水分，增加干酪硬度，限制乳酸菌的活力，调节乳酸的生成和干酪的成熟，防止和抑制杂菌的繁殖。盐加于凝块而导致排出的水分更多，这是借助于渗透压的作用和盐对蛋白质的作用。渗透压可在凝块表面形成吸附作用，导致水分被吸出。

除少数例外，干酪中盐含量为 0.5%～2%。而蓝霉干酪或白霉干酪的一些类型通常盐含量在 3%～7%。加盐引起的副酪蛋白上的钠和钙交换也给干酪的组织带来良好影响，使其变得更加光滑。一般而言，在乳中不含有任何抗菌物质的情况下，在添加原始发酵剂 5～6 h 后，pH 为 5.3～5.6 时在凝块中加盐。

(2) 加盐的方法：① 将食盐撒布在干酪粒中，并在干酪槽中混合均匀。② 将食盐涂布在压榨成型后的干酪表面。③ 将压榨成型后的干酪，取下包布，置于盐水池中盐渍，盐水的浓度：第一天到第二天保持在 17%～18%，以后保持在 20%～23%。为防止干酪内部产生气体，盐水的温度应保持在 8 ℃ 左右，盐渍时间一般为 4 d。④ 采用上列几种方法的混合法。

11. 成熟 为了改善干酪的组织状态，增加干酪特有的滋气味，加盐后的干酪必须进行 2 个月以上的成熟。

干酪的成熟是复杂的生物化学与微生物学过程。目前认为，干酪的成熟是以乳酸发酵、丙酸发酵为基础，并与温度、湿度和微生物的种类有密切关系。

第一阶段：成熟室温度 10～12 ℃，相对湿度 90%～95%，排放在架上的干酪每天翻转一次。一周后用 70～80 ℃ 的热水浸烫一次，以增加干酪表面的硬度。以后每隔 7 d 水洗一次，如此保持 20～25 d。

第二阶段：温度 12～14 ℃，相对湿度 80%～90%，每隔 12～15 d 用温水洗一次，持续 2 个月。

干酪中的乳糖含量很少(仅 1%～2%)，因为大部分的乳糖遗留在乳清中。剩余的乳糖在干酪成熟中最初 8～10 d 内由于乳酸菌的作用分解为乳酸。乳酸与酪蛋白酸钙结合形成乳酸钙，乳酸钙和乳酸菌所产生的酶对干酪的成熟具有重大意义。酶能将蛋白质分解为多肽以及氨基酸。在蛋白质的分解过程中还形成酒精、葡萄糖、二氧化碳以及丁二酮等产物，使干酪产生气孔和特殊的滋气味。但脂肪与矿物质很小变化。

12. 上色挂蜡 为了防止长霉和增加美观,将成熟后的干酪清洗、干燥后,用食用色素染成红色。等色素完全干燥后再在160℃的石蜡中进行挂蜡,或用收缩塑料薄膜进行密封。

二、农家干酪

农家干酪是以脱脂乳、浓缩脱脂乳或脱脂乳粉的还原乳为原料而制成的一种不经成熟的新鲜软质干酪,是一种不需成熟立即供消费者食用的拌有稀奶油的新鲜凝块,并由于在生产过程中彻底的清洗而酸度降低。成品水分含量在80%以下。农家干酪在世界各国较为普遍,美国的产量最大。不同国家加工工艺也有一定的差别。农家干酪产品稠度均一、圆润、味道爽口、新鲜、具有柔和的酸味及香味,适合于作午餐、快餐及甜食用。

1. 工艺流程 农家干酪的生产工艺流程见下图。

脱脂乳 → 杀菌 → 冷却 → 切割 → 静置 → 加热 → 排除乳清 → 水洗 → 过滤 → 搅和 → 包装 → 成品

2. 操作要点

(1) 杀菌、冷却:将脱脂乳经73~78℃,15 s杀菌后冷却到30~32℃,注入干酪槽中。

(2) 添加发酵剂:一般用乳酸乳球菌乳亚种与乳酸乳球菌乳脂亚种的混合发酵剂。

(3) 添加氯化钙、凝乳酶:将氯化钙用10倍量水稀释溶解,按原料乳量的0.01%徐徐均匀加入。

(4) 切割、静置:凝乳达到要求,乳清酸度为0.5%~0.6%时,用切割刀将凝乳切成10 mm³的立方体,切割完后静置15 min。

(5) 排除乳清、水洗:当温度达到55℃时,用滤网盖住干酪的排水口,开阀门使乳清排出,每次排出1/3左右的乳清,同时加入等量15℃的灭菌水,水洗三次。

(6) 拌和、包装:将滤去水分的干酪与食盐一起搅拌均匀,若制作稀奶油干酪,经过标准化后使稀奶油含脂率达到一定要求,再进行90℃,30 min灭菌,冷却到50℃进行均质,再冷却到2~3℃,然后与干酪粒一起拌和均匀。

三、再制干酪

再制干酪是以天然干酪为主要原料,添加乳化剂、稳定剂、色素等辅料,经加热融化、乳化、杀菌等工序制得的,可长时间保存的一种干酪制品,又称融化干酪。

与天然干酪相比,再制干酪的特点有以下几点。

(1) 再制干酪气味温和,没有天然干酪的强烈气味,更容易被消费者接受。

(2) 具有很好的保藏性,即使是在炎热的天气也能存放很长的时间。

(3) 通过加热融化、乳化等工艺过程,再制干酪的口感柔和均一。

(4) 由于使用天然干酪作为主要原料,再制干酪产品具有很高的营养价值。

(5) 再制干酪产品自由度大,形态多样,口味变化繁多,具有多种消费形式,适合在任何时间消费。

再制干酪可以采用一种不同成熟度的天然干酪或几种不同的天然干酪作为原料,添加其他辅料,通过加热融化、乳化而制得。因此,衡量再制干酪产品质量的因素主要有风味、外观、质地以及融化和流动特性。

再制干酪有两种:① 干酪块具坚硬结构、高酸度和相对低的水分含量;② 干酪散布且软质结构、低酸度和高水分含量,可添加多种调味料。烟熏的干酪也包括于此类。

再制干酪的均一性决定了它可以适合于不同的包装形态和食用方式,事实上再制干酪可以说是规格、包装最齐全的干酪产品。

再制干酪中的脂肪占总干物质的30%~45%,但含脂率较低或较高的品种也有生产。在其他方面,组分完全决定于水分含量和用于生产的原材料。经加工的再制干酪要达到能直接食用的质量水平,表面、颜色、组织、大小和形状以及干酪的货架期能够影响干酪质量的缺陷同样会在再制干酪的加工中涉及,包括由大肠杆菌引起的非正常发酵,产生异味。干酪的丁酸发酵也会产生问题,因为再制干酪中的细菌也会异常发酵。高质量的再制干酪只能用高质量的原材料制造。

1. 工艺流程

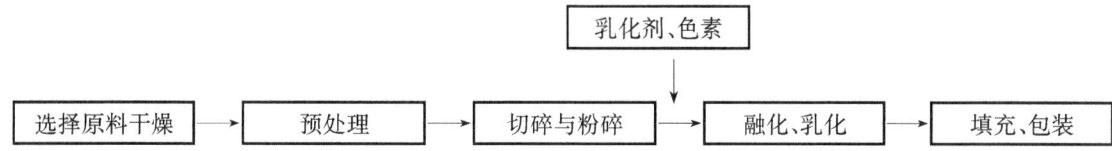

2. 操作要点

(1) 原辅料：再制干酪是以天然干酪为主要原料，辅以乳清粉、牛乳、乳粉等原料，添加一定量乳化剂、稳定剂、色素等加工而制得的产品。其风味很大程度上取决于天然干酪的风味。在选择天然干酪生产再制干酪时，应根据最终产品对"风味和质地"等方面的要求来选择不同成熟度、不同风味和质地的天然干酪。当选择一种成熟时间适当的干酪时，可以得到一种良好的风味，而选择成熟时间较短的干酪时得到的质地较好。乳化盐等添加剂的使用对再制干酪的质构特征也起重要作用。不同成熟度的天然干酪对再制干酪的风味具有决定性的作用，若要得到风味较重的再制干酪，那么就要选择风味较重的一些天然干酪；反之，则要选择一些风味较柔和的天然干酪。而天然干酪和乳化盐都可以决定再制干酪的特性，通过调整乳化盐的用量和种类以及水分含量可以得到不同质地的再制干酪。因此，天然干酪和其他辅料的选择是生产再制干酪非常重要的一步。

选择细菌成熟的硬质干酪，一般使用荷兰干酪、契达干酪、荷兰圆形干酪，有缺陷的干酪不能使用。

(2) 预处理

① 原料干酪的清洗：在对原料进行加工处理前，要对原料进行水洗，由于这些原料的外包装很脏，甚至发霉或者外皮较硬，都给清洗带来了一定的困难。在一些国家，规定要确保原料干酪表面上的防腐剂被完全去除。因此，选择的原料干酪要置于一些塑料、铝制或者不锈钢的清洁的容器中储藏。而在生产过程中，原料的取用要尽可能在一个独立的房间内以避免污染。房间要有良好的通风、光照以及用于碎片快速处理的设备。良好的通风可以避免在储藏室内的灰尘堆积以及霉菌进入空气中，良好的光照可以发现原料上的污点。要防止干酪碎片在地板上的残留，它会粘在操作工的鞋子上而引起污染。

现在，无包装干酪的生产越来越多。这些干酪产品的表面是一层塑料薄膜。这使得干酪可以在完全密封的状况下成熟。这些干酪很少有发霉的，因此也表明它们可以安全地使用于再制干酪的生产中。

② 切割：在最近几十年中，干酪生产的自动化程度和机械化程度已经日益提高，尽管干酪的切割部分很容易可以辨别，但是一些专家可以仅仅通过对干酪的外观表面进行观察就可对最终产品的不同的口味的区别得出预测。目前，大部分的工厂使用的是机器进行切割。它们都是通过液压进行制动，并配备有多种不同的切割工具。使用这些设备，可以以任何方式得到任何尺寸大小的干酪。

③ 细分切割：将预切割的干酪进行进一步的细分切割，可以确保生产过程中正常的融化，如果预切割工作做得好，会缩短融化时间。

④ 称重：对原料的称重主要有两种方式，一种是将相同种类或者不同种类的干酪进行分批称重，每批20~60 kg；另一种方法是将相同种类或者不同种类的干酪进行混合称重，每批500~2 000 kg。

⑤ 搅拌：在原料的搅拌过程中，应该考虑的是以下一些因素：最终产品的风味类型；所需达到的黏度要求；再制干酪和一些原料的脂肪含量；用于加工的原料的熟化程度；市场状况和采购水平。当然，除了这些纯技术的因素，也必须考虑其他一些商业性的因素，如原料的成本等。一旦这些因素被决定，则通过大致调整原料的使用量来确定每一批次产品的最终质量。

⑥ 混合：搅拌好的原料要在混合器中混合，最好使用两个混合器，当其中一个排空时，另一个刚好装满原料。在混合过程中，要注意防止干酪在预混合过程中产生很大的膨胀，因为在混合器中加入水后，干酪会有一定程度的膨胀。还要防止在混合器中加入水和乳化剂后干酪可能产生的预奶油化。

(3) 加热融化：这个过程是再制干酪生产过程中最重要的阶段。整个操作在融化锅中进行。常用的设备有原料输送系统、融化锅、倾倒设备、物料排出管道和输送泵等。在一些小型加工厂里，加热融化过程基本上是以手工操作为主。在现代大型加工厂里，基本上是机械化全自动生产为主。

(4) 包装：现代生产者与消费者对产品本身包装的要求投以越来越多的关注，包装的外观是否结实，密封性是否良好,通常是消费者购买产品时重要的选择因素。再制干酪常被称为"半保藏性"食品,具体说,也就是一种在特定条件下可以长期保藏的食品,当然前提条件就是它需要有好的密封包装,因为一旦包装密封性不佳,必然导致干酪变干并长霉。

(5) 冷却:热灌装后的产品要迅速冷却,不同形态的干酪,采用的冷却方式也不相同。涂抹型再制干酪通常要在融化锅中进行强奶油化处理,因此在加热结束后要快速冷却,这对尽可能地保持产品的黏度和结构都是非常重要的。块状再制干酪多年来一直认为不宜进行快速冷却,而在较低的温度条件下储存可以得到较硬的质地。分装再制干酪的性质和块状再制干酪相似,但它的切割性要求干物质含量比块状再制干酪高。

(6) 储藏:产品被冷却后,要用盒子进行包装。各种分装的干酪产品,无论是圆形的、方形的都要根据消费者要求来进行大包装。最终产品在储藏室中不再使用大量的货架。相反,这些产品常用托盘储藏,用这种方式时,要求单个的大包装箱质量不能过大,因为这些固态的产品不能承受太大的压力,否则会严重影响产品的品质。产品的储藏室的温度一般维持在10 ℃左右,它比原料储藏室的温度稍高。但是,储藏室温度不能太低,以避免在随后的运输过程中,由于缺乏冷却设备而在内包装层上形成沉积。与原料储藏室相同,最终产品储藏室也要求有两面出入口,便于通行,但是在门口必须挂有塑料帘或橡胶帘,不然会使储藏室内的温度升高。

大部分用于加工的干酪都是用凝乳酶制作的,酸凝乳干酪可作为补充配料少量添加。硬质、软质和用霉菌成熟的干酪都可以加工,而且理论上所有主要类型,包括契达干酪、瑞士格鲁耶尔干酪、莫扎里拉干酪和埃曼塔尔牛乳硬干酪都可以利用。可以用单一品种的干酪加工,但通常用不同类型干酪的混合物进行加工。选择用于加工的干酪的主要参考因素是类型、风味、成熟度、稠度、质构和酸度。成分参数如干物质中的脂肪、盐和水分含量都是很重要的,pH是决定干酪融化性的主要因素。

第十七章 奶 油

按照国家标准 19646-2010,乳脂肪类产品主要包括:
(1) 稀奶油(cream):以乳为原料,分离出的含脂肪的部分,添加或不添加其他原料、食品添加剂和营养强化剂,经加工制成的脂肪含量 10.0%～80.0%的产品。
(2) 奶油(黄油,butter):以乳和(或)稀奶油(经发酵或不发酵)为原料,添加或不添加其他原料、食品添加剂和营养强化剂,经加工制成的脂肪含量不小于 80.0%产品。
(3) 无水奶油(无水黄油,anhydrous milkfat):以乳和(或)奶油或稀奶油(经发酵或不发酵)为原料,添加或不添加食品添加剂和营养强化剂,经加工制成的脂肪含量不小于 99.8%的产品。

第一节 奶油的性质及质量标准

一、奶油的性质

奶油中主要成分是脂肪,因此,脂肪的性质直接决定奶油的性状。

1. 脂肪性质与奶牛品种、泌乳期、季节的关系 有些乳牛(如荷兰牛、爱尔夏牛)的乳脂肪中,由于油酸含量高,因此制成的奶油比较软,娟姗牛的乳脂肪中油酸含量比较低,而熔点高的脂肪酸含量比较高,因而制成的奶油比较硬。在泌乳初期,挥发性脂肪酸含量比较多,而油酸含量比较低,随着泌乳时间的延长,这种性质变得相反。春夏季由于青饲料多,因此油酸的含量高,奶油也比较软,熔点也比较低。为了得到较硬的奶油,在稀奶油成熟、搅拌、水洗及压炼过程中,应尽可能降低温度。

2. 奶油的色泽 奶油的颜色从白色到淡黄色,深浅各有不同。这种颜色变化主要是由于其中胡萝卜素的含量变化关系。通常冬季的奶油为淡黄色或白色。为了使奶油的颜色全年一致,秋冬之间往往加入色素以改善其色泽。

3. 奶油的芳香味 奶油有一种特殊的芳香味,这种芳香味主要来源于丁二酮、甘油及游离脂肪酸等。其中丁二酮主要来自发酵时细菌的作用,因此酸性奶油比新鲜奶油芳香味更浓。

4. 奶油的物理结构 奶油的物理结构为水在油中的分散系(固体系),即在脂肪中分散有游离脂肪球(脂肪球膜未破坏的一部分脂肪球)与细微水滴,是油包水型(W/O)结构。此外还含有气泡,水滴中溶有乳中除脂肪以外的其他物质及食盐,因此也称为乳浆小滴。

二、质量标准

按照 GB 19646-2010 规定,乳脂肪产品的感官、理化及微生物指标应符合以下要求。

1. 感官指标
(1) 色泽:呈均匀一致的乳白色、乳黄色或相应辅料应有的色泽。
(2) 滋味、气味:具有稀奶油、奶油、无水奶油或相应辅料应有的滋味和气味,无异味。
(3) 组织状态:均匀一致,允许有相应辅料的沉淀物,无正常视力可见异物。

2. 理化指标

项 目	指 标		
	稀奶油	奶 油	无水奶油
水分/(%)	—	≤16.0	≤0.1
脂肪[a]/(%)	≥10.0	≥80.0	≥99.8
酸度[b]/(°T)	≤30.0	≤20.0	—
非脂乳固体[c]/(%)	—	≤2.0	—

注：a 无水奶油的脂肪(%)=100%－水分(%)
　　b 不适用于以发酵稀奶油为原料的产品
　　c 非脂乳固体(%)=100%－脂肪(%)－水分(%)(含盐奶油还应减去食盐含量)

3. 微生物指标

项目	采样方案[a]及限量(若非指定,均以cfu/g或cfu/ml表示)			
	n	c	m	M
菌落总数[b]	5	2	10 000	100 000
大肠菌群	5	2	10	100
金黄色葡萄球菌	5	1	10	100
沙门氏菌	5	0	0/25 g(ml)	—
霉菌	≤90			

注：a 样品的分析及处理按GB 4789.1和GB 4789.18执行
　　b 不适用于以发酵稀奶油为原料的产品

第二节 稀 奶 油

稀奶油可以赋予食品良好的口感,比如甜点、蛋糕和一些巧克力糖果;也可以制作各种饮料,如咖啡和奶油利口酒;亦可作为工业原料。

稀奶油的黏度、稠度及功能特性(如搅打性)随脂肪含量而有所变化,也因加工方法不同而异。另外,牛乳的化学组成和乳脂中呈味脂肪酸含量会随季节而变化,因此不同季节牛乳制成的稀奶油品质也不尽相同。

一、稀奶油的分类

稀奶油制品通常是按生产方式、脂肪含量、杀菌方式等来分类的。

1. 按加工工艺

(1) 半脱脂稀奶油(half cream)：脂肪含量在12%～18%之间,用于咖啡和浇淋水果、甜点和谷物类早餐;

(2) 一次分离稀奶油(single cream)：脂肪含量在18%～35%之间,用于咖啡,或作为加在水果、甜点、汤及风味配方食品中的浇淋稀奶油;

(3) 发泡稀奶油(whipping cream)：脂肪含量在35%～48%之间,用作包括甜点、蛋糕和面点等馅心的填充物;

(4) 二次分离稀奶油(double cream)：脂肪含量＞48%,用作甜点的浇淋、匙取稀奶油,加入蛋糕、面点中以增强起泡性等;

(5) 凝结稀奶油(clotted cream)：脂肪含量＞55%,这是英国西南部郡(Cornwall、Devon和Somerset)生产的一种独特产品,以Channel Islands饲养的奶牛所产的牛乳为原料,这种产品通常是作为一种奶茶和甜点稀奶油。

2. 按热处理方式　稀奶油可分为巴氏杀菌稀奶油、UHT稀奶油和保持灭菌稀奶油。

二、稀奶油的生产

稀奶油生产过程与巴氏杀菌乳和UHT乳的生产是相同的,其生产工艺如下。

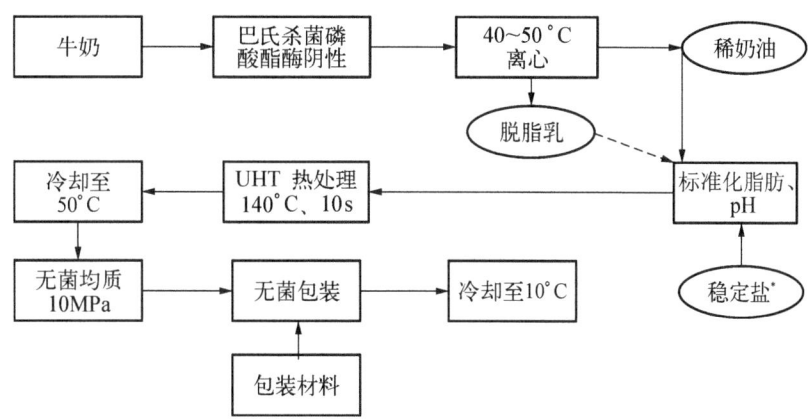

* 通常添加的是0.15%的$Na_3C_6H_5O_7 \cdot 5H_2O$稳定盐

1. 原料 制造稀奶油的原料乳虽然不如生产炼乳、发酵乳所用原料乳的要求高,但原料乳的色泽、气味应没有任何缺陷。当然原料乳不适宜生产乳粉、酸乳、UHT乳时,这部分原料乳亦可用来生产稀奶油。

2. 稀奶油的分离 牛乳中脂肪的脂肪含量为3.0%~5.0%,比重平均为0.93,脱脂乳的比重平均为1.060,因此可以采用静置法和离心分离法将乳脂肪从牛乳中分离出来。工业化生产通常采用离心法分离。分离方法影响因素见第四章。

(1) 分离过程:当乳分离时,受乳器中的乳首先进入浮子室,然后进入分离钵中央,从上向下流,而后经杯盘孔从下面上升到分离钵上面,并且在杯盘之间以薄层形式从分离钵轴心流向分离钵周围。在杯盘间隙之间,密度小的脂肪球流向中心旋转轴;而密度大的脱脂乳部分流向边缘周围;机械杂质也沉淀在周围的壁上。脱脂乳沿分离盘外面流动,而稀奶油沿分离盘的里面流动。由于牛乳不断进入分离钵中,结果将稀奶油和脱脂乳分别排出分离钵。

(2) 影响分离的主要因素

① 温度

理论上,随着乳液温度升高,两相的密度升高幅度不同,因此不同温度下分离效果也不同。在实际生产中,分离温度一般控制在50~60℃范围内,温度高于60℃时会导致蛋白质变性,沉淀在分离机的分离叶片上,从而降低分离效率,使得脱脂乳中的脂肪含量升高;另一方面,在温度低于35℃时,剪切力的作用会降低脂肪球膜的稳定性,从而降低了分离效果。

② 脂肪球大小及离心力

离心分离稀奶油相当于加大了原料乳在重力作用下依靠脂肪球直径和乳液黏度而自然分离的效果(斯托克规律),脂肪球直径和分离钵转速对分离效率有显著影响,而分离机的半径、乳的密度和黏度对分离效率也有一定的影响。

③ 其他因素

通常情况下,分离得到的稀奶油中的脂肪含量为30%~40%,脱脂乳中的脂肪含量为0.05%。稀奶油在进一步加工前,其脂肪含量可通过添加脱脂乳来标准化。

加工过程中,为了避免乳和稀奶油中脂肪球的机械破碎,应尽量降低搅拌、泵送及混合时的压力,以增加脂肪得率。在线流速应控制其形成的剪切率值低于计算得到的可造成脂肪球破碎的临界剪切率值。一般夏季结晶脂肪含量较低,这就需要比冬季更低温度贮藏和运输。乳中混入空气会增大脂肪球被破坏的风险,因为气泡也可充当脂肪球聚集的核心而促使脂肪球结合。脂肪球的破坏不仅会造成脂肪的损失,还可能给产品带来感官缺陷、乳脂絮凝,以及类凝胶稀奶油等的形成,造成管道堵塞等问题。

3. 稀奶油的标准化　稀奶油的标准化是指对稀奶油的含脂率进行调配，使之达到成品的要求。其计算方法可以采用四角法（皮尔逊法）。

例 17-1　今有 120 kg 含脂率为 38% 的稀奶油用以制造奶油。根据上面标准，需将稀奶油的含脂率调整为 34%，如用含脂率 0.05% 的脱脂乳来调整，则应添加多少脱脂乳？

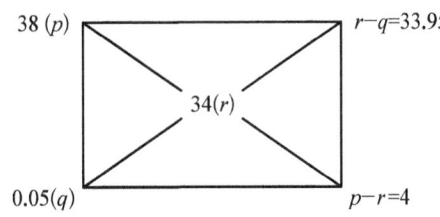

解：按皮尔逊法

从左图可以看出，33.95 kg 稀奶油需加脱脂乳（含脂 0.05%）4 kg，则 120 kg 稀奶油需加的脱脂乳为：

$$\frac{120\times 4}{33.95}=14.14 \text{ kg}$$

4. 稀奶油的热处理　根据产品特性及要求、贮藏时间等，稀奶油的热处理可采用不同方法。

（1）巴氏杀菌稀奶油：根据生产量的不同，稀奶油可以用 LTLT 或 HTST 工艺进行杀菌。大规模生产中，常用连续式的 HTST 巴氏杀菌加工工艺，一般用板式换热器或管式换热器。半脱脂稀奶油和一次分离稀奶油要求高压均质，二次分离稀奶油可以采用低压均质，以提高黏度；而发泡稀奶油不应均质，否则会破坏产品充气形成稳定泡沫的能力。

稀奶油巴氏杀菌后常产生硫化物的滋气味，这种现象在 12～24 h 后减弱，但不会完全消失。巴氏杀菌能达到破坏牛乳固有脂肪酶的目的，从而可以防止因乳脂酶的存在而影响稀奶油的风味，以及游离脂肪酸的产生而缩短产品的保质期。

（2）UHT 稀奶油：稀奶油的 UHT 灭菌可采用直接加热和间接加热（板式或管式热交换器）两种方式，如果采用直接加热方式，稀奶油会被稀释 10%～15%，为除去因稀奶油和蒸汽直接接触而带入的水分，在均质机前应安装一套真空浓缩装置。直接加热后的真空脱水，往往会脱去稀奶油中的香气物质，因此稀奶油通常采用间接式灭菌，可以较好地保持产品风味。

（3）保持式灭菌稀奶油：保持式灭菌稀奶油是将稀奶油装罐或装瓶后再进行灭菌的方法。首先对稀奶油进行标准化，然后在 140 ℃灭菌 2 s，以减少细菌芽孢数，在 50～75 ℃进行一级或二级均质，然后加入稳定性盐类以防止颗粒状质构的产生，将稀奶油装入罐内密封，在间歇式杀菌釜（118 ℃、18～30 min）或连续式灭菌釜（119.5 ℃、26 min）中灭菌。

5. 稀奶油的冷却、均质和包装　杀菌后的稀奶油冷却至 5 ℃前，宜进行一次均质。均质的目的在于保持良好口感的前提下，提高黏度，以改善稀奶油的热稳定性，避免稀奶油倒入热咖啡中时出现絮状沉淀。均质的温度和压力必须根据稀奶油的质量进行仔细的试验和选择。均质压力范围一般为 8～18 MPa，均质温度在 45～60 ℃。均质泵可串联在加热设备系统中，也有在杀菌前进行均质的。杀菌、均质后稀奶油应迅速冷却到 2～5 ℃，然后在此温度下保持 12～24 h 以进行物理成熟，使脂肪由液态转变为固态（即结晶脂肪）。同时，蛋白质进行充分的水合作用，黏度提高。

在完成物理成熟后进行装瓶，或在冷却至 2.5 ℃后立即将稀奶油进行包装，然后在 5 ℃以下冷库（0 ℃以上）中保持 24 h 以后再出厂。稀奶油的包装规格有 15 ml、50 ml、125 ml、250 ml、0.5 L、1 L 等。目前一些发达国家大都使用软包装（即容器为一次性消耗）。

稀奶油的包装应注意以下方面：

① 避光，因为光照会引起脂肪自动氧化产生酸败味，经均质的稀奶油对光尤其敏感；
② 密封不透气，否则稀奶油会吸收各种来源的气味，并产生腐败；
③ 不透水、不透油，吸收水分或脂肪会使稀奶油变质；
④ 慎重选择包装材料，防止包装材料本身包含的某些化学物质或印刷标签的油墨、染料等渗入稀奶油中；
⑤ 包装容器的设计要有利于摇匀内容物。

巴氏杀菌稀奶油通常采用普通包装，产品保质期较短；UHT 热处理往往采用无菌包装形式；保持式灭菌稀奶油一般采用玻璃瓶或听装。

6. 稀奶油的质量控制

（1）热稳定性：稀奶油在杀菌和灭菌过程中很难避免其会产生凝结，但经过充分地均质后能防止稀奶油的沉淀和脂肪球聚合。均质对于弱稳定性的稀奶油在热凝结时起重要作用。虽然可以通过调节 pH、添加稳定剂（如柠檬酸盐）来改善稀奶油的热稳定性，但其主要的变化取决于均质过程中的环境（图 17-1）。当脂肪球表面积增大，使覆盖在脂肪球表面的酪蛋白增加，稀奶油变得不稳定。因此，高温预热会引起血清白蛋白的沉淀，以至于油-水相分界面的较大部分被酪蛋白所覆盖。此外，均质团的出现将缩短热聚合时间。

均质压力越大，热稳定性越差。但是稀奶油乳脂絮凝会在比较低的均质压力下出现。所以，必须寻找中间产物，尽可能将脂肪球分割开来。

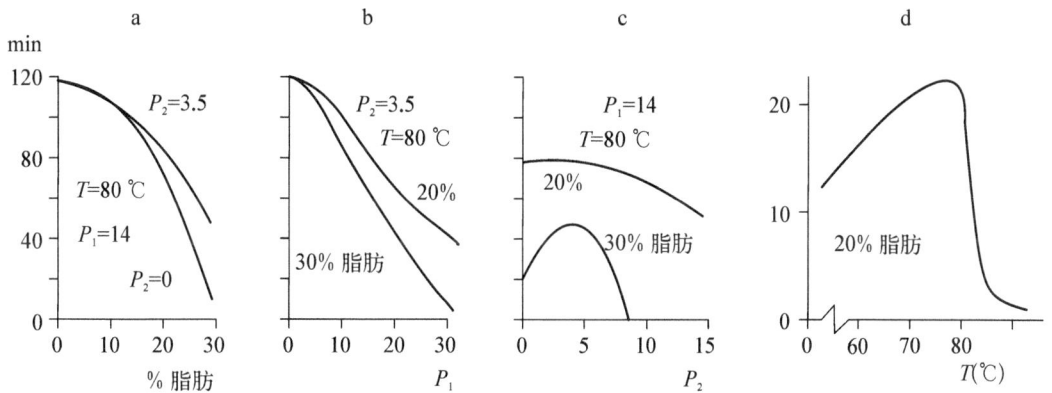

图 17-1 均质时稀奶油在相应条件下的热稳定性（在 120 ℃时凝固时间）

P_1—第一阶段前的压力；P_2—第二阶段前的压力；T—是均质温度；
a，b，c—保持式灭菌时测试罐中样品；d—测试

（2）絮凝性（clustering）：甜性稀奶油有一定的黏度，在实际生产过程中，往往通过在均质奶油团结构中添加稳定剂以防止絮凝的产生。

影响黏度的主要因素包括均质压力、脂肪含量以及温度（图 17-2）。

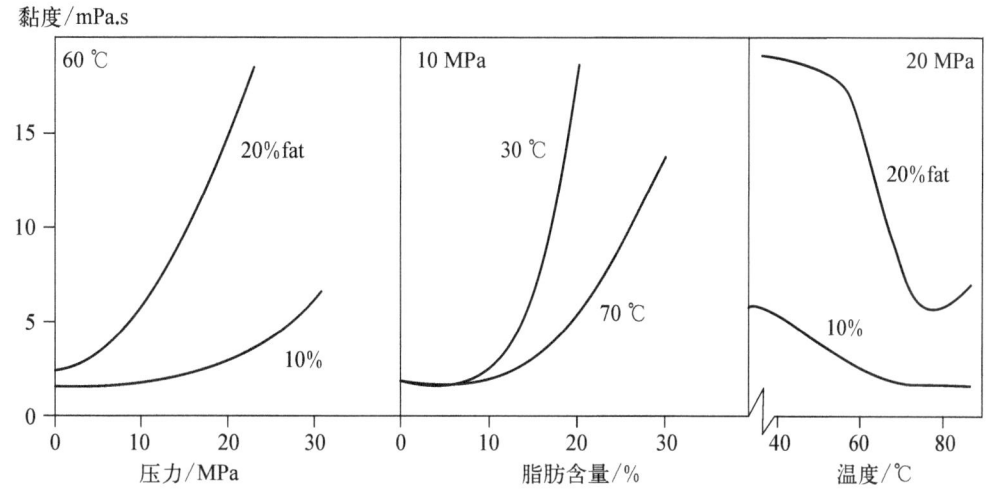

图 17-2 一些工艺和产品变化参数对均质稀奶油表面黏度的影响

在一定的脂肪含量下，凝结度对稀奶油黏度起重要作用。脂肪球有效容积的部分增大，凝结后使稀奶油的黏度增加。原因主要有两方面：首先，乳浆进入了脂肪球（这部分乳浆本来是固定不动的）；其次是因为奶油凝块的不规则外形，当其受到剪切而旋转时，奶油块的有效容积增大。稀奶油的脂肪含量比较高时，在给定的凝结范围下的脂肪球黏度增加就更大。

通过在较低的压力下进行二次均质可以大大降低黏度,均质奶油团又部分地破裂成奶油粒(尺寸变小);而剩下的均质奶油团变得更圆。把凝结的稀奶油暴露并进行剪切,在稳定剂作用下旋转,同样可以降低产品的黏度。由图17-3可以看出,增大剪切速率可显著降低稀奶油的表面黏度,剪切速率越大,凝块破裂更彻底,并且当撤去剪切作用时,已破裂的凝块不再恢复,图中滞后作用环对此做出了解释。因此要使均质过的稀奶油保持高黏度,在泵送和包装的过程中必须避免高的剪切速率。

图17-3表明了黏度随着剪切速率的增加而下降,也就是说,产品在低速率剪切作用下,具有高黏度。另外,当稀奶油先在高剪切力作用下处理后,即使再在低剪切速率下处理,其黏度仍然很低。因此要使稀奶油黏度达到要求,首先必须防止采用高剪切速率处理。

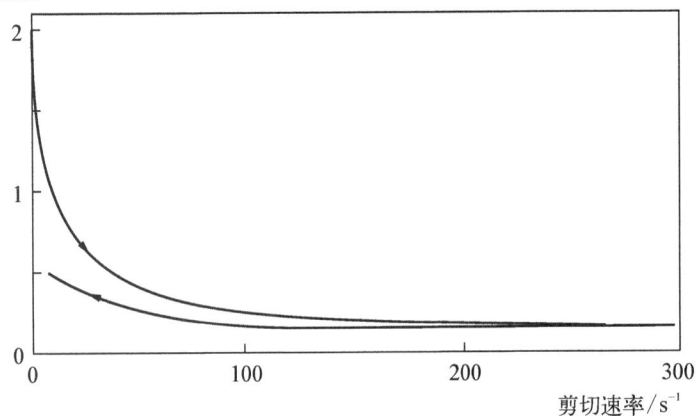

图17-3 剪切速率对均质稀奶油表面黏度的影响

如果要生产具有较高黏度的稀奶油,必须使其在低温下均质,这样脂肪的一小部分变成固态形式,真正的脂肪球块也就形成了。但是得到的产品对温度很敏感,如果加热到35℃,就会引起黏度降低,并且析出奶油粒。

凝结的稀奶油在均质后几乎不出现沉淀,这是因为瓶里的内容物就像一个大的凝块。但由于重力作用,往往会在瓶颈出现分离的乳浆层。

第三节 奶油的加工

一、奶油的种类

奶油根据其制造方法不同而分为甜奶油、酸奶油、再制奶油、无水奶油、连续式机制奶油和涂抹奶油。

甜性奶油 以杀菌的甜性稀奶油制成,分为加盐和不加盐的两种,具有特有的乳香味,含乳脂肪80%~85%。

酸性奶油 以杀菌的稀奶油,用纯乳酸菌发酵剂发酵后加工制成,有加盐和不加盐的两种,具有微酸和较浓的乳香味,含乳脂肪80%~85%。

再制奶油 用稀奶油和甜性、酸性奶油,经过熔融,除去蛋白质和水分而制成。具有特有的脂香味,脂肪含量98%以上。

无水奶油 杀菌的稀奶油制成奶油粒后经熔化,用分离机脱水和脱除蛋白,再经过真空浓缩而制成,乳脂肪含量高达99.9%。

连续式机制奶油 用杀菌的甜性或酸性稀奶油,在连续式操作制造机内加工制成,其水分及蛋白质含量有的比甜性奶油高,乳香味浓。

涂抹奶油 奶油要具有良好的涂抹性能,就必须在使用的温度下具有良好的可塑性。奶油的组成包括液体脂肪连续相(包括有固体脂肪结晶)、脂肪球和水相。当固体脂肪的含量为20%~30%时,奶油具有良好的涂抹性能。

根据加盐与否奶油又可分为无盐、加盐和重盐奶油;根据脂肪含量不同可分为一般奶油和无水奶油(即黄油)以及植物油替代乳脂肪的人造奶油。

奶油除以上主要种类外还有各种花色奶油,如巧克力奶油、含糖奶油、含蜜奶油、果汁奶油等,以及含乳脂肪30%～50%的发泡奶油、掼打奶油、加糖和加色的各种稠状稀奶油。还有我国少数民族地区特制的"奶皮子"、"乳扇"等独特品种。

二、间隙式奶油加工工艺

甜性或酸性奶油是世界上产量最高、生产最普遍的奶油,其加工工艺流程如下。

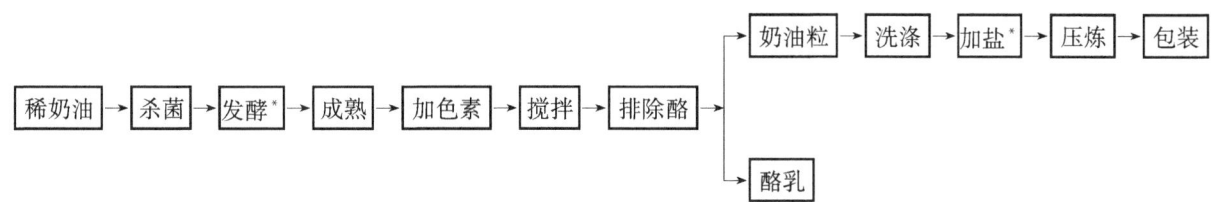

注：* 为加工酸性或加盐、加色素的奶油生产流程中需增加的部分

三、加工工艺要点

1. 奶油 奶油制备工艺见本章第一节。

2. 奶油的物理成熟 稀奶油中的脂肪经加热杀菌融化后,为了使后续搅拌操作能顺利进行,保证奶油质量(不致过软及含水量过多)以及防止乳脂肪损失,需要冷却至奶油脂肪的凝固点,以使部分脂肪变为固体结晶状态,这一过程称为稀奶油物理成熟。通常制造新鲜奶油时,在稀奶油冷却后,立即进行成熟；制造酸性奶油时,则在发酵前或后,或与发酵同时进行。成熟时间与温度的关系如表17-1。

表17-1 稀奶油成熟时间与冷却温度的关系

温度/℃	物理成熟应保持的时间/h
2	2～4
4	4～6
6	6～8
8	8～12

脂肪变硬的程度取决定于物理成熟的温度和时间,随着成熟温度的降低和保持时间的延长,大量脂肪变成结晶状态(固化)。成熟温度应与脂肪最大可能变成固体状态的程度相适应。夏季3℃时,脂肪最大可能的硬化程度为60%～70%；而6℃时为45%～55%。在某种温度下脂肪组织的硬化程度达到最大可能时称为平衡状态。通过观察证实,在低温下成熟发生的平衡状态要早于高温。例如：在3℃时经过3～4 h即可达到平衡状态；6℃时要经过6～8 h；而在8℃时要经过8～12 h。如果在规定温度及时间内达到平衡状态,则因为部分脂肪处于过冷状态,在稀奶油搅拌时会发生变硬情况。实践证明,在13～16℃时,即使保持很长时间也不会使脂肪发生明显变硬现象,这个温度称为临界温度。

稀奶油在过低温度下进行成熟会造成不良结果,会使稀奶油的搅拌时间延长,获得的奶油团粒过硬,有油污,而且保水性差,同时组织状态不良。稀奶油的成熟条件对以后的全部工艺过程有很大影响,如果成熟的程度不足时,就会缩短稀奶油的搅拌时间,获得的奶油团粒松软,油脂损失于酪乳中的数量显著增加,并在奶油压炼时会给水的分散造成很大的困难。

在夏季,当乳脂肪中易于溶解的甘油酯含量增加时,要求稀奶油的物理成熟更为透彻。

3. 稀奶油的搅拌

（1）搅拌的目的和条件：稀奶油的搅拌是奶油制造的一个重要工艺过程。搅拌的目的是使脂肪球互相聚结而形成奶油粒,同时析出酪乳。此过程要求在较短时间内奶油粒形成彻底,且酪乳中残留的脂肪愈少愈好。达此目的需注意下列几个因素。

① 稀奶油的脂肪含量：稀奶油中含脂率的高低决定了脂肪球间的距离,稀奶油含脂率越高,则脂肪球间距离越近,形成奶油粒也越快。但如果稀奶油含脂率过高,则搅拌时形成奶油粒就会过快,使得小的脂肪

球来不及形成脂肪粒,从而使排除的酪乳中脂肪含量增高。一般稀奶油达到搅拌的适宜含脂率为30%～40%。

② 物理成熟的程度:成熟良好的稀奶油在搅拌时会产生很多的泡沫,有利于奶油粒的形成,使流失到酪乳中的脂肪大大减少。搅拌结束时奶油粒大小的要求随含脂率而异。一般脂肪率低的稀奶油为2～3 mm,中等脂肪率的稀奶油为3～4 mm,脂肪率高的稀奶油为5 mm。

③ 搅拌的最初温度:实践证明,稀奶油搅拌时适宜的最初温度是:夏季为8～10 ℃,冬季为11～14 ℃。若超过此温度范围,均会延长搅拌时间,且会使脂肪的损失增多。稀奶油搅拌时温度在30 ℃以上或5 ℃以下,则不能形成奶油粒,必须调整到适宜的温度进行搅拌才能形成奶油粒。

④ 搅拌机中稀奶油的添加量:搅拌时,如搅拌机中装的量过多或过少,均会延长搅拌时间。一般小型手摇搅拌机要装入其容积的30%～36%,大型电动搅拌机装入50%为适宜。如果稀奶油装得过多,则会因形成泡沫困难而延长搅拌时间,但最少不得低于20%。

⑤ 搅拌的转速:稀奶油在非连续操作的滚筒式搅拌机中进行搅拌时,一般采取40 r/min左右的转速。如转速过快或过慢,均延长搅拌时间(连续操作的奶油制造机例外)。

(2) 搅拌方法:先将冷却成熟好的稀奶油的温度调整到所要求的范围后装入搅拌机,开始搅拌时,搅拌机转3～5圈,停止旋转排出空气,再按规定的转速进行搅拌,到奶油粒形成为止。在遵守搅拌要求的条件下,一般完成搅拌所需的时间为30～60 min。图17-4为间歇式生产中的奶油搅拌器。

搅拌程度可根据以下情况判断:

① 在窥视镜上观察,由稀奶油状变为较透明、有奶油粒生成。

② 搅拌到终点时,搅拌机里的声音有变化。

③ 手摇搅拌机在奶油粒快出现时,可感到搅拌较费劲。

④ 停机观察时,形成的奶油粒直径以0.5～1 cm为宜,搅拌终了后放出的酪乳含脂率一般为0.5%左右,如酪乳含脂率过高,则应从影响搅拌的各因素中找原因。

(3) 奶油的调色:奶油的颜色在夏季放牧期呈现黄色,冬季则颜色变淡,甚至呈白色。为了使颜色全年一致,冬季可添加色素。使用的色素必须是符合国家规定的油溶性不含毒素的食用色素。最常用的是胭脂树红(安那妥,annatto),它是一种天然植

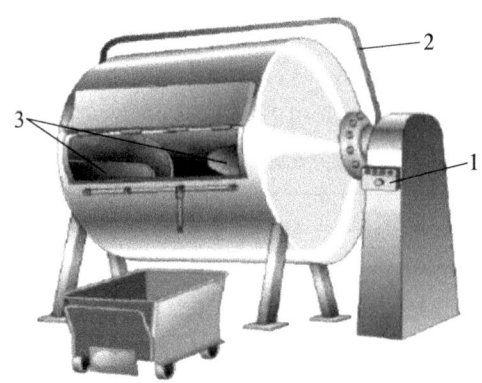

图17-4 间歇式生产中的奶油搅拌器
1. 控制板;2. 紧急停止;3. 角开挡板

物性色素。现在常用胡萝卜素来调整奶油的颜色。色素通常是在杀菌后搅拌前直接加入到搅拌器中。

(4) 奶油颗粒的形成:如前所述,成熟的稀奶油中脂肪球既含有结晶的脂肪,又含有液态的脂肪。脂肪结晶在某种程度上已变成有结构的了,这样它们便在接近脂肪球膜处形成了一层外壳。

稀奶油从成熟罐通过板式热交换器加热到所需温度后,泵入奶油搅拌机或连续式奶油制造机。当稀奶油被剧烈搅拌时,形成了蛋白质泡沫层。因为表面活性作用,脂肪球的膜被吸到气-水界面,脂肪球被集中到泡沫中。继续搅拌时,蛋白质脱水,泡沫变小,使得泡沫更为紧凑,因此对脂肪球施加压力,这样引起一定比例的液体脂肪从脂肪球中被压出,并使某些膜破裂。液体脂肪也含有脂肪结晶,以一薄层分散在泡沫的表面和脂肪球上。当泡沫变得相当稠密时,更多的液体脂肪被压出,这种泡沫因不稳定而破裂。脂肪球凝结进入奶油的晶粒中,开始时这些是肉眼看不见的,但当继续搅拌时,它们会变得越来越大,脂肪球逐渐聚合成奶油粒,使剩余在液体即酪乳中的脂肪含量减少。

4. 奶油粒的洗涤 奶油粒水洗的目的是为了除去奶油粒表面的酪乳和调整奶油的硬度。同时如对于那些用有异常气味的稀奶油制造奶油时,水洗能使部分气味消失。但水洗也会减少奶油粒的数量。

(1) 水温:奶油粒洗涤用水的温度一般应控制在3～10 ℃的范围内,可按奶油粒的软硬、气候及室温等决定适当的温度。一般夏季水温宜低,冬季水温稍高。水洗次数为2～3次,稀奶油的风味不良或发酵过度时可洗3次,一般2次即可。如奶油太软需要增加硬度时,第一次的水温应较奶油粒的温度低1～2 ℃,第二次、第三次各降低2～3 ℃。水温降低过急时,容易产生奶油色泽不均匀,每次的水量以与酪乳等量为

原则。

(2) 水质：奶油粒洗涤后，有一部分水会残留在奶油中，所以洗涤水应是质量良好，符合饮用水的卫生要求。含铁量高的水易促进奶油脂肪氧化，如用活性氯处理洗涤水，有效氯的含量不应高于 200 mg/kg。

5. 奶油的加盐 奶油加盐的目的是为了增加风味，抑制微生物繁殖，提高奶油的保藏性，但酸性奶油一般不加盐。通常食盐的浓度在 10% 以上，大部分的微生物（尤其是细菌类）就不容易繁殖。奶油中约含 16% 的水分，成品奶油中含盐量以 2% 为标准，此时奶油水中含盐量 12.5%。因此，加盐在一定程度上能达到防腐的目的。由于在压炼时有部分食盐流失，因此在添加时按 2.5%~3% 加入。用于奶油生产的食盐必须符合国家特级或一级标准。

加盐时先将盐在 120~130 ℃ 的干燥箱中烘烤 3~5 min，然后过 30 目筛。待奶油搅拌机中排除洗涤水后，将烘烤过筛的盐均匀撒在奶油表面，静置 5~10 min 后旋转奶油搅拌机 3~5 圈，再静置 10~20 min 后则可进行压炼。

加入的盐粒较大时，则在奶油中溶解不彻底，会使产品产生粗糙感。用连续式奶油制造机生产奶油时则需加盐水。盐粒的大小不宜超过 50 μm。盐的溶解性与温度关系不大，浓度大约为 26% 时达到饱和，因此加入盐水会提高奶油的含水量。为了减少含水量，在加入盐水前要保证奶油粒中的含水率低于 13.2%。

6. 奶油的压炼 将奶油粒压成奶油层的过程称压炼。小规模加工奶油时，可在压炼台上用手工压炼。一般工厂均在奶油制造器中进行压炼。

(1) 压炼的目的：压炼的目的是使奶油粒变为组织致密的奶油层，使水滴分布均匀，食盐全部溶解，并均匀分布于奶油中。同时调节水分含量，即在水分过多时排除多余的水分，水分不足时，加入适量的水分并使其均匀吸收。

(2) 压炼的方法、压炼程度及水分调节：新鲜奶油在洗涤后应立即进行压炼，以尽可能除去洗涤水，然后关上旋塞和奶油制造器的孔盖，并在慢慢旋转搅桶的同时开动压榨轧辊。

奶油压炼一般分为三个阶段。

压炼初期，被压榨的颗粒形成奶油层，同时表面水分被压榨出来。此时，奶油中水分显著降低。当水分含量达到最低限度时，水分又开始向奶油中渗透。奶油中水分含量最低的状态称为压炼的临界时期，压炼的第一阶段到此结束。

压炼的第二阶段，奶油水分逐渐增加。在此阶段，水分的压出与进入是同时发生。第二阶段初期，这两个过程进行速度大致相等，但到后期时，从奶油中排出水的过程几乎停止，而向奶油中渗入水分的过程则加强。这样就引起奶油中的水分增加。

压炼第三阶段，奶油的水分显著增高，而且水分的分散加剧。根据奶油压炼时水分所发生的变化，使水分含量达到标准化，每个工厂应通过实验来确定在正常压炼条件下调节奶油中水分的曲线图。为此，在压炼中每通过压榨轧辊 3~4 次，必须测定一次含水量。

根据压炼条件，开始时碾压 5~10 次，以便将颗粒汇集成奶油层，并将表面水分压出。然后稍微打开旋塞和桶孔盖，再旋转 2~3 转，随后使桶口向下排出游离水，并从奶油层的不同地方取出平均样品，以测定含水量。在这种情况下，奶油中含水量如果低于许可标准，可以按以下公式计算不足的水分。

$$X = \frac{M(A-B)}{100}$$

式中：X——不足的水量(kg)；

M——理论上奶油的重量(kg)(可按上节公式计算)；

A——奶油中容许的标准水分(%)；

B——奶油中含有的水分(%)。

将不足的水量加到奶油制造器内，关闭旋塞而后继续压炼，不让水流出，直到全部水分被吸收为止。压炼结束之前，再检查一次奶油的水分。如果已达到了标准再压榨几次，使其分散均匀。

在制成的奶油中，水分应成为微细的小滴均匀分散。当用铲子挤压奶油块时，不允许有水珠从奶油块内流出。

在正常压炼的情况下，奶油中直径小于 15 μm 的水滴含量要占全部水分的 50%。直径达 1 mm 的水滴占 30%，直径大于 1 mm 的大水滴占 5%。奶油压炼过度会使奶油中含有大量空气，致使奶油中物理化学性质发生变化。正确压炼的新鲜奶油、加盐奶油和无盐奶油，水分都不应超过 16%。

7. 奶油的包装　奶油一般根据其用途可分为餐桌用奶油、烹调用奶油和食品工业用奶油。餐桌用奶油是直接涂抹面包食用的奶油（亦称涂抹奶油），故必须是优质的，一般使用小包装的包装材料硫酸纸、塑料夹层纸、铝箔纸等。也有用小型马口铁罐真空密封包装或塑料盒包装。烹调或食品加工用奶油一般都用较大型的马口铁罐、木桶或纸箱包装。小包装用的包装材料应具有下列条件：① 韧性好并柔软；② 不透气，不透水，具有防潮性；③ 不透油；④ 无味，无臭，无毒；⑤ 能遮蔽光线；⑥ 不受细菌的污染。

小包装一般用半机械压型手工包装或自动压型包装机包装。小包装规格为几十到几百克，大包装有 25~50 kg，根据不同要求有多种规格。无论什么规格，包装时都应特别注意：① 保持卫生，切勿以手接触奶油，要使用消毒的专用工具；② 包装时切勿留有间隙，以防发生霉斑或氧化等。

8. 奶油的贮藏和运输　成品奶油包装后应立即送入冷库内冷冻贮藏，冷冻速度越快越好。一般在 -15 ℃以下冷冻和贮藏，如需较长期保藏时需在 -23 ℃以下。奶油出冷库后在常温下放置时间越短越好，在 10 ℃左右放置最好不得超过 10 d。奶油的另一个特点是较易吸收外界气味，所以贮藏时应注意不得与有异味的物质贮放在一起，以免影响奶油的质量。奶油运输时应注意保持低温，以用冷藏汽车或冷藏火车等运输为好，如在常温运输时，成品奶油到达用货部门时的温度不得超过 12 ℃。

四、连续式奶油加工工艺

奶油的连续式生产方法是在 19 世纪末开始采用的，20 世纪 40 年代得到发展，形成了三种不同工艺，但都是以传统方法为基础。弗里茨（Fritz）法主要在西欧使用。此法生产的奶油水分更细微均匀，但奶油表面较粗糙，其他与传统方法生产的奶油基本一致。稀奶油从成熟罐连续进入奶油制造机之前，制备工艺与传统搅拌法中稀奶油的制备相同。

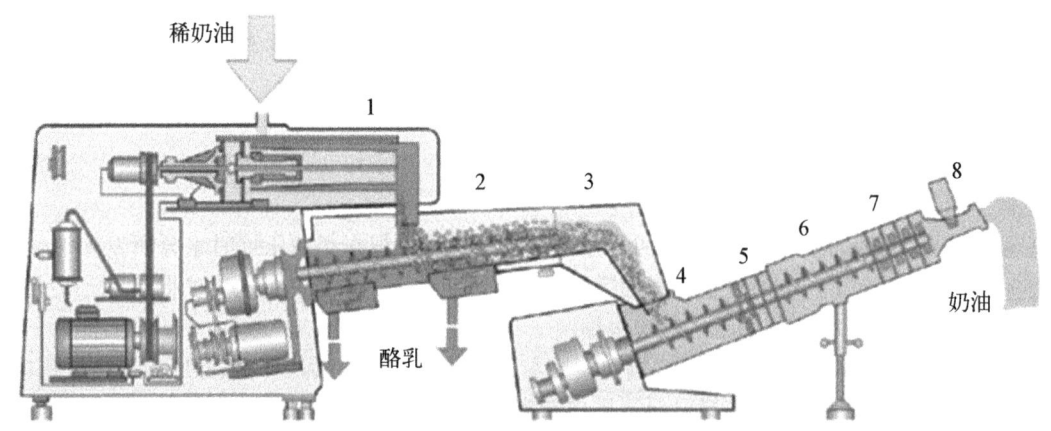

图 17-5　连续奶油制造机（引自 Gosta Bylund，1995）

1. 搅拌筒；2. 压炼区；3. 榨干区；4. 第二压炼区；5. 喷射区；6. 真空压炼区；7. 最后压炼阶段；8. 水分控制段

图 17-5 为一台奶油制造机的截面图。稀奶油首先到双重冷却的装有搅打设施的搅拌筒（1）中，搅打设施由一台变速马达带动。在搅拌筒中进行快速转化，当转化完成时奶油团粒和酪乳通过分离口（2），也叫第一压炼口，在此奶油与酪乳分离。奶油团粒在此用循环冷却水洗涤。在分离口，螺杆把奶油进行压炼，同时也把奶油输送到下一道工序。

在离开压炼工序时，奶油通过一锥形槽道和一个打孔的盘，即榨干段（3）以除去剩余的酪乳，然后奶油颗粒继续到第二压炼段（4），每个压炼段都有自己不同的马达，使它们能按不同的速度操作以得到最理想的结果。正常情况下第一阶段螺杆的转动速度是第二段的两倍。紧接着最后压炼阶段可以通过高压喷射器将盐加入到喷射室（5）。

下一个阶段是真空压炼区(6),此段和一个真空泵连接,在此可将奶油中的空气含量减少到和传统制造奶油的空气含量相同。最后压炼阶段(7)由四个小区组成,每个区通过一个多孔的盘相隔,不同大小的孔盘和不同形状的压炼叶轮使奶油得到最佳处理。第一小区也有一喷射器用于最后调整水分含量,一旦经过调整,奶油的水分含量变化限定在 $0\sim0.1\%$ 的范围内,保证奶油的特性保持不变。

第十八章

浓缩乳产品

第一节 浓缩乳产品的分类及标准

浓缩乳(concentrated milk)是将新鲜牛乳或羊乳经过杀菌处理后,真空浓缩除去大部分的水分而制成的一类浓缩乳制品。浓缩乳的主要特点是产品乳固体含量高,体积变为原来的33%~45%,产品保质期长、使用方便,大大降低了运输和贮藏费用。

一、浓缩乳产品的分类

浓缩乳制品的种类繁多,因而分类方法也较多。按照成品是否加糖可分为加糖炼乳(甜炼乳)和无糖炼乳(淡炼乳);按照成品是否脱脂可分为全脂炼乳、半脱脂炼乳和脱脂炼乳;按照添加的辅料不同可以分为可可炼乳、咖啡炼乳或其他辅料的花色炼乳;成品中加入维生素、微量元素矿物质与营养物质的称为强化炼乳和母乳化调制炼乳;其他还有浓缩乳、奶粉复原制造炼乳、脱脂乳浓缩物、脱脂乳/乳清浓缩物、酪乳浓缩物、乳清浓缩物、乳糖水解乳清浓缩物和焦糖化乳浓缩物等产品。目前我国生产的炼乳产品主要是淡炼乳、甜炼乳和调制炼乳。

1. 淡炼乳(evaporated milk) 以生乳和(或)乳制品为原料,添加或不添加食品添加剂和营养强化剂,经加工制成的黏稠状产品。

2. 加糖炼乳(sweetened condensed milk) 以生乳和(或)乳制品、食糖为原料,添加或不添加食品添加剂和营养强化剂,经加工制成的黏稠状产品。

3. 调制炼乳(formulated condensed milk) 以生乳和(或)乳制品为主料,添加或不添加食糖、食品添加剂和营养强化剂,添加辅料,经加工制成的黏稠状产品。

二、浓缩乳产品的标准

按照 GB 13102-2010 规定,浓缩乳制品的感官、理化及微生物指标应符合以下要求。

1. 浓缩乳的感官指标 浓缩乳的感官指标要求如表 18-1 所示。

表 18-1 浓缩乳的感官要求

项 目	要 求		
	淡炼乳	加糖炼乳	调制炼乳
色泽	呈均匀一致的乳白色或乳黄色,有光泽		具有辅料应有的色泽
滋味、气味	具有乳的滋味和气味	具有乳的香味,甜味纯正	具有乳和辅料应有的滋味和气味
组织状态	组织细腻,质地均匀,黏度适中		

2. 浓缩乳的理化指标 浓缩乳的理化指标要求如表 18-2 所示。

3. 浓缩乳的微生物指标 淡炼乳、调制淡炼乳应符合商业无菌的要求,按 GB/T 4789.26-2003 规定的方法检验。加糖炼乳、调制加糖炼乳应符合表 18-3 的规定。

表 18-2 浓缩乳的理化指标要求

项　目	指　标			
	淡炼乳	加糖炼乳	调制炼乳	
			调制淡炼乳	调制加糖炼乳
蛋白质/(g/100 g)≥	非脂乳固体[a]的 34%		4.1	4.6
脂肪(X)/(g/100 g)	7.5≤X<15.0		X>7.5	X≥8.0
乳固体[b]/(g/100 g)≥	25.0	28.0	—	—
蔗糖/(g/100 g)≤	—	45.0	—	48.0
水分/(%)≤	—	27.0	—	28.0
酸度/(°T)≤	48.0			

注：a 非脂乳固体(%)＝100%－脂肪(%)－水分(%)－蔗糖(%)
　　b 乳固体(%)＝100%－水分(%)－蔗糖(%)

表 18-3 浓缩乳的微生物限量

项　目	采样方案[a]及限量(若非指定，均以 cfu/g 或 cfu/ml 表示)			
	n	C	m	M
菌落总数	5	2	30 000	100 000
大肠菌群	5	1	10	100
金黄色葡萄球菌	5	0	0/25 g(ml)	—
沙门氏菌	5	0	0/25 g(ml)	—

注：a 样品的分析及处理按 GB 4789.1 和 GB 4789.18 执行

第二节　甜 炼 乳

甜炼乳是在原料乳中加入 16% 的蔗糖后，真空浓缩至原体积的 40% 左右（即约 2.5 倍，浓缩比例 2.5:1），再经冷却、乳糖结晶而制成的产品。甜炼乳分两种类型，即全脂甜炼乳和脱脂甜炼乳。甜炼乳中的蔗糖含量为 40%~45%，产品具有较高的渗透压，能够抑制大部分微生物的生长，因而产品具有较长的保质期。即便是开封过的甜炼乳，在一段时间内也不会腐败变质。

一、生产工艺

甜炼乳的生产工艺流程如下图，生产线示意图如图 18-1。

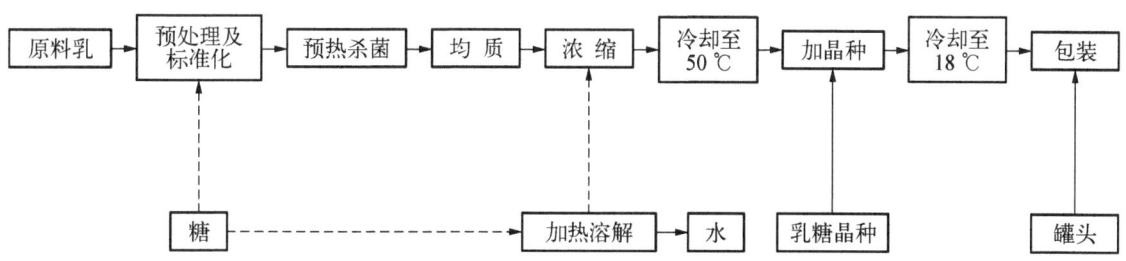

二、甜炼乳的工艺条件与技术要点

1. 原料验收　生产甜炼乳用原料包括原料乳、砂糖（绵白糖）。用于甜炼乳生产的原料乳除符合 GB 19301-2010 要求，还具有更严格的要求：① 控制芽孢数和耐热细菌的数量；② 乳蛋白热稳定性好，能耐

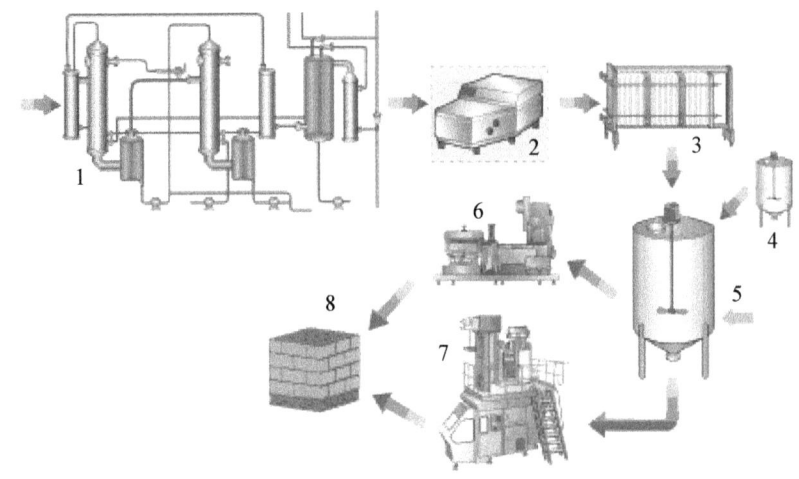

图 18-1 甜炼乳的生产线示意图
1. 真空浓缩；2. 均质；3. 冷却；4. 添加糖浆；5. 冷却结晶罐；6. 装罐；7. 贴标签、装箱；8. 贮存

受强热处理。

2. 标准化 标准化就是调整原料乳中脂肪与非脂干物质的比值，使其符合成品中相应的比值要求。如果原料乳脂肪含量较低时要添加稀奶油，脂肪含量过高时，则要添加脱脂乳或用分离机去除部分脂肪。原料乳标准化的目的包括：① 保证产量，牛乳的乳脂率在 3.0%～3.7% 范围内炼乳生产量最多；② 增加保存性，原料乳含脂率低，则炼乳保存性差；③ 影响产品生产操作，低乳脂率的牛乳在浓缩过程中易起泡，操作较困难。

(1) 标准化的原理和依据：甜炼乳的标准化方法与液态乳加工相似（皮尔逊方块法）。各个国家规定的标准不一致，我国采用的是 FAO/WHO 标准，即成品中脂肪/成品中非脂乳固体＝0.4；美国为 0.43；英国为 0.42；日本为 0.40；俄罗斯为 0.42；瑞典为 0.44。

(2) 标准化的方法

第一步：确定是标准化时需要添加脱脂乳还是稀奶油。

根据原料乳的脂肪（Fat）和非脂乳固体（SNF）含量计算二者比值。

如果比值 $\frac{Fat}{SNF} > 0.4$，需要添加脱脂乳来调整；如果比值 $\frac{Fat}{SNF} < 0.4$，则需要添加稀奶油来调整。

第二步，按公式计算标准化需用的脱脂乳（S）或稀奶油（C）量。

$$C = \frac{(SNF \times R_1 - F) \times M}{F_1 - SNF_1 \times R_1}, \quad S = \frac{\left(\frac{F}{R_1} - SNF\right) \times M}{SNF_2 - \frac{F_2}{R_1}}$$

C——需要添加稀奶油的量（kg）；S——需要添加脱脂乳的量（kg）

M——原料乳量（kg）；F——原料乳的含脂率（%）

F_1——稀奶油含脂率（%）；F_2——脱脂乳含脂率（%）

R_1——成品中 Fat/SNF 的比值；SNF——原料乳的非脂乳固体含量（%）

SNF_1——稀奶油的非脂乳固体含量（%）

SNF_2——脱脂乳的非脂乳固体含量（%）

在计算所用脱脂乳和稀奶油的需要量时，应首先计算出脱脂乳中的非脂乳固体即 SNF_2，以及稀奶油中的非脂乳固体 SNF_1。

例 18-1：现有 100 kg 原料乳，其含脂率为 3.4%，非脂乳固体含量为 7.9%。要加工含脂率为 8.0%，非脂乳固体为 20% 的炼乳，应添加含脂率为 0.05% 的脱脂乳多少 kg？

解：

$$R_1 = \frac{8.0\%}{20\%} = 0.4$$

先计算脱脂乳中的 SNF_2

$$SNF_2 = \frac{SNF \times 100}{100 - F} = \frac{7.9 \times 100}{100 - 3.4} = 8.18$$

计算需添加的脱脂乳量

$$S = \frac{\dfrac{F}{R_1} - SNF}{SNF_2 - \dfrac{F_2}{R_1}} = \frac{\left(\dfrac{3.4}{0.4} - 7.9\right) \times 100}{8.18 - \dfrac{0.05}{0.4}} = 74.54 \text{ kg}$$

验算：

原料乳可提供脂肪 34 kg，非脂乳固体 7.9 kg，脱脂乳提供脂肪 0.039 kg，非脂乳固体 6.098 kg，标准化后乳中脂肪为 34.039 kg，非脂乳固体为 85.098 kg

则 $\dfrac{34.039}{85.098} = 0.4$ 符合标准要求

3. 预热和杀菌

(1) 预热杀菌的目的：生产炼乳时，杀菌工序除杀死微生物、延长产品的保质期等目的外，还要服务于下一步浓缩工序对原料温度条件的要求，因此对炼乳和乳粉加工而言，杀菌工序称之为预热杀菌。预热杀菌对炼乳质量具有特殊的作用，其目的有：① 杀死原料乳中的病原菌、杀灭或破坏影响成品质量的细菌、酵母、霉菌以及酶类物质的活性，使其符合食品卫生要求；② 满足真空浓缩过程的要求，原料乳在吸入真空浓缩罐之前，其温度必须超过浓缩罐内的温度，才能保证罐内沸腾状态不中断，从而确保蒸发的最大速度，有效地利用热源；③ 防止变稠现象，"变稠"或"浓厚化"是炼乳在贮存和销售期间容易产生的一个严重质量缺陷。这一缺陷产生的主要原因之一就是乳的杀菌温度。控制好炼乳杀菌过程温度变化范围，能减轻或防止产品产生"变稠"缺陷。

(2) 预热杀菌对乳蛋白稳定性的影响：在预热杀菌过程中，由于受温度和时间的影响，液状的乳在贮存过程中会发生风味和蛋白质稳定性的变化。乳制品加热主要变化为蛋白质的变性和凝聚。

乳清蛋白在 62～63 ℃、30 min 加热即会产生凝固，这种热变性往往是在蛋白质胶粒的电荷被中和后。酪蛋白的几种凝固及凝固机理中热凝固、酸凝固以及钙凝固都是酪蛋白胶粒的电荷被中和后，胶粒之间互相聚结而产生凝固现象。因此，加热温度、乳的 pH 以及乳中部分盐离子平衡都对蛋白质稳定性有着显著影响。随着加热温度升高，发生变性的程度加大；乳的 pH 下降，则酪蛋白酸钙中的钙被夺取得越多，游离的酪蛋白越多，越容易相互聚集；由于酪蛋白胶粒带有负电荷，如果乳在加热后再加入一些阳离子，如 H^+、Ca^{2+}、Mg^{2+} 等，则其稳定性会大大下降；如向其中加入阴离子，如氢氧根、柠檬酸盐、磷酸盐和重碳酸盐离子时，可提高其稳定性。这也就是在实际生产中为防止加工过程中蛋白质变性而往往向原料乳中加入柠檬酸盐或磷酸盐的原因。

(3) 预热杀菌的条件：预热杀菌的条件、预热的温度、保持时间等条件随着原料乳质量、季节及预热设备等不同而异。预热条件从 63 ℃、30 min 低温长时间杀菌法，到 145 ℃ 超高温瞬时杀菌法等广泛的范围内选择，而目前我国最常用的为 75 ℃、10～20 min 或 80 ℃、5～10 min。美国多采用 82～100 ℃ 保持 10～30 min；日本采用 80 ℃ 加热 5～10 min。瑞典采用 100～120 ℃ 保持 1～3 min，然后冷却到 70 ℃ 进入浓缩程序。

由于预热的目的不仅是为了杀菌，而且关系到成品的保藏性、黏度和变稠等。因此，必须将原料乳质量与季节性变化和浓缩、冷却等工序条件加以综合考虑。一般应根据所用原料乳的质量状况，经反复多次试验，在试制品保藏性稳定时，方可确定预热条件，但仍需按季节不同稍加调整，以确保产品质量。

关于预热温度与产品变稠的关系，根据研究资料报道，普遍认为在 100 ℃ 温度附近预热杀菌对炼乳的质量最为不利，而 100～120 ℃ 瞬间或 75 ℃、10 min 的预热杀菌比较适宜。

4. 加糖 加糖是甜炼乳生产中的关键步骤,因为糖在甜炼乳中除了具有调味作用外,还起到抑制细菌繁殖、增加产品保存性的作用。所以甜炼乳中必须确保糖含量达到40%～45%,否则不能保证有足够高的渗透压来抑制微生物的生长。糖的渗透压与其浓度成正比,即炼乳中糖浓度越高,则渗透压越大,其抑菌效果就越好。通过试验和计算可以证明炼乳成品中若含43%的蔗糖、25.5%的水分时,则其中蔗糖水溶液将具有5.7MPa的渗透压,能使残存的菌体严重脱水,难以增殖,甚至死亡,起着良好的防腐作用。但如果糖量过多也会使产品出现蔗糖沉淀的缺陷,因此为了确保甜炼乳的质量,加糖工序需要掌握好三个方面,一是加入糖的质量,二是加糖的方法,三是加糖量。

(1) 糖的质量:甜炼乳生产一般采用精制的蔗糖或甜菜糖,应干燥洁白而有光泽,无任何异味与气味,否则会使成品产生其他缺陷。蔗糖含量应高于99.6%,还原糖应低于0.1%。使用质量低劣的蔗糖时,其中含有较多的转化糖,易引起甜炼乳发酵产酸而影响成品质量。有些国家允许使用一部分葡萄糖(不应超过蔗糖的1/4,否则会有变稠的趋势)代替蔗糖以生产用于冰淇淋、糕点和糖果的炼乳,这是由于葡萄糖比蔗糖成本低、甜味较柔和、不易结晶,因此对冰淇淋及糕点的组织状态有良好的效果。但这种制品容易褐色化,保存中容易产生变稠现象,所以生产直接食用的甜炼乳还是以添加蔗糖为佳。

(2) 加糖的方法:生产甜炼乳时,蔗糖的加入方法有三种:一是直接加入法,即将蔗糖直接加入原料乳中,经预热杀菌后进行浓缩;二是浓缩前加入法,即将原料乳与蔗糖浓溶液分别预热杀菌,然后在浓缩罐中混合;三是浓缩结束前加入法,即将原料乳单独进行杀菌和真空浓缩,在浓缩接近结束时(比重1.25),将预先经杀菌处理的65%的蔗糖溶液加入真空浓缩罐中。

采用不同的加糖方法,甜炼乳的黏度变化和成品的增稠趋势均有较大的差别(图18-2)。一般来讲,糖加入越早,与乳接触时间越长,变稠和褐色化反应的趋势就越显著,故采用后加糖的工艺对改善成品的变稠有利,因此以第三种方法加糖为最好。但实际生产中也有许多厂家采用直接加糖法,因为这种方法方便直接,加糖量较准确,且糖与原料乳一起进行净化,因而减少成品的杂质度。后加糖的方法虽可防止出现褐色化反应,但是加糖量不够准确,糖液浓度不稳定,而且糖液未经过净化处理,成品杂质度高。但后两种加糖方法可以节省浓缩时间,因此以上三种加糖方法各具优缺点,生产实践中可根据所使用的浓缩设备类型进行选择。

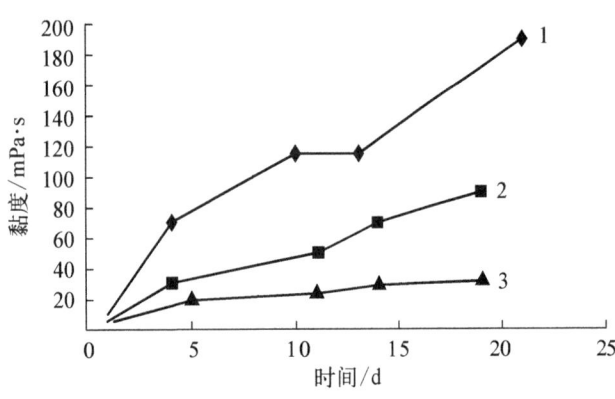

图18-2 不同加糖方法与甜炼乳黏度的关系
1. 糖与乳一起预热杀菌;2. 糖浆与乳分别预热杀菌混合后一起浓缩;3. 糖浆预热杀菌后在浓缩后期吸入

(3) 加糖量的计算:加糖量的计算,分四个步骤。

第一步:确定蔗糖比(即甜炼乳水分中蔗糖百分含量),其计算公式如下:

$$蔗糖比 = \frac{甜炼乳中的蔗糖}{100-总乳固体} \times 100\% = \frac{蔗糖量 \times 100}{水分+蔗糖量}$$

根据成品的含糖量标准要求,甜炼乳的蔗糖比应为62.5%～64.5%,即不得低于62.5%,不得高于64.5%。

第二步:由选定的蔗糖比计算出甜炼乳中的蔗糖百分含量,其计算公式如下:

$$蔗糖含量\% = (100-总乳固体) \times 蔗糖比$$

例如:一甜炼乳的总乳固体为30%,选用蔗糖比为62.5%,则蔗糖含量% = (100-30)×62.5 = 43.75%

第三步:计算浓缩比

$$浓缩比 = \frac{成品总乳固体}{原料乳总乳固体} \left(或 \frac{成品无脂乳固体}{原料乳无脂乳固体}\right) = \frac{30}{3.2+8.8} = 2.5$$

第四步:根据成品中的含糖量和浓缩比计算出原料乳中含糖量,进而计算出应添加的蔗糖量。即:

$$原料的糖含量\% = \frac{成品中糖含量}{浓缩比} = \frac{43.75}{2.5} = 17.5\%$$

例 18-2：欲生产一批炼乳，要求成品含脂肪 8%，非脂乳固体 20%，标准化后原料乳含脂肪 3.0%，非脂乳固体 8.3%，则 100 kg 原料乳中应加糖多少？

解：蔗糖比选为 62.5%

炼乳中含糖量为：(100－总乳固体)×蔗糖比＝(100－28)×62.5%＝45%

浓缩比为：$\dfrac{20+8}{3.0+8.3}$ 或 $\dfrac{20}{8.3} \approx 2.5$

则原料乳中含糖＝$\dfrac{45}{2.5}$＝18%

即加糖 100×18%＝18 kg

5. 真空浓缩

(1) 浓缩及其条件：浓缩是指用加热的方法，使牛乳中的部分水汽化，并不断除去，从而脱除牛乳中的大部分水，使牛乳体积缩小、固形物浓度提高的过程。浓缩的方法很多，有常压加热浓缩、减压加热浓缩（即真空浓缩）等，现在已发展到不需要热能的反渗透及超滤等浓缩技术。目前我国的炼乳生产大都采用真空浓缩法，这种浓缩法加热温度低，在 45~55℃，乳受热时间不超过 2.5 h，浓缩速度快，因此乳成分受到影响小，对防止蛋白质变性、保持牛乳原有风味和色泽均有益。

(2) 浓缩终点的确定：生产甜炼乳时的浓缩比一般为 2.5 左右。浓缩终点时的温度约为 50℃，此时的波美度为 31.71~32.56 °Bé′（在 50℃条件下），比重为 1.28~1.29。在测定浓缩乳浓度时应注意波美计与比重计的关系。波美计是代表浓度的一个测量单位，它与比重之间可以互相换算。波美计按正常要求要在 15.6℃时使用，而实际应用中浓奶的温度一般为 47~50℃，因此在测定时必须进行校正。温度每上升（下降）1℃，则波美度要下降（上升）0.054 °Bé′。

比重＝$\dfrac{145}{145-°Bé′}$，°Bé′＝$145-\dfrac{145}{比重}$（°Bé′，比重均是 15.6℃下测的值）

加糖炼乳的比重＝$\dfrac{100}{\dfrac{脂肪含量(\%)}{脂肪相对密度}+\dfrac{非脂乳固体含量(\%)}{非脂乳固体相对密度}+\dfrac{蔗糖含量(\%)}{蔗糖相对密度}+\dfrac{水分含量(\%)}{水分相对密度}}$

＝$\dfrac{100}{\dfrac{脂肪含量(\%)}{0.93}+\dfrac{非脂乳固体含量(\%)}{1.608}+\dfrac{蔗糖含量(\%)}{1.589}+水分含量(\%)}$

通常乳温在 48℃左右，浓缩终点的波美度为 31.71~32.56 °Bé′（比重 1.28~1.29），换算成 15℃则为 33.46~34.31 °Bé′（比重 1.30~1.31）。浓缩终点浓度对下一步工序，即对冷却及乳糖结晶过程有影响，所以要按照标准要求控制好浓缩终点时的乳浓度。

6. 冷却及乳糖结晶 甜炼乳真空浓缩后必须冷却，这是整个生产过程中最重要、最关键的一步。炼乳中的水分只能溶解炼乳中一半的乳糖，另一半则将结晶形成沉淀，过剩的乳糖如果让其自由沉淀，则乳糖结晶会很大、产品沙砾化，因此，最好控制乳糖的结晶过程使其形成小晶体，在一级炼乳中最大结晶尺寸为 10 μm，这些结晶在一般贮存温度（12~25℃）下在乳中保持分散，并且不会影响其口感。

(1) 乳糖冷却结晶的原因：当达到浓缩终点时，浓缩乳的温度一般为 50℃左右，此时乳糖的溶解度为 30.4%，而一般炼乳中的乳糖含量低于这个值，因而此时乳糖全部溶解于炼乳中。在冷却阶段，温度不断降低，此时乳糖的溶解度也会随之降低，到 30℃时为 19.9%，20℃时为 16.1%（图 18-3）。当有蔗糖存

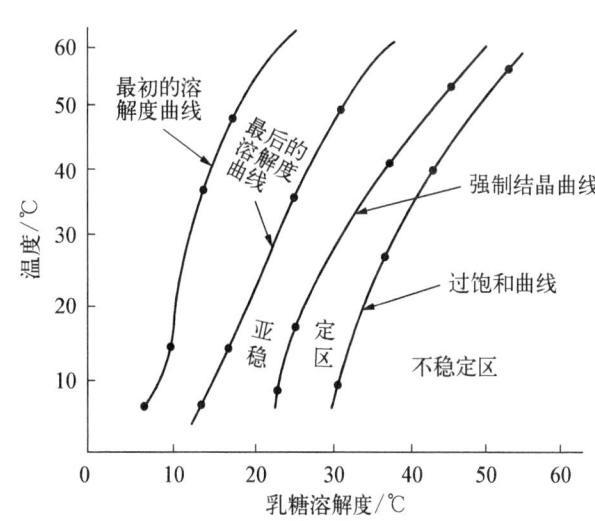

图 18-3 乳糖的溶解度曲线和强制结晶的关系

在的情况下,乳糖的溶解度会降低,因而冷却后甜炼乳中会出现乳糖结晶。

(2) 乳糖结晶的目的:① 防止成品变稠变色,由于真空浓缩罐放出的甜炼乳,温度在 50 ℃ 左右,如果不及时冷却,会对成品贮藏质量产生影响,会加剧变稠倾向,严重时会逐渐成为块状凝胶,及时冷却可防止或延缓产品在贮藏期的变稠和褐变;② 控制乳糖结晶,由于冷却时乳糖易于结晶,严格控制可使乳糖结晶粒细小,不会沉积在罐底而影响产品质量。

(3) 乳糖结晶大小对产品质量的影响:乳糖结晶数量和大小与甜炼乳组织状态的关系见表 18-4。

表 18-4 乳糖结晶数量和大小与甜炼乳组织状态的关系

甜炼乳内的乳糖结晶数/ml	乳糖晶体的长度/μm	组织状态	口感
400 000	9.3	优良	细腻
300 000	10.3	良好	尚细腻
200 000	11.7	微沉淀	微糊状
100 000	14.8	微沉淀	糊状
50 000	18.6	沉淀	粉状
25 000	23.4	沉淀多	稍呈砂状
12 500	29.4	沉淀多	砂状

注:此甜炼乳的组成为:总乳固体含量 31.5%,脂肪 9%,蔗糖 42.5%,水 26%,乳糖 12.2%

由表 18-4 可知,在该组成甜炼乳中每毫升乳糖结晶数为 30 万以上,乳糖晶体的长度为 10.3 μm 以下时,所得产品的口感和组织状态都非常好。

以上是具体条件下的质量判断,在一般情况下,乳糖晶体的质量判断一是看晶体大小,二是看晶体在炼乳中的分布是否均匀。晶体在 15 μm 以下,在炼乳中分布均匀的为特级品。晶体在 20 μm 以下,15 μm 以上为一级品,一级甜炼乳较易产生沉淀,晶体分布较不均匀。晶体大小在 20~25 μm 之间为二级品,此时乳糖晶体在炼乳中分布不均匀,产品口感呈砂状,并易产生沉淀。

(4) 影响乳糖结晶大小的因素:乳糖结晶大小受多种因素影响,如乳糖的浓度(受浓缩程度影响)、结晶温度、晶核有无及其数量大小、结晶时间及结晶速度——单位时间内形成结晶的数量。结晶速度快,单位时间形成结晶数量多,晶核小,则产品质量好。一般情况下,乳糖浓度高、结晶温度低、添加晶核、结晶速度快。随结晶过程的进行,乳糖浓度降低,速度减慢,晶核增大。因此,为了控制结晶质量还需采取适宜的结晶方法。

(5) 结晶方法——二段结晶法(主要解决浓度变化对结晶质量影响的问题)

第一段:迅速冷却至最佳结晶温度(根据水分中乳糖的浓度)——促成最快速结晶的温度,保温 1 h。

最佳结晶温度可以通过乳糖结晶曲线确定,如 30.8%、31 ℃,28.7%、28 ℃。

应该指出,冷却到最佳结晶温度的同时,要添加晶种——0.025% 的精制乳糖粉末或 1% 的优质甜炼乳,并配以搅拌。

第二段:再次降温至 12~15 ℃,保持 10~12 h。主要是解决一段结晶后,乳糖浓度降低对结晶速度的不良影响。

甜炼乳的冷却结晶操作大致分下列两种类型。一种是间歇式的,例如蛇管冷却结晶器、真空冷却结晶器;另一种为连续式的,例如连续式冷却器。在无冷却设备的情况下,可用乳桶装炼乳置于井水中冷却。

7. 装罐、包装与贮存 甜炼乳呈黄色,具有蛋黄浆的外观,过去甜炼乳一般用清洗灭菌过的马口铁罐来包装,因此灌装后不再灭菌。近年来,甜炼乳多采用无菌纸盒包装。

(1) 装罐:冷却后的炼乳中含有大量的气泡,此时装罐会由于气泡的存在而影响产品质量。因此在包装前通常需静置 12 h 左右,等气泡上升后再进行装罐。

包装使用的马口铁罐及盖在罐装前要用蒸汽进行杀菌(90 ℃,大于 10 min),沥干水分、干燥或烘干后方可使用。装罐时务必除去气泡,装满装实。封罐后洗去罐上附着的炼乳或其他污物,再贴上商标。大型工厂多用自动装罐机,能自动调节流量,罐内装入一定数量的炼乳后,移入旋转盘中用离心力除去其中的气体,或用真空封罐机进行封罐,最好采用真空充氮包装。在装罐过程中要严格控制卫生条件,不可造成二次污染。

(2) 包装间的卫生:装罐前包装间需用紫外线灯光杀菌 30 min 以上,并用乳酸熏蒸一次。包装室门前鞋、工作服、设备等消毒用有效氯 300 ug/kg 溶液消毒。包装室墙壁(2 m 以下地方)最好用 1‰硫酸铜防霉剂粉刷。

(3) 贮存:装罐后的成品炼乳贮存于仓库内时,应离开墙壁及保暖设备 30 cm 以上,仓库内温度应恒定,不得高于 15 ℃,空气相对湿度不应高于 85%。如果贮藏温度经常变化,会引起乳糖形成大块结晶。贮藏中每月应进行 1~2 次翻罐,以防乳糖沉淀。加糖炼乳的贮存期为 3 个月。

三、甜炼乳常见质量问题及预防措施

1. 胀罐 甜炼乳在储藏过程中发生的胀罐现象,又称为"胖听"。胖听分为"真胖听"和"假胖听"两类,假胖听为物理性胖听,真胖听为生化性胖听。

(1) 物理性胖听

① 产生原因:主要是因为灌装时温度低,而储存温度过高所造成的热胀冷缩的结果。

② 预防措施:灌装时适当升高乳温,缩小罐内外温差,防止假胖听的发生。

(2) 生化性胖听

① 产生原因:在生产过程中,由于杀菌不完全或者混入不清洁的蔗糖及空气导致微生物的污染,造成的产气胖听。产气胖听的微生物有下列几种。

酵母菌:残留的耐高渗透压的酵母菌,会发酵糖产气,引起胀罐。主要是因为杀菌不完全、混入不清洁蔗糖及空气,停留排气泡中受酵母污染。加入的蔗糖不纯,含有转化糖,也易引起发酵产气。

酪酸菌(嫌气性):在高温贮存时,产生酪酸、发酵产气(产生酸性刺激性气体,刺激眼睛)。

乳酸菌:残留于炼乳中的乳酸菌分解乳糖产生乳酸,与罐壁上的锡作用产生锡氢化合物,引起胖听。

② 预防措施

加强消毒,防止污染。

不得使用含有大量还原糖的劣质蔗糖。

装罐时必须装满,以排除空气。

装罐前成品不要长时间暴露于不洁环境中。

2. 变稠 甜炼乳在贮存过程中黏度逐渐增加,由半流体状态逐渐失去流动性直至变为凝固状态,这一过程叫做变稠。变稠是炼乳保存中较严重的质量缺陷之一,其原因有细菌性和理化性两种。

(1) 细菌性变稠

① 产生原因:主要由于芽孢菌、链球菌、葡萄球菌及乳杆菌等的作用分解乳糖产生乳酸、蚁酸、醋酸、酪酸等有机酸及细菌性蛋白酶、凝乳酶等引起蛋白质凝固。由细菌引起的变稠炼乳,有时伴有异臭及酸度上升等现象。

② 预防措施

注意卫生管理及预热杀菌效果,并将设备彻底清洗、消毒以防止细菌的混入。

保持一定的蔗糖浓度,以防止炼乳中细菌的生长,蔗糖浓度必须在 62.5% 以上,但不能超过 65%,否则有蔗糖结晶的可能。因此,最佳的蔗糖比在 62.5%~64.0% 范围内。

低温贮存(10 ℃以下)。

(2) 理化性变稠:理化性变稠的原因有很多,但主要是由于蛋白质胶体状态的变化而引起的,此外,变稠还与牛乳的酸度、牛乳中盐类平衡、浓缩程度以及浓缩的温度有关系。

① 理化性变稠与蛋白质的胶体膨润性或水合现象有关,酪蛋白或乳清蛋白含量越高,变稠现象越严重。

② 牛乳中钙、磷与磷酸盐和柠檬酸盐之间有一定的比例,过多或过少都将引起蛋白质的不稳定,当牛乳中因含钙过多而引起凝固时,加入磷酸盐可增加产品的稳定性。对于易变稠的牛乳加入一定数量的柠檬酸

钠或磷酸二钠可促进其稳定。最近研究表明,原料乳在浓缩前添加 0.05% EDTA 的四钠盐,对防止加糖炼乳的凝固有一定效果。

③ 脂肪含量少的加糖炼乳能增大变稠倾向,所以脱脂炼乳易出现变稠现象,这是因为含脂炼乳的脂肪介于蛋白质粒子间可以防止蛋白质粒子的结合。

④ 原料乳酸度高时,由于酪蛋白不稳定炼乳容易产生凝固。

⑤ 预热温度对变稠有显著影响。用 63 ℃、30 min 预热时变稠的倾向较少,但易引起脂肪分离。同时,因成品中留有解脂酶致使产品脂肪分解,通常采用 80 ℃ 预热杀菌。85～100 ℃ 能使产品很快变稠,而 110～120 ℃ 时反而使产品趋于稳定,但是由于加热温度过高会影响制品的颜色。

⑥ 浓缩程度方面,由于浓缩程度高,干物质相应增加,黏度也升高。随着黏度的升高,变稠的倾向也增加,但变稠的倾向并不与干物质直接成比例。

⑦ 浓缩温度比标准温度高时,黏度增加,变稠的倾向也增加。尤其浓缩将近结束时,如温度超过 60 ℃,则黏度显著增高,贮藏中变稠倾向也增大。所以,最后浓缩温度应尽量保持在 50 ℃ 以下。

⑧ 贮藏温度对产品变稠有很大影响。优质制品在 10 ℃ 以下保存 4 个月不致产生变稠现象,20 ℃ 则有所增加,30 ℃ 以上则明显增加。

3. 脂肪上浮

(1) 产生原因:炼乳黏度非常低时,有时会产生脂肪分离现象。静置时脂肪的一部分会逐渐上浮,形成明显的淡黄色膏状脂肪层。由于搬运装卸等过程的振荡摇动,一部分脂肪层又会重新混合,开罐后呈现斑点状或斑纹状的外观,这种现象会严重影响甜炼乳的质量。

(2) 预防措施:防止的办法是要控制好黏度,也就是要采用合适的预热条件,使炼乳的初黏度不至于过低;其次是浓缩时间不应过长,特别是浓缩末期不应拉长,而且浓缩温度不可过高,以采用双效降膜式真空浓缩装置为佳;第三是采用均质处理,但原料乳必须先经过净化,并经过加热将乳中的解脂酶完全破坏。

4. 形成纽扣状物　　由于霉菌的作用,炼乳中往往产生白色、黄色以至红褐色形似纽扣的干酪状凝块,使炼乳产生金属味或干酪味。

(1) 产生原因:霉菌侵入后,在有氧条件下 5～10 d 生成菌落,2～3 周空气耗尽,则菌体死亡。一个月后纽扣状物初步形成,2 个月后完全形成。

(2) 预防措施

① 加强卫生,杀菌后严防霉菌污染。

② 采取真空封罐或将罐装满不留空隙。

③ 贮存温度低于 15 ℃。

5. 砂状结构　　甜炼乳的细腻与否取决于乳糖结晶的大小,乳糖结晶颗粒过大(大于 15 μm),造成炼乳出现砂状结构。优质炼乳的结晶在 10 μm 以下,超过 10 μm 将有砂状的感觉,如图 18-4 所示。产生砂状结构主要是由于冷却结晶的方法不好,冷却时结晶速度慢,晶核过大等都会造成结晶的颗粒过大。此外蔗糖浓度过高,蔗糖比大于 64.5% 时也会产生砂状炼乳。

6. 褐变　　加糖炼乳在贮存过程中颜色变深,出现棕褐色,是由于糖和蛋白质之间发生的美拉德反应产生的。温度与酸度越高,这一反应越显著。如果加入的蔗糖不纯,含有较多的还原糖,则这种现象会更加明显。为此应避免高温长时间的热处理,并使用优质的牛乳和蔗糖。成品尽可能在小于 10 ℃ 低温贮存。

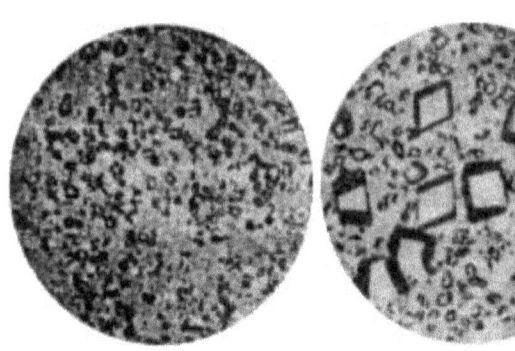

图 18-4　甜炼乳的乳糖结晶

7. 糖沉淀　　甜炼乳容器的底部经常产生糖沉淀的缺陷。这种沉淀物主要是乳糖结晶。炼乳中乳糖呈 α-水合物结晶状态。黏度相同时,乳糖的结晶越大,越容易形成沉淀;黏度越低,越容易形成糖沉淀。甜炼乳的相对密度虽然随组成和其各自相对密度而异,但大致为 1.30 左右(加糖脱脂炼乳为 1.34~1.41),而 α-乳糖水合物在 15.6 ℃时的相对密度为 1.545 3,所以析出的乳糖在保藏中自然逐渐下沉。如果乳糖结晶在 10 μm 以下,炼乳保持正常的黏度,则一般不致产生沉淀。

8. 酸败臭及其他异味　　酸败臭是由于乳脂肪水解而生成的刺激味。在原料乳中混入了含脂酶多的初乳或末乳,污染了能生成脂酶的微生物,杀菌中又混入了未经杀菌的生乳;预热温度低于 70 ℃以下而使脂酶残留;原料乳未先经加热处理以破坏脂酶就进行均质等都会使成品炼乳逐渐产生脂肪分解酸败臭味。但是一般在短期保藏情况下,不会发生这种缺陷。此外,像鱼臭、青草臭味等异味多为饲料或乳畜饲养管理不良等原因所造成。乳品厂车间的卫生管理也很重要,使用陈旧的镀锡设备、管件和阀门等,由于镀锡层剥离脱落,容易使炼乳产生氧化现象而具有异臭。如果使用不锈钢设备应注意平时的清洗消毒。

9. 盐类沉淀　　炼乳冲调后,有时在杯底发现白色细小盐类沉淀——"小白点",这种沉淀物即是柠檬酸钙。因为甜炼乳中柠檬酸钙含量约为 0.5%,折算为甜炼乳每 1 000 ml 中含柠檬酸钙 19 g,而在 30 ℃下 1 000 ml 水能溶解柠檬酸钙 2.51 g。所以柠檬酸钙在甜炼乳中处于过饱和状态,过饱和部分结晶析出是必然的。另外,柠檬酸钙的析出与乳中的盐类平衡、柠檬酸钙存在状态与晶体大小等因素有关。实践证明,在甜炼乳冷却结晶过程中,添加 15~20 mg/kg 的柠檬酸钙粉剂,特别是添加柠檬酸钙胶体作为诱导结晶的晶种,可以促使柠檬酸钙晶核提前形成,有利于形成细微的柠檬酸钙结晶,可减轻或防止柠檬酸钙沉淀。(柠檬酸钙在 100 g 水中的溶解度为 0.25 g,即 0.25%。而炼乳中其浓度达到 1.9%,所以必然会出现沉淀。解决方法就是使其沉淀结晶颗粒变小。)

第三节　淡 炼 乳

淡炼乳(evaporated milk)又称蒸发乳,是指标准化的原料乳中不加糖,直接预热杀菌后经浓缩,使体积达到原体积的 1/2.5~1/2 后,再经均质、灭菌等加工处理而制成的产品。淡炼乳颜色较浅,状似奶油,可以在室温下长期保存,在缺乳的热带国家和地区、海上和军队中使用量较大。淡炼乳经高温灭菌后 V_B、V_C 会受到损失,但补充后其营养价值几乎与新鲜乳相同,而且酪蛋白发生软凝块变化(胃中凝块呈软块),故蛋白质较易消化吸收。另外,由于有均质处理,脂肪球小所以易于消化。

淡炼乳分为全脂和脱脂两种,一般情况下淡炼乳是指前者,后者称为脱脂淡炼乳。此外,还有添加 V_D 的强化淡炼乳,以及调整其化学组成使之近似于母乳、并添加各种维生素的专门喂养婴儿用的特别调制淡炼乳。

一、生产工艺

淡炼乳与甜炼乳的生产工艺基本是相同的。其生产工艺流程如下图,实际生产线示意图如图 18-5 所示。

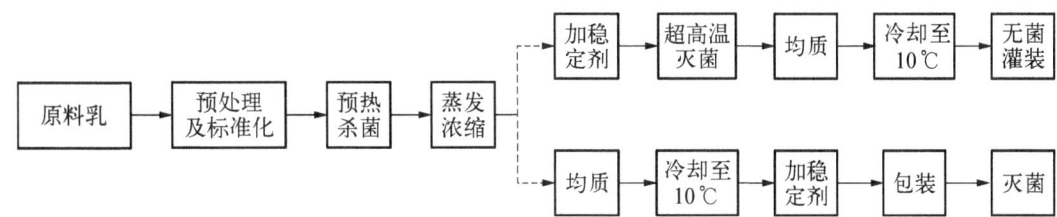

二、加工特点

与甜炼乳相比主要有以下四个方面的特点。

① 不加糖,所以水分含量高(70%左右),黏度低于甜炼乳,且乳糖不呈结晶状态。

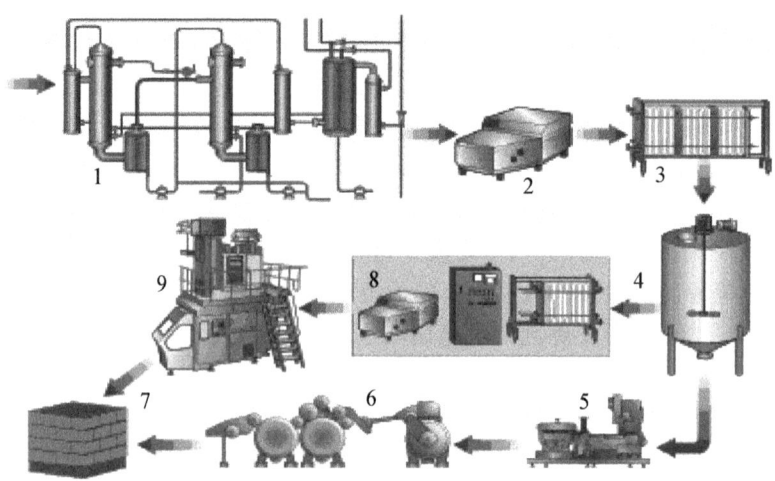

图 18-5 淡炼乳的生产线示意图

1. 真空浓缩；2. 均质；3. 冷却；4. 中间周转罐；5. 灌装；6. 灭菌；7. 贮存,加工点 5 和 6 二者选一；8. UHT 灭菌；9. 无菌灌装

② 增加了均质工艺程序,因为黏度低,易发生稀奶油上浮现象。

③ 采取了超高温灭菌处理：由于淡炼乳不加糖,不能利用蔗糖的高渗透压作用来抑菌,只能完全灭菌以达到长期保存的目的。

④ 需添加盐类稳定剂(柠檬酸盐,磷酸钠盐)：浓缩和高温灭菌使盐类浓度增大(主要是活性钙离子),使蛋白质易变性发生凝聚,添加稳定剂后可增加淡炼乳体系的稳定性。其原理是减小钙离子：

$$\left.\begin{array}{l}\text{柠檬酸钠}\\ \text{磷酸二氢钠}\\ \text{磷酸氢二钠}\end{array}\right\}+\text{钙离子}\longrightarrow \begin{array}{l}\text{柠檬酸钙}\\ \text{磷酸钙}\\ \text{磷酸钙}\end{array}$$

三、淡炼乳的工艺条件与技术要点

1. 原料乳验收与标准化 生产淡炼乳的原料乳要求比甜炼乳更加严格,因为生产过程中要进行高温灭菌,对原料乳的热稳定性要求更高。酸度要求小于 18 °T,还要进行热稳定性试验(72% 酒精,加磷酸盐加热来测定原料乳中蛋白质的热稳定性,必要时还要做细菌学检查)。

淡炼乳的标准化与甜炼乳相同,必须经过计算,使脂肪与非脂乳固体的比值达到一定,同时需要添加一部分稳定剂。

2. 预热杀菌 淡炼乳预热杀菌的目的不仅是为了杀菌和破坏酶类,而且适当的加热可使酪蛋白的稳定性提高,防止生产后期灭菌时凝固,并赋予制品适当的黏度。一般采用 95～100 ℃,10～15 min 的杀菌。如果预热温度低于 95 ℃,尤其是 80～90 ℃,则乳的热稳定性降低。高温加热会降低钙、镁离子的浓度,相应地减少与酪蛋白结合的钙量。适当高温可使乳清蛋白凝固成微细的粒子分散在乳中,灭菌时不再形成肉眼可见的凝块。

近年来许多生产厂家采用了高温瞬间杀菌方法,可明显提高产品的稳定性。如 120～140 ℃、2～5 s 杀菌、干物质含量 26%,成品的热稳定性是 95 ℃、10 min 杀菌产品的 6 倍,是 95 ℃、10 min 加稳定剂产品的 2 倍。因此,超高温处理可降低稳定剂的使用量,甚至可不用稳定剂仍能获得稳定性高、褐变程度低的产品。

3. 蒸发浓缩 淡炼乳的浓缩过程基本与甜炼乳相同,但因预热温度高,浓缩时沸腾剧烈,易起泡和焦管,所以应注意加热蒸汽的控制。淡炼乳的浓缩比在 2.3～2.5 倍间,用波美度表来测定浓缩终点。淡炼乳波美度与相对密度换算表和不同组成的淡炼乳相对密度与波美度换算如表 18-5 所示。一般 2.1 kg 的原料乳(乳脂率 3.8%、非脂乳固体 8.55%)可生产 1 kg 淡炼乳(脂肪含量为 8%、非脂乳固体 18%)。通过表 18-

5也可以快速查得需要的一些数据。一般而言,在48℃左右,取样测得的波美度在7.10～8.37°Be′之间时,可以认为浓缩已达到终点。由于淡炼乳的浓度较难控制,所以生产中可以先浓缩到浓度稍高一些,待以后再标准化时加水进行调整。

表18-5 不同组成的淡炼乳相对密度与波美度换算

各成分含量		不同温度下的相对密度与波美度					
		15.6 ℃		37.8 ℃		48.9 ℃	
脂肪	乳固体	相对密度	波美度	相对密度	波美度	相对密度	波美度
8.00	26.15	1.067 9	9.22	1.058 8	8.05	1.053 3	7.35
7.80	25.50	1.066 2	9.00	1.057 2	7.83	1.051 8	7.14
7.50	24.52	1.062 8	8.57	1.054 4	7.47	1.049 0	6.77
7.00	22.63	1.059 1	8.10	1.050 3	6.95	1.045 1	6.27

4. 加稳定剂 加稳定剂的目的是提高淡炼乳的热稳定性,防止在高温灭菌时蛋白质凝固。影响蛋白质热稳定性的因素很多,如乳清蛋白的含量、乳的酸度以及盐类平衡等,其中绝大多数是由于盐类不平衡引起。因此在淡炼乳生产过程,需要添加磷酸氢二钠或柠檬酸钠等盐类稳定剂,以提高其热稳定性。稳定剂的添加量一般为每100 kg原料乳添加5～25 g磷酸氢二钠或柠檬酸钠。由于受季节、饲料和饲养管理的影响,牛乳的稳定性会有所变化,所以稳定剂的添加量要根据小样试验的结果确定。

5. 均质 淡炼乳均质的目的是防止脂肪球的聚集,减少在贮藏过程中稀奶油的上浮比率,提高热稳定性。均质要求的压力为12.5～25 MPa,多采用二级均质,一级为15～18 MPa;二级为5 MPa,温度为50～60 ℃。第二段均质的作用主要是防止第一段已粉碎的脂肪球重新集聚。均质温度与均质效果如表18-6所示。均质开始压力不稳定,可将物料回流。

表18-6 均质温度与均质效果

均质后脂肪球大小/μm	不同均质温度脂肪球的含量		
	20 ℃	40 ℃	65 ℃
0～1	2.3	1.9	4.3
1～2	29.3	36.7	74.4
2～3	29.3	21.1	9.0
3～4	29.8	25.2	12.3
4～5	0	15.2	0
5～6	15.4	0	0

为了确保均质效果,可以对均质后的物料进行显微镜检视,如果有80%以上的脂肪球直径在2 μm以下,可以认为均质充分。

6. 冷却 均质后的浓缩乳应尽快冷却至10 ℃下。如次日装罐,应冷却到4 ℃以下。冷却温度对浓缩乳稳定性有影响,冷却温度高,稳定性降低,所以冷却温度要严格掌握。淡炼乳生产中冷却目的单一,这与甜炼乳冷却是为乳糖结晶不同,因此应迅速冷却。

在淡炼乳生产中,为了延长保存期,罐装后还有一个二次灭菌过程。而为了提高淡炼乳的热稳定性,常在此工序添加稳定性盐。

7. 再标准化 因原料乳已进行过标准化,所以浓缩后的标准化称作再标准化。再标准化的目的是调整乳中干物质的浓度使其合乎要求,因此也称浓度标准化。一般淡炼乳生产中浓度较难掌握,往往都是浓缩到比标准略高的浓度,然后加蒸馏水进行调整,一般称为加水。加水量按下式计算:

$$加水量 = (A/F_1 + A/F_2) \times W$$

A——标准化原料乳含脂量

F_1——成品含脂率(%)

F_2——浓缩乳含脂率(%),可用脂肪测定仪或盖勃氏法测定

8. 小样试验 小样试验的目的是确定稳定剂的添加量、灭菌温度、时间,确保装罐后高温灭菌的安全性,即先使用由贮乳槽中取浓的缩乳样,通常以每千克原料乳取 0.25 g 为限,调制成含有各种剂量稳定性盐的样品,分别装罐、封罐,供做试验。稳定性盐可配成饱和溶液,一般用 1 ml 刻度吸管添加。把样品罐放入小试用的灭菌机中,按照一般灭菌公式:$\dfrac{15 \min - 20 \min - 15 \min}{116\ ℃}$ 进行。冷却后取出小样检查,检查是否有凝固物,并对黏度、色泽、风味进行评定。如有凝块需调整添加量或灭菌条件,否则即可装罐。

9. 灭菌 淡炼乳的灭菌可分为装罐后灭菌和灭菌后装罐两种方式。灭菌的目的是彻底杀灭微生物及酶类,确保产品安全性,并提高产品的贮藏性。另外,适当高温处理可提高成品的黏度,有利于防止脂肪上浮,并可赋予炼乳特有的芳香味。不过淡炼乳的二次杀菌会引起美拉德反应而造成产品有轻微的棕色变化。

灌装后灭菌是将灌装并密封后的淡炼乳罐头送入高压灭菌锅,可进行连续式灭菌和间歇式灭菌,灭菌温度一般为 110~120 ℃,12~20 min,然后进行冷却。灭菌后灌装是将浓缩乳进行 UHT 杀菌(140 ℃,保持 3 s),然后用无菌纸盒包装。

(1) 间歇式灭菌法:批量不大的生产可用回转式灭菌器进行间歇式灭菌。一般的灭菌公式为:$\dfrac{15 \min - 20 \min - 15 \min}{116\ ℃}$

(2) 连续式灭菌法:大规模生产多采用连续式灭菌机。灭菌机由预热区、灭菌区和冷却区三部分组成。封罐后的罐内温度在 18 ℃以下进入预热区被加热到 93~99 ℃,然后进入灭菌区,升温至 114~119 ℃,经一段时间后进入冷却区冷至室温。

(3) UHT 杀菌:灭菌后灌装将浓缩乳进行 UHT 杀菌(140 ℃,保持 3 s),然后无菌纸盒包装。

(4) 添加乳酸链球菌素:乳酸链球菌素是一种安全性高的国际上允许使用的食品添加剂,我国规定,乳酸链球菌素在乳制品中的最大使用量为 0.5 g/kg。淡炼乳生产中必须采用强的杀菌制度,但长时间的高温处理,使成品质量不理想,而且必须使用热稳定性高的原料乳。如果添加乳酸链球菌素,可降低杀菌强度,且能保证淡炼乳的品质,并为利用热稳定性较差的原料乳提供了可能性。

10. 振荡 如果灭菌操作不当,或使用热稳定性较差的原料乳,则淡炼乳往往出现软的凝块。振荡可使凝块分散复原成均匀的流体,使用振荡机进行振荡,应在装罐灭菌后 2~3 d 进行一次,时间 1~2 min,其作用是破碎形成的软凝块。

11. 贮存与检验 盛装淡炼乳的罐头或无菌纸包装贴标签后装箱,一般在 0~15 ℃可长时间贮存。贮藏的温度如果太高,容易发生褐变现象;而贮藏温度过低,则会发生蛋白质凝集现象。

淡炼乳应具有稀奶油样外观和较淡色泽,每批产品都应当取出几个样品进行保存试验,将这些样品置于三种温度下,室温、30 ℃和 38 ℃,14 d 后对罐进行检测,确定每批质量,对炼乳的脂肪、非脂干固物、黏度、细菌和芽孢数以及色泽、气味和滋味等进行检测,并保存一些样品至一年,用于客户投诉追溯等。

四、淡炼乳常见质量问题及预防措施

1. 脂肪上浮 脂肪上浮是淡炼乳常见的缺陷,这是由于黏度下降或者均质不完全而造成的。控制适当的热处理条件,使其保证适当的黏度,并注意均质操作,使脂肪球直径基本上都 2 μm 以下可防止脂肪上浮。

2. 胀罐 淡炼乳的胀罐分为细菌性、化学性及物理性胀罐三种类型。由于细菌生长代谢产气造成细菌性胀罐,这是因为污染严重或灭菌不彻底,特别是被耐热性芽孢杆菌污染所致,应防止污染和加强灭菌。如果淡炼乳酸度偏高并贮存过久,乳中的酸性物质与罐壁的锡、铁等发生化学反应产生氢气,可导致化学性胀罐。此外,如果装罐过满或运到高原、高空、海拔高、气压低的场所,则可能出现物理性胀罐。

3. 褐变 淡炼乳经高温灭菌颜色变深呈黄褐色。灭菌温度越高、保温时间及贮藏时间越长,褐变现象越突出,其原因是美拉德反应。为防止褐变,要求在达到灭菌的前提下,避免过度长时间高温加热处理,应保存在 5 ℃以下。稳定性盐用量应按照标准,因碳酸钠对褐变有促进作用不宜使用,可选用磷酸氢二钠。

4. 黏度降低 　　淡炼乳贮藏期间一般会出现黏度降低的趋势。如果黏度显著降低,会出现脂肪上浮和部分成分的沉淀。影响黏度的主要因素是热处理过程,低温贮藏可减轻黏度下降趋势,贮藏温度越高,黏度下降越快,在 −5 ℃下贮藏可避免黏度降低,但在 0 ℃ 以下贮藏易导致蛋白质不稳定。

5. 凝固

(1) 细菌性凝固：受耐热性芽孢杆菌严重污染或灭菌不彻底或封口不严密的淡炼乳,因微生物产生乳酸或凝乳酶,可产生凝固现象,这时大都伴有苦味、酸味、腐败味。防止污染方法包括严密封罐及严格灭菌。

(2) 理化性凝固：若使用热稳定性差的原料乳或生产过程中浓缩过度、灭菌过度、干物质量过高、均质压力过高(超过 25 MPa)均可能出现凝固。原料乳热稳定性差主要是酸度高、乳清蛋白含量高或盐类平衡失调而造成的。严格控制热稳定性试验即可。盐类不平衡可通过离子交换树脂处理或适当添加稳定剂。此外,正确的进行浓缩操作和灭菌处理,避免过高的均质压力等操作规程可以避免理化性凝固。

6. 异味 　　淡炼乳在贮藏时,有时产生苦味或酸味。这主要是由于灭菌不彻底,残存的抗热性细菌繁殖而造成的。有时蛋白质分解,会产生苦味,也有由刺鼻芽孢杆菌及枯草芽孢杆菌等耐热性杆菌所引起。

另外淡炼乳还有一种特有的加热气味,这是硫化物游离及生成巯基的因素。当牛乳加热到 95 ℃时,开始时硫化物游离出来较多,然后逐渐减少,经过 3.5 h 后消除。这种加热臭味在最初 30 min 内增加,一般称为焦煮气味,其后则有一种强烈焦糖味,这主要是由于对热不稳定的硫化物,它存在于乳清蛋白质和脂肪球膜中,随着加热温度和加热时间的增加,会进一步加重。

7. 在咖啡中的变色 　　淡炼乳加到咖啡中,有时变成灰绿色,这是炼乳中含有的铁与咖啡中的单宁起反应的结果。含铁量高的淡炼乳,就会产生这种现象。因此,在制造炼乳过程中应避免铁的混入。

第十九章

乳蛋白及功能肽产品

第一节 乳蛋白制品种类

蛋白质是乳及很多乳制品中的主要成分，它对乳制品的理化特性、营养价值、功能特性等有着重要的影响，牛乳蛋白质在营养上也是优质的全价蛋白质。

乳蛋白质产品是指牛乳蛋白质含量超过50%，且不含有脂肪的产品。传统的产品包括干酪、干酪素、乳白蛋白和共沉淀物。膜技术的发展带来了新产品，如：乳清蛋白浓缩物（whey protein concentrate，WPC）和牛乳蛋白浓缩物（milk protein concentrate，MPC）。

目前可生产的乳蛋白制品大致分为以下几种。

1. 酪蛋白磷酸肽 酪蛋白磷酸肽（casein phosphopeptides，简称 CPP）是酪蛋白的酶解产物，在人体内，胰蛋白酶以及结肠内其他蛋白降解酪蛋白产生的 CPP 可以防止形成钙盐沉淀，促进肠细胞对钙质的吸收。防止磷酸钙沉淀的 CPP 最低质量浓度为 10 mg/L，约 100 mg/L 时效果最佳。普通酪蛋白摄入人体经降解后也能够促进食物中钙质吸收，但水溶性不高，还可能影响食品风味。为了更好地发挥其功能性，现在已经通过酶法水解酪蛋白生产出 CPP 基料，添加到食品中。

2. 干酪素 干酪素是以脱脂乳为原料，在皱胃酶或酸的作用下生成酪蛋白凝聚物，经洗涤、脱水、粉碎、干燥生产出的产品，85%的成分是酪蛋白。干酪素可作为食品加工的辅料，也可作为工业原料，与福尔马林反应制成塑料，具有象牙的光泽，可自由染色，做装饰品及文具。湿干酪素经充分洗涤脱水，加碱溶解后干燥，可制成可溶性的制品。

3. 酪蛋白酸盐 酪蛋白酸盐是以酸法干酪素凝块或干燥酸法干酪素为原料，在溶液状态下与不同的碱反应而制得，可制成强力粘接剂。

4. 乳清蛋白制品 乳中酪蛋白沉淀后得到乳清，经过膜分离脱盐，真空浓缩、冷却结晶除去乳清中的乳糖，再经冷冻或真空干燥可制得乳清蛋白制品。

5. 活性肽类 乳蛋白活性肽是通过不同的酶水解后得到的不同活性的肽水解物。乳蛋白除了作为重要的蛋白源之外，在生理上还有许多重要的作用，它是许多生物活性肽的来源。

6. α-乳白蛋白制品 以乳清为原料，经过电渗析、过滤、超滤、膜渗透等除去乳糖和盐类，再经过凝缩、干燥而制得的乳产品。

7. 免疫球蛋白制品 免疫球蛋白主要存在于母牛分娩后 3 d 内的初乳中，其含量是常乳的 65~96 倍。将牛初乳经过脱脂等预处理后冷冻干燥制得的初乳粉是一种免疫球蛋白含量及活性较高的免疫球蛋白制品。

8. 乳铁蛋白制品 乳铁蛋白存在于初乳和常乳中，但它在初乳中的含量要高出常乳 10 倍以上，是一种铁结合蛋白。采用吸附法、离子交换法、亲合法及超滤法等均可以制得乳铁蛋白浓缩物。

第二节 功能肽生产

乳蛋白质除了作为重要的蛋白源之外，在生理上还有许多重要的作用，它是许多具有生物活性肽的来源。对乳蛋白质中生物活性肽的研究始于 1979 年，即 Brantl 等第一次从 β-酪蛋白水解物中分离出了具有吗啡样活性的七肽。自此，相继从乳蛋白质一级结构的氨基酸序列中得到许多具有生理功能的活性肽，如吗啡样活性肽、抗高血压肽、免疫调节肽、抗血栓肽、促进金属离子吸收的肽、抗菌肽、促进细胞生长的肽等。这些肽的发现以及它们所具有的生理功能为今后保健食品和新药物的研究开发提供了新的资源。

一、功能肽生产工艺

1. 功能肽生产方法

（1）化学降解法：将乳蛋白与一定浓度的碱或酸溶液混合，在密闭的环境下加热至一定温度并保持一定时间，使蛋白质的肽键裂解至一定程度，然后终止反应，再对生成的肽进行分离纯化。由于碱水解产物有异味，而酸水解能使蛋白质变性，严重地损害蛋白的营养特性，降解条件及产物的控制难度大，食品工业中通常不采用而且逐渐被酶解法所代替。

（2）酶降解法：酶降解法通过食品级生物酶制剂对蛋白质进行有限地水解。酶解法条件温和，安全性高，成本低，水解条件易于控制。目前此法在生物活性肽生产中得到广泛应用。

（3）微生物发酵法：微生物发酵法生产多肽是直接利用微生物发酵过程中产生的蛋白酶复合降解蛋白质，是近几年来比较有前景的制备生物活性肽的技术。如近年来有研究者发现，采用瑞士乳杆菌制作的发酵乳存在抗高血压肽，因为瑞士乳杆菌相比于其他乳酸菌，蛋白酶具有较强的水解能力。发酵法制备活性肽水解度较高，但存在菌种的依赖性，需要有优良的发酵菌种。

（4）基因工程方法：采用基因工程技术让某些功能、结构明确的活性肽在工程细菌或工程动植物中得到高效表达从而达到商业化生产的目的。这方面的工作还是初步的，因为许多生物活性肽都是短肽，分离纯化较困难，限制了这种方法的使用。

（5）化学合成方法：化学合成法用于生产高价的药理级肽，但是此法的成本相当高，而且副产物会对人体有害，因此使用受到限制。

2. 酶法制备功能肽的操作要点

（1）蛋白酶的选择及应用：蛋白酶的选择是酶法制备活性肽的关键步骤，在酶的筛选过程中，应以原料蛋白的组成和酶的专一性为参考，也可根据目标活性肽的结构特点进行选择或通过酶工程来生产特定酶。

常用的蛋白酶有：动物蛋白酶，如胰蛋白酶、胰凝乳蛋白酶、胃蛋白酶等；植物蛋白酶，如木瓜蛋白酶、菠萝蛋白酶、无花果蛋白酶等；微生物来源蛋白酶，如丹麦 Novo 公司生产的碱性蛋白酶 Alcalase、复合蛋白酶 Protamex、中性蛋白酶 Neutrase 等。由于酶的专一性，不同蛋白酶的水解位点不同，而且 2 种或 2 种以上蛋白酶同时作用于底物时，往往具有协同增效作用，因此为了提高酶解效率必要时可采用复合酶水解蛋白。

（2）酶解工艺研究：水解过程中的反应 pH、反应时间、反应温度和酶-底物浓度比是酶解工艺的重要参数。酶对 pH 的变化非常敏感，一般将初始 pH 固定在所选酶的最适 pH 范围内。随反应的进行，反应液 pH 会有变化，一般采用加碱或配制缓冲液的方法以恒定溶液 pH。酶解过程研究的主要目的在于确定酶解工艺条件，如底物浓度、加酶量、酶解温度、pH、时间等，并在单因素试验的基础上，通过正交或响应面等试验设计优化酶解工艺。

（3）灭酶：一般采用 100 ℃ 水浴 5 min 或 85 ℃ 水浴 10 min 灭酶，以及时中止反应，避免过度水解，也可采用调节 pH 或加入酶抑制剂等方法来中止反应。

（4）精制

澄清处理：一般采用离心分离的方法，将酶解液经 4 000 r/min 离心，以除去未被降解的大分子蛋白和其他不溶物，得到清亮的水解液。

分离纯化：可以用于肽的分离纯化的方法有很多，一般先进行超滤，然后再用色谱法分离功能肽。凝胶过滤色谱是依据肽的分子量大小和形状进行分离；离子交换色谱（IEC）则可根据肽的电荷特性对其进行分离；反相高效液相色谱柱适用于混合体系中肽的快速分离和检测。

（5）杀菌、浓缩、干燥：精制后的肽溶液在 135 ℃ 条件下超高温瞬间杀菌，经超滤、减压浓缩或真空浓缩等方法来提高有效成分的浓度。浓缩肽溶液可经喷雾干燥或冷冻干燥等方法制备成粉末状颗粒。

二、酪蛋白磷酸肽的生产工艺

酪蛋白磷酸肽（CPP）是以牛乳酪蛋白为原料，经酶解、分离、纯化而制得的含有磷酸丝氨酰活性肽。其生产过程可大致分为酶法水解和 CPP 的分离两步。酶解过程基本相似,根据 CPP 分离方式的不同,目前工业制备 CPP 的方法主要有钙-乙醇沉淀法、膜分离法和离子交换法等。其中钙-乙醇沉淀法是制作 CPP 的典型生产工艺。

1. 钙-乙醇沉淀法制备 CPP

（1）基本工艺过程

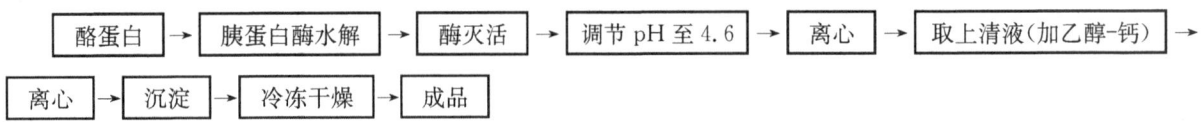

（2）操作要点：将酪蛋白溶于碱液中,加热不断搅拌,调节 pH；配好一定浓度的酶液加入到完全溶解的酪蛋白溶液中进行水解,酶水解液置于 90 ℃水中灭活 10 min,调节酶解液 pH 至酪蛋白等电点 4.6,使未水解酪蛋白沉淀；4 000 r/min 离心 15 min；取上清液加入 2%氯化钙,95%无水乙醇；5 000 r/min 离心 10 min；白色沉淀物至冷冻干燥机中干燥 24 h。典型生产工艺如图 19-1 所示。

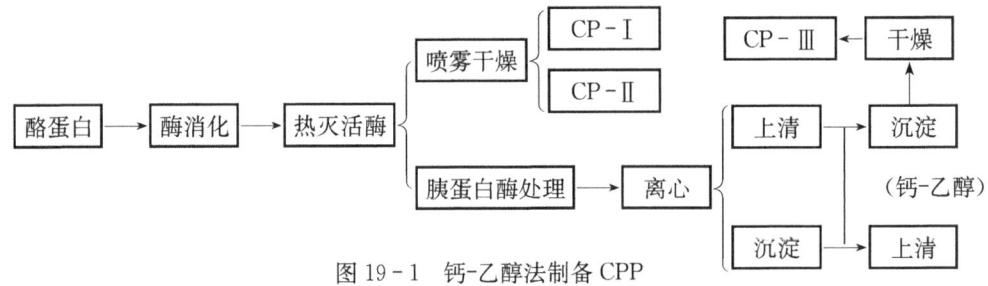

图 19-1 钙-乙醇法制备 CPP

2. 离子交换法制备 CPP 以鲜牛乳为原料通过离子交换法制备 CPP 的工艺过程如图 19-2 所示。鲜牛乳先脱脂制成脱脂乳,然后调节脱脂乳 pH 至酪蛋白等电点 4.6 使酪蛋白沉淀；酪蛋白再经酶解制成酪蛋白水解物；酪蛋白水解物通过离子交换树脂制得 CPP 产品。

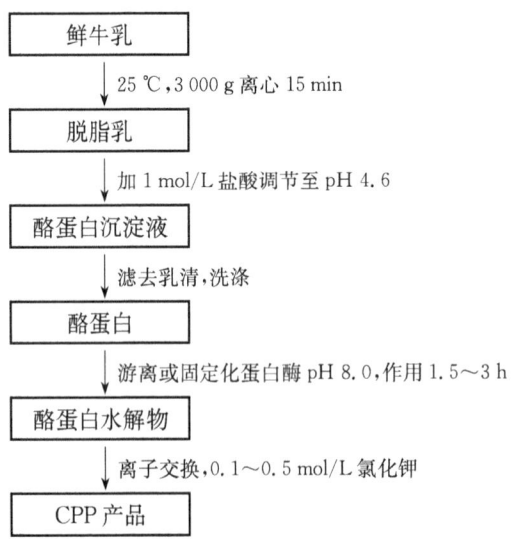

图 19-2 以牛乳为原料制造酪蛋白和 CPP 的工艺流程

第三节 干酪素的加工

一、干酪素概述

干酪素也叫酪蛋白,是利用脱脂乳为原料,用酸或酶使酪蛋白沉淀,经沉降、脱水、粉碎、干燥而制成。酪蛋白是牛乳中最主要的蛋白质，20世纪初期就已经商业化提取。全脂牛乳中酪蛋白含量根据乳牛饲养、泌乳期、挤乳次数时间等而变化，但一般维持在24～29 g/L水平，全脂乳经分离机分离去除含脂率40%稀奶油后得到了脱脂乳，其酪蛋白含量为25～31 g/L。酪蛋白在牛乳中以复杂的胶体形式存在，它由酪蛋白分子、钙、无机盐和柠檬酸盐所组成。酪蛋白是由不同成分的酪蛋白构成，其组成各成分（α_{s1}、α_{s2}、β、κ）都有不同的性质。

干酪素是白色或微黄色、无臭味的粉状或颗粒状物料，在水中几乎不溶，25 ℃的水仅可溶解0.2%～2.0%，不溶于酒精、乙醚及其他有机溶剂，易溶于碱性溶液、碳酸盐水溶液和10%的四硼酸钠溶液。干酪素是非吸湿性物质，相对密度为1.25～1.31。

干酪素在食品中的应用情况如表19-1所示。

表19-1　干酪素在食品中的应用

肉制品	冰淇淋和冷冻甜食
咖啡伴侣和植脂	糖果
掼打浇头	发酵乳制品、浓汤
烘焙食品	高脂肪含量粉、起酥油和涂抹油
速食早餐和饮料	婴儿食品
面食制品	运动饮料
干酪制品	营养机能食物

干酪素由于制法不同，产品质量也有差异。我国工业干酪素的质量标准（QB/T 3780-1999）有以下规定：产品为白色或淡黄色粒状产品，灼烧时有焦臭味，微溶于水，在碱性溶液中溶解。工业干酪素按感官和理化指标分为特级品、一级品和二级品。工业干酪素的感官指标应符合表19-2要求。化学指标见表19-3。

根据国内外市场的需要，可生产精一级品工业干酪素，其质量指标应高于特级品。

表19-2　工业干酪素的感官指标

项目	特级	一级	二级
色泽	白色或淡黄色，均一致	浅黄色到黄色，允许存在5%以下的深黄色颗粒	浅黄色到黄色，允许存在5%以下的深黄色颗粒
颗粒	最大颗粒不超过2 mm	同特级	最大颗粒不超过3 mm
纯度	不允许有杂质存在	同特级	允许有少量杂质存在

表19-3　工业干酪素的化学指标

项目	特级	一级	二级
水分/%	≤12	≤12	≤12
脂肪/%	≤1.5	≤2.5	≤3.5
灰分/%	≤2.5	≤3	≤4
酸度/°T	80	100	150

二、干酪素的种类

干酪素依生产方式不同（所用的凝结剂不同）可大致分为两大类：酸法干酪素和酶法干酪素。

1. 酸法干酪素　因使用酸种类不同，又可分为加酸法和乳酸发酵法。不同制造方法可获得不同质量的干酪素，所以要根据用途选择适当的制造方法；乳酸、盐酸和硫酸都被用以生产酸性干酪素，在新西兰，乳酸干酪素仍是最常用的方式，为特需也生产少量的硫酸干酪素；在澳大利亚和欧洲，盐酸是最常用的沉淀剂。

在工业上制造的干酪素，大部分是酸法生产的干酪素。不同制造方法可获得不同质量的干酪素，要根据用途选择适当的制造方法；各种干酪素制品的特征由沉淀的温度、酸度、洗涤水量及干燥温度、时间等决定。

2. 酶法干酪素　酶法干酪素是利用凝乳酶凝固的干酪素，虽然与牛乳中的酪蛋白复合物有大致相同的相对分子质量及元素组成,但产品的性质有所区别。

三、干酪素加工

1. 无机酸法生产干酪素　无机酸法生产干酪素采用的是所谓的"颗粒制造法"。这种方法的特点是用无机酸沉淀酪蛋白时,形成小而均匀的颗粒,使酪蛋白不形成大而致密的凝块,因此被颗粒所包围的脂肪比较小,成品中脂肪含量要比发酵法制成的少一些。此外,粒状干酪素便于洗涤、压榨和干燥,而且生产操作时间短。目前我国生产工业用干酪素多用此种方法。

(1) 工艺流程:酸法生产干酪素工艺流程见图19-3。

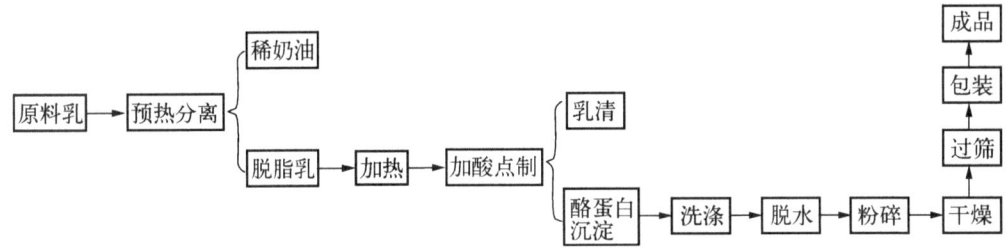

图19-3　酸法生产干酪素工艺流程

(2) 原料乳的要求:原料乳使用脱脂乳,脱脂乳必须洁净,无机械杂质,酸度不超过23 °T。将牛奶加热至32~33 ℃,用分离机进行分离,脱脂乳的含脂率不应超过0.05%,优质干酪素要求含脂率应在0.03%以下。

(3) 加酸点制

酸化点制的原理:酪蛋白属于两性电解质,等电点为4.6。一般正常鲜乳pH为6.6~6.8,接近于等电点的碱性,此时酪蛋白在牛奶中充分表现出酸的性质,与牛奶的盐基(主要是钙)结合,以酪蛋白酸钙形式存在于乳中。此时加酸,酪蛋白酸中的钙被酸夺取,渐渐生成游离的酪蛋白。当达到酪蛋白的等电点时,钙完全被分离,游离的纯酪蛋白凝固而沉淀。

酸液的制备:盐酸是干酪素优良的沉淀剂,它能把沉淀于干酪素上的盐类除掉,并形成可溶性盐,从而减少了干酪素中的灰分含量。灰分含量高,对制品品质有一定的影响。配制盐酸时,操作人员必须戴好口罩和护目镜;在稀释缸内加入需要量的30~38 ℃温水;浓盐酸经过过滤后倒入稀释缸;稀释后盐酸要搅拌均匀;点制正常牛奶时浓盐酸/水(V/V)为1:2。

点制工艺:脱脂乳加温至40~44 ℃,在不断搅拌下徐徐加入稀盐酸,使酪蛋白形成柔软的颗粒,加酸至乳清透明为止,所需时间不少于3~5 min,然后停止加酸,停止搅拌,静置30 s。再开启搅拌器,第二次加酸应在10~15 min内完成,不可过急,边加酸边检查颗粒硬化情况,准确地确定加酸终点。到终点时,乳清应清澈透明,干酪素颗粒均匀一致(其大小在4~6 mm)、致密结实、富有弹性、呈松散状态。乳清的最终滴定酸度为56~68 °T。停止加酸后,继续搅拌0.5 min;停止搅拌并静置5 min,再放出乳清。

(4) 点制过程中影响品质的因素

点制温度:脱脂乳加热温度高,易使酪蛋白形成粗大、不均匀、硬而致密的颗粒或凝块。不均匀的颗粒中,小颗粒已酸化好,大颗粒却没有酸化好,因颗粒中钙不能充分分离出来而留在颗粒之中,致使产品灰分增高,影响产品质量。温度低则易形成软而细小的颗粒,造成乳清分离困难,不易洗涤和脱水。

点制酸度:点制中必须准确地控制加酸量,加酸不足,成品灰分含量高,影响质量。但若加酸过量,形成的干酪素颗粒可重新溶解,会使干酪素颗粒水洗、干燥都非常困难。

搅拌速度:点制中要控制搅拌速度,太快、太慢均不适宜。一般在40 r/min最适宜。搅拌速度快,可适当提高点制温度、加酸的速度,否则易形成细小的干酪素颗粒。

点制时间:点制时间短,酪蛋白颗粒酸化不充分,钙分离不完全,致使成品灰分含量高。适当延长点制时间,可以降低干酪素的灰分含量,又可以节约酸的用量。

2. 酶法生产干酪素 酶法生产干酪素是利用凝乳酶使酪蛋白形成凝块沉淀而提纯制成的干酪素。酶法干酪素灰分含量高、酸度低，只能溶解于15%的氨溶液中，不溶于3%的四硼酸钠溶液。

(1) 酶的要求：酶法生产干酪素所用的酶有凝乳酶和皱胃酶两种。皱胃酶在弱酸、中性或弱碱性环境中将酪蛋白水解，最适pH为5.2～6.3，最适温度为39～42℃。凝乳酶的最适pH为1.5～2.0，最适温度为33～40℃。

(2) 生产工艺流程：酶法生产干酪素工艺流程见图19-4。

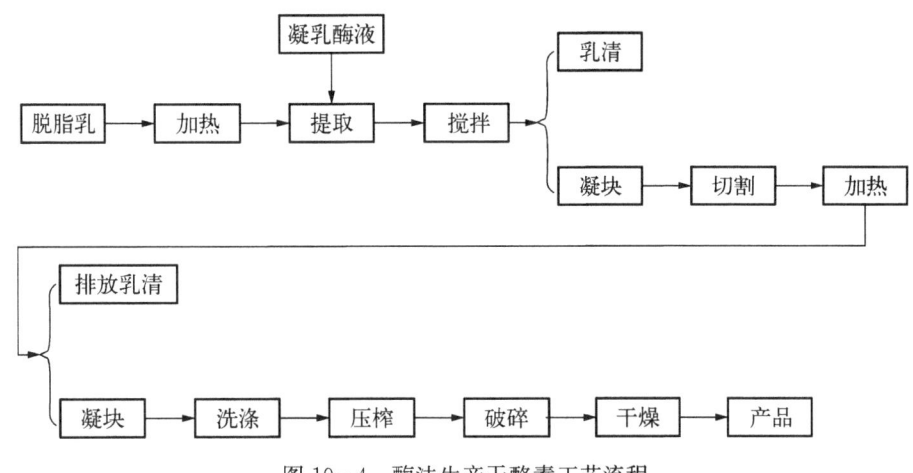

图19-4 酶法生产干酪素工艺流程

(3) 生产技术要求：脱脂乳加热至35℃，添加凝乳酶，使酪蛋白凝结。凝乳酶的添加量以能使全部脱脂乳在15～20 min内凝固即可。加入酶，待乳凝结后，把形成的凝块慢慢地搅拌，然后加快速度，继续加酶直到将透明的黄中带绿的乳清分离为止。酪蛋白粘结成颗粒，此时进行第二次加热，加热至55℃，加热要缓慢，使乳清从干酪素颗粒中分离出来。此时颗粒具有弹性，放出乳清，用25～30℃水洗两次，再经脱水、粉碎，并于43～46℃温度下干燥，最后包装入库。

3. 乳酸发酵干酪素 利用乳酸菌发酵脱脂乳生产的干酪素溶解性好、粘结力强。在脱脂乳中添加2%～4%的乳酸菌发酵剂，在33～34℃温度下使之发酵，达到pH 4.6或滴定酸度0.45%～0.5%时，停止发酵。然后一边搅拌一边加温到50℃左右，排出乳清，加冷水充分洗涤凝块，凝块经压榨、粉碎、干燥。将最后分离出来的乳清部分，保温32～40℃发酵过夜，供下次发酵使用（添加量5%～10%），这样逐次使用作为发酵剂。加温时，如果酸度高则凝块软，变为微细凝块使过滤困难。反之，发酵不充分则乳清不透明凝固得也不好，变为软质凝块，过滤不良，收率下降。此外，不经发酵添加乳酸的方法也被广泛地应用。

4. 共沉淀物干酪素 共沉淀物干酪素是在脱脂乳中加酸（pH为4.6～5.3）或不加酸而添加0.03%～0.2%的钙，加热至90℃以上，使酪蛋白及乳清蛋白沉淀的方法制得的产品。此法可回收乳中95%～97%的蛋白质，包括有80%～85%的酪蛋白及15%～20%的乳清蛋白，是制造成本低廉并能回收营养价值高的乳蛋白质的制造法。共沉淀物以4%～6%的多磷酸盐溶解，用胶体磨粉碎溶解，根据用途分为高、中、低三种灰分含量的制品。

(1) 高灰分制品：经过热交换的脱脂乳在保温罐中加热至88～90℃，用泵定量送乳时添加0.2%的氯化钙。混合物约用20 s通过保温管，倾斜排出。凝块在此处被过滤网分离，洗涤1～2次。洗涤水的pH为4.4～4.6。成品灰分含量为8%～8.5%。

(2) 中灰分制品：在约45℃的脱脂乳中添加氯化钙0.06%，经热交换及在保温罐中加热至90℃，加热的脱脂乳在罐中停留10 min，然后用泵送乳，这时在泵的前后注入经过稀释的酸，调整pH为5.2～5.3。在保温管中保持10～15 s，然后用与上述同样的方法进行洗涤。添加的氯化钙约1/4残留于制品中。成品灰分含量为5.0%。

(3) 低灰分制品：制法与上述略同，氯化钙量为0.03%，pH为4.5，90℃保持20 min。成品灰分含量为3.0%。

5. 影响干酪素质量的因素 干酪素性质中最重要的是溶解度、黏度以及加工性能。影响干酪素这些性能的主要因素是干酪素成品中的脂肪和灰分含量。一般来讲,干酪素成品含脂肪越低越佳;灰分含量和干酪素物理特性有密切关系,其含量越低则溶解度越高,黏度越大。

干酪素质量控制的关键是有效控制脂肪和灰分的含量。干酪素中脂肪含量取决于脱脂乳的含脂情况,即脱脂效果。要想获得含脂率低的脱脂乳,必须采用分离效果好的分离机,必要时进行二次分离以达到较好的脱脂效果。

生产过程是影响干酪素中灰分高低的主要因素。对于盐酸干酪素而言,最主要的是点制操作,如点制温度、点制酸度、搅拌速度、酸化速度、盐酸质量、洗涤充分与否、干燥温度等。以硫酸作为酪蛋白的沉淀剂,硫酸以 4 倍的水稀释后使用,脱脂乳加酸量以最终乳清酸度达 0.3%～0.32% 为适当,经搅碎凝块、洗涤、干燥而制成干酪素。用硫酸使酪蛋白凝聚时,容易产生不溶性 $CaSO_4$ 沉淀,混入酪蛋白颗粒中难以除去,所以硫酸干酪素的灰分高。以乳酸作为酪蛋白沉淀剂,它能形成硬的颗粒,且稀乳酸及乳酸盐皆不溶解酪蛋白。

第四节 乳清浓缩蛋白

一、乳清浓缩蛋白概述

1. 乳清浓缩蛋白的定义 乳清是生产干酪和干酪素时的副产品,是一种总固体含量在 6.0%～6.5% 的不透明的浅黄色液体,占原料乳总干物质的一半。其中乳糖含量占 70% 以上,乳清蛋白占总乳蛋白的 20%。牛乳中维生素和矿物质也都存在于乳清中。

乳清浓缩蛋白制品就是将乳清中的非蛋白组分充分地、有选择性地去除,依据去除程度可得到不同蛋白质含量的制品。乳清浓缩制品常用于乳制品、烘焙食品、休闲食品、糖果、营养食品以及其他食品中。可作为高营养、高质量浓缩蛋白的来源,用于蛋白质的强化;在室温和所有 pH 范围条件下作为可溶的或者形成稳定胶体分散体系的蛋白质来源;是具有良好的乳化性、脂肪结合性、持水性、增稠性的蛋白质的来源。

乳清蛋白是营养最全面的天然蛋白质之一。通过比较蛋白质营养价值表(表 19-4)可以看出,乳清蛋白比其他几种来源的蛋白质更优越。乳清浓缩蛋白和乳清分离蛋白可应用于运动员、婴儿、健美爱好者及节食者的多种营养食品中;乳清蛋白是目前市场上营养价值最高的蛋白质产品,乳清蛋白富含支链氨基酸,即亮氨酸、异亮氨酸和缬氨酸,这些支链氨基酸非常适用于运动员饮料和食品。

表 19-4 乳清蛋白的营养价值

蛋白质种类	蛋白质效价(PER)	生物价	蛋白质净利用率(NPU)
乳清蛋白	3.1	104	92
酪蛋白	2.5	71	76
大豆浓缩蛋白	2.1	74	61
鸡蛋蛋白	3.9	100	94

2. 乳清浓缩蛋白种类 乳清浓缩蛋白制品根据终产品中蛋白质含量不同通常有 WPC-34、50、60、75、80 几种,数字代表制品中蛋白质的最低含量。另外还有乳清分离蛋白(WPI)是指从乳清中完全去除非蛋白成分,最终干燥产品中蛋白质的含量不低于 90% 的乳清蛋白制品。乳清蛋白制品的典型组成如表 19-5 所示。

表 19-5 不同乳清蛋白制品的典型组成/%

产品	蛋白质	乳糖	脂肪	灰分	水分
WPC-34	34～36	48～52	3.0～4.5	6.5～8.0	3.0～4.5
WPC-50	50～52	33～37	5.0～6.0	4.5～5.5	3.5～4.5
WPC-60	60～62	25～30	1.0～7.0	4.0～6.0	3.0～5.0
WPC-75	75～78	10～15	1.0～9.0	4.0～6.0	3.0～5.0
WPC-80	80～82	4.0～8.0	1.0～6.0	3.0～4.0	3.5～4.5
WPI	90～92	0.5～1.0	0.5～1.0	2.0～3.0	4.5

二、乳清浓缩蛋白制品生产技术要点

乳清浓缩蛋白制品生产主要通过物理分离技术，如沉淀、过滤或渗析来完成，其生产工艺流程见图 19-5。

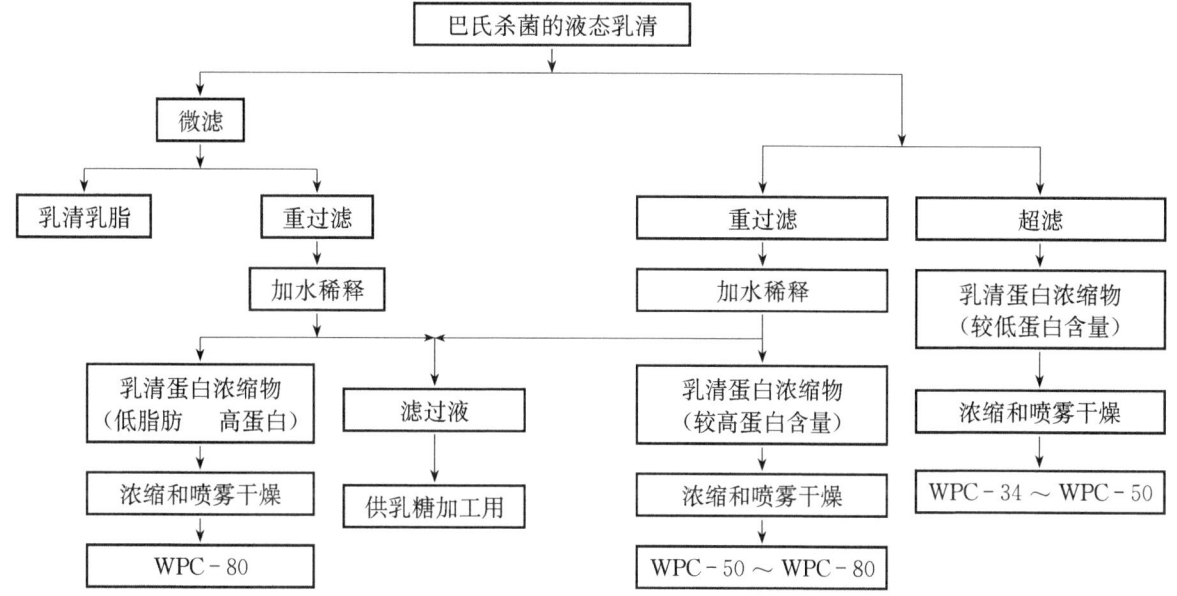

图 19-5 乳清浓缩蛋白生产工艺

1. 乳清预处理 首先采用自动排渣、离心分离机去除乳清中的细菌发酵剂细胞。干酪乳清通过滚筒筛过滤去除大量小颗粒，用 72 ℃、15 s 巴氏杀菌，在 6 ℃下冷藏。酸乳清通常不经巴氏杀菌，在乳清自然 pH (4.6)下可导致乳清变性。

2. 乳清超滤 超滤的适宜温度是 50 ℃(最高为 55 ℃)。对蛋白质含量超过 60%～65%的产品，有必要采用重过滤。

3. 干燥 超滤后的截留液需在冷藏条件下贮存(4 ℃)，采用 66～72 ℃，15 s 热处理截留液，可降低细菌总数。干燥前需将截留液浓缩以降低水分。采用特定设计的真空度高、蒸发温度低的降膜蒸发器能使蛋白质浓缩。最后离心，喷雾干燥，使用的进、出口温度分别为 160～180 ℃和高于 80 ℃，视产品需要可采用流化床干燥。

第二十章

冰淇淋

冰淇淋生产的历史有多长无从确定,其生产可能起源于中国。在古老的文献中记载着中国人喜欢一种冷冻产品,这种产品是将果汁和雪进行混合,现在称之为冰果,这一技术后来传播到古希腊和古罗马。18世纪冰淇淋开始在美国向大众出售,但直到19世纪第一家批发组织出现在市场上才开始广泛发展起来。

第一节 冰淇淋的定义和原料

一、冰淇淋的定义、组成和分类

1. 冰淇淋的定义 冰淇淋(ice cream)是以牛奶、奶粉、奶油(或植物油脂)、食糖等为主要原料,加入适量香料、稳定剂、乳化剂、着色剂等食品添加剂,经混合、灭菌、均质、老化、凝冻、硬化等工艺而制成的体积膨胀的冷冻饮品。

本质上冰淇淋属于发泡制品,空气以很小的气泡分布在部分冻结的水包油乳化液连续相内,这一连续相内还溶有一些固体物质,如糖、盐和胶体物(蛋白质和稳定剂)等。胶体是至少由两种配料所组成的分散体系,如液液、气液或气固泡沫。

2. 冰淇淋的组成 冰淇淋的物理结构很复杂,气泡包围着冰的结晶向液相分散,在液相中含有固态脂肪、蛋白质、不溶性盐类、结晶乳糖、稳定剂、蔗糖、盐类等,即由液相、气相和固相三相构成。冰淇淋中的脂肪含量一般为6%~14%,蛋白质含量一般为2%~4%,总糖含量为15%~17%。

3. 冰淇淋的分类 冰淇淋品种很多,其分类方法各异。

(1) 按原料中乳脂含量分

① 全乳脂冰淇淋:以牛奶、奶油、食糖等为主要原料,乳脂含量为8%以上(不含非乳脂肪)的制品。分为清型全乳脂冰淇淋、混合型全乳脂冰淇淋和组合型全乳脂冰淇淋。

② 半乳脂冰淇淋:以奶粉、奶油、人造奶油和食糖等为主要原料,乳脂含量为2.2%以上的制品。同样可分为清型全乳脂冰淇淋、混合型全乳脂冰淇淋和组合型全乳脂冰淇淋。

③ 植脂冰淇淋:以乳或乳粉、人造奶油或植物油脂和食糖等为主要原料的制品。

(2) 按产品形状分:砖状冰淇淋、杯状冰淇淋、蛋卷冰淇淋、蛋糕冰淇淋等。

(3) 按所加的特色原料分:果仁冰淇淋、布丁冰淇淋、水果冰淇淋、糖果冰淇淋、巧克力冰淇淋、酸奶冰淇淋、豆乳冰淇淋和蔬菜冰淇淋等。

二、冰淇淋的原料

冰淇淋的基本配方包括:脂肪、非脂乳固体、甜味剂、稳定剂与乳化剂、香料、风味剂、色素。由于原料的品质及其配比直接影响到冰淇淋的质量、成本等,因此必须控制好选料和配比,并相应调整生产工艺,以求提高冰淇淋的质量,并降低成本。

1. 脂肪 脂肪占冰淇淋混料的6%~16%,脂肪的含量和质量直接影响到冰淇淋的质感和风味。可以是乳脂肪,也可以是植物油脂,乳脂肪主要来源于全脂乳、稀奶油、奶油等,植物油脂主要是椰子油、棕榈油、豆油等,两者会使冰淇淋在色泽和口感上有差异。如果全部使用乳脂肪会使产品的成本增加,一般采用植物油置换一部分乳脂肪。不过有些国家规定,如果制品中含有植物油脂,该产品不能称为冰淇淋。

由于市场对低脂产品的需求,出现了无脂冰淇淋或使用脂肪替代品。这些替代品可部分或全部替代乳脂肪,却能保持冰淇淋的口感和质地不发生较大改变。如从大米中得到的麦芽糊精可以替代50%以上的乳脂肪,而一种商标为Simplesse的脂肪替代品则可完全替代乳脂肪。

2. 非脂乳固体 非脂乳固体是指牛乳总固形物除去脂肪而剩余的蛋白质、乳糖及矿物质的总称,主要由牛乳、脱脂乳、酪乳、乳粉、炼乳、乳清粉、乳清浓缩蛋白等提供。由于受乳糖、风味和成本等限制,质量分数一般为8%~11%。

非脂乳固体不仅具有很高的营养价值,而且具有通过结合或取代水分来提高冰淇淋组织状态的重要能力。非脂乳固体关键成分是蛋白质,能显著影响在凝冻加工过程空气在冰淇淋中的分布。它也可以赋予冰淇淋很多特性,如乳化性、搅打性、持水性和保型性。

限制非脂乳固体的用量,最主要的原因在于防止由于其中乳糖呈过饱和而逐渐结晶析出的砂状结构,造成冰淇淋的形体缺陷。正常情况下,冰淇淋中乳糖、非脂乳固体的量越高,冰淇淋的保型性越差。有些厂家在配料中加入乳糖酶,不但可以解决这一问题,而且还可以满足部分乳糖不适症人群的需要。

3. 甜味剂 使用的甜味剂主要有蔗糖、葡萄糖、转化糖、淀粉糖浆及其他化学合成或天然的甜味剂等。添加甜味剂可调整冰淇淋中固形物的含量,赋予产品以甜味,还可以降低溶液的冰点,有助于控制温度和硬度的关系。

目前最常用的甜味剂为蔗糖,一般用量为13%~16%。为了改进冰淇淋的加工特性并降低成本,除使用蔗糖外还可以加入一些果葡糖浆。由于果葡糖浆可明显减低冰点,因此其用量不宜太多,一般为25%代替蔗糖为好。

4. 稳定剂 稳定剂是当溶解于液相(水)中时能大量结合水分子的物质。与水结合的过程称为水合,意味着稳定剂形成网状结构防止水分子自由移动。可提高混合物料的黏度和冰淇淋的膨胀率,防止或抑制冰晶的生长,提高抗融性和保藏稳定性,改善冰淇淋的形体和组织结构。有两种类型的稳定剂:蛋白质和碳水化合物稳定剂,蛋白质稳定剂中有明胶、干酪素、乳白蛋白和乳球蛋白等,碳水化合物稳定剂一组中有海藻胶类、半纤维素和改性纤维素化合物。

根据稳定剂的种类和对产品所产生的稳定效果,确定稳定剂的用量一般占混合料的0.15%~0.50%。现在大多复合稳定剂来提高作用效果。在选择时一般依据为:配料的脂肪含量;配料的总固体含量;凝冻机的种类。

5. 乳化剂 乳化剂实际上是一种表面活性剂,通过减小液体产品的表面张力来协助乳化作用的物质,它们有助于稳定乳状液,添加在冰淇淋中还可起到如下作用:改善搅打性,易于空气混入配料;使组织结构柔滑,质地均一;抗收缩,抗融性。

鸡蛋黄是一种著名的乳化剂,但通常很贵,并且比一些更常用类型的乳化剂的乳化效果差。更常用的乳化剂主要是天然脂肪酯化的非离子衍生物,即为在一个或多个脂溶性残基上结合一个或多个水溶性残基。用于冰淇淋生产的乳化剂可分为四组:硬脂酸酯、山梨醇酯、糖酯和一些其他的酯类。在冰淇淋混合料中的使用量通常为0.3%~0.5%,具体用量取决于脂肪含量、均质程度和非脂乳固体与水的比例等。可采用复配的乳化剂以提高效果。

6. 色素和风味剂 混合料中加入色素以提高冰淇淋的外观品质或提高加入果味香精时的冰淇淋的色泽。色素一般以浓缩状态被加入到混合料。应用的色素必须是无菌或经证实无害的。

通过在物料中添加各种风味剂赋予冰淇淋不同的味道。添加风味剂应该使人能够辨别其风味并感觉味道良好。添加过量会产生不愉快的风味,当配料中添加果料时常配以同类香精来提高风味。最常用的有香兰素、巧克力和水果香精等。

7. 水和空气 水是冰淇淋重要组成部分,但常被忽略。如果水直接加入物料,一定要洁净、无异味,并无微生物污染。冰淇淋中的水可以是液态或固态存在,也可以是两种混合状态存在。空气则分散于液态水、冰晶和固态脂肪球共同形成的油水乳化体系中。水和空气界面被冷冻薄层所稳定,而脂肪的表面被乳化剂薄层所覆盖。

第二节 冰淇淋的生产

一、冰淇淋的生产工艺

冰淇淋生产的主要流程见图20-1。

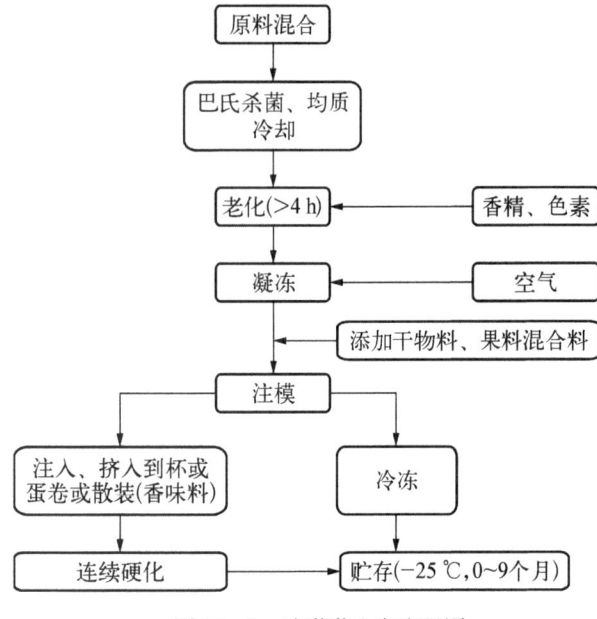

图20-1 冰淇淋生产流程图

二、冰淇淋生产的工艺要点

1. 原料的混合 各种原料的配合比例确定后,即可进行混合。混合时最好用带有搅拌器的夹层锅,混合方法为:

① 先将水、牛乳、脱脂乳、稀奶油等液体原料倒入夹层锅中。

② 将蔗糖倒入,进行搅拌,使其溶解。

③ 将明胶先用10倍左右的水或者牛乳浸渍20 min,充分吸水后加热至60~70 ℃使其溶解,然后当温度升到45 ℃时将其倒入开始杀菌的混合料中。

④ 使用淀粉时,先用少量的水或牛乳调匀,再加适量的水或牛乳加热,使成糊状,然后加入混合料中。

⑤ 使用乳粉时,先用少量的水或牛乳充分溶解后,再加入混合料中。

⑥ 使用鸡蛋时,可与少量的牛乳或脱脂乳搅拌混合,同时加入蔗糖使其溶解,然后将剩余的混合料加入;或者先将蛋白和蛋黄分开,蛋黄与少量牛乳混合后加入蔗糖,充分搅拌混合均匀,然后将充分起泡的蛋白加入,最后再将剩余的混合料加入,充分混合。

⑦ 香料需在老化(老化)过程结束后进行冻结时加入。

⑧ 使用果汁时,需在凝冻操作中途加入,否则果汁中的有机酸易使酪蛋白凝固而使组织不良。

2. 混合料的杀菌 杀菌的目的不仅可以杀死有害微生物,并可使制品组织均匀、气味均一。混合料的杀菌通常多采用62~65 ℃,30 min的低温杀菌制度,此外,当使用鸡蛋时也采用80 ℃ 15 s的杀菌制度。杀菌时应将各种原料进行搅拌,充分混合。

3. 混合料的均质 混合原料经低温杀菌后,应迅速通过均质机进行均质。冰淇淋混合料进行均质时,温度以60~63 ℃、压力以13.73~20.59 MPa最适宜。混合料经均质后,黏度增加,因此冻结搅拌时容易混入气泡使容积增大,也就是使膨胀率增加,组织滑润,并能防止脂肪的分离。此外,脂肪的消化率也比较好,同时成品的稳定性增加,不容易融化而使组织崩坏。

4. 冷却与老化 均质后的混合料温度在60 ℃以上,此时混合物料中的脂肪粒容易分离,需立即通过冷却器冷却,通常可用表面冷却器,或者置于冷却槽中,在内部冷却管不断回转的情况下进行冷却。混合料冷却后,也可以立即进行冻结,但如经过老化,则黏稠度增加,因此使成品的膨胀率、组织状态及稳定性远较未经老化者为佳。

老化(aging)是将经均质、冷却后的混合料置于老化缸中,在2~4 ℃的低温下保持4~24 h(普通为12~24 h),使混合料进行物理成熟的过程,亦成为"成熟"或"熟化"。其实质是脂肪、蛋白质和稳定剂的水合作用,稳定剂充分吸收水分使料液黏度增加。老化对混合料中的脂肪、明胶和蛋白质等有密切关系,因为这些成分经冷却后黏稠度增大,所以使混合料的黏度也增大;脂肪经冷却后,转变为固体也是其中的一个原因。此外在分散系中,分散质吸引其周围的一部分水分子,而形成一层水分子膜,也就是所谓水合作用。老化过程中,由于明胶与蛋白质产生水合作用,同时由于明胶由胶体状态能变为凝胶(或冻胶)状态,于是使黏稠度增大。所以混合料中,如不含脂肪和明胶时,则由老化而产生黏稠性的效果极少,为了要在老化过程中得到良好的效果,混合料中必须含有脂肪与明胶。

老化期间的物理变化可促进空气的混入,并使气泡稳定,从而使冰淇淋具有细腻、均匀的空气泡分散,赋予冰淇淋细腻的质构,增加冰淇淋的融化阻力,提高冰淇淋的贮藏稳定性。

老化过程中如温度上升,则因微生物繁殖而使品质低劣,所以必须注意温度。

5. 凝冻　在冰淇淋生产中,凝冻过程是将混合料置于低温下,在强制搅拌下进行冰冻,使空气以极微小的气泡状态均匀分布于混合料中,使物料形成细微气泡密布、体积膨胀、凝结体组织疏松的过程,如图20-2所示。

老化操作结束后,将混合料置于冻结器(内部备有搅拌器,周围通以冷盐水或装有冰与食盐的混合物)内进行冻结。制造冰淇淋时的所谓冻结并非完全冻结,只是成半冻结状态,因此当搅拌器激烈搅拌时,混合料中即进入适当的空气,而使容积增加1倍左右,如果完全冻结则成冰棒状,不能成为冰淇淋。

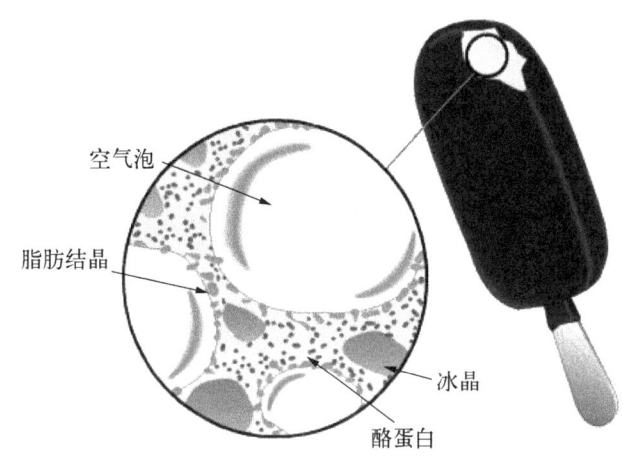

图20-2　冰淇淋的结构示意图

冻结方法和冻结作用的影响如下。

(1) 混合料的装入:老化后的混合料即可装入冻结罐中,装入量以不超过容器的1/2为原则,不然混入气泡后容易溢出罐外。

(2) 冻结温度:根据试验结果,当混合料的温度在-3~-2℃进行强烈搅拌,则能混入大量气泡,可使膨胀率达到适宜的温度。膨胀率计算如下:

$$膨胀率=\frac{(混合料1L的重量)-(成品冰淇淋1L的重量)}{成品冰淇淋1L的重量}\times100\%$$

因此,当搅拌时可先用制冷剂(如冰盐水)将冰淇淋混合料冷却至-5℃,然后用搅拌器强烈搅拌,则可以使膨胀率达到80%~100%,此时成品温度在-8~-2℃。

(3) 添加果酱:应在混合料大部分冻结后再加入,加入前需将其搅碎。

(4) 冻结程度的检查:取混合料少许徐徐倒至平板上,如呈叠带状即表示冻结已适度。

(5) 冻结作用的影响:冻结时如最初温度过高,则不仅冻结时间延长,且混入的气泡逐渐消失,不能产生充分的膨胀率;反之如冻结的最初温度过低,则水分冻成坚实状态,不能充分进行搅拌,因此空气不易混入,同样不能得到理想的膨胀率,甚至产生冻的结晶体,使成品失去润滑均匀的组织。

6. 硬化　所谓硬化,即将冻结状态的冰淇淋,再加以迅速冷冻,使成品保持一定的硬度。硬化操作适当与否对冰淇淋的品质、膨胀率都有很大的影响。迅速硬化时,冰的结晶体细小,组织润滑且均匀一致。如果硬化迟缓,则一部分混合料开始熔化,此时再行硬化则生成大的冰块,品质低劣,故硬化需迅速进行。硬化方法很多,就规模大小分述如下。

(1) 小规模硬化法:通常有两种方法,一种方法为当冻结结束后即在原来的桶式冰洁器内进行硬化,另一种方法为将冻结后的冰淇淋置于硬化罐中(与冻结罐相类似),然后将硬化罐置于木桶或者木箱中,罐的周围及上下填以冰与食盐的混合物进行冷却。此时所用冰与食盐的比例为4份冰加1份食盐,温度为-15~-10℃。此外也有将硬化罐直接浸入-15~-10℃的冰盐水中进行冷却的。

(2) 大规模硬化法:大规模生产时,冰淇淋于-25~-20℃的低温硬化室(冻藏库)进行硬化。这时系以冷空气进行冷却,所以要比直接在冰盐中冷却的温度低一些。通常在硬化室的上部及放置硬化罐架子的下部设置氨气管,从上下两方面进行冷却,也有在室内安装送风装置,使冷空气充分循环,冷却效果更佳。

通常硬化的时间以12h为标准。硬化后可置于-15℃的冷库中进行贮藏,可以保存数天之久。

三、冰淇淋的主要缺陷及产生原因

冰淇淋的组织状态是固相、气相、液相的复杂结构，在液相中有直径 150 μm 大小的冰结晶，此外还分散有 2 μm 以下的脂肪球、乳糖结晶、蛋白质颗粒以及不溶解的盐类等。由于稳定剂和乳化剂的存在，使分解状态均匀细腻，具有良好的适口性，并改善了成品的保形性和融解性。但由于原料配合不适当，均质、冻结等处理不合理，往往产生很多缺陷使产品质量低劣。主要缺陷和产生缺陷的原因如表 20-1 所示。根据缺陷的产生原因，改进原料的配合和加工处理方法也就可以防止缺陷的产生。

表 20-1 冰淇淋的主要缺陷

种 类	缺 陷 内 容	产 生 原 因
风 味	脂肪分解味、饲料味、加热味、牛舍味、不洁味、金属味、苦味、酸味等，甜味与香料超过或不足	使用不良牛乳、乳制品和不良混合原料，杀菌不完全，吸收异味，添加不适当甜味剂与香料
组织状态	砂状组织 轻或蓬松的组织 粗或冰状组织 奶油状组织	SNF 过高，高温包藏，乳糖结晶大；膨胀率过大 缓慢冻结，贮藏中变温，气泡大，固形物低，生成脂肪块，乳化剂不适合，均质不良等
质 地	脆弱 水样 软弱	稳定剂、乳化剂不足，气泡粗大，膨胀率高；膨胀率低，砂糖高，稳定剂、乳化剂添加不当，脂肪凝集不完全，总固形物不足；稳定剂过量
融解状态	起泡，乳清分离，凝固，布丁状，黏质状	原料配合不当，蛋白质与矿物质不均衡，酸度高，均质不完全，膨胀率调整不当
其 他	收缩 干燥 变色 微生物污染 混入异物	容积减小，空气排出，水分不足等 水分蒸发，冷冻保管不适当等 咖啡冰淇淋中的铁与单宁反应等 原料混合杀菌不完全，卫生管理不适当 原料配合和各过程管理不当

第三节 雪糕的生产

雪糕（ice cream bar）是以饮用水、乳品、食糖、食用油脂等为主要原料，添加适量增稠剂、香料，经混合、灭菌、均质或轻度凝冻、注模、冻结等工艺制成的冷冻产品。雪糕的总固形物、脂肪含量较冰淇淋低。

一、加工雪糕的主要机械

1. 半自动雪糕机 半自动雪糕机是由雪糕模盘和雪糕冻结槽等组成。

雪糕模盘一般由 144 只（小型的 72 只或 36 只）金属模子组成。每只模子容量为 50～53 ml。每一个模盘分 6 排，每排 24 只模子，采用紫铜板焊接或轧制而成。

雪糕冻结槽由铁板制成的长形槽、氨液循环桶、氨蒸发排管、螺旋桨推进器以及传动装置所组成。在槽缸内用厚铁板分隔成上下两层，上层装模盘滑道，下层是氨蒸发管组成的排管。在槽内盛放盐水时，氨管被浸没于盐水中。当氨蒸发管内的氨由液态变成气态时，吸收大量热能，而使槽内盐水温度迅速降低。一般盐水温度可降低至 $-25 \sim -20$ ℃。在雪糕冻结槽的前端，装有两个螺旋桨推进器，使槽内盐水经下层氨蒸发管冷却后上下循环流动，不断冻结模盘内的混合原料。槽内盐水的流速 0.5～0.7 m/s 为宜。雪糕模盘则浸没于盐水中，顺盐水液方向进行冻结。

2. 自动转动式雪糕冷冻机 首先把冰淇淋灌入转动模台的杯中，冰淇淋的温度一般为 $-3 \sim -2$ ℃。这种温度较高的冰淇淋黏度低，能够顺利地灌满模子，不出现空穴。灌装完后，模台向前转动，模杯被浸入到流动的温度约为 -40 ℃ 的冷盐水中，当冰淇淋半冻结时，即插入一根木棍。当模台转离灌装位置的角度 300°时，雪糕完全冻结，平均温度约 -25 ℃。为了能把雪糕取出，要把外边的一层溶化掉，这是通过在模杯外喷以温度为25 ℃的盐水来达到的。然后用提出臂把雪糕取出,并送至包装机。在途中也可通过浸沾槽涂上巧克力。

二、雪糕的生产工艺

1. 灌装 灌装可分为顶部灌装和底部灌装两种。顶部灌装是将物料从模子顶端灌入,这种灌装机为柱塞式,可将精确数量的物料灌入每个模杯中。只要改变装筒的柱塞,就可以改变灌装容量。

底部灌装机是灌装嘴向下移动,进入模杯并从底部将模杯灌满。这样冰淇淋能有较低的温度,较高的膨胀率。

2. 冷冻系统 在转动式雪糕冷冻机中不可能进行直接冷冻,一般使用氯化钙溶液(通常称为盐水)进行冷却。用一台氨蒸发器,它由若干螺旋管组成,液氨在螺旋管内,一般在-45 ℃下蒸发。盐水用离心泵进行循环,保证盐水在模杯周围高速流动。在盐水离开模杯时,它的温度升高,但在回离心泵的途中,盐水通过氨蒸发器,并被再冷却下来。

3. 插棍 木棍必须准确地插入雪糕的中央,而且要插直。这不仅保证产品外观,并且保证下道工序有效地取出雪糕。插棍装置使用成捆的插棍,由人工把它放在插棍架上。在连续冷冻机上每行都有一个插棍架。插棍分配器可以根据各种棍的长度和棍的材料来调整。每行的插棍都分别分散,如果其中一行被堵塞,其他行仍可正常分配。

4. 去霜 冷冻过程一完成,雪糕的外层必须去霜,以使雪糕能从模子取出。在连续雪糕冷冻机中,去霜是通过用温度约为25 ℃的盐水喷射模子的下侧来进行的。盐水可用电加热元件或用蒸汽加热。若用热水去霜,有可能冲稀冷冻系统中盐水的浓度。

5. 取出 在去霜以后,可将雪糕取出。取出装置为单独雪糕取出夹,每行一个。夹子能牢固地夹住插棍,并把雪糕从模子中拔出。这些夹子安装在一个取出装置臂上,取出臂安装在雪糕机的一侧,在较大的雪糕机中安在两侧。

6. 巧克力的涂布 设备包括一个巧克力浸沾容器,即恒温加热巧克力罐。用电加热,以保持巧克力液滴状态。为确保浸沾容器内的巧克力均匀,装有一台巧克力循环泵,另外有一个电加热罐,便于向浸沾系统补充新的巧克力。

7. 雪糕机的清洗 通常用带洗涤剂喷嘴的清洗设备进行清洗。该喷嘴系统与工厂的原地清洗设备相连接。洗涤剂以高速冲入每个模杯中,然后再使用真空抽吸装置,从模杯中吸出洗涤剂。模杯一经清洗完毕,即用蒸汽灭菌,蒸汽由同一装置直接喷入模子中。

8. 雪糕包装 雪糕包装材料为卷筒材料。其宽度调节至特定的雪糕宽度。纸从卷筒被送入成型器,该成型器把纸制成筒状,雪糕被放入纸筒中,并用与雪糕冷冻机和包装机同步的计数器定位。包装纸由一组传动辊筒向前推动。传动辊筒的后面,装有封合辊筒。在采用聚乙烯涂布纸时,封合辊装有加热元件,加热至150~170 ℃,进行纵向封口。如同纵向封合一样,横向封合也由内装的加热元件加热,并装有裁切已包装好的雪糕切刀,切断之后,装入纸箱,由传送带送到冷库中。

9. 冷藏 硬化后的冰淇淋或包装后的雪糕,应保存在低温的冷库内。冷藏库的温度以-20 ℃为标准,有的冷藏库达-28 ℃,但绝对不能高于-18 ℃,冷库的相对湿度一般为85%~90%。库内温度不宜发生波动,否则容易使冰淇淋产生较大的冰晶,影响产品的品质。

第二十一章

乳品设备的清洗杀菌及乳品生产的质量管理

第一节 乳品设备的清洗杀菌

一、清洗目的

牛乳是大多数微生物生长繁殖的理想培养基,设备使用后如果不进行彻底清洗,残留于牛奶中的微生物将大量繁殖。牛乳若是与未经清洗的设备的表面接触,就会沾染上污物和细菌,就会导致乳制品的腐败变质,造成非常大的损失。所以工厂内的各项清洗程序对所有的乳品厂来说都是至关重要的。

二、清洗要求

清洗就是通过物理和化学的方法去除被清洗表面上可见和不可见杂质的过程。清洗所达到的标准是指清洗表面所达到的清洁程度,有下面几种表示方法。

物理清洁:从被清洗表面上去除肉眼可见的污垢。

化学清洁:不仅去除了被清洗表面上肉眼可见的污垢,而且还去除了微小的、通常为肉眼不可见,但可嗅出或尝出的沉积物。

微生物清洁:被清洗表面通过消毒,杀死了绝大部分附着的细菌和病原菌。

无菌清洁:破坏所有的微生物。

三、清洗的作用机理

1. 物理作业 指由运动而产生的作用,如搅拌、喷射清洗液产生的压力和摩擦力。

2. 化学作业 指清洗剂成分所发生的化学反应,如酸性清洗剂对无机盐污垢的溶解反应以及过氧化物、氯化物类清洗剂对有机性污垢的氧化还原反应,碱性清洗剂与油脂的皂化反应、与脂肪酸的中和反应、对蛋白质的分解反应,有机螯合剂对金属离子的螯合作用等。

3. 溶解作用 常用的清洗介质是水。水是极性化合物,对于电解质及有机或无机盐类的溶解作用较强,对于碳水化合物、蛋白质、低级脂肪酸有一定的溶解作用,对油脂性污垢几乎没有溶解作用。

4. 温度的作用 通过加热可加速污垢的物理与化学反应速度,使其在清洗过程中易于脱落,从而提高清洗效果,缩短清洗时间。

四、工业清洗剂

1. 有机溶剂清洗剂 有机溶剂清洗剂主要是指成分中不含有水的有机类溶剂,多以烃类氯代烃氟代烃、氟代烃、溴代烃、醇类等作为清洗主体有机溶剂,主要用于溶解一些不溶于水的物质(如:油脂、蜡树脂、橡胶染料等)和多种有机类污垢,其特点是:在常温常压下呈液态,流动性好,黏度也较小,有较大的挥发性,清洗过后在物质表面残留较少,在溶解过程中,溶质与溶剂的性质均无改变。

2. 水基清洗剂 水基清洗剂主要是一些碱性较强的无机碱或无机盐,如氢氧化钠、碳酸钠、硅酸盐、磷酸盐等,这类清洗剂由于成分单一碱性强,清洗工艺简单,存在很大的局限性,目前应用已经不多,而使用最多也发展最快的是以表面活性剂为主。

3. 半水基清洗剂　半水基清洗剂与有机溶剂清洗剂不同的是其向有机溶剂中加入了水和表面活性剂。因此，也称之为乳状液清洗剂或微乳状液清洗剂。其清洗机理包括了表面活性剂的水基清洗剂与溶剂清洗剂的结合机理。半水基清洗剂既保持了原溶剂型清洗剂对油污清洗力强、对基体润湿渗透好的优点，又提高了对水性污垢的去除能力，与有机溶剂清洗剂相比，拓展了在无机污垢方面的清洗能力。由于水的加入，提高了清洗剂的闪点，降低了挥发性，提高了原溶剂的安全性，应用范围更广泛。

五、清洗程序

1. 残留产品回收　生产结束时，应从生产线中回收所有残留产品，它的重要性有三方面：减少产品损失；有利于清洗；减轻废水处理系统的负担，可以显著地节约废水处理费用。

必须留有时间让产品从罐壁和管道中排出。当设备表面覆有固体残留时，如在清洗奶油搅打器时，必须将残留其内的产品刮擦干净。清洗之前，要先用水将生产线中的残乳冲出，如果有条件，也可将管线中的乳吹入或用水冲入收集罐中。

2. 预洗　生产结束后，要立即进行预冲洗，否则牛乳残留物会变干而粘附在设备表面上，更难清洗。如用温水进行预冲洗，乳脂肪残留物很容易被冲走，但其温度不能超过 55 ℃，以免蛋白变性，预冲洗必须连续进行，直到从设备中排出的水干净为止。任何在该系统中松散的污物都将增加洗涤剂的消耗量，并在使用氯水作消毒剂时将会降低其作用。如果设备表面上存在干的乳品残留物，浸泡设备会好一些，浸泡将使污物松软，从而使清洗更有效。预冲洗阶段排出的水和乳的混合物可收集在贮罐中，进行特殊的加工。有效的预冲洗可以除去至少 90% 的非结焦残留物，一般为总残留的 99%。

3. 清洗剂清洗　受热面上的污物通常用碱和酸性清洗剂进行清洗，按照这个顺序或反过来都行，但都要用中间介质水进行漂洗。冷表面通常用碱来清洗，偶尔用酸液清洗。为了能使碱性洗涤剂溶液与污物膜充分地接触，有必要在溶液中加入一些能降低液体表面张力的"润湿剂"（表面活性剂），通常使用的有阳离子表面活性剂（烷基、芳基、磺酸盐）和阴离子表面活性剂。洗涤剂也必须能够"分散"污物并且能使悬浮的颗粒分散，防止再絮集。多聚磷酸盐是有效的乳化剂和分散剂，它也可以使水软化，最常使用的是三磷酸钠和络合的磷酸盐混合物。

为了确保清洗剂能达到满意的清洗效果，还必须控制好以下几个因素。

（1）清洗剂的浓度：清洗开始之前，溶液中洗涤剂的量必须调整到正确的浓度，在清洗过程中，清洗液被漂洗水和牛乳残留物所稀释。同时也发生了一系列的中和作用。所以在清洗的过程中，有必要检测一下清洗液的浓度，否则将会严重影响清洗效果。

（2）清洗剂的温度：一般而言，洗涤剂的清洗效力随着温度的上升而增加，而混合洗涤剂通常有一个最佳的使用温度。根据经验，采用碱性洗涤剂清洗的温度与产品在加工过程中的温度一样，至少 70 ℃，用酸性洗涤剂清洗要求温度为 68～70 ℃。

（3）机械清洗作用：机械清洗管道系统、罐和其他加工设备时，靠洗涤剂的流速来提供机械作用。洗涤剂供液泵的能力比产品泵的能力高，使液流在管道内产生 1.5～3.0 m/s 的流速，在这个速度下，液流呈湍流，具有很强的冲击力，从而在设备的表面产生良好的洗刷效果。提高清洗液流量可以缩短清洗时间，并补偿清洗温度不足所带来的清洗不足，但提高流量所带来的设备和人工费用也会增加。

（4）清洗的持续时间：洗涤剂清洗阶段的持续时间必须要进行仔细的计算，以获得最佳的清洗效果。同时还要考虑电力、加热、水和人工等项的费用。只用洗涤剂溶液冲洗管道系统是不够的。洗涤液还需要在管道中循环一足够长的时间，才能溶解污物。循环所需时间的长短需根据沉淀物的厚度来确定（和洗涤液的温度）。凝结了蛋白质的热交换器的板片的清洗需经硝酸溶液循环 20 min，而用碱液溶解乳罐壁上的薄膜有 10 min 就足够了。

4. 清水漂洗　经洗涤剂清洗后，设备表面还需用水冲洗足够长的时间，以除去所有洗涤剂的微量残留。因为清洗后，任何残留的洗涤剂都可以再污染牛乳，所以冲洗后，设备中各个部分均须彻底排除干净。

六、消毒

无论碱性的或是酸性的洗涤液，一般均具有一定的杀菌能力，在清洗之后不仅要能够达到物理清洁和化学清洁,更要能使乳品设备在一定程度上达到微生物清洁。

消毒可以很大程度上提高微生物清洁的效果,它可以使得设备几乎没有细菌。对于某些有特殊要求的产品(UHT 牛奶,无菌牛奶),就必须有一个较为严密的消毒过程,使设备表面完全没有细菌的附着。乳品设备的消毒有以下几种方法:热消毒(开水、热水、蒸汽等);化学消毒(氯、酸、碘、过氧化氢等)。

消毒可以在每天早晨,牛奶加工开始之前进行。在确定所有消毒剂已经从设备系统中排出后即可将牛奶加入其中开始加工。

如果消毒在加工结束的时候进行,就必须用水冲洗消毒液,以消毒液残留腐蚀乳制品设备的金属表面。

清洗和消毒是两个过程。清洗的作用比消毒更为重要,清洗彻底比不经清洗便直接消毒的效果要好得多,彻底的清洗是达到良好消毒效果的前提。也就是说,消毒的效果将依赖于清洗的效果。

第二节 就地清洗

就地清洗(cleaning in place,CIP)又可称为在线清洗、定位清洗,是一种广泛使用于食品行业的一种单元操作,即在无需进行设备拆卸的情况下,冲洗水和洗涤剂溶液循环通过罐、管路和加工线。CIP 的开发始于 20 世纪 50 年代,最初是作为一个手动清洗设备表面的过程,它不仅可以实现微生物清洁,更重要的是可以适用于一些有传热和压力特性的设备。它有清洗成本低、设备利用率高、劳动效率高、安全准确等特点,是当今乳品设备的"标准"清洁方式。

一、就地清洗的种类

CIP 机械设备及管路等无须拆卸,可半自动或全自动进行预清洗、洗剂清洗、清水冲洗及杀菌剂清洗。
COP(clean out of place)清洗 CIP 清洗困难的机械设备中个别零部件经手工清洗。
CCS(computer custom system)由远距离中心控制室控制程序控制车间设备及管路无拆卸就地循环清洗。
SCS(sequence control system)为最合理化清洗方式,全部都自动化。

二、就地清洗的循环

哪些类型的设备能在同一清洗回路清洗,要根据以下因素决定:① 产品残留物一定是同一类型,以便使用同样的洗涤剂和消毒剂;② 清洗设备的表面必须是同种材料或者适用于同样的洗涤剂和消毒剂;③ 回路中的所有组件,在清洗时应全部准备好。

三、就地清洗的程序

乳品厂的 CIP 程序根据要清洗的线路中是否包含有受热表面而不同,将其划分为:① 用于巴氏杀菌器和其他带受热表面的设备的 CIP 程序(UHT 等);② 用于管路系统、罐和其他不带受热表面的设备的 CIP 程序。

两种类型的主要不同点在于第一类中必须包含一个酸洗循环,以除去受热设备表面上的变性蛋白质和盐类,用于巴氏杀菌器"热组件"的 CIP 程序包括以下几个步骤:

① 用温水冲洗 10 min;
② 75 ℃碱性洗涤液(0.5%~1.5%)循环 30 min;
③ 用温水冲掉碱性洗涤剂约 5 min;
④ 70 ℃(硝酸)酸溶液(0.5%~1.0%)循环 20 min;
⑤ 用冷水后冲洗;
⑥ 用冷水逐渐冷却约 8 min。

巴氏杀菌器通常在早晨生产开始之前消毒,用 90~95 ℃的热水循环,当回水温度不低于 85 ℃之后,再循环 10~15 min。

在某些工厂中,用水预冲洗后,程序要求 CIP 系统先用酸性洗涤剂清洗,以除去沉淀的盐类,这样可以破坏污物层,使后续的碱性洗涤剂容易将蛋白质溶解下来,如果要用含氯的化学药剂消毒,即使有一点酸性洗涤剂的残留,都会有腐蚀的危险。所以,当采用开始用碱液清洗,中间冲洗之后,再用酸液清洗时,要在使用含氯药剂消毒之前,用弱碱冲洗设备,以中和残留的酸液。

由管道、罐和其他不受热机件所组成的回路的 CIP 程序由以下几阶段组成:
① 用温水冲洗 3 min;
② 75 ℃,0.5~1.5% 的碱性洗涤剂循环 10 min;
③ 用温水冲洗 3 min;
④ 用 90~95 ℃ 热水消毒 5 min;
⑤ 用冷水逐渐冷却约 10 min。

四、就地清洗的设计

乳品厂的 CIP 清洗必须考虑到所有设备的储存年龄,清洗剂在 CIP 循环中的监控和分配。CIP 清洗站的精确设计是由许多因素构成的,如:
① 有多少独立的 CIP 循环,有多少是带受热表面的,多少是不带受热表面的?
② 牛奶是否被收集或处理?
③ 消毒的方法是什么,化学剂、蒸汽还是热水?
④ 清洗剂是只使用一次还是会回收再利用?

回顾 CIP 的研究历史,可以大致分为两种设计方式:集中式就地清洗、分散式就地清洗。

1. 集中式就地清洗　集中式清洗主要用于小型的、连接线路相对较短的乳品厂(图 21-1)。

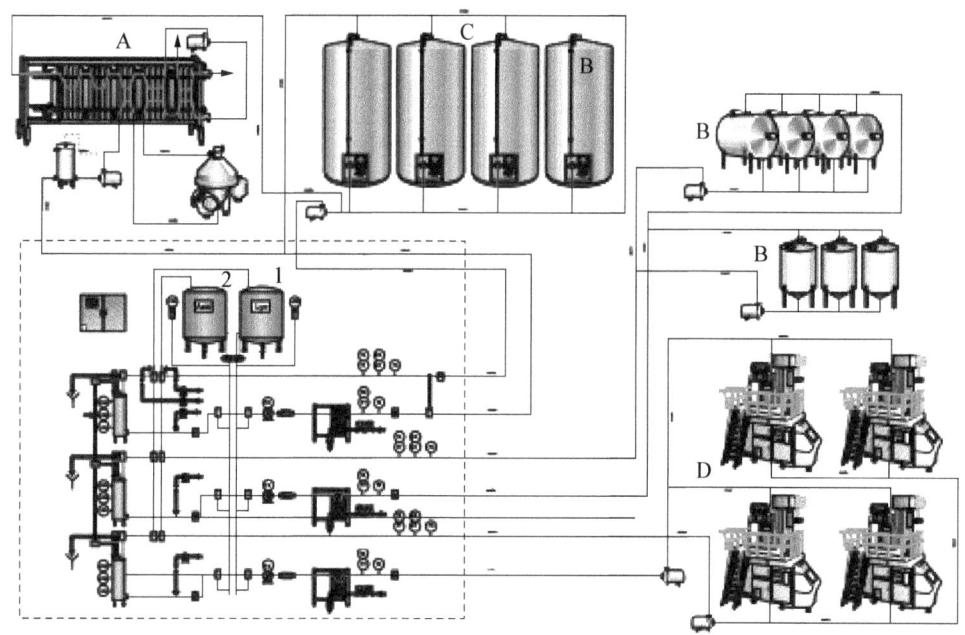

图 21-1　集中式就地清洗原理

清洗单元(虚线内):1. 碱性清洗罐;2. 酸性清洗罐
清洗对象:A. 牛乳处理;B. 罐组;C. 奶仓;D. 罐装机

水和洗涤剂溶液从中央站的贮存罐泵至各个就地清洗线路。洗涤剂溶液和热水在保温罐中保温,通过热交换器达到要求的温度。最终的冲洗水被收集在冲洗水罐中,并作为下次清洗程序中的预洗水。来自第一段冲洗的牛乳和水的混合物被收集在冲洗罐中。

洗涤剂溶液经重复使用变脏后必须排掉,贮存罐也必须进行清洗,再灌入新的溶液。每隔一定时间需排空并清洗就地清洗站的水罐,避免使用污染的冲洗水,以防已经清洗干净的加工线受到污染。图 21-2 所示的就是一个集中式就地清洗的设计。

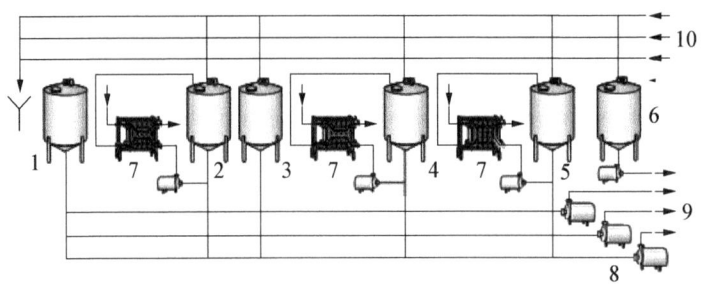

图 21-2　集中式就地清洗的一般设计

1. 冷水罐；2. 热水罐；3. 冲洗水罐；4. 碱性清洗罐；5. 酸性清洗罐；
6. 牛奶冲洗罐；7. 板式换热器；8. 压力线；9. 高压泵；10. 回流管

这种类型的清洗站通常自动化程度很高，各个罐都配有高、低液位监测电极。清洗溶液的回流情况可通过导电传感器来控制。导电率通常与乳品厂中使用的清洗液浓度成比例，用水冲洗的过程中，洗涤剂溶液的浓度越来越低，低到预设的值时，转向阀将液体排掉，而不返回洗涤剂罐。就地清洗的程序由定时器控制，大型的就地清洗站可以配备多用罐。

2. 分散式就地清洗　分散式就地清洗对于一些大型的乳品厂是一个更好的选择，因为大型乳品厂集中安装的就地清洗站和周围的就地清洗线路之间距离太长，分散式就地清洗就具有一定的优势。于是，一些分散在各组加工设备附近的小型装置就取代了大型的就地清洗站。其原理如图 21-3 所示。

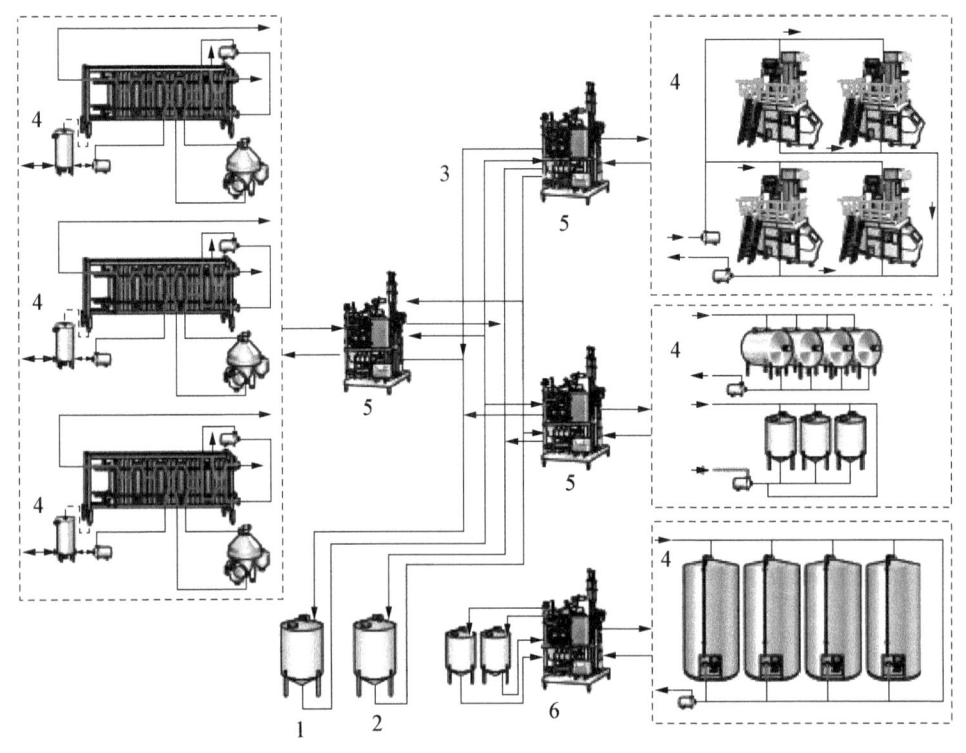

图 21-3　分散式就地清洗系统

1. 碱性清洗罐；2. 酸性清洗罐；3. 清洗剂环线；4. 清洗对象；5. 分散式清洗单元；6. 自带清洗剂贮罐的分散式就地清洗

这个系统中仍然是有一个独立于主线路上其他 CIP 清洗单位的中心站用来存储碱性清洁剂剂和酸性清洁剂，清洗剂通过主管道分别送到各个就地清洗装置中，冲洗水的供应和加热（酸性洗涤剂的供给及加热）则在分散的设备处就地安排，图 21-4 为一个分散式系统的装置。

分散式就地清洗系统有许多优势，它可以利用少量的清洗液完成清洗程序。运用一台大功率循环泵，使洗涤剂高速流过线路,第一次冲洗获得的残留牛乳浓度高,因此处理容易,蒸发费用低。分散式就地清洗比使用大量液体的集中式就地清洗对废水系统的压力要小。

相对于集中式就地清洗的清洗剂回收标准,分散式就地清洗可以更好地利用清洗溶液。在某些情况下,分散式就地清洗系统中某个单位所使用过的清洗溶液,可以被用在另一个单位的预洗过程中。

五、就地清洗的效果检验评估

1. 清洗效果检验评估的意义 清洗效果的检验是清洗作业的一个十分重要的部分,定期对清洗效果进行评估检验具有重要的意义:经济清洗,控制费用;对可能出现的产品失败提前预警,把问题处理在事故之前;长期、稳定、合格的清洗结果是生产高质量产品的保证。

2. 检验评估 CIP工作后要求对气味、设备的视觉外观、微生物污染几方面进行评定。其方法包括以下几点。

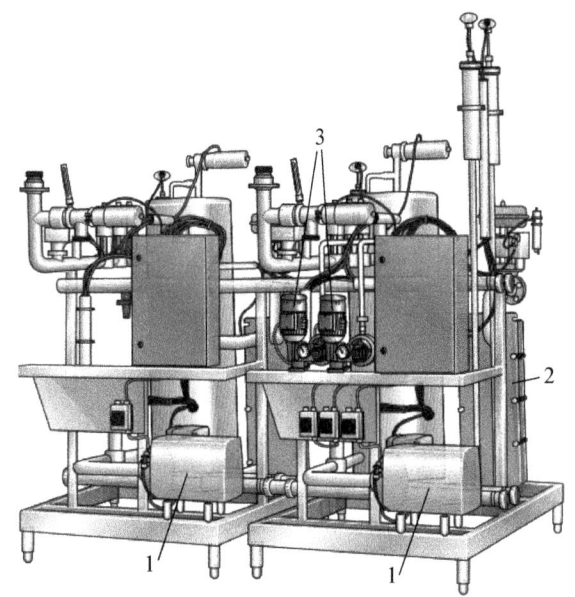

图21-4 装有2个循环罐和2个与洗涤剂和冲洗水回收罐相连的清洗剂计量泵的分散式系统装置

1. 压力泵;2. 热交换器;3. 计量泵

(1) 目视检查:检查的设备(不锈钢罐、管道、阀门等)表面应光亮、无积水、表面无膜、无乳垢和其他异物(如沙砾或粉状堆积物)。

检查的方法可以使用紫外光灯,紫外光波长为10~400 nm,在这种紫外光照耀下,如果设备表面有荧光斑点出现,就表示还有乳垢没有洗净,因为许多盐类在紫外光照射下会辐射出荧光。

(2) 微生物检查:设备清洗后,外观检查只是一方面,如能配以定期的涂抹检查就能更彻底了解设备清洗后的微生物状况。涂抹地点一般为最易出问题的地方,涂抹面积为$(10 \times 10) cm^2$。用棉球擦拭检查表面无菌采样。也可用冲水取样,用无菌水冲洗受检表面,然后从此水中取样。

(3) 常规检查:主要测大肠菌群(MPN)和细菌总数。

检测大肠菌群数为一般常用的方法,作为高要求的卫生标准,只检测大肠菌群就不够了。因为在过程中,大肠菌很容易被杀死,其一般微生物也容易被杀灭,但不容易杀死耐热菌和芽孢菌。所以应定时作耐热菌的细菌数检测。清洗后涂抹的理想结果建议如下:

细菌总数　　<100　cfu/100 cm^2
大肠菌群　　<1　　cfu/100 cm^2
酵母菌　　　<1　　cfu/100 cm^2
霉菌　　　　<1　　cfu/100 cm^2

最后冲水试验即清洗后通过取罐中或管道中残留水来进行微生物的检测。理想的结果为:

冷水冲时细菌总数　<100　cfu/ml
热水冲时细菌总数　<3　　cfu/ml
大肠菌群　　　　　<3　　cfu/ml

对于加工货架寿命长的乳制品的设备,不能降低CIP的卫生检测标准。

六、就地清洗设备的正常维护

1. 日常检查 控制酸碱溶液的正常浓度。

2. 周检查 控制碱罐和水罐内的结垢物,排放酸罐和碱罐底部的沉积物。

3. 月检查 如果必须的话,检查各种垫圈并予以更换。

4. 年度检查 检查泵类、自动阀门、疏水器、流量开关以及电控系统工作的可靠性。

CIP使用的能源系统包括水、动力电、蒸汽、压缩空气,建厂时应特别注意:

① 设备使用的水必须是清洁的软水,以避免发生沉淀;

② 蒸气必须具有良好的质量,应无冷凝水和空气,否则可能造成管道水锤和清洗液温度上升缓慢等问题;

③ 压缩空气必须要干燥无油。

以上因素对设备的稳定运行和延长系统的使用寿命至关重要。

七、就地清洗需注意的问题

CIP清洗也有卫生死角,常常在某些弯管或板式换热器的内部会出现乳垢未被洗掉的情况,过分地依赖于CIP清洗或对其缺乏足够的监控会导致卫生管理的漏洞。所以,必须采取必要的清洗制度和监控措施来解决这些问题。

① 定期拆卸板式换热器,手工冲洗或刷洗,然后消毒杀菌。

② 所有的活接头和可以拆卸的弯管要定期用清洗液浸泡,并手工刷洗,然后消毒杀菌。

③ 每次清洗或消毒完毕都要取样检测,若出现异常情况,立即对不合格部分重新清洗或消毒。

CIP清洗系统为乳制品企业带来了全新的清洗模式,它的应用给企业节约了大量的人力物力,可是在应用过程中,也要制定合理的监控措施。

第三节 乳品质量管理体系

乳品企业在建立食品安全、卫生、质量一体化管理模型时应吸纳ISO9000质量管理体系的管理理念、体系框架和过程方法,在ISO9000质量管理体系的平台上,以CMP、SSOP为主线,建立科学的卫生标准操作程序(SSOP),对整个乳品加工的环境、人员、设备及从初始生产到最终消费的整个链条加以控制;同时以危害分析、HACCP计划等手段,充分发挥HACCP体系控制食品安全效果显著的优点,在满足质量要求的同时,确保乳品卫生和安全。

一、ISO9000质量管理体系管理原则及基础

ISO9000标准是国际标准化组织(即ISO)制定和发布的一个管理类标准,它总结、提炼了世界各国质量管理理论及实践经验的精华,是一套先进的质量管理标准。ISO9000标准是以标准为中心的质量管理方法,它在形成过程中吸收了全面质量管理的优点,并且具有标准独有的科学性、系统性、严密性以及具有统一评价尺度、国内监督机制和便于贯彻实施等优点。又由于ISO9000标准的世界通用性,有利于打破国家际贸易壁垒,与国际经济接轨,创造外向型经济环境。因此,ISO9000标准在加强企业质量工作中显得更加有效和实用。

二、良好操作规范(GMP)

1. GMP的概念 GMP是英文good manufacturing practice的缩写,即良好操作规范(或称作"优良制造标准"),是一种特别注重在生产过程中实施对产品质量与卫生安全进行有效监管与保障的自主性管理制度。

食品中GMP良好生产工艺(生产规范)是为保障食品安全、质量而制定的贯穿食品生产全过程的一系列措施、方法和技术要求。而且食品GMP所涵盖的内容,一般为食品生产企业在进行产品生产加工的时候,所必须达到的最基本的条件与要求。

2. GMP的内容 GMP的基本内容是从原料至成品生产全过程中各个环节的卫生要求与操作规程。GMP的内容大体上可归纳为硬件、软件与人员这三部分。在硬件上,GMP要求食品企业要有科学的厂房、先进的设备、完善的卫生设施等;在软件上,GMP要求食品企业在进行生产时,要有先进的工艺、规范的行

为、完整的组织管理机构与严格的生产管理制度等；在人员上，GMP 要求食品企业的生产人员、检验人员和管理人员具有良好的素质、精益求精的技术、强烈的责任感和质量持续改进的精神等。也就是说，食品 GMP 要求食品生产企业在进行食品生产加工的时候，必须具有合乎科学与标准要求的厂房设备（machines），必须选用优良的、合乎标准规定的原材料（material），必须选拔和安排合适的工作人员（man），必须制定和遵照科学的最优化方法（methods）。因此，可以说，食品 GMP 就是一种包含 4 M 管理要素的食品质量安全保障机制。

3. 乳品生产企业良好操作规范的基本原则

（1）工厂的位置和环境：厂区应远离有毒的危险地区和有粉尘、有害气体、放射性物质等扩散性污染源，应保证不会有大量昆虫存在。厂区不可设置在有可能受污染的河流的下游。

厂区应合理布局，具有明显的功能区和隔离区，焚烧炉和过路应设置在侧风方向，污水处理站和污染物处理场应存在一定的距离，生产车间、仓库和供水设备需要有一定的保护措施。厂区内开放的区域的地面上应铺设混凝土、沥青或其他硬质材料，保持环境清洁和绿化。

（2）建筑结构与设施设计：屋顶方面，加工、包装和储存等房间的屋顶应易于清扫。防止灰尘积聚，避免结露、长霉等情况。内部生产车间的屋顶或天花板应建立具有无毒、无味的白色或浅色防水材料。要喷涂油漆涂料以防止防霉油漆脱落。

墙壁应采用无毒、无臭、光滑的防腐蚀材料，在墙角和柱角要设置清洁作业区。

门窗要使用光滑、防吸附的材料。生产车间和贮藏场所的门窗应紧密安装，应该离地面一米以上，应向内倾斜一定的角度以方便清洁。

地板应用无毒、无臭和不透水的材料，并且要防滑、无缝和便于清洗和消毒。

供水设施应能保证生产所需的水质、压力和用量，与水直接接触的管道和设备应用无毒、无味和抗腐蚀的材料制成，定期检查水质。

通风设施方面，生产车间、仓库应有良好通风条件，采用自然通风时，通风面积与地面面积之比不应小于 1∶16；采用机械通风时，换气量不应小于每小时换气三次。机械通风管道进风口要距离地面 2 m 以上，并远离污染源和排风口，开口处应防护罩。

照明设施不得安装在食品暴露的正上方，车间或工作地应有充足的自然采光或人工照明。检验场所工作面混合照度不应低于 540 lx；加工场所工作面不应低于 220 lx；其他场所一般不应低于 110 lx。

仓储设施应安排足够的栈板，并使被存储的商品与墙壁地面保持一定的距离，独立的贮存场所应根据不同性质的存储物（原料、半成品、成品、包装材料等）而划分不同的区域。要有防止有害生物入侵的设施。

（3）卫生管理：企业应制定卫生管理制度和考核标准，制定卫生检查计划，并记录形成文件。

厂房内的所有设施应保持清洁，做到及时维修和更换；厂房屋顶、天花板和墙壁的任何损害，应立即进行维修，地板不得有任何损害或水涝。生产管道和食品接触面应定期清洗和消毒。

应制定有效的清洗及消毒方法和制度。清洗剂、消毒剂、杀虫剂以及其他有毒有害物品，均应有固定包装，贮存于专门库房或柜橱内，专人负责保管，建立管理制度。各种药剂的使用品种和范围，需经省（自治区、直辖市）卫生监督部门同意。

食品厂全体工作人员，每年至少进行一次健康检查，取得卫生监督机构颁发的体检合格证后方能从事食品生产工作。不准穿着工作服、鞋、帽等进入厕所或离开生产加工场所。进入生产加工车间的其他人员（包括参观人员）均应遵守本规范的规定。对于新建或改建的企业（车间）还需要遵循关于对设备和工器具所选用的材料以及设备的安装方式等的要求。

（4）原材料采购和运输的要求：企业应建立采购、验收、运输和储存原材料的管理系统。购入的原料应具有一定的新鲜度，不含有毒、有害物质，也不应受到污染；运输工具应符合卫生要求；应设置与生产能力相适应的原材料场地和仓库。

（5）生产过程中的卫生要求：应按产品品种分别建立生产工艺和卫生管理制度。原材料必须经过检验、化验，合格者方可使用。各项工艺操作应在良好的状况下进行。生产设备、工具、容器、场地等在使用前后均应彻底清洗、消毒。维修、检查设备时，不得污染食品。

（6）产品的储存和运输：经检验合格后包装的成品应贮存于成品库，其容量应与生产能力相适应。要设有温、湿度检测装置和防虫、防鼠等设施，定期检查和记录。运输工具（包括车厢、船舱和各种容器等）应符合卫生要求。

三、卫生标准操作程序（SSOP）

1. SSOP（sanitation standard operating procedure）简介　　卫生标准操作程序是对GMP规范的一般规定进行落实的程序，即GMP规范的实施细则。为了落实GMP的相关规定，食品企业建立SSOP作业文件指导在食品加工过程中可以采取哪些措施进行清洗、消毒和保持整个加工环境卫生，来消除在生产中不良的因素，使生产的食品符合卫生要求。SSOP程序提供许多在工厂中可以使用的卫生控制程序，为日常检测建立了基础，对可能发生导致产品不合格的情况，作出预防计划，必要时可以采取相关措施进行控制，SSOP程序的主要包括8个方面内容：生产中适用水和冰要符合安全标准；食品接触表面要符合检测指标；防止生产中可能导致的交叉污染；洗手，手消毒控制程序和卫生设施的维护程序；避免外来污染物导致不良后果；化学物品的规范管理；加工食品人员健康状况的要求；昆虫与鼠类的消灭控制程序。

2. SSOP实施的检查和记录　　乳品厂建立了SSOP后，还必须制定相应监控程序，实施检查、记录和纠正措施，并对实施情况的记录存档以备查。企业在制定监控程序时，应描述如何对SSOP的卫生操作过程实施监控。它们必须指定何人、何时及如何完成监控。对监控要有效实施，对监控结果要进行检查，发现检查结果不合格者还必须采取措施加以纠正。对以上所有监控行动、检查结果和纠正措施都要记录，通过这些记录说明企业不仅遵守了SSOP，而且实施了适当的卫生控制。乳品日常的卫生监控记录是工厂重要的质量记录和管理资料，应使用统一的表格，并归档保存，保存时间通常是2年。

四、危害分析与关键控制点系统（HACCP）

HACCP（hazard analysis critical control points system）即危害分析与关键控制点系统，是以科学为基础，通过系统研究确定具体的危害及其控制措施，以保证食品的安全性。HACCP是一个评估危害并建立控制系统的工具，其控制系统是着眼于预防而不是依靠终产品的检验来保证食品的安全，它是迄今人们发现的最有效的保障食品安全的管理方法，是用来保护食品在整个生产过程中免受可能发生的生物、化学、物理因素的危害。其宗旨是将这些可能发生的食品安全危害消除在生产过程中，而不是靠事后检验来保证产品的可靠性。

1. HACCP系统的基本原理
- 危害分析
- 确定关键控制
- 建立关键控制限制
- 建立关键控制点的检测体系
- 建立校正措施
- 建立有效记录HACCP的档案系统
- 建立验证体系

2. HACCP原理在乳品生产中的应用　　乳品危害的来源主要有致病微生物、微生物产生的毒素，微生物的因素是危害性最高的来源，其次，管道清洗消毒剂、重金属污染物、原料乳中兽药、农药残留、有害的外界污染物质等也是乳品的危害来源。

3. 乳品生产中危害因素污染的途径及关键控制点的选择　　乳品生产中的危害因素主要有微生物污染和化学污染两个方面。

（1）微生物：外界微生物尤其是致病微生物可污染乳品，它们一般是由原料、辅料、添加剂、包装材料、水、设备、机械、管道、操作人员、空气等带来的。在乳品生产过程中，设备、管道的洁净程度对乳品卫生质量至关重要。加工设备管道的清洗消毒是乳品生产中至关重要的工序，其目的是去除残留的污垢和有害微生物，以防止其对牛乳的再次污染而影响牛乳的卫生质量。另外，设备、管道在长期使用后，由于腐蚀、摩擦、振动等原因往往形成渗漏。

灭菌热处理工艺不当会造成致病微生物的残留。此环节为终末灭菌环节，如灭菌不当，造成致病微生物残留后没有后续补救措施，也应作为关键控制点。在UHT乳生产过程中，采用了超高温瞬时灭菌技术，其关键限值也要采用国际上普遍认可的技术参数。经过检测，终末产品必须达到商业无菌要求。

（2）化学物质：饲料中农药残留及变质的残留物，兽药的残留，管道、设备接触性污染的残留是乳品生产过程中化学物质的污染的几个来源。

生产过程中设备、管道清洗剂及重金属污染的控制，应通过实行GMP和SSOP来进行控制。而原料的质量控制是一个关键点。但是作为生产企业无法进行即时控制，只能从对奶牛场的审核评估、抽样检测及索取相关检验检疫证明来进行控制。所以乳品生产的HACCP体系应延伸至饲养场。根据CAC《食品卫生准则》的要求，良好的操作规范应从初级加工做起，必须在饲养场建立良好的养殖规范，从动物防疫、饲料安全、用药控制、操作管理、人员卫生等多方面进行控制，才能确保原料奶的安全。

第Ⅲ部分 蛋与蛋制品

第二十二章
蛋的组成及加工特性

第一节 禽蛋的概念及构造

一、禽蛋的概念

禽蛋是由母禽生殖道产出的完整的、具有生命的卵细胞,其中含有自受精卵发育成胚胎生长成幼雏所必需的全部营养成分,同时还具有保护这些营养成分的物质。禽蛋作为方便、营养价值较高的食品,为人类提供蛋白质、脂肪、矿物质(以铁、硫、磷最多)、维生素等,是最便宜的完全蛋白质来源。此外,禽蛋还含有大量的免疫球蛋白、溶菌酶、卵磷脂等具有保健及药用价值的物质,但由于其含有特殊蛋白质——抗生素蛋白(Avidin),所以蛋白最好勿生食。

禽蛋是仅次于肉、乳的主要动物性食品,其生物价排名见图 22-1。我国禽蛋类供给主要以鸡蛋为主,占 80% 左右;鸭蛋和鹅蛋分别约占 10% 和 5%;此外还有鸽蛋、鹌鹑蛋等。不同禽蛋种类的化学成分见表 22-1。

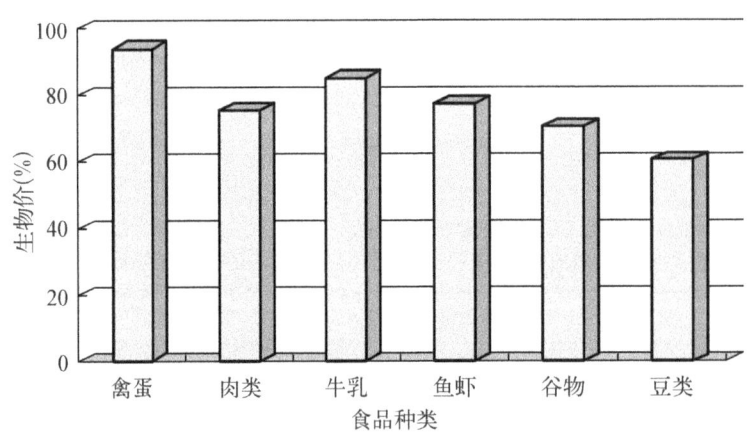

图 22-1 食品中蛋白质生物价

表 22-1 不同禽蛋种类的化学成分

蛋 别	固 形 物	蛋白质/%	脂 肪/%	灰 分/%	水 分/%	糖 类/%
鸡全蛋	27.5	13.3	11.6	1.1	72.5	1.5
鸭全蛋	29.2	12.8	15.0	1.1	70.8	0.3
鹅全蛋	30.5	13.8	14.4	0.7	69.5	1.6
鸽蛋	23.2	13.4	8.7	1.1	76.8	—
火鸡蛋	25.7	13.4	11.4	0.9	73.7	—
鹌鹑蛋	32.27	16.64	14.4	1.2	67.5	—

禽蛋可加工成我国传统的再制蛋,如松花蛋、咸蛋、糟蛋等。作为原材料还可加工成蛋黄酱、色拉调味酱等。在火腿、腊肠、鱼糜制品等的生产中又可用作黏结剂、面类的增强剂、食品的脱水防止剂。

二、禽蛋的构造

禽蛋大多呈椭圆形,大头叫钝端,小头叫锐端。主要由蛋壳(10%~13%)、蛋白(55%~66%)和蛋黄(32%~35%)构成。具体构造见图22-2,各成分含量比例见表22-2。

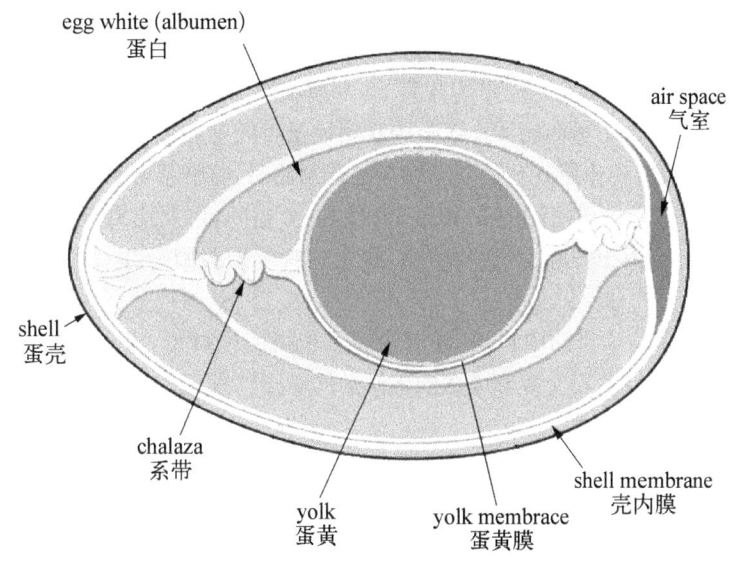

图22-2 禽蛋的构造

表22-2 蛋白与蛋黄相对重量与成分

种 类	重 量/g	脂 肪/%	蛋白质/%	灰 分/%	水 分/%	糖 类/%
全 蛋	50	11.6	13.0	0.7	73.7	1.0
蛋 白	33	0.1	10.9	0.5	87.6	0.9
蛋 黄	17	30.6	15.9	1.8	50.0	1.8

蛋的各组成部分的重量比例存在以下差异:不同种类的禽蛋,三部分的组成含量不同;同一种类的禽蛋由于重量不同,各组成分比例也有差异;产蛋季节不同,各组成分比例也有差异;饲养条件、地域差异也会对蛋各部分组成造成影响。

1. 蛋壳的组成

(1) 壳外膜:壳外膜是覆盖在鲜蛋的蛋壳表面的一层可溶性的透明黏性胶体,是一种无定型结构。其成分主要为黏蛋白,透气透水,其作用是堵塞蛋壳上的气孔阻止蛋内水分过度蒸发、二氧化碳逸散及防止微生物浸入,该膜对鲜蛋有短期的保护作用。在受潮、水洗、机械摩擦及雨淋后,容易脱落,而失去保护作用。

(2) 硬壳:硬壳中无机物占94%~97%,有机物占3%~6%。其中无机物主要成分是碳酸钙(约93%),另外还有少量的碳酸镁、磷酸镁和磷酸钙。有机物主要为胶原蛋白质,还有水分和少量的脂质。厚度为270~370 μm,色泽一般为白色至蓝绿色。

蛋壳表面分布的大量微细小孔——气孔,是蛋与外界进行物质交换的通道。皮蛋及咸蛋的加工过程中,辅料即是通过气孔进入蛋内而起作用的。

2. 蛋白的组成

(1) 壳下膜:壳下膜是蛋壳内膜与蛋白膜的总称,两者均由角质蛋白质纤维交织形成很细的网状结构。蛋壳内膜由较粗的纤维随机交织而成的六层膜,较厚网眼较大,微生物可以直接侵入。蛋白膜由较细的纤维垂直交织形成的三层致密薄膜,纤维组织致密,网状间隙小,微生物不能通过。总之,壳下膜有阻止微生物侵入蛋内的作用。

(2) 蛋白：蛋白又称为蛋清或卵清，是典型的胶体物质，约占蛋重的60%，为略带微黄色的半透明流体，蛋白供给胚胎发育所需的大部分营养物质。其主要成分为水分(85%～88%)、蛋白质(11%～12%)、碳水化合物(0.7%～0.8%)、灰分(0.6%～0.8%)、脂肪(微量)。蛋白的物理结构分为四层，由外向内依次是外稀蛋白层(约占总体积的23.3%)、中层浓厚蛋白层(约占总体积的57.3%)、内稀蛋白层(约占总体积的16.8%)和系带膜状层(约占总体积的2.7%)。不同蛋白层的组成成分及含量也有较大差异。

(3) 系带：系带是将蛋黄固定于禽蛋中央的螺旋状蛋白，其大小、长短与禽蛋的新鲜度有直接关系。系带膜状层分为膜状部和索状部。膜状部包在蛋黄膜上，一般很难与蛋黄膜分开。索状部是系带膜状层沿蛋中轴向两端的螺旋延伸，为白色不透明胶体。系带膜状层使蛋黄固定在蛋的中央。随存放时间的延长，系带弹性降低，浓厚蛋白稀薄化，这种作用就会失去。在加工蛋制品时，要将系带索状部除去。

(4) 气室：气室是壳内膜与蛋白膜在蛋的钝端形成的一个空间，可反应禽蛋的新鲜度。刚产下的蛋，两层膜紧贴在一起。蛋离体后，由于低温、内容物收缩，在蛋的钝端两层膜分开，形成气室。随着时间的延长、水分的蒸发，气室逐渐增大。

3. 蛋黄的组成 蛋黄位于蛋的中央，其外有蛋黄膜包围而呈球形，可以为胚胎发育提供营养。蛋黄似为一色，实由黄卵黄层和白卵黄层交替形成深浅不同的同心圆状排列。蛋黄是由蛋黄膜、蛋黄液及胚盘三部分构成，由系带固定于禽蛋的中央。

(1) 蛋黄膜：蛋黄膜是蛋白与蛋液之间的一层透明半透薄膜，防止蛋白与蛋黄中的大分子通过，但水分子和离子等小分子可以通过，具有较大的弹性，主要由水、蛋白质、糖类及脂质构成。禽蛋越新鲜，其弹性也越大。放置时间久，其强度变弱。

(2) 蛋黄液：蛋黄液是一种浓厚、黄色、不透明的半流体糊状物，是禽蛋中营养成分最丰富的部分。蛋黄由内向外可分为很多层，不同层次之间的色泽有差异，这与蛋黄在形成过程中饲料中的色素以及光照有较大关系。

(3) 胚盘：蛋黄上部中央有一小白圆斑，未受精时，圆斑呈云雾状，叫胚珠。直径1.6～3.0 mm。由于比重较小，一般浮于蛋黄的顶端；受精的叫胚盘，胚盘是胚胎发育的原基，呈肉眼可见中央透明的小白圆斑，直径3.0～5.0 mm。受精蛋很不稳定，在适宜的外界温度下，便会很快发育，最初形成血环，然后产生树枝状的血丝，这样就会降低蛋的耐储性和质量。受精后的蛋，其胚胎发育已进行相当程度，有明、暗区之分，外观上中央呈透明状，称为明区，周围颜色较暗不透明，称为暗区。

第二节 禽蛋化学成分

禽蛋中含有水分、蛋白质、脂肪、矿物质、维生素和糖类，其化学组成受家禽的种类、品种、饲料、产蛋期等因素的影响，变化较大(表22-3)。

表22-3 禽蛋可食部分中各化学成分的含量

	可 食/%	能 量/kal	水 分/%	蛋白质/%	脂 肪/%	碳水化合物/%	灰 分/%
红皮鸡蛋	88	156	73.8	12.8	11.1	1.3	1.0
白皮鸡蛋	87	138	75.8	12.7	9.0	1.5	1.0
鸭 蛋	87	180	70.3	12.6	13.0	3.1	1.0
鹅 蛋	87	196	69.3	11.1	15.6	2.8	1.2
鹌鹑蛋	86	160	73.0	12.8	11.1	2.1	1.0

一、蛋壳的化学成分

蛋壳主要是由无机物组成，占整个蛋壳的94%～97%，主要是碳酸钙93%，碳酸镁1.0%，还有少量磷酸钙和磷酸镁及色素。有机物占蛋壳的3%～6%，主要为胶原蛋白质，还有水分和少量脂质。这些蛋白质是在形成蛋壳的过程中由输卵管腺分泌出来的，其中含有约16%的氮，3.5%的硫。

1. 蛋壳的颜色和原卟啉的关系　蛋壳中含有的色素主要是称为原卟啉的荧光色素，这种色素近似于组成血液的正铁血红素的原卟啉，由于紫外线照射而发出红色荧光，其含量因蛋壳部的颜色不同而有所不同（表22-4），褐色愈深，它的含量愈高。

表22-4　蛋壳颜色和其中所含原卟啉的量的关系

禽蛋种类	蛋壳颜色	原卟啉量/(mg/kg壳)
白来杭鸡蛋	白色	8.6
鹅　蛋	白色	12.9
	浅褐色	16.1
君主岛鸡蛋	褐色	44.6
	暗褐色	59.1
	黄绿色	22.6
野　鸭	蓝绿色	25.6
	褐色	30.5
野　鸡	绿褐色	69.3

2. 蛋壳外膜和蛋壳膜的化学成分　蛋壳又分为外蛋壳膜、石灰质蛋壳、壳下膜。外蛋壳膜以无机物$CaCO_3$为主，壳下膜又分为外层内蛋壳膜，内层蛋白膜。在蛋壳外面的一层外蛋壳膜，是一种角质的黏液蛋白，含有85%～87%蛋白质，3.5%～3.7%糖类，2.5%～3.5%脂质和3.5%灰分。在蛋壳内面的一层蛋壳膜（内蛋壳膜和蛋白膜）都是由一种角蛋白的有机纤维错综交织而成的网状结构，它们的主要成分为角蛋白中的硬蛋白，水溶性差。

3. 鸡蛋的主要化学成分组成　如图22-3和图22-4所示。

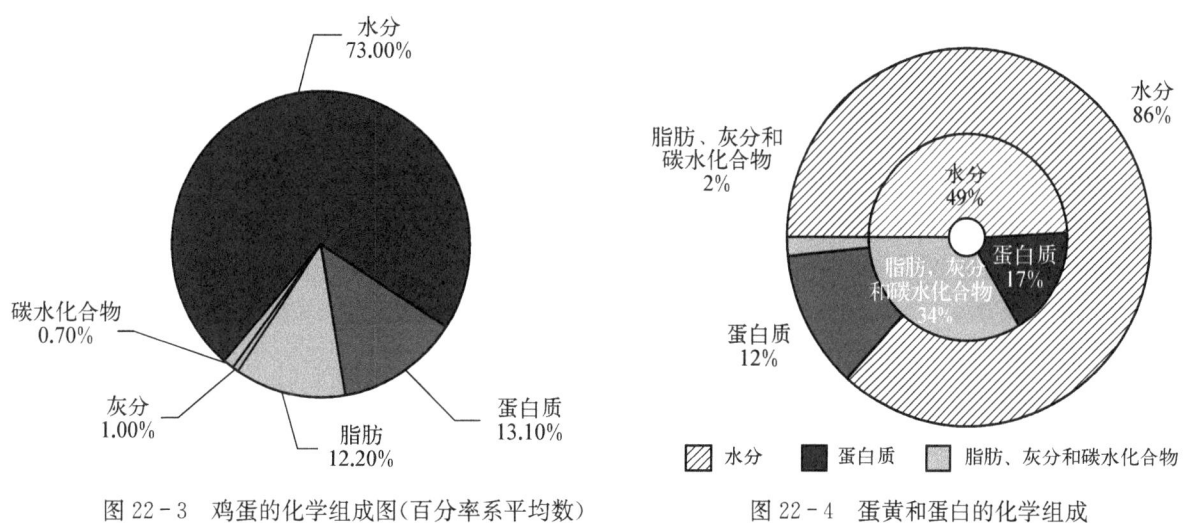

图22-3　鸡蛋的化学组成图（百分率系平均数）　　图22-4　蛋黄和蛋白的化学组成

内圈为蛋黄，外圈为蛋白

二、蛋白的化学成分

1. 蛋白中的水分　蛋白中的水分含量为85%～88%，但各层之间有所不同。例如：外稀薄层蛋白的水分为89.1%；内稀薄层水分为88.35%；浓厚层蛋白水分为87.75%；系带膜状层水分含量为82%。

蛋白中的水分大部分是以溶剂形式存在，少部分是和蛋白质结合存在。

2. 蛋清各层中的蛋白质　在稀薄和浓厚蛋清中，蛋白质的含量为11%～13%，含近40种不同的蛋白质。其中主要有卵白蛋白（ovalbumin）、伴白蛋白（conalbumin）、卵黏蛋白（ovomucin）、卵类黏蛋白（ovomucoid）及卵球蛋白（ovoglobulin）等5种，蛋白中蛋白质的种类、特性见表22-5。

（1）卵白蛋白（卵清蛋白）：卵白蛋白也称清蛋白，在鸡蛋白中卵白蛋白含量最高，约占蛋白中蛋白质的54%。在多肽链中连接有糖基和磷酸基，因此又叫磷脂糖蛋白。pI 4.5，热凝固温度60～65 ℃，在 pH=9

时,62 ℃加热 3.5 min,3%～5%变性,pH＝7 时几乎不变性。

表 22－5 蛋清中蛋白质主要种类及特性

种 类	含量/%	等电点	相对分子质量	特 性
卵白蛋白	54	4.5	46 000	磷脂糖蛋白
伴白蛋白	12	6.1	80 000	与 Fe、Cu、Zn 络合
卵类黏蛋白	11	4.1	28 000	抑制蛋白酶
卵黏蛋白	3.5	4.5～5.0	14 300	抗病毒的血凝集作用
溶菌酶 G_1	3.5	10.5～11	40 000	破坏细菌细胞壁
球蛋白 G_2	4.0	5.5	40 000	发泡剂
球蛋白 G_3	4.0	5.8	49 000	发泡剂
卵抑制物	1.5	5.1	24 400	抑制蛋白酶
卵糖蛋白	1.0	3.9	46 000	

卵白蛋白的相对分子质量约 45 000,有三种组分:A1、A2 和 A3,其不同之处在于含磷的多少。A1 含两个磷酸基,A2 含一个磷酸基,而 A3 不含磷酸基。A1、A2 和 A3 的相互比例为 85∶12∶3,这些成分在稳定性能上各不相同。A3 对变性作用最敏感,其次为 A2、A1。卵白蛋白中糖的总量为 3.5%,其中有 1.8%～2.45%为甘露糖,卵白蛋白每一个分子有一个—S—S—键和 4 个—SH 基。卵白蛋白在贮藏期间会转为 S—卵白蛋白,这是一种耐热的蛋白质。

(2)卵伴白蛋白(也称卵转铁蛋白):卵伴白蛋白也称卵转铁蛋白,是一种糖蛋白。含 1.4%胺基己糖和 0.8%六碳糖,占蛋白中蛋白质总量的 12%。pI 5.8～6.0,热凝固温度 58～67 ℃,伴白蛋白是一种易溶解的非结晶蛋白,预热易变性,但与金属结合后,对热变性的抵抗增强。

伴白蛋白中结合有二价、三价金属离子。在 pH＝6 以上,伴白蛋白分子与 Fe^{+3}、Al^{3+}、Cu^{2+}、Zn^{2+} 离子形成稳定的络合物。结合铁能力最强,对需铁生长的微生物有阻止作用。

(3)卵黏蛋白:卵黏蛋白约占 3.5%是糖蛋白,使浓厚层蛋白具有像凝胶一样的结构,显示较高的黏性,以韧性的细微纤维形式存在。卵黏蛋白在浓厚蛋白层中的量约为 8%,具有维持浓厚蛋白组织作用,而在稀薄蛋白的量为 0.9%。卵黏蛋白能抑制病毒所致的血球凝集作用。

卵黏蛋白沉淀能溶于 pH 7 左右的稀盐溶液或碱性溶液中。pI 4.5～5.0,相对分子质量 $5.5×10^6$～$8.3×10^6$,糖含量高达 33%。未分离的卵黏蛋白含胺基己糖 10%～12%、己糖 15%、唾液酸 2.6%～8%。在蛋的贮藏中,浓蛋白会水样化,这主要是卵黏蛋白变化的缘故。

(4)卵类黏蛋白:卵类黏蛋白是一种热稳定性高的糖蛋白质,约占蛋清蛋白总量的 11%。相对分子质量约为 28 000,pI 为 4.1。卵类黏蛋白的重要性质是有抑制蛋白酶的作用,能够抑制细菌性蛋白酶。不同品种禽类的黏蛋白的抑制作用是不同的,例如鸡、鹅等的卵类黏蛋白只能抑制胰蛋白酶,而火鸡、鸭等的卵类黏蛋白则抑制胰蛋白酶和糜蛋白酶。

卵类黏蛋白的糖类含 20%～25%,其组成为:D-半乳糖 1.0%～1.5%、D-甘露糖 4.3%～4.7%、α-氨基-2-脱氧-D-葡萄糖 12.5%～15.4%、唾液酸 0.4%～4%、总己糖 6%～9%。这些糖构成三个低聚糖,每个通过天门冬氨酸残基连接到多肽链上。

(5)卵球蛋白 G_2 和 G_3:卵球蛋白是典型的球蛋白,不溶于水而溶于稀盐(5%)水中。包括球蛋白 G_2 和 G_3 两种组分,含量分别为 4.0%。相对分子质量 36 000～45 000,pI 分别为 5.5 和 5.8。在食品加工中如蛋糕制作,卵球蛋白可作为优良的发泡剂。

(6)溶菌酶:溶菌酶含量 3%～4%,另外,壳下膜中含量也很高,可以溶解细菌细胞壁,尤其对微球菌敏,主要存在浓厚蛋白中,与卵黏蛋白结合存在,pI 10.7,分子含 129 个氨基酸残基和 4 个二硫键,相对分子质量约为 14 300。溶菌酶能够溶解细菌胞壁中的 N-乙酰神经氨酸和 N-乙酰氨基葡萄糖之间的 β-1-4 糖苷键,故有抗菌特性。

溶菌酶的热钝化与溶液的 pH 和温度有关。在磷酸盐缓冲液中,当 pH 提高到 9 时,63 ℃加热 10 min 没有被钝化,而在 65 ℃下加热 10 min,其活力降低 30%。所以其热变性温度在 65 ℃左右。

(7) 抗生物素蛋白

(8) 黄素蛋白

(9) 卵抑制剂

(10) 无花果蛋白酶抑制剂

3. 蛋白中的氨基酸 蛋白中氨基酸的含量如表 22-6 所示。

表 22-6 蛋白中氨基酸的含量

种 类	含量/%	种 类	含量/%
甘氨酸	1.7	苯丙氨酸	5.1
缬氨酸	2.6	色氨酸	1.3
谷氨酸	14.0	天门冬氨酸	6.1
蛋氨酸	4.5	酪氨酸	3.2
精氨酸	5.4	胱氨酸	1.3
脯氨酸	4.2	赖氨酸	5.0
丙氨酸	2.2	组氨酸	1.4
亮氨酸	10.7		

4. 蛋清中的碳水化合物 蛋清中的碳水化合物以两种状态存在:一种与蛋白质结合存在,呈结合状态,含 0.5%;另一种呈游离态存在,含 0.4%,游离糖中 98% 是葡萄糖。碳水化合物在蛋白中的含量很少,主要是葡萄糖、乳糖、果糖和蔗糖等极少。葡萄糖的含量在鸡蛋白中为 0.41%;鸭蛋白为 0.55%;鹅蛋白为 0.51%。蛋白中碳水化合物的含量虽然很少,但对蛋白片、蛋白粉等产品的色泽有密切关系。

5. 蛋清中的维生素和色素 蛋白中的维生素含量较少,主要为核黄素,禽蛋蛋清中每百克维生素的含量见表 22-7。

表 22-7 蛋清中的维生素和色素的含量

	VA/μg	硫胺素/mg	核黄素/mg	尼克酸/mg	VE/mg
鸡蛋	微	0.04	0.31	0.2	0.01
鸭蛋	23	0.01	0.97	0.1	0.16
鹅蛋	7	0.03	0.04	0.3	0.34

6. 蛋清中的灰分 蛋清中的无机成分主要有钾、钠、钙、镁、磷等,每百克含量如表 22-8 所示(单位:硒(μg),其他成分(mg))。总灰分为 0.6%～0.8%。

表 22-8 蛋清中无机成分的含量/mg

钾	钠	钙	镁	铁	锰	锌	铜	磷	硒/μg
138	139	58.5	12.4	2.3	0.04	1.5	0.06	237	6.69

7. 蛋清中的脂质 新鲜蛋清中含微量的脂质,约 0.25%,中性脂质和复合脂质的组成比是 6:1～7:1。随着存放时间的延长,蛋黄膜的弱化,蛋黄中的脂肪透过蛋黄膜进入蛋白中,存放愈久,蛋白中的脂肪含量愈高。

8. 蛋清中的酶 蛋清中含有溶菌酶、蛋白分解酶、淀粉酶等,最近发现有三丁酸甘油酶、肽酶、磷酸酶、过氧化氢酶等。

三、蛋黄的主要化学成分

蛋黄含有约 50% 的干物质,为蛋清中干物质的 4 倍。其组成非常复杂,除含水分 50% 外,其余主要成分为蛋白质和脂肪,二者比例为 1:2,大部分的脂肪是以甘油三酯及磷脂的形式存在;此外还含有糖类、盐类、灰分、色素、维生素、酶类等。各种禽蛋蛋黄的一般化学组成见表22-9。

表22-9 各种禽蛋蛋黄的化学成分

	可食/%	能量/cal	水分/g	蛋白/g	脂肪/g	糖类/g	灰分/g
鸡蛋黄	100	328	51.5	15.2	28.2	3.4	1.7
乌鸡蛋黄	100	263	57.8	15.2	19.9	5.7	1.4
鸭蛋黄	100	378	44.9	14.5	33.8	4.0	2.8
鹅蛋黄	100	324	50.1	15.5	26.4	6.2	1.8

1. 蛋黄膜的化学成分　蛋黄膜的平均重量约为51 mg，含水量为88%，除水分外，主要成分为蛋白质，其含量为87%，脂质3%，糖10%。蛋黄膜可分为三层，中间一层为角蛋白，含色素较多，内外两层为糖蛋白。蛋黄膜是一种半透膜，防止蛋白与蛋黄中的大分子通过，水分子和离子等小分子可以通过。蛋黄膜具有弹性，放置时间久，其强度变弱。

2. 蛋黄中的蛋白质　蛋黄中蛋白质含量约15%，与家禽种类、品种、饲料、气候、年龄等密切相关。蛋黄中的蛋白质大部分是脂蛋白质，主要有低密度脂蛋白、卵黄脂磷蛋白、卵黄高磷蛋白、卵黄球蛋白，各成分含量如表22-10所示。

表22-10 蛋黄中蛋白质的组成/%

低密度脂蛋白	卵黄球蛋白	卵黄高磷蛋白	高密度脂蛋白	其他
65.0	10.0	4.0	16.0	5.0

将蛋黄在超速离心机上离心，会分为二层，底层有颗粒沉淀，占22%，叫蛋黄颗粒；上部为清液，约占蛋黄总量的78%，称为蛋黄浆液。大部分低密度脂蛋白质残留于上清液中，而高密度脂蛋白存在于下部的颗粒中。颗粒和浆液的组成见表22-11。

表22-11 蛋黄颗粒和浆液中蛋白质组成/%

项目	高密度脂蛋白	低密度脂蛋白	卵黄高磷蛋白	卵黄球蛋白
颗粒	70	12	16	0
浆液	0	86	0	14

(1) 低密度脂蛋白(LDL)：存在于浆液蛋白中，占86%，在颗粒蛋白中占12%，是蛋黄中数量最多的蛋白质，也是蛋黄显示出乳化性、将蛋黄冻结融解时凝胶化的主要因素。LDL的脂质含量高达90%，蛋白质11%，约含糖3%，也是糖蛋白。因含高量的脂质，故密度仅为0.89，其脂质占卵黄总脂质的95%，脂质中74%是中性脂肪，26%为磷脂。

(2) 卵黄脂磷蛋白：又称高密度脂蛋白(HDL)，密度大于1，存在于卵黄颗粒中，占颗粒蛋白质的70%，与低密度脂蛋白相比，脂质含量少。其多肽链占78%，脂质20%；在脂质中，中性脂质占36%，磷脂60%，胆固醇4.1%；在磷脂中，卵磷脂占75%，脑磷脂18%，神经磷脂和溶血磷脂占7%。溶于盐、酸、碱溶液，pI 3.4~3.5，凝固点60~70 ℃。

(3) 卵黄高磷蛋白：存在于蛋黄颗粒中，占颗粒蛋白质的16%，是蛋黄中的主要磷蛋白。含氮12%~13%、磷10%，蛋黄中结合于蛋白质的磷有60%~70%存于此成分，约有6.5%的糖。通过凝胶过滤将卵黄高磷蛋白分为α-卵黄高磷蛋白和β-卵黄高磷蛋白，其相对分子质量分别为36 000和40 000。含有多个磷酸根，可与许多二价金属离子、细胞色素C、卵黄磷蛋白等大分子结合，是营养物质的运载体。

(4) 卵黄球蛋白：存在于浆液中，占浆液蛋白质的14%，是水溶性蛋白。经超速离心可分出三种卵黄球蛋白：α-卵黄球蛋白、β-卵黄球蛋白、γ-卵黄球蛋白，相对分子质量分别为80 000、45 000、150 000；组成比例为2∶5∶3，pI 4.8~5.0，凝固点60~70 ℃。

3. 蛋黄中的脂肪　蛋黄中含有30%~33%的脂肪，其中属于甘油酯的真正脂肪占20%，其余10%为以磷脂为主体的复合脂肪以及甾醇等。

(1) 真脂：蛋黄中甘油三酸酯呈橙色和黄色的半黏稠乳状，占20%（占脂肪62.35%）。甘油三酸酯的脂肪酸以油酸最多，棕榈酸、亚油酸、硬脂酸和棕榈油酸含量次之。而亚麻酸、花生四烯酸和二十二碳六烯酸(DHA)含量最少。花生四烯酸、二十碳五烯酸(EPA)及DHA都是必需脂肪酸，具有抑制心血管病、降血脂、抗血栓、抗癌等作用。

(2) 磷脂质：蛋黄中有10%左右的磷脂，其中大部分为卵磷脂，占总磷脂类的70%，其次为脑磷脂，占25%，而神经磷脂约占总磷脂类的2%~3%（表22-12）。这些成分对脑组织和神经组织的发育很重要。蛋黄中的磷脂类不仅其本身具有很强的乳化性，也可使蛋黄有较强的乳化作用，但其含不饱和脂肪酸多，所以易于氧化，很不稳定。

表22-12 蛋黄中磷脂的组成

成　　　分	含　　量/%
磷脂酰胆碱（卵磷脂）	73.0
溶血磷脂胆碱	5.8
磷脂酰乙醇胺（脑磷脂）	15.0
溶血性磷脂酰乙醇胺	2.1
神经鞘磷脂	2.5
磷脂酰肌醇	0.6
缩醛磷脂	0.9

(3) 类甾醇：蛋黄中类甾醇几乎都是胆甾醇，占总脂质的4.9%，化学组成见表22-13。蛋黄脂质中除胆固醇外均受品种、饲料的影响，可以改变饲料制备富含蛋黄油、蛋黄磷脂产品。

表22-13 蛋黄类甾醇的组成

成　　　分	含　　量/%
胆固醇	14.0
链固醇	7.6
胆固烯醇	4.9
麦角固醇	3.7
β-谷固醇	3.3
△-胆固烯醇	3.2
羊毛固醇	1.6
二羟基羊毛固醇	0.4
△-甲基胆固烯醇	0.7
48-甲基胆固烯醇	微量

(4) 神经鞘脂质：蛋黄中的神经鞘脂质分为神经酰胺、脑苷脂类和神经鞘磷脂，这三种脂质以1∶2∶7的比例存在于蛋黄中。

4. 蛋黄中的色素　　蛋黄中含有各种色素，因此使蛋黄呈黄色至橙黄色。蛋黄中的色素大部分为脂溶性色素，属于类胡萝卜素一类。类胡萝卜素又分带羟基的叶黄素和不带羟基的胡萝卜素。

蛋黄色素中以玉米黄质和黄体素等叶黄素为主，其次为玉米黄素和β-胡萝卜素。蛋黄中的叶黄素在鸡体内不能合成，全由饲料摄入。要增加蛋黄的颜色，应多饲喂黄体素丰富的饲料。蛋黄中也有微量的核黄素。

5. 蛋黄中的维生素　　蛋中维生素也主要存在于蛋黄中，种类多，含量丰富，有水溶性VB_1、VB_2、VB_6，脂溶性VA、VD、VE、VK等。

表 22-14　禽蛋黄中维生素的含量　　　　　　　　　　　(mg/100 g)

	VA	硫胺素	核黄素	尼克酸	VE
鸡蛋黄	43.8	0.33	0.29	0.1	5.06
鸭蛋黄	—	0.28	0.62	—	12.72
鹅蛋黄	—	0.06	0.59	0.6	95.7

6. 蛋黄中的无机盐　蛋黄中含 1%～1.5% 的灰分,其中以磷最为丰富,占灰分总量的 60%,其次为钙,各种禽蛋黄无机成分含量见表 22-15。

表 22-15　蛋黄中的无机盐含量　　　　　　　　　　　(mg/100 g)

	钾	钠	钙	镁	铁	锰	锌	铜	磷	硒/μg
鸡	95	54.9	112	41	6.5	0.06	3.79	0.28	240	27.0
鸭	86	30.1	123	22	4.9	0.10	3.09	0.16	55	25
鹅	—	24.4	13	10	2.8	—	1.59	0.25	51	26

7. 蛋黄中的酶类　蛋黄中也含有许多酶,如淀粉酶、蛋白酶、肽酶、磷酸酶、过氧化氢酶、解脂酶等。其中,淀粉酶可用来确定全蛋是否经低温杀菌,这是由于淀粉酶在 64.4 ℃下,经过 2.5 min 的低温杀菌而失活,低于此温度则不失活。淀粉酶的这个失活条件与杀灭沙门氏菌的条件基本一致,因此,在检验巴氏消毒冰全蛋的低温杀菌效果时,常用测定—淀粉酶的活性加以判别。

第三节　禽蛋的功能特性

禽蛋有许多重要功能特性,其中与食品加工有密切关系的特性为蛋的凝固性、乳化性和起泡性,这些特性使蛋在各种食品中得到广泛应用,如蛋糕、饼干、蛋黄酱、冰淇淋及糖果等,是其他添加剂所不能代替的。

一、蛋的凝固性

蛋的凝固性是指蛋白由于变性,球状分子展开,疏水性氨基酸暴露,形成分子间结合,水分子包在分子间,加上氢键、离子键、双硫键而凝固的一种卵蛋白质分子结构变化的结果。这一变化使蛋液增稠,由流体(溶胶)变成半流体或固体(凝胶)状态。

根据蛋白质凝固的概念,蛋白质的凝固作用分为两个阶段:即变性和结块。变性就是在外界因素作用下,蛋白质分子的次级键(如氢键、二硫键、盐键等)被破坏,使分子有规则的肽链结构(二级、三级、四级结构)打开呈松散不规则的结构,分子的刚性降低,柔性、不对称性增加,疏水基团暴露,形成中间体。当受外界因素作用不强或作用时间短时,中间体回复到原来状态,仍具有原来物质特性,这称可逆变性。

当外界作用因素强或作用时间长时,中间体中释放出来的极性基团重新形成新的空间结构,改变了原来物质的性质,这称不可逆变性。不可逆变性的蛋白质分子的肽链之间又借助次级键相互缔合形成较大的聚合物成为凝胶状的块,失去流动性和可溶性。

由于蛋的凝固性,蛋白、蛋黄成为各种食物、料理的良媒。影响蛋白质凝固变性的因素很多,如热、酸、碱、盐、有机溶剂、光、高压、剧烈振荡等。

1. 加热引起的凝固变性　蛋白、蛋黄在加热时,其凝固与加热的温度成正比关系。伴白蛋白的加热凝固点 57.3 ℃,热稳定性最低。卵球蛋白和卵白蛋白凝固温度分别是 72 ℃和 71.5 ℃。卵黏蛋白、卵类黏蛋白不发生凝固。蛋清蛋白热凝固和凝胶化过程与水化和离子作用有关。卵蛋白受到热、盐、酸或碱及机械作用,则会发生凝固。凝固的状态也会因加热时的温度上升速度而有差异。温度上升速度慢,可形成平滑的凝胶;倘若速度快,则是以高温来凝固,所以网眼的水分蒸发,产生空隙,也就是蛋液内容易产生蜂窝状的现象。

影响加热而凝固的因素主要有:含水量,不管是全蛋液、蛋白液或蛋黄液,蛋液水分含量越低,则其凝固点增高。反之,蛋液水分含量越接近正常值,则其凝固点愈低。含水量越高,加热变性越容易,原因是加热使蛋白质分子中的水分剧烈运动,导致蛋白质分子的次级键断裂;蛋白质的等电点(pI 4.5 左右),pH 越低,越接近蛋白质的等电点,加热易使蛋白质变性;所添加的物质。

此外,添加物对加热变性凝固有影响,加入食盐、砂糖时,蛋的凝固温度会发生变化。食盐促进蛋液的凝固。这是由于食盐中的离子减低蛋白质分子间的排斥力。如果是钙离子,促凝作用更强,效果是钠的千倍。所以在食盐水中煮蛋,可防止蛋液从裂痕流出;砂糖有减弱蛋白质的凝固作用,蛋液中加入糖可使凝固温度升高,使它形成具有弹力的光滑凝胶,所以被应用于煎蛋、布丁等调理上。在制作鸡蛋饮料或蛋乳饮料时,因杀菌时的热凝固而引起缺陷,此时,或加多量糖以避免之;蛋白酶处理可将蛋白质一部分先行分解也可避免凝固,因而蛋液用高汤或牛奶稀释,比起用水稀释更能形成较硬的凝胶。

2. 干燥引起凝固变性 在天然状态蛋白质分子中均含有水分,水分子填充肽链的间隙中,稳定蛋白质的分子结构,蛋白质脱水后,蛋白质分子内部结构发生改变而发生变性。若加热的温度过高或脱水严重,破坏了蛋白质分子的次级键,使蛋白质分子脱水后不能恢复原来的状态和性质。

加工干蛋白时,使蛋白液脱去一部分水分,其中蛋白质虽然有些改变,但程度轻,结构变化小,成为结晶干蛋白片后,再加适量的水仍可使之恢复为原来蛋白液的状态和性状。这样加工出来的干蛋白片使用价值较高。但是,如果在干蛋白片加工过程中加温过高,蛋白质分子变性幅度较大,加水后就不能使之恢复原有的性状和状态。

3. 酸碱变化引起凝固变性 蛋在一定 pH 条件下会发生凝固,蛋白在 pH 2.3 以下或 pH 12.0 以上会形成凝胶。而在 pH 2.2～12.0 之间则不发生凝胶化。

水煮蛋时,如果加热时间长或使用旧蛋,则蛋黄的表面有时会呈现灰色乃至暗绿色。这是因为旧蛋的蛋白呈碱性,在此种状态下的加热或长时间加热下,蛋白中会产生硫化氢,由蛋白的表面向内部扩散至蛋黄表面,而与蛋黄中的铁反应,生成硫化铁而变色。

二、蛋黄的乳化性

蛋的乳化性表现在蛋黄中,它本身即是分散于水中的液体。由于卵磷脂分子具有能与油脂结合的疏水基和与水分子结合的亲水基,因此具有很好的乳化效果。蛋黄中含有丰富的卵磷脂,所以具有优良的乳化性。目前已知卵磷质、胆固醇、脂蛋白与蛋白质均为蛋黄中具有乳化力的成分,低密度脂蛋白比高密度脂蛋白乳化力强,作为高效乳化剂现已应用于许多食品,对蛋黄酱、色拉调味料、起酥油面团等的制作有很大的意义。

表面张力的减少是乳浊液形成的第一步,在蛋黄成分中,以磷质和卵黄球蛋白降低的表面张力最低,低密度脂蛋白较高密度脂蛋白的乳化力高。蛋黄调制成蛋糕时的乳化特性主要来自低密度脂蛋白,而低密度脂蛋白的优良乳化能力决定于它的高结合脂质。

蛋黄的乳化性受许多因素影响,主要因素有以下几点。

1. 酸碱值的影响 各种酸对其影响程度不同,强酸影响相对较大,在 pH 5.6 时就会使其稳定性急剧下降,而弱酸则在 pH 4.6 以下才会对其乳化容量有显著的影响。

2. 添加剂的影响 蛋黄经稀释其黏度降低,乳浊液的稳定性降低,向蛋黄中加少量食盐、糖可以提高乳化容量,而酸能降低蛋黄乳化力。蛋黄冷冻会发生胶化,解冻后使用时难与其他原料混合用,机械方法如均质,胶体磨研磨仍无法完全恢复其乳化容量,为此,在蛋黄冷冻前常添加糖、食盐等降低胶化。另外,贮藏蛋其乳化力下降,向蛋黄中添加磷质并不能提高乳化性,过量则会使乳化力下降。

3. 干燥处理的影响 蛋黄经干燥处理,溶解度降低,这是由于干燥过程中,随着水分的减少,其脂质由脂蛋白中分离出来而存在于干燥蛋黄表面,因此而严重损害其乳化性,干燥前加糖类,则糖分子中的—OH 替代脂蛋白的水,而保护脂蛋白。干燥后加水时,水可再将糖置换而恢复原来脂蛋白质的水和状态。

三、蛋清的起泡性

早在 300 年前,蛋清的起泡性就被用在食品工业上制作蛋糕等产品。起泡性又称打擦度,指搅打蛋清时,空气进入蛋液形成泡沫而具有的发泡和保持泡沫状态的性能(常用测定方法是用霍勃脱氏打蛋机测定蛋白的打擦度,一般用从搅拌器容器底部到达泡沫表面的高度表示)。泡沫是一种气体分散在液体中的多相体系,即当搅打蛋清时,空气进入并被包在蛋清液中,形成气泡。在起泡过程中,气泡逐渐由大变小,而数目增多,最后失去流动性,通过加热可使之固定。

蛋清起泡主要有四个阶段。

第一阶段:形成较大的气泡,无色半透明。

第二阶段:泡沫变小,湿而有光泽。取出打蛋器,在尖端可看到由于泡沫的压力而弯曲、摇动。说明泡沫具有一定的弹性,处于半立状态,适宜于制作柔软的蛋糕。

第三阶段:呈充分起泡状态,泡小,容积增大,色白而明亮,继续打泡时光泽消失,弹力下降,成为不易破灭的泡沫。把容器倒置时,泡沫不落下。

第四阶段:泡膜坚实而脆弱,表面干燥。这是打泡过度造成的。外界稍稍一点刺激就会使泡破灭,成为棉絮般小泡,这种干泡泡膜弹性小,即使泡内空气膨胀,泡膜也不扩大。气泡破灭,空气逸出后变成不理想的海绵状结构。

球蛋白对蛋清发泡特性起重要作用。球蛋白、伴白蛋白是起发泡作用的,而卵黏蛋白、溶菌酶则起稳定作用。蛋白起泡的原因主要是:蛋清蛋白质降低了蛋清溶液的表面张力,有利于形成大的表面;溶液蒸气压下降,使气泡膜上的水分蒸发现象减小;泡的表面膜彼此不立刻合并;泡沫的表面凝固。蛋清的这种特性在食品中如在糖饰、天使蛋糕等得到应用。

蛋白的起泡性受许多因素影响,主要因素有以下几点。

1. 酸碱值的影响　蛋白的发泡性受酸碱影响很大,在等电点 pH 或强酸强碱性 pH 时,由于蛋白质变性并凝集而起泡力最大。

2. 表面张力的影响　表面张力越小越有利于起泡,通常加入表面活性剂即可达到此目的。就禽蛋蛋白来说稀薄蛋白比浓厚蛋白表面张力更小,加入试管等容器振荡时,很容易起泡,但是泡沫稳定性差,泡干而无弹性,不适宜糕点制作。

3. 加工方式的影响　蛋白的发泡性与搅拌时间、强度、方向等有关。当蛋清搅拌到比重为 0.15～0.17,蛋白质浓度为 2%～8%时,泡沫既稳定又可使体积变大,加工时均质会延长搅打时间,降低体积,如图 22-5所示。蛋白经加热(>58 ℃)杀菌后,会不可逆地使卵黏蛋白与溶菌酶形成的复合体变性,延长起泡所需时间,降低发泡力。

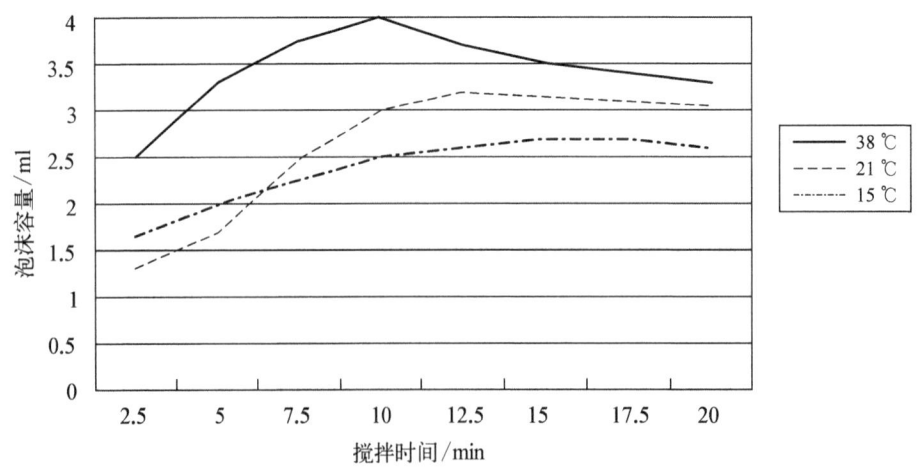

图 22-5　搅拌时间和温度对起泡力的影响

4. 添加剂的影响　无添加物的蛋白起泡良好,但泡沫干燥、脆弱,易于失去弹性而破灭,离液率大。不能膨胀,对制糕点不利,所以无添加物起泡不可取。添加物影响泡沫稳定性的强弱顺序为:砂糖、酒石酸、葡萄糖浆、无添加物、食盐。有时由于蛋白质的起泡而影响加工工艺的操作,要对蛋白质泡沫进行消除,常用的方法就是加入消泡剂——硅油。

此外,蛋的起泡力除上述种种因素影响之外,还因产蛋季节、贮藏日期以及蛋的种类不同而异。春季产的蛋起泡力最好,秋季次之,夏季稍差;鲜蛋比贮藏蛋起泡力好。

第二十三章

禽蛋的保鲜贮藏

第一节 禽蛋保鲜贮藏原理和方法

一、禽蛋保鲜贮藏原理

由于鲜蛋本身蛋壳的多孔结构、蛋的内容物的营养特点以及贮运过程中对蛋壳膜的破坏程度和环境因素,鲜蛋在贮藏中会发生物理变化、化学变化、生理学变化以及微生物变化,促使蛋水分蒸发、内容物分解,从而使质量降低。禽蛋保鲜贮藏的原理正是基于禽蛋变质的原因、特点及贮藏中所发生的变化。

1. 物理变化 从禽蛋的构造来看,蛋壳、壳外膜和壳内膜既能阻止外界微生物的侵入,又可减缓蛋内水分的蒸发,对蛋本身具有一定的保护作用。但这种保护作用是有一定限度的,特别是壳外膜很容易被磨损、溶解而失去作用。鲜蛋在贮藏期间,蛋白中的水分和代谢所产生的二氧化碳不断通过蛋壳的气孔向外散佚,导致水分含量下降重量减少,与此同时,气室不断增大,蛋白变稀,随着时间的延长,内容物的结构也会发生改变,从而使系带断裂,蛋白、蛋黄互溶。另外,外界微生物的污染也会通过蛋壳孔污染内容物。

2. 化学变化 由于微生物的作用及禽蛋本身的呼吸,蛋内营养物质不断转化和分解。其中卵类黏蛋白和卵球蛋白的含量相对增加,而卵伴白蛋白和溶菌酶减少;蛋黄中卵黄球蛋白和磷脂蛋白的含量减少,而低磷脂蛋白的含量增加。微生物可将蛋白质分解成氨基酸,各种氨基酸经脱氨基、脱羧基、水解及氧化还原作用,生成多肽、有机酸、吲哚、氨、硫化氢、二氧化碳等产物,使蛋产生各种强烈臭气。蛋黄中的脂肪在微生物产生的脂肪酶的作用下,被分解成甘油和脂肪酸,进而被分散成低分子的醛、酮、酸等刺激性气味的物质。蛋液中的糖类在微生物的作用下,被分解成有机酸、乙醇、二氧化碳、甲烷等。由于禽蛋内的营养物质被微生物分解利用,一方面降低了蛋的营养品质和食品品质,另一方面微生物还会产生对人体有毒的物质。

3. 生理学变化 当贮藏温度较高(25 ℃以上)时,禽蛋的胚胎将发生生理学变化。受精卵在胚胎周围产生网状血丝、血圈甚至血筋,而未受精卵的胚胎也会出现膨大现象。蛋的生理学变化常常引起蛋的品质下降,耐贮性也随之降低。

4. 微生物学变化 禽蛋中微生物的来源主要有三个途径,其一是感染了传染病的禽类,在蛋黄形成时而被病原菌污染;其二是禽类在产蛋时被排泄腔内的细菌及空气中的微生物污染;其三是在收购、运输、贮藏过程中,环境中的微生物污染蛋壳,进而通过气孔或裂纹侵入蛋内,使内容物发生微生物学变化。蛋内常见的微生物有霉菌和各种细菌,如芽枝霉、青霉、曲霉、毛霉、葡萄球菌、大肠杆菌、枯草杆菌、变形杆菌以及沙门氏菌等。霉菌使禽蛋产生霉斑或其他线状物,具有浓烈的霉味和酸败气味。细菌则使蛋白变稀,系带液化断裂,蛋黄上浮而粘附于蛋壳上,蛋黄膜失去弹性而破裂,蛋白与蛋黄相混,色泽变黑,产生大量的硫化氢等臭味气体。

二、禽蛋保鲜贮藏方法

1. 冷藏法 鲜蛋的冷藏主要是利用低温条件,抑制鲜蛋的酶活,降低新陈代谢,减少干耗率。同时,抑制微生物的生长及繁殖,减少生物性腐败的发生。在较长时间内保持鲜蛋的品质。

(1) 冷藏前的准备工作

冷库消毒:鲜蛋入库前,库内应预先加以消毒和通风。目前多采用一定浓度的漂白粉溶液喷雾消毒和用乳酸熏蒸消毒，以消灭库内残存微生物。冷藏间必须清洁无异味，防止影响蛋的品质。

严格选蛋：送入冷藏库的蛋在入库前必须经过严格的外观检查和灯光透视，剔除破损蛋、污壳蛋和劣质蛋等不符合标准的降级蛋。

合理包装：入库鲜蛋的包装要清洁、干燥、不吸潮、无异味，利于通风。

鲜蛋预冷：选好的鲜蛋在冷藏前必须经过预冷，以使鲜蛋由常温状态逐渐降低到接近冷藏温度。预冷的目的是防止"蛋体露"以及突然降温造成蛋内容物收缩，引起鲜蛋蛋白加快变稀，蛋黄膜韧性减弱。同时，微生物也容易随空气进入蛋内，使蛋逐渐变质。预冷应在专用冷却间内进行，通过微风速冷风机，使冷却间空气降温缓慢而均匀，一般空气流速为 0.3～0.5 m/s；每 1～2 h 冷却间温度降低 1 ℃，相对湿度为 75%～85%。一般经 20～40 h 蛋温降至 2～3 ℃ 即可停止降温，结束预冷转入冷藏库。

(2) 入库后的冷藏管理

码垛要求：为了使冷库内的温、湿度均匀和改善库内的通风条件，蛋箱码垛应顺冷空气流向整齐排列，垛位距进、出风口宜远不宜近，垛距墙壁 30 cm，垛间距 25 cm，箱间距 3～5 cm，木箱码垛高度为 3～10 层，垛高不能超过风道的进、出风口。每批鲜蛋进库后标明入库日期、数量、类别、产地。

控制指标：冷藏库内温、湿度的控制是取得良好的冷藏效果的关键。GB 2748-2003 规定鲜蛋冷藏温度为 $-1～0$ ℃。与其对应的相对湿度，一般控制为 85%～88%。为了防止库内不良气体影响鲜蛋品质，要定时换入新鲜空气，换气量一般是每昼夜 2～4 个库室容积，换气量过大会增加蛋的干耗及设备的能量损耗。

质量检查：为了了解鲜蛋的冷藏效果，要求冷藏期间定期检查鲜蛋质量。质量检查一般采取抽查法。对抽查的蛋样，采用灯光透视检查和目视检查法。抽查分为入库前抽查、冷藏期间抽查（每隔 15～30 d 抽查一次）、出库前抽查，其数量约为 1%。抽查过程中发现质量较差的，可适当增加抽查数量。

(3) 出库：冷藏蛋在出库时，应该采取预升温措施，在特设的房间内，使蛋的温度慢慢升高。防止直接出库时，由于蛋温低，与外界热空气接触，温差过大，在蛋壳表面凝结水珠，形成"出汗蛋"，既降低等级，又易污染微生物而引起变质。

2. 涂膜保鲜法　　涂膜法是在鲜蛋表面均匀地涂上一层薄膜，堵塞蛋壳气孔，阻止微生物的侵入，减少蛋内水分和二氧化碳的挥发，延缓蛋内的生化反应速度，达到较长时间保持鲜蛋品质和营养价值的方法。

鲜蛋涂膜剂必须具有成膜性好、透气性低、形成的膜质地致密、附着力强、吸湿性小、对人体无毒无害、无任何副作用、价格低、材料易得等特点。目前有水溶液涂料、乳化剂涂料和油质性涂料被使用，如液体石蜡、植物油、动物油、凡士林、聚乙烯醇、聚苯乙烯、聚乙酰甘油一酯等，此外还有微生物代谢的高分子材料，如出芽短梗孢糖等。值得注意的是，由于涂膜剂可能渗透到鲜蛋内部，给消费者的健康带来影响，不同的国家对同一种涂膜材料的规定是不同的。

3. 气调法　　气调法主要是把鲜蛋贮藏在一定浓度的 CO_2、N_2 等气体中，使蛋内自身形成的 CO_2 不易散发并降低氧气含量，从而抑制鲜蛋内的酶活性，减慢代谢速度，同时抑制微生物的生长，保持蛋的新鲜程度。实验证明，当气调法配合低温冷藏时，有较好的贮藏效果。例如 CO_2 浓度为 20%～30%，库温为 $-1～5$ ℃，贮藏期可达半年，且干耗降低 3%～7%。

第二节　蛋的质量指标与分级

一、鲜蛋的品质指标

衡量鲜蛋品质的主要标准是其新鲜程度和完好性。为了准确掌握、判断这一标准，需全面观察、分析蛋壳以及内部（包括气室、蛋白、系带、蛋黄、胚胎等）情况来确定鲜蛋的质量标准。

1. 蛋壳质量指标　　主要鉴定蛋壳的清洁程度、完整状况和色泽三个方面。质量正常的鲜蛋蛋壳表面清洁、坚实、无禽粪、无草染及其他污物。蛋壳完好无损，无砂窝，无裂纹及不流清等。蛋壳色泽应当是各种禽蛋所特有的色泽，表面无油光发亮等现象。

2. 内部质量指标　　内部质量指标包括气室、蛋白、系带、蛋黄、胚胎以及内容物的气味等。

(1) 气室状况：气室是评定蛋的质量的主要指标，也是灯光透视时观察的主要部位。鲜蛋气室小，深度在 5 mm 以内，陈蛋的气室变大，深度在 5 mm 以上。测定时，将蛋的大头放在照蛋器上照视，用铅笔在气室的左右两边划一记号，然后放到气室高度测定规尺的半圆形切口内，读出两边刻度线上的刻度数，进行计算。计算公式为：

$$气室高度(mm) = (气室左边高度 + 气室右边高度) \div 2$$

(2) 蛋白状况：蛋白状况能准确判断蛋的结构是否正常，也是评定蛋的质量优劣的重要指标。随着贮存时间延长，浓厚蛋白逐渐变稀。质量正常的蛋，其蛋白状况应当是浓厚蛋白含量多，占全蛋的 50%～60%，色泽无色、透明，有时略带淡黄绿色。蛋白的状况可以用灯光透视法和直接打开法判断。若灯光透视见不到蛋黄的暗影，蛋内呈完全透明，表明浓厚蛋白很多，蛋的质量优良。打开蛋时，可以用过滤的方法，分别称量浓厚蛋白和稀薄蛋白的含量，以测定蛋白指数，反映出蛋白的状况。所谓蛋白指数是指浓厚蛋白重量与稀薄蛋白的重量之比。质量正常的蛋，其蛋白浓厚或稍稀薄。在对外贸易和商业经营中，均把蛋白状况作为评定蛋的级别的标志。

(3) 系带状况：系带粗白并有弹性，紧贴在蛋黄两端的蛋，属正常蛋。系带变细并同蛋黄脱离，甚至消失时，属质量低劣的蛋，易出现不同程度的粘壳蛋。

(4) 蛋黄状况：蛋黄状况也说明蛋的质量好坏。观察蛋黄状况也可用灯光透视或打开方法。透视时，新鲜蛋的蛋黄位居蛋的中心，不显露，不见蛋黄的暗形。打开观察时，用蛋黄的形状判断蛋的质量。质量优良的蛋，蛋黄呈半球形；存放较久的蛋，蛋黄呈扁平。准确的判断可以用蛋黄指数来衡量。鲜鸡蛋的蛋黄指数在 0.401～0.442 之间。当蛋黄指数小于 0.25 时，蛋黄膜极易破裂，出现散黄现象，是质量较差的蛋。合格蛋的蛋黄指数是 0.30 以上。

(5) 胚胎状况：胚胎状况是对受精蛋而言。鲜蛋的胚胎应无受热或发育现象。受精的鲜蛋受热后，胚胎最易膨大和产生血环，最后出现树枝状的血管。未受精的蛋受热后，胚珠发生膨大现象。

(6) 蛋内容物的气味和滋味：这是衡量蛋的结构和内容物成分有无变化或变化程度大小的质量标准。质量正常的蛋，打开后无异味，或呈轻微蛋腥味。蛋内容物的气味受家禽采食的饲料的影响。若蛋打开后能闻到内容物呈臭味，属轻微腐败蛋。严重的腐败蛋则可以在蛋壳外面闻到内容物成分分解成的氨及硫化氢的臭气味，这种蛋称为"臭蛋"或"臭包"。质量新鲜的蛋，煮熟后，气室处无异味，蛋白白色无味，蛋黄应有淡淡的香味。

二、禽蛋的品质鉴定方法

1. 感官鉴别法　感官鉴别法是我国广大基层业务人员收购鲜蛋采用的一种较为普遍的简易方法。该方法主要靠检验人员的技术经验来判断，采用眼看、耳听、手摸、鼻嗅等方法，从外观来鉴定蛋的质量。

"看"，就是用肉眼来查看蛋壳颜色是否新鲜、是否清洁，壳以及壳上膜有无破损，形状是否正常。新鲜蛋蛋壳比较粗糙，色泽鲜明，表面干净，附有一层乳状胶质薄膜。如表皮胶质脱落，不清洁，壳色油亮或发乌，则为陈蛋。蛋壳上如有霉斑、霉块或像石灰样的粉末是霉蛋；蛋壳上有水珠或潮湿发滑的是出汗蛋；蛋壳上有红疤或黑疤的是贴皮蛋；壳色深浅不匀或有大理石花纹的蛋是水湿蛋；蛋壳表面光滑，眼看气孔很粗的是孵化蛋；蛋壳肮脏，色泽灰暗或散发臭味的是臭蛋。

"听"，是从敲击蛋壳发出的声音来区别有无裂损、变质和蛋壳厚薄程度。方法一是敲击法，将两枚蛋拿在手里，用手指轻轻回旋相敲，或用手指甲在壳上轻轻敲击。新鲜蛋发出的声音坚实，似砖头碰击声；裂纹蛋发音沙哑，有"啪啪"声；空头蛋大头上有空洞声；钢壳蛋发音尖脆，有"叮叮"响声；贴皮蛋、臭蛋发音像敲瓦片声；用指甲竖立在蛋壳上推击，有"吱吱"声的是雨淋蛋。方法二是振摇法，即将禽蛋放在手中振摇，没有内容物晃动响声的为鲜蛋，有晃动响声的可能是散黄蛋。

"摸"，主要靠手感。新鲜蛋拿在手中有"沉"的压手感觉。孵化过的蛋，外壳发滑，分量轻。霉蛋和贴皮蛋外壳发涩。

"嗅"，即嗅闻蛋的气味。鲜鸡蛋、鹌鹑蛋无异味，鲜鸭蛋有轻微的鸭腥味。霉蛋有霉蒸味，臭蛋有臭味，有其他异味的是污染蛋。

感官鉴定是以蛋的结构特点和性质为基础的,有一定的科学道理,也有一定的经验性。但仅凭这种方法鉴定,对蛋的鲜陈好坏只能作个大致的鉴定。

2. 光照鉴别法　　光照透视鉴定法是采用日光和灯光两种不同的光源对蛋进行照射,根据蛋本身具有透光性的特点,在灯光透视下观察蛋内部结构和成分变化的特征,来鉴别蛋品质的方法。

新鲜蛋在光照透视时,蛋白完全透明,呈淡橘红色;气室极小,深度在5 mm内,略微发暗,不移动;蛋白浓厚澄清,无杂质;蛋黄居中,蛋黄膜包裹得紧,呈现朦胧暗影。蛋转动时,蛋黄亦随之转动;胚胎不易看出。通过照验,还可以看出蛋壳上有无裂纹,气室是否固定,蛋内有无血丝血斑、肉斑、异物等。

我国采用灯光透视鉴别法的最多,具体照蛋方法有手工照蛋、机械传送照蛋及电子自动照蛋三种。

(1) 手工照蛋:利用照蛋灯进行的。灯罩由白铁皮做成,罩壁有一个或多个照蛋孔,供一人或多人操作。照蛋孔的高度以对准灯光最强的部位为宜。

(2) 机械传送照蛋:机械传送照蛋目前有两种形式。一种是采用由电机传动的长条形输送带传送,在传送带的两侧装上照蛋的灯台。灯台设置多少要视场地和操作人员的数量而定。每一灯台的间距为1 m左右。由输送带将蛋运到每个照蛋者操作的位置上,照完后,将优质蛋和各类次劣蛋移到输送带上送到出口处,由司磅员分别过秤。另一种是联合照蛋机,集照蛋、装箱等一体化。其工艺流程大体是:上蛋→槽带输送→吸风除草→输送→人工照蛋→输送→下蛋斗→装箱→自动过秤。该方法是半机械化操作,即由工人将鲜蛋搬到上蛋部位,机械手便夹住蛋箱(篓),把蛋倒入槽带,输送到风筒下面,风机将草从风筒中抽出,然后再输送到灯光照验部位,由人工剔出次劣蛋,剩下的好蛋被送入到蛋斗中,下蛋斗翻转后,将蛋装入木箱。

(3) 电子自动照蛋:电子自动照蛋是利用光学原理,采用光电元件组装装置代替人的肉眼照蛋,以机械手代替人工手操作,以机器输送代替人力搬运,实现自动鉴别的科学方法。自动鉴别有两种方法:一种是应用光谱变化的原理来进行照验的,鲜蛋腐败时,氨气的增加会引起光谱的变化,在荧光灯照射下,鲜蛋发出深红、红或淡红的光线,而变质蛋发出紫青或淡紫的光线,由此判断蛋的好坏;另一种方法是根据鲜蛋的透光度来进行照验,鲜蛋变质后,其蛋黄位置、蛋黄的体积和形态以及色泽都将发生变化,光照时,它的透光度也有差异,被自动照蛋器认出,因此,它是根据不同的通光量来分辨蛋的质量优劣。

3. 相对密度鉴别法　　相对密度鉴别法是将蛋置于一定相对密度的食盐水中,观察其浮沉横竖情况来鉴别蛋新鲜程度的一种方法。蛋的分量重,比重大,说明蛋的贮藏时间短,水分损失少,这样的蛋判断为新鲜蛋。贮藏时间长的蛋,蛋内水分蒸发多,气室扩大,分量减轻,比重较小。要测定蛋的相对密度,需先配制各种浓度的食盐水,以鸡蛋放入后不漂浮的食盐水的相对密度来作为该蛋的相对密度。质量正常的新鲜蛋的相对密度在1.08～1.09之间,若低于1.05,则表明蛋已陈腐。

4. 荧光鉴别法　　荧光鉴别法是应用发射紫外线的水银灯照射禽蛋,使其产生荧光。根据荧光光谱的变化来鉴别蛋新鲜程度的一种方法。新鲜蛋的荧光强度微弱,而越陈旧的蛋,荧光强度越强,即使有轻微的腐败,也会引起发光光谱的变化。据测定,最新鲜的蛋,荧光反应呈深红色,渐次由深红色变为红色、淡红色、青、紫色或淡紫色。该法灵敏度高。有的国家已在研究应用。此外,还有电子扫描等多种方法,亦在研究中,试图高效、准确地用来鉴别蛋的新鲜度。

第二十四章 腌制蛋

腌制蛋也叫再制蛋，是中国传统蛋制品的重要形式，是指鲜蛋经过盐、碱、糟、卤等辅料加工而成的不改变蛋的形状的制品，主要包括变蛋（皮蛋）、咸蛋、糟蛋、卤蛋等。

第一节 皮蛋加工

一、皮蛋加工历史及分类

变蛋也叫皮蛋、松花蛋、彩蛋等，有的还叫牛皮蛋，比较流行的叫法是皮蛋或松花蛋。这些名字都来自民间，是根据变蛋的生产或产品的特征来命名的。变蛋是我国劳动人民发明的、具有中国特色的产品，具有特殊的风味品质，是我国有名的传统食品之一。

我国制作皮蛋的历史久远，早在1319年出版的《农桑衣食撮要》一书中，记载着松花（即皮蛋）的加工情况，至今也有600多年了。所以，皮蛋在我国民间的加工与流传，至少有上千年的历史。明朝在光禄寺（管皇室膳食）工作过的戴羲编辑的《养余月令》一书中把松花皮蛋叫做"牛皮蛋"。这本书的"春二月"的"烹制门"中记载有腌制"牛皮鸭子"（"子"字在这里指蛋）的方法。

我国的皮蛋种类很多，主要分为溏心皮蛋和硬心皮蛋两种，近年来随着科学技术的进步，又开发出很多皮蛋的新产品。

1. 硬心皮蛋 相传由太湖流域一带劳动人民发明创造，故又称湖彩蛋。这种蛋是用新鲜蛋外包辅料而制成，所以又叫它生包蛋、鲜制蛋。由于蛋黄全部凝固而稍硬，故称硬心皮蛋。

2. 溏心皮蛋 这种皮蛋蛋黄中心有类似饴糖状的软心，故又称为"汤心皮蛋"。此种皮蛋被目前出口厂家和大部分加工厂所生产。因为此法便于操作、扩大生产及质量控制。

二、皮蛋的营养及功能

1. 营养价值 禽蛋是营养价值很高的食品，加工成皮蛋以后，营养价值基本不受损失，而且由于加工皮蛋过程中，水分减少，蛋内的营养价值相对提高，尤其是蛋白中蛋白质和糖的含量相对增多。禽蛋加工成皮蛋后，大幅度改善了色、香、味，具有特殊滋味和气味，促进人的食欲，有开胃、助食、助消化的作用。由于碱和食盐、茶叶、草灰（或黄泥）等的作用，蛋白和蛋黄中的矿物质有所增加。由于加工皮蛋的各种材料特性和作用，蛋内脂肪和蛋白质被分解，产生易于消化的低分子产物，不仅使皮蛋具有独特的鲜味和风味，而且更易消化和吸收。

2. 保健作用 据古籍医书介绍和目前有些研究，皮蛋具有清凉、明目、平肝的功效，是夏季清热解暑的最佳食品。皮蛋还能降低虚火、解除热毒、助酒开胃、增进食欲、帮助消化、滋补身体，深受我国人民的喜爱，并远销港澳、东南亚、日本和欧美市场。此外，皮蛋对某些疾患有辅助的疗效。当前，它是高血压、口腔炎、咽喉炎和肠胃病患者及老、弱、产妇的良好食品。据民间相传，用青壳鸭蛋、绿壳鸭蛋加工皮蛋食疗保健作用更好。

三、皮蛋加工的基本原理

虽然皮蛋的加工方法与配方很多，但所用的原料是基本相同的，大多是采用纯碱、生石灰、植物灰、黄泥、茶叶、食盐、氧化铅、水等几类物质。这些物质按比例混匀后,将鸭蛋放入其中,在一定的温度和时间内,使蛋内的蛋白和蛋黄发生一系列的变化而成为皮蛋。皮蛋成熟的变化过程,可以归纳成以下几个方面或阶段。

1. 皮蛋的凝固

(1) 凝固过程:在皮蛋(蛋清和蛋黄)凝固过程中,尤其是蛋清的凝固过程中,首先经过了蛋清稀化,然后蛋清逐渐变浓稠而凝固,即为化清和凝固两个阶段。接着进入转色阶段和皮蛋的成熟阶段。在前两个阶段中,起主要作用的物质是氢氧化钠。氢氧化钠是由生石灰和水作用生成熟石灰,熟石灰再进一步与纯碱作用生成氢氧化钠。它们的化学反应过程如下:

$$CaO + H_2O \longrightarrow Ca(OH)_2 + 热量$$
生石灰　　水　　　　熟石灰

$$Ca(OH)_2 + Na_2CO_3 \longrightarrow 2NaOH + CaCO_3\downarrow$$
熟石灰　　　纯碱　　　　氢氧化钠

$$NaO \cdot K_2O + H_2O \longrightarrow NaOH + KOH$$
植物灰　　　　　　　　　氢氧化钠　氢氧化钾

氢氧化钠是一种强碱性物质,在混合料液中,它能通过蛋壳而渗入蛋内,料液中的氧化铅又能促使碱液更快地渗入蛋内,使蛋内的蛋白质开始变性,发生液化。随着碱液的浓度逐步渗入,由蛋白渗向蛋黄,从而使蛋白中碱的浓度逐渐降低,变性蛋白分子继续凝聚,因有水的存在,成为凝胶状,并有弹性。同时,食盐中的钠离子、石灰中的钙离子、植物灰中的钾离子、茶叶中的单宁物质等,都会促使蛋内的蛋白质的凝固和沉淀,使蛋黄凝固和收缩,从而发生皮蛋内容物的离壳现象。所以加工质量比较好的松花皮蛋,一旦外壳敲裂以后,皮蛋很容易剥落下来。蛋白和蛋黄的凝固速度和时间与温度的高低有关。温度高,碱性物质作用快,反之,则慢。所以,加工皮蛋需要一定的温度和时间。而适宜的碱量则是关键,如果混合料液中加入的碱量过多,作用时间过长,会使蛋白质和胶原物质受到破坏,从而使已凝固的蛋白变为液体,这种变化,称为"伤碱",因此,在加工中要严格掌握碱的使用量,并根据温度掌握好时间。

(2) 各阶段理化变化:根据蛋在加工中的变化过程,分 5 个阶段对皮蛋加工过程中的理化变化加以阐述。

① 化清阶段:这是皮蛋加工发生变化的第一阶段。在这一阶段,蛋白从黏稠变成稀的透明水样溶液,蛋黄有轻度凝固(鸭、鸡蛋凝固约 0.5 mm,鹌鹑蛋更薄),蛋白质的变性达到完全。其中含碱量为 $4.4\sim 5.7$ mg/g(以 NaOH 计)。这时的蛋清发生了物理和化学两方面的变化,其物理变化表现为蛋白质分子变为分子团胶束状态(无聚集发生)。化学变化是卵蛋白在碱性条件及水的参与下发生了强碱变性作用。而微观变化是蛋白质分子从中性分子变成带负电荷的复杂阴离子。维持蛋白质分子特殊构象的次级键如氢键、盐键、范德华力、偶极作用、配位键及二硫键等受到破坏,使之不能维持原来的特殊构象,坚实的刚性蛋白质分子变为结构松散的柔性分子,从卷曲状态变为伸直状态,达到了完全变性,原来的束缚水变成了自由水。但这时蛋白质分子的一、二级结构尚未受到破坏,化清的蛋白还没有失去热凝固性。

② 凝固阶段:在这一阶段,蛋的蛋白从稀的透明水样溶液凝固成具有弹性的透明胶体,蛋黄凝固厚度为 $1\sim 3$ mm。蛋白胶体呈无色或微黄色(视加工温度而定),平均含碱量为 6.4 mg/g($6.1\sim 6.8$ mm/g)。实践证明这个阶段蛋白含碱量最高。这时发生的理化变化是完全变性的蛋白质分子在 NaOH 的继续作用下,二级结构开始受到破坏,氢键断开,亲水基团增加,使得蛋白质分子的亲水能力增加。蛋白质分子之间相互作用形成新的聚集体。Catharine 对卵清蛋白质变性后的研究,发现卵清蛋白经酸、碱、热变性后,形成 $5\sim 20$ 个变性蛋白质分子组成的分子聚集体。由于这些聚集体形成了新的空间结构,吸附水的能力逐渐增大,溶液中的自由水又变成了束缚水,溶液黏度随之逐渐增大,达到最大黏度时开始凝固,直到完全凝固成弹性极强的胶体为止。

③ 转色阶段:此阶段的蛋白呈深黄色透明胶体状,蛋黄凝固 $5\sim 10$ mm(鸭、鸡蛋)或 $5\sim 7$ mm(鹌鹑蛋),转色层分别为 2 mm 或 0.5 mm。蛋白含碱度降低到 $3.0\sim 5.3$ mg/g。如果含碱量超过这个允许值范围,就会出现凝固蛋白再次变为深红色水溶液的情况,使之成为次品。这时的物理化学变化是蛋白、蛋黄均开始产

生颜色,蛋白胶体的弹性开始下降。这是因为蛋白质分子在 NaOH 和 H_2O 的作用下发生降解,一级结构受到破坏,单个分子的分子质量下降,放出非蛋白质性物质,同时发生了美拉德反应(Maillard Reaction)。这些反应的结果使蛋白胶体的颜色由浅变深。

④ 成熟阶段:蛋白全部转变为褐色的半透明凝胶体,仍具有一定的弹性,并出现大量排列成松枝状的晶体簇;蛋黄凝固层变为墨绿色或多种色层,中心呈溏心状。全蛋已具备了松花蛋的特殊风味,可以作为产品出售。此时蛋内含碱量为 3.5 mg/g。这一阶段的物理化学变化同于转色阶段。实验证明这阶段产生的松花是由纤维状氢氧化镁水合晶体形成的晶体簇。蛋黄的墨绿色主要是蛋白质分子同 S^{2-} 反应的产物。模拟实验表明,生色基团可能是由 S^{2-} 和蛋氨酸形成的。

⑤ 贮存阶段:这个阶段为产品的货架期。此时蛋的化学反应仍在不断地进行,其含碱量不断下降,游离脂肪酸和氨基酸含量不断增加。为了保持产品的质量稳定,应将成品在相对低温条件下贮存,还要防止环境中微生物的侵入。

2. 皮蛋的呈色

(1) 蛋白呈现褐色或茶色:蛋白变成褐色或茶色是由于蛋内微生物和酶发酵作用的结果。蛋白的变色过程,首先是鲜蛋在浸泡前,侵入蛋内的少量微生物和蛋内蛋白酶、胰蛋白酶、解脂酶及淀粉酶等发生作用,使蛋白质发生一系列变化;其次是蛋白中的糖类变化,它以两种形态出现,一部分糖类与蛋白质结合,直接包含在蛋白质分子里;另一部分糖类在蛋白里并不与蛋白质结合,而是处于游离的状态。前者的组成情况是:在卵白蛋白中有 2.7%(甘露糖),伴白蛋白中有 2.8%(甘露糖与半乳糖),卵黏蛋白中有 1.49%(甘露糖与半乳糖),卵类黏蛋白中有 9.2%(甘露糖与半乳糖);后者主要是葡萄糖占整个蛋白的 0.41%,此外,还有部分游离的甘露糖和半乳糖。它们的羰基和氨基酸的氨基化合物及其混合物与碱性物质相遇,发生作用时,就会发生褐色化学反应(即美拉德反应),生成褐色或茶色物质,使蛋白呈现褐色或茶色。

(2) 蛋黄呈现草绿或墨绿色:蛋黄中的卵黄磷蛋白和卵黄球蛋白都是含硫较高的蛋白质。它们在强碱的作用下,加水分解会产生胱氨酸和半胱氨酸,提供了活性的巯基(—SH)和二硫基(—SS—)。这些活性基与蛋黄中的色素和蛋内所含的金属离子铅、铁相结合,使蛋黄变成草绿色或墨绿色,有的变成黑褐色。蛋黄中含有的色素物质,在碱性情况下,受硫化氢的作用,会变成绿色;在酸性情况下,当硫化氢气体挥发后,就会褪色。溏心皮蛋出缸后,如果未及时包上料泥或将皮蛋剥开,暴露空气中时间较长,则暴露部位或整个蛋会变成"黄蛋"。这就说明,蛋黄色素是引起色变的内在因素。此外,红茶末中的色素也有着色作用,而且蛋黄本身的颜色就存在着深浅不一的状况。因此,在皮蛋色变过程中,常见的蛋黄色泽有墨绿、草绿、茶色、暗绿、橙红等,再加上外层蛋白的红褐色或黑褐色,便形成五彩缤纷的彩蛋。

3. 皮蛋松花的形成 经过一段时间成熟的皮蛋,食用时剥开皮蛋的壳,在蛋白和蛋黄的表层,有松枝针状的结晶花纹和彩环,称为"松花"。有人说,它是由于用柏树枝灰加工的结果。为证实这一说法,人们选用了其他树枝灰加工皮蛋,剥开蛋壳以后,蛋白表面仍有松花。皮蛋松花的形成是皮蛋加工行业长期未曾解开的一个谜。20 世纪 80 年代中后期,原中国商业部食品检测科学研究所李树青等对松花结晶体的分析结果表明,不管哪一种皮蛋其松花结晶体都是纤维状氢氧化镁水合结晶,所测得物理化学性质及光谱数据等均同标准氢氧化镁吻合。该研究报告还指出,当蛋内镁浓度达到足以同 OH^- 离子化合形成氢氧化镁时,在蛋白质凝胶体内,它们就形成水合晶体,即松花结晶体。蛋内松花的多少与镁的浓度以及分布有关,镁的来源除蛋内容物含有少量外,主要来源于蛋壳和蛋壳膜,镁能部分被料液溶解进入蛋内。生产实践表明,镁在蛋内的分布是不均匀的,蛋是传统生石灰、纯碱法生产的皮蛋,其镁的分布均匀性比用烧碱法生产的好。

4. 皮蛋风味的形成 皮蛋之所以具有特殊的风味,主要是由于蛋在加工中发生了一系列生物化学变化,产生了多种复杂的风味成分。皮蛋风味成分主要在蛋变色和成熟两阶段形成。根据气相色谱质谱联用技术对皮蛋中挥发性风味成分的研究表明,皮蛋在成熟之后新产生了 40 种挥发性风味物质,加上禽蛋原有的 19 种挥发性风味成分,共有这类化合物 59 种。在碱性条件下,部分蛋白质水解成多种带有风味活性的氨基酸。部分氨基酸再经氧化脱氨基而产生 NH_3 和酮酸,含硫氨基酸还可继续变化和分解产生 H_2S。微量的 NH_3 和 H_2S 可使皮蛋别具风味;少量的酮酸具有特殊的辛辣风味。除此之外,食盐的咸味、茶叶的香味等也是构成皮蛋特有风味的重要因素。

四、变蛋加工工艺

1. 皮蛋加工原料蛋的选择　为了便于准确投料和加工,保证皮蛋加工过程中成熟期的一致,经挑选后的新鲜合格鸭蛋,还要按蛋的重量大小进行分级。原料蛋的分级标准见表24-1、表24-2。

表24-1　内销鸭皮蛋的原料蛋分级标准

级　别	每1 000枚鸭蛋重量
特　级	72.5 kg以上
一　级	65.0 kg以上
二　级	57.5 kg以上
三　级	52.5 kg以上
四　级	47.5 kg以上

表24-2　出口鸭皮蛋原料蛋分级标准

级　别	每1 000枚鸭蛋重量
一　级	77.5 kg以上
二　级	72.5 kg以上
三　级	67.5 kg以上
四　级	62.5 kg以上
五　级	57.5 kg以上

2. 皮蛋加工辅料及选择　鲜蛋能变成皮蛋,是由各种材料的相互配合所起作用的结果。材料质量的优劣直接影响到皮蛋质量和商品价值。因此,在材料选用时,要按皮蛋加工要求的标准进行选择,以确保加工出的皮蛋符合卫生要求,有利于人体健康。常用的加工材料有以下几种。

(1) 纯碱:纯碱的学名叫无水碳酸钠(Na_2CO_3),俗称食碱、大苏打等。其性质为白色粉末,含有碳酸钠99%左右,能溶解于水,但不溶于酒精,常含食盐、芒硝、碳酸钙、碳酸镁等杂质。纯碱暴露在空气中,易吸收空气中的湿气而重量增大,并结成块状;同时,易与空气中的碳酸气体化合生成碳酸氢钠(小苏打),性质发生变化。纯碱是加工皮蛋的主要材料之一,其作用使蛋内的蛋白和蛋黄发生胶性的凝固。为保证皮蛋的加工质量,选用纯碱时,要选购质纯色白的粉末状纯碱,含碳酸钠要在96%以上,不能用吸潮后变色发黄的"老碱"。配料前,最好对纯碱的碳酸钠含量进行测定,以免效率降低。

(2) 生石灰:生石灰的学名叫氧化钙(CaO),俗称石灰等。其性质为块状白色,遇水生成氢氧化钙(熟石灰),并迅速成为白色粉末。这种石灰的成分中,含有效氧化钙的数量不得低于75%;对掺有杂质的生石灰不得使用。加工皮蛋时使用生石灰的数量要适宜,以满足与碳酸钠作用时所生成的氢氧化钠的浓度达到4%~5%为宜。

(3) 食盐:食盐的学名叫氯化钠(NaCl)。其性质为白色结晶体,具有咸味,易吸潮。生产皮蛋用的盐,质量上要求氯化钠含量在96%以上,料液中一般加入3%~4%的食盐。如果食盐加入过多,会降低蛋白的凝固,反而使蛋黄变硬;如果食盐加入过少,不能起到改变皮蛋风味的作用。

(4) 茶叶:皮蛋加工使用茶叶的一是增加皮蛋的色素,二是提高皮蛋的风味,三是茶叶中的单宁能促使蛋白凝固。加工皮蛋一般都选用红茶末,因红茶中含有单宁8%~25%,茶素(咖啡因)1%~5%,还含有茶精、茶色素、果胶、精油、糖、茶叶碱、可可碱等成分。这些成分能增加皮蛋的色泽,提高风味,促进蛋白凝固。而这些成分在绿茶中的含量比较少。严禁使用受潮或发生霉变的茶叶。

(5) 植物灰:植物灰中含有各种不同的矿物质和芳香物质,这些物质能增进皮蛋的品质和提高其风味。灰中含量较多的物质有碳酸钠和碳酸钾。据化学分析,油桐子壳灰中的含碱量在10%左右,与石灰水作用,同样可以产生氢氧化钠和氢氧化钙,使鲜蛋加快转化成皮蛋。在皮蛋加工中无论何种植物灰,都要求质地纯净、粉粒大小均匀,无杂质、异味。使用时,要将灰过筛除去杂质,方可倒入料液中混合,并搅拌均匀。植物灰的使用数量要按植物树枝的种类决定。这是因为不同的树枝或籽壳烧成的灰,它们的含碱量是有区别的。

（6）水：加工皮蛋的各种材料按一定的比例用量称取后，需要加水调成糊状才能发生化学反应。为保证皮蛋的质量和卫生，使用的水质要符合国家卫生标准。通常要求用沸水调制，一是能杀死水中的致病菌；二是能使混合物料更快地分解和溶合，从而生成新的具有较强效力的料液，以加快对鲜蛋的化学作用，加快皮蛋的成熟。

（7）氧化铅：氧化铅（PbO）又称黄丹粉、金生粉，呈黄色、浅黄红色金属粉末或小块状，是有毒的化合物，不溶于水，溶于硝酸、乙酸及碱金属氧化物的热溶液中。氧化铅对皮蛋的作用机理有很多种说法，如能促进料液向蛋内渗透，能引起蛋白质变性，腌制后期堵塞蛋壳变面的气孔，控制碱液的渗入等。

铅是重金属，长期使用会对人体造成慢性中毒，应严格控制，必须限量使用，我国皮蛋卫生标准（GB 5128-1985）规定，皮蛋中铅的含量不能超过 3 mg/kg，因此，尽可能不用或少用氧化铅。近年来，许多企业认为控制或采用其他物质，如铜盐、锌盐等代替氧化铅。这些物质必须在碱性条件下能够溶解，能与巯基等活性基团生成难溶的化合物，并能吸附、沉积在蛋壳和蛋壳膜上，堵住气孔，对人体无毒无害，才能在生产中推广应用。

3. 皮蛋加工场地要求及设备 目前，我国多数皮蛋加工企业的规模都较小，设备简陋，生产能力低，效率低下，产品质量也不很稳定。随着科学技术的发展和人民生活水平的不断提高，在生产中采用更加科学的加工手段和加工技术，进一步提高产品的质量，提高劳动生产率，已成为传统蛋制品现代化生产的必由之路。

（1）加工场地技术要求

① 鲜蛋检验及贮存场地的要求：为了确保原料蛋的质量，鲜蛋检验及贮存场所应满足以下要求：厂房宽敞，地面平整，场地清洁、阴凉、干燥；既要避免阳光直射，又要通风透气；场地温度控制在 10～15 ℃，相对湿度维持在 80%～85%。

② 辅料贮存场地的要求：加工皮蛋使用的辅助材料种类多、数量大，必须根据各种辅料的特点，用专门的容器贮存。各种辅料不能随意堆放，也不要混放，要避免日晒雨淋，以防辅料的性质发生变化甚至失去作用。

③ 配料间及料液贮存间的要求：配料间是配制料液时各种辅料发生化学反应的场所，常常有大量热量和水蒸气产生，因此，配料间要求高大宽敞，墙内壁要有较高的水泥墙裙。料液贮存间是暂时存放料液的地方，为了最大限度保证料液在存放期间不发生水分蒸发和浓度变化，防止外界的污染，并尽量减少空气中二氧化碳与料液的化学反应，未使用完的料液应装入容器中密封保存。

④ 加工车间的要求：皮蛋加工车间是皮蛋生产最主要的场所，也是浸泡皮蛋成熟的地方，在生产中，控制适宜的车间温度是皮蛋加工成败的关键。当料液浓度不变时，车间温度决定着皮蛋的成熟速度及浸泡时间。在生产中，一般控制加工车间的温度为 20～25 ℃，其中以室温 22 ℃为最佳。所以有条件的加工车间可以安装空调来控制车间的温度。

（2）皮蛋加工设备

① 传统加工设备：目前，国内小型蛋品加工厂在加工皮蛋时，多数仍采用传统的手工操作，设备简陋，主要包括陶瓷缸、各类盛装容器（桶、盆、瓢、勺）、洗蛋捞蛋用具（竹制蛋篓或塑料蛋箱、漏瓢）、压蛋网盖、包涂泥料的工具及保护用具（乳胶手套、橡皮围腰、长筒胶靴）等。

② 现代加工设备：随着科学技术的发展和皮蛋生产工艺的改进，我国在皮蛋生产方面的机械化生产取得了很好的进展，逐步在向机械化、自动化方向发展。

拌料机：拌料机又称打料机，它的结构简单，使用较方便，主要由电动装置、离心搅拌机和可动支架三部分组成。在皮蛋生产中，使用这种机器代替手工搅拌料液，其效果好，效率高。

吸料机：吸料机即料液泵，由料浆泵、料管和支架构成。吸料机能吸取黏稠度较大的松花蛋料液，它适合于清料法生产中无渣料液的转缸、过滤及灌料等工序。

打浆机：这种机器由动力装置、搅拌器、料筒及固定支架组成。打浆机已为许多皮蛋加工厂所采用，其主要用途是生产包裹皮蛋的浓稠料泥。

包料机：包料机一般由料池、灰箱、糠箱、筛分装置、传送装置及成品盘等组件构成。使用这种机器每小时可包涂皮蛋一万枚以上，不仅大大提高了工作效率，而且避免了手工操作时，碱、盐等对皮肤的损伤。近些年来，由于传统皮蛋生产中外裹泥糠的保存方法虽然保存时间长，但不符合检疫、方便、卫生等要求，皮蛋生产中的包料已经发展成为涂膜方法，出现了不同功能、型号的皮蛋涂膜机。

皮蛋清洗、烘干、涂膜一体机：该类机械是由于皮蛋加工中浸泡出缸以后的清洗、涂膜保鲜而设计的,避免了在清洗中的易碎和人工接触的污染,显著提高生产速度与效率。该类设备的主要工艺流程为上蛋→清洗→烘干→喷膜→消毒,见图24-1。

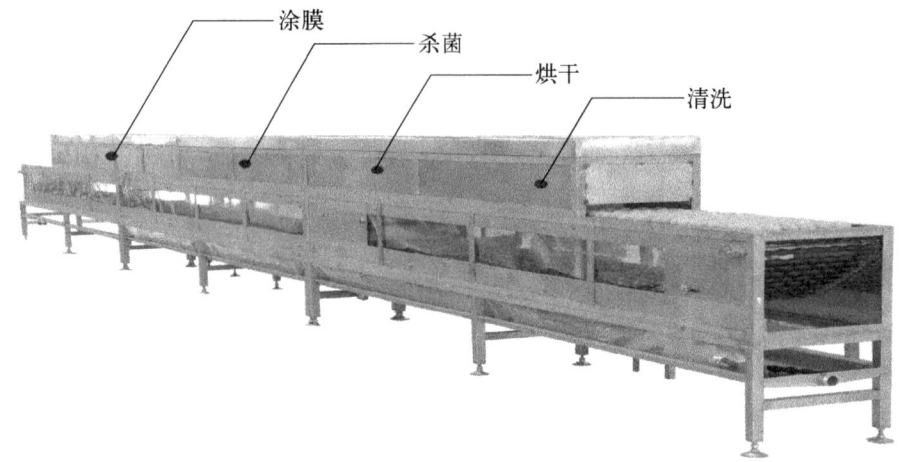

图24-1　皮蛋清洗、烘干、涂膜一体机

4. 皮蛋加工工艺

(1) 料液的配制：我国各地加工皮蛋的配料标准均不一样,特别是生石灰用量和所用的材料品种上有很大的差异。

① 配方：现将我国主要皮蛋加工地区的配方予以介绍,以供参考。这些配方中仍然使用了氧化铅,具体加工过程可以调整。各地的配方也还应根据生产季节、气候等情况作出调整,以保证产品的质量。由于夏季鸭蛋的质量不及春、秋季节的质量高,蛋下缸后不久便有蛋黄上浮及变质发生,为此,应将生石灰与纯碱的用量标准适当加大,从而加速松花蛋的成熟度,缩短成熟期。我国各地皮蛋加工配方分别见表24-3和表24-4。

表24-3　我国各地加工皮蛋的配方/kg

材料名称	北京市	上海市	江苏省	浙江省	山东省	湖南省	锦州市	大连市
沸水	100	100	100	100	100	100	100	100
纯碱	7.2	5.45	5.3	6.25	7.8	6.5	6.0	6.5
生石灰	28	21	21.1	16	29	30	22	28
黄丹粉	0.75	0.424	0.35	0.25	0.5	0.25	0.7	0.5
食盐	4.0	5.45	5.5	3.5	2.8	5.0	5.0	5.0
红茶末	3.0	1.3	1.27	0.625	1.13	2.5	0.8	—
松柏枝	0.5	—	—	—	0.25	—	—	—
柴灰	2.0	6.4	7.63	6.0	1.0	5.0	—	2.0
黄土	1.0	—	—	—	0.25	—	—	—

表24-4　松花蛋配料标准参考表/kg

地区季节 配料	北京		天津		湖北	
	春、秋季	夏季	春初、秋末	夏季	一、四季度	二、三季度
鲜鸭蛋	800	800	800	800	1 000	1 000
生石灰	28~30	30~32	28	30	32~35	35~36
纯碱	7	7.5	7.5	8~8.5	6.5~7	7.5
黄丹粉	0.3	0.3	0.3	0.3	0.2~0.3	0.2~0.3
食盐	4	4	3	3	3	3
茶叶	3	3	3	3	3.5	4
木炭灰	2	2	—	—	5~6	7
松柏枝	0.3	0.3	少许	少许	—	—
清水或沸水	100	100	100	100	100	100

② 熬料：首先将锅洗刷干净，然后按配料标准，把事先称量准确的茶叶、松柏枝、清水倒入锅中加热煮沸。

③ 冲料：准备一个空缸（厚缸）或铁桶，先将生石灰、纯碱、食盐称好放入缸（或桶）中，后将黄丹粉、草木灰放在生石灰上面，再将上述煮沸的料水（或汁液）乘沸倒入缸中，此时生石灰遇到汁液，即自行化开，同时放出热量，发出高温，待缸中蒸发力渐弱后，用木棒不断翻动搅拌均匀。为保证料液浓度，需按捞出的石块重量补足生石灰。待到缸中的各种材料充分溶解化开后，使料液或料汤冷却静置，以备灌汤用，并用铁丝网捞出料液中不易溶化的生石灰块。

(2) 鲜蛋装缸：装缸或下缸是将经过感观鉴定、照蛋、敲蛋、分级等工序挑选出来的鲜蛋，分级或分批下入清洁的缸内。下缸前，缸底要铺一层洁净的麦秸，以免最下层的鸭蛋直接与缸底相碰，受到上面许多层次的鸭蛋的压力而压破。放蛋入缸时，要轻拿轻放，一层一层地平放，切忌直立，以免蛋黄偏于一端。蛋下至离缸面略低，装至距缸口6~10 cm处，加上花眼竹篦盖，并用碎砖瓦压住，以免灌汤以后，鸭蛋浮起来。

(3) 灌料：鲜蛋装缸后，将经过冷却凉透的料液（或料汤）加以搅动，使其浓度均匀，按需要量徐徐由缸的一边灌入缸内，直至使鸭蛋全部被料液淹没为止。灌料时切忌猛倒，避免将蛋碰破和浪费料液。料液灌好后，再静置鸭蛋，在料液中腌渍成熟。料液的温度随季节不同而异，在春、秋季节，料液的温度应控制在15 ℃左右为宜，冬季最低20 ℃为宜。料液温度过低，室温也低时，则部分蛋清发黄，有的部分发硬，蛋黄不呈溏心，并带有苦涩味；反之料液温度过高，蛋清发软、粘壳，剥壳后蛋白不完整，甚至蛋黄发臭，影响缸内大部分蛋的质量发生变化。因此，夏季料液的温度应掌握在20~22 ℃之间，保持在25 ℃以下为好。

(4) 技术管理与成熟：灌料后即进入腌制过程，一直到松花蛋成熟，这一段的技术管理工作同成品质量的关系十分密切。首先是严格掌握室内（缸房）的温度，一般要求在21~34 ℃之间。鸭蛋在料汤内腌制过程中，春、秋季节经过7~10 d，夏季经过3~4 d，冬季经过5~7 d的浸渍，蛋的内容物即开始发生变化，蛋白首先变稀，称为"作清时期"。随后约经3 d，蛋白逐渐凝固，此时室内温度可提高到25~27 ℃，以便加速碱液和其他配料向蛋内渗透，待浸渍15 d左右，可将室温降至16~18 ℃范围内，以便使配料缓缓地进入蛋内，不同地区室温要求也有所不同，南方地区夏天缸房温度不应高于30 ℃，冬天保持在25 ℃左右。夏季可采取一些降温措施，冬天可采取适当的保暖办法。有条件的地方，缸房设在地下室内，冬暖夏凉，腌制松花蛋最为适宜。腌制过程中，应注意勤观察、勤检查。为避免出现黑皮、白蛋等次品，每天检查蛋的变化、温度高低、料汤多少等，以便发现问题及时解决。不同成熟的温度下蛋白的变化情况见表24-5。

表24-5 验料时不同温度下蛋白的变化情况

室内温度/℃	凝固时间/h	凝固后液化时间/h	全部化清时间/h
10	15~16	18~20	72~73
15.5	13~14	15~17	48~49
21.5	10~11 h，蛋白未完全凝固，杯边即开始液化，至12 h杯心凝固		40
26.5	8 h，蛋白未完全凝固，杯边即开始液化，至8~11 h杯心凝固		28~29
31	7 h，蛋白未完全凝固，杯边即开始液化，至9~9.5 h杯心凝固		21~22

注：蛋白液化时蛋白呈象牙色；蛋白全部液化时杯底蛋白呈金黄色

(5) 出缸：一般情况下，鸭蛋入缸后，经过35 d左右时间的腌制，即可成熟变成松花蛋，夏天需30~35 d，冬天需35~40 d。为了确切知道成熟与否，可在出缸前，在各缸中抽样检验，视全部鸭蛋成熟了，便可出缸。出缸时要注意轻拿轻放，不要碰损蛋壳，将成熟的鸭蛋捞出后，用冷开水或料液上清液冲洗，洗去附在蛋壳表面的碱液和其他污物，装入竹篓内晾干。

(6) 检验分级：出缸后的松花蛋，严格进行检验分级是保证内销和出口松花蛋质量的一道重要工序。检验分级的方法是，成熟的松花蛋，经过验质的业务人员采取"一观、二掂、三摇、四照"的方法进行验质，前三种方法为感官鉴定法，后一种方法为照蛋法（灯光透视）。

一观：观看蛋壳是否完整，壳色是否正常。通过肉眼观察，可将破损蛋、裂纹蛋、黑壳蛋及比较严重的黑色斑块蛋等次劣蛋剔出。

二掂：拿一枚松花蛋放在手上，向上轻抛丢二三次或数次，试其内容有无弹性，即为掂蛋或称为手抛法鉴定蛋的质量。若掂到手里有弹性并有沉甸甸的感觉者为优质蛋；若无弹性感觉时，则需要进一步用手摇法鉴别其蛋的质量如何。

三摇：此法是前法的补充，当用手抛法不能判定其质量优劣时，再用手摇法，即用手捏住松花蛋的两端，在耳边上下、左右摇动2～3次或数次，听其有无水响声或撞击声。若无弹性，水响声大者，则为大溶头蛋。若微有弹性，只有一端有水荡声者，则为小溶头蛋。若用手摇时有水响声，破壳检验时蛋白、蛋黄呈液体状态的蛋，则为水响蛋，即劣蛋。

四照：用上述感官鉴定法还难以判明成品质量的优劣时，可以采用照蛋法进行鉴定。在灯光透视时，若蛋内大部分或全部呈黑色（深褐色），小部分呈黄色或浅红色者为优质蛋。若大部分或全部呈黄褐色透明体，则为未成熟的蛋。若内部呈黑色暗影，并有水泡阴影来回转动，则为水响蛋。若一端呈深红色，且蛋白有部分粘贴在蛋壳上，则为粘壳蛋。若在呈深红色部分有云状黑色溶液晃动着，则为溶头蛋。

经过上述一系列鉴定方法鉴别出的优质蛋或正常合格蛋。按大小分级装篓，以备包泥或涂膜。其余各种类型的次劣蛋均需剔出。

（7）包泥裹糠（或涂膜）：经过验质分级选出的合格蛋进行包泥。包泥系用60%～70%的黄黏土与30%～40%的已腌渍过松花蛋的料汤，调和成糊状，以将蛋置于糊浆上能浮于浆面上为适宜。包泥时将蛋逐只用泥料包裹，平均每只需包泥68 g左右。为便于贮藏，防止包泥后的松花蛋互相粘连，包泥后将蛋放在稻壳上来回滚动，稻壳便均匀地粘到包泥上。大约每100只蛋需稻壳0.5 kg左右。包泥、滚壳中要注意，为使包泥合乎质量要求，泥料中的泥土必须选择无异味、无杂土的黄黏土；调泥必须选用腌过松花蛋的原料汤与黄土调成糊状的泥料。所用稻壳或糠壳，要上筛除去杂质。但是当前国内外市场消费的需要有所改变，有些厂家进行了改进，用一些新型的涂膜剂来改变松花皮蛋传统的涂泥滚糠方式，取得了较好的效果。

第二节　咸蛋加工

咸蛋又名盐蛋、味蛋，是指以鸭蛋为主要原料腌制而成的一种风味独特、食用方便的再制蛋。我国咸蛋生产历史悠久，在全国各地均有生产，其中尤以江苏高邮的咸蛋最为著名。品质优良的咸鸭蛋具有"鲜、细、嫩、松、沙、油"六大特点。由于咸蛋加工方法简单、费用低廉、风味独特、食用方便，近年来，产量剧增，除供应国内人民消费食用外，许多企业的产品还远销港澳地区、日本、新加坡、马来西亚、美国以及欧洲等许多个国家和地区，深受消费者的欢迎。咸蛋除了直接食用外，随着食品工业的发展还可在月饼、面包等糕点和菜肴中使用，来提高其他食品的质量及档次。

一、咸蛋的加工原理

1. 食盐在腌制中的作用　咸蛋主要用食盐腌制而成。食盐有一定的防腐能力，可以抑制微生物的生长，使蛋内容物的分解和变化速度延缓，所以咸蛋的保存期比较长。但食盐只能起到暂时的抑菌作用，减缓蛋的变质速度，当食盐的防腐力被破坏或不能继续发生作用时，咸蛋就会很快地腐败变质。所以，从咸蛋加工到成品销售，必须为食盐的防腐作用创造条件，否则不管何种成品或半成品，仍会在薄弱的环节中变坏。

食盐溶解在水中可以发生扩散作用，对周围的溶质具有渗透作用。食盐之所以具有防腐能力，主要是产生渗透压的缘故。咸蛋的腌制过程，就是食盐通过蛋壳及蛋壳膜向蛋内进行渗透和扩散的过程。在腌制过程中，食盐溶液产生很大的渗透压，使细菌细胞体的水分渗出，导致细菌细胞发生质壁分离，于是细菌不能再进行生命活动，甚至死亡。由于腌制时食盐渗入蛋内，使蛋内的水分脱出，降低了蛋内水分含量，抑制了细菌的生命活动。同时，食盐可以降低蛋内蛋白酶的活性和细菌产生蛋白酶的能力，从而延缓了蛋的腐败变质速度。

腌制咸蛋时，食盐的作用主要表现在以下几个方面：① 脱水作用；② 降低了微生物生存环境的水分活性；③ 对微生物有生理毒害作用；④ 抑制了酶的活力；⑤ 同蛋内蛋白质结合产生风味物质；⑥ 促使蛋黄油渗出。

2. 咸蛋在腌制过程中的变化　当鲜蛋包以泥料浸入食盐溶液中后，食盐通过气孔而渗入蛋内。其转移的速度除与盐溶液的浓度和温度成正比外,还和盐的纯度以及腌渍方法等有关。采用盐泥和灰料混合物腌蛋的方法比用盐溶液浸渍法要慢一些。而循环盐水浸渍的方法比一般的浸渍方法要快。食盐中所含的氯化钠越多,渗透的速度越快。如果盐中含有镁和钙盐较多时,就会延缓食盐向蛋内的渗透速度,从而推迟蛋的成熟期。蛋中脂肪对食盐的渗透有相当大的阻力,所以含脂肪多的蛋比含脂肪少的蛋渗透得慢,这也是咸蛋蛋黄不咸的原因。蛋的品质对渗透速度也有影响,新鲜、蛋白浓稠的原料蛋成熟较快,蛋白较稀的成熟较慢。加工过程中,温度越高,食盐向蛋内渗透越快,反之则慢。蛋内水分的渗出是从蛋黄通过蛋白逐渐转移到盐水中,食盐则通过蛋白逐渐移入蛋黄内。食盐对蛋白和蛋黄的作用并不相同,对蛋白可使其黏度逐渐降低而变稀,对蛋黄可使其黏度逐渐增加而变稠变硬。食盐对蛋白、蛋黄的作用变化情况见表24-6和表24-7。

表24-6 蛋腌制期间水分、食盐含量和黏度的变化

浸渍时间/天	水分/%		食盐含量(干物质中)/%		黏度(水100,20℃)	
	蛋白	蛋黄	蛋白	蛋黄	蛋白	蛋黄
0	87.4	49.1	1.2	0.1	10	142
15	87.4	48.0	2.3	0.3	7	340
30	86.8	44.3	9.8	0.3	7	1 575
60	85.1	37.8	18.9	1.2	6	已凝固
90	74.2	26.0	21.4	2.9	3	已凝固

表24-7 蛋腌制期间蛋重、pH、蛋黄含油量和含水量的变化

天数	0	10	20	30
蛋重/g	75.18±4.88	71.18±5.58	73.23±4.27	72.69±3.87
蛋白pH	8.80±0.15	8.00±0.49	7.87±0.26	7.00±0.34
蛋黄pH	6.10±0.31	6.09±0.37	5.62±0.61	5.77±0.28
蛋白含水量/%	87.61±2.94	85.83±1.03	85.59±0.59	85.20±0.64
蛋黄含水量/%	46.90±3.81	37.29±2.55	24.03±3.27	16.07±1.82
蛋黄含油量/%	35.01±4.17	42.92±5.81	42.57±3.48	47.74±4.68

从表24-6和表24-7可以看出,腌制的时间越长,蛋内容物的水分就越少,而干物质中的食盐含量就越多,尤其是蛋白中水分的减少程度比蛋黄中更显著。由于蛋内水分的减少以及蛋黄蛋白质在腌制过程中有某种程度的分解,蛋黄内脂肪成分相对增加。因此,咸蛋蛋黄内的脂肪含量看起来要比鲜蛋多得多,使蛋黄出现"油露松沙"的现象。

综上所述,咸蛋在腌制期间的变化可以归纳为以下几点。

(1)水分含量:水分含量随着腌制时间的延长而下降,蛋白含水量下降非常明显,蛋黄含水量下降不显著。因为食盐溶液的浓度大于蛋内,所以,蛋内水分的渗出是从蛋黄通过蛋白逐渐转移到盐水中。腌制时间越长,蛋中食盐含量越多,咸蛋内的水分含量越会降低,而且蛋黄的脱水作用很明显。

(2)食盐含量:食盐的含量随着腌制时间的延长而增加,主要表现为蛋白中食盐含量的增加,在蛋黄中因脂肪含量高会妨碍食盐的渗透性和扩散性,所以蛋黄中食盐含量增加不多。

(3)黏度和组织状态:咸蛋在腌制期间,随着食盐的渗入,蛋白的黏度变小,呈水状,而蛋黄的黏度增加,呈凝固状态。由此可知,食盐成分对蛋白和蛋黄所表现的作用并不相同,其机理可能是食盐渗入蛋内,钠离子与蛋白质的羧基等带负电的基团结合,而氯离子与蛋白质的氨基等带正电的基团结合,使蛋白质亲水基团减少,从而使被蛋白吸附的水游离。因游离水的增多,蛋白的黏度就变小,感官如水一样。

(4)pH:咸蛋的pH与鲜蛋的pH明显不同,随着腌制时间的延长,蛋白pH逐渐下降,由碱性向中性发展,这可能是由于食盐的渗入破坏了蛋白中的溶菌酶等碱性蛋白质的结果,同蛋内碳酸气的排出也有关系。蛋黄的pH变化不明显,由开始的6.10下降至30 d时的5.77,变化缓慢,蛋黄的pH下降同脂肪的增加有关。

(5) 蛋黄含油量：咸蛋在腌制过程中，蛋黄内含油量上升较快，腌制 10 d 时更明显，以后则缓慢上升，蛋黄含油量的增加对咸蛋风味的形成有一定意义。

(6) 质量变化：咸蛋在腌制期间，其质量略有下降，主要是由于水分的损失造成。

3. 蛋在腌制过程中有关因素的控制

(1) 食盐的纯度和浓度：食盐中还含有镁盐和钙盐等物质，蛋在腌制过程中，镁盐和钙盐会影响食盐向蛋内渗透的速度，推迟咸蛋成熟的时间，同时，钙盐和镁盐具有苦味，且能与蛋中的化学成分发生化学反应，影响质量，当水溶液中 Ca^{2+} 和 Mg^{2+} 浓度达到 0.15%～0.18% 和在食盐中达到 0.6% 时，即可察觉出有苦味。因此，要求食盐纯度高，NaCl 含量愈多愈好。腌制咸蛋一般选用纯净的再制盐或海盐。

蛋在腌制时，食盐用量愈多，食盐浓度愈大，食盐成分向蛋内渗入的速度愈快，咸蛋的成熟亦较快，可以缩短腌制时间。腌制时食盐的用量根据腌制目的、环境条件（气温）、腌制方法和消费者口味的不同而有所不同。腌制时气温低，用盐量可少些；气温高，用盐量高些。既要防止蛋的腐败变质，又要使消费者不至于感到过咸。

(2) 腌制方法：盐泥或灰料混合腌制的方法，由于食盐成分渗入蛋内速度较慢，咸蛋的成熟也较迟缓；用食盐水溶液浸渍的方法，由于食盐成分渗入蛋内速度较快，可缩短腌制时间；而用循环盐水浸渍的方法，食盐渗入蛋内速度更快。

(3) 腌制期的温度：温度愈高，食盐向蛋内渗透和扩散的速度愈快，反之则慢。所以，夏季腌蛋成熟时间短，冬季腌蛋成熟时间长。但选用适宜腌制温度必须谨慎小心，这是因为温度愈高，微生物生长活动也就愈迅速，易使蛋变质。因此，咸蛋的腌制和贮存一般都在 25 ℃ 以下进行。

(4) 蛋内脂肪的含量：脂肪对食盐的渗透有相当大的阻力，所以含脂肪多的蛋黄，食盐的渗入就少，而脂肪含量甚微的蛋白，食盐的渗入量多又快。

(5) 原料蛋的鲜度：鸭蛋新鲜，蛋白浓稠，食盐渗透和扩散作用缓慢，咸蛋的成熟也较慢；反之，质量差的鸭蛋，蛋白稀薄，食盐渗透和扩散较快，咸蛋的成熟也较快。

为了获得高质量的咸蛋，必须选用新鲜的鸭蛋，根据不同的腌制方法控制食盐的用量和浓度、环境温度及腌制时间。这些因素是互相联系和互相制约的，在生产中要根据具体情况灵活应用。

二、咸蛋的加工方法

加工咸蛋的原料主要为鸭蛋，有些地方也用鸡蛋和鹅蛋来加工，但以鸭蛋加工出的咸蛋品质最好。不同地方咸蛋加工方法有差异，但我国各地加工咸蛋的辅料和用量大同小异。

1. 原料蛋和辅料的选择

(1) 原料蛋的选择：加工咸蛋通常都选用鸭蛋，用鸡蛋来生产咸蛋也可以取得较好的效果。加工出口产品一般使用鲜鸭蛋为原料，这主要是因为鸭蛋中的脂肪含量较高，蛋黄中的色素含量也较多，用鸭蛋加工出的咸蛋，其蛋黄呈鲜艳油润的橘红色，成品的风味更佳。为了确保咸蛋的质量，用于加工的原料蛋必须经过严格的检验和挑选，剔除不符合加工要求的各种次劣蛋，然后根据蛋的质量分级。原料蛋的挑选和分级方法与皮蛋加工中蛋的选择和分级方法完全相同。

(2) 辅料的选择

① 食盐：它是加工咸蛋最主要的辅助材料。生产咸蛋时应选择色白、味咸、氯化钠含量高（96%以上）、无苦涩味的干燥产品。在大批量生产时，事先应测定食盐中氯化钠的含量和食盐的含水量，以便在加工中能正确掌握食盐的用量。

② 草灰：当采用草灰法加工咸蛋时，草灰是用来和食盐调成灰料，使其中的食盐能够长期、均匀地向蛋内渗透，同时可有效阻止微生物向蛋内侵入，防止由于环境温度变化对蛋内容物的不利影响。除此以外，草灰还能明显地减少咸蛋的破损，便于贮藏、长途运输和销售。国内加工咸蛋一般选用稻草灰，使用时应选择干燥、无霉变、无杂质、无异味、质地均匀细腻的产品。

③ 黄泥：在咸蛋加工的用料上，除了可以使用草灰外，还可以采用黄泥加工，甚至可将草灰与黄泥混合使用。黄泥的作用与草灰相同。选用的黄泥应干燥、无杂质、无异味。另外，含腐殖质较多的泥土不能使用，

因为这种泥土在加工时容易使蛋变质发臭。

④ 水：加工咸蛋一般直接使用清洁的自来水，但使用冷开水对于提高产品的质量最为有利。

2. 咸蛋的加工方法 常用的咸蛋加工方法有草灰法、盐水浸渍法、盐泥涂布法、泥浸法、包泥法等。

(1) 草灰法：目前，我国出口的咸蛋一般都采用草灰法进行加工的。草灰法又可以分提浆裹灰法和灰料包蛋法两种。

1) 提浆裹灰法：提浆裹灰法工艺流程见图 24-2。

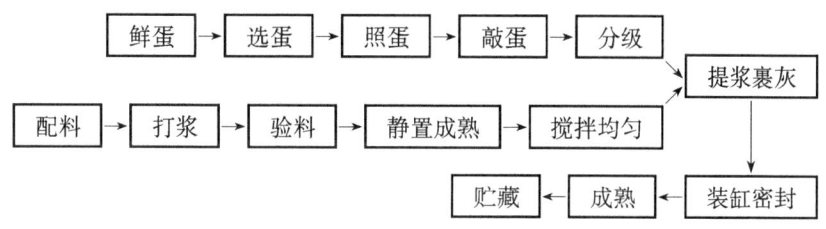

图 24-2 提浆裹灰法加工工艺流程

① 配料：生产咸蛋的配料标准在各地不尽相同。在不同季节生产时，其配料的标准也应做适当调整（主要是改变食盐的用量）。各地在不同季节加工咸蛋的配料比例见表 24-8。

表 24-8 不同地区、不同季节加工咸蛋的配料质量比

加工地区	加工季节	使用的辅助材料		
		草木灰	食 盐	水
四川	11 月至次年 4 月	25.0	8.0	12.5
	5～10 月份	22.5	7.5	13.0
湖北	11 月至次年 4 月	15.0	4.25	12.5
	5～10 月份	19.5	3.75	12.5
北京	11 月至次年 4 月	15.0	4.3～5.0	12.5
	5～10 月份	15.0	3.8～4.5	12.5
江苏	春季、秋季	20.0	6.0	18.0
浙江	春季、秋季	17～20	6～7.5	15～18

② 打浆：在打浆之前先将食盐倒入水中并充分搅拌使其溶解，然后将食盐水全部加入打浆机内，再将草灰分批加入进行搅拌，搅拌均匀后的灰浆呈不稀不稠的浓浆状。检验灰浆是否符合要求的方法：将手指插入灰浆内，取出后手上灰浆应黑色发亮、不流、不起水、不成块、不成团坠下，放入盘内无起泡现象。制好灰浆后放置过夜，次日即可使用。

③ 提浆、裹灰：将选好的鲜蛋用手在灰浆中翻转一次，使蛋壳表面均匀粘上一层约 2 mm 厚的灰浆，然后将蛋于干稻草灰中裹草灰，裹灰的厚度约 2 mm。裹灰的厚度要适宜，若太厚，会降低蛋壳外面灰浆中的水分，影响腌制成熟的时间；若裹灰太薄，容易造成蛋间的粘连。裹灰后将灰料用手压实捏紧，使其表面平整、均匀一致。

④ 装缸（袋）密封：经裹灰、捏灰后的蛋应尽快装缸密封，如果生产量不大时，也可装入阻隔性良好的塑料袋中密封，然后转入成熟室堆放。在装缸（袋）时，必须轻拿轻放，叠放应牢固、整齐，防止操作不当使蛋外的灰料脱落或将蛋碰裂而影响产品的质量。

⑤ 成熟与贮存：当气温较高时，食盐在蛋中的渗透速度快，腌制咸蛋的时间短。咸蛋的成熟期在夏季为 20～30 d，在春秋季节为 40～50 d。咸蛋成熟后，应在 25 ℃以下，相对湿度 85%～90%的库房中贮存，其贮存期一般为 2～3 个月。

2) 灰料包蛋法：这种加工方法的配料与上面基本相同，只是加水量少一些。加工时先将稻草灰和食盐先在容器内混合，再适量加水并进行充分搅拌混合均匀，使灰料成为干湿度适中的团块，然后将灰料直接包裹于蛋的外面。包好灰料以后将蛋置于缸（袋）中密封贮藏。

(2) 盐泥涂布法

① 盐泥配方：鲜鸭蛋 1 000 枚，食盐 6.0～7.5 kg，干黄土 6.5～8.5 kg，冷开水 4.0～4.5 kg。

② 加工方法：先将食盐放在容器内，加冷开水溶解，再加入经晒干、粉碎的黄土细粉，用木棒搅拌使其成为糨糊状。泥浆浓稠程度的检验方法：取一枚蛋放入泥浆中，若蛋一半沉入泥浆，一半浮于泥浆上面，则表示泥浆浓稠度合适。然后将挑选好的原料蛋放入泥浆中（每次 3～5 枚），使蛋壳粘满盐泥后，点数入缸或装箱，装满后将剩余的泥料倒在蛋的上面，再加盖封口。夏季 25～30 d，春、秋季 30～40 d 就变成咸蛋。

(3) 盐水浸渍法

① 盐水的配制：冷开水 80 kg，食盐 20 kg，花椒、白酒适量。具体操作：将食盐溶于水中，再放入花椒、白酒即可。

② 浸泡腌制：将鲜蛋放入干净的缸内并压实，慢慢灌入盐水，将蛋完全浸没，加盖密封腌制 20 d 左右即可成熟。浸泡腌制时间最多不能超过 30 d，否则成品太咸且蛋壳上出现黑斑。用此法加工的咸蛋不宜久贮，否则容易腐败变质。浸泡法加工咸蛋，其优点是简便。用过的第一次盐水可留作第二次甚至于多次使用（但要追加食盐）。盐水的浓度与腌蛋的品质有密切关系。

3. 咸蛋的营养与质量要求

(1) 咸蛋的营养成分：咸蛋的营养成分随着原料蛋的变化而变化，同时，也受配料标准、加工方法和贮藏条件的影响。咸蛋的营养成分见表 24-9、表 24-10 和表 24-11。

表 24-9 咸蛋和鸭蛋的营养成分

蛋别	可食部/%	能量/kJ	水分/%	蛋白质/%	脂肪/%	碳水化合物/%	灰分含量/%
咸蛋	88	795	61.3	12.7	12.7	6.3	7.0
鸭蛋	87	753	70.3	12.6	13.0	3.1	1.0

表 24-10 咸蛋和鸭蛋的维生素含量（每 100 g）

蛋别	可食部/%	维生素 A/μg	维生素 B_1/mg	维生素 B_2/mg	烟酸/mg	维生素 E/mg
咸蛋	88	134	0.16	0.33	0.1	6.25
鸭蛋	87	261	0.17	0.35	0.2	4.98

表 24-11 咸蛋和鸭蛋矿物质及微量元素含量（每 100 g）

蛋别	可食部/%	钾/mg	钠/g	钙/mg	镁/mg	铁/mg	锰/mg	锌/mg	铜/mg	磷/mg	硒/μg
咸蛋	88	184	2.70	118	30	3.6	0.10	1.74	0.14	231	24.04
鸭蛋	87	135	0.106	62	13	2.9	0.04	1.67	0.11	226	15.68

从表 24-9、表 24-10 和表 24-11 中可看出鲜鸭蛋加工成咸蛋后，其营养成分亦发生了变化。由于食盐的渗透作用，咸蛋的含水量降低，碳水化合物、矿物质和微量元素有所增加，能量也有所上升，维生素 E 含量有所提高，其余维生素略有损失，蛋白质和脂肪变化较小。总之，咸蛋与新鲜鸭蛋相比，营养价值极为接近。

(2) 咸蛋的质量要求

① 咸蛋的质量要求：咸蛋的质量要求包括蛋壳状况、气室大小、蛋白状况（色泽、有否斑点、细嫩程度）、蛋黄状况（色泽、是否起油）和滋味等。

蛋壳：蛋壳应完整、无裂纹、无破损、表面清洁。

气室：高度应小于 7 mm。

蛋白：蛋白纯白、无斑点、细嫩。

蛋黄：色泽红黄，蛋黄变圆且黏度增加，煮熟后蛋中起油或有油吸出。

滋味：咸味适中，无异味。

依据上述各项指标评分标准如表 24-12 所示(以百分制法计)。

表 24-12 各项品质指标评分标准

指　　标	分　　值
蛋壳：无裂纹，气室小	20 分
蛋白：纯正、无斑点、软嫩	20 分
蛋黄：红黄色、松沙、出油	30 分
滋味：咸味适中、无异味	30 分

② 咸蛋验收标准及方法

抽样方法：对于出口咸蛋，采取抽样方法进行验收。1～5 月份、9～12 月份按每 100 件抽查 5%～7%，6～8 月份按 100 件抽查 10%，每件取装数的 5%。抽检人员可根据到货的品质、包装、加工、贮存等情况，酌情增减抽检数量。

质量验收：抽验时，不得存在红贴壳蛋、黑贴壳蛋、散黄蛋、臭蛋、泡花蛋(水泡蛋)、混黄蛋、黑黄蛋。

重量验收：自抽检样品中每级任取 10 枚鉴定大小是否均匀。先称总重量，计算其是否符合分级标准。再挑出小蛋分别称重，检查其是否符合规定。平均每个样品蛋的重量不得低于该等级规定的重量，但允许有不超过 10% 的邻级蛋。出口咸蛋重量分级标准见表 24-13。

表 24-13 出口咸蛋质量分级标准

级　别	1 000 枚重量/kg	级　别	1 000 枚重量/kg
一级	≥77.5	四级	62.5～67.5
二级	72.5～77.5	五级	57.5～62.5
三级	67.5～72.5		

(3) 次、劣咸蛋产生的原因：咸蛋在加工、贮存和运输过程中，时有次劣蛋产生。有些虽质量降低，但尚可食用；也有些因变质而失去食用价值。次、劣咸蛋在灯光透视下，各有不同的特征。

① 泡花蛋：透视时可看到内容物中有水泡花，泡花随蛋转动，煮熟后内容物呈"蜂窝状"，这种蛋称为泡花蛋，不影响食用。产生原因主要是鲜蛋检验时，没有剔除水泡蛋；其次是贮存过久，盐分渗入蛋内过多。防止方法是不使鲜蛋受水湿、雨淋，检验时注意剔除水泡蛋，加工后不要贮存过久，成熟后马上上市销售。

② 混黄蛋：透视时内容物模糊不清，颜色发暗，打开后蛋白呈白色与淡黄色相混的粥状物。蛋黄的外部边缘呈淡白色，并发出腥臭味，这种蛋称为混黄蛋，初期可食用，后期不能食用。产生原因是由于原料蛋不新鲜，盐分不够，加工后存放过久所致。

③ 黑黄蛋：透视时蛋黄发黑，蛋白呈混浊的白色，这种蛋称为"清水黑黄蛋"，该蛋进一步变质，蛋黄和蛋白全部变黑，成为具有臭味的"混水黑黄蛋"。前者可以食用，有的人很喜欢吃，后者不能食用。产生原因是加工咸蛋时，鲜蛋检验不严，水湿蛋、热伤蛋没有剔除；在腌制过程中温度过高，存放温度过高，时间过久而造成。防止的方法是严格剔除鲜蛋中的次劣蛋，腌制时防止高温，成熟后不要久贮。

此外，还有红贴皮咸蛋、黑贴皮咸蛋、散黄蛋、臭蛋等，都是由于原料蛋不新鲜造成的。

第三节　糟 蛋 加 工

糟蛋是鲜鸭蛋经糟渍而成的再制品。它是我国著名的传统特产食品，营养丰富，风味独特，是我国人民喜爱的食品和传统出口产品。糟蛋的加工过程主要有酿酒制糟、装坛糟制(发酵)等过程，其特殊的产品风味主要通过发酵环节产生，所以，糟蛋是一类典型的发酵型蛋制品。

糟蛋根据加工方法的不同，可分为生蛋糟蛋和熟蛋糟蛋；根据加工成的糟蛋是否包有蛋壳，可分为硬壳糟蛋和软壳糟蛋。硬壳糟蛋一般以生蛋糟渍；软壳糟蛋则有熟蛋糟渍和生蛋糟渍两种。在这些种类中，尤以生蛋糟渍的软壳糟蛋质量最好,我国著名的糟蛋有浙江省平湖市的平湖糟蛋和四川省宜宾市的叙府糟蛋。

一、糟蛋的加工原理

糟蛋是用鲜蛋与酒糟和盐加入缸内糟制而成。酒糟中的醇和盐通过渗透和扩散作用进入蛋内,使蛋白和蛋黄发生一系列物理、化学变化,同时使糟蛋具有显著的防腐作用。但是这种变化比较缓慢,需要较长时间,糟蛋才能够成熟供食用。

糟蛋在糟制过程中发生的变化主要是产生芳香的酯类化合物,香气增浓,蛋壳发生变质,脆弱易碎,与蛋壳膜逐渐分离。在糟制过程中醇和盐进入蛋内,可使蛋黄和蛋白发生凝固和变性作用,因为醇对蛋白质能产生变性作用,并使蛋带有香味或轻微的甜味。另外,在糟制过程中,醇可以产生乙酸,乙酸具有侵蚀蛋壳,使蛋壳溶化变质的作用,因蛋壳中的主要成分是碳酸钙和磷酸钙,它们遇到乙酸后,会生成容易溶解的乙酸钙,所以鲜蛋糟制过程中,蛋壳首先变薄、变软,然后慢慢与内蛋壳膜脱离而脱落,使乙醇等有机物更易渗入蛋内。其化学反应如下:

$$CaCO_3 + 2CH_3COOH \longrightarrow Ca(CH_3COO)_2 + H_2CO_3$$

鸭蛋在糟渍过程中,由于酒糟中乙醇含量较少,所用食盐亦不多,所以糟蛋糟渍成熟时间长,但在乙醇和食盐长时间的作用下(4~6个月),蛋中微生物的生长和繁殖受到抑制,特别是沙门氏菌,可以被灭活,因此糟蛋生食对人体无致病作用。

二、糟蛋的加工方法

1. 平湖糟蛋加工 糟蛋加工的季节性较强,是在三四月间至端午节。端午后天气渐热,不宜加工。加工糟蛋要掌握好三个环节,即酿酒制糟、选蛋击壳、装坛糟制。其工艺流程见图24-3。

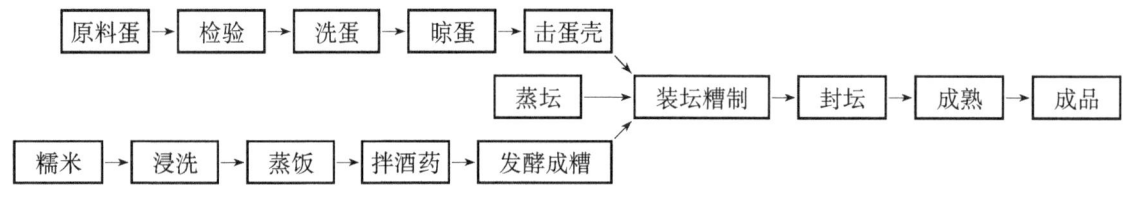

图24-3 平湖糟蛋加工工艺流程图

(1) 酿酒制糟

① 浸米:糯米是酿酒制糟的原料,应按原料的要求精选。投料量以糟渍100枚蛋用糯米9~9.5 kg计算。所用糯米先放在淘米箩内淘净,后放入缸内,加入冷水浸泡,目的是使糯米吸水膨胀,便于蒸煮糊化,浸泡时间以气温12℃浸泡24 h为计算依据。气温上升2℃,可减少浸泡1 h;气温每下降2℃,需增加浸泡1 h。

② 蒸饭:目的是促进淀粉糊化,改变其结构利于糖化。把浸好的糯米从缸中捞出,用冷水冲洗一次,倒入蒸桶内(每桶约37.5 kg米),米面铺平。在蒸饭前,先将锅内水烧开,再将蒸饭桶放在蒸板上,先不加盖,待蒸汽从锅内透过糯米上升后,再用木盖盖好。蒸10 min左右,将木盖拉开,用洗帚蘸热水散泼在米饭上,以使上层米饭蒸涨均匀,防止上层米饭因水分蒸发而使米粒水分不足,米粒不涨,出现僵饭。再将木盖盖好蒸15 min,揭开锅盖,用木棒将米搅拌一次,再蒸5 min,使米饭全部熟透。蒸饭的程度掌握在出饭率150%左右。要求饭粒松、无白心,透而不烂、熟而不粘。

③ 淋饭:亦称淋水,目的是使米饭迅速冷却,便于接种。将蒸好饭的蒸桶放于淋饭架上,用冷水浇淋,使米饭冷却。一般每桶饭用水75 kg,2~3 min内淋尽,使热饭的温度降低到28~30℃,手摸不烫为宜,但也不能降得太低,以免影响菌种的生长和发育。

④ 拌酒药及酿糟:淋水后的饭沥去水分,倒入缸中,撒上预先研成细末的酒药。酒药的用量以50 kg米出饭75 kg计算,需加入白酒药165~215 g,甜酒药60~100 g,还应据气温的高低而增减用药量,其计算方法见表24-14。

表 24-14　温度对拌酒药时白/甜酒药用量的影响

气温/℃	5~8	8~10	10~14	14~18	18~22	22~24	24~26
白酒药/g	215	200	190	185	180	170	165
甜酒药/g	100	95	85	80	70	65	60

加酒药后，将饭和酒药搅拌均匀，面上拍平、拍紧，表面再撒一层酒药，中间挖一个直径 30 cm 的潭，上大下小，潭穴深入缸底，潭底不要留饭。缸体周围包上草席，缸口用干净草盖盖好，以便保温。经 20~30 h，品温达 35 ℃，就可出酒酿。当潭内酒酿有 3~4 cm 深时，应将草盖用竹棒撑起 12 cm 高，以降低温度，防酒糟热伤、发红、产生苦味。待满潭时，每隔 6 h，将潭内之酒酿用勺泼在糟面上，使糟充分酿制。经 7 d 后，把酒糟拌和灌入坛内，静置 14 d 待变化完成，性质稳定时方可供制糟蛋用。品质优良的酒糟，色白、味香、带甜，乙醇含量为 15% 左右，波美表测量时为 10 度左右。

(2) 选蛋击壳

① 选蛋：采用感官和灯光透视方法对加工糟蛋的原料蛋进行严格挑选，剔除次、劣蛋。

② 洗蛋：挑选好的蛋，在糟制前 1~2 d，逐只用板刷清洗，除去蛋壳上的污物，再用清水漂洗，然后铺于竹匾上，置通风阴凉处晾干，如有少许的水迹也可用干洁毛巾擦干。

③ 击蛋破壳：击蛋破壳是平湖糟蛋加工的特有工艺，是保证糟蛋软壳的主要措施。其目的在于糟渍过程中，使醇、酸、糖等物质易于渗入蛋内，提早成熟，并使蛋壳易于脱落和蛋身膨大。击蛋时，将蛋放在左手掌上，右手拿竹片，对准蛋的纵侧，轻轻一击使蛋壳产生纵向裂纹，然后将蛋转半周，仍用竹片照样击一下，使纵向裂纹延伸相连成一线。击蛋时用力轻重要适当，破壳而膜不破，否则不能加工。

④ 蒸坛：糟制前检查所用的坛是否有破漏，用清水洗净后进行蒸汽消毒，消毒时将坛底朝上，并涂上石灰水，然后倒置在蒸坛用的带孔眼的木盖上，再放在锅上，加热锅里的水至沸，使蒸汽通过盖孔而冲入坛内加热杀菌。如发现坛底或坛壁有气泡或蒸汽透出，即是漏坛，不能使用，待坛底石灰水蒸干时，消毒即告完毕。然后把坛口朝上，使蒸汽外溢、冷却后叠起，坛与坛之间用三丁纸两张衬垫，最上面的坛在三丁纸上用方砖压上，备用。

⑤ 装坛（又称落坛）：取经过消毒的糟蛋坛，用酿制成熟的酒糟 4 kg（底糟）铺于坛底，摊平后，随手将击破蛋壳的蛋放入，每只蛋的大头朝上，直插入糟内，蛋与蛋依次平放，相互间的间隙不宜太大，但也不要挤得过紧，以蛋四周均有糟，且能旋转自如为宜。第一层蛋排好后再放腰糟 4 kg，同样将蛋放上，即为第二层蛋。一般第一层放蛋为 50 多枚，第二层放 60 多枚，每坛放二层共 120 枚。第二层排满蛋后，再用 9 kg 面糟摊平盖面，然后均匀地撒上 1.6~1.8 kg 食盐。

⑥ 封坛：目的是防止乙醇和乙酸挥发和细菌的侵入，蛋入糟后，坛口用牛皮纸两张，刷上猪血，将坛口密封，外再用竹箬包牛皮纸，再用草绳沿坛口扎紧。封好的坛，每四坛一叠，坛与坛间用三丁纸垫上（纸有吸湿能力）。排坛要稳，防止摇动，而使食盐下沉，每叠最上一只坛口用方砖压实。每坛上面标明日期、蛋数、级别，以便检验。

⑦ 成熟：糟蛋的成熟期 5 个月左右。成熟过程一般存放于仓库里，所以应逐月抽样检查，以便控制糟蛋的质量，根据成熟的变化情况，来判别糟蛋的品质。

第一个月，蛋壳带蟹青色，击破裂缝已较明显，但蛋内容物与鲜蛋相仿。

第二个月，蛋壳裂缝扩大，蛋壳与壳下膜逐渐分离，蛋黄开始凝结，蛋白仍为液体状态。

第三个月，蛋壳与壳下膜完全分离，蛋黄全部凝结，蛋白开始凝结。

第四个月，蛋壳与壳下膜脱开 1/3。蛋黄微红色、蛋白乳白状。

第五个月，蛋壳大部分脱落，或虽有少部分附着，只要轻轻一剥即脱落。蛋白成乳白胶冻状，蛋黄呈橘红色的半凝固状，此时蛋已糟渍成熟，可以投放市场销售。

(2) 叙府糟蛋加工：叙府糟蛋的加工过程可分为三个阶段，其主要生产工序与平湖糟蛋大同小异，但其加工方法与平湖糟蛋有些不同，产品特点也有差异。

蛋的处理：选蛋、洗蛋和击蛋破壳等工序与平湖糟蛋的作法相同。

配料：叙府糟蛋的配料比例一般是以 150 枚蛋装一坛为标准，其他材料包括：5 kg 糯米蒸成甜醪糟，将红砂糖 1 kg、白酒（酒精体积分数 68%）1 kg、食盐 1.5 kg 加入醪糟内。

装坛：以上配料混合均匀后，将全量的 1/4 铺于坛底（坛要事先清洗、消毒），将击破壳的鸭蛋 40 枚，大头向上，竖立在糟里，再加入甜糟约 1/4，铺平后再以上述方式放入鸭蛋 70 枚左右，再加甜糟 1/4，放入其余的鸭蛋 40 枚，一坛共 150 枚。最后加入剩下的甜糟，铺平，用塑料布密封坛口，不使漏气，在室温下存放。

翻坛去壳：上述加工的糟蛋，在室温下糟渍 3 个月左右，将蛋翻出，逐枚剥去蛋壳，切勿将内蛋壳膜剥破。这时的蛋成为无壳的软壳蛋。

白酒浸泡：将剥去蛋壳的蛋逐枚放入缸内，倒入高度白酒（每 150 枚约需 4 kg），浸泡 1～2 d。这时蛋白与蛋黄全部凝固，不再流动，蛋壳膜稍膨胀而不破裂者为合格。如有破裂，应作次品处理。

加料封坛：逐枚取出用白酒浸泡的蛋，装入容量为 150 枚蛋的坛内。装坛时，用原有的酒糟和配料，再加入红糖 1 kg，食盐 0.5 kg，陈皮 25 g，花椒 25 g，熬糖 2 kg（红糖 2 kg 加入适量的水，煎成拉丝状，待冷后加入坛内），充分搅拌均匀，按以上装坛方法，层糟层蛋，最后加盖密封，保存于干燥而阴凉的仓库内。

再翻坛：糟蛋贮存 3～4 个月时，必须再次翻坛，即将上层的蛋翻到下层，下层的蛋翻到上层，使整坛的糟蛋达至均匀糟渍。同时作一次质量检查，剔出次劣糟蛋。翻坛后的糟蛋，仍应浸渍在糟料内，加盖密封，贮于库内。从加工开始直至糟蛋成熟，需 10～12 个月，此时的糟蛋蛋质软嫩，蛋膜不破，色泽红黄，气味芳香，即可销售，也可继续存放 2～3 年。

(3) 硬壳糟蛋加工：配方：鸭蛋 100 枚，绍兴酒酒糟 23 kg，食盐 1.8 kg，黄酒 4.5 kg（酒精度 13°～15°），菜油 50 ml。

加工方法：将生糟放在缸内，用手压平，使糟不过松也不过紧实。然后用油纸封好，油纸上铺约 5 cm 厚的砻糠，再盖上稻草保温，使酒糟发酵 20～30 d，至糟松软，再将糟分批翻入另一缸内，边翻边加入食盐、酒，拌匀捣烂后即可用来糟制鸭蛋。加工所用鸭蛋经挑选后，洗净晾干。加发酵成熟的酒糟落坛糟制，每一层糟放一层蛋。蛋与蛋的间隔以 3 cm 左右为度，不可挤紧，蛋面盖糟，撒食盐 100 g 左右，再滴上 50 ml 菜油。坛口用牛皮纸封好，包上竹箬，贮放 5～6 个月，至蛋摇动时已不发出响声，则为成熟。这种糟蛋加工期比平湖软壳糟蛋要长，而贮存期也较平湖软壳糟蛋长。

(4) 熟制糟蛋加工：配方：鸭蛋 100 枚，绍兴酒酒糟 10 kg，食盐 3 kg，醋 0.2 kg。

加工方法：将酒糟放在缸中，加入食盐和醋，充分搅拌使混合均匀，以备糟蛋之用。将鸭蛋挑选后，放在清水中洗净，再放于锅里，加入清水，以淹满蛋之度，将水煮沸，让蛋煮 5 min 左右，至熟后捞出，放在冷水中冷却，然后剥去外壳，保留壳膜，逐枚埋入糟里。密封好坛口，经 40 d 就可糟透。

第四节 卤蛋加工

卤蛋是以鸡蛋为主要原料经多种调味料卤煮、真空包装、灭菌等加工工艺制作而成的一种方便蛋制品。由于各种卤料不同而有各种名称。用五香卤料加工的叫五香卤蛋，用桂花等卤料加工的叫桂花卤蛋，用鸡肉/猪肉卤汁加工的叫肉汁卤蛋，卤蛋再经熏烤的叫熏卤蛋。

一、卤蛋的加工工艺流程

虽然卤蛋产品之间差异比较大，但基本加工工序却大体上相同。卤蛋加工的基本工艺流程见图 24-4。

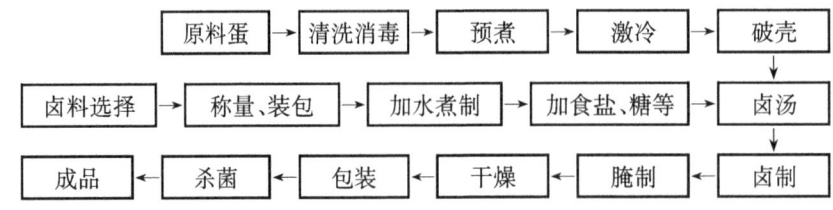

图 24-4 卤蛋加工基本工艺流程图

二、糟蛋加工操作要点

选蛋：原料及蛋要求新鲜，蛋壳完整无裂纹，无污染。破壳后，蛋黄凸起，蛋黄指数>0.38，有韧性，蛋白澄清、透明，浓稀蛋白分明，无异味。

清洗、消毒：将鲜蛋放入清水中，用毛刷洗去蛋壳表面的污物，最大程度地减少微生物污染。

预煮：将清洗干净的鸡蛋放入适量清水中，清水要没过鸡蛋，煮沸 10 min，煮制时要注意控制温差变化，以免造成破损。随着现代食品加工机械的发展，已出现的旋转式蒸煮锅可以边加热煮沸，边不停转动，使鸡蛋在煮制时受热均匀，同时有效避免了蛋黄贴壳现象的发生。

激冷、破壳：预煮后的鸡蛋迅速转移至冷水中冷却 1~2 min，破壳，要求完全除去蛋壳膜，并保持蛋白完整、光滑。

煮制：将各种香辛料称量，松散地包入纱布中，煮沸并维持 10 min，再加入食盐、白砂糖、酱油、料酒、鲜味剂、调色剂，调匀。煮沸后，将鸡蛋放入卤汁中，煮制一定时间。

腌制：将鸡蛋在卤汁中 4 ℃下浸泡，浸泡时应保证料液面高过蛋面，使香味更充分地渗入蛋内。

烘制：鸡蛋从料液中取出后，晾干表面水珠，在烘箱/烘干车间烘制一定时间，取出，冷却至室温。

真空包装：鸡蛋单枚装入真空包装袋，在真空度 0.1 MPa 下抽真空、密封。要求包装袋热封平整，无褶皱，不漏气，外观美观。

杀菌：采用不同杀菌方式杀菌，冷却至常温，擦干袋表面水分即为成品。

第二十五章

湿蛋制品

第一节 湿蛋制品概述

鲜蛋由于其蛋壳质量等多方面原因,不利于大批量贮存、运输,影响了其工业化消费。将新鲜鸡蛋清洗、消毒、去壳,再将蛋液经一定处理后包装贮运,代替鲜蛋消费的一系列加工蛋制品,称为湿蛋制品。主要包括液蛋、浓缩液蛋、冰蛋、湿蛋黄等蛋制品。

湿蛋制品在使用时省去了打蛋及处理蛋壳的操作,因此在发达国家的食品工业及家庭消费中受到广泛欢迎。我国湿蛋制品加工业由于受历史的影响,基础比较薄弱。最近几年来,随着我国食品加工业的发展,我国湿蛋制品的生产开始发展起来,相继有一些蛋品加工企业开始生产湿蛋制品,但是其品种相对欧美发达国家却还很少。

一、湿蛋制品的特点

1. 液蛋产品特点
(1) 质优:液蛋在营养、风味和功能特性上基本保留了新鲜鸡蛋的特性,且质量稳定。
(2) 安全:经过巴氏杀菌的产品没有大肠杆菌、沙门氏菌和其他细菌的污染。
(3) 经济:液蛋生产降低了人工成本,机械打蛋提高了成品率。
(4) 方便:液蛋可直接用于生产产品,容易运输及储藏,没有蛋壳垃圾问题。

2. 冰蛋产品特点 冰蛋品同液蛋产品一样,能很大程度保持鲜蛋原有的品质特性,除此之外,冰蛋制品在冷冻情况下可保存数个月,保质期相对液蛋制品大大提高。

二、湿蛋制品的用途

湿蛋制品的应用非常广泛,如食品、化妆品等行业。在食品加工厂或宾馆酒店,可应用于各种蛋糕、糕饼、蛋奶冻、色拉酱、冰淇淋、健康饮料、婴儿营养食品、煎蛋卷、蛋黄酱等制作;在化妆品行业,蛋清是很好的面膜成分,蛋黄可用于制作香波和护发素。

在欧、美、日等发达国家,巴氏杀菌液蛋已成为现代化蛋品之主流,广泛应用于各式西点、点心、面包、蛋糕等食品中,比例高达20%以上,公众的小包装蛋液消费在欧洲市场也已经起步。我国是蛋品生产和消费大国,但98%是壳蛋,蛋制品种类单调,蛋制品加工处于起步阶段,液蛋加工比例不及1%,广泛生产并使用液蛋需要一个比较漫长的过程。

我国蛋源丰富,但其价格会随着季节与供求关系而出现上下浮动,液蛋制品经过冷冻加工成冰蛋制品后,保质期可达数月,这样不仅可以缓解价格波动,而且可以增加销售半径。冷冻蛋之主要用途是用于制作糕饼等食品。各种冷冻蛋制品的使用见表25-1。

表25-1 各种冷冻蛋之用途 (引自:今井,1976)

用途	种类	全蛋	蛋白(含浓缩)	蛋黄	加盐蛋黄	加糖蛋黄	加糖(盐)全蛋
食品	饼干、酥饼(biscuit, cookie)	○	○	○		○	○
	蛋糕(cake)	○	○	○		○	○
	糖果(candy)	○					

续　表

用途	种类	全蛋	蛋白（含浓缩）	蛋黄	加盐蛋黄	加糖蛋黄	加糖(盐)全蛋
食品	卡士达乳蛋糕(custard)			○		○	
	甜圈圈(doughnut)	○		○		○	
	鸡蛋面条(noodle)	○		○			
	冰淇淋(ice cream)	○	○	○		○	○
	通心面(maccaroni)	○		○			
	棒状面(spaghetti)	○		○			
	布丁(pudding)	○	○				
	馅饼(派)(pie)	○					○
	蛋黄酱(mayonnaise)	○			○		
	沙拉酱(salad dressing)	○			○	○	○
	火腿、香肠(ham,sausage)			○			
	煎包蛋(omelette)	○					
工业品	皮革光泽剂(leather dressing)	○	○	○			
医药化妆瓶	溶菌蛋白(lysozyme)		○				
	卵磷脂(lecithin)			○	○		
	发膏、洗脸剂(pack)	○	○				

蛋黄酱根据其用途可以分为家庭用和行业用两大类。家庭用主要用于自制色拉及涂抹在汉堡包和三明治上；行业用蛋黄酱主要用于当天加工食品、冷藏食品、冷冻食品、烘焙食品、软罐头食品及快餐食品等。

第二节　液蛋的加工

我国的液蛋加工业由于受历史的影响，基础比较薄弱。20世纪80年代，北京、上海等地引进了一些先进蛋品加工设备，液蛋加工业有了一定发展。蛋液是一种主要的去壳蛋制品，是鲜蛋经打蛋处理后得到的蛋液，为蛋产品的开发利用提供了便捷途径。目前，大多数企业为使蛋液运输方便或延长保存时间，将蛋液加糖或盐后再浓缩成加糖或盐的浓缩蛋液。此外，也有不加糖或盐而浓缩成为浓缩蛋液。

一、液态蛋生产流程

液态蛋主要有三类：液全蛋、液蛋白和液蛋黄。一般经过预处理，经打蛋后分为全蛋液、蛋黄液和蛋白液，然后再加工成冷藏、杀菌、加糖或加盐的液态蛋制品。

液态蛋制品的生产流程见图25-1。设备流程见图25-2。

二、液态蛋生产工艺

1. 原料蛋的预处理　加工液蛋制品都必须事先取得半成品——蛋液，再用蛋液加工成各种产品。将鲜蛋制成蛋液半成品前的选择、清洗、消毒的过程，也就是鲜蛋的预处理。

（1）原料蛋的选择：原料蛋的质量直接影响半成品和成品的质量，必须选择清洁完整、无破碎的鲜蛋为原料。鲜蛋应符合国家规定的卫生标准。

用于蛋液加工的原料蛋必须新鲜、可食用、蛋壳坚实、无脏物等附着，不适合的蛋包括黑蛋、霉蛋、酸蛋、绿色蛋、白蛋、粘壳蛋、异味蛋、胚胎发育蛋、血坏蛋、热伤蛋等。

蛋的新鲜度对蛋液的细菌菌群、数量、化学、物理学及功能特性影响很大。若不新鲜则打蛋后蛋白与蛋黄不易分开，使制成率及作业效率均降低，并使蛋白液中混有较多蛋黄或蛋黄液中混有较多的蛋白，由此制成的产品功能特性均较差，微生物含量也较多。

（2）鲜蛋整理：鲜蛋从产地运到加工厂后，通常会因运输有破损，并混有各种包装填充材料，如麦秸、稻草、稻壳等，蛋壳本身也会受到一定的污染。因此，必须做好清除填充物和破损蛋、粗略选出适于加工的鲜蛋等整理工作，并把蛋送照蛋车间。

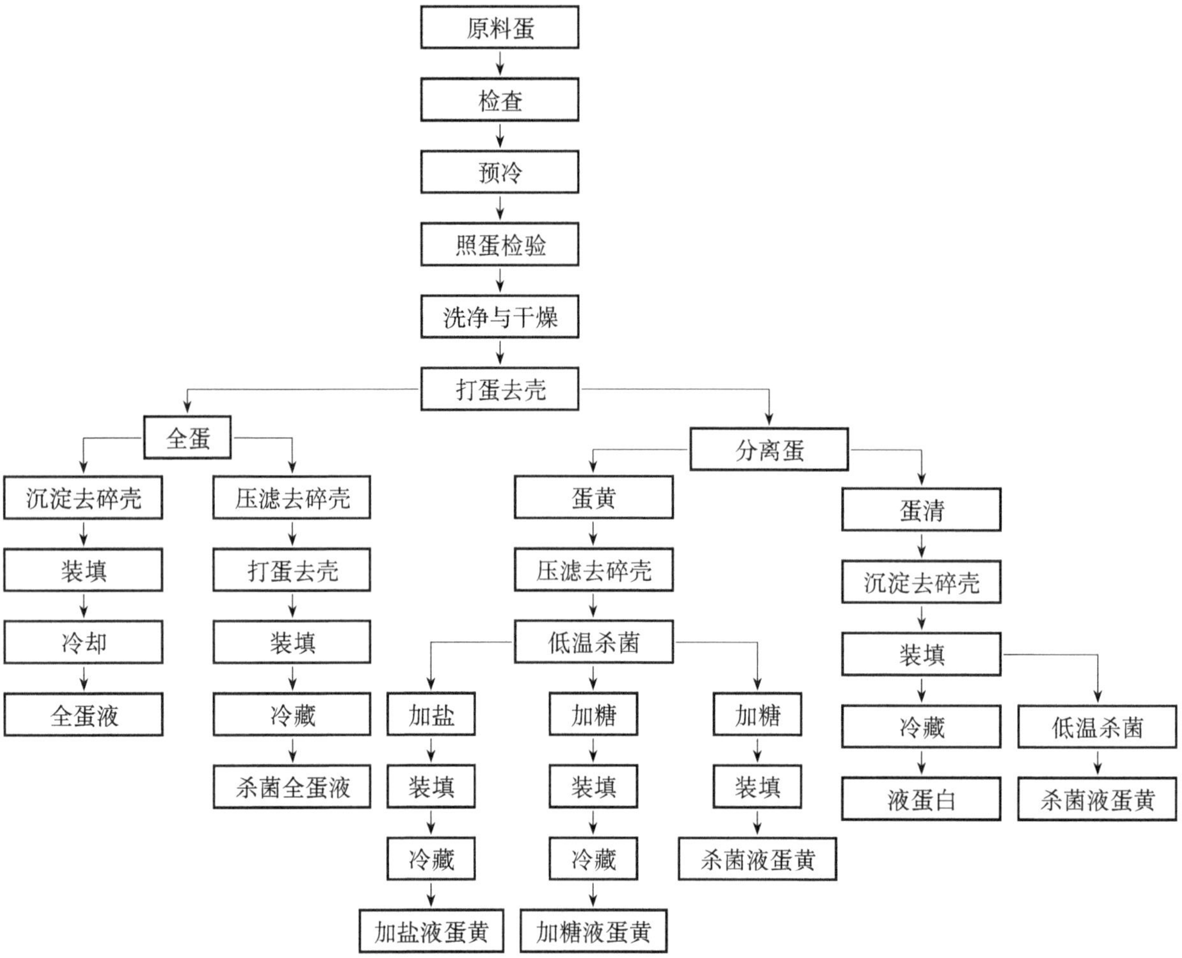

图 25-1 液蛋生产工艺流程图

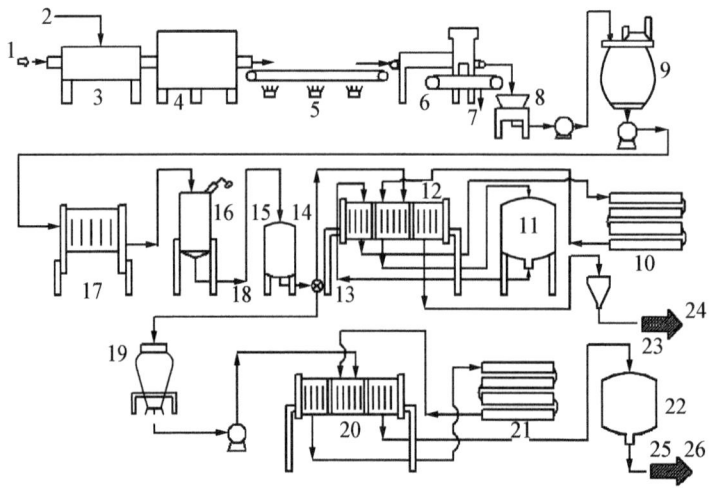

图 25-2 蛋液生产设备流程

1. 鲜蛋；2. 水；3. 洗蛋机；4. 干燥机；5. 透光机；6. 打蛋机；7. 蛋壳；8. 过滤机；9. 搅拌机；10. 保持管；11. 脱气器；12. 杀菌器；13. 阀；14. 移至蛋白工程；15. 计量器；16. 贮槽；17. 板式热交换器；18. 移至蛋黄、全蛋白工程；19. 离心机；20. 杀菌器；21. 保持管；22. 贮槽；23. 充填；24. 蛋白；25. 充填；26. 蛋黄、全蛋

(3) 照蛋：鲜蛋在收购、保管、运输过程中，蛋的内容物会发生不同程度的变化，为了能将变质的、不适于加工用的次劣蛋挑出来，对鲜蛋要进行照蛋检查。一般使用照蛋器逐个检查，把散黄蛋、霉蛋、血圈蛋、热伤蛋、孵化蛋、腐败蛋等次、劣蛋剔出。因此，通常在打蛋前先用照蛋器检查，发现有异常的蛋应除去。

(4) 洗蛋：鲜蛋因产蛋过程和存放、运输等原因，蛋壳上粘有许多粪便、泥土和细菌，因此蛋壳上有大量微生物，是造成打蛋厂微生物污染的主要来源。为防止蛋壳上微生物进入蛋液内，通常在打蛋前将蛋壳洗净并杀菌。

洗蛋的方法有两种，即手工洗蛋法和机器洗蛋法。

手工洗蛋即将装有蛋的蛋篓或蛋箱放入洗蛋槽或洗蛋池中，槽或池的一端有进水孔，另一端有排水孔。洗蛋工手持刷子或布逐个在流水中洗涤。这种方法洗得干净，破壳少，但生产效率低，长时间的冷水操作有害于工人身体健康。

机器洗蛋法是在洗蛋机中进行，洗蛋机由进蛋水槽、适合放置蛋的凹槽传送带、棕刷、出蛋水槽、刷上喷水管、刷下贮水池等组成。洗蛋前将进蛋水槽放满水，打开刷子上的喷水管使水喷出而落于棕刷上，同时打开传送带和刷子转动开关，使其转动。然后将蛋移入进蛋槽中，蛋随槽中的传送带移动，通过上下棕刷而得到洗刷，再随着传送带移到出蛋槽，用清水喷洗。机器洗蛋生产能力大，改善了洗蛋工的生产条件，有利于工人身体健康，但破壳率较高。

不管采用何种洗蛋方法，蛋都不应在水中停留，以免污水进入蛋内造成蛋液被污染。另外，洁壳蛋和污壳蛋一定要分开清洗，污壳蛋最好用手工清洗。

(5) 蛋壳的杀菌消毒：清洗后的蛋壳上仍可能带有肠道致病菌，为了保证蛋液的质量，对蛋壳需要消毒，使蛋壳表面细菌数减少到最低限度。常见的蛋壳消毒方法有3种。

① 漂白粉溶液消毒法：漂白粉溶液消毒法是很多国家使用的方法。其原理是漂白粉溶解于水后，产生次氯酸和氢氧化钙，次氯酸进一步分解而产生新生态的氧，此新生态氧具有很强的氧化能力，从而可以杀菌。

用于蛋壳消毒的漂白粉溶液浓度对洁壳蛋有效氯含量为 $100\sim200$ mg/kg，对污壳蛋为 $800\sim1\,000$ mg/kg。使用时，将该溶液加热至 32 ℃左右，至少要高于蛋温 20 ℃，可将洗涤后的蛋在该溶液中浸泡 5 min，或采用喷淋方式进行消毒。经此消毒可使蛋壳上的细菌减少 99% 以上，其中肠道致病菌可完全被消灭。

经漂白粉溶液消毒的蛋再用清水洗涤，除去蛋壳表面的余氯。

② 氢氧化钠消毒法：Kinner 提出在 pH 9 的水溶液中，蛋壳的沙门氏菌数随着时间的延长而逐渐减少，在 pH 大于 11 时，细菌数量减少更快。因此，用碱性溶液消毒蛋壳上的细菌是可行的。通常用 0.4% NaOH 溶液浸泡洗涤后的蛋 5 min。

③ 热水消毒法：热水消毒法是将清洗后的蛋在 $78\sim80$ ℃的热水中浸泡 $6\sim8$ s，杀菌效果良好。但此法不易控制水温和杀菌时间，稍有不当，易发生蛋白凝固。

还有一种洗蛋消毒方法是不将蛋移入水槽，而是蛋在输送带上前进时用消毒剂喷洗，同时经由两侧的刷子刷洗除去污物后，再用清水喷洗、风干。

经消毒后的蛋用温水清洗，然后迅速晾干。这是因为经消毒后的蛋，其蛋壳上附着的水滴中仍有少量细菌和污物，若不迅速晾干，这些细菌和污物很容易进入外蛋壳膜消失的蛋液中，增加蛋液内细菌数。另外，空气中的微生物也易污染蛋壳，增加蛋的污染程度。打蛋前若不晾干，蛋壳上残留的溶液会滴到蛋液中去。晾干蛋是在吹干室内进行，室内通风良好，清洁卫生，温度控制在 $45\sim50$ ℃，在 5 min 内被吹干。

(6) 晾蛋：经消毒冲洗后的鸡蛋送晾蛋室晾干，其目的是防止打蛋时，水柱滴入内容物中将其污染，并减少蛋壳表面再次被污染的机会。晾干方法通常有自然晾干法、吹风晾干法、烘干法等。

2. 打蛋、去壳与过滤 无论何种蛋液制品都要经过打蛋、去壳、过滤等工序。一般是洗蛋干燥后将其送到打蛋车间进行打蛋，并在此之前检查蛋的质量，剔出洗蛋过程中的破壳蛋。

打蛋方法可分为人工打蛋和机械打蛋，视蛋量多少而选择。

(1) 人工打蛋：用手逐个打蛋去壳，并将蛋白、蛋黄分开的方法即为人工打蛋。蛋经洗净、蛋壳杀菌后用传送带移入打蛋室打蛋去壳。打蛋方法有打全蛋和打分蛋之分。

① 打全蛋：打蛋人员坐在打蛋台前，取一枚蛋，于打蛋刀上用适当的力量在蛋的中间一次将蛋打碎，成大裂缝，而不要使蛋壳细碎，再用双手的拇指、食指、中指将蛋壳从割破处分开。但勿使手指伸入蛋液内，以防止污染。蛋壳分开后，蛋液流入蛋液流向器内，随即将蛋壳向蛋液流向器内甩一下，再将壳于吹风嘴上吹风，以达到取尽壳内蛋白的目的。蛋壳即可投入蛋壳收集孔内。同时进行蛋液色、气味和异物等的感官鉴定。正常蛋液沿流向器流入蛋液小桶。如遇次劣蛋，及时拿出流向器，倒出蛋液或连同蛋液一起更换。若不用流向器时，蛋打开后将蛋液倒入存蛋杯内，蛋壳如以上步骤处理，蛋液则举杯进行质量鉴定，合格蛋液倒入合格桶内，非合格蛋连同存蛋杯一起放在下层输送带上，送到台端的质量检查点，由专人检查后处理。

② 打分蛋：打分蛋时除增加分蛋器使蛋白和蛋黄分开外，其他工序同打全蛋。操作时，将蛋打破后，拨开蛋壳使蛋液流入分蛋器或分蛋杯内（分蛋器位于打蛋器上）。蛋黄在分蛋器的铜球内或分蛋器杯的存黄处，蛋白于球的四周流下。人工打蛋的工作效率一般是每人每小时可打 540~1 260 枚蛋；若需要将蛋白、蛋黄分开，则每小时可打 400~700 枚蛋。人工打蛋的生产效率低，不适于大规模打蛋。目前只有小规模工厂用人工打蛋。人工打蛋的优点是可减少蛋白混入蛋黄中或蛋黄混入蛋白中的现象。

(2) 机械打蛋：打蛋机是于 20 世纪 50 年代发展起来的蛋品生产设备，它可实现蛋清洗、杀菌过程连续化，生产效率大为提高。目前打蛋机在发达国家已被广泛地应用于蛋品加工。目前，我国一些蛋品加工厂已经从丹麦（Sanovo型）、荷兰（Coenraads型）引进了打蛋机。蛋的清洗、消毒、晾蛋及打蛋几道工序同时在打蛋机上完成。机械打蛋能减轻劳动轻度，提高生产效率，但要求蛋的鲜度高，蛋的大小适当。而我国目前蛋源分散，蛋鸡的品种杂，所产的蛋大小不一，因此，给机械打蛋带来一定困难，故采用机械打蛋的同时配合以手工打蛋是比较合理的，这样可以保证蛋液的质量。

3. 蛋液的混合与过滤　　蛋内容物并非均匀一致，为使所得到的蛋液组织均匀，要将打蛋后的蛋液混合，这一过程是通过搅拌实现的。蛋液过滤即除去碎蛋壳、蛋壳膜以及杂物的过程，同时也起到搅拌混合作用。搅拌过滤的方法由于搅拌过滤的用具形式不同而有差异，常用的有如下几种。

搅拌过滤器由蛋液过滤槽、搅拌器、蛋液过滤箱及莲蓬式过滤器等四部分组成。蛋液过滤槽为金属制品，槽内有带孔的金属圆筒，可清除蛋液中杂质和割破的蛋黄膜。在圆槽之间有齿状挡板，可减缓蛋液流速和便于蛋壳沉降。槽的一端设有蛋液流出口。蛋液搅拌器是由金属制成，内有螺旋搅拌浆，转速为 433 r/min。蛋液在此搅拌均匀，而由出口进入蛋液过滤箱。蛋液过滤箱内有筛子可过滤蛋液。筛子用每 2.5 cm^2 有 9 个孔的镀镍铜制成，是过滤蛋液除去杂质的主要部分。莲蓬式过滤器也是金属过滤器，内附个孔/2.5 cm^2 的金属筛子。这种搅拌过滤器工作过程是一搅三过滤法。蛋液经鉴定后，注入蛋液过滤取，初步除去蛋壳、割破的蛋黄膜，自动流入搅拌器内进行搅拌混合，再自动流入过滤箱进行第二次过滤，此时蛋液中的蛋黄膜、壳膜、系带等杂质基本已除去。最后由离心泵将蛋液抽至莲蓬过滤器进行最后过滤，除净一切杂物，而流入冷器内。

目前蛋液的过滤多使用压送式过滤机，但是在欧洲也有使用离心分离机以除去系带、碎蛋壳的。由于蛋液在混合、过滤前后均需要冷却，而冷却会使蛋白与蛋黄因相对密度差呈不均匀，故需要通过均质机或胶体磨，或添加食用乳化剂以使其均匀混合。蛋液的混合机、过滤机需注意清洗、杀菌，以免被微生物污染。

4. 蛋液的杀菌　　原料蛋在洗蛋、打蛋去壳、蛋液混合、过滤处理过程中，均可能受微生物的污染，而且蛋经打蛋去壳后即失去了一部分防御体制，因此生蛋液应经杀菌方可保证卫生安全。蛋液的巴氏杀菌又称为巴氏消毒，是在最大限度地保持蛋液营养成分不受损失的条件下，加热彻底消灭蛋液中的致病菌，最大限度地减少菌数的一种加工措施。

蛋液采用巴氏杀菌方法最早是在 20 世纪 30 年代，使用加热罐批量进行，杀菌温度为 60 ℃，后来发现蛋液也可像牛乳那样用片式加热器高温短时间连续杀菌，因此各国纷纷采用高温短时连续杀菌设备对蛋液进行杀菌。但是，蛋液中蛋白极易受热变性，并发生凝固，因此各国学者一直在讨论比较合适的蛋液巴氏杀菌条件。美国农业部要求对全蛋液至少应加热至 60 ℃，保持 3.5 min；英国采用 64.4 ℃，2.5 min 杀菌。我国对全蛋液的巴氏杀菌要求是 64.5 ℃，3 min。各国对蛋液的巴氏杀菌条件各不一致，见表 25-2。

表 25-2　不同国家蛋液的巴氏杀菌条件

国　　家	全 蛋 液	蛋 白 液	蛋 黄 液
美　国	60℃,3.5 min	56.7℃,1.75 min	60℃,3.1 min
德　国	65.5℃,5.5 min	56℃,8 min	58℃,3.5 min
法　国	58℃,4 min	55~56℃,3.5 min	62.5℃,4 min
中　国	64.5℃,3 min	—	—
英　国	64.4℃,2.5 min	57.2℃,2.5 min	62.8℃,2.5 min
瑞　典	58℃,4 min	55~56℃,3.5 min	62~63℃,4 min
澳大利亚	64.4℃,2.5 min	55.6℃,1.0 min	60.6℃,3.5 min
波　兰	64℃,3 min	56℃,3 min	60.5℃,3 min

（1）蛋液中的微生物：未杀菌的蛋液中常发现大肠杆菌，而沙门氏菌、葡萄球菌也常被检出。污染蛋液的病源微生物主要来自鸡蛋本身及蛋液制造工厂的设备。据报道，鸡粪污染蛋在洗净前后或清洁的未洗蛋蛋壳上，均存在大量的微生物，而沙门氏菌检出数在污壳蛋中比洁壳蛋中高数倍。在蛋液加工过程中，以打蛋后的贮蛋槽检出微生物频率最高。

（2）蛋液的杀菌方法：蛋液分为全蛋液、蛋白液、蛋黄液及添加诸如糖、盐成分的蛋液，它们的化学组成不同，干物质含量不一样，对热的抵抗力也有差异，因此采用的杀菌条件也不一样。

① 全蛋液的巴氏杀菌：我国一般采用的是杀菌温度 64.5℃，保持 3 min。经这样的杀菌，一般可以保持全蛋液在食品配料中的功能特性，从卫生的角度可以杀灭致病菌并减少蛋液内的杂菌数。

② 蛋黄液的巴氏杀菌：蛋液中主要的致病菌是沙门氏菌，该菌在蛋黄中的抗热性比在蛋清、全蛋液中高，这是由于蛋黄 pH 低，沙门氏菌在低 pH 环境中对热不敏感，并且蛋黄中干物质含量高，因此，蛋黄的巴氏杀菌温度要比全蛋液或蛋白液要高。而蛋黄的热敏感性低，采用较高的巴氏杀菌温度是可行的。

③ 蛋清液的巴氏杀菌

蛋清的热处理：蛋清中的蛋白质更容易受热变性，使其功能特性受损失。因此，对蛋清的巴氏杀菌很困难。有报道指出，蛋清在 57.2℃ 瞬间加热，其发泡力也会下降。有研究表明，用小型商业片式加热器加热蛋清，流速固定发现加热温度在 60℃ 以上时则会出现蛋清黏度和浑浊度增加，甚至粘附到加热片上并凝固等一系列机械和物理变化。但在 56.1~56.7℃ 加热 2 min，蛋清没有发生机械和物理变化。而在 57.2~57.8℃ 加热 2 min，则蛋清黏度和浑浊度增加。另外，蛋清 pH 越高，蛋白变性越大。当蛋清 pH 为 9 时，加热到 56.7~57.2℃，则黏度增加，加热到 60℃ 时迅速凝固变性。可见，对蛋清的加热灭菌要同时考虑流速、蛋清黏度、加热温度和时间及添加剂的影响。

添加乳酸和硫酸铝（pH 7）的加工过程：这种巴氏杀菌蛋清的方法是由美国一家研究室研究出的，使用这种方法可以大大提高蛋清的对热抵抗力，从而可以对蛋清采用与全蛋液一致的巴氏杀菌条件，这样提高了巴氏杀菌效果。

添加过氧化氢的加热：过氧化氢是众所周知的杀菌剂，很早就有人提出将其应用到蛋液中杀菌。但因过氧化氢在热处理过程中分解出氧气而产生大量的泡沫，并在蛋中有残留，因此，该方法长期没被商业生产采用。近年来，研究结果使该方法称为生产中可接受的蛋清的巴氏杀菌方法。

（3）蛋液的杀菌设备

① 单槽式杀菌器：单槽式杀菌器的容量多在 500 ml 以下。蛋液在杀菌时较牛乳容易起泡，且形成的泡沫不易消除。此泡沫常成为绝缘物而阻隔传热，妨碍杀菌效果，引起杀菌不完全等，故蛋液杀菌时应力求避免产生泡沫。使用单槽式杀菌器时，杀菌槽的液面若有成层泡沫存在，则会使液面温度降低，故设置面上空间加热器较理想。另外，蛋液在加热后能附着在传热面上，而阻碍热的传导，故杀菌槽若能设置将加热面随时挂除的构造则更为理想。

② 高温短时杀菌装置：是将牛乳的高温短时杀菌（HTST）装置沿用于蛋液，其主要由精密的温度调节系统、保持管、热交换器、真空器以及其他设备组成。这种高温短时杀菌装置常配有热交换器，依其型式可分为板型热交换器、刮除型热交换器及三重管型热交换器。

5. 杀菌后冷却 杀菌后的蛋液需要根据使用目的而迅速冷却,如供原工厂使用,可冷却至15 ℃左右;若以冷却蛋或冷冻蛋形式出售,则需要迅速冷却至2 ℃左右,然后再充填至适当容器中。根据 FAO/WHO 的建议,蛋液在杀菌后急速冷至5 ℃,可贮藏24 h;若急速冷却至7 ℃,则仅能贮藏8 h。

经搅拌过滤的蛋液也要及时预冷,以达到防止蛋液中微生物生长繁殖的目的。预冷是在预冷罐中进行。预冷罐内装有蛇形管,管内有流动着的制冷剂(-8 ℃的氯化钙水溶液),蛋液在管内冷却至4 ℃左右即可。如不进行巴氏杀毒时,可直接包装。

冷却在冷却器重进行,其种类和结构与杀菌器相同。

加盐或加糖液则在充填前将蛋液移入搅拌器中,再加入一定量食盐(一般10%左右)或砂糖(5%~10%)予以搅拌溶液。

蛋液容易起泡,故加入食盐或砂糖,以真空搅拌器为宜。欧美各国在蛋液中加入甘油或丙二醇以维持其乳化力,并加入苯甲酸钠等化学药品以防腐。加盐或糖尽可能在杀菌前,以免制品再污染,但加盐、糖使蛋液黏度较高,使杀菌操作困难。

6. 蛋液的充填、包装及运输 蛋液充填容器容量通常为12.5~20 kg装的方形或圆形马口铁罐,其内壁镀锌或衬聚乙烯袋。容器盖为广口的,以充取方便。

容器罐在充填前必须经水洗、干燥。如衬聚乙烯袋,则冲入蛋液后应封口或用橡皮筋封紧后加罐盖。为了方便零用者,目前出现了塑料袋包装或纸板包装,一般容量为2~4 kg。

欧美的蛋液工厂多使用蛋液车或大型货柜来给用量大的加工厂运送蛋液。蛋液车备有冷却或保温槽,其内可以隔成小槽以便能同时运送蛋液白、蛋液黄及全蛋液。蛋液车槽可以保持蛋液最低温度为0~2 ℃,一般运送蛋液温度应在12.2 ℃以下,长途运送则应在4 ℃以下。使用蛋液冷却或保温槽每日均需清洗、杀菌一次,以防止微生物污染繁殖。

三、浓缩蛋液的生产

蛋液中水分含量高,容易腐败,因此仅能进行低温短时间贮藏。为使蛋液方便运输或使其在常温下增加贮藏时间,近年来出现了浓缩蛋液。浓缩蛋液主要分为两种:① 全蛋加糖或盐后浓缩使其含水量减少,水分活度降低,因而可在室温或较低温度下运输贮藏;② 将蛋白水分除去一部分,以减少其包装、贮藏、运输费用。

1. 浓缩蛋液生产工艺流程

原料蛋 → 检验 → 预冷 → 洗净 → 干燥 → 照蛋检查 → 打蛋 → 全蛋或分离蛋液 → 过滤 → 加糖或加盐 → 低温 → 杀菌 → 浓缩 → 产品

2. 浓缩蛋白液、蛋黄液、全蛋液的生产

(1) 浓缩蛋白液生产:蛋白含有88%水分和12%固形物,故若用浓缩方法将蛋白的部分水分除去,将节省其包装、贮藏及运输费用。目前,蛋白的浓缩利用反渗透法或超过滤法,一般将蛋白浓缩至含固形物为原来的2倍。

经浓缩的蛋白,有些葡萄糖、灰分等低分子化合物与水一同被膜透过而被除去。用反渗透法浓缩的蛋白由于失去了钠,因此,在加水还原时,其起泡所需的时间加长,泡沫容积小,所调制的蛋糕容积也小。

(2) 浓缩全蛋液、蛋黄液的生产:禽蛋有热凝固的特性,所以不能采用常用的加热浓缩的方法,一般采用加糖浓缩方法。全蛋液在60~70 ℃范围内开始凝固,而加糖后的全蛋液,其凝固温度随蔗糖添加量的增加而会有很大提高。当添加蔗糖量为蛋液量的一半时,凝固温度为85 ℃,添加蔗糖量与蛋液量相等时,凝固温度上升到95 ℃。生产加糖浓缩蛋液时不能使用葡萄糖、果糖或其混合物,否则会使制品在长期贮藏后颜色变黑。一般蔗糖添加量应高于53.3%,低于72.7%,最适宜量为66.7%。

另一种是加盐浓缩全蛋液,它与加糖浓缩全蛋加工相同,一般加盐浓缩全蛋液固形物含量为50%,其中食盐含量为9%。

此外,还有一种浓缩蛋液是将全蛋或蛋黄先用各种酶处理,然后添加砂糖或食盐再浓缩,称为酶处理加糖或加盐浓缩蛋液,此种浓缩蛋制品的蛋黄香味浓,加热不易凝固,黏度低,且富含氨基酸,可作为调味料,以供作各种食品加工原料。此产品在未开封前于常温下可贮藏3个月。

第三节 冰蛋的加工

冰蛋品又称冷冻蛋制品,是蛋制品中的一大类,它是鲜蛋去壳后,所得的蛋液经一系列加工,最后冷冻而制成的蛋制品。由于蛋液的种类不同,冰蛋品分为冰全蛋、冰蛋黄、冰蛋白。

冰蛋加工过程中常加入许多其他物质,如食盐、蔗糖等,以改善含蛋黄制品的胶化现象。此外,也可添加甘油、糖浆、食用胶、偏磷酸钠等。冰蛋制品的加工方法相对简单,使用方便。在美国用来制造蛋制品的总蛋液有1/3用来制成冰蛋品。在我国,随着冷藏业的发展,冰蛋制品的产量也有较大幅度的增长,已是我国出口创汇的主要蛋制品。冰蛋品可以满足食品工业,如面包、饼干、中西式点心、冰淇淋、糖果等常年生产的需要,也可在产蛋淡季时投入市场,弥补鲜蛋供应的不足。

一、冰蛋品的加工

1. 冰蛋品加工工艺流程 冰蛋品加工工艺流程见图25-3。其前部分加工过程如原料蛋检查至杀菌结束完全与液蛋加工相同,后期加工包括包装、冷冻。

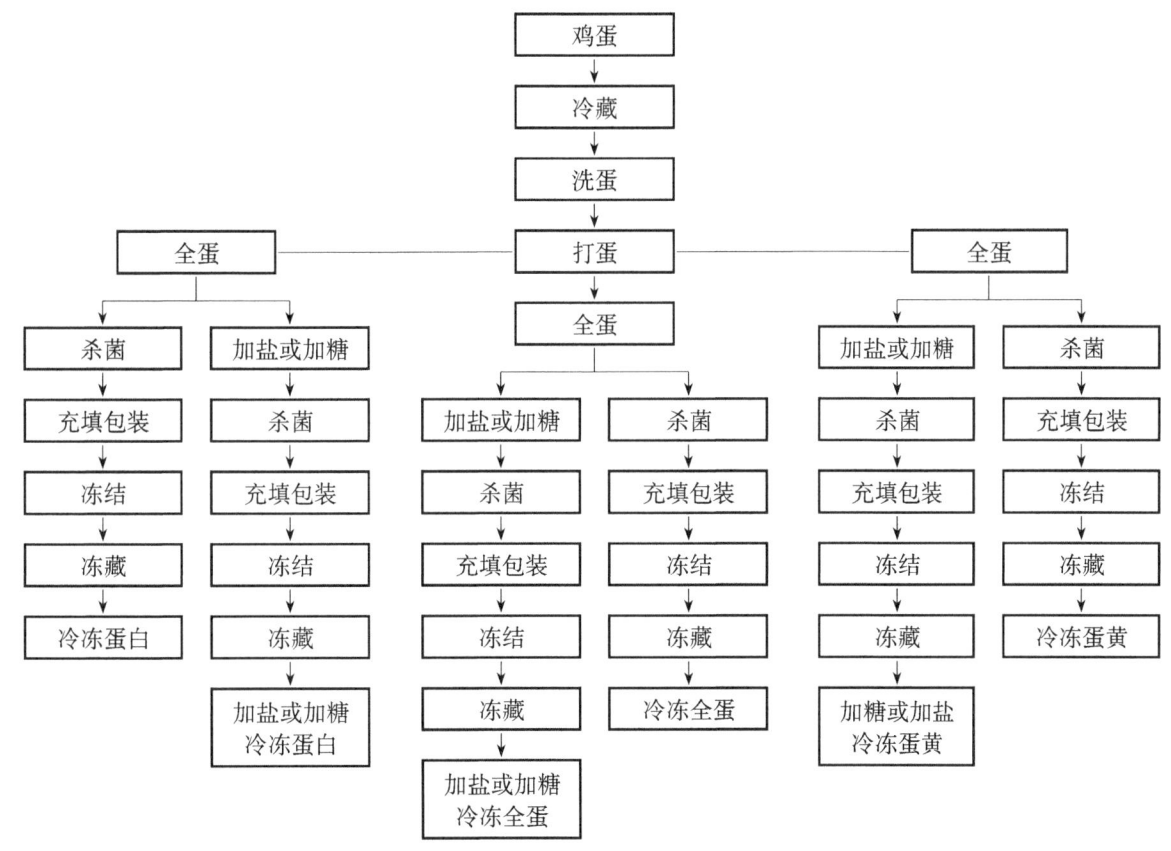

图25-3 冰蛋加工工艺流程

2. 生产工艺步骤 从图25-3可以看出,虽然冰蛋品有很多种类,但其加工方法基本相同。下面对冰蛋的加工方法展开阐述。

(1) 搅拌与过滤:搅拌与过滤系冰蛋品加工过程中的首要环节,目的是为了把打蛋车间打出的蛋液经过搅拌使蛋黄和蛋白得以混匀,以保证冰蛋品的组织状态达到均匀。蛋液经过过滤,可以清除碎蛋壳、蛋壳膜、系带等杂物,以保证冰蛋品的质量达到纯净。

① 设备及用具

蛋液注入器　将蛋液注入过滤槽内；

过滤槽　第一次过滤用；

搅拌器　内有螺旋桨，第二次过滤用；

蛋液过滤箱　第三次过滤用；

莲蓬头过滤器　最后一次过滤用；

离心泵　将过滤箱内的蛋液抽出；

离心机　过滤蛋黄液、蛋液及检查蛋壳内蛋白液的含量用。

② 操作过程

搅拌与过滤是经过四次自动连续不断的操作过程，由输送带运来合乎工艺要求的蛋液，先经注入器注入蛋液过滤槽，进行第一次过滤，可初步清除蛋壳、蛋液中的杂质并割破蛋黄，随即蛋液自动流入搅拌器内，进行第二次过滤，蛋液经螺旋桨搅拌后，加工冰全蛋，使蛋黄、蛋白混合均匀（加工冰蛋黄，蛋黄得以混匀），而其中的蛋黄膜、系带、蛋壳膜等杂质，进行第三次过滤。最后由离心泵将蛋液抽至莲蓬头过滤装置中进行最后一次过滤，除去蛋液内所有杂质，纯净的蛋液经漏斗流入预冷罐内进行冷却。

(2) 预冷：经过搅拌与过滤已达到均匀纯净的蛋液，由蛋液泵打入预冷罐，在罐中降低温度，称为预冷。预冷的目的在于防止蛋液中微生物繁殖，加速冻结速度，缩短急冻时间。预冻方法是，蛋液由泵打入预冷罐后，由于罐内装有盘旋管（或蛇形管），管内有−8 ℃氯化钙水不断循环，使管冷却，蛋液温度随之下降得以冷却。一般蛋液的温度达到 4～10 ℃，便为预冷结束，即可由罐的开关处放出蛋液，进行装听。

(3) 装听：装听又称为装桶或灌桶。装听的目的是便于速冻与冷藏。装听时，将经过消毒和称过重的马口铁听（或内衬无毒塑料袋的纸板盒）放在秤上，听口（或盒口）对准盛有蛋液的预冷罐的输出管，打开开关，蛋液即流入听内，达到规定的重量时，关闭开关，蛋听由秤上取下，随后加盖，用封盖机将听口封固，再送至急冻间进行急冻。内销冰蛋品装听，按我国原商业部部颁标准规定，优级冰蛋品需装入全新马口铁听内，净重分为 20 kg、10 kg、5 kg 三种规格，听口加盖压紧。一、二级冰蛋品需用涂蜡纸、塑料袋（无毒的）或纸板盒包装，每块净重分为 20 kg、10 kg、5 kg、2 kg、1 kg 和 0.5 kg 等规格，包装应严密。

(4) 急冻：蛋液装听后，运送到急冻间，顺次排列在氨气排管上进行急冻。放置蛋听时，听的一角应面向风扇（风扇直径为 1.52 m），听与听之间要留有间隙，以利于冷气流通。冷冻间的前、中、后各部位需挂温度计一支，一般配有专人每两小时检查记录一次，以便及时调节温度。冷冻间温度应保持在−20 ℃以下，使听内四角蛋液冻结均匀结实，以便缩短急冻时间和防止听身膨胀。在急冻间温度−23 ℃条件下，经过 72 h 以内的急冻，蛋液温度可以降到−13 ℃以下，这时即可视为达到急冻要求，并将冰蛋经过包装转入冷藏库内冷藏。

(5) 包装：急冻好的冰蛋在送入冷藏库前需进行包装，即在马口铁听外面加套涂有标志的纸箱，以便于运输和保管。

(6) 蛋液的巴氏消毒：又称低温杀菌。国内外生产冰蛋品的实践已证明，蛋液经过巴氏低温消毒，杀菌效果良好。近年来，我国的大型蛋品加工厂生产的冰鸡全蛋已应用巴氏消毒法，这是加工巴氏消毒冰鸡全蛋的主要工序，即鲜蛋经打蛋、过滤、巴氏低温消毒、冷冻制成的一种蛋制品。巴氏消毒一般采用自动控制的巴氏消毒机。该设备由片式热交换器、贮存罐、蛋液泵、温度自动控制器等部分组成，全部由不锈钢制成，其中主要部分为片式热交换器，这是由许多受热片组成的平板式热量交换器。受热片的夹层通入调节成所需温度的热水，蛋液通过受热片受热后，转入导管保持 3 min，再移入另一同样的受热片夹层中，但这夹层中改灌入冷流动水，蛋液通过后便可冷却，流入贮存罐以便装听。冷流体与热流体在受热片的两边表面上形成薄膜流动，通过受热片进行换热，以使蛋液达到预定的杀菌效果。一般蛋液在受热片的加热温度为 64.5 ℃，经过 3 min 即可达到标准规定的杀菌效果，可使蛋液的细菌总数和大肠菌群大为降低，并可杀灭全部致病菌。

3. 影响冰蛋品质量的主要工序

(1) 蛋液的包装：经巴氏杀菌后的蛋液或没经巴氏杀菌的蛋液，冷却在 4 ℃以下即可包装。包装或装听的目的是便于冷冻和贮藏。在美国多用 13.62 kg 容量的罐装冰蛋；我国用马口铁罐为主，容量为 5 kg、10 kg

和 20 kg 三种,这对于冰蛋用量大的厂家比较适合,但对用量小的消费者则有很大不便。另外,铁罐做包装材料和开启也不方便,因此现在许多冰蛋加工厂采用塑料袋或纸板盒包装,常见的冰蛋包装容器容量为 1～3 kg,蛋液充填入容器后立即密封容器,送至冷冻室。

充填时应注意液蛋容器必须事先彻底清洗杀菌,干燥后方可使用,充填时防止污染和异物进入,并使液蛋不流于容器外侧,以免霉菌污染。如用铁罐,则罐内侧需有涂层或内衬聚乙烯袋。

(2) 速冻和冷藏:包装后的蛋液马上送到速冻车间冷冻。冷冻时,各包装容器之间尤其采用铁听等大包装之间留有一定的间隙,以有利于冷气流通,保证冰冻速度。

速冻车间的温度应保持在 -20 ℃以下,在这样的温度下,速冻 72 h 即可结束,这时听内中心温度达 -18～-15 ℃,然后即可取听装纸箱包装。冰蛋制作过程中,冻结速度与蛋液种类和急冻温度有关。温度低冻结得快;蛋液所含固体成分多,生成冻块。所以在同样温度下,蛋黄完成冻结早,全蛋次之,蛋白液虽然开始冻结早,但完成冻结最晚。

将全蛋液置于 -10 ℃、-20 ℃和 -30 ℃时,其冻结速度(最大冰结晶生成温度的平均通过速度)分别为 0.2 和 0.7 和 4.0 cm/h。液蛋冻结后第二日解冻的黏度变化为冻结速度越快,其黏度越大。据报道,蛋冷冻在 -6 ℃,则黏度增大,且冻结温度越低,冻结后其黏度的增大越大。冷冻蛋经 1～2 个月贮藏后再解冻,其黏度与发泡性受贮藏温度的影响大,而受冻结速度影响较小。

冰蛋在急冻时常见的是出现胖听现象,出现听变形,甚至发生破听。为了避免此现象的发生,急冻 36 h 后进行翻听,使听的四角及听内壁冻结结实,然后由外向内冻结。

还有一种冰蛋的冻结方法是采用蛋液盘冻结,即将没经包装的蛋液灌入衬有硫酸纸或无毒塑料膜的蛋液盘内,进行急冻。然后分成小包装销售。急冻好的冰冻品送至冷库贮藏,冷藏库内的温度应保持在 -18 ℃,同时要求冷库温度不能上下波动太大,以此达到长期贮藏的目的。贮存冰蛋的冷库不得同时存放有异味如腥味的产品。

二、冰蛋品的解冻

冰蛋制品属冻结食品,故在食用或作为食品工业原料前必须进行解冻,使恢复冻结前的良好状态。因此,不仅急冻和冷藏要达到要求的条件,而且要有科学解冻方法和良好的卫生条件。解冻要求速度快,汁液流失少,解冻终止时的温度低,而表面和中心的温差小。这样既能使产品营养价值不受损失,又能使组织状态良好。

1. 解冻方法 常用的解冻方法主要包括以下几种。

(1) 常温解冻法:这是经常使用的方法,将冰蛋制品出冷藏库后,在常温清洁解冻室内进行自然解冻。此法优点是方法简便,但存在着解冻时间较长的缺点。

(2) 低温解冻法:采用 5 ℃或 10 ℃的低温下进行冻解。这样完成解冻时间分别为 48 h,24 h。国外常采用此法。

(3) 加温解冻法:此法即将冰蛋制品置于 30～50 ℃的保温室中进行解冻,加温解冻法解冻快,但温度必须严格控制,室内空气应流通。日本常用此法解浆加盐或加糖冰蛋。

(4) 流水解冻法:即将装有冰蛋的容器置于清洁长流水中,由于水比空气传热性能好,因此流水解冻的速度较常温解冻快,还可防止微生物的污染及繁殖。

(5) 微波解冻法:利用微波特点对冰蛋品进行解冻,冰蛋品采用此方法解冻不会使蛋白发生变性,能保证蛋品的质量,而且解冻时间短。但微波解冻成本高,目前还不能普及。

上述几种解冻方法以低温冻结或流水解冻较为适宜,解冻所需时间因冰蛋品的种类而有差异,如冰蛋黄要比冰蛋白解冻时间短,加盐或加糖冰蛋由于其冰点下降解冻较快。采用不同解冻方法,产品需要的解冻时间也不一样。

在解冻过程中,细菌的污染和繁殖也因冰蛋品的种类与解冻方法有所不同。例如,同样解冻条件,在蛋黄中细菌总数增加比蛋白中速度快。同一种冰蛋品,采用解冻速度快要比解冻速度慢的方法细菌数增加得少。

2. 冷冻及解冻引起蛋液性质变化 蛋液冷冻会引起物理、化学变化,如组织结构可能会出现冰晶,含蛋黄制品会有凝胶形成,这些变化在短期冻藏时较不明显,但在长期冷藏后则很明显,因此在冰蛋制造时对这些变化采取一定条件加以控制,使得终产品的应用特性不受严重影响。

(1) 蛋白性质的变化:蛋白经冷冻、解冻后,其浓厚蛋白所占比例减少且黏度下降,以致外观呈水样,见表 25-3。

表 25-3 冷冻、解冻对浓厚蛋白比例的影响

供 试 蛋 白	浓厚蛋白/%	稀蛋白/%
新鲜蛋白	58.4	41.6
冷冻、解冻蛋白	27.0	73.0

搅拌后的蛋清冻结时,在靠近容器内层附近有些浓厚化,在中心形成云雾状团,这些变化可能与冰冻速度和加盐有关,使搅拌的蛋清又复回到原来的组织结构。以上变化仅是组织结构的变化,对于冰蛋白在食品中的特性没有影响,可认为与鲜蛋白相同。如蛋白在 15 ℃贮藏 6 个月后,再供调制蛋糕时,蛋糕的容积与组织、香味等均与未冷藏的冷冻蛋白相似。

(2) 蛋黄性质的变化:当冷冻或贮藏蛋黄的温度低于 6 ℃时,蛋黄黏度增加发生凝胶,最后失去流动性,即使搅拌也不分散,用机械处理则蛋黄呈斑点状分散,这样的产品在作为其他食品的配料时不容易混合均匀。直至现在,这种因冷冻引起的凝胶化还被认为是完全不可逆的。Palmer 等(1970)提出这种凝胶在 45~55 ℃下加热解冻 1 h,可以有部分可逆。

蛋黄在 -6 ℃以上温度条件下保存时并不发生凝胶化,但是在此温度下长期贮藏则会变味以致产生异味,因此,蛋黄应贮存在 -6 ℃以下。冷冻会引起蛋黄黏度上升,在 $-73\sim-12$ ℃温度范围内,冻藏温度越低,蛋黄的黏度越小。-73 ℃冻藏的蛋黄其黏度在 200 Pa·s 以下,故将容器倾倒,蛋黄即可流出。

蛋黄凝胶作用除受贮藏时间和温度的影响外,还受冰冻速度、冰冻温度和解冻温度的影响,这些条件的影响相互作用,很难测出其单独影响的程度。值得注意的是,蛋黄的冰点为 -6 ℃,然而直至 -6 ℃才发生凝胶现象,普通蛋黄在 -18 ℃时凝胶作用发生最快。速冻或迅速解冻,蛋黄发生凝胶作用较小,虽然速冻时形成冰晶越小,蛋白脱水越少。

蛋黄的冷冻凝胶化程度受添加的食盐或蔗糖浓度影响,其中 4% 加盐蛋黄解冻后的黏度最小,这是因为食盐对脂蛋白质具有溶解作用,而更高浓度的加盐蛋黄其解冻后的黏度增高,是因为食盐溶解而争夺蛋黄中水分所致。尽管添加食盐或蔗糖的冰蛋黄在某些特殊食品中受到限制,糖浆、甘油、磷酸盐和其他糖类也可添加到冰蛋黄中起防止凝胶化作用。另外,蛋白分解酶(胃蛋白酶、胰蛋白酶和根霉属蛋白分解酶)也可抑制蛋黄冰冻时凝胶化,但只有胃蛋白酶没有严重影响产品的感观特征,这类酶是破坏了蛋黄内形成凝胶的成分。蛋黄在冷冻前加脂肪酶 A 可以减弱蛋黄的凝胶作用。机械处理如均质、胶体研磨或激烈混合会降低冻蛋黄的黏度。

冷冻蛋黄解冻时的解冻温度也影响其解冻后的黏度,解冻温度高则蛋黄的黏度低(如 45 ℃解冻比 21 ℃解冻黏度低),常把 45 ℃解冻称为加(高)温解冻。蛋黄冻结时除黏度变化外,还会产生起泡力下降,使调制的蛋糕容积小、质地硬;同时乳化力变差。

(3) 全蛋液性质的变化:全蛋液在冷冻时也存在凝胶形成问题,尤其是在全蛋中蛋黄与蛋白保持原状下,经冷冻-解冻则其蛋黄呈汤圆状胶化,即使搅拌也不分散。如果蛋白和蛋黄混合则会因蛋黄得到稀释而降低冻结时凝胶化。

在 $-30\sim-10$ ℃冻结并在 $-20\sim-10$ ℃冷藏的全蛋,将其用于焙烤食品中,食品品质如蛋糕的组织、色调、滋气味等均下降,但这种现象在冰全蛋贮藏三个月时有所改善,然而继续冷藏则又下降,有报道认为全蛋液冰冻后在 -18 ℃下贮藏一个月时黏度最大。Miller 等(1951)比较了冰全蛋与鲜蛋液在蛋黄酱中的性质,认为用冰全蛋制得的蛋黄酱更稳定。另外,冰全蛋的发泡力没有明显变化。

全蛋液在冻结前添加砂糖、玉米糖浆或食盐及机械处理(如均质、胶体磨处理)、蛋白与蛋黄均匀混合,则可降低冰冻时凝胶的形成。冷冻全蛋添加脂肪甘油酯等乳化剂或蛋白质类起泡剂,再以压力搅拌机使空气

混入后,即可烘焙出具有理想外观与组织的蛋糕。

三、冰蛋品的质量卫生指标

1. 冰蛋品中的微生物 用于制造冰蛋的原料中可能存在各种微生物,其蛋液经巴氏杀菌后主要残留的微生物为产碱杆菌、芽孢杆菌、变形杆菌、大肠杆菌、黄杆菌和革兰氏阳性球菌6个属,经冷冻后其种类和数量均可减少,但前三个属仍有大量残存,有的甚至增加,它们所占的数量为芽孢杆菌占83.5%,剩下的产碱杆菌及变形杆菌各占8.3%左右。表25-4为冷冻前后全蛋液中检出的主要微生物种类。

表25-4 冷冻前后全蛋液中检出的主要微生物种类及比例

菌 种	未杀菌/%		杀菌后/%	
	冻结前①	冻结贮藏后②	冻结前①	冻结贮藏后②
无色杆菌(Achromobacter)	0.0	1.5	—	—
气杆菌属(Aerobacter)	3.0	0.0	—	—
产碱杆菌(Alcaligenes)	25.1	20.0	4.0	8.3
芽孢杆菌(Bacillus)	7.4	2.0	83.0	83.5
色杆菌(Chromobacter)	1.6	1.6	—	—
伤寒菌(Eberthella)	1.0	0.0	—	—
埃希氏杆菌(Escherichia)	5.7	6.8	2.5	0.0
黄杆菌(Flavobacterium)	29.0	26.9	4.0	0.0
革兰氏阳性球菌(Gram+Cocci)	5.3	3.5	2.5	0.0
变形杆菌(Proteus)	15.6	8.1	4.0	8.3
假单孢菌(Oseudomonas)	7.4	16.0	—	—
沙门氏菌(Salmonells)	1.0	0.0	—	—
链丝菌(Streptothrix)	0.0	2.3	—	—

注:① 61~62 ℃,4 min;② −23~−17 ℃,冷藏3周后。

2. 冰蛋品在冷冻贮藏过程中细菌的变化 液蛋在冷冻及贮藏过程中总菌量略有减少,减少量与冷冻和贮藏温度成正相关,见表25-5。而蛋白中微生物减少量多于蛋黄或全蛋。

表25-5 全蛋的冻结温度、冷藏温度与解冻后的菌数

细 菌	冻结及冻藏温度/℃	冻藏期间			
		冻结前	冻结次日	冻结1个月后	冻结2个月后
活菌数/(cfu/g)	−10 ℃	2.7×10^5	1.2×10^5	1.3×10^5	5.4×10^4
	−20 ℃		1.1×10^5	1.8×10^5	1.5×10^5
	−30~−10 ℃①		1.8×10^5	9.0×10^4	5.4×10^4
大肠菌群数/(cfu/g)	−10 ℃	−1.6×10^5	2.4×10^3	50	0
	−20 ℃		1.9×10^3	5.0×10^2	0
	−30~−10 ℃①		9.0×10^3	50	0

① −30 ℃冻结,−10 ℃贮藏。

由于微生物可在冰蛋品种残留,并在贮藏过程中引起蛋的品质下降,甚至腐败,因此制造冰蛋的原料必须新鲜而且蛋壳清洁,在加工过程中严格杀菌,防止微生物污染。

3. 冰蛋品的质量指标 质量指标是进行冰蛋品的鉴定、分级等重要依据。决定冰蛋品的质量指标有如下一些共同项目:状态和色泽、气味、杂质、水分、含油量、游离脂肪酸含量、细菌指标等。由于冰蛋品的用途及销售对象不同,对其质量要求也各异。

(1)状态和色泽:各种冰蛋品均有其固有的冻结状态,对冰鸡全蛋、冰鸡蛋白、冰鸡蛋黄和巴氏消毒冰鸡全蛋均要求冻结坚洁均匀。质量正常的冰蛋品还应该有其固有的色泽,冰蛋品的色泽取决于蛋黄中所含有的色素,由于所含色素深浅不同而使不同的冰蛋品成品色泽也各异,例如冰鸡全蛋和巴氏消毒冰鸡全蛋应为

淡黄色,而冰鸡蛋黄应为黄色,冰鸡蛋白则应为微黄色。

此外,冰蛋品的色泽还与加工过程有关,如果打分蛋时,蛋黄液中混有蛋白液,则冰蛋黄中的色泽也随之变浅。因此,观察色泽可以评定冰蛋品的质量是否正常。

(2) 气味:冰蛋品的气味是评定其成品新鲜程度的重要指标,因此,要求所有的冰蛋品的气味必须正常。冰蛋品若带有异味是由于原料、加工或贮藏中造成的。如使用霉蛋加工成的冰蛋品就带有霉味;如冰蛋黄中有酸味则多是由于在贮藏中受温、湿度的影响而使其中的脂肪酸败所造成的。

(3) 杂质:冰蛋品中含有杂质,不但使其纯度降低,直接影响其食用价值,而且有些杂质不符合卫生要求,还会影响人体健康,因此,质量正常的冰蛋品均不得含有杂质。冰蛋品中的杂质大部分是加工时过滤不好、卫生条件不良或设备不完善的结果。

(4) 含水量:由于鲜蛋(冰蛋原料)的含水量受到许多因素的影响,如鸡的品种、产蛋季节、产蛋期、饲料等,而加工时使用的鲜蛋又常常是不同地区、不同产蛋期、不同品种鸡所产的鲜蛋,其中的成分含量也各异,含水量也随之有所不同,因此,冰蛋品的含水量,在我国内销或出口的冰蛋品中均以最高含水量为准,如冰鸡全蛋最高不超过76%,冰鸡蛋白最高不超过88.5%,冰鸡蛋黄最高不超过55%,但是如果成品中的含水量超过这个最高水准,则会使冰蛋在贮藏、运输过程中容易分解变质,同时也使重量增加。所以,成品水分含量也可以反映出冰蛋品的质量状况。

(5) 含油量:含油量又称脂肪含量。由于各种因素的影响,鲜蛋的含油量有很大的差别。制成的冰蛋品,甚至每批成品的含油量也各异,因此,对冰蛋品的含油量就很难规定固定的数字,通常在标准中规定以最低的含量为限。例如冰鸡蛋黄含油量(三氯甲烷冷浸出物)不低于25%,冰鸡全蛋含油量则要求不低于10%。若打分蛋时,蛋白液混入蛋黄液内,则冰蛋黄中的含油量将随之下降。此外,成品中水分过高也会相对地降低含油量;反之,水分过低,含油量也会提高。

(6) 游离脂肪酸含量:游离脂肪酸含量又称脂肪酸度,即由脂肪分解出来的游离脂肪酸和脂肪的比。脂肪酸度的高低可说明冰鸡全蛋和冰鸡蛋黄的新鲜程度。凡是贮藏时间过长,或由于温度过高及空气的影响等,蛋黄中的脂肪均会分解产生游离脂肪酸,严重者能使脂肪发生酸败,从而使冰蛋品产生异味。可见,游离脂肪酸含量越高,脂肪酸度越大,成品质量越低劣。因此,游离脂肪酸含量的多少或脂肪酸度的高低也是衡量冰蛋品的重要指标之一。内销冰鸡全蛋,其中优级品游离脂肪酸(以油酸计)要求不超过4%,一级品不超过5%,二级品不超过6%。

(7) 微生物指标:由于冰蛋品加工过程中不经过高温灭菌处理过程,因此,加工过程中的卫生条件是否完全合乎要求与成品中的含细菌量的高低有密切关系。而含菌量的高低不仅涉及成品质量优劣,而更重要的是,由于细菌总数含量过多,往往会使成品中污染肠道致病菌(沙门氏菌属和志贺氏菌属),若控制不住,将直接危害人们的身体健康。因此,对各种冰蛋品的细菌指标,无论是内销,还是出口,国家均有明确规定。例如内销冰鸡全蛋优级品,细菌总数不超过100万个/g,一级品不超过600万个/g;而优级品的大肠菌群不超过25万个/g。对肠道致病菌指标,一律不得检出。

第四节　蛋黄酱的加工

蛋黄酱是西餐中常用的调味品,属调味沙司的一种,为半固体形态,是世界上使用范围最广的调味料之一。蛋黄酱生产开始于美国,1912年,佳道·赫鲁码最先在市场上出售其夫人手工制作的蛋黄酱,其味道淡雅,被称为"赫鲁码蛋黄酱",尽管开始出现的时候引起很大争议,但是几经演变,逐渐成为现今风靡全球的蛋黄酱。目前世界各国生产的蛋黄酱主要是以蛋黄及食用植物油为主要原料,添加若干种调味物质加工而成的一种乳化状半固体蛋食品,其中含有人体必需的亚油酸、维生素A、维生素B、蛋白质及卵磷脂等成分,是一种营养价值较高的调味品。食用时,可以用来涂抹面包等食品,也可用作调味的佐料。此外,近几年随着消费者的不同要求,蛋黄酱品种逐渐增多。

因为蛋黄酱是一种乳状液体,其稳定性的好坏是决定产品质量的关键。而蛋黄酱的稳定性与其所用原辅料的种类、质量、用量、使用方法等有关,还与生产工艺流程及操作方法和参数等有关。蛋黄酱的稳定性可通过黏度的大小来反映,黏度越大,稳定性越好。

乳状液有水包油型(O/W)和油包水型(W/O)两种,蛋黄酱属于O/W型乳化体系。但它在一定条件下会转变成为W/O型,此时,蛋黄酱的状态将被破坏,导致其流变性发生改变,黏度大幅下降;在外观上蛋黄酱由原来黏稠均一的体系变成稀薄的"蛋花汤"状。在蛋黄酱加工时,是否能形成稳定的O/W型乳化体系是一个重要的问题,但这一问题受到多种因素的影响。

一、蛋黄酱配方

蛋黄酱加工配方有很多,现列举如下几种。

1. 一般沙拉性调料蛋黄酱生产配方 蛋黄10%,植物油70%,芥末1.5%,食盐2.5%,食用白醋(含醋酸6%)16%。该配方产品的特点:淡黄色,较稀,可流动,口感细腻、滑爽,有较明显的酸味。其理化性质:水分活度0.879,pH 3.35。

2. 低脂肪、高黏度蛋黄酱生产配方 蛋黄25%,植物油55%,芥末1.0%,食盐2.0%,柠檬原汁12%,α-交联淀粉5%。该配方产品特点:黄色,稍黏稠,具有柠檬特有的清香,酸味柔和,口感滑细,适宜做糕点夹心等。其理化性质:水分活度0.90,pH 4.7。

3. 高蛋白、高黏度蛋黄酱生产配方 蛋黄16%,植物油56%,脱脂乳粉18%,柠檬原汁10%。该配方产品特点:淡黄色,质地均匀,表面光滑,酸味柔和,口感滑爽,有乳制品特有的芳香,宜做糕点等表面涂布。其理化性质:水分活度0.865,pH 5.5。

4. 其他几种常用配方

配方1:蛋黄9.2%,色拉油75.2%,食醋9.8%,食盐2.0%,糖2.4%,香辛料1.2%,味精0.2%。(配方说明:油以精制色拉油为好,且玉米油比豆油更为理想;食醋以发酵醋最为理想,若使用醋精应控制其用量,通常以醋酸含量进行折算。)

配方2:蛋黄8.0%,食用油80.0%,食盐1.0%,白砂糖1.5%,香辛料2.0%,食醋3.0%,水4.5%。

配方3:蛋黄10.0%,食用油72.0%,食盐1.5%,辣椒粉0.5%,食醋12.0%,水4.0%。

二、加工工艺

1. 工艺流程 蛋黄酱加工工艺流程见图25-4。

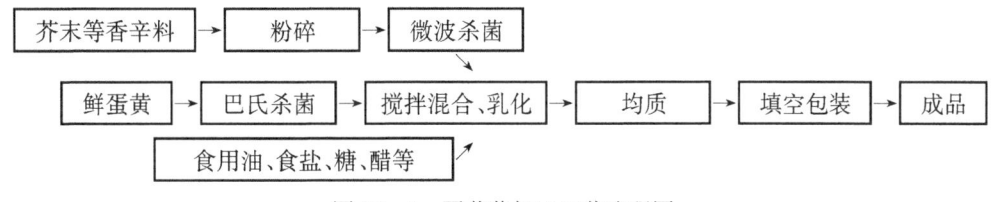

图25-4 蛋黄酱加工工艺流程图

2. 操作要点

(1) 蛋黄液的制备:将鲜鸡蛋先用清水洗干净,再用过氧乙酸及医用酒精消毒灭菌,然后用打分蛋器打蛋,将分出的蛋黄投入搅拌锅内搅拌均匀。

(2) 蛋黄液杀菌:对获得的蛋黄液进行杀菌处理,目前主要采用加热杀菌,在杀菌时应注意蛋黄是一种热敏性物料,受热易变性凝固。试验表明,当搅拌均匀后的蛋黄液被加热到65℃以上时,其黏度逐渐上升,而当温度超过70℃时,出现蛋白变性凝固现象。为了能有效地杀灭致病菌,一般要求蛋黄液在60℃温度下保持3～5 min,冷却备用。

(3) 辅料处理:将食盐、糖等水溶性辅料溶于食醋中,再在60℃下保持3～5 min,然后过滤,冷却备用。将芥末等香辛料磨成细末,再进行微波杀菌。

(4) 搅拌、乳化混合:先将除植物油以外的辅料投入蛋黄液中,搅拌均匀。然后再在不断搅拌下,缓慢加入植物油,随着植物油的加入,混合液的黏度增大,这是应调整搅拌速度,使加入的油尽快分散。搅拌时间对产品黏度的影响见表25-6。

表 25-6 搅拌时间对蛋黄酱黏度的影响

搅拌时间/min	0	5	10	15	16.5
黏度(峰面积)	28	43	62	157	12

在搅拌、乳化混合阶段,必须注意:搅拌速度要均匀,且沿着同一个方向搅拌;植物油添加速度特别是初期不能太快,否则不能形成 O/W 型的蛋黄酱。

乳化温度应控制在 15～20 ℃。乳化温度既不能太低,也不能太高。若操作温度过高,会使物料变得稀薄,不利于乳化;而当温度较低时,又会使产品出现品质降低现象。

操作条件一般为缺氧或充氮。卵磷脂易被氧化,使 O/W 型乳化体系被破坏,因此,如果能够在缺氧或充氮条件下完成搅拌混合、乳化操作,能使产品有效贮藏期大为延长。

(5) 均质:蛋黄酱是一种多成分的复杂体系,为了使产品组织均匀一致、质地细腻、外观及滋味均匀,进一步增强乳化效果,用胶体磨进行均质处理是必不可缺的。

(6) 包装:蛋黄酱属于一种多脂食品,为了防止其在贮藏期间的脂肪氧化变质,宜采用不透光材料,真空包装。

3. 固体蛋黄酱加工 普通蛋黄酱为高黏度的糊状物,有流动性,使其包装及应用均受到一定的限制。为此,日本研究开发出了固体蛋黄酱,其硬度类似于奶酪,不需要特殊的包装材料,用纸包装即可,而且可以加工成粉末,撒到各种食品上食用,扩大了蛋黄酱的适用范围。

(1) 固体蛋黄酱加工技术:固体蛋黄酱是以蛋黄、色拉油、酿造醋为主要原料,添加葡萄糖或果糖、香辛料即增稠剂而制成蛋黄酱主体;另将葛粉与明胶按 2:1 的比例混合,加水调成葛粉明胶液,其含量为 10%～20%,再将蛋黄主体与葛粉明胶液混合,搅拌后成固体蛋黄酱。

将这种蛋黄酱通过粉碎制成粉末蛋黄酱。由于葛粉与明胶具有加热溶化的特性,因此将这种蛋黄酱加热到 60 ℃ 以上时,会使其变软。

(2) 固体蛋黄酱加工实例:将蛋黄 20 份、色拉油 20 份、酿造醋 15 份、浓度为 8% 的葡萄糖溶液 4 份、香辛料 1.5 份、增稠剂 9 份混合,搅拌后成为蛋黄酱主体。另将葛粉 2 份和明胶 1 份混合,调成浓度为 15% 的葛粉明胶液。再将 1 份葛粉明胶液与 12 份蛋黄酱主体混合,搅拌后即成蛋黄酱成品。

4. 影响黄酱产品稳定性的因素

(1) 蛋黄酱乳化液的稳定性:影响蛋黄酱乳状液稳定的因素主要有:蛋黄酱加工中各原料的配合量、加工程序、混合方式、操作温度、产品黏度及贮藏条件等。提高蛋黄酱乳化液的稳定性的措施主要有以下几个方面。

① 加 1%～2% 的白色芥末粉可维持产品的稳定性能。

② 用新鲜鸡蛋乳化效果最好,因新鲜蛋黄卵磷脂分解程度低。

③ 最佳的乳化操作温度是 15～20 ℃。

④ 酌量添加少量的胶(明胶、果胶、琼脂等)可以增加产品的稳定性。

⑤ 保证盐、醋合适的添加用量。若盐、醋用量偏高,产品稳定性降低。

⑥ 为了防止微生物污染繁殖,一些原料如鸡蛋、醋等可预先经 60 ℃、30 min 杀菌,冷却后备用,乳化好的产品可在 45～55 ℃ 下,加热杀菌 8～24 h,也可加入乳酸菌在常温下放 20 d,增殖以抑制有害菌。装瓶后的产品在贮藏期应防止高温和震动,以延长保质期。

⑦ 有的蛋黄酱在低温下长期存放后会发生分离现象,这是因为在低温下油形成固体结晶,是产品乳化性受破坏所致,所以用于蛋黄酱的蛋黄又要取出固体脂和蜡质,使其在低温下不凝固。

(2) 脂类物质的氧化:蛋黄酱是油相包容在水相中,而且含有不溶解的氧。另外,在原辅料混合过程中也可能引入气泡,因此,像所有含有脂肪的食品一样,蛋黄酱很容易因为脂肪中不饱和脂肪酸和多不饱和脂肪酸发生自动氧化而受到破坏。油脂的氧化是产生蛋黄酱异味的主要原因。在蛋黄酱加工过程中适当添加一些抗氧化剂,如维生素 E、抗坏血酸等可以有效阻止蛋黄酱的氧化。

(3) 蛋黄酱风味的稳定性:蛋黄酱是一种由植物油、醋、蛋黄、糖和香料(主要是芥末)构成的混合物。这些成分构成了蛋黄酱的整体风味。其中糖和醋的成分相对稳定,因此其他成分的分解(比如植物油)、蛋黄中的蛋白质以及源于香料中的风味物质对综合风味的形成有重要的意义。

第二十六章 干燥蛋制品

近年来,干燥蛋制品工业有了很大发展,已成为蛋制品加工业中的重要组成部分。我国现代化蛋品加工业起步较晚,20世纪80年代引进了很多成套加工设备,但由于蛋源短缺及蛋成本过高,其作用没有完全得到发挥。

第一节 干燥蛋制品概述

鸡蛋中含有大量的水分,其中蛋黄约含50%、全蛋约含75%、蛋白约含88%。将含水分如此高的全蛋、蛋黄或蛋白进行冷藏或运输,既不经济,又易变质。干燥是贮藏蛋的很好方法,早在20世纪初我国即有了干燥蛋白片,其起泡性很好并且耐贮藏,令各国为之惊奇,加工的关键是干燥前先用细菌发酵,除去其中的葡萄糖。

干燥蛋制品有许多优点:干燥蛋制品由于除去水分而体积减小,从而比带壳蛋或液蛋贮藏的空间小,成本低;运输的成本比冰蛋或液蛋低;管理卫生;在贮藏过程中细菌不容易侵入、繁殖;在食物配方中数量能准确控制;干燥蛋制品成分均一;可用于开发很多新的方便食品。

由于禽蛋易受外界环境影响,包括温度、湿度、空气、细菌等,随着时间的推移,就会发生变质。为此,人们采取了多种多样的保鲜技术,例如低温储藏、气调库、生物技术等。然而,采用上述任何一种保鲜技术处理后的禽蛋,其保质期都不会超过一年。为适应蛋制品加工的需求,出现了多种干燥蛋制品。根据原料的不同,干燥蛋制品分为干燥蛋白片、蛋粉和特殊类型干燥蛋制品。

一、干燥蛋白片

干燥蛋白片是通过浅盘干燥而制成的片状或粒状的制品,将蛋白片在水中浸泡一夜即可还原使用,非常方便。常用于食品、纺织、皮革、造纸、医药等工业领域。

(1) 食品工业:干蛋白在食品工业上应用很广泛。如可用作冰糖及糖精加工时的澄清剂;加工点心时可作为起泡剂;加工冰淇淋、巧克力粉、清凉饮料、饼干中均有使用。

(2) 纺织工业:在染料及颜料浆中加入35%~50%干蛋白片的水溶液,可以增加印染的劲着性;若加以蒸热,即可使染料或颜料固着于纺织物上。所以,印染棉、绢、毛等纺织品时,常用干蛋白做固着剂。

(3) 皮革工业:干蛋白可用做皮革鞣制中的光泽剂。用干蛋白5 g、苯胺染料5 g、牛乳100 ml,加水1 000 ml即可制成光泽剂,涂于皮革表面,使皮革表面光滑、防水耐用、质量优良。

(4) 造纸、印制工业:制造高级纸张可用干蛋白做施胶剂,提高纸张的硬度、强度,增强其韧性和耐湿性;印刷制版时,需用干蛋白作为感光剂和胶着剂;陶器、瓷器以及玻璃器皿上的彩画和图案是用印画纸印上的,而印画纸是用干蛋白和颜料配制成的25%浓度的涂料液和配合料,在纸上印刷而成的。

(5) 医药工业:主要用干蛋白制造蛋白银治疗结膜性眼炎;用鞣酸蛋白治疗慢性肠炎;制造蛋白铁盐作为小儿营养剂。

二、蛋粉

鸡蛋粉分为全蛋粉、蛋清粉、蛋黄粉。全蛋粉系指鸡蛋经打蛋、过滤、喷雾干燥或冷冻干燥制成的蛋制品。其成分为:水分4.5%,脂肪42%,游离脂肪酸4.5%。干蛋粉像鲜鸡蛋一样,含有人体必需的动物性蛋白质、脂肪、卵磷脂以及矿物质和维生素,其组分质量高,吸收率也高,特别是对人脑和神经系统不可缺少的磷脂的含量比较丰富(高达20%)。蛋粉具有较好的营养成分和很高的营养价值,在国内外传统食品工业中是一种不可少的工业原料,它作为食品营养添加剂、品质改良剂广泛地应用于蛋糕、饼干、麦乳精、冰淇淋粉、冷饮、饮料中,使用蛋粉后可以大大提高其产品质量和产量。干燥全蛋粉包括普通干燥全蛋粉、除葡萄糖干全蛋粉和加糖干燥全蛋粉。此类全蛋制品含有丰富的磷脂,不仅具有丰富的营养价值,而且具有很好的乳化性、黏着性和凝固性,但发泡力很差。可用于制造夹心蛋糕、面包、饼干等焙烤制品以及冰淇淋、调味酱的生产、油炸圈饼和酥饼等。

蛋清粉(又称鸡蛋白粉)是由纯鲜鸡蛋清精制而成的优良产品,具有脱糖、脱腥、纯度高、溶解迅速等特点,同时,该产品还具有良好的功能特性,如:高凝胶性(鸡蛋白粉的凝胶强度可达350~700 g/cm^{2}左右,远远高于大豆蛋白粉的凝胶强度)、高搅打性、乳化性、保水性等,这些优良性质使蛋清粉在食品工业及很多行业取得了广泛的应用,如加工火腿肠等肉制品时用来提高弹性和切片性;加工面制品时用来提高面筋度等;蛋清粉也常用于制造细菌培养基。

蛋黄粉包括普通干燥蛋黄粉、除葡萄糖干蛋黄粉和加糖干燥蛋黄粉。蛋黄粉中含有20%以上的卵磷脂,这是一种与大豆卵磷脂截然不同的高级营养品,可以当作高级药物,直接输入人体(大豆卵磷脂则不能),还可提炼出蛋黄素供医药用。用超临界法生产的卵磷脂,含磷脂水平可达到90%以上,而大豆磷脂只能达到60%~70%。在国外利用蛋黄粉开发研制出一种功能性碳水化合物——蛋黄唾液酸低聚粉。这种产品在低pH、高温、高盐条件下仍然保持稳定。作为婴幼儿食品配料,能抑制婴儿患有的轮状病毒胃肠炎,这种产品还作为一种保健食品的配料和营养增补剂。此外,蛋黄粉中所含的油脂则以蛋黄油的形式从分离器中流出,它是一种非常好的食品添加剂。

三、其他干蛋品

包括炒蛋用混合蛋粉、煎鸡蛋粉和蛋汤用速食鸡蛋粉等。这些是将蛋与其他食物(如脱脂乳、酥烤油等)混合,或加入碳酸钠粉调pH后喷雾干燥而成的制品。用来生产干蛋品的原料主要是鸡蛋,很少用鸭蛋、鹅蛋。我国目前仅生产普通全蛋粉、普通蛋黄粉和蛋白片。

第二节 干燥全蛋的加工

一、工艺流程

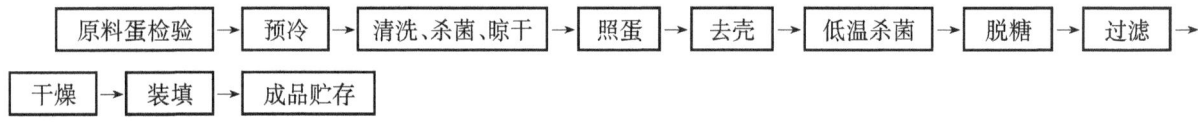

二、工艺要点

1. 脱糖 全蛋、蛋白和蛋黄分别含有约0.3%、0.4%和0.2%的葡萄糖。如果直接把蛋液加以干燥,在干燥后贮藏期间,葡萄糖与蛋白质的氨基会发生美拉德反应,另外还会和蛋黄内磷脂(主要是卵磷脂)反应,使产品褐变、溶解度下降、变味及质量降低。因此,蛋液(尤其是蛋白液)在干燥前必须除去葡萄糖,俗称脱糖。

脱糖方法有以下几种。

(1) 自然发酵法:该法仅适用于蛋白的脱糖,是依靠蛋白液中所存有的发酵细菌(主要是乳酸菌)在适宜的温度下发酵生成乳酸等,从而达到脱糖的目的。由于自然发酵很难保持稳定状态,现已很少使用。

(2) 细菌发酵法:细菌发酵法一般只用于蛋白发酵。它是用发酵剂在蛋白中进行发酵而达到脱糖的目的。我国研究发现,引起蛋白发酵的主要微生物是非典型大肠杆菌,并从发酵蛋白液中分离出两种优良的发酵菌种,即弗氏埃希氏菌和阴沟气杆菌。用这两种菌可使发酵时间缩短12～24 h,而且发酵终点容易判断,成品质量好。细菌发酵法在27 ℃大约3.5 d即可完成除糖。

(3) 酵母发酵法:酵母发酵既可用于蛋白发酵,也可用于全蛋液或蛋黄液发酵,常用的酵母有面包酵母、圆酵母。酵母发酵只需数小时,这种发酵仅产生醇和二氧化碳,不产酸,制品中常含有蛋白的白色沉淀物。为解决这一问题,可用有机酸将蛋白液的pH调至7.5左右进行发酵,最后添加柠檬酸铵等热分解性中性盐,维持pH呈中性。蛋黄液或全蛋液进行酵母发酵时,可直接使用酵母发酵,也可加水稀释蛋白液,降低黏度后再加入酵母发酵。蛋白液发酵时,则先用10%的有机酸将pH调到7.5左右,再用少量水把占蛋白液量0.15%～0.20%的面包酵母制成悬浊液,加入到蛋白液中,在30 ℃左右,保持数小时即可完成发酵。

(4) 酶法脱糖:酶法完全适用于蛋白液、全蛋液和蛋黄液的发酵,是一种利用葡萄糖氧化酶把蛋液中葡萄糖氧化成葡萄糖酸而脱糖的方法。葡萄糖氧化酶的最适pH为3～8,一般以6.7～7.2最好。目前使用的酶制剂除含有葡萄糖氧化酶外,还含有过氧化氢酶,可分解蛋液中的过氧化氢而形成氧,但需不断向蛋液中加过氧化氢,另外,也可不加过氧化氢而直接吹入氧。酶法脱糖应先用10%的有机酸调蛋白液(蛋黄液或全蛋液不必加酸)pH至7.0左右,然后加0.01%～0.04%的葡萄糖氧化酶,缓慢搅拌,同时加入0.35%的7%过氧化氢,每隔1 h需加入同等量的过氧化氢。发酵温度一般采用30 ℃或10～15 ℃两种。蛋白酶发酵除糖需5～6 h;蛋黄用酶除糖时,其pH约为6.5,故不必调整pH即可在3.5 h内完成除糖;全蛋液调整pH至7.0～7.3后,4 h内即可除糖完毕。

(5) 超滤:超滤是一种最有前景的节能方法之一。蛋浆在0.15 MPa气压,600 r/min的搅拌器转速下用醋酸纤维膜进行超滤,蛋白浓度可由13%提高到26%。随滤液至少排除50%的游离碳水化合物(脱糖),还排除一些其他低分子化合物,如15%～20%钙镁离子、30%～40%钠钾离子、10%以下非蛋白氮等。但这些低分子化合物的损失对蛋白的食用价值和特性实际上无影响。将浓缩蛋白用水稀释,复原到起始浓度,其黏滞性和气泡性与原蛋白大致相同。

2. 蛋液的杀菌 除糖的蛋液需经过40目的过滤器过滤,再移入杀菌装置中低温杀菌,或经过滤后不杀菌而干燥后再予以干热杀菌。

(1) 低温杀菌:使用葡萄糖氧化酶除糖的全蛋或蛋黄液,其菌数少,可使用低温杀菌法杀菌,若干热杀菌,则易使其脂肪氧化。发酵除糖后的蛋液杀菌条件同液蛋加工杀菌条件及要求,但发酵后细菌数增殖,杀菌更为困难。

(2) 干热杀菌:干热杀菌是将干燥后的制品放于密封室,保持50～70 ℃,经过一定时间而杀菌的方法。干燥蛋的杀菌多采用干热处理。干热处理在欧美广泛使用,其方法是以44 ℃保持3个月;55 ℃保持14 d;57 ℃保持7 d;63 ℃保持5 d等。蛋白使用自然发酵、细菌发酵或酵母发酵除糖时,蛋液细菌较多,所以多采用干燥后的干热杀菌处理。干燥全蛋与蛋黄在干热处理时,其脂肪易氧化而形成不良风味,而干燥前的液体状态杀菌相当有效,故不采用干热杀菌。

3. 干燥 蛋液在除糖、杀菌后即进行干燥。目前大部分的全蛋、蛋白及蛋黄均使用喷雾干燥,还包括真空干燥、冷冻干燥、浅盘干燥、滚筒干燥、微波干燥等。

(1) 喷雾干燥:喷雾干燥法是在压力或离心力的作用下,通过雾化器将蛋液喷成高度分散的雾状微粒,微粒直径为10～50 μm,从而大大增加了蛋液的表面积,提高了水分蒸发速度,微细雾滴瞬间干燥变成球形粉末,落于干燥室底部,从而得到干燥蛋粉。全部干燥过程仅需15～30 s即可完成。

喷雾干燥法生产蛋粉,受热时间很短,干燥速度快,蛋白质受热时间短,不易使蛋白质发生变性,其他成分亦影响极微,对产品的色、香、味、营养成分影响小。喷雾干燥在密闭条件下进行,可保证产品的卫生质量;粉粒小,不必粉碎,蛋粉复原性好;喷雾干燥法生产蛋粉,易机械化、自动化连续生产,目前已成为制造干蛋制品的主要方法。

喷雾干燥制成的干燥蛋白粉复原时会生成大量的泡沫,长时间静置也不消失,不适于供印染、印刷制版用。

(2) 真空干燥:将蛋液处于冰冻状态下,通过真空环境而使物品中的水分升华为水蒸气并被排除的一种方法。干燥温度低,干燥室内相对缺氧,可避免脂肪氧化、色素褐变等,适合于热敏感性食品物料的干燥,但耗能大,生产效率较低。

(3) 冷冻干燥：用冷冻干燥所得的干燥全蛋或蛋黄,其溶解度高且溶解迅速,干燥臭少,起泡性及香味俱佳,但干燥成本高。

冷冻干燥全蛋加工工艺流程：

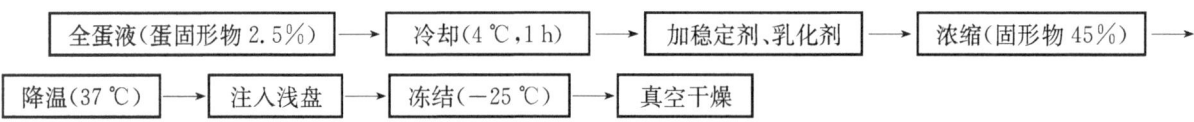

冷冻干燥易使蛋黄因低温而变性,减少物料厚度,可降低热质传递通过干燥层的阻力,提高干燥速率,所得产品质地疏松,加水后迅速溶解恢复原有特性。如在30~50℃使蛋黄呈薄膜状后,再真空干燥时,可得到质量高的制品。

(4) 浅盘式干燥：浅盘式干燥是将蛋白脱糖后,置于铝制或不锈钢制浅盘(长、宽各为0.5~1.0 m,深度为2~7 cm)内,然后移入箱式干燥室内,用温度约为54℃的干燥热风长时间干燥。1.5 mm厚的蛋白液约需36 h,3 mm厚的蛋白液需20 h可完全干燥。

浅盘式干燥法的加热方式有炉式和水浴式两种。炉式是借炉热风的传导使蛋白的水分蒸发。水浴式则是借浅盘下流动的热水为介质使蛋白的水分蒸发,并在蛋白表面以风扇送风干燥,其优点是在浅盘下热水温度容易控制,热效率高,优于炉式热风干燥。

不论是使用炉式或水浴式干燥,当蛋白液干燥成皮膜状的半干品时,均需移入棚布上,以热风进行二次干燥。

(5) 带状干燥：带状干燥是将蛋白涂布于箱式干燥室内铝制平带上,使其在热风中移动干燥,当蛋白干燥至一定厚度时,用刮刀刮离而成。

(6) 滚筒干燥：滚筒干燥是将蛋液涂布在圆筒上而干燥的方法。带状干燥或滚筒干燥均可制成薄片状或颗粒状干燥蛋白,但所制成的干燥全蛋或蛋黄颜色、香味均差。

(7) 微波干燥：蛋液在快速变化的高频电磁场作用下,其极性取向随着外电场的变化而变化,造成分子的运动和相互摩擦效应。场能转化为介质内热能,使物料温度升高,产生热化和膨化一系列物化过程达到微波加热干燥的目的。

第三节　干蛋白片的加工

干蛋白片是指鲜鸡蛋的蛋白液经发酵、干燥等加工处理制成的薄片状制品。

一、工艺流程

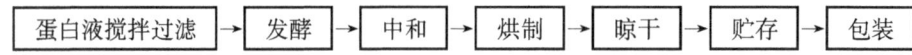

二、工艺要点

1. 蛋白液的搅拌过滤　蛋白液在发酵前必须进行搅拌过滤,使浓、稀蛋白均匀混合,有利于发酵,缩短发酵时间。搅拌过滤还可除去碎蛋壳、蛋壳膜等杂质,使成品更加纯洁。根据设备不同,可将搅拌过滤的方法分为以下两种。

(1) 搅拌器搅拌后筛滤：蛋白液在搅拌器内以30 r/min的速度进行搅拌。若搅拌速度过快,产生泡沫,影响出品率。另外,要严格控制搅拌时间,春、冬季蛋质好,浓蛋白多,需搅8~10 min。夏、秋季节稀蛋白多,搅3~5 min即可。搅拌后的蛋白液可用铜丝筛过滤,筛孔的选择依蛋质而定,春、冬季用12~16孔,夏、秋季用8~10孔的筛过滤。

(2) 离心泵压力过滤：鲜蛋液用离心泵抽至过滤器,施加压力,使蛋白液通过过滤器上的过滤孔(孔径为2 mm),从而使浓蛋白和稀蛋白均匀混合,还可除去杂质。压力的大小与蛋质有关,浓蛋白多的蛋白液所需压力较大,夏、秋的蛋白液稀蛋白多,压力相对要小。

2. 蛋白液的发酵 蛋白液的发酵是通过细菌、酵母菌及酶制剂等的作用,使蛋白液中的糖分解的过程,是干蛋白片加工的关键工序。

(1)操作方法:发酵前将发酵桶彻底清洗,用蒸汽消毒15 min或煮沸10 min。然后将桶排列在木架上沥干备用,再将搅拌过滤后的蛋白液移入桶内,其量为桶容量的75%。发酵室温度一般应保持在26~30 ℃之间,通过蒸汽调节。

(2)发酵成熟的鉴定:蛋白液发酵的好坏直接影响成品的质量。一般根据泡沫、澄清度、滋味、pH、打擦度进行综合鉴定。

① 泡沫:当蛋白液开始发酵时,会产生大量泡沫于蛋白液面,当蛋白液成熟时,泡沫不再上升,反而开始下塌,表面裂开,裂开处有一层白色小泡沫出现。

② 澄清度:用试管取约30 ml蛋白液密封,将试管反复倒置,经5~6 s后观察,若无气泡上升,蛋白液呈澄清的半透明淡黄色,则表明已发酵成熟。

③ 滋味:取少量蛋白液,以拇指和食指沾蛋白液对摸,如无黏滑性,有轻微的甘蔗汁气味和酸甜味,无生蛋白味即为成熟的标志。

④ pH:一般蛋白液pH达5.2~5.4时即为发酵充分。

⑤ 打擦度:用霍勃脱氏打擦度机测定。其方法是取蛋白液284 ml,加水146 ml,放入该机的紫铜锅内,以2号及3号转速各搅拌1.5 min,削平泡沫,用米尺从中心插入,测量泡沫高度。高度在16 cm以上者为成熟的标志,但要参考其他指标确定。

(3)放浆:发酵成熟后打开发酵桶下部边缘的开关,放出发酵好的蛋白液。放浆分三次进行,第一次放出总量的75%,再澄清3~6 h后放第二次、第三次,每次放出10%,最后剩下的5%为杂质及发酵产物不能使用。

3. 蛋白液的中和 发酵后的蛋白液在放浆的同时进行过滤,然后及时使用比重为0.98的纯净氨水进行中和,使发酵后的蛋白液呈中性或微碱性。蛋白中和时,先除去蛋白液表面的泡沫,然后加氨水,并进行适度搅拌,但速度不宜过快,以防产生大量泡沫。氨水的添加量与蛋白液的酸度和所需要的pH有关。

4. 烘干 我国对蛋白片的烘干多采用热流水浇盘烘干法。

(1)浇浆前控温:浇浆前先将流水温度提高至70 ℃,以达烘烤灭菌的目的。然后降温,使水温控制在50~56 ℃。再用消毒白布擦干烘盘,用白凡士林涂盘,称为擦盘上油。涂油需均匀、适量。

(2)浇浆:将中和后的蛋白液浇于盘中,浇浆量依水流温度和层次不同而有差异。位于出水处、通风不良处的烘盘,应适当少浇浆;位于进水处的烘盘可多浇浆。按上述烘盘大小,每盘浇浆2 kg,浆液深度为2.5 cm左右。

(3)浇浆后控温:出水口温度由于受凉浆的影响而降低,随后逐渐升高。2 h内,出水口水温保持55 ℃。当浆液温度升高到51~52 ℃时,出水口处浆液温度为50~51 ℃,浆液为浅豆绿色,澄清状。浇浆后2~4 h,出水口处浆液温度上升到52 ℃,浆液色泽同上。浇浆后4~6 h内应使出水口处的浆液温度提高到53~54 ℃,这样的温度保持到第一次揭片为止,同时可达到杀菌的目的。

(4)除泡沫:去蛋白液在烘制过程中会产生泡沫,使盘底的凡士林受热上浮于液面而形成油污,影响蛋白片的光泽和透明度。因此,需用水沫板刮去泡沫。打水沫在浇浆2 h后即可进行,打油沫在浇浆后7~9 h进行。

(5)揭片:揭蛋白片要求准确掌握好片的厚度和时间,而烘干的时间又取决于烘干水温,因此准确控制水温极为重要。

第一次揭片后,水温逐渐降低,应先将进水口水温降到约55 ℃;第二次揭片时,再下降1 ℃;第三次揭片时,水温可降到53 ℃。烘制过程不应超过22 h,烘干全程应在24 h内结束。

揭片一般分3~4次。在正常的情况下,浇浆后11~13 h(打油沫后2~4 h),蛋白液表面开始逐渐凝结成一层薄片,再经过1~2 h,薄片加厚约1 mm时,即可揭第一张蛋白片。

第一次揭片后经45~60 min,即可进行第二次揭片;再经20~40 min,进行第三次揭片。一般可揭2次大片,余下揭得的为不完整的碎片。

当成片状的蛋白片揭完后,将盘内剩下的蛋白液继续干燥,取出放于镀锌铁盘内,送往晾白车间进行晾干,再用竹刮板刮去盘内和烘架上的碎屑,送往成品车间。

5. 晾白　烘干揭出的蛋白片仍含有24%的水分,因此需晾干,俗称晾白。晾白室温度调至40~50 ℃,然后将大张蛋白片湿面向外搭成"人"字形,或湿面向上,平铺在布棚上进行晾干。4~5 h后含水量为15%左右,取下放于盘内送至拣选车间。烘干时的碎屑用10 mm×10 mm孔的竹筛进行过筛,筛上面的碎片放于布棚上晾干,筛下粉末,可送包装车间。

6. 拣选　晾白后的蛋白送入拣选室按不同规格、不同质量分开处理。拣大片将大片蛋白裂成20 mm大小的小片,同时将厚片、潮块、含浆块、无光片等拣出,返回晾白车间,继续晾干,再次拣选。优质小片送入贮藏车间进行贮藏。拣大片清盘所得的碎片用孔径2 mm的竹筛,筛下碎屑与筛上晶粒分开存放。拣碎屑烘干和清盘时的碎屑用孔径1 mm的铜筛筛去粉末,拣出杂质,分别存放。次品处理将所拣出的杂质、粉末等用水溶解、过滤,再次烘干成片,作次品处理。

7. 鸩藏　鸩藏是将不同规格的产品分别放在铝箱内,上面盖上白布,再将箱置于木架上48~72 h,使成品水分蒸发或吸收,以达水分平衡、均匀一致的目的。鸩藏的时间与温度和湿度有关,因此要随时抽样检查含水量、打擦度和水溶物含量等,达标后进行包装。

8. 包装及贮藏　干蛋白的包装是将不同规格的产品按照蛋白片85%、晶粒1.0%~1.5%、碎屑13.5%~14%的比例包装,外包装用马口铁箱。储藏蛋白片用的仓库应清洁干燥、无异味、通风良好、库温在24 ℃以下。

第四节　蛋粉的加工

蛋粉是由新鲜鸡蛋经清洗、磕蛋、分离、巴氏杀菌、喷雾干燥而制成的,产品包括全蛋粉、蛋黄粉、蛋白粉以及高功能性蛋粉产品。蛋粉不仅很好地保持了鸡蛋应有的营养成分,而且具有显著的功能性质,具有使用方便、卫生,易于储存和运输等特点,广泛地应用于糕点、肉制品、冰激凌等产品中。

一、操作流程

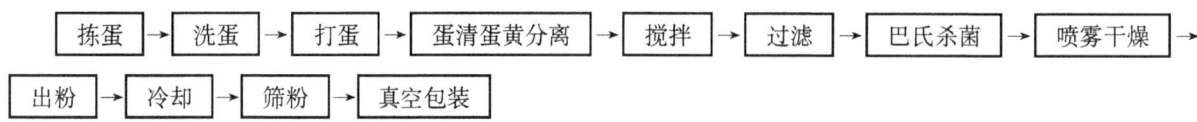

二、工艺要点

1. 蛋液的搅拌　蛋液经搅拌,用160目的筛网过滤,除去碎蛋壳、系带、蛋壳膜等杂物,使蛋液组状态均匀一致,放置在干净的容器中。巴氏杀菌温度选取60 ℃,保温5 min,然后将蛋黄液取出放在容器中。

2. 喷雾干燥　同乳粉的喷雾干燥相似。一般在未喷雾前,干燥塔的温度应在120~140 ℃,喷雾后温度则下降到60~70 ℃。在喷雾过程中,热风温度应控制在150~200 ℃,蛋粉温度控制在60~80 ℃范围之内。

3. 二次干燥　为使干燥全蛋的水分含量在2%以下,可进行二次干燥,使水分含量进一步降低,方法是将制品堆积在热空气中,使水分再次蒸发。

4. 蛋粉造粒　造粒是使较细颗粒团聚成粗粉团粒的工艺,目的是为了使干燥后的蛋粉速溶。通常采用的方法是先加水使蛋粉回潮,然后再予以干燥。为了促进蛋白粉造粒,可加入蔗糖或乳糖。蛋白粉经造粒化后在水中即能迅速分散溶解。

干燥塔中卸出的蛋粉必须晾凉、过筛,使产品均匀,然后进行包装。蛋粉用马口铁箱包装为宜,在整个包装过程中,要从各方面注意防止细菌污染。

第二十七章
禽蛋功能成分提取

第一节 溶菌酶提取

一、概述

溶菌酶(lysozyme,EC 3.2.1.17)又称胞壁质酶或N-乙酰胞壁质聚糖水解酶,全称为1,4-β-N-溶菌酶,是一种专门作用于微生物细胞壁的小分子碱性蛋白酶,主要通过作用于细胞壁中N-乙酰葡萄糖胺和N-乙酰胞壁酸之间的β-1,4-糖苷键,破坏肽聚糖支架,在内部渗透压的作用下使细胞膜破裂而导致细菌溶解死亡,故命名为溶菌酶,是英国细菌学家Fleming于1922年首次在人的唾液、眼泪中发现的强力杀菌物质。溶菌酶的发现是近代酶化学研究的最大成果之一。

1. 溶菌酶的结构和性质 鸡蛋清溶菌酶是动植物中溶菌酶的典型代表,也是目前了解最清楚的溶菌酶之一。其分子由18种氨基酸组成,分子中碱性氨基酸残基及芳香族氨基酸如色氨酸残基的比例很高,其结构是由129个氨基酸残基排列构成的单一肽链(图27-1),在分子中的四对含硫氨基酸间形成4个S—S键,分子质量为14 300 Da。20世纪60年代,英国的Phillips等用x衍射法分析阐明了溶菌酶的三维结构,溶菌酶分子是一个不规则的椭圆体,大小为4.5 nm×3.0 nm×3.0 nm。

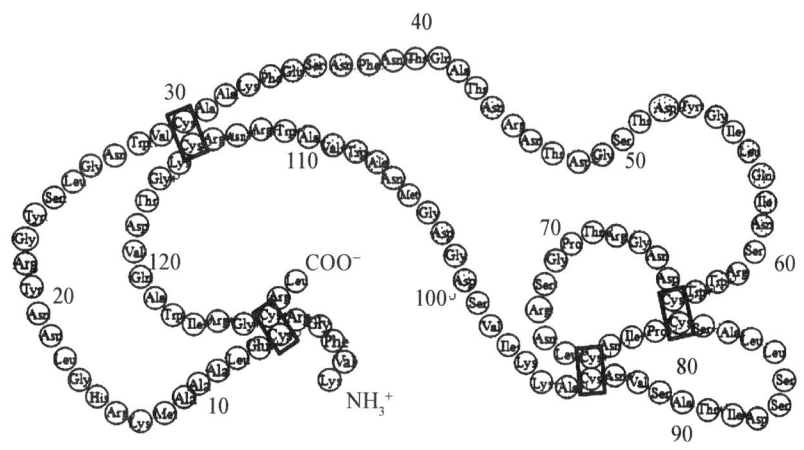

图27-1 蛋清中溶菌酶的一级结构

溶菌酶在干燥的环境中在室温下可长期保存,其纯品为白色或微黄色结晶体或无定型粉末,无嗅,味甜,易溶于水,不溶于丙酮、乙醚;pI为10.7,最适pH为7左右,最适温度为50 ℃;结晶形状随结晶条件而异,有菱形八面体、正方形六面体及棒状结晶等。

溶菌酶是非常稳定的蛋白质,在酸性条件下有很好的热稳定性,pH 4~7,100 ℃处理1 min仍保持原酶活性;pH 5.5,50 ℃加热4 h后,酶活不受影响;pH 3,96 ℃加热15 min后,酶活力保持87%。但在碱性条件下,溶菌酶的热稳定性较差,易变性。糖和烯烃类能增加溶菌酶的热稳定性,低浓度的NaCl对溶菌酶也有抗热变性作用,但高盐浓度对溶菌酶的活力受到抑制,吡啶、十二烷基磺酸钠等对溶菌酶也有抑制作用。

2. 溶菌酶的来源及分布 1937年,由Abraham与Robinson从卵蛋白中最先分离出晶体溶菌酶,此后人们在人和动物的多种组织、分泌液及某些植物、微生物中也发现了溶菌酶的存在,根据来源不同,将溶菌酶分为以下三类：动物源溶菌酶、植物源溶菌酶和微生物源溶菌酶。

3. 溶菌酶的应用　溶菌酶作为一种活性物质可应用在各个领域，我国的食品工业、酶工程、发酵工业、医学和科学研究对溶菌酶有较大的需求。

（1）用作天然的食品防腐剂：溶菌酶是一种无毒、无副作用的蛋白质，又具有一定的溶菌作用，因此现已广泛应用于水产品、肉食品、蛋糕、清酒、料酒及饮料中的防腐；还可以添入乳粉中，使牛乳人乳化，以抑制肠道中腐败微生物的生存，同时直接或间接地促进肠道中双歧杆菌的增殖。

（2）具有多种药理作用：溶菌酶作为一种存在于人体正常体液及组织中的非特异性免疫因素，它具有抗菌、抗病毒、抗肿瘤的功效，目前医用溶菌酶其适应症为出血、血尿、血痰和鼻炎等。

（3）作为工具酶：溶菌酶具有破坏细菌细胞壁结构的功能，以此酶处理 G^+ 细菌得到原生质体，因此，溶菌酶是基因工程、细胞工程中细胞融合操作必不可少的工具酶。

二、溶菌酶的提取方法

20世纪50年代，国外以鸡蛋清为原料，采用直接结晶法生产溶菌酶，产品用来制作口服药剂；60年代开发了离子交换法，产品达到了注射级药品质量要求；70年代采用亲和色谱技术，产品用于高纯度生化试剂的生产。近年来超滤法与其他方法相结合，又进一步提升了溶菌酶的生产工艺水平。下面阐述以鸡蛋为原料提取溶菌酶的方法。

1. 直接结晶法　结晶法是一种传统的制备溶菌酶的方法，其提取的原理是利用溶菌酶耐温、耐酸及在盐溶液中稳定性好、溶解性强的特点，而蛋清中其他蛋白质的等电点都为酸性的条件，向蛋清中加入一定量的中性盐，并调 pH 至溶菌酶的等电点，加入少许溶菌酶晶体作晶种，降低温度，溶菌酶以结晶形式慢慢析出，而大多数蛋白质仍存留于溶液之中，经过滤后便得到溶菌酶粗结晶。粗结晶溶于 pH 4.6 醋酸水中，分去不溶物后，可利用重结晶的方法将此结晶体反复精制，直至达到所需要的纯度为止。

（1）结晶法提取溶菌酶的工艺流程

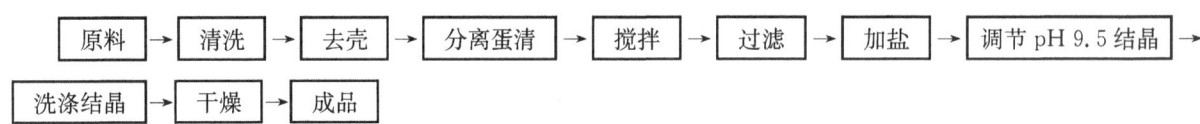

（2）技术要点

① 原料预处理：选择蛋清的 pH 不低于 8.0 的新鲜鸡蛋，用水洗掉蛋壳表面的不洁之物，晾干水分，打蛋去壳分离蛋清和蛋黄（另作他用）。用搅拌机将蛋清搅拌稠度均匀即可，以不引起泡沫为宜，防止由于起泡引起蛋白质的泡沫变性，而影响溶菌酶活性及产率。

② 过滤：用双层纱布将稠度均匀的蛋清过滤，滤除蛋清溶液中的脐带块及蛋壳等。

③ 去除杂蛋白：将蛋清液用 20%～30% 醋酸调节 pH 至 4.6，在沸水浴中迅速加热到 75～80 ℃，保持 5 min，使卵蛋白在等电点沉淀，迅速冷至室温静置 10 h，过滤去除杂蛋白，收集滤液。

④ 结晶：在上述滤液中滴加 1 mol/L 氢氧化钠溶液至 pH 9.5，静置 4～6 h，过滤除去氢氧化钙沉淀和杂蛋白，分出清液。向清液中再加氯化钠至浓度达 5%，调溶液 pH 10，静置 7 d，过滤得到粗结晶。

⑤ 洗涤结晶：粗结晶用 pH 4.6 的醋酸溶解，按步骤②、③、④重复操作，最后得到的结晶，冷冻干燥后即为溶菌酶成品。

2. 离子交换层析法　离子交换法是利用溶液中各种带电粒子与离子交换剂之间结合力的差异进行物质分离的操作方法。在蛋清中，其他蛋白质带负电荷，而溶菌酶是一种碱性蛋白质，带正电荷，因此常选择弱酸性阳离子交换树脂进行分离。

（1）离子交换法提取溶菌酶的工艺流程

(2) 技术要点

① 预处理：取新鲜或冷冻鸡蛋清（要自然融化），然后过铜筛，除去杂物。

② 吸附：将经处理的鸡蛋清冷至5℃左右，移入搪瓷桶中，在搅拌下加入已处理好的724树脂（按14%蛋清比例添加），使树脂全部悬浮在蛋清中，在0~5℃条件下，搅拌6 h，然后在0~5℃静置20 h以上。待分层后弃去上层清液，下层树脂用清水反复洗几次，以除去杂蛋白，最后滤干树脂，移入另一搪瓷缸中。

③ 洗脱：在上述树脂中加入等体积pH 6.5、0.15 mol/L 磷酸钠缓冲液，搅拌洗脱20 min，滤除洗脱液（含杂物），再按同样方法处理2次，最后在除杂后的树脂中加入等量浓度为8%的硫酸铵溶液搅拌洗脱30 min，滤出洗脱液，重复洗脱树脂3次，合并洗脱液于沉淀缸中。

④ 沉淀：在沉淀缸中按洗脱液体积加入32%的固体硫酸铵粉末，搅拌使其完全溶解，在4~10℃处放置过夜，虹吸弃去上清液，用离心机分出沉淀物。

⑤ 透析：将沉淀物用蒸馏水全部溶解，然后装入透析袋中，在10℃中透析过夜，以除去硫酸铵，收集透析液。

⑥ 盐析：将透析液移入搪瓷桶中，用5%的氢氧化钠溶液调节pH 9.5~10，如有沉淀应立即离心除去，然后加入5%的氯化钠，搅拌均匀，置冷处48 h，离心收集溶菌酶盐析物。

⑦ 干燥：将沉淀物倒入丙酮中，不断搅拌，放置2 h左右，滤除丙酮（回收），沉淀物干燥即得溶菌酶产品。

3. 亲和色谱法 亲和色谱法是根据作用酶与底物有特异亲和力的特性，利用酶分子独有的专一性结合位点或结构性质的分离方法。起初，人们根据溶菌酶在特定条件下兼具甲壳质酶的功能，于是直接以甲壳质为底物作为分离纯化溶菌酶的吸附剂，但甲壳质可被溶菌酶缓慢水解，分离得到的酶易被其水解产物多糖污染。

为了降低溶菌酶对甲壳质的水解能力，就对甲壳质进行了修饰，获得一系列甲壳质的衍生物，如：CC-纤维素（甲壳质包被纤维素）、CM-甲壳质（羧甲基甲壳质）、脱乙酰甲壳质、脱氨基甲壳质，均可用作亲和色谱的吸附剂。溶菌酶通过这些衍生物作为吸附剂的柱子时被亲和吸附到柱子上，其他杂蛋白都没有这种专一性从而被洗涤出来，然后用一定条件的洗脱液再将溶菌酶溶出，便得到纯净的酶。

(1) 亲和色谱法提取溶菌酶的工艺流程

蛋清 → 稀释 → 上柱吸附 → 洗涤 → 洗脱 → 透析冷冻 → 干燥 → 成品

(2) 技术要点：鸡蛋清用0.05 mol/L 磷酸缓冲溶液（pH 6.5 含 0.1 mol/L 氯化钠）稀释10倍后直接上柱进行吸附分离，然后用含有2 mol/L 氯化钠的0.1 mol/L 甘氨酸-氢氧化钠缓冲液（pH 10）洗脱，精制一次后，酶活力可提高280~320倍，而失活及经修饰的溶菌酶则不被吸附而流走。

第二节 免疫球蛋白提取

一、概述

1. 免疫球蛋白（Ig） 免疫球蛋白（immunoglobulin，简称Ig）是一类具有抗体活性，能与相应抗原发生特异性结合的球蛋白。免疫球蛋白分子是由四条肽链组成（图27-2），即两条相同的分子质量50~60 kDa的重链（H链）和两条相同的分子质量23 kDa的轻链（L链）通过二硫键连接形成"Y"字型对称性结构，通常由1 000个以上的氨基酸连接而成，单体分子质量为150~170 kDa。

依据抗原性的不同，Ig可分为5种，即IgG、IgA、IgD、IgE和IgM。其中，IgG占总免疫球蛋白的75%，是初级免疫应答中最持久、最重要的抗体，它仅以单体形式存在。它是构成体液免疫作用的主要物质，在抗感染中起到主力军作用，能够促进单核巨噬细胞的吞噬作用（调理作用）、中和细菌毒素的毒性（中和毒素）和病毒抗原结合使病毒失去感染宿主细胞的能力（中和病毒），因此可以增强机体的防御能力。

2. 鸡卵黄免疫球蛋白（IgY） 鸡卵黄免疫球蛋白（immunoglobulin of yolk，简称IgY）是卵黄中存在的主要免疫球蛋白，是母鸡在孵育过程中由鸡血清中的免疫球蛋白IgG选择性转移到鸡蛋黄（卵细胞）中形成

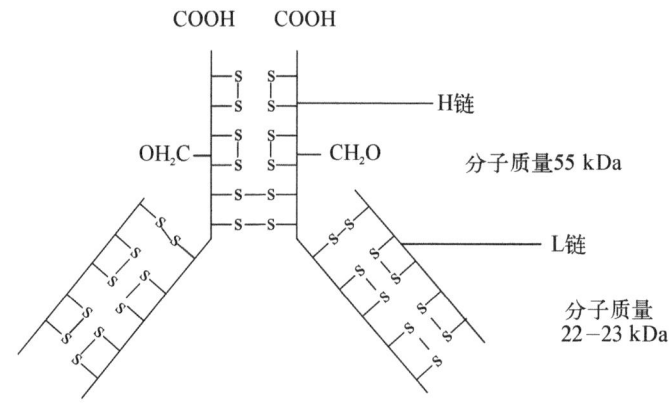

图 27-2 免疫球蛋白的结构图

的,其性质类似于哺乳动物的 IgG。IgY 的沉降系数为 7S,pI 接近 5.2,含氮量为 14.8%,氨基酸组成及含糖量与人及兔的免疫球蛋白有显著差异。

蛋黄免疫球蛋白 IgY 与一般哺乳动物免疫球蛋白 IgG 相比,具有一定的耐热、耐酸、耐碱及耐高渗性能,在温度不高于 65 ℃、pH 4~11 的范围内具有较好的稳定性;在 60% 的高浓度蔗糖溶液中还能保持活性。

3. 鸡卵黄免疫球蛋白的应用 IgY 在食品、医药及动物饲养方面都有应用。在食品工业中主要应用于婴儿食品和老年食品中,用以提高人体的免疫力,增强对各种疾病的抵抗力,如微胶囊化免疫球蛋白类婴儿食品。在医药工业上主要应用于口腔局部预防制剂,如在漱口液、口香糖或牙膏中添加使用,为龋齿的预防提供一种安全的全新方法。在猪仔生产中,如抗轮状病毒、抗大肠杆菌、抗沙门氏菌、抗胆囊收缩素、抗尿素酶等的鸡卵黄免疫球蛋白已有制备和应用;鸡卵黄免疫球蛋白性能稳定,作为一种新型、高效的绿色饲料添加剂,能降低幼崽的腹泻率和死亡率,减轻腹泻程度,减少了抗生素的使用量。

二、鸡卵黄免疫球蛋白(IgY)的提取方法

早在 20 世纪 60 年代,科学家们就发现鸡卵黄中存在 IgY 抗体,由于很难将 IgY 抗体从丰富的卵黄脂质中分离出来,使得鸡蛋作为抗体来源的研究受到限制。IgY 的分离主要包括卵黄中水溶性组分(water soluble fraction,WSF)的分离和 WSF 中特异性 IgY 的分离纯化两步。

在 20 世纪 80 年代初,Polson 和 Jensenius 相继建立了聚乙二醇(PEG)提取法和硫酸葡聚糖提取法,之后又相继建立了自然胶提取法、水稀释法等。目前,已有多种高效、经济、简便的提取、纯化 IgY 方法,主要有:水稀释法、乙醇沉淀法、无机物盐析法、聚乙二醇提取法、超临界气体提取法、凝胶色谱法、膜色谱法、超滤法等。

1. 鸡卵黄中 IgY 的初步分离

(1) 水稀释法:水稀释法又称酸化水提取法,是一种简便、高效、经济的方法。该方法是取卵黄液 1 份加蒸馏水 7~8 份,混合均匀,用 0.1 mol/L 的 HCl 调 pH 至 5.0~5.2,混匀,在 4 ℃ 环境静置 5 h,10 000 r/min 离心 25 min,上清液即为粗提卵黄抗体。

在水稀释法中,卵黄液的酸碱度对提取效果影响较大,在 pH 5.0~5.2 时,IgY 的提取率与纯度最高,其中,蒸馏水可用 pH 6.0、Na_2HPO_4 0.04 mol/L 柠檬酸钠缓冲液或 pH 5.2、0.12 mol/L 乙酸-乙酸钠缓冲液替代。

(2) 乙醇沉淀法:乙醇与水有很强的结合力,在蛋白质溶液中加入乙醇可以破坏水化层,暴露疏水性氨基酸残基,引起蛋白质沉淀。该方法是将粗提卵黄抗体液中加入 −20 ℃ 冷冻保存的 95% 乙醇,使终浓度至 60%(V/V),4 ℃ 搅拌 20~30 min,4 ℃,10 000 r/min 离心 30 min,收集沉淀,溶解于 0.028 mol/L 的 NaCl 溶液中,室温下过滤除脂,滤液中加入 −20 ℃ 冷冻保存的 95% 冰乙醇,使终浓度至 30%(V/V),充分混匀,4 ℃,10 000 r/min 离心 30 min,所得沉淀溶解于适量 PBS 中,即为 IgY 溶液。

冷乙醇法已成为实验室制备 IgY 的常用方法,该方法不仅提纯效果好,而且能够灭菌和消毒,但操作需

要在低温环境中。

(3) 无机物盐析法：该法是蛋白质提取的经典方法，用于无机物沉淀法的中性盐有硫酸铵、硫酸钠、硫酸镁、氯化钠等，其中以硫酸铵沉淀法最为常用。硫酸铵盐析法是在粗提卵黄抗体液中，加入 4 ℃ 等量饱和的硫酸铵，边加边搅拌，使成半饱和，在 4 ℃ 静置 1~2 h。低温环境 5 000 r/min 离心 30 min，取沉淀溶解于适量生理盐水或 PBS 缓冲液中，再加入饱和硫酸铵进行二次盐析，搅拌均匀，使成 1/3 饱和，在 4 ℃ 静置 30 min。低温环境 5 000 r/min 离心 30 min，所得高纯度 IgY 溶解于适量 PBS 中，置透析袋透析或凝胶过滤，除去铵离子，即为精制 IgY。

(4) 聚乙二醇法：取卵黄 1 份，加 0.01 mol/L，pH 7.2 的 PBS 缓冲液 3~5 份，混合均匀后，添加聚乙二醇 6 000 至 3.5% 质量浓度，充分混匀，室温静置 20 min，沉淀脂类组织，4 ℃，10 000 r/min 离心 25 min，取上清液，加入聚乙二醇 6 000 至 12% 质量浓度，沉淀 IgY，在 4 ℃ 环境静置 20 min，10 000 r/min 离心 30 min，取沉淀溶解于适量 PBS 中，即得 IgY 溶液。

聚乙二醇是非离子型水溶性聚合物，溶于水不产生热量，不引起蛋白质变性，沉淀蛋白质所需时间较短，且不影响离心处理，并有促进蛋白质结晶的作用。该法抗体回收率高，不破坏抗体活性，但操作比较繁琐，离心后不能完全去除脂类，聚乙二醇残留不易除去，对畜禽危害也尚无定论。

(5) 超临界气体提取法：该方法首先将卵黄液经喷雾干燥获得卵黄粉末，然后采用超临界提取法去除卵黄粉末中的脂类物质，将去脂的卵黄粉末溶于磷酸缓冲液中，搅拌、离心，水溶性组分即为粗提 IgY。

2. 鸡卵黄免疫球蛋白(IgY)的纯化 为满足 IgY 不同使用目的，需除去其中的杂蛋白、盐和沉淀剂等杂质，以获得高纯度 IgY。作为蛋白质提纯方法很多，目前的提纯方法有凝胶过滤法、超滤法、离子交换层析等，为提取高纯度 IgY，有时是几种方法联合使用。

目前蛋黄免疫球蛋白(IgY)的制备主要集中在分离纯化工艺上，步骤比较繁琐，制备时应根据原料的性质和特点、免疫球蛋白的种类等多方面综合考虑选择合适的提取工艺。

第三节 卵磷脂提取

一、概述

自从法国人 Uauquelin 和 Gobley 于 1812 年和 1844 年从脑和蛋黄中发现含磷的脂类物质，并于 1850 年按希腊文 lekithos(蛋黄)命名为 lecithin(卵磷脂)以来，研究者们陆续从动植物中分离、确认了许多磷脂物质。

1. 卵磷脂的结构与性质 卵磷脂从广义上讲是含磷脂酰胆碱(PC)、脑磷脂(PE)、磷脂酰肌醇(PI)、磷脂酸(PA)、磷脂酰丝氨酸(PS)和神经鞘磷脂(SM)等的复合磷脂；狭义的卵磷脂就是磷脂酰胆碱 PC，是由甘油、胆碱、磷酸、饱和及不饱和脂肪酸组成的一种含磷脂类物质。每个磷脂分子都具有 1 个亲脂部分——2 个依附于甘油主架结构上的脂肪酸链以及 1 个由胆碱磷酸酯、胆碱或肌醇等组成的亲水部分，其分子结构见图 27-3。

通常 α 位($R_1CO—$)是饱和脂肪酸，β 位($R_2CO—$)是不饱和脂肪酸，其中海洋鱼类来源的卵磷脂不饱和程度要高一些。

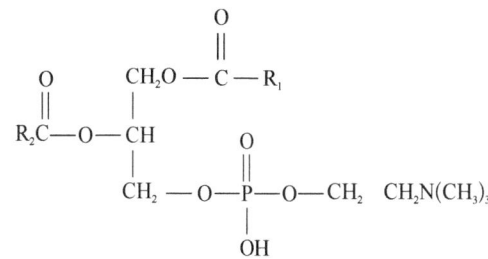

图 27-3 卵磷脂(磷脂酰胆碱)的分子结构

天然卵磷脂是一种混合物，不同来源的卵磷脂的组成也各不相同，一般 R_1 硬脂酸(18∶0)和 R_2 油酸(18∶1)出现的几率最大，另外常见的还有棕榈酸(16∶0)、亚油酸(18∶2)、亚麻酸(18∶3)和花生四烯酸(20∶4)。

纯净卵磷脂为白色蜡状固体，液态为淡黄色，有清淡柔和的风味与香味。同一分子内具有疏水性的脂质成分及亲水性的磷酸根及胆碱，为两性分子。既具有脂溶性，又具有亲水性，pI 为 6.7，可溶于乙醇、乙醚、甲醇、氯仿等有机溶剂，也能溶于水成为胶体状态，但不溶于丙酮、乙酸乙酯。利用卵磷脂在有机溶剂中溶解度不同，可提取分离卵磷脂。

卵磷脂具有较强的吸水性，由于分子中有大量不饱和脂肪酸，在储存过程中易受到光照、氧气和温度的影响而变质,产生能溶血的有毒物质,其初制为白色,放置一段时间后变为黄色,久置变成棕褐色,因此需在低温干燥下保存以免分解变质。由于卵磷脂分子同时具有亲水性磷酸酯酯基、胆碱或胆胺等和疏水性脂肪酸基,因此卵磷脂是一种两性表面活性剂,能形成水包油(O/W)型乳剂,具有乳化特性、保湿作用、促进药物透皮吸收作用。

2. 卵磷脂的来源及分布 天然卵磷脂广泛存在于动、植物体内,以蛋黄、大豆内含量较多,其他如动物脑组织、肝脏、骨髓、植物种子(菜籽、棉籽、葵花籽、花生、玉米、红花籽等)也可用于提取卵磷脂。按照原料的不同,目前商业上习惯将卵磷脂分为蛋黄卵磷脂、大豆卵磷脂和菜籽卵磷脂,卵磷脂在禽卵卵黄中的含量最为丰富,尤其在鸡、鸭卵黄中的含量最高,可占蛋黄总重量的4%左右,达干物质总量的8%～10%。蛋黄磷脂和大豆磷脂的组成见表27-1。

表27-1 大豆磷脂与蛋黄磷脂的组成

极 性 脂 质	大豆中含量/%	蛋黄中含量/%
磷脂酰胆碱(PC)	28～32	66～76
磷脂酰乙醇胺(PE)	20～28	15～24
磷脂酰肌醇(PI)	12～20	—
磷脂酸(PA)	2～8	—
磷脂酰丝氨酸(PS)	3～4	—
神经鞘磷脂(SM)		2～3
缩醛磷脂		1

磷脂酰胆碱是蛋黄磷脂的主要组成成分,其含量是大豆磷脂的2～3倍。但是大豆磷脂中,其他磷脂类化合物含量比蛋黄磷脂高,如磷脂酰肌醇和磷脂酰乙醇胺(脑磷脂)。

3. 卵磷脂的功能与应用 卵磷脂是目前公认的最具有生物学活性的磷脂,在保护细胞膜、抗衰老、降血脂、防治脂肪肝等方面有显著疗效。具有延缓衰老、提高大脑活力、防治动脉硬化、解除心脑血管疾病、预防脂肪肝、滋润皮肤等多种生理功能,同时还具有很好的乳化作用和抗氧化性能。因此,卵磷脂在食品、医药、化妆品等行业应用广泛。

二、卵磷脂的提取方法

卵磷脂的提取方法有:溶剂萃取法、超临界CO_2萃取法、柱层析法等。

1. 溶剂萃取法 溶剂萃取法是一种传统的分离提纯卵磷脂的方法。其原理是利用各磷脂组分在某些溶剂中溶解度的不同,将卵磷脂与其他组分进行分离。分离时,所用溶剂一般为低级醇、正己烷、石油醚、乙醚、氯仿、丙酮等。

卵磷脂在低级醇中溶解度较大,脑磷脂和鞘磷脂在低级醇中溶解度较小,但卵磷脂不溶解于丙酮。调整溶剂的pH、温度、浓度,蛋白质发生变性及沉淀。利用此性质将蛋黄粉和一定量的有机溶剂一起搅拌,调整pH,静置后再离心,沉淀部分为蛋白质,上清液则为中性脂肪和卵磷脂的混合物。将此溶液进行减压浓缩,以去除溶剂。由于卵磷脂不溶于丙酮而中性脂肪易溶,再用丙酮对混合溶液进行萃取,即可分离出卵磷脂。此种方法是先去除蛋白质,然后分离卵磷脂和中性脂肪,也可以先去除蛋黄油,再分离卵磷脂和蛋白质。

溶剂萃取法提取蛋黄卵磷脂的工艺流程如下:

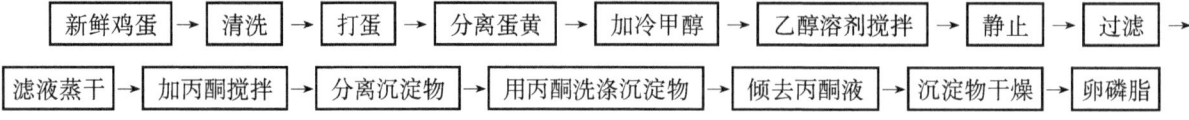

有机溶剂萃取法提取卵磷脂具有分离效率高、生产能力大、生产周期短、易实现自动化等一系列优点。但单纯用溶剂萃取卵磷脂时所得产品PC含量不高,如果在萃取过程中加入酸、碱或盐类物质,利用金属离子或酸、碱对磷脂分子的选择性,可以使PC含量大大提高。

2. 超临界 CO_2 萃取法　超临界萃取法是在一定压力和温度下,将气体转变为液体,以此液体为溶剂提取卵磷脂。通常选用 CO_2 作为超临界流体,超临界 CO_2 萃取法适用于易氧化、热敏性的脂溶性物质,这种方法保留产品的营养和功能特性,不消耗有机溶剂,无溶剂残留,CO_2 可重复利用,工艺简单。利用脂肪溶于 CO_2 而磷脂不溶特性可将油脂浸出,实现油脂与磷脂分离。

将经真空冷冻干燥的蛋黄粉投入萃取釜中,对萃取釜、分离釜Ⅰ、分离釜Ⅱ分别进行加热或冷却,当达到设定温度时,开启 CO_2 纯度钢瓶,从钢瓶中出来的 CO_2 气体经净化后进入冷箱液化后,由高压调频柱塞泵送入预热器预热,经净化再进入萃取釜,升压到预定设置,使 CO_2 成超临界流体,蛋黄粉中的油脂溶于超临界流体成为混合流体,而不溶于流体的卵磷脂和蛋白质等留在萃取罐中,先对蛋黄粉中的油脂进行脱除;混合流体流入分离罐,降温降压,超临界流体气化,实现油气分离;再用乙醇作溶剂萃取残粉中的卵磷脂(图27-4)。

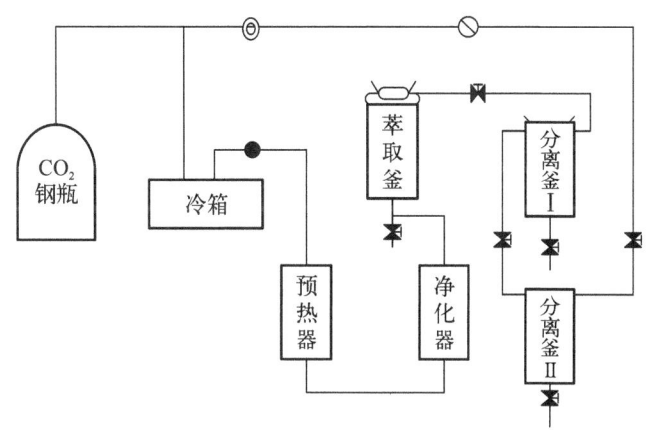

图27-4　超临界二氧化碳萃取蛋黄卵磷脂的工艺设备流程图

超临界流体萃取同传统的有机溶剂萃取相比具有下述特点:一是可在低温下提取,防止有效成分的氧化及逸散,适合于对热稳定性差的物料的提取;二是产品无溶剂残留,不污染产品和环境;三是萃取剂二氧化碳可长期循环使用,萃取和蒸馏合为一体,可大大提高生产效率和节约能源。

3. 柱层析法　柱层析一般采用吸附柱层析和离子交换柱层析。吸附柱层析是以吸附剂为固定相,移动相中的溶质,在通过固定相时,由于吸附和解吸能力不同,使溶质在柱内的移动速度不同,从而达到分离的目的。选用吸附剂一般为硅胶、氧化铝、硅藻土、二氧化硅等,洗脱液常采用氯仿、低级醇等几种溶剂的混合物,最好采用梯度洗脱。离子交换柱层析是以离子交换树脂为固定相的层析分离万法。溶质分子带有不同性质的电荷和不同的电荷量,因而在固定相和移动相之间发生可逆交换作用,使溶质移动速度发生变化,从而达到分离目的。

4. 其他方法　其他分离卵磷脂的方法还有半透膜法、乙酰化法、有机溶剂无机盐复合沉淀法、冰冻蛋黄溶剂法、酶催化精制提取法等。

第四节　蛋清肽制备

一、概述

蛋白质除提供人体多种氨基酸和能量外,还从原有序列中释放出一些小肽,这些小肽还具有多种生理功能,不被肠道多种酶系降解可直接被人体吸收。与氨基酸相比,肽的吸收具有转运快、吸收效率高、耗能低、载体不易饱和等优点。

大量研究证实蛋清肽具有抗氧化、提高免疫力等多种生理功能,国内外已有相当一部分学者通过研究证明蛋清蛋白来源的 ACE 抑制肽有降低高血压的功效,而对于正常血压无作用。蛋清肽还有较好的乳化性、溶解性和热稳定性,也可应用于食品和化妆品行业。

二、蛋清肽的制备方法

蛋清肽的制备主要是水解蛋清中的蛋白质，选择合适的酶是蛋白质水解的关键。酶的选择必须根据蛋清蛋白的组成、酶的特性和多肽的用途来确定。不同蛋白酶作用于蛋清蛋白而得到的酶解产物、肽链长度和氨基酸组成都不同。

目前可用于蛋清水解的酶种类较多，如碱性蛋白酶、胃蛋白酶、中性蛋白酶、木瓜蛋白酶和风味酶等。蛋清蛋白经蛋白酶适度水解，生成多肽的混合物，通过控制其水解度，可得到需要的产物，再辅以脱盐、脱苦等工艺进行精制。

蛋清肽制备的工艺流程：

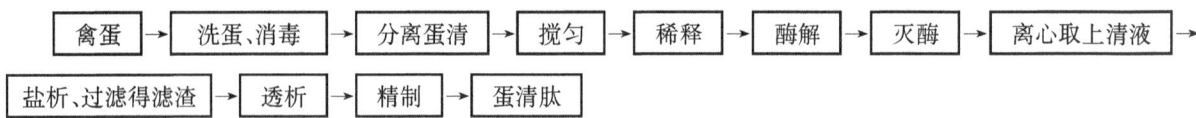

具体制备蛋清肽时，采用不同的酶及酶解条件对酶解产物及水解度都有不同的影响。

目前关于蛋清肽的生物活性研究主要集中在降血压、抗氧化、增强免疫等方面，有研究称制备蛋清肽钙配合物可促进钙的吸收，即通过酶水解制备蛋清肽后再与钙进行络合，旨在制备钙结合率较高的可溶性配合物，提高钙的生物利用率。

第五节 有机钙制备

一、概述

有机钙就是有机酸的钙盐，如柠檬酸钙、乳酸钙、苹果酸钙、醋酸钙、葡萄糖酸钙等，同无机酸钙、氨基酸螯合钙一起被称为活性钙。有机钙的优点是溶解性好，易被人体消化吸收，而且不会对胃功能造成损害。

二、有机钙的制备方法

将蛋壳经过有机酸处理，使蛋壳中不溶性的碳酸钙转变成为可溶性的有机酸钙，作为人体钙的强化剂，不仅能够增加蛋壳经济价值，而且能够减少资源的浪费。目前国内外利用蛋壳制取的有机酸钙主要包括：柠檬酸钙、乳酸钙、苹果酸钙、醋酸钙、葡萄糖酸钙等。

利用蛋壳制取有机钙的方法有：高温煅烧法、直接中和法、微生物转化法和原料浸泡法。

1. 高温煅烧法

（1）高温煅烧法制备有机钙的工艺流程

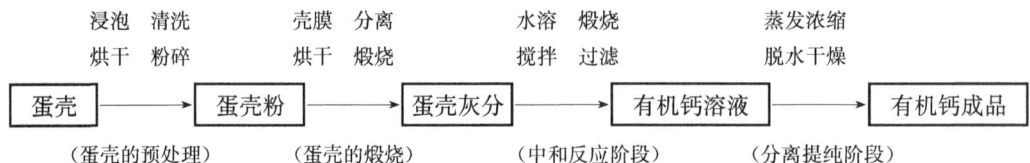

（2）技术要点：将预处理后的蛋壳置于800～1 100 ℃的煅烧炉中，煅烧1～2 h得蛋壳灰分，向灰分中加入蒸馏水配制成石灰乳，缓慢滴加有机酸并不断搅拌，使其反应1～2 h，反应后的溶液进行过滤，回收滤液，滤液经蒸发干燥，得到有机酸钙固体粉末粗品。用水对固体粉末进行反复洗涤、结晶，即得有机酸钙晶体，烘干脱水后即为成品。

2. 直接中和法

（1）直接中和法制备有机钙的工艺流程

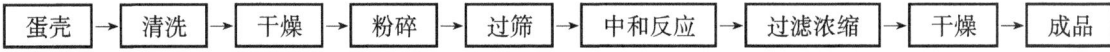

（2）技术要点：将蛋壳清洗除杂质后烘干，然后用粉碎机将蛋壳粉碎，过80目筛。在过筛后的蛋壳粉中加入少量水，再缓缓加入一定量的有机酸，在常温常压下反应3 h，过滤并收集滤液，加热蒸发浓缩，烘干脱水得有机钙成品。

3. 微生物转化法 微生物转化法是利用微生物的生物发酵作用产生的有机酸与蛋壳粉混合，经过一系列的生化反应获得有机钙溶液，再进行浓缩提纯，可获得有机钙成品，如乳酸钙。

通过微生物转化法制备有机酸钙不会对环境造成影响，并能充分利用资源，但菌种的选育周期较长、产率低、中和反应时间较长。

4. 原料浸泡法 原料浸泡法是指将经过预处理的蛋壳粉碎过筛，取适量的蛋壳粉直接加入到陈醋、白醋等溶液中进行浸泡，浸泡时间一般为10～30 d，当蛋壳溶解后进行过滤，从而获得天然钙强化醋。

国内外利用蛋壳中的碳酸钙来制取有机钙膳食补充剂，如乳酸钙、醋酸钙、葡萄糖酸钙、丙酸钙、柠檬酸钙以及复合有机钙等，在实验室已经试验成功，部分钙制剂已转为工业化生产。利用废弃的蛋壳作为钙源制备有机酸钙，具有原料来源丰富、生产工艺简单、成本低廉、产品收率高、质量好、安全无毒等特点，具有广阔的市场前景。

参考文献

白绍飞.GMP在奶源建设中的应用现状与分析.河南科技大学硕士学位论文,2011.
陈峰,励建荣.现代生物及食品技术.北京:中国轻工业出版社,2002.
迟玉杰,田波.蛋清寡肽制备技术的研究.食品科学,2004,25(11):177-179.
褚庆环.蛋品加工技术.北京:中国轻工业出版社,2007.
褚庆环.动物功能性食品副产品加工技术.青岛出版社,2003.
范梅华,顾荣.液蛋生产技术与应用.中国家禽,2009,31(24):74-75.
高真.蛋制品工艺学.北京:中国商业出版社,1992.
葛长荣,马美湖.肉与肉制品工艺学.北京:中国轻工出版社,2002.
宫霞,郭本恒,李云飞,等.酶解酪蛋白生产生物活性肽的研究现状及开发前景.中国乳品工业,2005,34(4):44-47.
顾瑞霞.乳与乳制品的生理功能特性.北京:中国轻工业出版社,2000.
顾瑞霞.乳与乳制品工艺学.北京:中国计量出版社,2006.
郭本恒.现代乳品加工学.北京:中国轻工业出版社,2001.
韩玲.低温酱卤牦牛肉生产工艺研究.食品科学,2003,24(3):89-92.
姜旭.蛋清溶菌酶提取技术的研究.北京:中国农业大学,2005.
蒋爱民,南庆贤.畜产食品工艺及进展.西安:陕西科学技术出版社,1998.
蒋爱民,南庆贤.畜产食品工艺学.北京:中国农业出版社,2008.
今井忠平.日食品工业.1976,19(16):57.
孔保华,马丽珍.肉品科学与技术.北京:中国轻工业出版社,2003.
孔保华.乳品科学与技术.北京:科学出版社,2004.
孔保华.畜产品加工储藏加工新技术.北京:科学出版社,2007.
李春保.牛肉肌内结缔组织变化对其嫩度影响的研究.南京农业大学硕士学位论文.2006.
李瑞英.食品生产的GMP管理(一).山东食品科技,2003,03:1-3.
李祥洋.CIP系统在液态乳制品厂的应用.中国乳业,2006,06:41.
李晓东.乳品工艺学.北京:科学出版社,2011.
李亚蕾.肉乳加工实用技术.银川:宁夏人民出版社,2010.
连喜军,林开梅,曾爱琼.蛋黄酱新工艺的研究.肉类研究,2000,4:30-32.
刘洪军.糟卤牛肉的工业化生产.肉类工业,2001(7):15-16.
刘鹏,赵颖,胡海珠.CIP清洗在现代乳制品企业的应用及注意事项.中外食品工业信息,2001,6:57.
刘仪初.蛋品加工技术.北京:中国农业出版社,1990.
马美湖.蛋与蛋制品加工学.北京:中国农业出版社,2006.
马美湖.动物性食品加工学.北京:中国轻工业出版社,2003.
马美湖.禽蛋制品生产技术.北京:中国轻工业出版社,2003.
南庆贤.肉类工业生产手册.北京:中国轻工出版社,2003.
牛俊强,高岚.乳品企业质量管理体系建立实施的关键点及常见问题.2008年河南省食品学会征文.2008.
潭竹钧,韩雅莉.动物药物提取制备实用技术.北京:中国农业出版社,2000.
王丹,李猛,张莉莉,赵泽民.影响CIP清洗的两个因素及清洗效果评定方法.中国乳业,2002,07.
王刚.CIP在巴氏杀菌奶生产中的重要性.食品工程,2007,01:56-57.
王卫.兔肉制品加工及保鲜贮运关键技术.北京:科学出版社,2011.
王卫国.无公害蛋品加工综合技术.北京:中国农业出版社,2003.
翁丹丹,陈有亮.鸭蛋清酶水解及其水解物对免疫功能的影响.科技通报,2009,25(3):271-275.
吴素萍.HACCP在消毒奶生产中的应用.中国食物与营养,2007,07:27-29.
肖潇.工业清洗剂的研究现状与发展趋势.清洗世界,2011,07:22-27.

徐庚全,韩玲.猪产业技术与经营.北京:中国农业科技出版社,1999.

徐幸莲,彭增起,邓尚贵.食品原料学.北京:中国计量出版社,2006.

杨开荣,邵䯀.动物肝脏RNA的生产工艺改进.中国医药工业杂志,1997,28(10):447-448.

杨廷位.畜禽产品加工新技术与营销.北京:金盾出版社,2011.

于连富,赵君哲.五香酱猪蹄软包装的简便制作工艺.肉类研究,2002(2):26-27.

于新,李小华.乳蛋加工技术与配方.北京:中国纺织出版社,2011.

余群力.软包装快餐酱牛肉(附带油料包)生产工艺研究.中国草食动物,2002(12):75-77.

曾寿瀛.现代乳与乳制品加工技术.北京:中国农业出版社,2003.

詹慧文.对我国现行食品安全法的反思及完善—以HACCP与GMP、SSOP及ISO9000的关系为视角.法制与社会,2012,11:75-76.

张兰威.乳与乳制品工艺学.北京:中国农业出版社,2006.

张美莉.食品功能成分的制备及其应用.北京:中国轻工业出版社,2006.

张胜善.蛋品加工学.台北:台湾华香园出版社,1995.

赵改名.禽产品加工利用.北京:化学工业出版社,2009.

赵维高,刘文营,韩兆鹏,等.冰蛋应用特性研究.食品科技,2012,37(8):66-70.

郑云,蔡木易,范慰慰.蛋清白蛋白酶解工艺的研究.食品与发酵工业,2005,31(12):69-71.

钟耀广.功能性食品.北京:化学工业出版社,2004.

周光宏.肉品加工学.北京:中国农业出版社,2009.

周光宏.肉品学.北京:中国农业科技出版社,1999.

周光宏.畜产品加工学(第二版).北京:中国农业出版社,2011.

A M Pearson,T A Gillett[美].肉制品加工技术.第3版.张才林,石永福等译.北京:中国轻工业出版社,2004.

A O Zbay,G N Demirer. Cleaner production opportunity assessment for a milk. Journal of Environmental Management,2007,84(4):484-493.

F Shahidi.肉制品与水产品的风味.第2版.李洁,朱国斌译.北京:中国轻工业出版社,2001.

G. Bylund. Dairy processing handbook. Sweden:Tetra Pak Processing Systems AB,2003.

J Kerry,J Kerry,et al.现代肉品加工与质量控制.任发政,李兴民等译.北京:中国农业大学出版社,2006.

K R Davey,S Chandrakash,B K O'Neill. A new risk analysis of Clean-In-Place milk processing. Food Control,2013,29(1):248-253.

M J Vilar,J L Rodrıguez-Otero. Implementation of HACCP to control the influence of milking equipment and cooling tank on the milk quality. Food Science & Technology,2012.

W J Stadelman,O J Cotterill. Egg Science and Technology (*Fourth Edition*). New York:Food Products Press,1995.